Am Tropf –
Die ostdeutsche Transfergesellschaft

Ulrich Busch

Am Tropf

Die ostdeutsche Transfergesellschaft

trafo verlag

Die Deutsche Bibliothek – CIP-Einheitsaufnahme

Busch, Ulrich:
Am Tropf : die ostdeutsche Transfergesellschaft.
- Berlin : Trafo-Verl. Weist, 2002
   ISBN 3-89626-364-1

Impressum

„*Am Tropf* – die ostdeutsche Transfergesellschaft"
von Ulrich Busch

1. Auflage 2002

ISBN 3-89626-364-1

©   tra*f*o verlag dr. wolfgang weist, 2002
      Finkenstraße 8, 12621 Berlin
      Fax: 030/5670 1949
      e-Mail: trafoberlin@t-online.de
      Internet: http://www.trafoberlin.de

Satz und Layout: tra*f*o verlag
Umschlaggestaltung: tra*f*o verlag
Druck und Verarbeitung: Schaltungsdienst Lange oHG

Alle Rechte vorbehalten
Printed in Germany

Inhalt

Tabellenverzeichnis 7
Abbildungsverzeichnis 11
Abkürzungsverzeichnis 13

Vorwort 17

1. Ostdeutschland: Vereinigungsgesellschaft und Transferökonomie 21

2. Wesensbestimmung und Begründung der Transferleistungen 43
2.1. Transferbegriff und Taxonomie 43
2.2. Begründung der Transferleistungen 56
    2.2.1 Motivation und rechtliche Grundlagen 56
    2.2.2. Ökonomische Voraussetzungen 68
    2.2.3. Vermögenstransfer 93
2.3. Das innerdeutsche Transferproblem 114

3. Struktur und Umfang der Transferleistungen 137
3.1. Systematik und Quantifizierung 137
    3.1.1. Ebenen und Struktur 137
    3.1.2. Empirische Erfassung 146
    3.1.3. Unterschiedliche Berechnungen 152
3.2. Finanztransfers öffentlicher Haushalte 160
    3.2.1. Transferleistungen des Bundes 160
    3.2.2. Transfers im Rahmen des Bund-Länder-Finanzausgleichs 167
    3.2.3. Transferzahlungen im Rahmen der Sozialversicherung 195
    3.2.4. Steuervergünstigungen 204
3.3. Aufbringung und Finanzierung der Transferleistungen 208
    3.3.1. Finanzierungsstrategien 208
    3.3.2. Staatsverschuldung 228
3.4. Verwendung der Transfers 259
3.5. Allgemeine und spezielle Transferleistungen 271

4.	Wirkungen der Transferleistungen	281
4.1.	Aufbau Ost – Überblick und Bilanz	281
4.2.	Einkommen, Verbrauch, Vermögen	289
4.3.	Wachstum, Investitionen, Produktivität	309
4.4.	Infrastruktur	326
4.5.	Beschäftigung, Arbeitsmarkt	330
4.6.	Rückwirkungen auf Westdeutschland	340
5.	Ausblick: Stand der Konvergenz und Perspektiven	359

Literaturverzeichnis 379

Über den Autor 413

Verzeichnis der Tabellen

2.2.-1.	Volkswirtschaftliche Indikatoren für die DDR und die BRD 1989	73
2.2.-2.	Verwendungsstruktur des Sozialprodukts Ostdeutschlands für 1989 und 1. Halbjahr 1990 in Mark der DDR und Prozent	74
2.2.-3.	Entwicklung des BIP, der Industrieproduktion und der Beschäftigung in Ostdeutschland 1990 und 1991 in Prozent	78
2.2.-4.	Bruttowertschöpfung nach Branchen 1992–1995 in Mrd. DM	84
2.2.-5.	Arbeitsmarkt und Beschäftigung in Ostdeutschland 1989–1995	86
2.3.-1.	Saldo im innerdeutschen Handel und Bruttotransferzahlungen 1990–1994 in Mrd. DM	130
3.1.-1.	Transferzahlungen an Ostdeutschland 1990 in Mrd. DM	146
3.1.-2.	Öffentliche Finanztransfers nach Geberinstitutionen 1991–1999 in Mrd. DM (€)	148
3.1.-3.	Bruttotransferleistungen insgesamt nach Sektoren in Mrd. DM (€)	149
3.1.-4.	Transferleistungen öffentlicher Haushalte 1991–1999 in Mrd. DM (€)	149
3.1.-5.	EU-Hilfen für die neuen Länder und Berlin/Ost in Mrd. DM	151
3.1.-6.	Leistungen des Fonds Deutsche Einheit 1990–1994 in Mrd. DM	151
3.1.-7.	Leistungen der THA und ihrer Nachfolgeeinrichtungen in Mrd. DM (€)	152
3.1.-8.	Alternative Berechnungen der Bruttotransferleistungen 1991–1999 in Mrd. DM	154
3.1.-9.	Alternative Berechnungen der Nettotransferleistungen 1991–1999 in Mrd. DM	154
3.2.-1.	Leistungen des Bundes für Ostdeutschland 1991–1999 in Mrd. DM (€)	162
3.2.-2.	Transferleistungen des Bundes nach Ministerien 1991 in Mio. DM	163
3.2.-3.	Transferleistungen des Bundes (brutto) 1991–1999 in Mrd. DM	164
3.2.-4.	Zahlungen des Bundes nach Empfängergruppen 1991–1995 in Mrd. DM	165
3.2.-5.	Leistungen des Bundes für Ostdeutschland 1991–1999 in Mrd. DM	166

3.2.-6.	Fonds Deutsche Einheit 1990–1997 in Mrd. DM	173
3.2.-7.	Bruttotransferleistungen der alten Bundesländer 1990–1994 in Mrd. DM	175
3.2.-8.	Gesamtdeutscher Länderfinanzausgleich i.e.S. in Mio. DM (€) bzw. %	179
3.2.-9.	Horizontaler Finanzausgleich und Finanzkraft der Länder 1999 in Mio. DM bzw. %	179
3.2.-10.	BEZ und Finanzhilfen des Bundes 1995–2000 in Mio. DM (€)	184
3.2.-11.	Leistungen für die neuen Länder und Berlin im Rahmen des FKP 1995 bis 2000 in Mrd. DM	185
3.2.-12.	Struktur der Einnahmen des Landes Berlin 1990–2000 in Mio. DM	185
3.2.-13.	Be- und Entlastungen durch Einführung des FKP 1995 in Mrd. DM	187
3.2.-14.	Relative Finanzkraft der Bundesländer vor und nach dem Finanzausgleich 2000	188
3.2.-15.	Transferleistungen der Sozialversicherung und Bundeszuschüsse 1991–1999 in Mrd. DM	196
3.2.-16.	Finanzierungssalden der Sozialversicherungsträger 1991–1999 in Mrd. DM	198
3.2.-17.	Einnahmen und Ausgaben der BA (NBL) 1991–2000 in Mrd. DM (€)	199
3.2.-18.	Einnahmen und Ausgaben der Rentenversicherung der Arbeiter und Angestellten in Ostdeutschland 1991–2000 in Mrd. DM (€)	201
3.2.-19.	Sozialbudget und Sozialtransfers für Ostdeutschland 1991–1999 in Mrd. DM bzw. %	203
3.2.-20.	Steuerliche Fördermaßnahmen in den NBL und Berlin 1991–2000 in Mio. DM	206
3.3.-1.	Teilungsbedingte Finanzhilfen und Steuervergünstigungen 1990 in Mrd. DM	213
3.3.-2.	Einnahmen aus dem Solidaritätszuschlag 1991–2000 in Mrd. DM (€)	215
3.3.-3.	Finanzierungsstruktur des Fonds Deutsche Einheit in Mrd. DM	217
3.3.-4.	Gemeinschaftswerk Aufschwung Ost in Mrd. DM	219
3.3.-5.	Staatsverschuldung in der Bundesrepublik Deutschland (früheres Bundesgebiet) 1950 bis Juni 1990 in Mrd. DM	230

3.3.-6.	Steuereinnahmen der Gebietskörperschaften 1990–2000 in Mrd. DM	235
3.3.-7.	Nettokreditaufnahme der Gebietskörperschaften und Sondervermögen 1990–2000 in Mrd. DM	236
3.3.-8.	Verschuldung der Gebietskörperschaften einschließlich der Sondervermögen 1990–2000 in Mrd. DM (€)	237
3.3.-9.	Zinsausgaben der Gebietskörperschaften und Sondervermögen 1990–2000 in Mrd. DM (€)	239
3.3.-10.	Zinslastquoten der Gebietskörperschaften und Nebenhaushalte in %	239
3.3.-11.	Entwicklung des ERP-Sondervermögens 1990–2000 in Mrd. DM (€)	241
3.3.-12.	Fonds Deutsche Einheit 1990–2000 in Mrd. DM (€)	241
3.3.-13.	Kreditabwicklungsfonds 1990–1994 in Mrd. DM	242
3.3.-14.	Verschuldung der Treuhandanstalt in Mrd. DM	244
3.3.-15.	Erblastentilgungsfonds 1995–2000 in Mrd. DM (€)	247
3.3.-16.	Ausgewählte Nebenhaushalte des Bundes 1990–2000 in Mrd. DM (€)	249
3.3.-17.	Gläubigerstruktur der öffentlichen Haushalte 1990–2000 in %	257
3.3.-18.	Zins-Steuer-Quoten der Gebietskörperschaften 1990–2000 in %	259
3.4.-1.	Verwendungsstruktur der Transferleistungen 1991–1999 in Mrd. DM	261
3.4.-2.	Verwendungsstruktur der Transferleistungen 1991–1999 in %	262
3.4.-3.	Ausgabenstruktur der Transferleistungen 1991–1999 in Mrd. DM	264
3.4.-4.	Ausgewählte Fördermaßnahmen für Unternehmen 1991–2000 in Mrd. DM (€)	265
3.4.-5.	Sozialleistungsquoten in Ost- und Westdeutschland 1991–1999 in %	267
3.4.-6.	Sozialleistungen in Ostdeutschlands 1990–1999 in Mrd. DM bzw. %	268
3.5.-1.	Bruttotransferleistungen 1991–1999 und Sonderleistungen für Ostdeutschland 1997 und 1999 in Mrd. DM	274
4.1.-1	Indikatoren der wirtschaftlichen Entwicklung Ostdeutschlands 1991–2000	288
4.2.-1.	Entwicklung der monatlich verfügbaren Haushaltseinkommen in Ostdeutschland 1990–1994 in DM	291
4.2.-2.	Arbeitseinkommen und Altersrente in Ostdeutschland 1990–1998 in DM bzw. %	293

4.2.-3.	Einkommen in Ost- und Westdeutschland 1998 in DM	294
4.2.-4.	Reales Markteinkommen und reales verfügbares Einkommen in Ost- und Westdeutschland (äquivalenzgewichtet) in DM pro Jahr	295
4.2.-5.	Ausstattung privater Haushalte mit ausgewählten Konsumgütern 1998 und 2000	297
4.2.-6	Vermögen und Verpflichtungen privater Haushalte 1990 und 1997 in DM	303
4.2.-7	Private Ersparnis in % der verfügbaren Einkommen der privaten Haushalte in Ost- und Westdeutschland 1990–2000	304
4.3.-1.	Anlageinvestitionen in Ostdeutschland 1991–1999 in Mrd. DM	310
4.3.-2.	Investive Ausgaben der NBL und Berlins 1992–2000 in Mrd. DM (€)	314
4.3.-3.	Investitionsförderung im ostdeutschen Unternehmenssektor in Mrd. DM	315
4.3.-4.	Anlageinvestitionen und Kapitalstock je Einwohner in Ostdeutschland in %	317
4.3.-5.	Arbeitsproduktivität in der ostdeutschen Wirtschaft (Westdeutschland = 100)	321
4.3.-6.	BIP und Bruttowertschöpfung in Ostdeutschland 1990–2000, Mrd. DM bzw. %	323
4.5.-1.	Beschäftigung und Arbeitslosigkeit in Ostdeutschland 1990–2000	331
4.5.-2.	Ausgaben der BA und des Bundes für Arbeitsmarktpolitik in Ostdeutschland 1992–1998 in Mrd. DM bzw. %	335
4.5.-3.	Arbeitsmarktpolitische Maßnahmen in Ostdeutschland 1990–2000	337
4.5.-4.	Erwerbstätigenstruktur in der ostdeutschen Wirtschaft in %	340
5.-1.	Indikatoren wirtschaftlicher Konvergenz für Ostdeutschland 1991–2000	366
5.-2.	BIP real je Einwohner in Ost- und Westdeutschland 1991–2000 in DM (€)	369
5.-3.	Indikatoren der Konvergenz des Lebensniveaus 1991–1999 in %	371
5.-4.	Indikatoren des wirtschaftlichen Aufholprozesses, Veränderung gegenüber Vorjahr in %	373

Verzeichnis der Abbildungen

2.1.-1.	Struktur der Transfers für Ostdeutschland (Übersicht)	57
2.1.-2.	Transferleistungen für Ostdeutschland in einer umfassenden Abgrenzung	58
2.2.-1.	Entwicklung von Industrieproduktion und -beschäftigung 1990/91	79
2.2.-2.	Bruttoinlandsprodukt und gesamtwirtschaftliche Nachfrage 1989–1993	82
2.2.-3.	Entwicklung des Bruttoinlandsprodukt, des Baugewerbes und des Verarbeitenden Gewerbes in Ostdeutschland 1992–1995 in Mrd. DM bzw. %	85
2.2.-4.	Beschäftigung, Arbeitslosigkeit und arbeitsmarktpolitische Maßnahmen in Ostdeutschland 1989–2000	87
2.2.-5.	Entwicklung des Bruttoinlandsprodukt, jährlicher Zuwachs in Ost- und Westdeutschland 1995–2000, in %	89
2.3.-1.	Bruttoinlandsprodukt, Gesamtverbrauch und Produktionslücke in Ostdeutschland in Mrd. DM 1989–2000	127
3.1.-1.	Ebenen des Mittelflusses der Finanztransfers	139
3.1.-2.	Ausgabenstruktur der Transferleistungen	142
3.1.-3.	Einnahmenstruktur der Transferleistungen	143
3.1.-4.	Subjektbezogene Verwendung der Transferleistungen	144
3.1.-5.	Sachbezogene Verwendung der Transferleistungen	145
3.2.-1.	Struktur der Sozialtransfers 1991–1999 in Mrd. DM	197
3.3.-1.	Verschuldung der Gebietskörperschaften und Sonderhaushalte 1981–2000 in Mrd. DM	231
3.5.-1.	Struktur der Transferleistungen 1991–1999 in %	278
4.2.-1.	Entwicklung der verfügbaren Einkommen und der Geldvermögen der privaten Haushalte in Ost- und Westdeutschland 1994–2014	304
4.3.-1.	Investitionen in Ostdeutschland nach Sektoren in Mrd. DM 1991–1999	311
4.3.-2.	Anlageinvestitionen und Kapitalstock in Ostdeutschland je Einwohner in % 1991–2000	315
4.3.-3.	Bruttoinlandsprodukt, Produktivität und Beschäftigung 1989–1998	320
4.3.-4.	Bruttowertschöpfung in den NBL nach Branchen 1991–1998	325

4.6.-1.	Reales Bruttoinlandsprodukt Westdeutschlands und Trend 1980–2000	351
4.6.-2.	Produktionspotenzialwachstum in Westdeutschland 1975–1998	353
5.-1.	Reale Wachstumsraten des Bruttoinlandsprodukts gegenüber Vorjahr in %	365
5.-2.	Bruttoinlandsprodukt je Einwohner NBL/ABL in % 1990–2000	375

Abkürzungsverzeichnis

ABL	Alte Bundesländer
ABM	Arbeitsbeschaffungsmaßnahme
ABS	Gesellschaft zur Arbeitsförderung, Beschäftigung und Strukturentwicklung
a.F.	alte Fassung
BA	Bundesanstalt für Arbeit Nürnberg
BaföG	Bundesausbildungsförderungsgesetz
BBk	Deutsche Bundesbank
BEV	Bundeseisenbahnvermögen
BEZ	Bundesergänzungszuweisung
BfA	Bundesversicherungsanstalt für Angestellte
BGBl.	Bundesgesetzblatt
BIP	Bruttoinlandsprodukt
BStBl.	Bundessteuerblatt
BverfG	Bundesverfassungsgericht
BverfGE	Entscheidungen des Bundesverfassungsgerichts
BMA	Bundesministerium für Arbeit und Sozialordnung
BMB	Bundesministerium für innerdeutsche Beziehungen
BMBF	Bundesministerium für Bildung und Forschung
BMF	Bundesministerium der Finanzen
BMI	Bundesministerium des Innern
MBJ	Bundesministerium der Justiz
BML	Bundesministerium für Ernährung, Landwirtschaft und Forsten
BMR	Bundesministerium für Raumordnung, Bauwesen und Städtebau
BMU	bundesministerium für Umwelt, Naturschutz und Reaktorsicherheit
BMV	Bundesministerium für Verkehr
BMWi	Bundesministerium für Wirtschaft
BT-Drs.	Bundestags-Drucksache
BvS	Bundesanstalt für vereinigungsbedingte Sonderaufgaben
BWS	Bruttowertschöpfung
DB	Deutsche Bahn AG
DIW	Deutsches Institut für Wirtschaftsforschung Berlin
DP	Discussion Paper
DtA	Deutsche Ausgleichsbank
EKH	Eigenkapitalhilfe

ERP	European Recovery Program
EStG	Einkommensteuergesetz
ESVG	Europäisches System der Volkswirtschaftlichen Gesamtrechnung
ETF	Erblastentilgungsfonds
EVertr	Einigungsvertrag (v. 31.8.1990)
FAZ	Frankfurter Allgemeine Zeitung
FDE	Fonds Deutsche Einheit
FKP	Föderales Konsolidierungsprogramm
FR	Forschungsreihe
FS	Fachserie
FuU	Fortbildung und Umschulung
GA	Gemeinschaftsaufgabe
GBl. DDR	Gesetzblatt der DDR
GG	Grundgesetz (der Bundesrepublik Deutschland)
GKV	Gesetzliche Krankenversicherung
GV	Gemeindeverbände
HBS	Hans-Böckler-Stiftung Düsseldorf
HdFW	Handbuch der Finanzwissenschaft
HdWW	Handwörterbuch der Wirtschaftswissenschaft
HWWA	HWWA-Institut für Wirtschaftsforschung Hamburg
IAB	Institut für Arbeitsmarkt und Berufsforschung Nürnberg
IAW	Institut für Angewandte Wirtschaftsforschung
IFAD	Institut für angewandte Demographie
IfG	Investitionsfördergesetz Aufbau Ost
IfLS	Institut für Ländliche Strukturforschung
Ifo	ifo-Institut München
IfW	Institut für Weltwirtschaft Kiel
InVorG	Investitionsvorranggesetz
IPW	Institut für Politik und Wirtschaft (DDR)
IW	Institut der deutschen Wirtschaft Köln
IWH	Institut für Wirtschaftforschung Halle
IZA	Institut zur Zukunft der Arbeit
KAF	Kreditabwicklungsfonds
KfW	Kreditanstalt für Wiederaufbau
KMU	Kleine und mittlere Unternehmen
KSPW	Komm. f. d. Erforschung des sozialen und politischen Wandels in den NBL
LAF	Lastenausgleichsfonds

LFA	Länderfinanzausgleich
LVA	Landesversicherungsanstalt
LZB	Landeszentralbank
M	Mark der DDR
MDN	Mark der Deutschen Notenbank
NBL	Neue Bundesländer
NÖS	Neues Ökonomisches System (der Planung und Leitung der Volkswirtschaft)
PrHBG	Gesetz zur Beseitigung von Hemmnissen bei der Privatisierung von Unternehmen und zur Förderung von Investitionen
RGW	Rat für gegenseitige Wirtschaftshilfe
RWI	Rheinisch-Westfälisches Wirtschaftsforschungsinstitut Essen
SAG	Sowjetische Aktiengesellschaft
SAM	Strukturanpassungsmaßnahme
SBZ	Sowjetische Besatzungszone
SGB	Sozialgesetzbuch
SFZ	Sozialwissenschaftliches Forschungszentrum Berlin-Brandenburg e.V.
SH	Sonderheft
SOEP	Sozioökonomisches Panel
SolZG	Solidaritätszuschlag-Gesetz
SPNV	Schienenpersonennahverkehr
StBA	Statistisches Bundesamt
StVertr	Staatsvertrag (v. 18.5.1990)
SVR	Sachverständigenrat zur Begutachtung der gesamtwirtschaftlichen Entwicklung
THA	Treuhandanstalt
UStG	Umsatzsteuergesetz
VGR	Volkswirtschaftliche Gesamtrechnung
VermG	Vermögensgesetz (v. 23.9.1990/4.8.1997)
VM	Valutamark
WisoLa	Zur wirtschaftlichen und sozialen Lage in den neuen Ländern
WiSta	Wirtschaft und Statistik
WiwiSt	Wirtschaftswissenschaftliches Studium
WSI	Wirtschafts- und Sozialwissenschaftliches Institut des DGB
WSIMitt.	WSI-Mitteilungen
WWSU	Währung-, Wirtschafts- und Sozialunion (1.7.1990)
WZB	Wissenschaftszentrum Berlin

Vorwort

Die deutsche Vereinigung und die Integration des Beitrittgebiets in die Bundesrepublik Deutschland haben zu hohen Transferzahlungen der öffentlichen Haushalte an die neuen Bundesländer geführt. Parallel dazu kam es zu einer erregten Debatte über Sinn und Zweck dieser Zahlungen, ihre Höhe und ihre Dauer. Während die Zahlungen für die einen solidarische Hilfen des Westens für den Osten darstellen, sind sie für andere ganz normale Umverteilungsvorgänge im Rahmen des föderalen Systems, worauf ein Rechtsanspruch besteht. Ihrem Inhalt nach verschieden auslegbar und hinsichtlich ihres Umfangs schwer abzugrenzen, gehören die Transfers zu den umstrittensten und häufig missverstandenen Kategorien der deutschen Vereinigung. Zugleich aber sind sie deren zentraler Begriff. Wie kaum eine andere Kategorie verkörpern sie den Schlüssel zum Verständnis Ostdeutschlands im Einigungsprozess – und das nicht nur in ökonomischer, sondern auch in politischer, sozialer und psychologischer Hinsicht. Dabei sind die von den Transfers ausgehenden Wirkungen durchaus ambivalent: Einerseits sichern sie den Menschen in den neuen Bundesländern ein vergleichsweise hohes Einkommens- und Konsumtionsniveau. Indem die Produkte dafür aber vorzugsweise aus Westdeutschland kommen, fördern sie die wirtschaftliche Entwicklung vor allem dort und untergraben so andererseits die Position Ostdeutschlands als Produktionsstandort. Elf Jahre nach der Vereinigung sind die Ergebnisse des Aufbaus Ost entsprechend ernüchternd, denn trotz hoher Transferzahlungen und enormer Anstrengungen ist im Osten der Republik immer noch kein selbst tragender Aufschwung in Sicht. Statt dessen hat sich hier inzwischen, ungeachtet aller regionaler Differenzierung, eine typische Transferökonomie und Transfergesellschaft formiert, ein deutscher Mezzogiorno, der vom Westen alimentiert wird und dessen Zukunft „auf der Kippe" steht.

Mit dem hier vorgelegten Text wird das Ziel verfolgt, die sich in den Transfers manifestierende Beziehung zwischen Ost- und Westdeutschland für die Zeit von 1990 bis 2000 möglichst umfassend zu dokumentieren. Dabei geht es nicht nur um die statistische Erfassung der Transferleistungen, sondern vor allem auch um deren Interpretation im Lichte eines volkswirtschaftlichen Kreislaufs, welcher neben den Finanztransfers auch Realtransfers, Rückflüsse und Steuersubventionen sowie Vermögenstransfers und andere Ressourcenübertragungen einschließt. Die Untersuchungen werden unter finanzwissenschaftlichem, makroökonomischem und politökonomischem Aspekt vorgenommen. Im Gegensatz zu den meisten anderen Arbeiten, die dieser Problematik gewidmet sind, erfolgt die Analyse in diesem Buch von einem ostdeutschen Standpunkt aus. Das heißt, Kategorien wie Nutzen, Kosten, Lasten, Effekt, Gewinn, Verlust, Vorteil, Nachteil etc., werden aus ostdeutscher Sicht und ausgehend von einem ostdeutschen Problemverständnis definiert. Dies bereitet mitunter Schwierigkeiten, denn mit der Gestaltungsmacht der deutschen Einheit liegt selbstverständlich auch die Deutungsmacht darüber im Westen, was die Wahl der Begriffe und eine entsprechende Sprachregelung einschließt. „Wo es eine übermächtige Klasse gibt", schrieb John Stuart Mill, rührt ein großer Teil der *Begriffe* „von deren Klasseninteressen, von deren Überlegenheit als Klasse her."[1] Nirgends trifft dies heute mehr zu als für die deutsche Einheit, wie die Auslegung der öffentlichen Transfers als „Transfer" oder Wortschöpfungen wie „Solidaritätszuschlag" und „Erblastentilgungsfonds" veranschaulichen. Aber auch Begriffe wie „Beitritt", „Währungsunion" und „neue" bzw. „junge" Bundesländer assoziieren ein spezifisches Verständnis des Einigungsprozesses. Eine sachliche Bearbeitung des Themas aus ostdeutscher Sicht kommt um eine Auseinandersetzung mit dieser Terminologie nicht umhin.

Leider erlaubt es die Datenlage nicht, die hier vorgenommenen Überlegungen durchgängig mit entsprechenden statistischen Angaben zu belegen. Es gibt hierfür keine konsistente Datenbasis. Für bestimmte Zeiträume wurden keine Daten erhoben, für andere sind die von unterschiedlicher Seite vorgelegten Daten nicht miteinander vergleichbar. Vielfach existieren Statistiken unterschiedlicher Abgrenzung nebeneinander und ohne dass eine Verknüpfung zwischen ihnen hergestellt wurde. Auf Grund der Tatsache, dass einige Daten zur Wirtschaftsentwicklung in den neuen Bundesländern seit 1990 erhoben wurden, andere aber erst ab 1991 oder 1992, dass für die Verteilungs- und Verwendungsrechnung Ostdeutschlands seit 1995 kein gesonderter Ausweis mehr erfolgt und die Zeitreihen zu den Transferzahlungen 1999 enden, vollzieht sich die Entwicklung Ostdeutschlands mehr und mehr im statistischen „Halbdunkel". Besondere Probleme bereitet die Bewertung bestimmter Entwicklungen im Zeitablauf, da hierzu die Ausgangsbedingungen definiert werden müssen. Für einen statistischen „Brückenschlag" von 1989 zu 1991 bzw. 1992 fehlen bisher jedoch die Voraussetzungen, so dass eine Reihe von Aussagen derzeit nicht oder nur ungenügend quantifizierbar sind.

Der Ausweis des Umfangs der Transferleistungen sowie die statistische Untersetzung von Aussagen zur wirtschaftlichen Entwicklung Ostdeutschlands erfolgt entsprechend den Regeln der Veröffentlichungspraxis bis zum Jahr 2000 in D-Mark und für 1999 und 2000 für eine Reihe von Daten zusätzlich in Euro. So lässt sich die Vergleichbarkeit zu späteren Entwicklungsperioden trotz des zwischenzeitlich erfolgten Wechsels der Währung leicht herstellen.

---

1 J. St. Mill, *Über die Freiheit. Essay*, Leipzig und Weimar 1991, S. 14.

Die vorliegende Ausarbeitung basiert auf einem von der *Deutschen Forschungsgemeinschaft* Bonn geförderten Forschungsprojekt „Bestandsaufnahme und Wirkungsanalyse der Transferzahlungen im Gefolge der deutschen Wiedervereinigung", das von 1998 bis 2001 an der Humboldt-Universität zu Berlin und der Europa-Universität Frankfurt/O. Viadrina durchgeführt wurde. Den Verantwortlichen für dieses Projekt, Herrn Professor Dr. Michael C. Burda und Herrn Professor Dr. Helmut Seitz sei hiermit für ihre großzügige Unterstützung und wissenschaftliche Anregung gedankt. Mein Dank gilt auch Frau Anja Schneider, Frau Ulrike Busch, Herrn Emanuel Mönch, Herrn Nikolaus Wolf und, nicht zuletzt, Frau Dr. Sigrid Busch für ihre vielfältige Unterstützung bei der Problemanalyse und -diskussion, Datenbeschaffung und wissenschaftlichen Assistenz. Frau Anja Schneider war darüber hinaus an der Ausarbeitung des Manuskripts mit eigenen Beiträgen beteiligt.

Berlin, im Dezember 2001

Ulrich Busch

1. Kapitel

Ostdeutschland: Vereinigungsgesellschaft und Transferökonomie

Als Bundeskanzler *Helmut Kohl* und DDR-Ministerpräsident *Hans Modrow* im Februar 1990 mit ihren, hinsichtlich Inhalt und Zeitplan, grundverschiedenen Konzeptionen für die deutsche Einheit an die Öffentlichkeit traten[1], wusste niemand genau, wie der Weg dorthin konkret aussehen wird und wie viel Zeit es bedarf, um die beiden seit 45 Jahren getrennten Gesellschaften, Wirtschaften und Kulturen wieder zusammen zu führen. Ebenso wenig war man sich darüber im Klaren, welchen Nutzen die Einheit für Ost- und Westdeutschland haben wird und welche Kosten damit verbunden sein werden. Klarheit bestand lediglich in Bezug auf das Ziel, die Herstellung der deutschen Einheit, und die sich von Tag zu Tag verstärkende Dringlichkeit, mit der die Verwirklichung dieses Ziels auf die politische Tagesordnung rückte.

Vorstellungen, in der DDR zunächst Reformen einzuleiten und die nationale Einheit dann schrittweise über eine Staatengemeinschaft, Konföderation und Föderation herbeizuführen, verloren rasch an Akzeptanz. Die Forderung nach einem radikalen Systemwechsel in der DDR wurde immer stärker mit der Lösung der nationalen Frage und der Forderung nach der baldigen Einheit Deutschlands verknüpft. Das überraschende Angebot *Kohls* vom 6.2.1990, die Währung der DDR durch die D-Mark zu ersetzen, bedeutete schließlich eine Absage an eine Wirtschaftsreform der DDR in eigener Regie und damit an das Konzept einer Konföderation zwischen beiden deutschen Staaten. Statt dessen rückte jetzt, mit der ins Auge gefassten Währungs- und Wirtschaftsunion, die Wiedervereinigung *unmittelbar* auf die Tagesordnung, was nicht nur bei der Regierung der DDR und den Bürgerrechtsgruppen auf

---

1 Hans Modrow unterbreitete seine Konzeption zur Herstellung der deutschen Einheit am 1.2.1990 und erläuterte sie am 5.2. vor der Volkskammer der DDR. Helmut Kohl war Ende Januar zu der Überzeugung gelangt, dass die Vereinigung der beiden deutschen Staaten schnell erfolgen sollte. Am 6.2. machte er der DDR das Angebot, die Währung der DDR durch die D-Mark zu ersetzen. Am 7.2. beschloss das Bundeskabinett die Gründung eines Ausschusses „Deutsche Einheit". Am 11.2. sprach sich der Kanzler öffentlich für eine rasche Vereinigung aus. Am 13.2. wurden die Vorschläge der DDR-Regierung präsentiert, welche das Angebot grundsätzlich akzeptierte (vgl. W. Jäger (zus. mit M. Walter), *Die Überwindung der Teilung*, Stuttgart 1998; BMB (Hrsg.), *Texte zur Deutschlandpolitik*, Reihe III, Bd. 8a und 8b - 1990, Bonn 1991).

Zurückhaltung stieß, sondern auch gegenüber dem Zehn-Punkte-Programm der Bundesregierung zur Überwindung der Teilung Deutschlands und Europas vom 28.11.1989 einen nicht zu übersehenden Strategiewechsel bedeutete.[2]

Zielte die bis Januar 1990 verfolgte konföderative Strategie auf einen allmählichen Zusammenschluss und Vereinigungsprozess der beiden deutschen Staaten, so lief der nun eingeschlagene Weg auf den unverzüglichen Anschluss[3] der DDR an die Bundesrepublik hinaus. Die hierin zum Ausdruck kommende Beschleunigung des Verfahrens fand jedoch nicht nur Zustimmung, sondern auch Kritik[4]; dies nicht zuletzt wegen der damit verbundenen unkalkulierbaren ökonomischen Risiken. Während sich *Kohl* in Bonn mit seinem Konzept politisch durchsetzte, wurden in der DDR die Volkskammerwahlen am 18. März faktisch zu einem Plebiszit über die Währungsunion sowie über das Tempo und das Procedere der Vereinigung.

Unterstützt durch das Versprechen des Kanzlers, zwischen der Bundesrepublik Deutschland und der DDR alsbald eine Währungsunion und Wirtschaftsgemeinschaft zu schaffen[5], ging die von der CDU geführte *Allianz für Deutschland* aus den Wah-

---

2   Dem Angebot vom 6.2.1990 waren zahlreiche Erklärungen vorausgegangen, die vom Konzept her „ein organisches Zusammenwachsen" beider deutscher Staaten vorsahen (vgl. H. Kohl, *Reden und Erklärungen zur Deutschlandpolitik*, Bonn 1990; V. Gramsow/H. Jarausch, *Die deutsche Vereinigung. Dokumente zu Bürgerbewegung. Annäherung und Beitritt*, Köln 1991).
3   Belastet durch den Anschluss Österreichs 1938 an das Deutsche Reich findet dieser Begriff im Kontext der deutschen Vereinigung eher selten Verwendung. Nichtsdestotrotz ist er als Definition für einen Vorgang, wo „eine Region oder ein Staat de facto Bestandteil eines anderen wird" (J. Roesler, *Der Anschluß von Staaten in der modernen Geschichte*, Frankfurt a.M. u.a. 1999, S. 17), hier zutreffend. Zumal in Bezug auf das Saarland, dessen Angliederung 1957 ebenfalls gemäß Artikel 23 GG erfolgte, von einem „Anschluss" gesprochen wird (vgl. A. Weinlein, „Glückliche Jahre in Frieden und Freiheit", in: *Das Parlament*, Nr. 16/1999, S. 1). Auch andere Autoren interpretieren den Beitritt der DDR zur Bundesrepublik als „Anschluss" (vgl. z.B. Ch. S. Maier, *Das Verschwinden der DDR und der Untergang des Kommunismus*, Frankfurt a.M. 1999; P. Decker/K. Held, *Der Anschluß*, München 1990).
4   So hielt Bundesbankpräsident Karl Otto Pöhl die Einführung der D-Mark in der DDR für eine „sehr phantastische", aber wenig realistische, da „verfrühte" Idee (vgl. *Handelsblatt*, 7.2.1990). Bundeswirtschaftsminister Helmut Haussmann legte einen, von den Vorstellungen des Kanzlers abweichenden „Dreistufenplan" für eine Währungs- und Wirtschaftsunion vor (vgl. BMWi, *Tagesnachrichten* Nr. 9507, 8.2.1990). Ernsthafte Bedenken wurden auch vom Sachverständigenrat zur Begutachtung der gesamtwirtschaftlichen Entwicklung angemeldet (vgl. Brief des Sachverständigenrates an den Bundeskanzler v. 9.2.1990, in: BT-Drs. 11/8472, S. 306–308).
5   Am 6.2.1990 fassten die Vorsitzenden der Bonner Koalitionsparteien, Helmut Kohl (CDU), Theo Waigel (CSU) und Otto Graf Lambsdorff (FDP), den Beschluss, unmittelbar nach den Wahlen in der DDR am 18.3. Verhandlungen über eine „Währungsunion und Wirtschaftsgemeinschaft" aufzunehmen. Für den Wahlkampf war die Zusage der alsbaldigen Einführung der D-Mark in der DDR von ausschlaggebender Bedeutung.

len am 18. März als Sieger hervor. Dieses, als Votum für einen unverzüglichen Beitritt der DDR zur Bundesrepublik zu wertende Wahlergebnis, verstärkte den politischen Druck auf beide Seiten, rasch zu entsprechenden vertraglichen Vereinbarungen zu gelangen. Dabei galt das Primat der Politik, das heißt ökonomische Überlegungen und von Fachleuten vorgetragene Bedenken wurden bewusst zurückgestellt. „Politische und gesellschaftliche Umwälzungen", so *Kohl*, hätten „zu einer dramatischen Verkürzung des Zeithorizonts geführt, so dass für ... Stufenpläne ... die Voraussetzungen entfallen sind. In einer solchen Situation geht es um mehr als Ökonomie, so wichtig Ökonomie ist."[6] Die Einheit sollte „zügig und verantwortungsvoll", wie in der Koalitionsvereinbarung der neugewählten DDR-Regierung formuliert, herbeigeführt werden, auch wenn die dafür erforderlichen Vorbereitungen und Anpassungsmaßnahmen nicht in ausreichendem Maße getroffen und die ökonomischen und sozialen Risiken eines solchen Vorgehens mithin außerordentlich hoch waren.[7]

Bereits am 15.2. standen die wesentlichen Eckpunkte für die angestrebte „Währungs- und Wirtschaftsunion" fest.[8] Vom 20.2. bis 13.3. fanden dazu Expertengespräche statt, die nach den Volkskammerwahlen und der Bildung der neuen DDR-Regierung unter *Lothar de Maizière* fortgesetzt wurden. Am 4.4. lag bereits der Rohentwurf eines entsprechenden Vertragswerkes vor, das inzwischen, auf Drängen der DDR, zur „Währungs-, Wirtschafts- und Sozialunion" erweitert worden war. Zugleich nahm der Vertrag von seiner inhaltlichen Diktion her immer mehr den Charakter eines wesentlichen Schrittes in Richtung Herstellung der deutschen Einheit gemäß Artikel 23 GG (a.F.) an, während der laut Artikel 146 GG vorgesehene Weg über einen Volksentscheid und eine neue Verfassung von den Regierungskoalitionen nicht angestrebt wurde.[9]

Am 18. Mai 1990 erfolgte die Unterzeichnung des Staatsvertrages über die Schaffung einer *Währungs-, Wirtschafts- und Sozialunion*.[10] Mit der Umsetzung dieses

---

6 H. Kohl, *Die deutsche Einheit. Reden und Gespräche*, Bergisch Gladbach 1992, S. 160.
7 Die These, es hätte zu der von der Regierung Kohl praktizierten Lösung keine Alternative gegeben, gehört ebenso ins Reich der Legenden wie die Behauptung, man sei von den Ereignissen völlig überrascht worden (vgl. L. Hoffmann, *Warten auf den Aufschwung*, Regensburg 1993, S. 21ff.; J. Gros, *Entscheidung ohne Alternative? Die Wirtschafts-, Finanz- und Sozialpolitik im deutschen Vereinigungsprozeß 1989/90*, Mainz 1994; W. Heering, „Acht Jahre deutsche Währungsunion", in: *Aus Politik und Zeitgeschichte*, B 24/1998, S. 20–34).
8 Dabei konnte man auf langjährige umfangreiche Vorarbeiten des „Forschungsbeirates für Fragen der Wiedervereinigung Deutschlands" und der „Forschungsstelle für gesamtdeutsche wirtschaftliche und soziale Fragen" zurückgreifen (vgl. K.-H. Roth, *Anschließen, angleichen, abwickeln. Die westdeutschen Planungen zur Übernahme der DDR 1952 bis 1990*, Hamburg 2000, S. 81ff., 129ff.).
9 Vgl. hierzu W. Weidenfeld/K.-R. Korte (Hrsg.), *Handbuch zur deutschen Einheit 1949 – 1989 –1999*, Bonn 1999, S. 409f.
10 BGBl. 1990 II, S. 537.

Vertrages zum 1. Juli 1990 war der *entscheidende* Schritt auf dem Wege zur deutschen Einheit getan, denn die Aufgabe der Währungshoheit und staatlichen Planung seitens der DDR und die Übertragung der Währungs-, Wirtschafts-, Finanz- und großer Teile der Sozialordnung der Bundesrepublik auf die DDR bedeuteten wirtschaftspolitisch bereits deren Anschluss. Mit dem *Staatsvertrag* war im Verhältnis der beiden deutschen Staaten ein *point of no return* erreicht, dessen logische Konsequenz nur die baldige staatliche Vereinigung sein konnte. Der drei Monate später dann *formal* vollzogene Beitritt der DDR zur Bundesrepublik Deutschland gemäß Artikel 23 GG (a.F.) war in der Tat nur die folgerichtige staatsrechtliche Vollendung der mit dem ersten Staatsvertrag bereits präjudizierten und durch die Einführung der D-Mark in der DDR und den gemeinsamen Markt ökonomisch schon hinreichend fundierten *faktischen* Einheit.

Gleichzeitig wurde mit der *Währungs-, Wirtschafts- und Sozialunion* ein auf die umfassende Inkorporation Ostdeutschlands in die bundesdeutsche Wirtschafts- und Gesellschaftsordnung gerichteter Transformationsprozess in Gang gesetzt. Dieser sozioökonomische Anpassungs- und Umgestaltungsprozess ist bis heute nicht abgeschlossen und wird bis zu seiner vollständigen Bewältigung noch mehrere Jahrzehnte in Anspruch nehmen.

Die für den Vereinigungsprozess als Ganzes charakteristische Ungleichzeitigkeit der einzelnen Abläufe, wobei sich politische, rechtliche, wirtschaftliche, soziale und kulturelle Momente nicht decken, bewirkt, dass Ostdeutschland für eine längeren Zeitraum spezifische Züge einer Transformations- und Vereinigungsgesellschaft annimmt. Obwohl seit dem Inkrafttreten der *Währungs-, Wirtschafts- und Sozialunion* als Währungsgebiet und Binnenmarkt integraler Bestandteil der Bundesrepublik und seit dem Beitritt am 3.10.1990 auch staats- und verfassungsrechtlich dazu gehörend, zeichnet sich Ostdeutschland bis heute durch eine Reihe spezifischer Merkmale aus. Hierzu gehören seine besondere politische Struktur und eine mit dem übrigen Bundesgebiet nicht vergleichbare Parteienpräsenz[11] ebenso wie zahlreiche wirtschaftliche[12], soziale[13], mentale[14], geistig-weltanschauliche[15] und kulturelle Eigentümlich-

---

11 Vgl. O. Niedermayer/R. Stöss (Hrsg.), *Parteien und Wähler im Umbruch. Parteiensystem und Wählerverhalten in der ehemaligen DDR und in den neuen Bundesländern*, Opladen 1994; O. Niedermayer, „Von der Hegemonie zur Pluralität: Die Entwicklung des ostdeutschen Parteiensystems", in: H. Bertram/R. Kollmorgen (Hrsg.), *Die Transformation Ostdeutschlands*, Opladen 2001, S. 77–96.

12 Vgl. DIW/IfW/IWH, *Gesamtwirtschaftliche und unternehmerische Anpassungsfortschritte in Ostdeutschland. Neunzehnter Bericht*, IWH-FR 5/1999 Halle.

13 Vgl. G.-J. Glaeßner, *Der lange Weg zur Einheit. Studien zum Transformationsprozeß in Ostdeutschland*, Berlin 1993; R. Geißler, *Die Sozialstruktur Deutschlands. Zur gesellschaftlichen Entwicklung mit einer Zwischenbilanz zur Vereinigung*, Opladen 1996.

14 Vgl. M. Vester, „Deutschlands feine Unterschiede. Mentalitäten und Modernisierung in Ost- und Westdeutschland", in: *Aus Politik und Zeitgeschichte*, B 20/95, S. 16–30.

keiten[16], die es bis dato als eine relativ eigenständige territoriale Einheit erscheinen lassen.[17]

In den Politik-, Sozial- und Kulturwissenschaften wird diese Thematik als Problem der ausstehenden bzw. noch nicht vollendeten *inneren Einheit* (im Unterschied zu der mit dem Beitritt am 3.10.1990 definitiv vollzogenen *äußeren Einheit*) diskutiert.[18] Da dieser Begriff aber vor allem auf die mentalen und geistig-kulturellen Unterschiede zwischen Ost und West abstellt, wird er der tatsächlichen Situation kaum gerecht. Die sozialisationsbedingten Wertdifferenzen zwischen Ost- und Westdeutschen sind nicht der entscheidende Grund dafür, dass die innere Einheit bisher nicht zustande gekommen ist. Auch sind sie, genau besehen, viel zu gering, um eine besondere Identität der Ostdeutschen begründen zu können.[19] Maßgebend für den Ost-West-Unterschied und die noch unvollständige Integration der Ostdeutschen in die Bundesrepublik ist vielmehr die Diskrepanz in den ökonomischen Lebensgrundlagen[20], insbesondere in der Leistungskraft und Produktivität, im Industrialisierungsgrad, in der infrastrukturellen Ausstattung sowie im Einkommensniveau, im Verbrauch und bei den Vermögen. Das heißt, die Verwirklichung der inneren Einheit ist in erster Linie, wenn auch nicht ausschließlich, eine Frage der Einheitlichkeit der Lebensverhältnisse und damit der Angleichung der materiellen Lebensbedingun-

---

15 Dies betrifft nicht nur die ideologisch-weltanschauliche und politische Prägung der Menschen, sondern auch ihre ethisch-moralischen Grundüberzeugungen und Werte sowie religiösen Bindungen. Erzbischof Johannes Dyba verkündete 1995: „Die neuen Bundesländer sind weder christlich noch abendländisch, sondern ... mehrheitlich heidnische Länder." (*Berliner Zeitung*, 31.8.1995)
16 Vgl. D. Mühlberg, „Nachrichten über die kulturelle Verfassung der Ostdeutschen", in: *Berliner Debatte INITIAL*, 10. Jg. (1999) 2, S. 4–17; ders., „Kulturelle Differenz als Voraussetzung innerer Stabilität der deutschen Gesellschaft", in: *Berliner Debatte INITIAL*, 11. Jg. (2000) 2, S. 47–58; ders., „Beobachtete Tendenzen zur Ausbildung einer ostdeutschen Teilkultur", in: *Aus Politik und Zeitgeschichte*, B 11/2001, S. 30–38.
17 Es klingt vielleicht übertrieben, ist aber keineswegs abwegig, den Ostdeutschen deshalb eine eigene Ethnizität zuzusprechen, das heißt, sie als separate „ethnische Gruppe" mit spezifischen Merkmalen und Interessen zu begreifen (vgl. M. A. Howard, „Die Ostdeutschen als ethnische Gruppe?", in: *Berliner Debatte INITIAL*, 6. Jg. (1995) 4/5, S. 119–131).
18 Vgl. z.B. H.-J. Veen, „Innere Einheit – aber wo liegt sie? Eine Bestandaufnahme im siebten Jahr nach der Vereinigung Deutschlands", in: *Aus Politik und Zeitgeschichte*, B 40/41/1997, S. 19–28.
19 Vgl. M. Kaase/P. Bauer-Kaase, „Deutsche Vereinigung und innere Einheit 1990–1997", in: H. Meulemann (Hrsg.), *Werte und nationale Identität im vereinten Deutschland: Erklärungsansätze der Umfrageforschung*, Opladen 1998, S. 251–267.
20 Vgl. D. Pollack/G. Pickel, „Die ostdeutsche Identität – Erbe des DDR-Sozialismus oder Produkt der Wiedervereinigung?", in: *Aus Politik und Zeitgeschichte*, B 41/42/1998, S. 9–23.

gen.[21] Solange es hier zwischen Ost- und Westdeutschland noch gravierende Unterschiede gibt, ist die „Einheitlichkeit der Lebensverhältnisse", wie das *Grundgesetz* sie für das gesamte Bundesgebiet fordert[22], nicht wirklich gegeben, sondern bleibt vorrangige Aufgabe der Politik.[23] Für Ostdeutschland gilt derweil, *nolens volens*, ein Sonderstatus.

Zur qualitativen Bestimmung des besonderen Status' Ostdeutschlands nach dem Beitritt zur Bundesrepublik sind eine Reihe von Begriffen und Umschreibungen in Gebrauch, die, je nach Herkunft und Verwendung, jeweils ganz bestimmte Seiten der ostdeutschen Spezifität betonen. Dies geschieht jedoch zumeist nicht wertfrei, sondern derart, dass die ostdeutschen Besonderheiten als *Makel* herausgestellt werden, als Abweichungen von der (westdeutschen) Norm, wodurch sie als *Defizite* im Angleichungsprozess erscheinen. Als bloße temporäre Spezifika sollen sie im Laufe der Zeit allmählich abgebaut werden und mit der Vollendung der *inneren Einheit* gänzlich verschwinden bzw., sofern dies nicht eintritt, das regionale Erscheinungsbild der neuen Bundesländer folkloristisch abrunden. Das Spektrum der Begriffswahl reicht dabei von nach rückwärts gewandten Termini wie „Mitteldeutschland", „Ostelbien", „frühere Zone", „Pankow", „Ex-DDR" und „ehemalige DDR" über diffamierende Bezeichnungen wie „Alimentationsgebiet" und den protektionistisch anmutenden amtlichen Begriff „Beitrittsgebiet" bis hin zu zukunftsorientierten Benennungen wie „Entwicklungsgebiet", „Sonderfördergebiet" und „Wachstumszone". Auch die Attribute „neu" bzw. „jung" zur näheren Bezeichnung der ostdeutschen Bundesländer assoziieren einen Zustand des noch nicht richtigen Dazugehörens bzw. einer, gegenüber den „alten" Bundesländern, noch zu verzeichnenden Unreife, welcher vormundschaftlich-erzieherisch zu begegnen sei. Berücksichtigt man zudem die historische Tradition der „jungen" Länder (Thüringen, Sachsen, Mecklenburg usw.) und vergleicht diese mit der einiger „alter" Länder (Nordrhein-Westfalen, Rheinland-Pfalz), so erweist sich die hier gewählte Terminologie als geradezu grotesk. Sie dient ganz offensichtlich einer politischen Sprachregelung zur impliziten Hierarchisierung der Bundesländer.[24]

21 Vgl. U. Busch, „Vermögensdiskrepanz und 'innere Einheit'", in: *Das Argument* 232, 41. Jg. (1999) 5, S. 667–672; ders., „Die Illusion gleicher Lebensverhältnisse", in: H. Misselwitz/ K. Werlich (Hg.), *1989: Später Aufbruch – frühes Ende? Eine Bilanz nach der Zeitenwende,* Potsdam 2000, S. 196–212.
22 Im Grundgesetz, Art. 106 (3), wird die Wahrung der „Einheitlichkeit der Lebensverhältnisse im Bundesgebiet" gefordert, in Art. 72 (2) ist, seit der Neufassung 1994, von der „Herstellung gleichwertiger Lebensverhältnisse im Bundesgebiet" die Rede.
23 Vgl. *Jahresbericht der Bundesregierung zum Stand der deutschen Einheit 1999*, Berlin 1999, S. 25.
24 Hans Mayer vermerkte dazu: „Die Terminologie (alte und neue Bundesländer) war Sprachregelung....Was jedoch war alt, und was neu? ... Wie alt sind die Bundesländer Nordrhein-Westfalen oder Rheinland-Pfalz? Seit wann gibt es ein Land Niedersachsen in der

Demgegenüber fokussieren andere Begriffe vor allem den sozialökonomischen Umbruch in Ostdeutschland nach 1989. Je nachdem, welcher Aspekt dabei besonders herausgestellt werden soll, erscheint Ostdeutschland als „posttotalitäre" oder „postsozialistische" bzw. „-kommunistische" Gesellschaft, als „Transformations-", „Transitions-" bzw. „Übergangsgesellschaft" oder aber als „Vereinigungsgesellschaft" bzw. „Vereinigungsteilgesellschaft".

Dabei akzentuieren die Termini „posttotalitär", „postsozialistisch" und „postkommunistisch" den Übergangscharakter der ostdeutschen Gesellschaft aus der Perspektive ihrer Herkunft. Dieser Ansatz ist folglich, auch in komparativer Abgrenzung gegenüber anderen Ländern, besonders an der Untersuchung der „Ausgangslagen und Hinterlassenschaften"[25] des Sozialismus/Kommunismus interessiert, an der „Mitgift" bzw. „Erblast" der DDR. Typisch für diese Herangehensweise ist eine Gegenüberstellung positiver und negativer Aspekte der realsozialistischen Gesellschaft, um dann, davon ausgehend, die Gewinne und Verluste des Systemwechsels gegeneinander aufzurechnen. Die realsozialistische Vergangenheit dient dafür jeweils als Referenz. Obwohl zur Erklärung der Problemlage Ostdeutschlands auch in jüngster Zeit immer wieder auf diesen Ansatz zurückgegriffen wird[26], vermag die daran geknüpfte Argumentation doch immer weniger zu überzeugen. Mit jedem Jahr verblassen die Spuren, die der reale Sozialismus in Wirtschaft, Kultur und Gesellschaft Ostdeutschlands hinterlassen hat, mehr, so dass ihm die Defizite und Fehlentwicklungen von heute nur noch zum geringsten Teil anzulasten sind. Die sich seit der Vereinigung vollzogenen Veränderungen dürften inzwischen für die Beurteilung der Gesamtsituation Ostdeutschlands – im Positiven wie im Negativen – weitaus stärker ins Gewicht fallen als das Erbe der DDR-Vergangenheit.

Im Unterschied hierzu stellen die Begriffe „Transformations-", „Transitions-" und „Übergangsgesellschaft" stärker auf den *status quo*, als etwas relativ Stabilem, aber in Veränderung Begriffenem, ab. Dies gilt insbesondere für den Transformationsbegriff, da dieser neben dem Präfix *Trans*, zur Bezeichnung des Übergangs, einen *formativen* Aspekt beinhaltet, wodurch der Systemwechsel zum *Umgestaltungsprozess* wird. Als solcher aber besitzt er eine zeitliche Dimension, ist also ein *histo-*

---

deutschen Geschichte?" (H. Mayer, „Sprechen in der Wende. Bemerkungen zur politischen Terminologie", in: *Wendezeiten. Über Deutsche und Deutschland*, Frankfurt a.M. 1993, S. 291).

25 R. Reißig, „Ostdeutschland – Der 'deutsche Sonderweg' der Transformation", in: Brandenburgische Landeszentrale für politische Bildung (Hrsg.), *Die real-existierende postsozialistische Gesellschaft*, Berlin 1994, S. 8

26 Vgl. W. Zapf, „Wie kann man die deutsche Vereinigung bilanzieren?", in: H.-H. Noll/R. Habich (Hg.), *Vom Zusammenwachsen einer Gesellschaft*, Frankfurt/New York 2000, S. 17–36.

rischer Prozess. Transformation ist der durch „politisches Handeln ausgelöste Prozess ..., der durch eine Substitution gegebener ordnungskonstituierender Merkmale durch andere einen 'qualitativen' Sprung derart bewirkt, dass es zu einer Ablösung des alten Systems durch ein neues kommt."[27] Das Begreifen dieses „qualitativen Sprungs" als Resultat letztlich *quantitativer*, sich in Raum und Zeit vollziehender Veränderungen, impliziert die Fassung des Systemwechsels als einen zeitumspannenden Prozess, welcher eine besondere Phase des Übergangs umschließt. Folglich beinhaltet der sozialwissenschaftliche Transformationsbegriff viel mehr als den bloßen Wechsel des politischen oder wirtschaftlichen Systems. Unter *Transformation* wird der diesen Wechsel beinhaltende „Prozess beziehungsweise Zeitraum der Umwandlung eines gesellschaftlichen Systems in ein anderes" verstanden. Dabei vollzieht sich die „formationsüberschreitende Umwandlung" als ein „von Akteuren getragener intentionaler Prozess", der endlich, aber entwicklungsoffen ist und worin „mehrere interdependente Prozesse" zeitgleich ablaufen.[28] Methodisch kann dabei auf *Nikolai Bucharin*s Theorie einer Transformationsperiode zwischen Kapitalismus und Sozialismus[29] zurückgegriffen werden. Ferner auf *Karl Polanyis* Begriff der Transformation der Zivilisation[30] sowie auf *Walter Euckens* ordnungstheoretischen Ansatz[31], was in der Literatur auch geschieht.[32]

Der Status Ostdeutschlands in der Gegenwart lässt sich, ausgehend von diesen Überlegungen, als Moment eines länger andauernden sozioökonomischen Wandels interpretieren, das heißt als Stadium der Transformation. Dabei stimmt zwar die Logik des Wandels grundsätzlich mit der Entwicklung in anderen mittel- und osteuropäischen Ländern überein, nicht aber die Rahmenbedingungen, der Modus und das Tempo, woraus sich die besondere Stellung Ostdeutschlands unter den Transformationsländern herleitet.

Gegenüber dem Transformationsbegriff stellt der Terminus „Transition" voll und ganz auf den Systemwechsel ab, auf die Ablösung der alten Ordnung durch eine neue, ohne jedoch den Prozesscharakter und die Zeitdimension dieses Wechsels ge-

---

27 N. Kloten, *Die Transformation von Wirtschaftsordnungen. Theoretische, phänotypische und politische Aspekte*, (Walter Eucken Institut, *Vorträge und Aufsätze*, 132) Tübingen 1991, S. 8f.
28 A. Hopfmann/M. Wolf, „Was heißt und zu welchem Ende betreibt man Transformationsforschung?", in: dies. (Hrsg.), *Transformationstheorie – Stand, Defizite, Perspektiven*, Münster 2001, S. 20f.
29 N. Bucharin, *Oekonomik der Transformationsperiode* (1920), Hamburg 1989.
30 K. Polanyi, *The Great Transformation. Politische und ökonomische Ursprünge von Gesellschaften und Wirtschaftssystemen* (1944), Frankfurt/M. 1978.
31 W. Eucken, *Grundsätze der Wirtschaftspolitik* (1952), Tübingen 1990^6.
32 Vgl. R. Schwarz, *Chaos oder Ordnung? Einsichten in die ökonomische Literatur zur Transformationsforschung*, Marburg 1995.

nügend zu berücksichtigen und den Übergang selbst als eigenständigen Untersuchungsgegenstand, mit all seinen Facetten, Phasen, Stadien und Stufen, hinreichend zu würdigen.[33] Die hierin zum Ausdruck kommende Verkürzung des Transformationsproblems auf den Wechsel von einem Systemtyp zu einem anderen und die Behandlung des sozioökonomischen Wandels als lediglich transitorischen Vorgang, lässt den Begriff einer besonderen „Transitionsgesellschaft" als überflüssige Konstruktion erscheinen. Damit aber ist der Zugang zu einer Analyse der besonderen Umstände und Entwicklungsprobleme der Transitionsländer verbaut, was die Tauglichkeit dieses Ansatzes einigermaßen in Frage stellt. Dies gilt sowohl für die theoretische Analyse der sich sehr differenziert vollziehenden konkreten Entwicklungsverläufe in den Ländern Mittel- und Osteuropas, eine Frage, die hier nicht weiter verfolgt werden soll, als auch für Ostdeutschland, wo es darum geht, den besonderen Status einer Region innerhalb der Bundesrepublik Deutschland für eine bestimmte Zeitspanne schlüssig zu erklären.

Zieht man für die Erklärung des Systemwandels in Ostdeutschland die bekannten Transformationsstrategien „Schocktherapie" und „Gradualismus" heran[34], welche seit 1989 als modelltheoretische Alternativen der Transformation diskutiert werden, so stößt man sehr schnell auf die Inadäquatheit dieser Modelle, und zwar beider Varianten, für den ostdeutschen Fall. Trotz des gewaltigen Schocks, den die Währungsunion für die meisten Unternehmen bedeutete, handelte es sich hierbei nämlich nicht um eine klassische Form des „Big bang", denn weder die faktische Währungsaufwertung noch die Entwicklung der Realeinkommen folgten diesem Muster.[35] Ebenso wenig aber entsprach der Ablauf, das *sequencing*, dem gradualistischen Konzept, da die Maßnahmen der Deregulierung, Liberalisierung und Privatisierung nahezu gleichzeitig erfolgten und die Frist dafür extrem knapp bemessen war. Dies legt den Schluss nahe, dass es sich bei dem gesellschaftlichen Umbruch in Ostdeutschland offensichtlich nicht um einen typischen Vorgang der Transformation handelt, sondern um einen Ausnahmefall. Jede gründliche Untersuchung, die bisher dazu durchgeführt wurde, bestätigte dies und gelangte zu dem Ergebnis, dass es sich

---

33 Vgl. A. Eisen/M. Kaase, „Transformation und Transition: Zur politikwissenschaftlichen Analyse des Prozesses der deutschen Vereinigung", in: M. Kaase et al. (Hg.), *Politisches System*, Opladen 1996, S. 5–46.
34 Vgl. z.B. D. Lösch, „Der Weg zur Marktwirtschaft", in: *Wirtschaftsdienst*, 72. Jg. (1992), S. 656–664.
35 So will z.B. H. Wiesenthal im ostdeutschen Fall „die Analogie zur Schocktherapie ... auf den Zeitfaktor beschränkt" wissen: „Alle wichtigen Weichenstellungen erfolgten gleichzeitig und irreversibel. Dadurch konnte der Eindruck entstehen, dass in der DDR eine besonders strenge Variante der Schocktherapie angewendet worden sei. Tatsächlich handelte es sich aber um eine Art von ‚Therapie auf dem elektrischen Stuhl'" (H. Wiesenthal, *Die Transformation der DDR. Verfahren und Resultate*, Gütersloh 1999, S. 43).

im Falle Ostdeutschlands um einen außerordentlichen „Sonderfall eines Systemwandels"[36] handelt, der hinsichtlich seiner Bedingungen und seines Verlaufs nicht, oder nur sehr bedingt, mit den Prozessen in anderen Ländern vergleichbar ist. Damit erweist sich die ostdeutsche Problematik mehr als ein Gegenstand der innerdeutschen Problemanalyse und „Vereinigungsforschung" denn der Transformationsforschung, was die auffällige Zurückhaltung der komparativen Transformationsanalyse gegenüber Ostdeutschland in jüngster Zeit erklärt sowie die in den letzten Jahren zu beobachtende Verlagerung des Schwerpunktes der Beschäftigung mit Ostdeutschland, weg von der Transformationsforschung und hin zur empirischen politik-, wirtschafts-, sozial- und kulturwissenschaftlichen Regionalanalyse.

Die Begründung dafür ist vor allem in der Implementierung des ordnungspolitischen Umbaus Ostdeutschlands in den Prozess der deutschen Vereinigung zu sehen. Ferner in der Dominanz des Vereinigungsprozesses gegenüber der Transformation, woraus sich nicht nur der besondere Transformationstyp Ostdeutschlands als „exogen bestimmt" erklärt[37], sondern auch der holistische Charakter der Transformationsstrategie[38] und der umfassende Institutionentransfer von West nach Ost, als eine notwendige Konsequenz dieser Konstellation. Je länger dieser Prozess dauert, um so deutlicher tritt die deutsche Vereinigung als der spezifische Transformationsmodus Ostdeutschlands hervor. Spätestens seit dem Beitritt der DDR zur Bundesrepublik gibt es im Osten kein politisches, wirtschaftliches oder soziales Problem mehr, das sich autonom, ohne dass der Westen davon tangiert werden würde, lösen ließe. Dies betrifft alle Fragen der sozialökonomischen Umgestaltung gleichermaßen. Die Transformation Ostdeutschlands ist damit zu einem Problem der Inkorporation der neuen Länder in die Bundesrepublik geworden, das heißt, der Vollendung der deutschen Einheit, was es absolut rechtfertigt, hier von einem unvergleichlichen „Sonderfall im Transformationsprozess"[39] bzw. von einem „ostdeutschen Sonderweg"[40] zu sprechen. Inwieweit diese Tatsache jedoch zugleich ein „einzigartiges Privileg"[41]

---

36 Ebenda, S. 9. Vgl. auch: K. v. Beyme, „Der kurze Sonderweg Ostdeutschlands zur Vermeidung eines erneuten Sonderweges: Die Transformation Ostdeutschlands im Vergleich postkommunistischer Systeme", in: *Berliner Journal für Soziologie*, 3/1996, S. 305–316.
37 Vgl. G. Lehmbruch, „Die deutsche Vereinigung, Strukturen und Strategien", in: *Politische Vierteljahresschrift*, 4/1991, S. 585–604.
38 Vgl. A. Pickel, „Das ostdeutsche Transformationsmuster als Paradebeispiel holistischer Reformstrategie", in: J. Wielgohs/H. Wiesenthal, *Einheit und Differenz*, Berlin 1997, S. 33–43.
39 H. Siebert, *Das Wagnis der Einheit. Eine wirtschaftspolitische Therapie*, Stuttgart 1992, S. 24.
40 K. v. Beyme, „Die Transformation Ostdeutschlands im Vergleich postkommunistischer Systeme", in: M. Benkenstein et al. (Hrsg.), *Politische und wirtschaftliche Transformation Osteuropas*, Wiesbaden 2001, S. 9ff.
41 Vgl. R. Rose/C. Haerpfer, „The Impact of the Ready-made State. Die privilegierte Position Ostdeutschlands in der postkommunistischen Transformation", in: H. Wiesenthal (Hrsg.),

darstellt und der Sonderfall dadurch zu einem „privilegierten Sonderfall"[42] wird, ist zumindest unter dem Gesichtspunkt der Entwicklung der endogenen Potenziale sowie der sozialpsychologischen Verarbeitung und Reflexion des Umbruchs, zweifelhaft. In der Debatte darüber äußert sich dies in zahlreichen Einschränkungen und Relativierungen der ursprünglichen Aussage[43], was in Hinblick auf die wirtschaftliche Situation und Perspektive der neuen Länder aus heutiger Sicht noch zu unterstreichen ist.

Aus der vereinigungsbedingten Spezifik des ostdeutschen Systemwandels leitet sich unmittelbar eine besondere *Hierarchie* der in diesem Prozess zu realisierenden Zielsetzungen und Aufgaben ab. Darüber hinaus eine besondere *Art und Weise*, diese zu verwirklichen bzw. zu lösen sowie eine spezifische *Akteursstruktur*, die dies ermöglicht und dabei bestimmte *Interessen* realisiert. Dies soll im Einzelnen dargestellt werden.

Die Besonderheit der Zielhierarchie im ostdeutschen Systemwandel ist darin zu erblicken, dass der Herstellung der „institutionellen Gleichheit" zwischen Ost und West gegenüber der wirtschaftlichen Angleichung des Ostens an den Westen absolut Vorrang eingeräumt wurde.[44] Zur Verwirklichung dessen bedurfte es eines umfassenden *Institutionentransfers* von West nach Ost.[45] Die hierin zum Ausdruck kommende *Externalisierung* der Transformation jedoch und die damit verbundene Praktizierung einer holistischen Strategie liefen schließlich auf etwas anderes hinaus als der Transformationsbegriff normalerweise unterstellt. Denn sie bedeuteten für Ostdeutschland den faktischen *Verzicht* auf die Konstituierung einer eigenständigen Transformationsgesellschaft, deren Akteure und Institutionen primär auf die Mobilisierung endogener Ressourcen und Potenziale zur Lösung der spezifischen Transformationsprobleme gerichtet sind.[46] Anstelle des Umbaus der tradierten, in Ostdeutschland existierenden Institutionen durch vor allem *endogene* Akteure, erfolgte die Er-

---

Einheit als Privileg. Vergleichende Perspektiven auf die Transformation Ostdeutschlands, Frankfurt 1996, S. 105–140.

42 H. Wiesenthal, „Die neuen Bundesländer als Sonderfall der Transformation in den Ländern Ostmitteleuropas", in: *Aus Politik und Zeitgeschichte*, B 40/1996, S. 53f.

43 Vgl. H. Wiesenthal, „Die Transformation Ostdeutschlands: Ein (nicht ausschließlich) privilegierter Sonderfall der Bewältigung von Transformationsproblemen", in: H. Wollmann/H. Wiesenthal/F. Bönker (Hrsg.), *Am Ende des Anfangs*, Leviathan, 15. Sonderheft 1995, S. 134–159.

44 Vgl. H. Wiesenthal, *Die Transformation der DDR ...*, a.a.O., S. 9.

45 Vgl. G. Lehmbruch, „Die ostdeutsche Transformation als Strategie des Institutionentransfers: Überprüfung und Antikritik, in: A. Eisen/H. Wollmann, *Institutionenbildung in Ostdeutschland. Zwischen externer Steuerung und Eigendynamik*, Opladen 1996, S. 63–78.

46 Vgl. R. Reißig, „Spezifika und Eigenheiten des (ost)deutschen Transformationsfalles", in: *Biss public*, 9. Jg. (1999), 27, S. 133.

setzung derselben durch *externe*, aus Westdeutschland übertragene Institutionen, veranlasst und durchgeführt von *externen* Akteuren. Und dies ohne Rücksicht darauf, ob es sich bei den betreffenden Institutionen um Altbestände aus DDR-Zeiten handelte oder um demokratische Errungenschaften der „Wende". Der Institutionenimport aus dem Westen ließ alles Ostdeutsche gleichermaßen, *sine differentia*, ungeprüft und undifferenziert, obsolet werden und ersetzte es durch Institutionen, die im Westen entstanden waren und sich dort bereits, zumindest in der Regel, bewährt hatten. Aber selbst da, wo letzteres nicht zutraf, Institutionen überholt waren und Reformen längst überfällig, wie im Bildungs- und im Gesundheitswesen, war dies kein Hinderungsgrund für ihren Transfer nach Ostdeutschland. Die institutionelle Anpassung im Osten war wesentlich restaurativ. Sie erfolgte mit Bezug auf den Status quo *West*, niemals umgekehrt – und auch nicht mit Blick auf das vereinigte Deutschland als etwas Neuem, gemeinsam zu Gestaltendem.

Damit ist bereits Wesentliches über die *Art und Weise* der Umgestaltung der ostdeutschen Gesellschaft ausgesagt. Diese vollzog sich nämlich, im Unterschied zu den Transformationsprozessen in Mittel- und Osteuropa, mitnichten als ein historischer Suchprozess[47], ein Prozess der *Selbst*-Transformation. Vielmehr war die Situation durch einen formativen *Bruch* gekennzeichnet, welchem, nach einer kurzen Periode der Irritation, des Versuchens und der Illusionen zwischen Oktober 1989 und März 1990, die exogene Neuordnung der Verhältnisse nach westdeutschem Muster folgte. Da sich diese Neuordnung aber (fast) von Anfang an im staatlichen Rahmen der Bundesrepublik vollzog, und noch dazu weitestgehend über einen Institutionentransfer, konnte es dabei nicht zur Ausbildung einer autonomen Transforma-tions- oder Übergangsgesellschaft kommen, wie in anderen Ländern. Der Systemwandel vollzog sich hier vielmehr als ein regionaler Veränderungs- und Adaptionsprozess innerhalb eines Staates, was Ostdeutschland lediglich den Status einer *Teilgesellschaft* mit besonderen transformativen Zügen verleiht.

Der Tatbestand eines exogenen Systemwandels ohne endogene Transformation, die sich unter den Bedingungen einer autonomen Transformationsgesellschaft vollziehen würde, lässt jedoch Zweifel daran aufkommen, ob der Begriff „Transformation" überhaupt geeignet ist, den ostdeutschen „Fall" zutreffend zu beschreiben. Das Zurückgehen dieses Begriffes auf das reflexive Verb (sich) „transformieren" lässt ihn in den Augen einiger Autoren für die Charakterisierung eines *exogen* bestimmten Vorgangs wie der Umgestaltung Ostdeutschlands eher als ungeeignet erschei-

---

47 Vgl. H. Wagner, „Transformation und historischer Suchprozess", in: *Theorie und Praxis von Transformation in der Gegenwart*, Wiss. Zschr. d. Humboldt-Univ. zu Berlin, R. Geistes- und Sozialwiss., 41. Jg. (1992) 10, S. 8–21.

nen.⁴⁸ Andere Autoren wiederum lehnen den Transformationsbegriff deshalb ab, weil er nicht nur dem Übergang von einer Gesellschaftsordnung zu einer anderen kategorial Ausdruck verleiht, sondern dabei zugleich die Vorstellung suggeriert, es handle sich hierbei um einen, mittels Institutionentransfer, planmäßig gesteuerten Wechsel. Dies jedoch trifft gerade in Bezug auf die Marktwirtschaft nicht zu, denn diese verwirklicht sich „nicht schon mit Einführung des erforderlichen Regelwerks..., sondern erst im Handeln der unter diesen Regeln tätigen Menschen"⁴⁹. Dem ersten wie dem zweiten Einwand lässt sich dadurch begegnen, dass die Wiedervereinigung als spezifischer Transformationsmodus Ostdeutschlands interpretiert wird, die diversen Transfers in Bezug auf das Funktionieren der Marktwirtschaft hingegen lediglich als subsidiär.

Der Institutionentransfer aus Westdeutschland ließ sich nur realisieren, indem er durch einen entsprechenden Personen-, Ressourcen- und Finanztransfer komplementiert wurde. Es wurden also nicht nur die Institutionen ausgetauscht, sondern auch die *Akteure*, in erster Linie die Funktionseliten der Gesellschaft: Politiker, Manager, Direktoren, Amtsleiter, Banker, Generäle, Professoren, Intendanten usw.⁵⁰ Der radikale und umfassende Wechsel der Eliten, der in einigen Bereichen zu einer totalen Personalsubstitution in den oberen und mittleren Leitungsebenen geführt hat⁵¹, war eine folgerichtige Begleiterscheinung des Institutionentransfers. Ebenso wie dieser, lässt sich auch jener nur vor dem Hintergrund des exogenen und holistischen Charakters der Umgestaltung der ostdeutschen Gesellschaft im Rahmen *eines* Staates erklären. Insofern stellt auch er gegenüber den Veränderungen in Mittel- und Osteuropa eine ins Auge fallende Besonderheit dar.

Die externen Akteure waren natürlich weder daran interessiert, Ostdeutschland gemäß den vorgefundenen Bedingungen und unter Wahrung seiner Identität als historisch gewachsenen wirtschaftlichen und sozialen Organismus zu erhalten und zu entwickeln noch, was Richtung und Tempo der Umgestaltung anbetrifft, auf ostdeutsche Interessenlagen und mögliche Entwicklungspotenziale Rücksicht zu nehmen.⁵² Vielmehr waren sie bemüht, in Wahrnehmung eigener Interessen und mit

---

48 E. Helmstädter, „Historischer Suchprozeß auf dem Holzweg", in: *Theorie und Praxis ...*, a.a.O., S. 81.
49 A. Wagner, „Zur Transformation von Wirtschaftssystemen", in: *RWI-Mitteilungen*, 47. Jg. (1997)1–2, S. 48.
50 Vgl. H.-U. Derlien, „Elitezirkulation zwischen Implosion und Integration", in: H. Bertram/R. Kollmorgen (Hrsg.), *Die Tranformation ....*, a.a.O., S. 53–76; H. Wollmann et al. (Hrsg.), *Transformation der politisch-administrativen Strukturen in Ostdeutschland*, Opladen 1997.
51 Vgl. B. Möller, „Verwaltungskultur und Integration eines west-ost-gemischten Personalkörpers in Ministerialverwaltungen der neuen Bundesländer", in: *Berliner Debatte INITIAL*, 7. Jg. (1996) 3, S. 14–25.
52 Bezogen auf den Wissenschaftsbereich stellte sich dies beispielsweise derart dar, dass „der Transfer des westlichen Wissenschaftssystems nach Auflösung oder Aufsprengung

Blick auf gesamtdeutsche Belange in der Zukunft, Ostdeutschland in kürzester Frist nach westdeutschem Muster umzugestalten und auf den von Westdeutschland vorgegebenen Entwicklungspfad zu lenken.

Dies zeigte sich bereits im Vorfeld, beim Abschluss der Verträge zur deutschen Einheit, deren Aushandlung nach den Worten des westdeutschen Verhandlungsführers *Wolfgang Schäuble* ausdrücklich *nicht* auf der Basis „gleichberechtigter Ausgangspositionen"[53] erfolgte, sondern unter der Prävalenz Westdeutschlands. Dementsprechend waren die Verhandlungsergebnisse „weitgehend von den regulativen Präferenzen der westdeutschen Seite bestimmt, welche ...überlegene strategische und taktische Kompetenzen besaß", die sie, wie nicht anders zu erwarten, „zur Wahrung westdeutscher Interessen einsetzte."[54] Damit aber erhielt der Eingliederungs- und Integrationsprozess Ostdeutschlands einen besonderen Charakter, wofür die Begriffe „Kolonisierung" und „Kolonialisierung" stehen. Eingeführt in den deutsch-deutschen Vereinigungsdiskurs wurden diese Begriffe 1991 von *Rudolf Baring* und *Wolfram Engels*[55], vor allem in der Absicht, die Umgestaltung Ostdeutschlands als eine historische Herausforderung von Rang, als „Kolonialisierungsaufgabe" bzw. „neue Ostkolonisation"[56], herauszustellen. Im Verlaufe der Diskussion[57] erfuhren diese Begriffe dann jedoch eine zunehmend kritische Auslegung.[58] Danach sei es Kalkül der westdeutschen Akteure gewesen, Ostdeutschland politisch anzuschließen und ökonomisch zu „kolonisieren", das heißt als Absatzmarkt, Arbeitskräftereservoir

---

entsprechender Institutionen in der DDR...die Beendigung oder Neudefinition der Karrieren nahezu aller DDR-Wissenschaftler" bedeutete (D. Simon, „Lehren aus der Zeitgeschichte der Wissenschaft", in: J. Kocka/R. Mayntz (Hrsg.), *Wissenschaft und Wiedervereinigung. Disziplinen im Umbruch*, Berlin 1998, S. 509).

53 W. Schäuble, *Der Vertrag. Wie ich über die deutsche Einheit verhandelte*, Stuttgart 1991, S. 131.
54 H. Wiesenthal, *Die Transformation der DDR....*, a.a.O., S. 20. – Es ist bezeichnend, dass Walter Romberg, der 1990 den ersten Staatsvertrag für die DDR unterzeichnet hat, diesen heute, nachdem alle Konsequenzen dieses Vertrages sichtbar geworden sind, nicht noch einmal unterschreiben würde (W. Romberg, „Die deutsche Einheit nur ein Nebenergebnis", in: *Neues Deutschland*, 1./2.7.2000, S. 17).
55 Vgl. W. Engels, „Fehlstart", in: *Wirtschaftswoche* v. 1.3.1991, Nr. 10, S. 82.
56 A. Baring, *Deutschland, was nun?*, Berlin 1991, S. 70.
57 Vgl. T. Bulmahn, „Vereinigungsbilanzen", in: *Aus Politik und Zeitgeschichte*, B 40–41/1997, S. 29–34.
58 Dabei reicht das Spektrum des Kolonialisierungsdiskurses sehr weit: Einer Umfrage des demoskopischen Instituts Allensbach zufolge empfanden 1991 53% der Ostdeutschen die Vereinigung als „Kolonisierung" (E. Nölle-Neumann/R. Köcher (Hrsg.), *Allensbacher Jahrbuch der Demoskopie 1984–92*, Allensbach 1993, S. 478). Auch die sich an Goethes Kolonisierungskapitel im *Faust II* (5. Akt) anlehnende „Philemon und Baucis"-Szene Rolf Hochhuths reflektiert diese Sicht (R. Hochhuth, *Wessis in Weimar. Szenen aus einem besetzten Land*, Berlin 1993, S. 149ff.).

und verlängerte Werkbank zu nutzen, nicht aber gleichberechtigt zu integrieren und umfassend als Produktionsstandort und Lebenssphäre zu entwickeln.[59]

Tatsache ist, dass die Form einer fremdgesteuerten, allein am Muster Westdeutschlands orientierten „nachholenden Entwicklung" nicht nur eine, wie sich heute zeigt, äußerst problematische „externe Pfadabhängigkeit" für Ostdeutschland mit sich brachte.[60] Auch die endogenen Potenziale des Ostens, materielle Ressourcen, traditionelle Standorte und Produktionslinien wie Akteure, blieben dabei zwangsläufig zu großen Teilen auf der Strecke. In gewissem Umfange war dies sogar gewollt, denn nur ein *vollständiger* Institutionentransfer, welcher die politisch-ökonomischen Koordinierungsmechanismen ohne Abstriche und Modifizierungen auf Ostdeutschland überträgt, schien geeignet, ein „zweites deutsches Wirtschaftswunder" herbeizuführen. Insofern zielten insbesondere Maßnahmen zur wirtschaftspolitischen und -rechtlichen Steuerung des Umbaus, wie die Neuausrichtung der Tätigkeit der *Treuhandanstalt*, der Vorrang der Restitution vor einer Entschädigungslösung und die Revision der im *Staatsvertrag*, Art. 10, Abs. 6, vereinbarten Entschädigungsklausel für Sparer, nicht zuletzt darauf ab, eine „endogene Transformation zu vereiteln"[61]. Dies betraf insbesondere die Wirtschaft, vor allem die Großindustrie, aber auch Teile der Landwirtschaft, der Forschung, der Bildung und der Kultur. Der Verzicht auf den Umbau und die Modernisierung der ostdeutschen Wirtschaft und Gesellschaft zugunsten ihrer Zerschlagung und Stilllegung sowie anschließendem Neuaufbau und Revitalisierung zieht unter den Bedingungen eines vereinigten Deutschlands für lange Zeit enorme Transferleistungen nach sich. Es ist dies letztlich eine Konsequenz des erfolgreichen Institutionentransfers, dass diesem nun ein umfangreicher Ressourcentransfer folgt. Dies hat jedoch zu dem paradoxen Befund geführt, dass Westdeutschland dadurch zwangsläufig „gleichermaßen als exogener wie als endogener Faktor der Umgestaltung"[62] fungiert, während Ostdeutschland in diesem Prozess eine mehr oder weniger passive Rolle spielt.

---

59 Vgl. dazu P. Christ/R. Neubauer, *Kolonie im eigenen Land*, Berlin 1991; W. Dümcke/F. Vilmar (Hrsg.) *Kolonialisierung der DDR. Kritische Analysen und Alternativen des Einigungsprozesses*, Münster 1995; F. Vilmar, „Der Begriff der 'strukturellen Kolonialisierung' – eine theoretische Klärung", in: F. Vilmar (Hrsg.), *Zehn Jahre Vereinigungspolitik. Kritische Bilanz und humane Alternativen*, Berlin 2000[2], S. 21ff.
60 Vgl. H. Wollmann, „Die Transformation der politischen und administrativen Strukturen in Ostdeutschland – zwischen 'schöpferischer Zerstörung', Umbau und Neubau", in: H. Bertram/R. Kollmorgen (Hrsg.), *Die Transformation ...*, a.a.O., S. 33–52.
61 G. Lehmbruch, „Sektorale Varianten in der Transformationsdynamik der politischen Ökonomie Ostdeutschlands", in: W. Seibel/A. Benz (Hrsg.), *Regierungssystem und Verwaltungspolitik. Beiträge zu Ehren von Thomas Ellwein*, Opladen 1995, S. 184.
62 H. Wiesenthal, *Die Transformation ...*, a.a.O., S. 55.

Die in jüngster Zeit für die Charakterisierung Ostdeutschlands favorisierten Begriffe „Teilgesellschaft"[63] und „Vereinigungsgesellschaft" bzw. „Vereinigungsteilgesellschaft"[64] scheinen am besten geeignet, die derzeitige Situation adäquat widerzuspiegeln. Unterstellen sie doch, dass sich der gesellschaftliche Umbau im Osten nicht durch den Prozess einer endogenen Transformation vollzogen hat, sondern auf dem Wege der Inkorporation der DDR in die Bundesrepublik, und dass dieser Prozess bis heute andauert, wovon, aller regionalen ökonomischen, sozialen und kulturellen Differenzierung zum Trotz, die fortdauernde Integrität Ostdeutschlands als relativ geschlossene territoriale Einheit zeugt. Dabei lässt sich diese relative Eigenständigkeit des „Beitrittsgebietes" keineswegs nur auf die gemeinsame DDR-Vergangenheit der neuen Länder zurückführen. Mindestens ebenso bedeutsam wie die Geschichte sind hierfür die seit 1990 kollektiv gemachten Erfahrungen des sozioökonomischen Umbruchs, der deutschen Vereinigung und der politischen wie wirtschaftlichen und finanziellen Abhängigkeit vom Westen.

Der Begriff „Teilgesellschaft" ist nicht absolut zu verstehen. Vielmehr verweist er auf eine relative und temporäre Abgrenzung der neuen Länder gegenüber dem übrigen Bundesgebiet. Dabei wird unterstellt, dass der Vereinigungsprozess trotz erfolgreicher institutioneller Inkorporation Ostdeutschlands in das Staatswesen der Bundesrepublik nicht abgeschlossen ist. Die regionalen Unterschiede zwischen Ost- und Westdeutschland sind nach wie vor deutlich größer als die innerwestdeutschen und die innerostdeutschen Diskrepanzen und Disparitäten, was auf die Existenz zweier separater Teilgesellschaften innerhalb Deutschlands schließen lässt. Dabei bezieht sich der Begriff „Teilgesellschaft" jeweils auf „ein Ganzes und auf Differenzen innerhalb dieses Ganzen"[65]. Es handelt sich hierbei also um einen *relativen* und *relationalen* Begriff, welcher nur jene Aspekte erfasst, die sich aus dem Verhältnis der beiden Teilgesellschaften zueinander und in Bezug auf den Staat als Ganzes ergeben. Da die Bundesrepublik als Ganzes jedoch maßgeblich durch die westdeutsche Gesellschaft bestimmt ist, macht der Begriff der Teilgesellschaft hier wenig Sinn. Ostdeutschland dagegen erscheint, als hiervon unterschieden, tatsächlich als eine Teilgesellschaft und wird mehrheitlich, in Ost wie West, auch als solche wahrgenommen.[66] Die Ost-West-Unterschiede verschmelzen mehr und mehr mit regiona-

---

63 Vgl. M. Brie, „Die ostdeutsche Teilgesellschaft", in: M. Kaase/G. Schmid (Hrsg.), *Eine lernende Demokratie. 50 Jahre Bundesrepublik Deutschland,* WZB-Jahrbuch 1999, Berlin 1999, S. 201–236.
64 Vgl. R. Reißig, *Die gespaltene Vereinigungsgesellschaft,* Berlin 2000.
65 M. Brie, „Die ostdeutsche Teilgesellschaft", a.a.O., S. 201.
66 So sieht sich die übergroße Mehrheit der Westdeutschen vor allem als „Deutsche", während sich die Ostdeutschen in erster Linie als „Ostdeutsche" wahrnehmen, 1993 zu 51%, 1995 zu 41,2% und 1999 immer noch zu 30% (vgl. HBS, *Sozialreport* 1/1996, S. 4; IW, *iwd*

len Differenzen und Besonderheiten, jedoch ohne, dass die Dominanz ersterer in absehbarer Zeit verschwinden würde. Vielmehr sind auch im zweiten Jahrzehnt der Einheit Prozesse zu beobachten, die nicht auf eine Reduktion dieser Unterschiede, sondern auf deren generative Reproduktion hindeuten. Dies betrifft politische und kulturelle Eigenheiten, mehr aber noch die wirtschaftliche Entwicklung Ostdeutschlands und die damit verbundenen sozialen Folgen.

So ist der Osten vollständig vom Westen abhängig: Nicht nur, dass Jahr für Jahr umfangreiche Transfers von West- nach Ostdeutschland erforderlich sind, um hier die Lücke zwischen Produktion und Verbrauch zu schließen, auch Wirtschaftsstruktur, -profil und Marktverfassung im Osten sind weitestgehend vom Westen bestimmt. Als „Dependenz- und Filialökonomie" aber reproduziert die ostdeutsche Wirtschaft ihre strukturellen und niveaubezogenen Defizite gegenüber Westdeutschland mit den bekannten Folgen einer relativ hohen Arbeitslosigkeit, geringer wirtschaftlicher Leistungskraft, vergleichsweise geringen Einkommen und Vermögen, Erscheinungen kultureller Regression und sozialen Verwerfungen, was schließlich den Status Ostdeutschlands als relativ gesonderter Teilgesellschaft begründet.

In prinzipieller Übereinstimmung damit geht die Definition Ostdeutschlands als „Vereinigungsteilgesellschaft" ebenfalls davon aus, dass mit der Vereinigung 1990 „ein integriertes Staatswesen"[67] entstanden ist. Die zwischen den beiden Landesteilen nach wie vor auszumachenden Differenzen sind jedoch so grundlegend, dass sie zwei Teilgesellschaften konstituieren. Dadurch erscheint die Bundesrepublik heute als „eine 'dualistische Vereinigungsgesellschaft' mit zwei separaten Wirtschaftsräumen, zwei unterschiedlichen Parteienteilsystemen, zwei unterschiedlichen politischen Kultur- und Kommunikationsräumen."[68] Die Ursachen dafür sind sowohl in der Vergangenheit zu suchen, im Modernisierungsrückstand der DDR und in deren andersartiger sozioökonomischer Qualität, als auch in der Gegenwart, das heißt in der Art und Weise des Vereinigungsprozesses selbst. Die weitgehende institutionelle Anpassung Ostdeutschlands an Westdeutschland ohne gleichzeitige Transformation der vorhandenen Potenziale bringt, wie jetzt offenbar wird, keine homogene Einheitsgesellschaft hervor, sondern eine gespaltene Gesellschaft, mit Ostdeutschland als von Westdeutschland abhängiger Teilsozietät. Es ist dies zum einen „die nicht intendierte Folge des spezifisch deutschen Transformations- und Vereinigungsmusters", zum anderen aber „die Folge der Entscheidungen der politischen Eliten der

---

24/2000, S. 2). Selbst im Jahr 2000 sahen sich nur 21% der Ostdeutschen „als richtige Bundesbürger" (G. Winkler (Hrsg.), *Sozialreport 2001*, Berlin 2001, S. 118).
67 R. Reißig, „Spezifika und Eigenarten ...", a.a.O., 27, S. 137.
68 Ebenda, S. 137f.

alten Bundesrepublik", welche „von der ökonomischen Schocktherapie über die einseitige Präferierung des politischen Institutionen- und Elitentransfers von West nach Ost bis hin zur Verweigerung der kulturellen 'Anerkennung' der Ostdeutschen (reichen)."[69]

Zwölf Jahre nach der Herstellung der „äußeren" Einheit wird evident, dass das von der Bundesregierung bis heute favorisierte Konzept, die „innere" Einheit durch eine maximale Anpassung des Ostens an den Westen zu erreichen, gescheitert ist. Es zeugt von einer selektiven Wahrnehmung, entspricht aber nicht der Realität, wenn die dabei insbesondere in der ersten Hälfte der 90er Jahre erreichten Fortschritte vereinseitigt und überbewertet werden, die ebenfalls zu verzeichnenden Defizite jedoch und die derzeit zu beobachtende Stagnation im Aufholprozess aber ausgeblendet werden. Gemessen an den hochgesteckten Zielen von 1990 ist die Einheit weder gänzlich gelungen, noch ist sie völlig misslungen. Eine realistische Bewertung des Einheitsprojekts läuft vielmehr auf den ambivalenten Befund einer „gespaltenen Einheitsgesellschaft" hinaus, wovon Ostdeutschland den ärmeren, von Westdeutschland wirtschaftlich abhängigen und finanziell unterstützten Teil verkörpert. Diese Alimentierung Ostdeutschlands erscheint, sofern die Diskrepanz zwischen Produktion und Verbrauch als „Verbrauchsüberhang" gedeutet wird[70], als Privileg, allerdings als ein höchst zweifelhaftes. Bei Interpretation dieser Diskrepanz nämlich als „Produktionslücke", offenbart sich hierin die Kehrseite des ostdeutschen Transformationsmodus, die Vernachlässigung der Entwicklung der ostdeutschen Produktion, was sich nunmehr als Mangel an wirtschaftlicher Leistungskraft und als Entwicklungsdefizit, vor allem aber als ein Zurückbleiben hinter den eigenen Potenzen und Möglichkeiten, manifestiert.

Diese Ambivalenz der ostdeutschen Vereinigungs- und Transformationsbilanz spiegelt sich eindrucksvoll in den widersprüchlichen Ergebnissen demoskopischer Befragungen wider: So meinten zum Beispiel 1998 59 Prozent der Ostdeutschen, ihre Lebensbedingungen hätten sich seit 1990 verbessert.[71] Gleichzeitig aber sahen sich 72 Prozent als „Bürger zweiter Klasse"[72], worin nicht nur die teilweise immer noch fehlende Gleichbehandlung und faktische Benachteiligung der Ostdeutschen

---

69 R. Reißig, *Die gespaltene ...*, a.a.O., S. 56.
70 Vgl. zum Beispiel H.-W. Sinn, „Zehn Jahre deutsche Wiedervereinigung – Ein Kommentar zur Lage der neuen Länder", in: *ifo Schnelldienst*, 53. Jg. (2000) 26/27, S. 12.
71 Vgl. Statistisches Bundesamt, *Datenreport 1999*, Bonn 2000, S. 112.
72 Die Frage, ob die Ostdeutschen „Bürger zweiter Klasse" seien, bejahten in einer Emnid-Umfrage 1991 84%, 1992 91%, 1993 78%, 1994 74%, 1995 69%, 1996 wieder 74%, 1997 80%, 1998 72%, 1999 75% und 2000 72% der Befragten (zit. nach R. Reißig, *Die gespaltene ...*, a.a.O., S. 84).

in vielen Lebensbereichen zum Ausdruck kommt, sondern auch das Bewusstsein von Abhängigkeit und Alimentierung.[73]

Die Deutschen in Ost und West sind „getrennt vereint", vereint als Deutsche und in der Akzeptanz der deutschen Einheit und der Bundesrepublik als ihrem gemeinsamen Staat. Getrennt sind sie aber durch die Unterschiede in ihren materiellen Lebenslagen sowie die Verschiedenheit ihrer Wertvorstellungen und Identitätskonstruktionen. Diese, sowohl wirtschaftlich und sozial als auch kulturell und mental hervortretende Differenz ist Resultat der Geschichte, ebenso aber auch der Vereinigungspolitik seit 1990.

Engt man die Fragestellung im Folgenden ein und konzentriert sich auf die Analyse der wirtschaftlichen Seite der Vereinigung, so lassen sich auch hier verschiedene Ansätze für eine Erklärung des gegenwärtigen Status' Ostdeutschlands finden. Die Schlüsselbegriffe dafür lauten „Transformationsökonomie", „Dependenzökonomie", „Filialökonomie", „Subventionswirtschaft" und „Transferökonomie".

Für die nähere Charakterisierung der ostdeutschen Wirtschaft unter dem Aspekt ihrer marktwirtschaftlichen Transformation spielt, *erstens*, der Sonderweg, den Ostdeutschland seit 1990 in gesellschaftspolitischer Hinsicht eingeschlagen hat, eine bestimmende Rolle: So stellten der mit der Währungsunion verbundene Verzicht der DDR auf die Währungshoheit, die Einführung der D-Mark als gesetzliches Zahlungsmittel und die uneingeschränkte Öffnung des Marktes für westdeutsche Importe Maßnahmen dar, die nur im Vorfeld der staatlichen Vereinigung, quasi als deren Auftakt, möglich waren.[74] Ohne den unmittelbar darauf folgenden Beitritt der DDR zur Bundesrepublik wäre dies undenkbar gewesen. Insofern war der „politische Einigungsprozess" weniger eine unausweichliche *Folge* der „Einführung der D-Mark und der weitgehenden Übertragung der westdeutschen Wirtschafts- und Sozialsysteme", einschließlich des damit verbundenen Anspruchs auf Transferleistungen, auf die DDR, wie *Hans Tietmeyer* schreibt[75], als vielmehr deren Voraussetzung.[76]

---

73 Vgl. D. Pollack, „Wirtschaftlicher, sozialer und mentaler Wandel in Ostdeutschland", in: *Aus Politik und Zeitgeschichte,* B 40/2000, S. 13–21.
74 Dabei spiegeln die gewählten Begriffe die Realität freilich nicht adäquat wider. Das heißt, die „Währungsunion" war nicht die Zusammenführung zweier Währungen zu einer gemeinsamen, sondern die Ersetzung der einen durch die andere Währung, und die „Wiedervereinigung" war nicht ein Zusammenschluss zweier Staaten, sondern der über einen Beitritt herbeigeführte Anschluss des einen Staates an den anderen Staat.
75 H. Tietmeyer, „Das Angebot der D-Mark", in: *ifo-Schnelldienst,* 53. Jg. (2000) 26/27, S. 4.
76 Versuche dagegen, den „Vereinigungsschock" der ostdeutschen Wirtschaft 1990/91 herunterzuspielen und als *allgemeinen* Transformationsschock auszulegen, welcher unvermeidlich sei und daher alle Transformationsländer gleichermaßen treffe, während die soziale Abfederung desselben ein Privileg Ostdeutschlands darstellte, ignorieren diesen Zusammenhang und sehen in Ostdeutschland mehr den privilegierten Sonderfall einer Systemtransformation als den (ökonomisch missglückten) Fall einer staatlichen Vereinigung (vgl. H. Wiesenthal, „Abrupter Niedergang, langsame Erholung – Ostdeutschland ist

Auch wenn der zeitliche Ablauf scheinbar etwas anderes assoziiert. Diese Besonderheiten des Systemwechsels und der damit einhergehende ökonomische Schock sind für die Beschreibung der Lage der ostdeutschen Wirtschaft nach 1990 maßgebend. Das heißt, diese lässt sich eher als eine Wirtschaft im Anpassungs- und Vereinigungsschock sowie, nachfolgend, im Neuaufbau begreifen, denn als eine „Transformationsökonomie" analog den Ökonomien der mittel- und osteuropäischen Länder.

Eine *zweite* Besonderheit der ostdeutschen Wirtschaft ist in der vergleichsweise raschen und konsequenten Privatisierung der gegenständlichen Produktionsfaktoren zu erblicken. Dabei besticht nicht nur das Tempo der von der *Treuhandanstalt* zwischen 1990 und 1994 bewerkstelligten Privatisierung und Umstrukturierung der ostdeutschen Wirtschaft. Auch die dabei zur Anwendung gelangten Methoden finden nirgendwo ihresgleichen.[77] Da die Transformation der Eigentumsverhältnisse in Ostdeutschland mit einer gigantischen Vermögensentwertung und -umschichtung einherging, entstand im Ergebnis eine extreme Ost-West-Diskrepanz in der gesamtdeutschen Vermögensverteilung[78], insbesondere bei den Immobilien- und Produktivvermögen[79], welche die soziale Struktur der deutsch-deutschen Vereinigungsgesellschaft nachhaltig prägt.

Drittens ist hier der, gerade auch in wirtschaftlicher Hinsicht, bedeutende Institutionentransfer anzuführen. In Verbindung mit dem Eigentümer- und Managementwechsel im Ergebnis der Privatisierung bildete sich sofort eine funktionsfähige „Filialökonomie" im Rahmen der bundesdeutschen Wirtschaft heraus. Statt der hohen Transaktionskosten eines längerfristigen institutionellen Wandels und der Transformation der modernisierungsbedürftigen ostdeutschen Potenziale entstanden durch die gewählte Strategie in der Anfangsphase lediglich Übernahme- und Exportkosten sowie bestimmte Aufwendungen für den Eliten- und Ressourcentransfer. Der starke Einbruch der ostdeutschen Wirtschaft im 2. Halbjahr 1990 und im 1. Halbjahr 1991, mehr aber noch das darauffolgende „Ausbleiben des Wunders"[80] eines selbsttragenden Aufschwungs, führten dann jedoch zu einem dramatischen Anstieg des

---

(k)ein Sonderfall der Wirtschaftstransformation", in: J. Wielgohs/H. Wiesenthal (Hrsg.), a.a.O., S. 114–122).

77 Vgl. F.-L. Altmann, „Privatisierungsstrategien und ihre Ergebnisse", in: *Aus Politik und Zeitgeschichte*, B 44–45/1997, S. 37–46.

78 BBk, „Zur Entwicklung der privaten Vermögenssituation seit Beginn der neunziger Jahre", in: *Monatsberichte*, 51. Jg. (1999) 1, S. 33–50; K.-D. Bedau, „Auswertung von Statistiken über die Vermögensverteilung in Deutschland", in: DIW, *Beiträge zur* Strukturforschung, 173, Berlin 1998.

79 Vgl. *Lebenslagen in Deutschland. Der erste Armuts- und Reichtumsbericht der Bundesregierung*, Berlin 2001, 43ff.

80 M. Wegner, „Die deutsche Einigung und das Ausbleiben des Wunders", in: *Aus Politik und Zeitgeschichte*, B 40/1996, S. 13–23.

Transferbedarfs, vor allem zur sozialen Abfederung der wirtschaftlichen Katastrophe, aber auch, um das Verfassungsgebot, im gesamten Bundesgebiet einheitliche Lebensverhältnisse herzustellen, auch wenn die wirtschaftliche Leistungskraft in den einzelnen Territorien differiert, zu realisieren.

In historischer Perspektive erweist sich die Transferabhängigkeit Ostdeutschlands als relativ stabil. Sie wird, soweit erkennbar, auch langfristig den Sonderstatus der neuen Länder in wirtschaftlicher Hinsicht bestimmen. Es gibt kaum einen Bereich des gesellschaftlichen Lebens, von der Wirtschaft bis zu Kultur, von den Aufwendungen für Investitionen bis hin zu den Ausgaben der Rentenversicherung, der nicht zumindest zu einem Teil über Transferzahlungen aus Westdeutschland finanziert wird. Ohne die Transferleistungen wäre der Lebensstandard in Ostdeutschland nicht aufrecht zu erhalten, ebenso wenig aber auch die wirtschaftliche Aktivität. Ausmaß, Dauer und relative Stabilität der Transferleistungen lassen die ostdeutsche Wirtschaft als *Transferökonomie* erscheinen, und damit als etwas Unterschiedenes und Abgrenzbares, sowohl gegenüber den Transformationsökonomien Mittel- und Osteuropas als auch gegenüber Westdeutschland.

Der Charakter der ostdeutschen Wirtschaft als Transferökonomie dokumentiert sich in mehrfacher Hinsicht: So zum Beispiel in der Branchenstruktur, die durch einen relativ geringen Anteil des Verarbeitenden Gewerbes an der Bruttowertschöpfung[81] und einen hohen Anteil sogenannter nicht handelbare Güter gekennzeichnet ist.[82] Ferner in der Konzentration der Produktion auf lokale und regionale Märkte, das heißt, der Exportanteil der ostdeutschen Produktion ist außerordentlich gering.[83] Selbst der Anteil ostdeutscher Produkte auf westdeutschen Märkten ist, verglichen mit dem Anteil westdeutscher Erzeugnisse auf ostdeutschen Märkten, deutlich unterproportional. Dem entspricht die ostdeutsche Betriebsgrößenstruktur, welche dadurch gekennzeichnet ist, dass Klein- und Kleinstbetriebe überwiegen. Die wenigen Großunternehmen und ein Teil der mittelständischen Industrie tragen oftmals den Charakter „verlängerter Werkbänke" westdeutscher oder ausländischer Unternehmen, was sie strukturell und konjunkturell von der Entwicklung im Westen abhän-

---

81 1998 waren dies 13,3%, im Jahr 2000 14,4% (IWH, *Wirtschaft im Wandel*, 7–8/2001, S. 176).

82 Der Anteil überregional „schwer" bzw. „mittel(schwer)" handelbarer Güter des verarbeitenden Gewerbes der neuen Länder wurde 1998 auf 21,0 bzw. 69,2% geschätzt; nur 9,8% der Güter galten demnach als „leicht" handelbar (Vgl. DIW/IfW/IWH, *Gesamtwirtschaftliche und unternehmerische Anpassungsfortschritte... Achtzehnter Bericht*, in: *Kieler Diskussionsbeiträge* 322/323, Kiel 1998, S. 24).

83 Zuletzt (Januar bis Mai 2001) lag die Exportquote im Bergbau und Verarbeitenden Gewerbe Ostdeutschlands bei 23,3%, im Jahr 2000 waren es 21,2%, gegenüber 37,5% in Westdeutschland (BMWi, *Wirtschaftsdaten Neue Länder*, Juli 2001, S. 13).

gig macht. Als *branch plant economy* ist die ostdeutsche Wirtschaft durch eine Reihe gravierender technologischer, ökonomischer und sozialer Asymmetrien gekennzeichnet[84], was ihr einen selbsttragenden Aufschwung erschwert. Weitere Aspekte der ostdeutschen Transferökonomie sind die hohe Transferabhängigkeit des Investitionsgeschehens auf Grund einer Vielzahl von Förderprogrammen, Mittelzusagen und spezifischer Subventionen. Außerhalb des durch die Wirtschaftsförderung abgesteckten Rahmens gibt es kaum Investitionen, was nicht nur die wirtschaftlichen Maßstäbe verzerrt, sondern auch zusätzlich Umverteilungswirkungen mit sich bringt, die den eigentlichen Intentionen der Förderung nicht selten zuwiderlaufen.[85]

Dehnt man die Analyse über die Wirtschaft im engeren Sinne hinaus aus, so trifft man auf ein ähnliches Bild. Auch der soziale Bereich, das Bildungswesen und die Kultur sind im Osten in weitaus höherem Maße subventioniert, das heißt, transferfinanziert, als im übrigen Bundesgebiet.[86] Damit findet der Begriff der Transferökonomie nicht nur vollauf Bestätigung, er greift auch über die Wirtschaft hinaus, so dass die ostdeutsche Teilgesellschaft faktisch als *Transfergesellschaft* erscheint.

---

84 Vgl. dazu J. Roesler, „Die Wirtschaftsentwicklung in Ostdeutschland", in: W. Thierse/I. Spittmann-Rühle/J. L. Kuppe (Hrsg.), *Zehn Jahre Deutsche Einheit*, Opladen/Bonn 2000, S. 49–58; ders. „Chancen und Probleme von Industriebetrieben in der ostdeutschen branch plant economy", in: *Berliner Debatte INITIAL*, 10. Jg. (1999) 4/5, S. 85–97.
85 Vgl. DIW/IfW/IWH, *Gesamtwirtschaftliche und unternehmerische Anpassungsfortschritte in Ostdeutschland. Fünfzehnter Bericht*, in: *IWH-FR 2/1997*, Halle, S. 32ff.
86 Insgesamt beliefen sich die Subventionen des Bundes an die neuen Länder im Jahr 2000 auf 12,3 Mrd. DM. Sie lagen damit pro Kopf fast doppelt so hoch wie in den alten Ländern. 1995 waren sie sogar dreimal so hoch (IW, *iwd* 46/1999, S. 4f.; BMF (Hg.), *Achtzehnter Subventionsbericht*, Berlin 2001, S. 27ff.).

2. Kapitel

Wesensbestimmung und Begründung der Transferleistungen

2.1. Transferbegriff und Taxonomie

Gesellschaftliche Veränderungen von historischer Dimension wie die deutsche Vereinigung bringen nicht nur eigene Wortschöpfungen und Sprachregelungen hervor. Sie wirken auch modifizierend auf Begriffsinhalt und semantische Bedeutung bereits existierender Kategorien. Dies lässt sich anhand des Transferbegriffs überzeugend demonstrieren.

Die wirtschaftliche und soziale Integration Ostdeutschlands in die staatlich-föderale Ordnung der Bundesrepublik brachte ein bisher einzigartiges Flechtwerk materieller und finanzieller Beziehungen hervor. Den Schlüssel zur theoretischen Erfassung und Durchdringung dieses Beziehungsgeflechts stellt der Transferbegriff dar. So ist in diesem Zusammenhang von einem *West-Ost-Transfer* die Rede, aber auch von *Transferleistungen* und *-zahlungen*, von *Finanz-, Ressourcen-* und *Vermögenstransfers*, von *monetären* und *realen* Transfers, von *direkten* und *indirekten* Transfers u.a.m. Substitutiv hierzu finden häufig auch Umschreibungen wie Leistungen für die neuen Länder, Solidarleistungen, Ressourcenübertragungen, Solidarpaktleistungen und Mittel für den *Aufbau Ost* Verwendung.

All diese Bezeichnungen dienen letztlich dazu, die „Kosten der Einheit"[1] bzw. „die Finanzierungskosten der Wiedervereinigung"[2] begrifflich auszudrücken und größenmäßig zu erfassen, wobei hier regelmäßig die westdeutsche Sicht zugrunde gelegt wird. Dadurch erscheinen die *Transferleistungen* der öffentlichen Haushalte für Ostdeutschland zugleich als „Kosten" des Einigungsprozesses wie auch als *West-Ost-Transfer*, was problematisch ist, da zwischen diesen Kategorien weder in qualitativer noch in quantitativer Hinsicht Kongruenz besteht: Zum einen sind die Gesamt-

---

1 Vgl. zum Beispiel U. Heilemann/H. Rappen, „Was kostet uns die Einheit?", in: *Hamburger Jahrbuch*, Jg. 41 (1996), S. 85–110.
2 Vgl. D. Brümmerhoff (Hrsg.), *Nutzen und Kosten der Wiedervereinigung*, Baden-Baden 2000, S. 9.

kosten der Einheit, da diese auch noch andere Aufwendungen einschließen³, wesentlich höher zu veranschlagen als die Transferleistungen. Ganz abgesehen davon, dass sie intangible Bestandteile enthalten und sich schon deshalb als Gesamtgröße kaum quantifizieren lassen. Zum anderen handelt es sich bei den Transferleistungen resp. *Transfers* um eine außerordentlich heterogene Größe, zusammengesetzt aus mehreren Komponenten unterschiedlichster Motivation, was ihre differenzierte Betrachtung erforderlich macht. Als *Transfer* jedoch lassen sie sich nur bedingt interpretieren, was eine Gleichsetzung beider Begriffe in kategorialer Hinsicht inkonvenient erscheinen lässt. Schließlich lässt sich das Gesamtvolumen der Transfers ebenso wenig exakt ermitteln wie der Umfang des Transfer', weshalb man in der Praxis in d.R. auf die Größe der *öffentlichen Finanztransfers* zurückgreift, um den West-Ost-Transfer wie auch die Kosten der Einheit einigermaßen verlässlich beziffern zu können.

Wie hieraus unschwer zu entnehmen ist, findet der Transferbegriff im Vereinigungskonnex in breitem Maße Verwendung. Zugleich aber unterliegt er einer spezifischen Inhaltsbestimmung, welche nicht vollständig mit den in den Wirtschaftswissenschaften sonst üblichen Definitionen übereinstimmt. Um dies zeigen zu können, sollen zunächst die einschlägigen Definitionen der beiden Termini *Transfers* und *Transfer* rekapituliert werden:

Als Transfers werden im finanzwissenschaftlichen Verständnis unentgeltliche Übertragungen bezeichnet, also Leistungen, denen keine speziellen Gegenleistungen gegenüberstehen bzw., die „ohne unmittelbare Gegenleistung des Empfängers getätigt werden"⁴. Für die Empfänger stellen sie Einkommen dar, Transfereinkommen, die diesen „ohne gleichzeitige ökonomische Gegenleistung"⁵ zufließen. Diese allgemeine Bestimmung der Transfers lässt sich unter markt- und geldwirtschaftlichen Bedingungen noch dahingehend präzisieren, dass es sich hierbei um Übertragungen von Ressourcen ohne marktliche oder pekuniäre Gegenleistung handelt, also um *entgeltlose* Leistungen bzw. Zahlungen.

Im weiteren Sinne handelt es sich dabei um entgeltlose Leistungen der öffentlichen Hand an private Haushalte und Unternehmen, wobei letztere auch als Subven-

---

3 Zum Beispiel die 1990 der Sowjetunion für den Truppenabzug zugesagten 15 Mrd. DM sowie die indirekten Kosten und Einnahmeverluste, die aus dem Abzug der Streitkräfte der West-Alliierten resultieren.
4 K. Staender, *Lexikon der öffentlichen Finanzwirtschaft*, Heidelberg 1989⁴, S. 390. Vgl. auch F. Neumark (Hrsg.), *Handbuch der Finanzwissenschaft*, Bd. 1, Tübingen 1977, S. 863ff; N. Andel, *Finanzwissenschaft*, Tübingen 1998⁴; J. E. Stiglitz/B. Schönfelder, *Finanzwissenschaft*, München/Wien 1989²; D. Brümmerhoff, *Finanzwissenschaft*, München/Wien 2001⁸.
5 *Gablers Wirtschaftslexikon*, Wiesbaden 1997, S. 3808.

tionen bezeichnet werden, sowie Einkommensübertragungen dieser an den Staat. Im engeren Sinne aber versteht man unter Transfers Sozialtransfers, also „Unterstützungs- und Fürsorgeleistungen der öffentlichen Hand"[6], die der Staat privaten Haushalten unentgeltlich aus sozialpolitischen Gründen gewährt.

Im Bericht der *Enquête-Kommission*, welche 1976 von der Bundesregierung mit der Ermittlung des Einflusses staatlicher Transferleistungen auf das verfügbare Einkommen der privaten Haushalte beauftragt worden war, werden „alle monetären und realen Einkommensübertragungen ..., die vom Staat zu den privaten Haushalten und von diesen zum Staat fließen" als Transfers definiert.[7] Mit anderen Worten, unter Transfers versteht die Kommission „alle Einkommen oder einkommensähnliche Leistungen, die nicht Faktoreinkommen, und das heißt, Entgelt für die Nutzung von Produktionsfaktoren sind"[8]. Diese Begriffsbestimmung wurde im Wesentlichen von anderen Autoren übernommen, so dass sie inzwischen als allgemeingültig angesehen werden kann.[9]

Fassen wir zusammen: *Transfers* sind „unilaterale" Transaktionen zwischen öffentlichen Haushalten, privaten Haushalten und Unternehmen, die in einem Staat getätigt werden. Als Steuer- und Beitragseinnahmen öffentlicher Haushalte einerseits sowie als Unterstützungszahlungen und Subventionen der öffentlichen Hand an private Haushalte und Unternehmen andererseits sind sie ein unverzichtbares Moment des fiskalischen Umverteilungsmechanismus und des finanzpolitischen Instrumentariums des modernen Staates.[10] Dabei resultiert der Verteilungseffekt des Transfersystems nicht nur aus Einkommensübertragungen im Sinne *monetärer* Transfers, sondern ebenso aus der Inanspruchnahme vom Staat bereitgestellter Güter und Leistungen, sogenannter *realer* Transfers.[11]

---

6   K. Staender, a.a.O., S. 390.
7   Transfer-Enquête-Kommission, *Das Transfersystem der Bundesrepublik Deutschland*, Bonn 1981, S. 13.
8   Ebenda, S. 22.
9   Vgl. zum Beispiel die Nachschlagewerke: *Gabler-Volkswirtschafts-Lexikon*, Wiesbaden 1990³, S. 818; *Vahlens Großes Wirtschaftslexikon*, hrsg. v. E. Dichtl und O. Issing, Bd. 4, München 1987, S. 1845 u.a.
10 Vgl. E. Nowotny, *Der öffentliche Sektor. Einführung in die Finanzwissenschaft*, Heidelberg u.a. 1999⁴.
11 „Eine Verteilungsanalyse, die auf die Einbeziehung realer Transfers verzichtet, läuft Gefahr, vom Staat mitbewirkte Umverteilungseffekte nur unvollkommen zu erfassen und unerwünschte Verteilungswirkungen aufgrund nicht aufeinander abgestimmten Einsatzes von Steuern, monetären und realen Transfers zu ignorieren und möglicherweise zu induzieren." (H. Hanusch et al., *Verteilung öffentlicher Realtransfers auf Empfängergruppen in der Bundesrepublik Deutschland. Schriften zum Bericht der Transfer-Enquête-Kommission*, Bd. 3, Stuttgart 1982, S. 1).

Von der finanzwissenschaftlichen Definition der Transfers sorgfältig zu unterscheiden ist der außenwirtschaftliche Transferbegriffs: Denn hier dient der Terminus *Transfer* zur Bezeichnung zwischenstaatlicher Transaktionen im Sinne einer Wertübertragung zwischen zwei Ländern, wie sie im internationalen Handels- und Zahlungsverkehr üblich ist.[12] Der Transferbegriff wird in der Außenwirtschaftstheorie dazu verwendet, den Ressourcenfluss über die Grenzen einer nationalen Volkswirtschaft hinaus zu beziffern. Er ist insofern, obwohl es sich beide Male um eine Übertragung handelt, mit dem finanzwissenschaftlichen Begriff der *Transfers* nicht identisch.[13]

In der aktuellen wirtschafts- und finanzpolitischen Diskussion, wie sie seit 1990 im Kontext des Vereinigungsprozesses geführt wird, spielt der Transferbegriff bekanntermaßen eine herausragende Rolle. Zugleich aber hat sich damit sein Bedeutungsinhalt erheblich verändert und erweitert: Dies zum einen dadurch, dass die beiden, zuvor disziplinär und semantisch unterschiedenen Transferbegriffe, der finanzwissenschaftliche und der außenwirtschaftliche, jetzt zu einem Begriff, dem des *West-Ost-Transfers*, verschmolzen sind. Zum anderen aber auch, weil die inhaltliche Bestimmung dessen, was als Transfer anzusehen ist, derart ausuferte, dass alle horizontalen und vertikalen Finanztransfers, von der Kohlesubventionierung bis zum Kindergeld, sofern sie nur die neuen Länder betreffen, unter diesen Begriff subsumiert wurden. Damit erhielt der Transferbegriff nicht nur eine, gegenüber früher, wesentlich größere Popularität, sondern auch eine veränderte inhaltliche Bestimmung.

Während es unter den Bedingungen der alten Bundesrepublik „undenkbar gewesen" wäre, im Falle bundeseinheitlich geregelter Sozialtransfers von einem *Transfer* „zugunsten bestimmter Länder oder Regionen zu sprechen"[14], scheint dies in Bezug auf Ostdeutschland nicht nur opportun zu sein, sondern ist dies hier gängige Praxis. Dadurch verkehren sich die ursprünglichen Bestimmungen dieser Begriffe jedoch derart, dass öffentliche *Transfers*, wie zum Beispiel Zahlungen der *Bundesanstalt für Arbeit* oder der Rentenversicherungen, nunmehr als Transfer („West-Ost-Transfer") erscheinen und einem regionalen „Leistungsbilanzdefizit" gleichgesetzt wer-

---

12 Vgl. M. Borchert, *Außenwirtschaftslehre. Theorie und Politik*, Wiesbaden 19873, S. 145ff. sowie *Gabler-Volkswirtschafts-Lexikon*, a.a.O., S. 817ff., wo explizit auf diesen Unterschied hingewiesen wird.
13 In *Palgrave's Dictionary* wird zwischen „transfer payments" und „transfer problem" unterschieden, wobei ersterer Begriff sich auf Transaktionen bezieht, welche „unlike an exchange transaction" sind, während letzterer, unter Hinweis auf die Transferdebatte der 20er Jahre, eindeutig einen außenwirtschaftlichen Bezug aufweist (*The New Palgrave: A Dictionary of Economics*, ed. by J. Eatwell et al., London 1994, S. 681f., 684f.).
14 H. Wollmann u.a., „Die institutionelle Transformation Ostdeutschlands zwischen Systemtransfer und Eigendynamik", in: H. Wollmann et al. (Hrsg.), *Transformation ...*, a.a.O., S. 14.

den[15], während sich, umgekehrt, der *Transfer* der Bundesrepublik in bestimmtem Umfange als nichts anderes erweist, als die Summe innerstaatlicher Leistungsströme und Verteilungsvorgänge, also von *Transfers*.

Durch den Ausweis öffentlicher Transferleistungen als *Transfer* wird die unifiziäre Wortschöpfung „West-Ost-Transfer" in der Tat zu einer Spezifität. Als solche aber vermag sie weder finanzwissenschaftlich noch außenwirtschaftlich zu überzeugen. Eher scheint sie dazu geeignet, über den tatsächlichen Charakter der Finanzbeziehungen und den Umfang entsprechender Leistungen Verwirrung zu stiften, was keineswegs abwegig ist, da es sich bei dieser Begriffswahl eher um einen „politisch relevanten Tatbestand"[16] handelt, der aus der Logik der deutschen Vereinigung resultiert, denn um eine wissenschaftlich begründete Klassifikation. Hinzu kommt, dass unter den gegebenen Bedingungen eine exakte, kategorial eindeutige Abgrenzung der Transferleistungen ohnehin kaum möglich ist, wodurch, nicht zuletzt auf Grund fehlender Kriterien, jeder quantifizierende Ausweis derselben einer genauen Überprüfung entzogen bleiben muss. So hat denn auch die offenbar politisch motivierte „unterschiedslose Aufsummierung aller Zahlungsströme aus dem Bundeshaushalt für die ostdeutschen Regionen" und ihr Ausweis als „West-Ost-Transfer" in der Vergangenheit zwangsläufig zu „fehlerhaften Schlussfolgerungen der Öffentlichkeit hinsichtlich der Leistungen für den eigentlichen Aufbau Ost geführt"[17], wie im *Bericht der Bundesregierung zum Stand der deutschen Einheit* 1999 kritisch vermerkt worden ist. Seither ist man um eine differenziertere und das Leistungsvolumen weniger aufbauschende Darstellung bemüht bzw. verzichtet ganz auf die Veröffentlichung entsprechender Daten, was jedoch nicht weniger problematisch ist, da hierdurch den Spekulationen über Umfang und Ausmaß der Transferleistungen erst recht Tür und Tor geöffnet werden, wohingegen die sachgemäße Argumentation erheblich eingeschränkt wird.

Eine Taxonomie der für den deutschen Einigungsprozess relevanten Transfers hat methodologisch die Unterscheidung zwischen Bestandsgrößen und Stromgrößen zur Voraussetzung. Ersteren sind die Vermögen zuzuordnen, letzteren die unter dem Begriff der öffentlichen Finanztransfers zusammengefassten Leistungsströme und finanzpolitischen Maßnahmen. In einer erweiterten Betrachtung kämen noch bestimmte öffentliche reale Transfers hinzu.[18] Auf diese Weise lassen sich die verschie-

---

15 Vgl. H.-W. Sinn, *Germanys Economic Unification – An Assesment after Ten Years*, CESifo Working Paper 247, Februar 2000, S. 12.
16 H. Wollmann u.a., „Die institutionelle ...", a.a.O., S. 14.
17 Bundesregierung, *Jahresbericht ... 1999*, a.a.O., S. 20.
18 Unter *öffentlichen Realtransfers* wird „die in nicht-monetärer Form erfolgte Nutzung von öffentlichen Gütern und Dienstleistungen, unabhängig davon, ob diese unentgeltlich oder gegen Entgelt angeboten werden", verstanden (H. Hanusch et al., *Verteilung öffentlicher*

denen Transfers taxonomisch voneinander abgrenzen und miteinander in Beziehung setzen. Eine umfassende Gliederung aller Transfers weist neben Übertragungen an Human-, Produktiv-, Immobilien- und Gebrauchsvermögen sowie Geldvermögen als Vermögenstransfers Geldzahlungen und steuerpolitische Maßnahmen als Finanztransfers aus (vgl. Abb. 2.1.-1). Während Vermögenstransfers grundsätzlich nur als Bestandsveränderungen, bezogen auf einen bestimmten Zeitraum, erfassbar sind, lassen sich die Finanztransfers direkt oder indirekt als Leistungsströme innerhalb eines Jahres bestimmen.

Zum Zwecke der systematischen Erfassung der unterschiedlichsten Leistungsströme wurde bereits in den 70er Jahren von der *Transfer-Enquête-Kommission* ein entsprechender Begriffsapparat erarbeitet.[19] Danach ist zwischen *positiven* (empfangenen) und *negativen* (geleisteten) Transfers zu unterscheiden, ferner zwischen *monetären* und *realen* Transfers, zwischen *direkten* und *indirekten* Leistungen sowie zwischen *explizit* ausgewiesenen und *impliziten* Transfers.

Die erste Unterscheidung dient der Ermittlung einer Nettogröße, indem den Bruttotransfers die von den Empfängern gezahlten Steuern, Beiträge und sonstigen Abgaben als negative Transfers gegenübergestellt werden. Als Ergebnis erhält man die *Nettotransfers* in verschiedenen Abgrenzungen. Die anderen Unterscheidungen dienen vor allem der begrifflichen Klassifikation und näheren Charakterisierung einzelner Leistungen. Quantitativ exakt erfassen lassen sich jedoch allein die *monetären, direkten* und *explizit* ausgewiesenen Zahlungen, während die anderen Leistungen sich nur grob schätzen oder über ihre Wirkungen indirekt nachweisen lassen. Folglich lässt sich über den Gesamtumfang der Transferleistungen nur ein unvollkommenes Bild zeichnen, worin vor allem die Finanztransfers abgebildet sind. Die Vermögenstransfers dagegen müssen unberücksichtigt bleiben. Ihre Einbeziehung in die Analyse wäre zwar über eine Erfassung der Bestandsveränderungen öffentlicher und privater Vermögen grundsätzlich denkbar, scheitert derzeit aber an der fehlenden Verfügbarkeit der hierfür erforderlichen statistischen Daten.[20]

Da die einzelnen Transferleistungen qualitativ nicht vergleichbar sind, nur bedingt aggregierbar und statistisch nicht vollständig erfasst, ist ihre vollständige Dar-

---

Realtransfers..., a.a.O., S. 16, s. auch S. IX, 1 und 279). Ob und inwieweit die Realtransfers in eine derartige Betrachtung einzubeziehen sind, ist eine offene Frage, deren positive Beantwortung bisher an der Nichtbewältigung der Operationalisierung entsprechender theoretischer Ansätze gescheitert ist (vgl. A. Boss/A. Rosenschon, *Öffentliche Transferleistungen zur Finanzierung der deutschen Einheit: Eine Bestandsaufnahme, Kieler Diskussionsbeiträge* 269, Kiel 1996, S. 16f.).

19 Vgl. Transfer-Enquête-Kommission, *Das Transfersystem...*, a.a.O., S. 22ff.
20 Vgl. SVR, *Vor weitreichenden Entscheidungen. Jahresgutachten 1998/99*, Stuttgart 1998, Z. 200.

stellung und Quantifizierung nicht möglich. Dies lässt sich vorerst nur in Bezug auf die finanziellen Übertragungen der öffentlichen Haushalte einigermaßen befriedigend leisten. Mithin konzentriert sich die weitere Erörterung des Transfergeschehens vor allem auf diese Größe. Dafür werden die öffentlichen Finanztransfers zunächst als Bruttoleistungen erfasst. Durch Subtraktion von Einnahmen und Minderausgaben gelangt man dann zu entsprechenden Nettogrößen. Je nachdem, ob dabei nur die einigungsbedingten Einnahmen im Osten oder auch die Mehreinnahmen und Minderausgaben im Westen Berücksichtigung finden, lassen sich verschiedene Abgrenzungen unterscheiden, die *Nettotransfers I* und *II*. Werden zusätzlich die infolge steuerlicher Subventionen zu verzeichnenden Mindereinnahmen der öffentlichen Haushalte einbezogen, so erhält man die Nettotransfers II in einer erweiterten Fassung (vgl. Abb. 2.1.-2).

Mit Hilfe dieser Größen lassen sich die jährlich nach Ostdeutschland fließenden Zahlungsströme als Nettogrößen feststellen. Sie erlauben jedoch noch keine Unterscheidung zwischen *allgemeinen*, gemäß geltendem Finanz- und Sozialrecht bundeseinheitlich gewährten Leistungen, und *spezifischen* bzw. diskretionären, allein den neuen Ländern zugute kommenden Zahlungen. Um einen statistischen Ausweis dieser Sonderleistungen für Ostdeutschland zu erhalten, ist es erforderlich, alle „problematischen Zurechnungen"[21] zu eliminieren und den Ausweis der Nettotransfers auf die spezifischen, nur in Ostdeutschland anfallenden Zahlungen zu begrenzen. Für die Finanztransfers in dieser Abgrenzung wurde der Begriff *Nettotransfers III* vorgeschlagen.[22] Mit seiner Hilfe lässt sich das Ausmaß der Sonderleistungen für Ostdeutschland, soweit es sich dabei um monetäre, direkte und explizit ausgewiesene Zahlungen handelt, umfassend abbilden. Zusammen mit den, gemessen am Bevölkerungsanteil, in Ostdeutschland überproportional gewährten allgemeinen Leistungen bilden sie die Basis für die Definition eines West-Ost-Transfers in der Abgrenzung der Leistungen der alten für die neuen Länder. Darüber hinaus ist die Berücksichtigung weiterer Größen zwar prinzipiell möglich, von der Datenbasis her aber so stark eingeschränkt, dass die Überlegungen hierzu nur hypothetischen Charakter tragen. So würde sich beispielsweise durch Hinzurechnung der Nettorealtransfers zu den Nettofinanztransfers eine alle finanziellen und realen Transferleistungen erfassende Nettogröße ergeben, die *Nettotransfers IV*. Fänden darüber hinaus auch noch die Vermögensumschichtungen und Potenzialverschiebungen zwischen Ost- und

---

21 SVR, *Wachstum, Beschäftigung, Währungsunion – Orientierung für die Zukunft. Jahresgutachten 1997/98*, Stuttgart 1997, S. 348f.
22 Vgl. M. Burda/U. Busch, „West-Ost-Transfers im Gefolge der deutschen Vereinigung", in: *Konjunkturpolitik*, 47. Jg. (2001) 1, S. 7.

Westdeutschland sowie die Nachfragerückflüsse nach Westdeutschland Berücksichtigung, so erhielte man eine effektive Gesamtgröße der Transferleistungen, die *Nettotransfers V* (vgl. Abbildung 2.1.-2).

Ausgehend von den Ergebnissen der Diskussion über die finanzpolitische Ausgestaltung der Vereinigung, den Schwierigkeiten, die damit verbundenen „Kosten" verlässlich zu beziffern sowie der politischen Brisanz dieses Themas, scheint es angemessen, zunächst Klarheit über das *Wesen* der deutsch-deutschen Finanztransfers zu erreichen, ihren *Inhalt* und ihre vereinigungsbedingte *Spezifik*, bevor eine Analyse entsprechender Daten erfolgt. Andernfalls ergäbe sich die Gefahr der „Beschreibung" von etwas, „ohne Beziehung auf den Begriff", das heißt einer unzulässigen „Verdünnung der Thematik"[23], wie sie die bloße Aufrechnung einzelner Daten und die Aneinanderreihung von Statistiken bedeuten würde. Erst über die qualitative Ausfüllung des Transferbegriffs erschließt sich der Zugang zu den Kriterien der quantitativen Bestimmung der Transferleistungen, im Einzelnen wie insgesamt. Dies aber ist eine wesentliche Voraussetzung für die statistische Abgrenzung der West-Ost-Transfers und den exakten Ausweis der tatsächlichen Hilfen des Westens für den Osten.

In der bisherigen wirtschaftspolitischen Diskussion sind *vier* Auslegungen der West-Ost-Transfers geläufig:

Erstens: Am verbreitetsten ist die Auffassung, die Transferleistungen für die neuen Bundesländer als eine Art „Entwicklungshilfe" anzusehen, welche Westdeutschland seit 1990 jährlich für Ostdeutschland aufbringt.

In dieser Betrachtung erscheinen die Transferleistungen in ihrer Gesamtheit faktisch als *Transfer*, als Übertragung materieller Ressourcen, bzw. finanzieller Ansprüche auf solche, von einem Land in ein anderes.[24] In der volkswirtschaftlichen Gesamtrechnung findet dies dahingehend seinen Niederschlag, dass der Waren- und Dienstleistungsverkehr zwischen Ost- und Westdeutschland als besonderer *Import* bzw. *Export* ausgewiesen wird und der Einfuhrüberschuss Ostdeutschlands faktisch

---

23 T. W. Adorno, „Zum gegenwärtigen Stand der deutschen Soziologie", in: *Soziologische Schriften I. Gesammelte Schriften. Bd. 8*, Frankfurt a.M., S. 504.

24 Vom Grundsatz her bedeutet dies eine Fortschreibung der bisherigen, bis 1990 üblichen Praxis, wonach die DDR für die Bundesrepublik staatsrechtlich zwar kein Ausland, aber ein besonderes Währungs- und Wirtschaftsgebiet, darstellte. Der Handels- und Zahlungsverkehr zwischen der DDR und der Bundesrepublik wurde als „Interzonenhandel" in einer gesonderten Rechnung erfasst, die formell nicht Bestandteil der Zahlungsbilanz war, aber wie diese geführt wurde (vgl. „Abkommen über den Handel zwischen den Währungsgebieten der Deutschen Mark (DM-West) und den Währungsgebieten der Deutschen Mark der Deutschen Notenbank (DM-Ost)" v. 20.9.1951; BBk, „Die Bilanz des Zahlungsverkehrs der Bundesrepublik Deutschland mit der DDR", in: *Monatsberichte*, 42. Jg. (1990) 1, S. 13–21).

einen Teil des westdeutschen Außenbeitrages ausmacht.[25] Als Voraussetzung und Realisierungsgrundlage westdeutscher „Exporte" entspricht den Transferzahlungen in der ostdeutschen „Handelsbilanz" spiegelbildlich ein chronisches Defizit.[26] Es liegt in der Logik dieser Betrachtungsweise, dass die Quantifizierung der Transfers hier in aller Regel im Bruttoausdruck erfolgt. Im Budget des Bundes, der westdeutschen Länder, der Sozialversicherungsträger usw. verkörpern sie Ausgaben, denen keine äquivalenten Einnahmen gegenüberstehen. Sie erscheinen damit faktisch als zusätzliche Kosten resp. Belastungen, die man bemüht ist, so gering wie möglich zu halten, das heißt, zeitlich zu begrenzen, größenmäßig zu verringern, alsbald zurückzuführen und am besten, ganz einzusparen.

Praktisch tritt diese Sichtweise in zwei Varianten auf: Zum einen, indem die Transferleistungen als „Solidaropfer", „Gratisgabe" oder „Geschenk" der Westdeutschen an die Ostdeutschen interpretiert werden[27], ganz im Sinne einer nunmehr staatlich organisierten Fortführung früherer, bis 1989, privat veranlasster Sach- und Geldgeschenke der Bundesbürger. Zum anderen stehen die Transfers für eine vermeintlich überzogene, den Osten einseitig bevorzugende staatliche Subventions- und Umverteilungspolitik, die zu Lasten der öffentlichen Haushalte im Westen geht, die die Staatsverschuldung über Gebühr ansteigen lässt, Besitzstände im Westen gefährdet und langfristig den Wohlfahrtsstaat in Frage stellt. So gibt es seit der Vereinigung kaum eine Einschränkung sozialer oder investiver Ausgaben, eine Sparmaßnahme oder Rückführung bisheriger Leistungen in Westdeutschland, die nicht mit den „Hilfen" für die neuen Länder, mit der „Solidarität" für den Osten, begründet worden wäre. Nachweisen lässt sich indes ein solcher Zusammenhang kaum.

Zweitens gibt es die Auffassung, die West-Ost-Transfers seien ihrem Wesen nach „Versicherungsleistungen"[28]. Dem liegt eine Interpretation der deutschen Vereinigung als eine Art „Versicherungsvertrag" zugrunde, womit die westdeutschen Länder die ostdeutschen gegen das Risiko eines sinkenden Lebensstandards infolge eines transformations- bzw. vereinigungsbedingten Produktionsrückgangs versicherten. Als Versicherungsprämie dafür wurden im Vorhinein ostdeutsche Immobilien-

---

25 Dies lässt sich bis 1994 zeigen (vgl. StBA, VGR, *Fachserie* 18). Für die Jahre danach veröffentlicht das *Statistische Bundesamt* keine für Ost- und Westdeutschland getrennten Rechnungen mehr.
26 Vgl. E. Helmstädter, *Perspektiven der Sozialen Marktwirtschaft*, Münster 1996, S. 211ff.
27 Typisch hierfür sind Begriff wie landläufige Auslegung des „Solidaritätszuschlags zur Einkommen- und Körperschaftsteuer" als vermeintlicher Hauptfinanzierungsform der Transferleistungen, obwohl es dafür weder vom ursprünglichen Anlass noch von der rechtlichen Ausgestaltung her eine Grundlage gibt.
28 W. Schrettl, „Transition with Insurance: German Unification Reconsidered", in: *Oxford Review of Economic Policy*, Vol. 8 (1992) 1, S. 144–155.

und Produktivvermögen sowie die Währungshoheit der DDR an Westdeutschland übertragen. Bemerkenswert an dieser Auffassung ist, dass sie, ganz im Gegensatz zur ersten Interpretation, zwischen Finanz- und Vermögenstransfer einen Zusammenhang herstellt. Als „Versicherungsleistungen" wären die Finanztransfers keine unilateralen Transaktionen, auch keine „Hilfen" oder „Solidarleistungen". Vielmehr trügen sie, da im Maße eines zuvor stattgefundenen Vermögenstransfers quasi vorfinanziert, in bestimmtem Umfange den Charakter von Folgeleistungen.

Eine *dritte* Auslegung sieht die Transferleistungen für Ostdeutschland wesentlich als Ausdruck bundesdeutscher föderaler Normalität. Diese Position stützt sich darauf, dass es sich bei den Transferzahlungen ganz überwiegend um *allgemeine*, bundeseinheitlich geregelte Leistungen handelt, während die besonderen Leistungen für Ostdeutschland vergleichsweise geringen Umfangs sind.[29] Es liegt daher nahe, bei der Wesensbestimmung der Transfers vor allem auf die allgemeinen Leistungen zu rekurrieren und die West-Ost-Transfers als überwiegend normale Finanzbeziehungen innerhalb der föderalen Ordnung zu behandeln. Ihre politische Hervorhebung ist hiervon ausgehend dann ebenso wenig gerechtfertigt wie ihr statistischer Sonderausweis, auch wenn sie in einigen Regionen stärker ins Gewicht fallen als in anderen.

Eine *vierte* Position interpretiert die Transferzahlungen vor allem als Ausdruck regionaler Umverteilung innerhalb Deutschlands und Europas.[30] Bestehende Unterschiede in den Standortbedingungen, Lebensverhältnissen und Entwicklungspotenzialen, teils geographisch-klimatisch bedingt, teils durch historische, politische und wirtschaftliche Umstände hervorgerufen, tendieren unter marktwirtschaftlichen Bedingungen dazu, sich immer weiter zu vertiefen und gefährden so den Integrations- und Globalisierungsprozess. Um den Desintegrationstendenzen sowie der wirtschaftlichen und sozialen Polarisierung entgegenwirken zu können, sind interregionale Umverteilungsprozesse erforderlich, sowohl in direkter Form als auch, und dies vor allem, vermittelst zentraler Institutionen wie dem Bundeshaushalt, den Sozialversicherungen, dem Etat der *Europäischen Union* u.a. Die deutschen West-Ost-Transfers entsprechen vom Grundsatz her durchaus diesem Anliegen, sowohl hinsichtlich

---

29 Für eine solche Sicht spricht auch, dass die deutsche Einheit auf dem Wege des Beitritts der DDR zur Bundesrepublik herbeigeführt wurde, was einschließt, dass im Beitrittsgebiet unmittelbar nach dem Beitritt (bzw. nach einer kurzen Übergangsfrist) Bundesrecht in Kraft trat (vgl. Art. 8 EVertr.). Die meisten Transferleistungen sind daher „nicht ein Zeichen der Solidarität" der alten mit den neuen Ländern, sondern schlichtweg „Folge des Beitritts der DDR zur Bundesrepublik Deutschland auf Basis von Art. 23 GG" (J. Ragnitz et al., *Transfers, Exportleistungen und Produktivität – Wirtschaftliche Strukturdaten für die neuen Länder*, IWH-SH 2/1998, S. 9).
30 Vgl. G. Stapelfeldt, *Die Europäische Union – Integration und Desintegration*, Hamburg 1998.

ihrer konsumbezogenen und lebensniveausichernden Komponenten als auch bezogen auf die Investitionsförderung.

Werden diese vier Interpretationsmuster nun mit der Realität des Transfergeschehens seit 1990 konfrontiert, so zeigt sich, dass sie ihrem Anspruch als Erklärungsmodelle in unterschiedlichem Maße gerecht werden.

So vermag der erste Erklärungsansatz zwar Aufschluss darüber zu geben, wie mittels des von West nach Ost fließenden Geldes die Produktionslücke in Ostdeutschland, das heißt, die Differenz zwischen gesamtwirtschaftlicher Nachfrage und Produktion, geschlossen wird bzw., bei anderer Auslegung des Problems, wie der Verbrauchsüberhang finanziert wird. Dabei wird auch deutlich, dass zwischen dem „Einfuhrüberschuss" Ostdeutschlands und der Höhe der West-Ost-Transfers ein direkter Zusammenhang besteht. Über das Wesen der Transfers, deren Struktur, Volumen und Entwicklung im Zeitverlauf, vermag dieser Ansatz jedoch wenig auszusagen. Die im Kontext damit stehenden Begriffsbestimmungen wie „Anschubfinanzierung" und „Aufbauhilfe Ost" gehen am Wesen der Sache ebenso vorbei wie die eine Solidarität der alten mit den neuen Ländern vorspiegelnden Wortschöpfungen „Solidaropfer", „Solidaritätsbeitrag", „Hilfe", „Milliardengeschenk" etc. Der sich in diesen Begriffen manifestierende Erklärungsversuch muss letztlich unbefriedigend bleiben, da er von seinem methodologischen Ansatz her mehr der außenwirtschaftlichen als der finanzwissenschaftlichen Bestimmung des Transferbegriffs verpflichtet ist. Das heißt, die Zweistaatlichkeit Deutschlands bestimmt hier, indem sie in den Köpfen fortexistiert, die Begriffswahl und lässt sämtliche Leistungen an die neuen Länder, auch die auf der Grundlage bundeseinheitlichen Rechts gewährten, als externe Zahlungen, als *Transfer*, erscheinen. Als solche stellen sie dann besondere Ausgaben der öffentlichen Haushalte für die „ehemalige DDR" dar, zusätzliche Leistungen für die neuen Länder, Kosten der Einheit etc. Schon die Wortwahl spricht für sich! Der hierin zum Ausdruck kommende Versuch einer Externalisierung eines Teils der innerdeutschen Finanzbeziehungen stößt natürlich insbesondere im Osten auf heftige Kritik. So wandte sich unlängst *Lothar de Maizière* vehement gegen diese, in Anbetracht der 1990 vollzogenen staatlichen Einheit, vom Grundsatz her „falsche" Verwendung des Transferbegriffs, indem er formulierte: „Wer das Wort Transfer benutzt, hat die Grenze noch im Kopf"[31]. Ähnlich argumentierte *Gregor Gysi* 1998 im Deutschen Bundestag, indem er den Bundeskanzler aufforderte, „den Begriff Transfer" im deutsch-deutschen Sprachgebrauch „abzuschaffen"[32]. Nichts-

---

31 L. de Maiziére, „Interview", in: *Focus* 22/1997, S. 74.
32 G. Gysi, „Falsche Begriffe und falsche Rechnungen", Rede im Bundestag am 25.6.1998, in: *Das Parlament*, Nr. 29/30, S. 4.

destotrotz aber ist diese Sichtweise bis heute nicht überwunden und führt immer wieder zu volkswirtschaftlich kuriosen Zurechnungen und Fehlinterpretationen.[33]

Weitaus besser als der erste Ansatz wird m.E. der Versicherungsansatz dem Wesen der Transfers gerecht. Indem hier zwischen der Übereignung des Volksvermögens der DDR an den Bund, westdeutsche Unternehmen und private Haushalte einerseits und den Finanztransfers für die neuen Länder andererseits, der Sache nach wie vom Volumen her ein Zusammenhang hergestellt wird, erhalten die Transferzahlungen eine nachvollziehbare Determinationsbasis: Als *Folge-* und *Ausgleichszahlungen* für zuvor erfolgte Vermögensübertragungen erscheinen sie in dieser Betrachtung, zumindest zu einem Teil, juristisch, moralisch und ökonomisch als Konsequenz derselben und damit in bestimmtem Maße durch diese determiniert. Eine solche Version wird nicht nur durch die Privatisierungspraxis der *Treuhandanstalt*, welche die westdeutsche Wirtschaft außerordentlich begünstigte, indem sie ihr ökonomisch ein „Geschenk" bereitete[34], gestützt. Dafür spricht auch die Tatsache, dass sich der Bund mit den Verträgen zur deutschen Einheit selbst umfangreiche Eigentumsrechte sicherte, was den Verdacht nährt, ein Teil der „politischen Kosten" der Einheit wurde „mit der Aneignung von Grundbesitz" finanziert.[35]

Wenn auch in Anbetracht der Datenlage ein direkter Rückschluss von der einen auf die andere Transaktion nicht in Frage kommt, so lassen sich aus diesem Ansatz doch Anhaltspunkte für einen Konnex zwischen beiden Größen ableiten. Grundlage für eine solche Überlegung müssten jedoch Nettowerte sein, also das im Zuge der staatlichen Vereinigung und Privatisierung des DDR-Volksvermögens tatsächlich an westdeutsche Eigentümer bzw. den Bund übertragene Wertvolumen einerseits und die um die einigungsbedingten Mehreinnahmen in Ost- und Westdeutschland sowie die Minderausgaben in Westdeutschland reduzierten Transferzahlungen andererseits. Ausgehend von o.g. Überlegungen wäre es aber auch denkbar, hierfür die speziellen Leistungen für Ostdeutschland, die Nettotransfers III, ggf. erweitert um die im Osten überproportional gewährten allgemeinen Leistungen, als Bezugsgröße zu wählen, oder aber die zusätzlich um die transferbedingten Nachfrageeffekte in Westdeutschland bereinigten effektiven Leistungen der alten für die neuen Bundesländer. Da die statistische Abgrenzung dieser Größen äußerst schwierig ist, würden sich dadurch zusätzliche, praktisch kaum lösbare Probleme für die Operationalisierung dieses Ansatzes ergeben, so dass auf seine weitere Verfolgung verzichtet werden

---

33 So wurden zum Beispiel die Kosten für den Neubau des Kanzleramtes in Berlin als *West-Ost-Transfer* verbucht und den Ostdeutschen faktisch als „Kosten der Einheit" in Rechnung gestellt (vgl. *Die Welt*, 10.3.99, S. 22).
34 G. Sinn/H.-W. Sinn, *Kaltstart*, Tübingen 1992², S. 89.
35 C. Schmölders, „Wer erbt, wird blaß", in: *Kursbuch 135*, März 1999, S. 13.

soll. Aber selbst unter rein hypothetischen Annahmen, das heißt, ohne hinreichende Unterlegung mit entsprechenden Daten, ist die hier vorgenommene Überlegung keineswegs irrelevant. Denn bereits die bloße Annahme eines derartigen Zusammenhangs, eines Konnex' zwischen einem gegenläufigen Vermögens- und Finanztransfer, und das implizite Einräumen eines transferierbaren, also positiven Vermögenswertes des Kapitalstocks und der Immobilien der DDR, würde den Charakter der Finanztransfers gegenüber landläufigen Vorstellungen erheblich modifizieren: Statt einer einseitigen Transaktion, als welche sie insbesondere in der ersten Auslegung („Entwicklungshilfe") erscheinen, wären sie nunmehr in bestimmtem Maße Folgeleistungen, statt „Solidarleistungen" intertemporale Ausgleichszahlungen, statt „Geschenke" Ansprüche, die sich auf Vorleistungen gründen.

Demgegenüber kann die dritte Position, indem sie sich auf mehr als drei Viertel der Transferleistungen stützt, für sich in Anspruch nehmen, den Hauptteil der Transfers zur wesensbestimmenden Größe zu machen. In ihrer Argumentation bedient sie sich dabei der Unterteilung der Gesamttransfers in allgemeine Leistungen, die es vom Grundsatz her auch in den alten Ländern gibt, und spezifische Leistungen, die speziell für den Fall der deutschen Einheit bestimmt sind. Da, Überschlagsrechnungen wie auch detaillierten Einzelrecherchen zufolge[36], die allgemeinen Leistungen den überwiegenden Teil der Transfers bilden und ihr Anteil tendenziell sogar noch zunimmt, liegt es nahe, bei der Wesensbestimmung der Transfers vor allem auf diese Leistungen zu rekurrieren. Die West-Ost-Transfers erscheinen mithin als ganz normale Finanzbeziehungen innerhalb eines föderalen Staatswesens mit wirtschaftlichen und sozialen Disparitäten. Mit Ausnahme der speziellen Leistungen für die neuen Länder, deren Umfang aber nur knapp ein Viertel der Gesamtleistungen ausmacht, gehen sie vollständig in den bundesdeutschen Finanzbeziehungen vertikaler und horizontaler Umverteilung auf. Ihre politische Hervorhebung und ihr statistischer Sonderausweis lassen sich, so gesehen, kaum mehr rechtfertigen, obgleich sie in den neuen Ländern teilweise stärker ins Gewicht fallen als in anderen Regionen der Bundesrepublik. Die Konsequenz dessen ist eine Negation der Transferleistungen in der bisher üblichen Abgrenzung als Brutto- und Nettotransfers und ihres undifferenzierten Ausweises als West-Ost-Transfer. Ein solcher Ausweis sollte nur für die in Ostdeutschland überproportional anfallenden allgemeinen Leistungen und die spezifischen Transfers erfolgen, wobei allein letztere dem Anspruch genügen, *besonde-*

---

36 Vgl. SVR, *Für Wachstumsorientierung – gegen lähmenden Verteilungsstreit. Jahresgutachten 1992/93*, Stuttgart 1992, Z 190; BBk, „Zur Diskussion über die öffentlichen Transfers im Gefolge der Wiedervereinigung", in: *Monatsberichte*, 48. Jg. (1996)10, S. 30; J. Ragnitz, *Transfers ...*, a.a.O., S. 7ff.

re Leistungen für die neuen Länder zu verkörpern. Das gesamte Transferproblem würde dadurch erheblich relativiert und die Diskussion, indem sie sich auf diese Größen konzentriert, entschieden versachlicht werden.

Die vierte Position steht dazu nicht im Widerspruch. Sie betont lediglich stärker einen anderen Aspekt, den des überregionalen Ausgleichs. In einer gesamtdeutschen bzw. europäischen Bilanz interregionaler Finanzbeziehungen hätten die Transferzahlungen für Ostdeutschland in der vorgenannten Abgrenzung als überproportionale allgemeine sowie spezielle Leistungen für die neuen Bundesländer und Berlin/Ost einen festen Platz, denn als solche wären sie vergleichbar mit anderen interregionalen Ausgleichs- und Unterstützungszahlungen.

Unter dem Aspekt inhaltlicher Plausibilität und Verifizierbarkeit spricht vieles für die beiden zuletzt diskutierten Konzepte. Eine Vertiefung der Transferanalyse wird also vor allem hier anknüpfen, auch wenn sich der statistische Ausweis auf Grund der Datenlage eher an dem ersten Konzept orientiert. Damit rücken zwei Fragen in das Zentrum der weiteren Analyse: zum einen die genauere Bestimmung und Abgrenzung der spezifischen Transfers für Ostdeutschland und zum anderen die Darstellung der West-Ost-Transfers als Momente eines gesamtwirtschaftlichen Kreislaufprozesses und finanzieller Ausdruck der Integration eines wirtschaftlich weniger entwickelten Teils einer Volkswirtschaft in ein entwickelteres Ganzes.

2.2. Begründung der Transferleistungen

2.2.1. Motivation und rechtliche Grundlagen

Die Transferleistungen für Ostdeutschland stellen keine homogene Größe dar; sie lassen sich demzufolge auch nicht monokausal erklären. Vielmehr verkörpern sie als Ausdruck eines komplexen Finanz- und Wirtschaftsverbundes zwischen Ost- und Westdeutschland ein vielschichtiges Netz vertikaler und horizontaler Leistungsströme unterschiedlichster Motivation. Im Begründungsspektrum der Transferleistungen lassen sich mehrere Dimensionen unterscheiden, so, eine historische und moralische, eine politische, eine soziale, eine ökonomische sowie eine rechtliche.

Während die beiden zuerst genannten Begründungen vor allem an den nationalstaatlichen Aspekt der Vereinigung anknüpfen, die historische Verantwortung für ganz Deutschland betonen und an die Solidarität der Deutschen untereinander und füreinander appellieren, haben letztere das West-Ost-Gefälle in ökonomischer und sozialer Hinsicht zum Ausgangspunkt bzw. gründen auf bestimmten Rechtsnormen.

Abbildung 2.1.-1
Struktur der Transfers für Ostdeutschland (Übersicht)

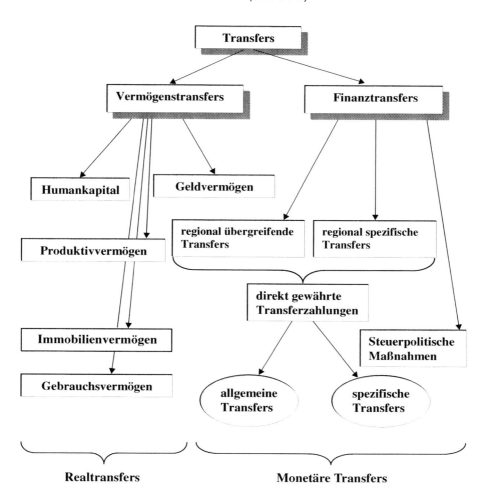

Quelle:
Transfer-Enquête-Kommission, *Das Transfersystem ...*, a.a.O.; V. Meinhardt et al., *Transferleistungen in die neuen Bundesländer und deren wirtschaftliche Konsequenzen*, DIW-SH 154, Berlin 1995

Abbildung 2.1.-2

**Transferleistungen für Ostdeutschland
in einer umfassenden Abgrenzung**

1. Bruttofinanztransfers
   ./. einigungsbedingte Einnahmen in Ostdeutschland
   = Nettofinanztransfers (*Nettotransfers I*)
2. Nettofinanztransfers (I)
   ./. einigungsbedingte Mehreinnahmen in Westdeutschland
   ./. einigungsbedingte Minderausgaben in Westdeutschland
   = Nettofinanztransfers (*Nettotransfers II*)
3. Nettofinanztransfers (II)
   + Steuermindereinnahmen (wegen Steuersubventionen)
   = Nettofinanztransfers II (*Nettotransfers II, erweiterte Fassung*)
4. Nettofinanztransfers (II)
   ./. allgemeine Transferleistungen
   = Nettofinanztransfers III (*Nettotransfers III*)
   (Spezielle Leistungen für Ostdeutschland)
5. Nettofinanztransfers (II)
   + Nettorealtransfers (materielle und personelle Leistungen)
   = Nettofinanz- und -realtransfers (*Nettotransfers IV*)
6. Nettofinanz- und -realtransfers (IV)
   + / ./. Saldo Vermögenstransfer (Ost/West und West/Ost)
   ./. Nachfragerückflüsse
   = effektive Nettogesamttransfers (*Nettotransfers V*)

Bei den historischen und moralischen Motiven handelt es sich um verhältnismäßig „weiche" und sich im Laufe der Zeit deutlich abschwächende Gründe. Bei den politischen, ökonomischen und sozialen Aspekten hingegen um relative Vorgaben, deren Maßstäbe, zumindest teilweise, eine Frage der Interpretation sind. Demgegenüber stellen die rechtlichen Bestimmungen „harte" Auflagen dar, denen die Politik unter allen Bedingungen genügen muss. Sie sind deshalb in formaler Hinsicht als die letztlich maßgebenden Gründe für die Transferzahlungen anzusehen. Dies gilt weniger für die Aufnahme der Zahlungen im Jahre 1990, wofür eine Reihe anderer Motive, nicht zuletzt politische, ausschlaggebend waren, auf jeden Fall aber für deren Fortsetzung im zweiten und dritten Jahr der Einheit und ihre Weiterführung bis in die Gegenwart und darüber hinaus, in der Zukunft.

Als zu Beginn des Jahrs 1990 die Konzepte zur Herstellung der deutschen Einheit einer breiteren Öffentlichkeit vorgestellt wurden, geschah dies in dem Bewusstsein, damit eine historische Aufgabe von Rang in Angriff zu nehmen. Die Chance, die dem deutschen Volk seit Ende des Zweiten Weltkrieges auferlegte Teilung[37] endlich zu überwinden und die Einheit Deutschlands „in Frieden und Freiheit"[38] wieder herzustellen, erschien in historischer Perspektive als schicksalhafte Herausforderung und nationale Verpflichtung, vergleichbar den nationalen Einigungsbestrebungen des „Vormärz" von 1848 und der Reichsgründung von 1871. Angesichts der historischen Bedeutung dieses Ereignisses und der nationalen Euphorie des Jahres 1989/90 hätte eine Diskussion über die Kosten der Einheit sowie deren Finanzierung als geradezu kleinlich und engherzig angemutet. Sie unterblieb daher. Statt dessen bediente man sich im Vorfeld der deutschen Einheit wohlklingender Vokabeln gesamtdeutscher Solidarität und brüderlicher Gemeinschaftlichkeit, wohl wissend, dass es sich hierbei, wie bei den alljährlichen Sonntagsreden zur Einheit der Nation, im Grunde genommen nur noch um Schimären handelte. Bezeichnend hierfür ist die Rede *Hel-*

---

37 Die Teilung bzw. territoriale Zerstückelung Deutschlands wurde 1943 auf der Konferenz der alliierten Regierungschefs in Teheran beschlossen. Das Kommuniqué der Potsdamer Konferenz 1945 sah hingegen die territoriale und wirtschaftliche Einheit Deutschlands vor (*Teheran – Jalta – Potsdam. Dokumentensammlung*, Moskau 1978, S. 420). Die Umsetzung dieses Beschlusses scheiterte jedoch an den gegensätzlichen Interessen der Besatzungsmächte im „kalten Krieg", so dass es zu einer allmählichen Loslösung der westlichen Besatzungszonen von der SBZ kam, die schließlich zur Gründung der Bundesrepublik Deutschland führte. Die entscheidenden Weichenstellungen dafür erfolgten auf der Sechs-Mächte-Konferenz im Frühjahr 1948 in London und durch die separate Währungsreform in den Westzonen am 20.6.1948.

38 „Vertrag zwischen der Bundesrepublik Deutschland und der Deutschen Demokratischen Republik über die Herstellung der Einheit Deutschlands – Einigungsvertrag – vom 31.8.1990" (EVertr), Präambel, in: BGBl. 1990 II, S. 889, in: *Die Verträge zur Einheit Deutschlands*, München 1990, S. 43ff.

mut Kohls zur *Währungs-, Wirtschafts- und Sozialunion* am 1.7.1990, worin er die Deutschen beschwor, „durch eine *gemeinsame Anstrengung* ... Mecklenburg-Vorpommern und Sachsen-Anhalt, Brandenburg, Sachsen und Thüringen schon bald wieder in blühende Landschaften zu verwandeln..."[39]. Im Nachhinein erklärte der Kanzler, dass er seinerzeit die Frage der Finanzierung des Vereinigungsprozesses bewusst „im Dunkeln" gelassen habe, weil er „Zweifel an der Bereitschaft der Westdeutschen zu Opfern für die Einheit"[40] hatte. Diese Zweifel sollten schon bald, nämlich bereits während der Verhandlungen zum Bundeshaushalt für das Jahr 1991, zur Gewissheit werden. Für die Bewertung der Transferleistungen in der Öffentlichkeit blieb diese Darstellung indes nicht ohne Konsequenz; erschienen die Zahlungen dadurch doch von Anfang an in dem warmen Licht großmütiger Solidarität, umstrahlt von der Aura einer beispiellosen Opfer- und Hilfsbereitschaft des Westens für den Osten. Im Grunde aber handelte es sich hierbei um nichts anderes als „politischen Betrug", denn *Kohl* wusste sehr genau, dass „das Prinzip, wonach vereinen auch teilen heißt, in der rheinischen Sozialrepublik nicht mehrheitsfähig war"[41], nicht einmal 1989/90, geschweige denn in den Jahren danach, als die Einheitseuphorie verflogen war. Wenn es im Westen aber keine freiwillige Solidarität und Opferbereitschaft für den Osten gab, dann können die Transferzahlungen auch nicht in diesem Sinne ausgelegt werden! Ungeachtet dessen aber hält sich der falsche Schein einer gesamtdeutschen Solidarität und die daran geknüpfte Interpretation der Transferleistungen als Solidar- und Hilfsleistungen bis heute und macht es faktisch unmöglich, über Umfang und Struktur dieser Leistungen zwischen Ost- und Westdeutschen einen sachlichen Dialog zu führen.[42]

Im Unterschied zur westdeutschen Seite, welche im Einigungsprozess vor allem die nationale Verantwortung und Solidarität der Bundesrepublik gegenüber den Menschen im Beitrittsgebiet herauskehrt, sieht die ostdeutsche Seite hierin primär die Überwindung des im Ergebnis des Zweiten Weltkrieges entstandenen systembedingten Unterschieds zwischen Ost und West. Für die deutsche Einheit bedeutet dies, dass diese im Osten weniger als „Einheit in Frieden und Freiheit" denn „in Gleichheit"[43] begriffen wird: Die Einheitlichkeit resp. Gleichwertigkeit der Lebens-

---

39 H. Kohl, „Ansprache anlässlich der Unterzeichnung des Staatsvertrages", in: *Frankfurter Rundschau* 19.5.1990, S. 11 (Hervorhebung – U.B.).
40 Zitiert bei: K. Schröder, *Der Preis der Einheit. Eine Bilanz*, München 2000, S. 130.
41 K. Hartung, „Der Neid und das Soziale", in: *Kursbuch* 143, März 2001, S. 89.
42 Symptomatisch dafür ist, dass einer Umfrage des Instituts für Demoskopie Allensbach zufolge nur 6% der Deutschen die Transferleistungen grob beziffern konnten, die überwiegende Mehrheit hierzu jedoch keinerlei Angaben machen konnte. Dennoch aber erlaubten sich 75% der Westdeutschen das Urteil, die Leistungen seien entschieden zu hoch, während 73% der Ostdeutschen gegenteiliger Ansicht waren (FAZ 15.1.1997).
43 K. Hartung, „Der Neid ...", a.a.O., S. 69.

verhältnisse steht daher ganz oben im Forderungskatalog der Ostdeutschen. Ihre Verwirklichung wird als ein Akt historischer Gerechtigkeit verstanden, da dadurch nun endlich auch sie, die Ostdeutschen, am deutschen Nachkriegswohlstand partizipieren können. Gepaart mit der paternalistischen Grundüberzeugung, dass der Staat die Einheitlichkeit der Lebensverhältnisse letztlich durchzusetzen und zu sichern habe, ungeachtet aller bestehenden wirtschaftlichen Unterschiede, erscheint den Ostdeutschen die Vereinigung mithin als eine Art „nationale Sozialmaßnahme"[44] von historischer Tragweite. Hieraus leiten sich entsprechende Annahmen über den Charakter und den Umfang der Transferleistungen ab, worin diese nicht zuletzt als ein billiger Ausgleich für die Entbehrungen der Vergangenheit angesehen werden, das heißt, nicht so sehr als eine Konsequenz der Einheit, sondern als deren Verwirklichungsbedingung. Damit in Übereinstimmung befindet sich die Vorstellung, die Einheit würde sich in einem transferfinanzierten Aufholprozess Ostdeutschlands „vollenden", wobei das Maß des Vorankommens die Konvergenz gegenüber Westdeutschland sei.

Nichts läuft dieser Intention mehr zuwider als der von westdeutscher Seite immer wieder unternommene Versuch, Ostdeutschland als einen Teil des ehemaligen „Ostblocks" zu definieren, dem das unverhoffte und eigentlich auch unverdiente Glück widerfahren sei, Teil der Bundesrepublik zu werden und dadurch, im Unterschied zu allen anderen Transformationsländern, in den Genuss großzügiger Transferzahlungen zu gelangen.[45] Die sich hieraus ableitende Auslegung der Transferzahlungen als „Hilfen" und „Solidaropfer" des Westens für den Osten geht, was deren Wesensbestimmung anbetrifft, letztlich ebenso fehl, wie die Auslegung der Transferzahlungen als historisch begründeter Ausgleich Ostdeutschlands für die vergleichsweise schlechteren Chancen in der Vergangenheit.

Eng verknüpft mit dem Versuch, die Transferleistungen historisch zu begründen, ist die moralische Dimension des Problems. Die Argumentation folgt dabei im Wesentlichen drei Linien:

Erstens erscheint Ostdeutschland gegenüber Westdeutschland als Region schon allein wegen seiner geographischen Lage benachteiligt, da diese dazu geführt hat, dass es 1945 sowjetisch besetzt wurde und das „sozialistische Experiment" über sich

---

44 Ebenda.
45 Klaus von Beyme begründete diese antikomparatistische Einstellung der Ostdeutschen richtigerweise damit, dass „der Vergleich im RGW" nur bis 1989 „erhebende Wirkungen" gezeigt habe, weshalb es sie heute nicht tröstet, „dass sie im Vergleich zu Osteuropa einmalige Spitze sind" (K. v. Beyme, „Die Transformation Ostdeutschlands im Vergleich postkommunistischer Systeme", in: M. Benkenstein et al. (Hrsg.), *Politische und wirtschaftliche Transformation Osteuropas*, Wiesbaden 2001, S. 8).

ergehen lassen musste. Die Transferleistungen, die erforderlich sind, um die heute daraus resultierenden Entwicklungsdefizite auszugleichen, lassen sich folglich als Maßnahmen zur Umverteilung einer Art „Lagerente" in der Zeit rechtfertigen.

Zweitens hat Ostdeutschland – im Gegensatz zu Westdeutschland – umfangreiche Reparationsleistungen für die Sowjetunion erbracht, insgesamt mehr als 14 Mrd. US-$ (zu Preisen von 1938) bzw. 54 Mrd. RM/Mark zu laufenden Preisen.[46] Daraus wird ein Ausgleichsanspruch Ostdeutschlands gegenüber Westdeutschland abgeleitet, worüber es schon in der Vergangenheit Diskussionen gab.[47] Berechnungen des Bremer Historikers *Arno Peters* zufolge belief sich die „Reparations-Ausgleichs-Schuld" der Bundesrepublik gegenüber der DDR Ende 1989 auf 727,1 Mrd. DM.[48] Da dieser Summe jedoch Wiedergutmachungsleistungen und andere Zahlungen Westdeutschlands seit 1945 gegen zu rechnen wären, außerdem ungelöste statistische Fragen sowie Wechselkursprobleme existieren, lässt sich der aus den Reparationsleistungen resultierende Anspruch Ostdeutschlands kaum exakt beziffern.[49] Was bleibt, ist jedoch ein moralischer Anspruch auf einen gewissen Ausgleich.

Drittens haben die Ostdeutschen im Vereinigungsprozess den größten Teil ihres in mehr als 40 Jahren akkumulierten Volksvermögens verloren, teils durch einen Vermögenstransfers von Ost nach West, mehr aber noch infolge eines marktinduzierten Devaluationsprozesses. Dies betrifft insbesondere das industrielle Anlagevermögen, darüber hinaus aber auch andere Vermögensbestandteile. Während der Vermögenstransfer für die Begründung eines ostdeutschen Anspruchs auf Transferleistungen direkt oder indirekt herangezogen werden kann[50], lässt sich aus dem Entwertungsverlust infolge des Systemwechsels und der veränderten Ressourcenbewertung diesbezüglich kein Anspruch herleiten, es sei denn, ein bloß moralischer im Sinne eines fairen Ausgleichs.

---

46 R. Karlsch, *Allein bezahlt? Die Reparationsleistungen der SBZ/DDR 1945–1953*, Berlin 1993, S. 230.
47 1970 gab es zwischen der Bundesregierung und der Regierung der DDR sogar Gespräche über einen Reparationsausgleich, die allerdings ohne Ergebnis geblieben sind (vgl. R. Karlsch, a.a.O., S. 12f.).
48 Vgl. „Aufruf an die Regierung der Bundesrepublik Deutschland zur Zahlung ihrer Reparations-Ausgleichs-Schuld an die Deutsche Demokratische Republik", in: *Journal für Recht und Würde. Zeitschrift der Gesellschaft zum Schutz von Bürgerrecht und Menschenwürde*, 3/1992, S. 52f.
49 Vgl. I. L. Collier, „Reparationen und Professor Peters' Schuld", in: *Deutschland-Archiv*, 6/1990, S. 873–882.
50 Rolf Mager und Manfred Voigt ermittelten auf dieser Grundlage einen „Entschädigungsanspruch der ehemaligen DDR-Bürger" in Höhe von 600–650 Mrd. DM (R. Mager/M. Voigt, *Transferleistungen im geeinten Deutschland. Nur eine Einbahnstraße von West nach Ost?*, hrsg. v. d. PDS, Berlin 1999, S. 29).

In außerordentlich hohem Maße sind die für Ostdeutschland bestimmten Transferleistungen politisch motiviert. Dies gilt nicht nur für ihren Umfang, ihre Struktur sowie ihre zeitliche Gestaltung, sondern gleichermaßen auch für ihre Finanzierung und Verwendung. So erfolgten grundlegende Entscheidungen zu den Transferleistungen im Jahre 1990 mit Blick auf die Bundestagswahl im Dezember des Jahres. Dies betraf nicht zuletzt die Wahl der Finanzierungsform, welche der Kreditfinanzierung gegenüber einer Steuerfinanzierung Vorrang einräumte. War hierfür vor allem die Absicht, westdeutsche Wähler für die Regierungskoalition aus CDU/CSU und FDP zu gewinnen, ausschlaggebend, so hatten eine Reihe finanzpolitischer, insbesondere arbeitsmarktbezogener, Maßnahmen im Vorfeld der Bundestagswahlen von 1994 und 1998 vor allem ostdeutsche Wähler im Visier. Dies wird auch 2002 so sein, wie sich heute bereits abzeichnet.[51] Die Grundlage dafür bildet das Wahlverhalten der ostdeutschen Bevölkerung, welches in hohem Maße durch „Wechselwähler" bestimmt ist. Insofern entspricht es durchaus der Logik des politisch-ökonomischen Vorgehens der jeweiligen Regierung, vor den Wahlen verstärkt in Ostdeutschland aktiv zu werden, um hier möglichst viele Wähler zu gewinnen. Zumal der Effekt hier, gemessen am Einsatz, deutlich höher ist als in Westdeutschland, wo die Wähler traditionell stärker auf bestimmte Parteien festgelegt sind, unabhängig von konkreten wirtschafts- und sozialpolitischen Maßnahmen. Den theoretischen Hintergrund für derartige Überlegungen bildet der Ansatz der Neuen Politischen Ökonomie, wonach die politischen Parteien und Agenten im demokratischen Wettbewerb um Wählerstimmen über „weitreichende diskretionäre Spielräume" verfügen, um „spezielle Gruppeninteressen", zum Beispiel die der ostdeutschen Arbeitnehmer, Rentenbezieher oder Arbeitslosen, bedienen bzw. privilegieren zu können.[52] So stehen bestimmte Maßnahmen im Rahmen des Solidarpakts, des Föderalen Konsolidierungsprogramms (FKP) und der aktiven Arbeitsmarktpolitik in Ostdeutschland in engem Zusammenhang mit politischen Entscheidungen, Wahlen oder Abstimmungen im Bundesrat. Dadurch sind die Transferleistungen, zumindest partiell, politisch mindestens ebenso stark bestimmt wie ökonomisch oder sozial, was sie aus wirtschaftswissenschaftlicher Sicht natürlich angreifbar macht.[53] Nicht zuletzt aber

---

51 Vgl. „Stimmen fängt man im Osten", in: *Die Welt* 24.4.2001, S. 3.
52 Vgl. H. Pitlik/G. Schmid, „Zur politischen Ökonomie der föderalen Finanzbeziehungen in Deutschland", in: *Zeitschrift für Wirtschaftspolitik*, Jg. 49 (2000) 1, S. 110.
53 In der Literatur wird insbesondere der Missbrauch der aktiven Arbeitsmarktpolitik als „Wahlkampfinstrument" massiv kritisiert, aus politischer Sicht: vgl. R. Schwanitz, *Erfolgreicher Strategiewechsel für die Zukunft des Ostens*, unveröff. Manuskript v. 3.4.2001, S. 17; aus ökonomischer Sicht: vgl. statt anderer H. Prey/B. Pfitzenberger/W. Franz, *Wirkungen von Maßnahmen staatlicher Arbeitsmarkt- und Beschäftigungspolitik*, Center for International Labor Economics, Kostanz 1997; O. Hübler, „Evaluation beschäftigungspolitischer

erweist sich dadurch die Wirtschafts- und Finanzpolitik im eigentlichen Sinne des Wortes als Politik, das heißt, sie hat mehr Interessen zu berücksichtigen als nur allokations- und effizienzbestimmte Vorgaben.

Demgegenüber resultiert die soziale Motivation der Transferleistungen aus der Zielstellung, die deutsche Einheit als wirtschaftliche und soziale Einheit zu gestalten. Grundlage dafür sind die entsprechenden Vorgaben im *Grundgesetz*[54] sowie in den Verträgen zur deutschen Einheit[55]. Die Problematik, die bei der Verwirklichung dieser Zielstellung auftritt, ist jedoch nicht nur allgemeiner und historischer Natur und insofern durch die Übertragung westdeutscher Sozialstandards auf das Beitrittsgebiet kurzfristig lösbar. Sie ist zugleich spezifischer Natur und in dieser Bestimmung nur langfristig, wenn überhaupt, zu beheben.

Diese Aussage bezieht sich auf die für Ostdeutschland typische Diskrepanz zwischen wirtschaftlicher Leistung und gesamtgesellschaftlicher Absorption. Dadurch, dass zwischen Ost- und Westdeutschland in wirtschaftlicher Hinsicht eine gewaltige Lücke klafft, die sich in kurzer Frist unmöglich schließen lässt, andererseits aber schon heute die Einheitlichkeit der Lebensverhältnisse eingefordert wird, ergibt sich eine starke soziale Motivation für Transferleistungen, und zwar auf lange Sicht. Dabei gilt es zu beachten, dass mit der im Frühjahr 1990 getroffenen Entscheidung über den Beitritt gemäß Artikel 23 GG (a.F.) als Vereinigungsmodus zugleich eine Entscheidung von grundsätzlicher Bedeutung und großer Tragweite über die Transferleistungen gefallen ist. Denn der „Beitritt" bedeutete, dass die neuen Länder von nun an zum Geltungsbereich des *Grundgesetzes* gehören, was unter anderem ihren uneingeschränkten Anspruch auf Transferleistungen impliziert. Insofern sind die Transferleistungen nicht, wie einige Autoren mutmaßen, der Preis für die Einheit[56], wohl aber für den „Beitritt", und damit für die Beibehaltung der „alten Ordnung" samt *Grundgesetz* und den Verzicht auf die Annahme einer neuen Verfassung. Die verfassungsmäßig garantierte, staats- und sozialrechtliche Verankerung der Transferleistungen lässt den politischen Akteuren im Grunde genommen kaum eine Wahl, gestalterisch wirksam zu werden. Am ehesten ist dies noch bei der konkreten Ausgestaltung der Wirtschaftsförderung möglich. Im sozialen Bereich und bei den Verwal-

---

Maßnahmen in Ostdeutschland", in: *Jahrbücher für Nationalökonomie und Statistik*, Bd. 216/1, Stuttgart 1997.

54 Insbesondere Art. 72 und 106 GG.
55 Bemerkenswert ist, dass auch Wolfgang Schäuble das übergreifende Ziel des Einigungsvertrages darin sah, „einheitliche Lebensverhältnisse in kurzer Zeit zu erreichen" (W. Schäuble, „Der Einigungsvertrag in seiner praktischen Bewährung", in: *Deutschland-Archiv* 3/1992, S. 233).
56 Vgl. J. Priewe/R. Hickel, *Der Preis der Einheit*, Frankfurt a.M. 1991; K. Schröder, *Der Preis ...*, a.a.O., u.a.

tungsausgaben hingegen besteht so gut wie kein Spielraum. Hierunter fällt aber der ganz überwiegende Teil der Transferzahlungen. Damit erweist sich die soziale Dimension der Begründung der Transferleistungen als sehr bedeutsam. Eine Tatsache, die sich, wie noch zu zeigen sein wird, in der Verwendungsstruktur der Leistungen anschaulich widerspiegelt, denn rund die Hälfte aller Transfers sind sozialpolitisch motiviert und etwa ein Viertel „ungebundene Zuweisungen" an die ostdeutschen Länderhaushalte.

Ökonomisch sind die Transferleistungen vor allem durch das wirtschaftliche Gefälle zwischen West- und Ostdeutschland begründet. Auch wenn derweil innerhalb Ostdeutschlands, zwischen den einzelnen Ländern und Regionen, beachtliche Unterschiede im wirtschaftlichen Niveau und Entwicklungstempo auszumachen sind, so hat sich dadurch doch die für den Transferbedarf ausschlaggebende Diskrepanz gegenüber Westdeutschland nicht grundlegend verändert. Mithin bleibt die „Angleichung der wirtschaftlichen und sozialen Verhältnisse" in Ost- und Westdeutschland auch unter den Bedingungen einer sich verstärkenden regionalen Differenzierung übergreifendes Ziel des Vereinigungsprozesses und „zentrale Herausforderung" für die Politik.[57] Solange in wirtschaftlicher Hinsicht eine deutlich spürbare Ost-West-Diskrepanz besteht, sind Transferleistungen erforderlich, um sozialpolitisch einen gewissen Ausgleich herbeizuführen. Zugleich sollen sie dazu beitragen, das wirtschaftliche Gefälle zwischen West- und Ostdeutschland zu reduzieren. Insbesondere letzteres ist ihre spezifisch ökonomische Funktion. Da aber nur ein verhältnismäßig geringer Teil der Transfers investive Leistungen verkörpert, kommt diesem Aspekt innerhalb des Wirkungsspektrums der Transferleistungen insgesamt nur eine relativ geringe Bedeutung zu. Andere Größen, wie zum Beispiel der Umfang der privaten Investitionen oder die Präsenz ostdeutscher Unternehmen auf überregionalen Märkten, sind für die Entwicklung der ostdeutschen Wirtschaft von weitaus größerer Relevanz. Die Transferleistungen können hierfür jedoch günstige Rahmenbedingungen schaffen, indem sie dazu beitragen, die Standortnachteile Ostdeutschlands abzubauen und die Entwicklung innovativer Produkte und deren Absatz auf überregionalen Märkten zu fördern.

Da trotz beachtenswerter Fortschritte im Einzelnen der wirtschaftliche Abstand Ostdeutschlands gegenüber Westdeutschland fortbesteht, ist aus ökonomischer Sicht auch weiterhin die Motivation für Transferleistungen gegeben. Angesichts der aktuellen Wachstumsschwäche der ostdeutschen Wirtschaft und dem Zurückbleiben der neuen Länder im Aufholprozess ist gegenwärtig sogar von einer Zunahme des öko-

---

57 Bundesregierung, *Jahresbericht... 1999*, a.a.O., S. 25; vgl. auch, *Jahresbericht... 2000*, a.a.O., S. 16ff.

nomisch begründeten Transferbedarfs auszugehen. Da die sozial motivierten Transferleistungen in ihrer Höhe juristisch festgeschrieben sind, lässt sich dies nur über eine Zunahme des Gesamtumfang der Leistungen realisieren, wofür es bei den dafür Verantwortlichen in Politik und Wirtschaft momentan aber kaum eine Akzeptanz gibt.

Maßgebend für den tatsächlichen Umfang der Transferleistungen ist aber, so wichtig die anderen Aspekte im Einzelnen auch sein mögen, letztlich die rechtliche Dimension ihrer Begründung. Mit dem Beitritt der DDR zur Bundesrepublik Deutschland erfolgte eine Ausdehnung der bundesdeutschen Rechtsordnung auf das Beitrittsgebiet, was eine Zunahme der öffentlichen Transfers zur Konsequenz hatte. Die Transferleistungen für Ostdeutschland bilden insofern nur die Kehrseite der Übertragung des westdeutschen Institutionensystems auf die neuen Bundesländer und Berlin/Ost. Es ist daher zutreffend, wenn sie in ihrer überwiegenden Mehrheit schlechthin als eine „Folge des Beitritts der DDR zur Bundesrepublik Deutschland" charakterisiert werden.[58]

Als Rechtsgrundlage dafür ist zunächst das *Grundgesetz* selbst anzuführen. Im *Einigungsvertrag* ist dazu ausgeführt, dass dieses „mit dem Wirksamwerden des Beitritts ... in den Ländern Brandenburg, Mecklenburg-Vorpommern, Sachsen, Sachsen-Anhalt und Thüringen sowie in dem Teil des Landes Berlin, in dem es bisher nicht galt" unmittelbar in Kraft tritt.[59] Als Ausnahmen gelten nur die in Artikel 4, Abs. 5, Art. 6 und 7 GG genannten Bestimmungen, für welche Übergangsregelungen formuliert wurden. Als für das Transfergeschehen unmittelbar relevant sind die Artikel 104a, 105, 106, 107 und 109 GG zu nennen. Von mittelbarer Bedeutung ist insbesondere der Artikel 72 (2), welcher in der ursprünglichen Fassung die „Wahrung der Einheitlichkeit der Lebensverhältnisse" im gesamten Bundesgebiet vorsah und, nach Änderung dieses Passus am 27.10.1994, nunmehr die „Herstellung gleichwertiger Lebensverhältnisse" im gesamten Bundesgebiet postuliert. Obwohl diese Änderung des *Grundgesetzes* erst den Sonderstatus des Beitrittsgebiets und den „unterprivilegierten Sonderweg" Ostdeutschlands mit dem *Grundgesetz* „vereinbar gemacht"[60] hat, orientiert sie durch ihre aktive Wortwahl („Herstellung") zugleich doch auf die Konvergenz beider Landesteile und weist dem *Bund* eine entsprechende Verantwortung zu. Dies ist in der Praxis von großer Bedeutung, zumal diesem Artikel kein bloßer Appellcharakter zukommt, sondern er als Verfassungsgebot gilt.

Darüber hinaus wurden im *Staatsvertrag* und im *Einigungsvertrag* eine Vielzahl von Einzelregelungen festgeschrieben, die für die Transferzahlungen wichtig sind. So zum Beispiel im *Staatsvertrag* die „Bestimmungen zur Sozialunion" (Artikel 17 bis 25) und die Zusage „zweckgebundener Finanzzuweisungen zum Haus-

---

58 J. Ragnitz et al., Transfers ..., a.a.O., S. 9.

haltsausgleich" sowie einer „Anschubfinanzierung" für die Rentenversicherung und die Arbeitslosenversicherung (Artikel 28).[61] Im *Einigungsvertrag* betrifft dies insbesondere die Regelungen zur Wirtschaftsförderung (Artikel 28), ferner Bestimmungen auf den Gebieten Arbeit und Soziales (Artikel 30), Familie und Frauen (Artikel 31), Gesundheitswesen (Artikel 33), Umweltschutz (Artikel 34), Kultur (Artikel 35), Bildung (Artikel 37), Wissenschaft und Forschung (Artikel 38) und Sport (Artikel 39), welche jeweils eine Vielzahl von Einzelregelungen beinhalten, die jeweils die Grundlagen für konkrete Leistungen abgeben. Konkrete und detaillierte Ausführungen dazu finden sich in der umfänglichen Anlage I zum *Einigungsvertrag*.[62] Gemäß Artikel 45(2) des *Einigungsvertrages* sind die Bestimmungen und Regelungen dieses Vertrages unmittelbar geltendes Bundesrecht. Dort ist ausgeführt: „Der Vertrag bleibt nach Wirksamwerden des Beitritts als Bundesrecht geltendes Recht."[63] Damit besitzen die Transferzahlungen, sofern ein entsprechender Bedarf vorliegt, unabhängig von ihrer Höhe und Dauer eine unbegrenzte juristische Legitimation. Auf Grund ihrer Fundierung durch bundeseinheitliches Recht haben sie größtenteils den Charakter von verfassungsmäßig verbürgten bzw. staatsrechtlich garantierten Rechtsansprüchen.[64] Ihre Gewährung ist folglich weder ein Akt wohlmeinender Solidarität des Westens gegenüber dem Osten, welcher die Empfänger zu einem bestimmten Verhalten verpflichten würde, noch sind die Transferleistungen eine politisch motivierte Gabe, die mit bestimmten Sanktionen versehen werden könnte.[65] Als Ausdruck bestimmter Rechtsansprüche tragen sie vielmehr den Charakter finanz- und sozialpolitischer Verteilungs- und Umverteilungskategorien, die im Rahmen der föderalen Staatsordnung der Bundesrepublik Deutschland und des grundgesetzlich verbürgten Rechtsstaates „nach Recht und Gesetz" zur Anwendung gelangen.

---

59 Art. 3 EVertr.
60 K. v. Beyme, „Die Transformation ..", a.a.O., S. 17.
61 Vgl. „Vertrag über die Schaffung einer Währungs-, Wirtschafts- und Sozialunion zwischen der Bundesrepublik Deutschland und der DDR v. 18.5.1990", BGBl. 1990 II, S. 537, in: *Die Verträge...*, a.a.O., S. 9–14.
62 Vgl. EVertr., Anlage I, in: *Die Verträge ...*, a.a.O., S. 81–483.
63 Ebenda, S. 67.
64 Davon ausgenommen sind lediglich die außerordentlichen Maßnahmen für Ostdeutschland, die besonderen Regelungen unterliegen und nicht im Grundgesetz bzw. im Einigungsvertrag verankert sind, sondern auf Grund politischer Entscheidungen zustande kommen.
65 Vor diesem Hintergrund muss die Empörung gesehen werden, die der bayerische Staatsminister Erwin Huber und der hessische Ministerpräsident Roland Koch auslösten, als sie 1999 ihre Absicht bekundeten, die Transferzahlungen künftig vom „politischen Wohlverhalten" der ostdeutschen Landesregierungen abhängig zu machen (vgl. *Die Welt*, 8.1., 22.1. und 10.4.1999).

2.2.2. Ökonomische Voraussetzungen: Transferbedarf

So sehr die West-Ost-Transfers in formaler Hinsicht auch ein „Geschöpf" der Rechtsordnung sind, so sind sie dies doch nur auf der Grundlage bestimmter wirtschaftlicher Voraussetzungen. Letztere bilden also die eigentliche Basis für ihre Begründung. Dies gilt gleichermaßen für die Aufnahme der Zahlungen im zweiten Halbjahr 1990 wie für ihre Fortführung bis heute und, soweit absehbar, auch in nächster Zukunft.

Diese Aussage beruht vor allem auf dem wirtschaftlichen Gefälle zwischen Ost- und Westdeutschland, ebenso aber auch auf strukturellen Diskrepanzen und systembedingten Besonderheiten, die aus der unterschiedlichen Entwicklung der beiden Landesteile in der Vergangenheit resultieren. Ein Beispiel dafür ist die Arbeitslosenversicherung, die es in der DDR bekanntlich nicht gab und deren Aufbau einen erheblichen Transferbedarf auslöste. Ähnliches gilt für die Rentenversicherung, die in der DDR anders organisiert war als in der Bundesrepublik und zudem einnahme- wie ausgabeseitig von deutlich geringerem Umfang. Der Hauptpunkt betrifft jedoch den Unterschied zwischen Ost- und Westdeutschland hinsichtlich ihrer wirtschaftlichen Leistungskraft, wobei dieser Unterschied auch schon vor 1990 bestanden hat, sich mit der Vereinigung aber dramatisch verstärkte und bis heute, trotz einiger Erfolge beim *Aufbau Ost*, nicht überwunden ist. Nachfolgend soll gezeigt werden, wie dieser Unterschied historisch entstanden ist, um dann herauszuarbeiten, dass die wirtschaftliche Diskrepanz zwischen Ost- und Westdeutschland unter den Bedingungen der Inkorporation der DDR in die Bundesrepublik notwendigerweise als *Transferbedarf* erscheint.

Im Wesentlichen sind es drei Faktoren, die den Transferbedarf determinieren: Erstens der wirtschaftliche Entwicklungsstand Ostdeutschlands, *zweitens* der angestrebte Grad der Konvergenz zwischen Ost- und Westdeutschland und *drittens* die Zeitdimension, die für die Angleichung der Lebensverhältnisse zwischen beiden Landesteilen als politisch vertretbar angesehen wird. Hiervon ausgehend lässt sich bestimmen, in welchem Maße der Vereinigungsprozess Transferleistungen impliziert und welcher Zeitraum für die Transferabhängigkeit Ostdeutschlands in etwa zu veranschlagen sein wird.

Als Ende 1989/Anfang 1990 die Idee der deutschen Vereinigung Gestalt annahm, befand sich die DDR-Wirtschaft bereits in einer tiefen Krise, die sie aus eigener Kraft kaum mehr bewältigen konnte. Zum Zeitpunkt des Abschlusses des ersten Staatsvertrages im Mai 1990 hatte sich die ökonomische Schieflage zwischen den beiden deutschen Staaten weiter verstärkt. Die Defizite der DDR-Wirtschaft waren inzwischen unübersehbar, so dass ihre Überwindung zum Hauptgegenstand der

Verhandlungen wurde. Mit dem Kollaps der ostdeutschen Industrie 1991 stieg der Transferbedarf dann sprunghaft an, fast bis zur Hälfte des Gesamtverbrauchs, um sich nach Überwindung der Transformationskrise und dem Einsetzen der wirtschaftlichen Erholung auf hohem Niveau zu verstetigen. Gegen Ende der 90er Jahre ist allerdings wieder eine absolute Zunahme des Transferbedarfs auszumachen, was sich in den Forderungen nach einer unverminderten Fortführung des Solidarpakts nach 2004, einem zusätzlichen Sonderprogramm für die Jahre 2002 bis 2004 sowie einem Aktionsprogramm *Zukunft Ost* für die neuen Bundesländer niederschlägt.[66]

Zunächst jedoch zur Genesis der wirtschaftlichen Diskrepanz zwischen Ost- und Westdeutschland:

Während vor dem Zweiten Weltkrieg zwischen den Territorien der späteren Bundesrepublik Deutschland und der DDR in wirtschaftlicher Hinsicht kein wesentlicher Niveauunterschied bestanden hat, wies die Ausgangslage bei Kriegsende hier bereits signifikante Unterschiede auf. Dies weniger infolge unterschiedlich hoher Kriegsschäden[67] als vielmehr im Ergebnis der Kriegsfolgelasten und Strukturprobleme, die aus der Teilung des Landes resultierten. So besaß spätestens nach dem Zusammenschluss der Westzonen zum vereinigten Wirtschaftsgebiet (1.1.1947) der größere und in sich homogenere Landesteil die besseren Chancen, die teilungsbedingten Defizite zu verkraften. Die Sowjetische Besatzungszone (SBZ) dagegen, mit nur 22,8% der Fläche und 21,9% der Bevölkerung des Reiches (1937 bzw. 1939), stand hier von Anfang an vor weit größeren Problemen. Zumal es sich bei der SBZ um eine industriell entwickelte, aber hochgradig auf interregionale ökonomische Verbindungen angewiesene Wirtschaftsregion handelte. Die wirtschaftliche Isolierung und Autarkisierung durch die Teilung zog somit vor allem hier Produktivitätsverluste

---

66 Vgl. W. Thierse, „Fünf Thesen zur Vorbereitung eines Aktionsprogramms für Ostdeutschland", in: *Die Zeit*, 2/2001 v. 3.1. 2001; Brief Bernhard Vogels an den Bundeskanzler Gerhard Schröder v. 28.2.01; W. Thierse, *Zukunft Ost. Perspektiven für Ostdeutschland in der Mitte Europas*, Berlin 2001 und E. Richter, „Wie kann die ostdeutsche Produktionslücke geschlossen werden? Bausteine für ein Aktionsprogramm", in: AG Perspektiven für Ostdeutschland, *Ostdeutschland ...*, a.a.O., S. 230ff.

67 Hierzu gibt es widersprüchliche Angaben: So ist bei Horst Barthel zu lesen, dass „die Zerstörungen in ihren Auswirkungen auf die Industrie, das Verkehrswesen und die Landwirtschaft ... im Osten Deutschlands größer (waren) als im Westen" (H. Barthel, *Die wirtschaftlichen Ausgangsbedingungen der DDR*, Berlin 1979, S. 37). Demgegenüber weist eine Studie des DIW für den Westen eine höhere „Kriegsschadensquote" aus (D. Cornelsen/M. E. Ruban/D. Teichmann, *Kriegsschäden und Nachkriegsbelastung in der Bundesrepublik Deutschland und in der DDR*, DIW, Berlin 1972, S. 97). Neuere Untersuchungen schließen sich im Wesentlichen dieser Position an (vgl. L. Baar/R. Karlsch/W. Matschke, *Kriegsfolgen und Kriegslasten Deutschlands. Zerstörungen, Demontagen und Reparationen*. Expertise im Auftrag der Enquête-Kommission des Deutschen Bundestages, Berlin 1993, S. 29f.).

und volkswirtschaftliche Ungleichgewichte nach sich. Auch barg sie bereits den Keim für die späteren „Doppelstrukturen" in beiden Teilen Deutschlands in sich, die Ostdeutschland nach der Wiedervereinigung zum Verhängnis werden sollten. Die Brisanz dieser Entwicklung wurde bereits 1948 erkannt[68], ließ sich aber unter den Bedingungen der Teilung des Deutschlands und der Systemkonfrontation kaum vermeiden.

Hinzu kamen Reparations- und Kriegsfolgelasten in Form von Requisitionen, die Demontage funktionstüchtiger industrieller und infrastruktureller Anlagen, ferner die Überführung von Betrieben in sowjetisches Eigentum (SAG), die Bezahlung der Besatzungskosten sowie umfangreiche Entnahmen aus der laufenden Produktion. Allein die *laufenden Leistungen beliefen* sich zwischen 1945 und 1953 auf 31,7 Mrd. RM, zu Preisen von 1944, was einer durchschnittlichen jährlichen Belastung von 23,7% des Bruttosozialprodukts entsprach. 1946 lag dieser Wert sogar bei 48,8%, 1953 bei 12,9%, während er in Westdeutschland im Durchschnitt nur bei 7,2% lag.[69] In Verbindung mit den Demontagen, welche ca. 30% der industriellen Kapazitäten Ostdeutschlands des Jahres 1944 ausmachten[70], also mehr als der Verlust durch Kriegszerstörungen, den Besatzungskosten und anderen Reparationsleistungen, bewirkten diese Aufwendungen eine nachhaltige Schwächung der ostdeutschen Wirtschaft. Die Rekonstruktionsphase konnte deshalb hier erst sieben bis zehn Jahre später abgeschlossen werden als in Westdeutschland.[71]

Die viel zitierte Schere zwischen den beiden deutschen Staaten öffnete sich also bereits in den ersten Nachkriegsjahren. Der weitere Verlauf der wirtschaftlichen Entwicklung unter entgegengesetzten ordnungspolitischen Rahmenbedingungen hatte zur Folge, dass sie sich nie wieder schließen sollte, sondern im Laufe der Jahrzehnte immer weiter öffnete. Neben den bereits genannten Ursachen trugen hierzu weitere Prozesse bei, insbesondere die Zerreißung des historisch gewachsenen Wirtschaftsraumes durch die Teilung Deutschlands und die politische wie wirtschaftliche Isolierung der SBZ. Die damit verbundenen Disproportionen und Allokationsineffizienzen konnten unter den gegebenen Bedingungen nur langfristig, durch die

---

68 „... durch die Zonenautarkisierung (werden) die ... knappen Investitionsmöglichkeiten der einzelnen Zweige in Anspruch genommen und zwar für Anlagen, deren Existenz nur durch die Zonengrenzen gerechtfertigt ist. Solange man die Zonengrenzen nicht als etwas für alle Zeiten Gegebenes ansieht, stellen solche Investitionen volkswirtschaftliche Kapitalfehlleitungen dar" (W. Bauer, „Der allgemeine wirtschaftliche Charakter der Zonen", in: DIW (Hrsg.), *Wirtschaftsprobleme der Besatzungszonen*, Berlin 1948, S. 21).
69 R. Karlsch, *Allein bezahlt?...*, a.a.O., S. 234.
70 L. Baar/R. Karlsch/W. Matschke, *Kriegsfolgen* ....,a.a,O., S. 50.
71 Vgl. R. Karlsch, a.a.O., S. 240.

Integration der DDR in den RGW[72] und die Ausrichtung der Wirtschaft auf den sowjetischen Bedarf, und auch dadurch nur zum Teil, überwunden werden. Diese „Lösung" bedeutete aber zugleich eine weitgehende Einbindung der DDR in die Arbeitsteilung des RGW und damit deren Abkopplung vom (westlichen) Weltmarkt. So umfasste der Intra-RGW-Handel der DDR 1989 72,6% aller Exporte und 65,5% aller Importe[73], was bei einer Exportquote von ca. 40%[74] eine extreme Abhängigkeit von den Märkten Mittel- und Osteuropas bedeutete und nach dem Austritt der DDR aus dem RGW zu einem schlagartigen Umsatzrückgang im Außenhandel führte.

Von grundsätzlicher Bedeutung in diesem Zusammenhang war die Transformation der DDR-Wirtschaft in eine Planwirtschaft sowjetischen Typs, eine Entwicklung, die von Anfang an mit massiven Ressourcenverlusten und Effizienzeinbußen verbunden war. Auch wenn zeitweilig beachtliche Wachstumsraten erreicht wurden und es zwischen 1963 und 1970, während der NÖS-Periode, gelungen war, das planwirtschaftliche System flexibler zu gestalten und auf diese Weise Effizienzgewinne zu verbuchen, so erwies sich die Planwirtschaft im Ganzen gesehen und auf Dauer doch als das gegenüber der Marktwirtschaft weniger erfolgreiche Wirtschaftsmodell. Dies zeigte sich vor allem im Zurückbleiben der Arbeitsproduktivität, womit sich auf fatale Weise eine Grundaussage des Marxismus bestätigte.[75] Die DDR erwies sich unter diesen Bedingungen zwar als ein „hochentwickeltes Industrieland"[76], das im RGW eine Spitzenposition einnahm, im Vergleich zur Bundesrepublik jedoch wies sie zunehmend veraltete Strukturen auf, überholte Technologien, einen zu geringen Grad an Arbeitsteilung und Produktdifferenzierung, eine mangelnde Flexibilität und Modernität. 1989 betrug der Entwicklungsrückstand gegenüber Westdeutschland 10 bis 20 Jahre.

Ein weiterer Aspekt in diesem Zusammenhang ist die demographische Entwicklung. Auch hier hatte Ostdeutschland mit extremen Problemen zu kämpfen. 1945

---

72 Die DDR trat dem 1949 in Moskau gegründeten Rat für gegenseitige Wirtschaftshilfe (RGW) 1950 bei und gehörte diesem bis zum 30.6.1990 an.

73 K. Werner, „Die Integration der DDR-Wirtschaft im RGW und der Zusammenbruch der Ostmärkte", in: R. Pohl (Hrsg.), *Herausforderung Ostdeutschland,* Berlin 1995, S. 54. In anderen Quellen wird der RGW-Anteil am Export der DDR hingegen nur mit 58% angegeben (G. Sinn/H.-W. Sinn, a.a.O., S. 39).

74 1988 betrug die Exportquote in Valutagegenwerten gerechnet 39,1% (B. Görzig/G. Gornig, „Produktivität und Wettbewerbsfähigkeit der Wirtschaft der DDR", in: DIW, *Beiträge zur Strukturforschung,* 121/1991, S. 17, 52).

75 Gemeint ist die These Lenins, wonach die Arbeitsproduktivität „in letzter Instanz das allerwichtigste, das ausschlaggebende für den Sieg der neuen Gesellschaftsordnung" sei (W. I. Lenin, „Die große Initiative", in: *Werke,* Bd. 29, Berlin 1961, S. 416).

76 BMB (Hrsg.), *Materialien zum Bericht zur Lage der Nation,* Bonn 1974, S. 75.

lebten auf dem Territorium der SBZ ca. 14 Millionen Menschen. Bis Ende 1947 kamen ca. 4,5 Mill. Heimkehrer, Flüchtlinge und Umsiedler hinzu, von denen die fähigsten und mobilsten jedoch bald in die westlichen Besatzungszonen weiterzogen. Die unterschiedliche politische und wirtschaftliche Entwicklung in beiden Teilen Deutschlands führte dazu, dass bis 1961 3,1 Millionen Menschen die SBZ bzw. DDR verließen und in die Bundesrepublik übersiedelten. Bis Oktober 1990 erhöhte sich diese Zahl um weitere 1,1 Millionen „Ausreisende"[77], so dass zum Zeitpunkt der Vereinigung nur noch 16,1 Millionen Menschen in Ostdeutschland lebten. Dieser „Braindrain", der seitens der Bundesrepublik nach Kräften gefördert wurde, schwächte natürlich den ostdeutschen Staat, dem dadurch Humankapital und Entwicklungspotenzial in Größenordnungen verloren ging. Dies insbesondere auch deshalb, weil es sich bei den Übersiedlern mehrheitlich um gut ausgebildete Fachkräfte handelte, deren Ausbildungskosten von der DDR getragen worden waren, wovon nun aber der Beschäftigungsaufbau in der Bundesrepublik profitierte.[78] Aus heutiger Sicht lässt sich daher durchaus darüber diskutieren, inwieweit die sich hierin manifestierende Potenzialverschiebung von Ost nach West zu „Ausgleichsforderungen" Ostdeutschlands berechtigt.[79]

All die hier skizzierten Aspekte bildeten schließlich, zusammen mit anderen Momenten, wie der Zugehörigkeit der DDR und der BRD zu konträren Militärblöcken und den ungleichen Kosten des Kalten Krieges[80], der unterschiedlichen Positionierung beider Staaten auf dem Weltmarkt und ihrer verschieden großen Wirtschaftsmacht, die Ursachen für die schwerwiegenden Asymmetrien zwischen Ost- und Westdeutschland am Vorabend der Vereinigung. Wie die Gegenüberstellung entsprechender Daten belegt, fielen die wichtigsten ökonomischen Indikatoren 1989 für die DDR signifikant schlechter aus als für die Bundesrepublik, was auf einen Entwicklungsrückstand hindeutet (vgl. Tabelle 2.2.-1). Im Einzelnen jedoch ist hier eine bedeutsame Differenz festzustellen: Während nämlich die produktionsbezogenen DDR-Daten, gewichtet mit der Zahl der Einwohner, nicht viel mehr als ein Drittel der bundesdeutschen Werte betrugen, lagen die lebensniveaurelevanten Daten, also die Einkommens- und Verbrauchsgrößen, mit gut 50% des bundesdeutschen Niveaus deut-

---

77 Vgl. W. Weidenfeld/K.-R. Korte, *Handbuch zur deutschen Einheit...*, a.a.O., S. 446
78 So wertete das IW Köln 1990 den Beitrag des Zustroms von Übersiedlern aus der DDR zum Beschäftigungsaufbau in der Bundesrepublik als „überwiegend positiv" (IW, *Wirtschaftliche und soziale Perspektiven der deutschen Einheit (Gutachten)*, Köln 1990, S. 251).
79 Vgl. dazu W. Zapf, „Wie kann man die deutsche Vereinigung bilanzieren?", a.a.O., S. 23.
80 In der DDR lag der Anteil der Rüstungs- und Verteidigungsaufwendungen am Sozialprodukt etwa doppelt so hoch wie in der Bundesrepublik (vgl. J. Priewe/R. Hickel, *Der Preis ...*, a.a.O., S. 72).

Tabelle 2.2.-1
Volkswirtschaftliche Indikatoren für die DDR und die BRD 1989

	DDR	BRD	DDR/BRD = 100
Bevölkerung (Tsd. Personen)	16.434	62.679	26,2
Erwerbsquote[1] (in %)	60,0	48,0	125,0
Arbeitslosenquote (in %)	0	7,9	-
Bruttoinlandsprodukt (Mrd. M/DM, lfd. Preise)[2]	335,9	2.224,4	15,1
Pro-Kopf-Einkommen[3] (M/DM)	20.439	35.488	57,6
BIP pro Erwerbstätigen (M/DM)	34.758	80.478	43,2
Leistungsbilanzsaldo (Mrd. VM/DM)[4]	- 3,1	+ 107,4	
Investitionsquote (in %)	28,7	22,5	127,6
Haushaltsnettoeinkommen, Arbeiter- und Angestellten-Haushalte[5] (M/DM)	2.426	4.173	58,1
Durchschnittliches Bruttoarbeitseinkommen (M/DM)[6]	1.173	3.341	35,1
Durchschnittliches Nettoarbeitseinkommen (M/DM)[6]	1.085	2.112	51,4
Sparquote privater Haushalte (in %)	7,0	13,5	51,9

Erläuterung und Quellen: [1] Anteil der Erwerbspersonen an der Gesamtbevölkerung (StBA); [2] StBA, *Statistisches Jahrbuch 1997*, S. 666; *Tabellensammlung WisoLa*, 2/1999, S. 203; [3] BIP p.c. (jeweilige Preise); [4] BBk, *Monatsberichte*, 53. Jg. (2001) 10, S. 68*, *Die Zahlungsbilanz der ehemaligen DDR 1975 bis 1989*, Frankfurt 1999, S. 49; [5] O. Schwarzer, „Der Lebensstandard in der SBZ/DDR 1945–1989", in: *Jahrbuch für Wirtschaftsgeschichte*, Bd. 2, Berlin 1995, S. 133; [6] G. Winkler (Hg.), *Sozialreport '90*, Berlin 1990; Statistisches Amt der DDR, Statistisches Jahrbuch der DDR 1990, S. 144; DIW, WSI u.a.

lich darüber. Hierin spiegeln sich eine Reihe spezifischer Züge der DDR-Gesellschaft im letzten Jahrzehnt ihrer Existenz wider: So, *erstens,* die Tatsache, dass die Sicherung des Lebensniveaus und des Konsums für die DDR, aus welchen Gründen auch immer, überaus wichtige Ziele waren, deren Realisierung jedoch die ökonomische Leistungskraft zunehmend überstieg.[81] Die Kehrseite dieser exzessiven Sozialpolitik dokumentierte sich zuletzt in einem unverantwortlichen Substanzverzehr, einer mit 10,6% entschieden zu niedrigen Investitionsquote im produktiven Bereich, einem negativen Leistungsbilanzsaldo gegenüber dem nichtsozialistischen Wirtschaftsgebiet sowie einer außer Kontrolle geratenden Auslandsverschuldung.[82] *Zweitens* war dieses, seit Mitte der 70er Jahre ständig größer gewordene Missverhältnis

---

81 Vgl. G. Manz/E. Sachse/G. Winkler (Hrsg.), *Sozialpolitik in der DDR. Ziele und Wirklichkeit*, Berlin 2001.
82 Während die Leistungsbilanz der DDR gegenüber den Handelspartnern im RGW 1989 einen positiven Saldo von 2.276 Mio. VM auswies, verzeichnete sie gegenüber dem NSW einen Negativsaldo von 3.065 Mio. VM. Die Nettoverschuldung gegenüber dem NSW belief sich per 31.12.1989 auf 19,9 Mrd. VM (BBk, *Die Zahlungsbilanz der ehemaligen DDR* ..., a.a.O., S. 32, 49 und 60).

zwischen Produktion und Verbrauch Ausdruck des Scheiterns der seit 1971 von der SED praktizierten Strategie der „Einheit von Wirtschafts- und Sozialpolitik".[83] Und *drittens* dokumentieren sich in einzelnen Daten exemplarisch die substanziellen Schwächen der DDR-Wirtschaft, so zum Beispiel in dem geringen Anteil am Weltexport von 0,6% die mangelnde Wettbewerbsfähigkeit auf dem Weltmarkt[84] und im Anstieg der Verschuldung gegenüber dem NSW der Rückgang der Außenhandelsrentabilität, gemessen in Weltmarktpreisen.

Am Vorabend der deutschen Vereinigung schlug sich diese Problematik in der Verwendungsstruktur des Sozialprodukts nieder (vgl. Tabelle 2.2.-2). Aufschlussreich ist hier im 1. Halbjahr 1990 u.a. der hohe Anteil des privaten und staatlichen Verbrauchs am Bruttosozialprodukt von 109,4%, gegenüber 77,5% noch 1989 und 71,7% in Westdeutschland[85], sowie der gewachsene Anteil des (negativen) Außenbeitrages an der inländischen Absorption. Beide Tendenzen sollten im vereinigten Deutschland ihre Fortsetzung finden, woraus sich wichtige Konsequenzen für den Transferbedarf und die Höhe der Transferzahlungen ableiten.

Tabelle 2.2.-2
Verwendungsstruktur des Sozialprodukts Ostdeutschlands für 1989 und das 1. Halbjahr 1990 in Mrd. Mark der DDR und Prozent

	1989		1. Halbjahr 1990	
	Mrd. M	v.H.[1]	Mrd. M	v.H.[1]
Privater Verbrauch	175,4	55,1	92,4	78,4
Staatsverbrauch	71,5	22,4	36,6	31,0
Anlageinvestitionen	93,7	29,4	41,2	34,9
Vorratsveränderung	6,3	1,9	-20,8	-17,6
Letzte inländische Verwendung	346,9	108,9	149,4	126,7
Außenbeitrag	-28,3	-8,9	-31,5	-26,7
Bruttosozialprodukt	318,6	100,0	117,9	100,0

Erläuterung und Quellen: [1] Anteil am BSP: StBA, *Tabellensammlung WisoLa*, 2/1999, S. 203

Musste es in der Endphase der DDR bereits als unrealistisch gewertet werden, das Missverhältnis zwischen Produktion und Verbrauch dadurch beheben zu wollen, dass mehr investiert und exportiert, aber weniger verbraucht wird, so war es nach dem Beitritt zur Bundesrepublik gänzlich unmöglich, eine solche Lösung auch nur zu erwägen. Sie wurde denn auch weder öffentlich diskutiert noch praktiziert; schließ-

---

83 Vgl. G. Kusch/R. Montag/G. Specht/K. Wetzker, *Schlußbilanz – DDR. Fazit einer verfehlten Wirtschafts- und Sozialpolitik*, Berlin 1991.
84 K. Werner, „Die Integration ...", a.a.O., S. 53.

lich erfolgte die Vereinigung unter der Prämisse sich allseits verbessernder Lebensbedingungen. Das Wort des Kanzlers, es werde „niemandem schlechter gehen, dafür vielen, vielen aber besser"[86], bestimmte das bereits erreichte Lebensniveau unmissverständlich als Untergrenze für künftige Veränderungen. Damit aber trat die Diskrepanz zwischen Produktion und Verbrauch sofort als Transferbedarf auf, wollte man die Zustimmung der Ostdeutschen zur Einheit nicht verlieren. Und jede sich aus der Rechts- und Tarifangleichung ergebende Erhöhung der ostdeutschen Absorption zog weitere Transferzahlungen nach sich. Ebenso aber auch der Rückgang der Produktion, denn der alte Restriktionsrahmen der DDR galt nicht mehr. Mit dem Beitritt zur Bundesrepublik war der volkswirtschaftliche Konnex unwiderruflich ein anderer geworden, das heißt, der Absorptionsbedarf Ostdeutschlands ließ sich jetzt nicht mehr auf die ostdeutsche Produktion beschränken, sondern stellt nunmehr eine gesamtdeutsche Teilgröße dar, die ggf. durch den Bundeshaushalt bzw. die westdeutschen Sozialversicherungs(teil)kassen zu decken ist. Dies wurde von der Bundesregierung hinsichtlich der praktischen Auswirkungen zunächst nur zum Teil erkannt: So beinhaltete der *Staatsvertrag* über die Schaffung der Währungs-, Wirtschafts- und Sozialunion zwar bestimmte finanzpolitische Maßnahmen, aber nur als eine Art Zwischenfinanzierung, bis sich die Entwicklung im Osten durch die Entfesselung der Marktkräfte von selbst finanzieren würde. Von einer längerfristigen Belastung der öffentlichen Haushalte wurde dagegen nicht ausgegangen, eher von einer Entlastung und einem positiven fiskalischen Nettoeffekt.[87]

Im Konkreten sah der *Staatsvertrag* (Anlage 1) vor, dass die aus der asymmetrischen Währungsumstellung resultierenden Ausgleichsforderungen in Höhe von 26,5 Mrd. DM[88] in einen Fonds zu überführen seien, wofür zunächst der Bund und die *Treuhandanstalt* aufkommen sollten, ab 1994 dann die neuen Länder.[89] Dergleichen

---

85 DIW, *Wochenbericht* 26/27/1991, S. 359ff.
86 H. Kohl, „Ansprache anlässlich ...", a.a.O., S. 11. Aus Anlass des Inkrafttretens des Vertrages über die Währungs-, Wirtschafts- und Sozialunion hielt Bundeskanzler Kohl über Fernsehen und Hörfunk eine Rede, in der er noch einmal versprach, dass es keinem schlechter, aber vielen besser gehen werde (vgl. V. Gransow/K. H. Jarausch (Hrsg.), *Die deutsche Vereinigung...*, a.a.O., S. 192ff.)
87 Vgl. IW, *Wirtschaftliche und soziale ...*, a.a.O., S. 220ff.
88 BBk, „Die Währungsunion mit der Deutschen Demokratischen Republik", in: *Monatsberichte*, 42. Jg. (1990) 7, S. 25.
89 Die Ausgleichsforderungen dienten darüber hinaus auch zur Abdeckung von Verlusten, die den Banken durch den Ausfall von Krediten entstanden sind. Das Volumen des Fonds ist deshalb höher als der Umfang der bilanziellen Ausgleichsforderungen. Ende 1994 umfasste es rund 75 Mrd. DM (Vgl. M. E. Streit, „Die deutsche Währungsunion", in: Deutsche Bundesbank (Hrsg.), *Fünfzig Jahre Deutsche Mark*, München 1998, S. 704. Vgl. dazu auch O. Schwinn, *Die Finanzierung der deutschen Einheit*, Opladen 1997, S. 47f.

galt für die „Altschulden" der DDR, deren Höhe zu diesem Zeitpunkt jedoch noch nicht endgültig feststand. Hinzu kamen zweckgebundene Finanzzuweisungen zum Ausgleich des DDR-Haushalts in Höhe von 22 Mrd. DM, die über den *Fonds Deutsche Einheit* bereitgestellt wurden sowie 0,75 Mrd. DM Anschubfinanzierung für die Rentenversicherung und 2,0 Mrd. DM für die Arbeitslosenversicherung.[90] Damit entsprach die unmittelbare Belastung der öffentlichen Haushalte 1990 nur 24,75 Mrd. DM, während die größeren Posten verschiedenen Fonds zugeteilt waren, wofür die Aufbringung der Mittel über eine Kreditaufnahme am Kapitalmarkt erfolgte.

Mit dieser, am 16.5.1990 einseitig, das heißt, ohne Beteiligung der DDR, in Bonn beschlossenen Kombination aus „Anschubfinanzierung" und „Fondslösung" glaubte die Bundesregierung den Transferbedarf für das zweite Halbjahr 1990 und für 1991 vollständig erfasst und die Finanzierung der Kosten der Einheit abschließend geregelt zu haben. Bei der Konzipierung dieser Finanzierungsstrategie setzte sie nicht nur auf die Fiktion eines „Wirtschaftswunders Ost", sondern verzichtete auch ganz bewusst auf ein staatliches Programm zur Unterstützung des Strukturwandels sowie auf eine Prävention für den Fall eventuell auftretender höherer Belastungen in der Zukunft. Sie stützte sich dabei auf eine Reihe von Gutachten und Expertisen[91], worin die realwirtschaftlichen Folgen der Währungsunion und des schockartigen Übergangs Ostdeutschlands zur Marktwirtschaft im Großen und Ganzen als positiv eingeschätzt wurden. Am unbedenklichsten urteilte *Hans Willgerodt*, der für den Fall einer raschen Einführung der Marktwirtschaft in der DDR die geringsten Friktionen erwartete. Je radikaler der Übergang zur Marktwirtschaft, um so geringer wären die Anpassungslasten und mithin die Transferzahlungen, so sein Credo.[92] Die in diesem Zusammenhang unisono abgegebenen Fehlurteile und Illusionen lassen sich retrospektiv nur als „kollektiver Irrtum" deuten, der infolge einer beispiellosen ideologischen Verblendung zustande gekommen ist. Nichtsdestotrotz aber haben sie erheblich dazu beigetragen, die deutsche Vereinigung wirtschaftspolitisch zu einer „historischen

---

90 Vgl. StVertr. Art. 28. Die Mehrausgaben für die Anschubfinanzierung der Sozialversicherung wurden über einen zweiten Nachtragshaushalt (vom 22.6.1990) finanziert.
91 Vgl. Wissenschaftlicher Beirat beim BMWi, *Schaffung eines gemeinsamen Wirtschafts- und Währungsgebietes in Deutschland*, Bonn 1990; J. Donges et al. (Kronberger Kreis), *Soziale Marktwirtschaft in der DDR*, Bad Homburg 1990; IW, *Wirtschaftliche und soziale Perspektiven...*, a.a.O.; H. Willgerodt, *Vorteile der wirtschaftlichen Einheit Deutschlands*, Köln 1990; M. Jungblut, *Wirtschaftswunder ohne Grenzen: Wohlstand diesseits und jenseits der Elbe*, Stuttgart 1990; A. Barthel, „Währungspolitik als Schrittmacher der deutschen Einheit: Währungsreform oder Währungsunion?", in: G. Wewer, *1990: DDR – von der friedlichen Revolution zur deutschen Vereinigung*, Gegenwartskunde-Sonderheft 6/1990, Opladen, S. 161–174.
92 H. Willgerodt, *Vorteile der wirtschaftlichen Einheit ...*, a.a.O., S. 32 und 37.

Fehlleistung" werden zu lassen[93], welche die gesellschaftliche Entwicklung noch Jahrzehnte belasten wird. Es gab aber auch andere, weniger optimistische Stellungnahmen: So seitens der *Deutschen Bundesbank*[94], des *Sachverständigenrates*[95] sowie einiger Wirtschaftsforschungsinstitute, zum Beispiel des DIW.[96] Der Sachverständigenrat hielt es auch post festum noch für seine Pflicht, „auf die volkswirtschaftlichen Kosten" hinzuweisen, zu welchen es, „wie vorauszusehen war"[97], auf Grund der übereilten Währungsunion gekommen war. Bundesbankpräsident *Karl Otto Pöhl* sah in der deutschen Währungsunion eine „Katastrophe" und ein abschreckendes Beispiel für Europa.[98]

Angesichts der zahlreichen Warnungen vor einem Kollaps der DDR-Wirtschaft infolge des zu erwartenden Marktöffnungsschocks mutet die Politik der Bundesregierung im Rückblick geradezu abenteuerlich an. Zumal selbst die Prognosen der Regierung[99], erst recht aber die Vorhersagen kritisch urteilender Wirtschaftsforscher[100] und des DDR-Finanzministeriums[101], weit weniger optimistische Szenarien entworfen hatten. Die dann tatsächlich eingetretene Entwicklung (vgl. Tabelle 2.2.-3) übertraf aber bekanntlich alle, selbst die pessimistischsten Prognosen und führte zu dem tiefsten Produktions- und Beschäftigungseinbruch, den je eine Region vergleichbarer Größe und Bedeutung erlebt hat. Auch wenn dieser Einbruch ursächlich vor allem dem maroden Zustand der DDR-Wirtschaft zuzuschreiben war, so haben „die Art und Weise des Übergangs zur Marktwirtschaft" und dabei insbesondere die „Modalitäten der Währungsumstellung" doch erheblich dazu beigetragen, den Kollaps zu verstärken und den unvermeidlichen Umbruch zu einem Desaster werden zu lassen.[102]

Mit dem unmittelbar vor der Währungsumstellung einsetzenden Rückgang der Industrieproduktion, welche innerhalb weniger Wochen um mehr als 50% fiel (vgl.

---

93 B. Wehner, *Das Fiasko im Osten*, Marburg 1991, S. 15 und 21.
94 Vgl. *Wirtschaftswoche* v. 16.2.1990.
95 Vgl. „Brief des Sachverständigenrates vom 9. Februar 1990...", a.a.O., S. 306–308.
96 Vgl. DIW, *Wochenbericht*, 6/1990.
97 SVR, *Auf dem Wege zur wirtschaftlichen Einheit Deutschlands. Jahresgutachten 1990/91*, Stuttgart 1990, Tz. 297, vgl. auch Tz. 304ff.
98 „Statement by President Pöhl" v. 18.3.1991, *Financial Times* v. 21.3.1991 sowie in: BBk, *Auszüge aus Presseartikeln*, Nr. 20/1991, S. 1–3.
99 So ging das BMF von einem Anstieg der Arbeitslosigkeit infolge der Einführung der D-Mark in der DDR auf 1,4 Millionen aus, was erheblich mehr Kosten implizierte als finanztechnisch geplant worden sind (D. Grosser, *Das Wagnis der Währungs-, Wirtschafts- und Sozialunion*, Stuttgart 1998, S. 365).
100 Vgl. D. Grosser, a.a.O., S. 366f.
101 vgl. O. Schwinn, a.a.O., S. 71.
102 DIW/IfW/IWH, *Gesamtwirtschaftliche ... Neunzehnter Bericht*, a.a.O., S. 11.

Tabelle 2.2.-3
Entwicklung des BIP, der Industrieproduktion und der Beschäftigung in Ostdeutschland 1990 und 1991 in Prozent (2. Hj. 1989 = 100)

	BIP[1]	Industrieproduktion[2]	Erwerbstätige[3]
1. Halbjahr 1990 (Juni)	95,8	84,6	94,4
Juli 1990	k.A.	54,6	86,2
2. Halbjahr 1990 (Dezember)	70,0	44,8	83,9
1. Halbjahr 1991	63,9	30,0	77,6
2. Halbjahr 1991 (Dezember)	70,3	33,0	71,8

Erläuterungen und Quellen: [1] Reales BIP, Preise 1991 (StBA); [2] BBk, *Monatsberichte*, 43. Jg. (1991) 3, S. 74*; [3] Europäische Kommission, *Beschäftigungsobservatorium Ostdeutschland*, 16/17/1995, S. 2

Abbildung 2.2.-1), waren die Weichen für den Niedergang der ostdeutschen Wirtschaft unwiderruflich gestellt. Damit war aber auch das Finanzkonzept des *Staatsvertrages* schon wenige Tage nach Inkrafttreten desselben Makulatur. Da angesichts des katastrophalen Entwicklungsverlaufs das Defizit des DDR-Staatshaushalts und der Finanzbedarf der Sozialversicherungen bedeutend höher ausfielen als geplant, wurde noch während der Verhandlungen über den *Einigungsvertrag* eine Revision der Finanzplanung erforderlich. Mit dem Inkrafttreten des *Einigungsvertrages* am 3.10.1990 wurde der Staatshaushalt der DDR Teil des Bundeshaushalts. Die Situation wurde dadurch aber nicht besser: Denn einerseits sah der Vertrag die Übernahme der Gesamtverschuldung der DDR, einschließlich der Auslandsverschuldung, in ein „Sondervermögen des Bundes" vor[103]; andererseits überstieg der laufende Finanzbedarf schon in den ersten Wochen die vorgesehene Größenordnung, so dass am 26.10.1990 ein dritter Nachtragshaushalt verabschiedet werden musste.[104] Schließlich erreichten die Transferzahlungen im zweiten Halbjahr 1990 bereits ein Volumen von 64 Mrd. DM.[105] Für 1991 war ein weiterer Mehrbedarf absehbar. Alle Vorausberechnungen, die davon ausgegangen waren, dass die zusätzlichen Kosten durch Mehreinnahmen und Haushaltseinsparungen gedeckt werden könnten bzw. letztere erstere sogar übersteigen würden[106], bestätigten sich damit nicht. Vielmehr musste der Finanzplan erheblich nach oben korrigiert werden, und das nicht nur auf kurze Sicht.

103 EVertr., Art. 23, Absatz 1.
104 Der erste Nachtragshaushalt vom 23.5.1990 wies Leistungen für die DDR von 3,91 Mrd. DM aus. Der am 22.6. verabschiedete zweite Nachtragshaushalt sah eine Aufstockung um 2,75 Mrd. DM vor. Der dritte Nachtragshaushalt umfasste 19,2 Mrd. DM (BT-Drs. 11/8472, S. 139).
105 Die Summe setzt sich zusammen aus 42 Mrd. DM Mehrausgaben des Bundeshaushalts und 22 Mrd. DM Auszahlungen aus dem Fonds Deutsche Einheit (vgl. G. Sinn/H.-W. Sinn, *Kaltstart*, a.a.O., S. 26).

Abb. 2.2.-1
Entwicklung von Industrieproduktion und -beschäftigung 1990/91 (1989 = 100)

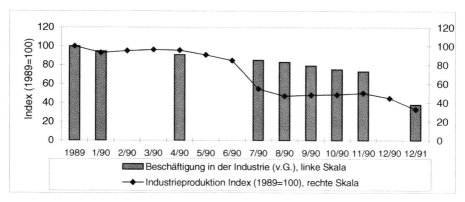

Quelle: StBA, eigene Berechnungen

Die größten Schwierigkeiten bei der Anpassung der Finanzleistungen an den Transferbedarf Ostdeutschlands bereiteten die alten Bundesländer, da sie nicht bereit waren, „der Einheit ein Opfer zu bringen"[107]. Sie sperrten sich nicht nur, die neuen Länder am föderalen Finanzausgleich teilnehmen zu lassen, indem sie die für diese wesentlich ungünstigere Fonds-Lösung durchsetzten. Sie vertraten zudem auch die Position, mit ihrer Beteiligung am *Fonds Deutsche Einheit* ihren Beitrag zu den Kosten der Einheit ein für allemal abgegolten zu haben. Alle zusätzlich anfallenden Kosten sollte der Bund künftig alleine tragen.[108] Angesichts der „Finanzklemme" der neuen Länder verzichtete der Bund auf seinen Anteil am Fonds, so dass die neuen Länder statt der vorgesehenen 50% nun 85% der Zuweisungen erhielten. Darüber hinaus wurden im Einigungsvertrag (Art. 28) Maßnahmen zur Wirtschaftsförderung vereinbart, insbesondere zur Verbesserung der wirtschaftlichen Rahmenbedingungen in den Gemeinden, zur Förderung des Mittelstands und zur Modernisierung und strukturellen Neuordnung der Wirtschaft. Allein für 1991 entfielen hierauf 4,5 Mrd. DM.

---

106 So hatte das IW Köln ausgerechnet, dass „die Mehreinnahmen und Haushaltseinsparungen die zusätzlichen Ausgaben bei weitem übersteigen" würden, 1991 um eine Milliarde DM, 1992 um 6,5 Mrd., 1993 um 10,5 Mrd. usw. Bis 2000 sollte sich der kumulierte Einnahmeüberschuss „auf insgesamt 93,5 Milliarden DM" belaufen (IW, „Finanzierungspotentiale für die geplante Währungs-, Wirtschafts- und Sozialunion", in: *iw-trends*, 17. Jg. (1990) 3, S. A 25f.).
107 D. Grosser, a.a.O., S. 373.
108 Vgl. dazu D. Grosser, a.a.O., S. 368ff. sowie O. Schwinn, a.a.O., S. 74ff.

Insgesamt beliefen sich die unter dem Eindruck der ersten Auswirkungen der *Währungs- Wirtschafts- und Sozialunion* am 31.8.1990 im Einigungsvertrag vereinbarten Transferleistungen für Ostdeutschland auf ein Mehrfaches dessen, was der erste Staatsvertrag hierfür vorgesehen hatte. Die tatsächlich notwendigen Zahlungen sollten aber noch darüber hinausgehen. Während die Bundesregierung auf ein „zweites deutsches Wirtschaftswunder" hoffte, obwohl es „eine echte Chance für eine Neuauflage des westdeutschen Wirtschaftswunders zu keinem Zeitpunkt" gegeben hat[109], setzte die DDR-Seite für den Fall eines weiteren Niedergangs der Wirtschaft realistischerweise im *Einigungsvertrag* eine Revisionsklausel durch, welche weitere Hilfen „zum angemessenen Ausgleich der Finanzkraft" für die neuen Länder möglich machte.[110] Aber selbst die damit ins Auge gefassten deutlich höheren Finanzhilfen deckten den Finanzbedarf nicht, da die mit dem Umbau von Wirtschaft und Gesellschaft verbundenen Kosten in Ostdeutschland nach wie vor unterschätzt wurden.[111] Die Situation verschärfte sich noch im Verlaufe des Jahres 1991, als die ostdeutsche Wirtschaft immer mehr auf Talfahrt ging. Dies betraf insbesondere die Industrieunternehmen, die dem mit der Währungsumstellung verbundenen faktischen Aufwertungsschock und den plötzlich radikal veränderten ordnungspolitischen Rahmen- und Wettbewerbsbedingungen auf den Binnen- und Außenmärkten nicht gewachsen waren. Die Folge war ein Rückgang der Industrieproduktion um mehr als zwei Drittel. Da die Industrie mit einem Anteil von 47% an der Bruttowertschöpfung[112] und 64% am Nettoprodukt aber der bei weitem wichtigste Bereich der ostdeutschen Wirtschaft war[113], hatte dies fundamentale Auswirkungen auf die gesamte Wirtschaft. So sank das Bruttoinlandsprodukt bis zum Herbst 1991 um fast 40%, eine Größenordnung, zu deren Wiederherstellung es beinahe eines Jahrzehnts bedurfte. Mit dem Rückgang der Produktion sank naturgemäß auch die Zahl der (regulär) Beschäftigten, von 9,86 Millionen auf knapp 6,0 Millionen.[114] Die Lage in den neuen Bundesländern war einfach „verheerend" und die Perspektive, auch auf längere Sicht, ziemlich „düster".[115] Allerorts wurde von einem „Niedergang" und „Desaster", einer „Kata-

---

109 M. Gornig, „Perspektive Ostdeutschland: Zweites Wirtschaftswunder oder industrieller Niedergangsprozess?", in: *Konjunkturpolitik*, 38. Jg. (1992) 1, S. 5.
110 EVertr., Art. 7 (6).
111 G. Milbradt, „Finanzierung der ostdeutschen Länder", in: *Wirtschaftsdienst*, 71. Jg. (1991) 2, S. 60.
112 H. Flassbeck/W. Scheremet, „Wirtschaftliche Aspekte der deutschen Vereinigung", in: E. Jesse/A. Mitter (Hrsg.), *Die Gestaltung der deutschen Einheit*, Bonn 1992, S. 303.
113 Vgl. J. Roesler, „Die Entwicklung der ostdeutschen Industrie in den 90er Jahren", in: W. Richter (Hg.), *Unfrieden in Deutschland 6. Weißbuch. Enteignung der Ostdeutschen*, Berlin 1999, S. 145.
114 Vgl. DIW/IfW/IWH, *Gesamtwirtschaftliche und .... Neunzehnter Bericht*, a.a.O., S. 23.
115 J. Priewe/R. Hickel, *Der Preis ....*, a.a.O., S. 23.

strophe" historischen Ausmaßes und einem „wirtschaftspolitischen Fehlschlag" gesprochen. Positive Meinungen dagegen hielten sich in Grenzen. Die Akzeptanz der „sozialen Marktwirtschaft" bei den Ostdeutschen sank rapide, von noch 77% im Juni 1990 auf 53% im Februar 1991 und 38% im August 1994.[116] Da der Transferbedarf Ostdeutschlands maßgeblich von der Entwicklung der Produktion bestimmt wird, bedeutete unter diesen Bedingungen allein schon die Aufrechterhaltung des bestehenden Lebensniveaus einen enormen Anstieg des Transferbedarfs. Tatsächlich aber wurden in dieser Periode auch noch Lohnerhöhungen wirksam und die Sozialsysteme westdeutschen Standards angepasst, was weitere Transferzahlungen nach sich zog (vgl. Abbildung 2.2.-2). Bei der Interpretation der Einkommensentwicklung gilt es jedoch zu beachten, dass im gleichen Zeitraum eine Adaption der Preise an westdeutsche Strukturen erfolgte und der Abbau von Subventionen für Verbrauchsgüter, Dienstleistungen und Mieten erhebliche Preisniveausteigerungen auslöste.[117] Der größte Teil der nominalen Einkommenszuwächse wurde auf diese Weise kompensiert. So ist es zwar zutreffend, dass in den ersten Jahren der Einheit „die realen Einkommen in den meisten Fällen erhalten oder sogar angehoben werden konnten".[118] Exorbitante Zuwächse jedoch bildeten hier eher die Ausnahme als die Regel. Auch veränderte sich spürbar die Einkommensstruktur, indem der Anteil der Arbeitseinkommen an den verfügbaren Einkommen der privaten Haushalte zurückging und der Anteil der Transfereinkommen kräftig anstieg, bis auf 38,1% im Jahre 1994.[119]

Da die Eigenleistung Ostdeutschlands bis 1991 dramatisch zurückging und der dann einsetzende Aufschwung zunächst diesen Rückgang ausgleichen musste, beruhte die Entwicklung der Einkommen und des Verbrauchs bis 1993 im Wesentlichen auf einem Anstieg der öffentlichen Transfers. Die Hoffnung, es würde sich hierbei nur um eine kurzfristige Anschubfinanzierung handeln, erfüllte sich nicht. Viel mehr sprach für einen langfristig stabilen und hohen Transferbedarf Ostdeutschlands. 1991, am Tiefpunkt der Krise, machten die Transferzahlungen und der Kapitalimport rund 42% der inländischen Absorption Ostdeutschlands aus. Dies übertraf

---

116 Lt. *Allensbacher Archiv*, zit. bei R. Köcher, „Ein ungeheurer Kraftakt", in: R. Pohl (Hrsg.), *Herausforderung ...*, a.a.O., S. 201ff.
117 So erhöhte sich der Preisindex für die Lebenshaltung der ostdeutschen Arbeitnehmerhaushalte 1993 gegenüber dem 2. Hj. 1990/1. Hj. 1991 um 31,0%. Bei Zwei-Personen-Rentnerhaushalten betrug die Steigerung (gegenüber dem 2. Hj. 1990) sogar 45,2% (StBA; BMA, *Sozialbericht 1997*, Bonn 1998, S. 310).
118 H. Tietmeyer, „Es gab zur Währungsunion keine realistische Alternative", in: BBk, *Auszüge aus Presseartikeln*, Nr. 48/1995, S. 1.
119 IWH, *Wirtschaftliche und soziale Lebensverhältnisse in Ostdeutschland*, IWH-SH 2/1995, S. 46.

Abb. 2.2.-2
Bruttoinlandsprodukt und gesamtwirtschaftliche Nachfrage¹ 1989–1993

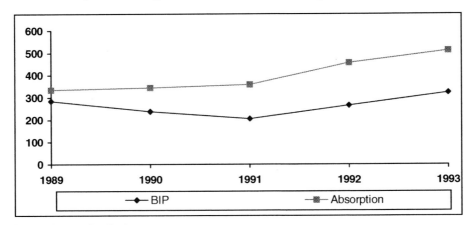

¹⁾ Mrd. DM, jeweilige Preise.
Quelle: StBA, eigene Berechungen

die Vorstellungen der Politik, die den Umstrukturierungsprozess und Wirtschaftsaufschwung mit staatlichen Finanzhilfen und Programmen „lediglich anschieben" wollte, keinesfalls aber gewillt war, „für alle Anpassungslasten einzutreten"[120], bei weitem. So fehlte es an einer übersichtlichen Kostenplanung und einem stringenten Gesamtkonzept der Finanzierung der Einheit. Statt dessen wurde versucht, über Nachtrags- und Nebenhaushalte, eine zusätzliche Kreditaufnahme und die Einrichtung diverser Sondervermögen den steigenden Transferbedarf operativ zu decken. Finanzwirtschaftlich mündete dies schließlich in eine höchst „undurchsichtige Fondswirtschaft"[121], mit zehn Sondervermögen und Nebenhaushalten, die außerdem der parlamentarischen Kontrolle entzogen waren.[122]

Tendenziell günstiger stellte sich die Situation zwischen 1992 und 1995 dar, als die Zuwachsraten des Bruttoinlandsprodukts in Ostdeutschland überdurchschnitt-

---

120 H. Schöberle, „Finanzierung des Staatshaushaltes: Zielkonflikt zwischen Geld und Finanzpolitik?", in: *Die deutsch-deutsche Integration, Beihefte der Konjunkturpolitik*, Heft 39, Berlin 1991, S. 10.
121 R. Sturm, „Regierungsprogramm und Haushaltsplanung in vergleichender Sicht", in: H.-H. Hartwich/G. Wewer (Hrsg.), *Regieren in der Bundesrepublik IV. Finanz- und wirtschaftspolitische Bestimmungsfaktoren des Regierens im Bundesstaat – unter besonderer Berücksichtigung des deutschen Vereinigungsprozesses*, Opladen 1992, S. 42f.
122 M. Hüther, „Ist die Finanzpolitik noch zu retten?", in: *Wirtschaftsdienst*, 72. Jg. (1992), S. 215–224.

lich hoch waren, das Steuer- und Beitragsaufkommen kräftig anstieg und der Transferbedarf infolgedessen, zumindest relativ, rückläufig war. Absolut aber erhöhte er sich auch in dieser Periode, was sich vor allem aus dem Anstieg der direkten und indirekten Kosten des Strukturwandels erklärt, der defizitären Bilanz der *Treuhandanstalt* sowie der beschleunigten Anpassung des ostdeutschen Einkommens- und Verbrauchsniveaus an westdeutsche Verhältnisse.

Erste Anzeichen für eine wirtschaftliche Belebung, initiiert und getragen von öffentlichen Transfers, machten sich bereits im zweiten Halbjahr 1991 bemerkbar. Die dann im Frühjahr 1992 spürbar werdende wirtschaftliche Erholung betraf aber nicht alle Bereiche gleichermaßen, sondern war zunächst auf das Baugewerbe, den Verkehr und bestimmte Dienstleistungen im Handels- und Finanzsektor beschränkt. Erst nach und nach gewann der Aufschwung an Breite und erfasste auch das Verarbeitende Gewerbe, die Investitionsgüterindustrie und die produktionsnahen Dienstleistungen. Diese positive, in der Literatur euphorisch als „Durchbruch" zu einer „dynamischen Entfaltung" der Marktwirtschaft[123] begrüßte Entwicklung war durch hohe Wachstumsraten des Bruttoinlandsprodukts und eine durchgreifende Umstrukturierung der Volkswirtschaft charakterisiert. Im Urteil der Bundsregierung verkörperte Ostdeutschland 1995 „eine der am dynamischsten wachsenden Regionen der Welt"[124]. Um eine „echte" Prosperitätsphase indes handelte es sich hierbei nicht. Denn, *erstens* wurde das Wachstum einseitig vom Baugewerbe und bestimmten Dienstleistungen getragen, während das Verarbeitende Gewerbe einstweilen noch ein Schattendasein fristete (vgl. Tabelle 2.2.-4). *Zweitens* führte das zwischen 1992 und 1995 zu verzeichnende Wachstum, trotz seiner bemerkenswerten Dynamik, quantitativ nicht über das Ausgangsniveau des Jahres 1989 hinaus. Mit einem Wert von 278,0 Mrd. DM (Preisbasis 1991) lag das ostdeutsche Bruttoinlandsprodukt 1995 bei etwa 87,2% des Bruttoinlandsprodukts im letzten Jahr der DDR.[125] Und *drittens* handelte es sich bei dieser Entwicklung nicht um einen selbsttragenden Aufschwung, basierend auf der Aktivierung vor allem endogener Potenziale, sondern um einen transferinitiierten und -finanzierten Prozess, der Ostdeutschland alle Merkmale ei-

---

123 Vgl. R. Pohl, „Die Entfaltung einer Marktwirtschaft – Die ostdeutsche Wirtschaft fünf Jahre nach der Währungsunion", in: R. Pohl (Hrsg.), *Herausforderung ...*, a.a.O., S. 13.
124 BMWi, *Aufbau Ost. Die zweite Hälfte des Wegs*. Dokumentation Nr. 382, Bonn 1995, S. 4
125 Für das BIP der DDR wird für 1989 in Preisen von 1991 eine Größe von 318,9 Mrd. DM zu Grunde gelegt (B. Görzig/M. Gornig/E. Schulz, *Quantitative Szenarien zur Bevölkerungs- und Wirtschaftsentwicklung in Deutschland bis zum Jahr 2000*, in: DIW, *Beiträge zur Strukturforschung*, 150/1994, S. 87). Andere Quellen weisen hierfür zum Teil höhere Werte aus, so das StBA 335,9 Mrd. DM (*WiSta* 7/1993, S. 481 und *Tabellensammlung WisoLa* 2/1999, S. 203) und die HBS 320,1 Mrd. DM (*Wirtschaftsbulletin Ostdeutschland*, 6. Jg. (1996) 4, S. 43).

ner Transfer- und Dependenzökonomie verlieh. Dies räumte übrigens auch die Regierung ein, indem sie feststellte, dass „das Ziel einer sich selbst tragenden, wettbewerbsfähigen Wirtschaft ... bei weitem noch nicht erreicht" sei.[126]

Tabelle 2.2.-4
Bruttowertschöpfung nach Branchen 1992–1995 in Mrd. DM

	1992	1993	1994	1995
BWS insgesamt (bereinigt)	211,3	230,3	251,2	262,9
BWS insgesamt (unbereinigt)	224,4	243,4	265,0	277,2
Land- und Forstwirtschaft, Fischerei	6,7	7,5	7,0	7,2
Produzierendes Gewerbe	82,3	92,3	106,8	112,3
darunter: - Energie- und Wasservers., Bergbau	13,5	14,0	12,5	12,7
-Verarbeitendes Gewerbe	36,4	41,4	48,9	53,8
-Baugewerbe	32,3	36,8	45,3	45,8
Handel, Verkehr, Nachrichtenübermittlung	32,9	37,3	40,4	41,9
Dienstleistungsunternehmen	52,9	58,0	63,1	67,8
Staat, priv. HH, Organisationen ohne Erwerbszweck	49,6	48,3	47,8	47,9

Quelle: Statistisches Landesamt Mecklenburg-Vorpommern, *Statistische Berichte*, 4/99, S. 20–49

Insgesamt gesehen trug die Periode zwischen 1992 und 1995 den Charakter einer Rekonstruktions- und Umstrukturierungsphase, deren Notwendigkeit sich einerseits aus dem wirtschaftlichen Einbruch von 1990/91 herleitete, andererseits aber auch aus den veränderten strukturellen Anforderungen, wie sie sich aus dem Systemwechsel und der Inkorporation der ostdeutschen Wirtschaft in das bundesdeutsche Wirtschaftsgefüge ergaben. Zielte ersterer Aspekt noch auf die Wiederherstellung des Ausgangsniveaus, so ging letzterer wesentlich darüber hinaus, indem er auf den tiefgreifenden Strukturwandel abstellt, der 1991 in Angriff genommen wurde, aber bis heute nicht abgeschlossen ist.

Dieser strukturelle Erneuerungsprozess beinhaltet im Wesentlichen zwei Grundlinien: Zum einen den Umbau der (veralteten) Industrieökonomie in eine (moderne) Dienstleistungswirtschaft. Zum anderen die Substitution arbeitsintensiver Produktionsprozesse durch kapitalintensivere. Beide Aspekte korrelieren mit einem qualitativ veränderten, zugleich aber quantitativ deutlich verringerten Arbeitskräftebedarf und einem relativ hohen Kapitalbedarf, was vor dem Hintergrund der zusammengebrochenen „Industrielandschaft" der DDR zu enormen Problemen führte.

126 BMWi, *Aufbau Ost ....*, a.a.O., S. 4

Gemessen am Bedarf nach Kapital und der in Ostdeutschland zu verzeichnenden Eigenkapitalschwäche war der Zustrom an privatem Kapital aus Westdeutschland und dem Ausland entschieden zu gering, um den Umbau der Wirtschaft in den neuen Ländern flächendeckend voranzutreiben. Auch erwiesen sich die Modalitäten der Währungsunion und der Eigentumstransformation für diesen Prozess als alles andere als förderlich. Öffentliche Mittel aber wurden dafür kaum eingesetzt, teils aus ordnungspolitischen Erwägungen heraus, teils aus finanzpolitischer Enge. So wurde dem Erhalt „industrieller Kerne" an traditionellen ostdeutschen Industriestandorten nur in geringem Maße Aufmerksamkeit zuteil, und selbst dann mehr unter dem Aspekt des Erhalts von Arbeitsplätzen zur Verhinderung einer sozialen Katastrophe, denn als Ausdruck einer Strategie der Stärkung Ostdeutschlands als Produktionsstandort.[127]

Abbildung 2.2.-3
Entwicklung des BIP, des Baugewerbes und des Verarbeitenden Gewerbes in Ostdeutschland 1992 – 1995 in Mrd. DM bzw. %

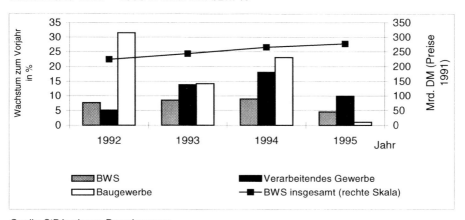

Quelle: StBA; eigene Berechnungen

Auch die Bilanz der *Treuhandanstalt* ist unter diesem Aspekt kritisch zu beurteilen, da sie ihre Hauptaktivitäten auf den ordnungspolitischen Umbau der Wirtschaft, die Zerschlagung der überkommenen Strukturen und die Neuzuordnung der Vermögen, konzentrierte und nicht auf den Erhalt und die Modernisierung des Produktions-

---

[127] Vgl. W. Maennig/M. Stamer/A. Gauler, „Der Erhalt industrieller Kerne in Ostdeutschland – Konzepte und Kritik, in: *List Forum für Wirtschafts- und Finanzpolitik*, 22. Jg. (1996) 4, S. 406–425; H. Hax, „Erhaltung industrieller Kerne in den neuen Bundesländern?", in: *Wirtschaftsdienst* 73. Jg. (1993) 8, S. 409–413.

standortes Ost und die Weichenstellung für den Neubeginn. Letzteres wurde privaten Investoren überlassen und unterblieb folglich, angesichts attraktiverer Standorte im Ausland, trotz üppiger Subventionen und staatlicher Förderung weitgehend. Die „Überschätzung der Bereitschaft westlicher Unternehmen, in Ostdeutschland zu investieren", erwies sich als die „größte Illusion" der Bundesregierung im Vereinigungsprozess.[128] Die zweite Fehleinschätzung betraf, in logischer Konsequenz der ersten, den Transferbedarf der neuen Länder, weshalb die Planungen dafür fortlaufend korrigiert werden mussten.

Tabelle 2.2.-5
Arbeitsmarkt und Beschäftigung in Ostdeutschland 1989–1995[1]

	1989	1990	1991	1992	1993	1994	1995
Erwerbstätige[2]	9858	8474	6188	5644	5736	5905	5962
registrierte Arbeitslose	0	240	929	1173	1152	1135	1051
Arbeitsmarktpolit. Entlastung	0	599	1787	1780	1506	1193	949
Darunter:							
Kurzarbeiter	0	758	1619	376	199	106	87
KA-Vollzeitäquivalent	0	345,6	898,0	196,7	81,4	43,4	36,7
ABM	0	3	183	388	260	281	312
Vorruhestand	0	190	554	811	853	650	374
FuU	0	6	152	383	311	217	219
Pendlersaldo	2	-68	-269	-338	-325	-326	-320

[1] in Tausend Personen; [2] Erwerbstätige Inländer.
Quelle: IWH-SH 5/1999, S. 23; 2/2001, S. 168; StBA; IAB, eigene Berechnungen.

Für die Beschäftigungssituation brachte der Aufschwung keine grundlegende Wende zum Besseren. Der hier 1991 erfolgte Abbau der regulären Beschäftigung um mehr als ein Drittel kehrte sich trotz steigender Produktionszahlen nicht wieder um. Vielmehr stabilisierte sich die Situation bis 1995, so dass dauerhaft zwischen 2,0 und 2,7 Millionen Menschen entweder arbeitslos oder in arbeitsmarktpolitischen Maßnahmen erfasst waren (vgl. Tabelle 2.2.-5). Entsprechend hoch war der Transferbedarf, der sich hieraus ableitete. Da sich das Beschäftigungsniveau auch in den Folgejahren nicht nennenswert erhöhte, reduzierte sich der hiervon ausgehende Transferbedarf auch in der zweiten Hälfte der 90er Jahre nur unwesentlich, im Maße

128 D. Grosser, *Das Wagnis*..., a.a.O., S. 367.

des Rückgangs der Zahl der Erwerbspersonen und der Erwerbsbeteiligung (vgl. Abbildung 2.2.-4).

Trotz inzwischen zu verzeichnender hoher Wachstumsraten bot Ostdeutschland Mitte der 90er Jahre das Bild einer weitgehend deindustriealisierten Region mit einer entsprechend hohen Unterbeschäftigung, Abwanderung und Tendenz zur Verödung, worin die neuen Produktionszentren nicht viel mehr waren als „vereinzelte Oasen der Hochproduktivität in einer industriellen Wüste"[129]. Die Erwerbstätigkeit war gegenüber 1989 um etwa 40 Prozent zurückgegangen, der Industriebesatz, 1990 im Osten noch höher als im Westen, sank bis 1994 auf einen Wert von 42,1[130] und damit auf ein niedrigeres Niveau als in Spanien oder Griechenland.

Abbildung 2.2.-4
Beschäftigung, Arbeitslosigkeit und arbeitsmarktpolitische Maßnahmen in Ostdeutschland 1989–2000

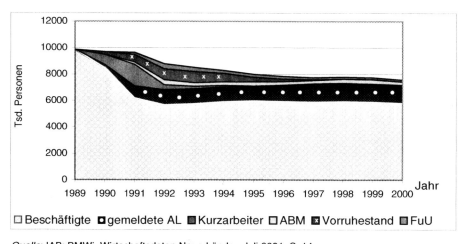

Quelle: IAB; BMWi, Wirtschaftsdaten Neue Länder, Juli 2001, S. 14

129 W. Engels, „Patentrezepte", in: Wirtschaftswoche, Nr. 22/1993, S. 94.
130 Der Industriebesatz gilt als Maßstab für den Industrialisierungsgrad eines Landes. Er gibt die Anzahl der Industriebeschäftigten je 1000 Einwohner an (A. Ziegler, „Regionale Transformation. Konzepte und Zwischenergebnisse einer dezentralen Wirtschaftspolitik in Ostdeutschland", in: D. Nolte/R. Sitte/A. Wagner (Hrsg.), Wirtschaftliche und soziale Einheit Deutschlands, Köln 1995, S. 93ff.).

Da das Wirtschaftswachstum mit einer Zunahme der gesamtwirtschaftlichen Absorption einherging, kam es zwischen 1992 und 1995 trotz der hohen Wachstumsdynamik nicht zu einem Rückgang des Transferbedarfs. Vielmehr erhöhte sich der Umfang der Transferleistungen noch, je nach Berechnungsmethode, auf ein Volumen zwischen 180 und 241 Mrd. DM (brutto) im Jahre 1995. Diese Größe stimmte, bei Berücksichtigung des privaten Kapitalimports, in etwa mit dem Defizit im innerdeutschen Handel überein und reflektiert insofern den Umfang des Realtransfers, das heißt, der Lieferung von Gütern und Dienstleistungen von West- nach Ostdeutschland. Dass die Transferleistungen eine vor allem konsumtive Verwendung aufweisen, ist der Struktur des Transferbedarfs geschuldet und insofern eine Konsequenz des Niedergangs der ostdeutschen Produktion bei gleichzeitig steigender Absorption. Dies wäre auf Dauer kaum durchzuhalten, würden die Transfermittel nicht einen Kreislauf vollziehen, von West nach Ost und wieder zurück. Dadurch unterliegen sie in bestimmtem Maße dem Prinzip der „zirkulären Verursachung"[131], das heißt, ihre ökonomische Rationalität gründet sich darauf, dass die transferfinanzierten Ausgaben im Osten das Wirtschaftswachstum im Westen mitfinanzieren, wodurch der Transferbedarf gedeckt wird, zugleich aber auch neu gesetzt.

Das Jahr 1995/96 stellt im postunitären Entwicklungsprozess Ostdeutschlands einen Wendepunkt dar: Zum einen, weil im Verlaufe des Jahres 1995 die Wachstumsdynamik der ostdeutschen Wirtschaft stark nachließ, von noch 7% im ersten Quartal auf weniger als 3% im vierten Quartal und schließlich -1,4% im ersten Quartal 1996.[132] Zum anderen aber auch deshalb, weil der Aufholprozess, lange bevor er sein Ziel erreicht hatte, 1995 erlahmte und 1997 in sein Gegenteil umschlug. Seitdem verringert sich der Abstand gegenüber Westdeutschland nicht mehr, sondern vergrößert sich wieder und die strukturellen Diskrepanzen zwischen den Landesteilen verfestigen sich, statt sich aufzulösen. Dieser Wechsel vollzog sich derart abrupt, dass statt von einem „Aufschwung Ost" nun von einem „Absturz Ost" die Rede war[133], womit der deutsch-deutsche Konvergenzprozess zunächst sein vorläufiges Ende fand.

Diese, in Abbildung 2.2.-5 deutlich zum Ausdruck kommende Entwicklung wird im *Neunzehnten Anpassungsbericht* der Wirtschaftsforschungsinstitute als „neuerliche Ermüdung" charakterisiert.[134] Überwog angesichts dieser Entwicklung anfangs

---

131 Das von Gunnar Myrdal für bestimmte Entwicklungsländer entworfene Schema der zirkulären Reproduktion eines Transferbedarfs lässt sich m.E. in bestimmter Hinsicht auf Ostdeutschland anwenden (vgl. G. Myrdal, *Economic Theory and Underdeveloped Regions*, London 1957; vgl. dazu Kapitel 2.3.).
132 DIW/IfW/IWH, *Gesamtwirtschaftliche ... Siebzehnter Bericht*, IWH-FR 2/1998, S. 7.
133 Vgl. „Das Ende der Blütenträume. Absturz Ost", in: *Der Spiegel*, Nr. 25 v. 17.6.1996, S. 96–116.
134 DIW/IfW/IWH, *Gesamtwirtschaftliche und .... Neunzehnter Bericht*, a.a.O., S. 12.

Abb. 2.2.-5
Entwicklung des BIP, jährlicher Zuwachs in Ost- und Westdeutschland, 1995–2000 (in %)

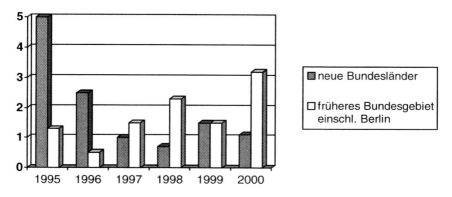

Quelle: StBA; AK VGRL; IWH, Wirtschaft im Wandel, 11/2000, S. 310

die Enttäuschung darüber, dass sich der Aufbauprozess nicht wie erwartet fortsetzte, so erblickte man einige Zeit später hierin „vor allem eine Normalisierung der strukturellen wirtschaftlichen Entwicklung".[135] Tatsächlich spiegeln sich in diesen Daten aber ganz unterschiedliche Prozesse wider: *Zum einen* sind die gegenüber der Vorperiode geringeren Zuwachsraten des Bruttoinlandsprodukts in der Tat Ausdruck einer Konsolidierung, wenn nicht gar Normalisierung, denn die hohen Zuwächse in der Vorperiode stellten hauptsächlich eine Reaktion auf den Produktionseinbruch in den Jahren zuvor dar. Das Wachstum in der zweiten Hälfte der 90er Jahre reflektierte die ökonomische Realität Ostdeutschlands weitaus zutreffender als die exorbitant hohen Zuwachsraten während der vorhergehenden Erholungsphase. Indem die Wachstumsraten nun geringer ausfielen als in Westdeutschland, bestätigt sich für Ostdeutschland zugleich aber auch das Peripherisierungsszenario, während das zuvor favorisierte Konvergenzszenario mit jedem Jahr mehr an Überzeugungskraft verliert. Insofern dokumentiert sich in diesen Daten auch das Misslingen der Aufhol- und Anpassungsstrategie der Bundesregierung und damit das Scheitern der Einheit in einer ihrer wesentlichsten Komponenten, der Wirtschaft. *Hans-Werner Sinn* bezeichnete den Vereinigungsprozess deshalb im zehnten Jahr schlicht als „ökonomisch mis-

---

[135] *Jahresbericht der Bundesregierung zum Stand der Deutschen Einheit* 1998, BMWi Dokumentation Nr. 441, Bonn 1998, S. 8.

slungen"[136], was wohl zutrifft, bis zu einem Grade, dass zu Beginn des Jahres 2001 von *Wolfgang Thierse* eingeschätzt wurde, die wirtschaftliche und soziale Lage in Ostdeutschland stehe „auf der Kippe".[137] Diese, was den ökonomischen Aspekt anbetrifft, etwas späte Einsicht, denn die Trendwende war bereits 1996 erfolgt, war als Warnung gemeint, vor den sozialen, politischen, kulturellen Folgen, die eine ökonomische Abkopplung Ostdeutschlands unweigerlich nach sich ziehen würde. Die ein Jahr zuvor von drei Wirtschaftsforschungsinstituten getroffene Einschätzung, dass „beide Teile Deutschlands", zieht man die dafür in Frage kommenden volkswirtschaftlichen Indikatoren heran, „noch keine wirtschaftliche Einheit bilden"[138], stützt diese Aussage. Dies allerdings schon mehr aus einer resignierenden Position heraus, denn in normativer Absicht. Offensichtlich zielte die Vereinigungspolitik von Anfang an stärker auf die wirtschaftliche Inkorporation Ostdeutschlands und die Gewinnung neuer Märkte als auf die Entwicklung einer eigenständigen und leistungsstarken ostdeutschen Wirtschaft. Dies zeigt sich vor allem in der Investitionstätigkeit, die bisher nicht nur entschieden zu zögerlich verlaufen ist, sondern zudem „vor allem darauf gerichtet, Absatzmärkte aufzubauen"[139] und Verkehrswege zu erschließen, nicht aber Produktionslinien, worüber sich ein selbsttragender Aufschwung hätte herbeiführen lassen. Dies dokumentiert sich nicht zuletzt in den Transfers, in ihrem Umfang wie in ihrer Struktur, da diese von ihrer ökonomischen Logik her eher einer Aufrechterhaltung des Status quo entsprechen als einem schlüssigen Entwicklungskonzept.

Zweitens aber verbirgt sich hinter der unbefriedigenden Gesamtentwicklung der ostdeutschen Wirtschaft seit 1996 ein sehr differenziert verlaufender Entwicklungsprozess und Strukturwandel. So verzeichnet das Baugewerbe seit Mitte des Jahrzehnts einen deutlichen Rückgang, während das Verarbeitende Gewerbe, auch im Vergleich gegenüber Westdeutschland, hohe Zuwachsraten aufweist. Auf Grund des großen Gewichts, welches das Baugewerbe in der ostdeutschen Wirtschaft besitzt, bestimmt jedoch der Produktionsrückgang hier den Gesamteindruck, so dass die positive Entwicklung im Verarbeitenden Gewerbe zu wenig wahrgenommen wird. Diese „gespaltete Entwicklung von Industrie und Baugewerbe" in der ostdeutschen Wirtschaft[140] bestimmte zumindest von 1996 bis 2000 das Bild. Im Jahr 2001 hatte sich die Lage allerdings auch hier eingetrübt: die Rezession erfasste so ziemlich alle

---

136 H.-W. Sinn, „Zehn Jahre ...", a.a.O., S. 10.
137 W. Thierse, „Fünf Thesen ...", a.a.O.
138 Vgl. DIW/IfW/IWH, *Gesamtwirtschaftliche und .... Neunzehnter Bericht*, a.a.O., S. 7.
139 Ebenda, S. 12.
140 IWH, „Ostdeutschland 1997/98: Fortsetzung der gespaltenen Konjunktur", in: *Wirtschaft im Wandel*, 10–11/1997, S. 19–25.

Bereiche der Wirtschaft. Für die Zukunft aber wird erwartet, dass das Verarbeitende Gewerbe und die Dienstleistungsproduktion auf der Grundlage modernisierter Strukturen den Rückgang im Baugewerbe vollständig kompensieren werden, so dass gesamtwirtschaftlich wieder ein Wachstum zu verzeichnen ist. Dem liegt eine positive Beurteilung der ostdeutschen Unternehmen zugrunde, die ihre Wettbewerbsfähigkeit bedeutend verbessert und daher „den Anschluss" an Westdeutschland geschafft haben.[141] Bei der Würdigung der Rolle des Verarbeitenden Gewerbes als möglicherweise künftigem „Wachstumsmotor in Ostdeutschland"[142] darf jedoch nicht außer Acht bleiben, dass sich der industrielle Wachstumsprozess hier auf einer sehr schwachen Basis vollzieht. Die Folgen des Crashs von 1990/91 und der nachfolgenden Deindustrialisierung sind allenthalben noch spürbar. Zum Beispiel in der ernüchternden Tatsache, dass unter allen Betrieben im Osten 1999 nur 23 einen Umsatz von mehr als einer Milliarde DM verzeichneten, gegenüber mehr als 600 solcher Unternehmen im Westen. Die 100 umsatzstärksten Unternehmen Ostdeutschlands kommen zusammen gerade mal auf ein Umsatzvolumen wie *ein* westdeutsches Großunternehmen, zum Beispiel RWE oder Metro AG.[143] Von den 500 größten Betrieben Deutschlands hatten 1999 und 2000 nur sechs ihren Firmensitz in den neuen Bundesländern und 13 bzw. 14 in Berlin.[144] Die in diesen Zahlen zum Ausdruck kommende eklatante Strukturschwäche Ostdeutschlands, die sich ebenso in der Arbeitsproduktivität und der Exportquote wie im Umsatzvolumen zeigt, lässt die vergleichsweise hohen Wachstumsraten im Verarbeitenden Gewerbe in einem etwas weniger strahlenden Licht erscheinen. Ganz abgesehen von Basiseffekten, die beim statistischen Ausweis hier eine bestimmte Rolle spielen und Subventionen von nicht unerheblichem Ausmaß, ohne die viele Unternehmen ihre Position am Markt kaum behaupten könnten. Dies bestätigen auch aktuelle Analysen, wenn zum Beispiel für das Jahr 2001 festgestellt wird, dass die „an sich schon geringen Erwartungen an ein Wachstum der gesamtwirtschaftlichen Produktion in Ostdeutschland ...vollends schwinden" und „selbst eine Schrumpfung des realen Bruttoinlandsprodukts" wahrscheinlich ist.[145]

Drittens ist zu beachten, dass Ostdeutschland in Hinblick auf Wirtschaftskraft und Dynamik kein homogener Raum ist, sondern ganz im Gegenteil, sich hier zu-

---

141 Vgl. H.-U. Brautzsch/B. Loose/U. Ludwig, „Trotz weltweiter Konjunkturschwäche verstärkt sich das Wachstum der gesamtwirtschaftlichen Produktion in Ostdeutschland etwas", in: *Wirtschaft im Wandel*, 7–8/2001, S. 164–175.
142 DIW/IfW/IWH, *Gesamtwirtschaftliche ... Kurzexpertise*, in: IWH-SH 2/2001, S. 7ff.
143 *Die Welt* 1.8.2000, S. 14.
144 *Die Welt* 23.6.2000 und 29.6.2001, Beilage.
145 IWH, „Konjunkturbeschleunigung in Deutschland erst zum Jahresende", in: *Wirtschaft im Wandel*, 12/2001, S. 280.

nehmend regionale Differenzierungsprozesse vollziehen mit bemerkenswerten Auswirkungen hinsichtlich des Transferbedarfs. So finden sich neben wirtschaftlichen und kulturellen Zentren mit einer relativ hohen Wertschöpfungsintensität Gebiete mit veralteten Strukturen und wenig Zukunftspotenzial, die in besonderem Maße transferabhängig sind. Ein künftiges Entwicklungskonzept für Ostdeutschland muss diese regionale Differenzierung unbedingt im Auge haben, auch in Hinblick auf den Abbau der Ost-West-Disparitäten, da sich die Angleichung nicht flächendeckend vollziehen kann, sondern immer nur regionalspezifisch.[146]

Für den Transferbedarf der Zukunft leiten sich aus der ökonomischen Konstellation, wie sie sich heute darstellt, nachstehende alternative Szenarien ab:

Erstens ist der Fall denkbar, dass die Diskrepanz in der wirtschaftlichen Leistung gegenüber Westdeutschland fortbesteht. Da unter diesen Bedingungen das Einkommens- und Konsumtionsniveau weiterhin die Produktion übersteigt, tritt der zusätzliche Absorptionsbedarf, wie bisher, als Transferbedarf auf und wird über gleichbleibend hohe oder sogar steigende Transferleistungen gedeckt werden müssen. In summa wäre dies die teuerste Lösung, da auf diese Weise die Folgekosten der Vereinigung maximiert würden, ohne dass das Ziel, die Einheitlichkeit der Lebensverhältnisse, wirklich erreicht werden würde.

Zweitens gibt es den Lösungsansatz, den Status quo angebotsseitig als unbefriedigend anzusehen und deshalb für eine verstärkte, aus öffentlichen Mitteln getätigte oder/und geförderte Investitionstätigkeit im Osten zu plädieren. Angesichts des unverändert hohen konsumtiven Transferbedarfs würde die Verwirklichung dieses Ansatzes vorübergehend ein zusätzliches Transfervolumen erfordern[147], welches aber der Entwicklung der ostdeutschen Wirtschaftskraft zugute käme, wodurch langfristig der Transferbedarf zurückgehen würde.

Drittens gibt es den hierzu alternativen Ansatz, nicht die Angebots-, sondern die Nachfrageseite als korrekturbedürftig zu definieren. Bei dieser Interpretation der ostdeutschen Problematik erscheint dann die Differenz zwischen der Produktion und der Absorption nicht als „Produktionslücke", sondern als „Verbrauchsüberhang"[148], dessen Abbau, so die Verfechter dieses Standpunktes, die Lösung des Problems be-

---

146 Vgl. dazu zum Beispiel U. Heilemann/H. Rappen, „'Aufbau Ost' – Zwischenbilanz und Perspektiven", in: *Hamburger Jahrbuch für Wirtschafts- und Gesellschaftspolitik*, 45. Jg. (2000), S. 9–39.
147 Es wäre dafür denkbar, die Transferleistungen in ihrer relativen Höhe mittelfristig festzuschreiben, woraus sich ein mit der Wirtschaftskraft Westdeutschlands steigender Transferumfang ableiten würde. Diesen Vorschlag hat kürzlich zum Beispiel Wolfgang Thierse vor der Industrie- und Handelskammer Stuttgart unterbreitet (vgl. Pressemitteilung v. 23.11.2000, S. 8).
148 Vgl. H-W. Sinn, „Zehn Jahre ...", a.a.O., S. 12.

deuten würde. Dies könnte durch eine Senkung der Löhne, vor allem aber der Sozialausgaben, geschehen und hätte mithin eine Reduktion des Umfangs der Transferleistungen zur Konsequenz. Über dieses Konzept wird seit 1995, also seitdem der Aufholprozess stagniert, diskutiert[149], ohne jedoch, dass bisher eine entsprechende Konsequenz gezogen worden wäre.

2.2.3. Vermögenstransfer

Der Logik der hier vorgenommenen Darstellung folgend, sind für den Transferbedarf nicht nur die ökonomischen Voraussetzungen und die Entwicklung Ostdeutschlands seit 1990 ausschlaggebend, sondern gleichermaßen die Bedingungen der Vereinigung selbst. Dies betrifft neben den Konsequenzen aus dem Beitritt auch die Eigentumstransformation.

Private Eigentumsverhältnisse sind für die moderne bürgerliche Gesellschaft rechtlich wie ökonomisch konstitutiv. Daher lässt sich der postsozialistische Transformationsprozess essentiell als Prozess der Eigentumstransformation fassen. Analog zu früheren Revolutionen ist auch hier die „Eigentumsfrage" die „Grundfrage der Bewegung"[150] – auch wenn es sich bei den Ereignissen des Jahres 1989/90 nicht um eine Revolution im eigentlichen Sinne des Wortes gehandelt hat, sondern um einen Akt der Restauration, um die Wiederherstellung von privatem Eigentum und Demokratie.[151]

In der Praxis der Transformation der Länder Mittel- und Osteuropas fand dies auf unterschiedliche Weise seinen Niederschlag: Obwohl das Eigentum als zentrale Institution einer marktwirtschaftlichen Ordnung galt, rangierte die Schaffung privaten Eigentums im Umgestaltungsprozess doch zumeist erst nach der Kommerzialisierung und Monetarisierung. So sind die mittel- und osteuropäischen Transformationsländer, ungeachtet ihrer sonstigen Fortschritte im Reformprozess, derzeit allesamt noch keine „Eigentumsökonomien" im Sinne einer umfassenden Konstitution privater Eigentumsverhältnisse resp. -rechte.[152] – Mit einer Ausnahme, der ehemaligen DDR!

---

149 Vgl. zum Beispiel J. Ragnitz, „Zur Kontroverse um die Transferleistungen für die neuen Bundesländer", in: *Wirtschaft im Wandel*, 5/1996, S. 3–7; K. Lichtblau, „Abbau von Transfers nach Ostdeutschland – eine realistische Politikoption?", in: *Wirtschaftsdienst*, Jg. 75 (1995), S. 602–610.
150 K. Marx/F. Engels, „Manifest der kommunistischen Partei", in: K. Marx/F. Engels: *Werke*, Bd. 4, Berlin 1959, S. 493.
151 Vgl. P. Ruben, „10 Jahre danach", in: *Berliner Debatte INITIAL*, 11. Jg. (2000) 2, S. 28.
152 Vgl. H. Herr, „Die Rolle des Eigentums im Transformationsprozeß von der Plan- zur Geldwirtschaft", in: K. Betz und T. Roy (Hrsg.), *Privateigentum und Geld*, Marburg 1999, S. 178f.

Im Unterschied zu den anderen Reformländern galt hier die Eigentumsfrage von Anfang an und ohne Einschränkungen tatsächlich als die „Grundfrage". Und dies nicht nur theoretisch, sondern auch praktisch. Die Erklärung dafür ist nicht in einem anderen Theorieansatz oder einem etwaigen besseren Theorieverständnis zu suchen, sondern in der in Deutschland, verglichen mit den Ländern Mittel- und Osteuropas, prinzipiell anderen Interessen- und Kräftekonstellation. Ausschlaggebend dafür war, dass der politische Umbruch in der DDR, noch bevor der wirtschaftliche Reformprozess überhaupt begonnen hatte, bereits auf die Herstellung der deutschen Einheit zielte. Mit dem Angebot *Helmut Kohls* schließlich, die Währung der DDR durch die D-Mark zu ersetzen, wurde dem Bemühen der DDR, eine Wirtschaftsreform „in eigener Regie" durchzuführen, gleich zu Beginn der Umgestaltung eine deutliche „Absage" erteilt.[153] Die Regie für den Umbau der DDR-Gesellschaft lag von nun an in Bonn. Entsprechend wirkungslos blieben die Reformen der *Modrow*-Regierung auf eigentumsrechtlichem Gebiet.[154] Nach den Wahlen vom 18. März, woraus die „Allianz für Deutschland" mit ihrem klaren Votum für die deutsche Einheit als Sieger hervorgegangen war, gab es für eine eigenständige, vom Westen unabhängige Lösung des Eigentumsproblems in der DDR faktisch keinen Spielraum mehr. Der Systemwandel vollzog sich von nun an gänzlich im Fahrwasser der Wiedervereinigung und damit unter der Ägide westdeutscher Politiker. Dies hatte zur Konsequenz, dass die Eigentumsfrage nunmehr als Teil der *nationalen Frage* behandelt wurde, was darauf hinaus lief, das ostdeutsche „Volkseigentum" in westdeutsches Kapital zu überführen. Auf diese Weise wurde die Umgestaltung der Eigentumsordnung, die Eigentumtransformation, mit einer „gigantischen Eigentumsumschichtung"[155] von Ost nach West, einem *Vermögenstransfer*, verbunden.[156] Die Folgen dieses Vorgehens sind heute in Deutschland, als einem politisch geeinten, aber ökonomisch und sozial nachhaltig gespaltenen Land, zu besichtigen.[157]

---

153 H. Tietmeyer, „Deutsche Einheit: Aus Fehlern lernen", in: *Rheinischer Merkur*, 30.6.2000
154 Vgl. insbesondere: „Gesetz zur Änderung und Ergänzung der Verfassung der Deutschen Demokratischen Republik v. 12.1.1990", Gbl. DDR I, S. 15; „VO zur Umwandlung von volkseigenen Kombinaten, Betrieben und Einrichtungen in Kapitalgesellschaften v. 1.3.1990", Gbl. DDR I, S. 107f.; „Beschluss zur Gründung der Anstalt zur treuhänderischen Verwaltung des Volkseigentums (Treuhandanstalt) v. 1.3.1990", ebd., S. 107; „Gesetz über die Gründung und Tätigkeit privater Unternehmen und über Unternehmensbeteiligungen v. 7.3.1990", ebd., S. 141ff.
155 O. Schily, „Rede vor dem Deutschen Bundestag am 21.9.1994", zit. in: W. Richter (Hg.), *Unfrieden in Deutschland...* , a.a.O., S. 10.
156 Vgl. U. Busch, „Eigentumtransformation via Vermögenstransfer: Die deutsche Lösung der Eigentumsfrage", in: H.-J. Stadermann/O. Steiger, *Verpflichtungsökonomik*, Marburg 2001, S. 221–254.
157 Vgl. *Lebenslagen in Deutschland*, a.a.O.; R. Hauser, *Entwicklung und Verteilung von Einkommen und Vermögen der privaten Haushalte in Deutschland*, Gutachten im Auftrag der

Eigentumstransformation in postsozialistischen Gesellschaften bedeutet die Trennung von Wirtschaft und Staat auf der Grundlage der Errichtung bzw. Wiederherstellung einer privaten Eigentumsordnung. Dies kann, wie die Praxis in den Reformländern Mittel- und Osteuropas zeigt, durchaus auf verschiedenen Wegen und mit unterschiedlichen Methoden erreicht werden.[158] In Ostdeutschland beschränkte man sich jedoch im Wesentlichen auf zwei[159], die *Restitution* und den *Verkauf* von Volks- resp. Staatseigentum. Dies hatte zur Folge, dass sich die Eigentumstransformation hier nicht nur als ein bloßer Formwandel vollzog, im Sinne der Privatisierung staatlichen Eigentums an Mitglieder des betreffenden Staates bzw. als Verwandlung gemeinschaftlicher Besitz- in private Eigentumsverhältnisse[160], sondern, dass zugleich ein Wechsel der Eigentums*subjekte*, der Eigentümer, erfolgte. Der entscheidende Grund hierfür ist in der Spezifik der ostdeutschen Transformation als einem Subprozess des Einigungsprozesses zu sehen. Im Unterschied zu allen anderen Reformländern, wo der ordnungspolitische Umbau mit einer Stärkung der nationalstaatlichen Souveränität oder sogar der Neugründung von Staaten einherging, bedeutete der Systemwechsel für Ostdeutschland die vollständige Aufgabe der staatlichen Eigenständigkeit – mit allen dazugehörigen politischen, juristischen und kulturellen Attributen und Insignien. Mit dem Beitritt der DDR zum Geltungsbereich des Grundgesetzes der Bundesrepublik waren Exogenität und Holismus des gesellschaftlichen Umbaus, sowohl was die Akteure anbetrifft als auch den Inhalt und die Ziele, ebenso gesetzt wie dessen Charakter als gesellschaftspolitische Inkorporation. Das heißt, die Ziele, Wege und Mittel der Umgestaltung, ihre Strategien und Konzepte, waren dem übergeordneten Ziel, Ostdeutschland möglichst rasch in das Wirtschafts- und

---

Kommission für Zukunftsfragen der Freistaaten Bayern und Sachsen, Frankfurt a.M. 1997; G. Winkler (Hg.), *Leben in Ostdeutschland. Sozialreport 1999*, Berlin 1999; U. Busch, „Der reiche Westen und der arme Osten. Vermögensdifferenzierung in Deutschland seit 1990, in: J. Backhaus/G. Krause (Hg.), *Zur politischen Ökonomie der Transformation*, Marburg 1997, S. 9–50.

158 Vgl. G. de la Dehasa, *Privatization in Eastern and Central Europe*, Occasional Papers No. 34, Group of Thirty, Washington 1991; S. Estrin, *Privatization in Central and Eastern Europe*, London and New York 1994; A. Bieszcz-Kaiser u.a. (Hrsg.), *Transformation – Privatisierung – Akteure*, München und Mehring 1994; U. Busch, „Die schwierige Wiedergeburt des Privateigentums", in: *Berliner Debatte INITIAL*, 5. Jg. (1994) 6, S. 95–106.

159 Daneben gab es die Übertragung staatlichen Eigentums der DDR an den Bund, die Länder und die Kommunen sowie an Bahn, Post, Bundeswehr u.a. Einrichtungen sowie die Überführung genossenschaftlichen Gemeineigentums in privatwirtschaftliche Betriebsformen. Beides soll hier nicht näher erörtert werden.

160 Vgl. G. Heinsohn und O. Steiger (*Eigentum, Zins und Geld. Ungelöste Rätsel der Wirtschaftswissenschaft*, Reinbek 1996), welche davon ausgehen, dass es sich bei dem „gesellschaftlichen Eigentum" um bloße „Besitzverhältnisse" handelt, welche erst im Transformationsprozess in „Eigentum" überführt werden (S. 276).

Gesellschaftssystem der Bundesrepublik zu integrieren, vollständig unterworfen. Neue Lösungsansätze waren hier ebenso wenig gefragt wie die Konservierung überkommener Institutionen der DDR. Egal, ob diese sich als zweckmäßig bewährt hatten oder nicht, sie wurden gegen westdeutsche ausgetauscht. Dabei wurden die westdeutschen Strukturen und Denkweisen „geradezu zwanghaft" kopiert, häufig selbst „ohne den geringsten Versuch, der Besonderheit eines historisch Gegebenen auch nur ansatzweise Rechnung zu tragen."[161] Entsprechende Gegenreaktionen konnten da nicht ausbleiben.[162]

Die in der Eigentumsfrage praktizierte Kompromisslosigkeit ist hierfür anschaulichster Beleg: Mit dem Beitritt zur Bundesrepublik war die Übernahme der Eigentums- und Rechtsordnung i. S. des *Grundgesetzes* und damit die Wiederherstellung des Privateigentums verbunden. Realisiert werden sollte dies im Wesentlichen durch Rückübertragung aller in der DDR vormals aufgehobener oder eingeschränkter Eigentumsrechte an die, gemäß bundesdeutscher Rechtsauffassung, rechtmäßigen Eigentümer. Eine Entschädigungslösung sollte demgegenüber die Ausnahme bleiben. Ebenso der Verkauf von Vermögensobjekten. Da der größte Teil der Eigentumsstruktur der DDR jedoch auf Enteignungen zwischen 1945 und 1949 zurückging, und diese lt. *Einigungsvertrag* nicht mehr rückgängig gemacht werden durften[163], eine Entscheidung, die 1991 und 1996 vom *Bundesverfassungsgericht* noch einmal ausdrücklich bestätigt wurde[164], rückte notgedrungen statt der Restitution der Verkauf von Eigentumsobjekten in das Zentrum der Privatisierung. Mit der Reorganisation der Eigentumsverhältnisse wurde die *Treuhandanstalt* beauftragt, deren Tätigkeit 1994 mit der Konzentration des ostdeutschen Produktivvermögens in den Händen westdeutscher und ausländischer Kapitaleigner ihren Abschluss fand. Ein Ergebnis, das ebenso wenig wie das Prinzip „Rückgabe vor Entschädigung" für die Lösung der Eigentumsfrage als „optimal" angesehen werden kann. Vielmehr bestätigte sich damit, dass die Integration der ostdeutschen Produktionsstätten, Immobilien und sonstigen Besitztümer in die bundesdeutsche Kapital- und Vermögensstruktur sowie die Anpassung aller Eigentums-, Besitz- und Nutzungsrechte an die bestehende Ordnung keineswegs nur nach Maßgabe rationaler Kriterien und objektiver Vorgaben ablief. Bestimmend hierfür waren vielmehr, neben Interessen des Bundes, die Interessen westdeutscher Kapitaleigner und Alteigentümer sowie deren Macht, die-

---

161 R. Henrich, *Gewalt und Form in einer vulkanischen Welt. Aufsätze 1991–1996*, Berlin 1996, S. 29.
162 Vgl. H.-J. Misselwitz, *Nicht länger mit dem Gesicht nach Westen*, Bonn 1996²; D. Dahn, *Westwärts und nicht vergessen. Vom Unbehagen in der Einheit*, Berlin 1996.
163 EVertr, Art. 4 und 41, in: BGBl. II, S. 889 sowie GG, Art. 143, Abs. 3.
164 Vgl. BVerfGE 84, 90 sowie 94, 12. Vgl. auch Entscheidung der Kommission in Straßburg v. 4.3.1996 (VIZ 1996, 510).

se auch durchzusetzen. Dadurch aber unterscheidet sich Ostdeutschland ganz erheblich von anderen Transformationsländern, und zwar nicht nur, was das Tempo der Privatisierung anbetrifft, sondern auch hinsichtlich der dabei zur Anwendung gelangten Formen und Methoden. So wurde die Rückgabe verstaatlichter Vermögenswerte an die früheren Eigentümer oder deren Erben, die sog. Naturalrestitution, in den mittel- und osteuropäischen Ländern vom Grundsatz her durchweg abgelehnt und nur ausnahmsweise praktiziert, während sie in Ostdeutschland, zumindest konzeptionell, die Hauptform der Neuordnung der Eigentumsverhältnisse darstellte. In der Tschechoslowakei, in Ungarn, in Polen, Rumänien, Russland und anderen Staaten wurden gleich zu Beginn des Reformprozesses Gesetze erlassen, die für die ehemaligen Eigentümer zwar das Recht auf eine, wenn auch in d.R. nur bescheidene, Kompensation vorsahen, die Rückgabe von Eigentumsobjekten, insbesondere von Unternehmen, größeren Ländereien, Mietshäusern und dergleichen, aber definitiv ausschlossen.[165] Im Gegensatz hierzu erlangte in der DDR die Eigentumsrestitution von dem Moment an, als der Beitritt zur Bundesrepublik auf die Tagesordnung rückte, gegenüber allen anderen Formen der Privatisierung absolute Priorität.

Aber auch schon vorher waren Unterschiede im Herangehen auszumachen, die sich vor allem aus den Besonderheiten im Geschichtsverlauf und aus der spezifischen Situation der DDR zwischen November 1989 und März 1990 herleiteten. Dies betraf zum einen die Rückführung des genossenschaftlich genutzten Privateigentums an die Eigentümer[166] und zum anderen die Rückgabe der 1972 verstaatlichten Unternehmen an die früheren Eigentümer bzw. deren Erben[167], wovon rund 3.000 Betriebe betroffen waren. Beide Gesetzgebungen stellten Reprivatisierungsmaßnahmen im Kontext des Reformprogramms der *Modrow*-Regierung dar und sind daher, da das Privateigentum zuvor verfassungsrechtlich wieder zugelassen worden war[168], eher als ein Beitrag zur Pluralisierung der bestehenden Eigentumsverhältnisse zu werten, denn als ein Schritt zu deren Revision. Dies änderte sich jedoch nach dem Regierungswechsel im März 1990 und dem darauf folgenden Übergang der Entscheidungsgewalt an Bonn. Während die Regierung *de Maizière* bei der Lösung der

---

165 Vgl. H.-J. Thieme (Hrsg.), *Privatisierungsstrategien im Systemvergleich*, Berlin 1993; J. Hölscher, „Privatisierung und Privateigentum", in: Ders. u.a. (Hrsg.), *Bedingungen ökonomischer Entwicklung in Zentralosteuropa*, Bd. 4: *Elemente einer Entwicklungsstrategie*, Marburg 1996, S. 97–128.
166 Vgl. „Gesetz zur Änderung und Ergänzung des Gesetzes über die landwirtschaftlichen Produktionsgenossenschaften – LPG-Gesetz – v. 6.3.1990", Gbl. DDR I, S. 133; „Gesetz über die Rechte der Eigentümer von Grundstücken aus der Bodenreform v. 6.3.1990", ebd., S. 134.
167 Vgl. „Gesetz über die Gründung und Tätigkeit ...", a.a.O., § 17.
168 Vgl. „Gesetz zur Änderung und Ergänzung der Verfassung...", a.a.O., S. 15.

Eigentumsfrage für eine Entschädigungslösung votierte, forderte die Bundesregierung unter *Kohl* und *Genscher* die uneingeschränkte dingliche Rückgabe aller dafür in Frage kommenden Vermögensobjekte. Getrieben von der einflussreichen Klientel der Alteigentümer machte sie eine Einigung über die Naturalrestitution als Hauptweg der Überführung des staatlichen Eigentums in Privateigentum zur Vorbedingung für die Verhandlungen über den Einigungsvertrag.[169] Die Verhandlungsmacht der letzten DDR-Regierung reichte bekanntlich nicht aus, sich dem erfolgreich zu widersetzen. Dass es bei der Restitution dann doch noch zu deutlichen Abstrichen kam, ist allein auf „äußere" Einflüsse zurückzuführen, insbesondere auf das Mitspracherecht der Sowjetunion, welche als einstige Besatzungsmacht die Enteignungen in Ostdeutschland zwischen 1945 und 1949 zu verantworten hatte.[170]

Maßgebend für das weitere Vorgehen in dieser Frage wurden schließlich die in der *Gemeinsamen Erklärung* beider Regierungen zur Regelung offener Vermögensfragen v. 15. Juni 1990[171] festgeschriebenen Leitlinien, welche einer Restitution, mit Ausnahme der Enteignungen zwischen 1945 und 1949, gegenüber einer Entschädigungslösung „grundsätzlich" Vorrang einräumten.[172] Der hiervon ausgehenden Gefahr einer anhaltenden Investitionsblockade versuchte man später mit zwei modifizierenden Gesetzen entgegen zu wirken, dem *Hemmnisbeseitigungsgesetz* und dem *Investitionsvorranggesetz.*[173] Dies förderte zwar die Investitionstätigkeit, änderte aber nichts an der Eigentumsrestitution. Obwohl an dieser Form der Reprivatisierung auch Ostdeutsche partizipierten, fiel „der überwiegende Teil der Restitutionsansprüche Westdeutschen" zu[174], so dass die ganze Transaktion den Charakter eines Ver-

---

169 Vgl. H. Schmidt, *Handeln für Deutschland*, Berlin 1993, S. 115f.
170 Dieser Punkt ist allerdings bis heute strittig. In dem Bemühen, eine Revision der inzwischen in das Grundgesetz eingegangenen Bestandsregelung (s. Art. 143 GG) zu erreichen, wird die Rechtmäßigkeit dieser Entscheidung bis in die jüngste Zeit immer wieder in Frage gestellt.
171 „Gemeinsame Erklärung der Regierungen der Bundesrepublik Deutschland und der Deutschen Demokratischen Republik zur Regelung offener Vermögensfragen v. 15.6.1990" (BGBl. 1990 II, S. 889).
172 Dies ist historisch ohne Beispiel. Beim Beitritt des Saarlandes zur Bundesrepublik 1957 hat es eine derartige Restitutionsregelung, obwohl auch hier von Alteigentümern gefordert, ausdrücklich nicht gegeben.
173 „Gesetz zur Beseitigung von Hemmnissen bei der Privatisierung von Unternehmen und zur Förderung von Investitionen" v. 22.3.1991 (BGBl. II, S. 766–789) und „Gesetz über den Vorrang für Investitionen bei Rückübertragungsansprüchen nach dem Vermögensgesetz" (InVorG) v. 14.7.1992 (BGBl. I, S. 1268).
174 G. Sinn/H.-W. Sinn, *Kaltstart*, a.a.O., S. 91. Dabei ist es unerheblich, ob es sich bei den Anspruchsberechtigten um Personen handelt, die schon immer in der Bundesrepublik gewohnt haben, oder aber um Personen, die irgendwann einmal aus der SBZ bzw. DDR emigriert sind. Was zählt, ist allein der Wohnsitz vor der Vereinigung und die entsprechende Staatsbürgerschaft.

mögenstransfers von Ost nach West erhielt. Dies wurde durch die konkrete Ausgestaltung der Restitutionsbestimmungen, welche die Rückgabeansprüche der Alteigentümer keineswegs auf den Wert der seinerzeit enteigneten bzw. zwangsweise verkauften Eigentumsobjekte beschränkten, sondern darüber hinaus auch die zwischenzeitlich vorgenommenen Investitionen einschlossen, noch unterstrichen. Danach waren die Eigentumsobjekte so, wie sie sind, an die Alteigentümer oder deren Erben zurückzuübertragen, inklusive aller inzwischen eingetretenen Wertveränderungen.[175]

Historisch gibt es hierfür kaum eine Parallele. Selbst in Restaurationsperioden, wo die Ansprüche weit weniger tief in die Vergangenheit zurückreichten, zum Beispiel nach 1815, scheute man sich, die alten Eigentumsverhältnisse zur Gänze wieder herzustellen und beließ es bei symbolischen Restitutionsakten. Dies nicht zuletzt aus durch historische Erfahrung gewonnener Einsicht, denn der einzige verbürgte Fall einer uneingeschränkten Eigentumsrestitution in der neueren Geschichte Deutschlands, das Restitutionsedikt *Ferdinands II.* von 1629, hatte für beide Seiten, für die derzeitigen protestantischen Besitzer wie für die katholischen Alteigentümer, katastrophale Folgen gehabt.[176] Überhaupt scheint es in geschichtlicher Retrospektive mehr als fraglich, einen historischen Neuanfang mit der Wiederherstellung *alter* Eigentumsrechte machen zu wollen. Denn, erstens ist es zweifelhaft, ob diese Ansprüche aus der Vergangenheit Jahrzehnte später überhaupt noch als „Rechte" anzusehen sind.[177] Und zweitens „hat man es", wie *Jacob Burckhardt* zutreffend bemerkte, „während man eben einige Trümmer und Prinzipien des Vergangenen wieder aufzustellen bemüht ist, ... zu tun mit der *neuen Generation*", deren ganze Existenz „auf der Zerstörung des Vorhergegangenen (beruht)", woran sie aber „größtenteils schon nicht

---

175 Bei Unternehmen sah das Gesetz im Falle „wesentlicher Verschlechterungen oder wesentlicher Verbesserungen der Vermögens- oder Ertragslage" Ausgleichsregelungen vor (vgl. „Gesetz zur Regelung offener Vermögensfragen v. 23.9.1990" (VermG), § 6). Dies ist praktisch jedoch kaum von Belang, da entsprechende Verbindlichkeiten gegen zu erwartende Verluste aufgerechnet werden können (§ 6, Abs. 2–4).

176 Vgl. G. Mann, *Wallenstein*, Bd. 1, Berlin 1989, S. 613ff.; R. Huch, *Der Dreissigjährige Krieg*, 2. Band, Leipzig 1957.

177 Dem in der deutsch-rechtlichen Tradition stehenden Junghegelianer Max Stirner wäre ein solches Ansinnen geradezu „lächerlich" erschienen: „Eigentum (ist) der Ausdruck für die *unumschränkte Herrschaft* über Etwas"... Was Ich in der Gewalt habe, das ist mein eigen. So lange Ich Mich als Inhaber behaupte, bin ich der Eigentümer der Sache; entgeht Mir's wieder, gleichviel durch welche Macht..., so ist das Eigentum erloschen.... Nicht ein außerhalb meiner Gewalt liegendes Recht legitimiert Mich, sondern lediglich meine Gewalt; habe ich die nicht mehr, so entschwindet mir die Sache. Als die Römer keine Gewalt mehr gegen die Germanen hatten, *gehörte* diesen das Weltreich Rom, und es klänge lächerlich, wollte man darauf bestehen, die Römer seien dennoch die eigentlichen Eigentümer geblieben." (M. Stirner, *Der Einzige und sein Eigentum* (1845), München 1968, S. 149f.).

mehr selber schuld" ist. Sie „betrachtet daher die Restitution ... als Verletzung eines erworbenen Rechtes".[178] Dies gilt sinngemäß auch für die Situation nach 1989 und erklärt zu einem Teil, woran es liegt, dass die *innere Einheit* nicht zustande kommt.

Aber die Naturalrestitution war auch ökonomisch als ein „glatter Fehlschlag".[179] Nicht nur, dass die wieder in ihre alten Rechte eingesetzten Eigentümer sich in d.R. nicht im Osten als Unternehmer niederließen und betätigten, sondern lediglich eine günstige Verwertung für ihr Eigentum anstrebten. Infolge der großen Zahl vermögensrechtlich ungeklärter Verhältnisse kam es auch zu einer regelrechten Blockade des wirtschaftlichen Aufschwungs, so dass das Privatisierungskonzept der Bundesregierung schließlich „zum größten Hindernis" für den *Aufbau Ost* wurde, zur „stärksten Bremse" für den Aufschwung.[180] Es stellt sich daher die Frage, warum dieser Weg überhaupt gewählt wurde. Zumal alle anderen Reformstaaten ganz bewusst andere Wege beschritten haben. Die Antwort, die hierauf gegeben wird, ist vielschichtig:

Zunächst werden für die Restitutionsentscheidung juristische Gründe angeführt. Eigentum wird in der traditionellen Rechtsauffassung, egal wann und wie erworben, als unverbrüchliches Rechtsinstitut betrachtet, jede Verstaatlichung oder Sozialisierung mithin, sofern nicht durch eine angemessene Entschädigung gem. Art. 14, Abs. 3 GG kompensiert, als Rechtsbruch oder Unrecht. Die Restitution erscheint daher (selbst nach erfolgter Entschädigung) als der einzige Weg, erlittenes Unrecht zu beenden und das „Recht" wieder herzustellen. Mit dieser formal-juristischen Argumentation eng verknüpft ist die moralische Rechtfertigung der Restitution. Danach entspricht es einfach dem „Gerechtigkeitsempfinden", dass enteignete Vermögensobjekte an die früheren Eigentümer zurückgegeben werden.[181] Beide Argumente folgen einem Rechtsverständnis, wie es der bürgerlichen Gesellschaft in der Gegenwart entspricht und wie es im BGB, §§ 903ff. sowie im *Grundgesetz* der Bundesrepublik, Artikel 14, seinen Niederschlag gefunden hat. Dabei gilt es jedoch zu berücksichtigen, dass die verfassungsrechtliche Verankerung des Eigentums lediglich eine „Institutsgarantie" desselben als gesellschaftliche Einrichtung darstellt, aber keine Maßstäbe für die Etablierung einer Eigentumsordnung bzw. für die Allokation von Vermögen setzt. Da weder die SBZ noch die DDR zum Geltungsbereich des *Grund-*

---

178 J. Burckhardt, *Weltgeschichtliche Betrachtungen – Historische Fragmente*, Leipzig 1985, S. 181.
179 G. Sinn/H.-W. Sinn, a.a.O., S. 87.
180 Vgl. T. Betz, „Zehn Jahre keine Einheit. Ein Kompendium wirtschaftspolitischer Fehler", in: H.-J. Stadermann/O. Steiger, *Verpflichtungsökonomik*, a.a.O., S. 284f.
181 Vgl. dazu K. Bönker und C. Offe, „Die moralische Rechtfertigung der Restitution des Eigentums", in: *Leviathan* 3/1994, S. 318–352.

gesetzes gehörten, waren die ordnungspolitischen Entscheidungen, die hier zwischen 1945 und 1990 in eigentumsrechtlicher Hinsicht getroffen worden sind, auch nicht den Maßgaben des *Grundgesetzes* unterworfen. Das Gleiche gilt dann logischerweise aber auch für die Wiederherstellung der privaten Eigentumsordnung nach 1989, so dass sich mit Art. 14 GG kein wie auch immer gearteter Restitutions- oder Privatisierungsanspruch legitimieren lässt.[182] Dem entspricht in gewisser Hinsicht auch die Praxis der Rekonstruktion der Eigentumsordnung in Ostdeutschland, mit ihren zahlreichen gesetzgeberischen Eingriffen und Sonderbestimmungen. Zumal diese in den Altbundesländern „ohnehin kaum als ‚Recht', sondern im wesentlichen nur als Interessenwahrnehmung begriffen (werden)"[183]. – Die Reprivatisierung erweist sich mithin mehr als eine *politische*, denn als eine juristische Angelegenheit.

Als solche aber erklärt sie sich nicht aus sich selbst. Vielmehr stehen hinter der Entscheidung für eine Restitutionslösung bestimmte Motive, u. E. mindestens drei: Erstens die ordnungspolitische Begründung der Privatisierung als ideologische Fundierung auch der Restitution. *Zweitens* das von den Alteigentümern geltend gemachte pekuniäre Interesse an den Eigentumsobjekten. Und *drittens* die staatspolitische Sicht der Bundesrepublik Deutschland, wie sie sich aus dem Alleinvertretungsanspruch gegenüber der DDR ergeben hat.

Was den ersten Punkt anbetrifft, so geht die Argumentation hier von der unverbrüchlichen Überzeugung aus, dass privates Eigentum für die Marktwirtschaft in der Bundesrepublik als ökonomisches Verhältnis wie als Rechtsform „konstitutiv" sei.[184] Dies gilt für Grund und Boden, Gebäude und Produktivkapital sowie für Gebrauchs- und Geldvermögen gleichermaßen wie für bestimmte Rechte und Ansprüche. In der Planwirtschaft der DDR hingegen war privates Eigentum nur von peripherer Bedeutung, in Bezug auf Bodenschätze, Naturreichtümer, Bergwerke, Kraftwerke, Industriebetriebe, Banken, Verkehrswege, Eisenbahnen, Seeschifffahrt, Post und Fernmeldeanlagen u.ä. laut Verfassung aber „unzulässig"[185]. Hier dominierte statt dessen das sog. *sozialistische Eigentum*, bestehend aus gesamtgesellschaftlichem Volkseigentum, genossenschaftlichem Gemeineigentum und dem Eigentum gesellschaftlicher Organisationen. Vermögenswerte im Besitz privater Haushalte galten nicht als Privateigentum, sondern als „persönliches Eigentum" der Bürger.[186]

---

182 Vgl. R. Will, „Eigentumstransformation unter dem Grundgesetz", in: *Berliner Debatte INITIAL*, 7. Jg. (1996), Heft 4, S. 35f.
183 R. Henrich, *Gewalt und Form* ..., a.a.O., S. 79
184 Vgl. W. Eucken, *Grundsätze der Wirtschaftspolitik*, a.a.O., S. 270ff.
185 *Verfassung der Deutschen Demokratischen Republik v. 6.April 1968 in der Fassung v. 7.10.1974*, Berlin 1984, Art. 12
186 Vgl. ebenda, Art. 10, 11, 13.

Diese, hinsichtlich der Eigentumsverhältnisse, grundverschiedene Ausgangssituation der beiden deutschen Gesellschaften vor ihrer Vereinigung hatte zur Konsequenz, dass die Transformation des Eigentums, die *Privatisierung*, zum Hauptinhalt der Transformation und zur entscheidenden ordnungspolitischen Komponente im Vereinigungsprozess wurde. Dies barg jedoch schon von den begrifflichen und rechtlichen Prämissen her immense Konflikte in sich. Während das genossenschaftliche Eigentum und das Eigentum gesellschaftlicher Organisationen mit ihren einigermaßen klar definierten Eigentumssubjekten vom Standpunkt des bürgerlichen Rechts aus begrifflich noch fassbar waren, erwies sich das „Volkseigentum" hier als Problem. Als Eigentum *aller* fehlte ihm das „Zentralmerkmal" jeden Eigentums, die „Ausschließungsbefugnis". Es stellte insofern eigentlich eine „paradoxe Institution" dar[187]. Der Form nach existierte es als Staatseigentum, die tatsächliche Verfügungsgewalt darüber besaß aber allein die Partei- und Staatsführung, so dass die Bevölkerung lediglich *formal*, nicht aber *real* Eigentümer war. Die Betriebe, in deren Besitz sich die Eigentumsobjekte, die Produktionsfonds, befanden, fungierten als „operative Verwalter" derselben, nicht aber als deren Eigentümer. Gleichwohl aber waren sie als Fondsinhaber Rechtsträger, juristische Person, mit der Befugnis, im Rahmen staatlicher Planvorgaben eigenverantwortlich zu wirtschaften. Hiervon ausgehend lässt sich die Privatisierung des Volkseigentums in bestimmtem Maße als ein Schritt zurück zur Normalität rechtfertigen, nicht aber zwingend die Restitution. Letztere in gleicher Weise wie die Privatisierung begründen zu wollen, hieße apologetisch zu argumentieren und der Restauration vergangener Verhältnisse gegenüber der Rationalität von Gegenwart und Zukunft *a priori* Vorrang einzuräumen. Dass in Ostdeutschland die Restitution zur Hauptform der Neuordnung der Eigentumsverhältnisse wurde, lässt sich ordnungspolitisch mithin nur *ideologisch* begreifen, als ein Akt, dessen Bedeutung *nicht* im ökonomischen Erfolg liegt, sondern „in der Anstrengung, ... in der Kraft, etwas ersehntes Ideales, nämlich nicht die wirkliche Vergangenheit, sondern ihr verklärtes Gedächtnisbild herzustellen. Dies fällt dann freilich, da sich ringsum Alles geändert hat, sehr eigentümlich aus."[188] – In der Tat! So leiden bis heute viele, aus der Zerschlagung der volkseigenen Kombinate und Großbetriebe hervorgegangenen Klein- und Kleinstbetriebe darunter, zwar dem Ideal der neoliberalen Theorie zu entsprechen, nicht aber den Erfordernissen des Wettbewerbs.[189] Die öko-

---

187 R. Will, a.a.O., S. 32.
188 J. Burckhardt, a.a.O., S. 112.
189 Vgl. M. Koch, „'dass man noch da ist!'", in: *Aus Politik und Zeitgeschichte* B 15/96, S. 21–31; ders., „Der neue Mittelstand Ost: Von Natur aus flugunfähig oder Vogel mit gestutzten Schwingen?", in: H. Misselwitz/K. Werlich, *1989: Später Aufbruch – frühes Ende?*, a.a.O., S. 225–237.

nomische Realität der Gegenwart unterscheidet sich nun mal von der des „Wirtschaftswunders" *Ludwig Erhards*, weshalb es auch misslingen musste, ein solches in Ostdeutschland ein zweites Mal zu inszenieren.

Was das zweite Motiv anbetrifft, so darf nicht verkannt werden, dass die Rückgabe von bisher mehr als einer Million Grundstücken, Betrieben, Betriebsteilen, Wohnbauten usw. an die Alteigentümer diesen nicht nur ein, sondern gleich mehrere Jubeljahre[190] in Folge beschert hat. Entsprechend groß war das ökonomische Interesse daran und die Vehemenz, mit welcher es vertreten und, soweit dies bisher möglich war, juristisch auch durchgesetzt wurde. Schätzungen zufolge machten die 2,8 Millionen Restitutionsansprüche[191] etwa 30 Prozent des Privatisierungsumfangs aus. Allein bei den Unternehmen lag der Anteil der Reprivatisierung an den von der *Treuhandanstalt* bis 1994 privatisierten, kommunalisierten und liquidierten Betrieben bei 13 Prozent. Der Anteil der Alteigentümer von Unternehmen in Ostdeutschland wurde zuletzt mit 19 Prozent angegeben.[192] Nimmt man die weitaus höheren Quoten im staatlichen und privaten Immobilienbereich hinzu, so wird erkennbar, in welchem Maße die Reprivatisierung dazu beigetragen hat, dem „blindwütigen Besitzindividualismus" und der „Rachsucht" westdeutscher Alteigentümer zum „Erfolg", das heißt, zu Vermögen, zu verhelfen[193], so dass mit dem *Vermögensgesetz* glaubhaft ein „Dokument fortdauernder nationaler Entzweiung"[194] geschaffen worden ist.

Gedeckt wurde dieses Vorgehen, und das ist der dritte Aspekt, durch die Rechtsposition des Alleinvertretungsanspruchs der Bundesrepublik gegenüber der DDR. Trotz der 1972 im *Grundlagenvertrag* festgeschriebenen Zweistaatlichkeit Deutschlands[195], gab die Bundesrepublik ihre Position, wonach die DDR Teil des Deutschen Reiches (in den Grenzen von 1937) war, ihr, der Bundesrepublik, aber die alleinige Rechtsnachfolge oblag, nie wirklich auf. Die Konsequenz dessen war die Nichtanerkennung der Staatsbürgerschaft der DDR und die Ausklammerung der Vermögensfragen aus allen deutsch-deutschen Verträgen und Abmachungen.[196] Dadurch war es

---

190 In alttestamentlicher Zeit galt jedes 50. Jahr als *Jubeljahr*, da hier eine Neuverteilung des Eigentums erfolgte.
191 Vgl. V. Dietrich et al., *Wechselbeziehungen zwischen Transfers, Wirtschaftsstruktur und Wachstum in den neuen Bundesländern*, IWH-SH 4/1997, S. 111ff.
192 IWH, „Eigentums- und Vermögensstrukturen in Ostdeutschland", in: *Wirtschaft im Wandel*, 1/1998, S. 12.
193 P. Glotz, „Die neue deutsche Sinnkrise", in: *Die Welt*, 22./23.1.1994.
194 *Der Spiegel*, Nr. 40/2000, S. 82 (zit. bei T. Betz, a.a.O., S. 284).
195 „Vertrag über die Grundlagen der Beziehungen zwischen der BRD und der DDR v. 21.12.1972", BGBl II, S. 421.
196 Vgl. „Protokollvermerk zum Vertrag" zwischen der BRD und der DDR v. 21.12.1972 sowie „Vorbehalt zu Staatsangehörigkeitsfragen durch die Bundesrepublik Deutschland", in: *Bulletin* Nr. 155 v. 8.11.1972.

möglich, 1990 die bundesdeutsche Rechtsordnung einfach auf die DDR zu übertragen und das hier bis dato geltende Eigentumsrecht zu annullieren.[197] Die volkseigenen Vermögenswerte wurden hiernach, unter Wahrung vor allem westdeutscher Interessen, neu verteilt, das heißt reprivatisiert oder, sofern dies nicht möglich war, verkauft oder liquidiert.

Da für die auf besatzungsrechtlicher bzw. -hoheitlicher Grundlage vorgenommenen Enteignungen zischen 1945 und 1949 ein Restitutionsverbot gilt[198], diese aber mehr als zwei Drittel des ursprünglichen volkseigenen Vermögens ausmachten, avancierte der Verkauf zur wichtigsten Methode der Eigentumstransformation. Mehr als die Hälfte aller Eigentumsobjekte wurden schließlich auf diesem Wege privatisiert. Auffällig ist dabei jedoch das Auseinanderdriften von anfänglicher Zielstellung und letztlich zu verzeichnendem Resultat. So verfolgten die *Modrow*-Regierung und der „Runde Tisch" im Frühjahr 1990 noch das Ziel, die anstehende Umwandlung des „Volkseigentums" derart zu organisieren, dass das Volk der DDR aus bisher bloß *formalen* Eigentümern zu *wirklichen* Eigentümern wird.[199] In einem ersten Schritt dazu wurde das „sozialistische Eigentum" als Rechtsinstitution aufgehoben. Die im Register der *Volkseigenen Wirtschaft* eingetragenen Kombinate, Betriebe und Einrichtungen wurden in Kapitalgesellschaften umgewandelt und damit formell in bürgerlich-rechtliche Eigentumsformen überführt.[200] Der zweite Schritt bestand in der Gründung der *Treuhandanstalt* als einer Anstalt öffentlichen Rechts zur „treuhänderischen Verwaltung" des volkseigenen Vermögens.[201] Über „verbriefte Anteilsrechte" sollte die Bevölkerung an der Privatisierung des Staatseigentums partizipieren, ein Vorschlag, der auch in anderen Reformländern erwogen und zum Teil sogar praktiziert wurde. Mit dem Regierungswechsel im März und der Kursnahme auf einen raschen Beitritt zur Bundesrepublik verlor dieses Konzept jedoch seine Basis. Aufschlussreich ist, dass dieses Vorhaben heute, im Rückblick, als ein Akt „zur Verhinderung der Vereinigung" gedeutet wird[202] bzw. als „illusionäre Vorstellung", da „sogar (!) eine Beteiligung der DDR-Bürger" an den Privatisierungserlösen vorgesehen

---

197 Vgl. E. Buchholz, „Enteignung der Ostdeutschen – eine juristische Betrachtung", in: W. Richter (Hrsg.), *Unfrieden ...*, a.a.O., S. 87ff.
198 Vgl. EVertr, Art. 41, in: BGBl. II, S. 889 sowie GG, Art. 143, Abs. 3.
199 In dieser Forderung lebte die alte sozialistische Reformvorstellung eines dezentralisierten Volkseigentums, für welche die Frage, „wer über die Produktionsmittel *wirklich* – und nicht nur juristisch – verfügt", die entscheidende Frage war, noch einmal auf (Vgl. F. Behrens, „Der real existierende Sozialismus", in: *Utopie kreativ*, Heft 3/1990, S. 40).
200 Vgl. „VO zur Umwandlung von volkseigenen Kombinaten ...", a.a.O., S. 107f.
201 „Beschluß zur Gründung der Anstalt ... (Treuhandanstalt)", a.a.O., S. 107.
202 P. Friedrich, „Zum Vereinigungsnutzen der Treuhandpolitik", in: D. Brümmerhoff (Hrsg.), *Nutzen und Kosten der Wiedervereinigung*, a.a.O., S. 154.

war[203]. Im Kalkül der Konstrukteure der Einheit spielte das DDR-Staatsvermögen offensichtlich doch eine größere Rolle als gemeinhin zugegeben! Und dies keineswegs nur als Verlustposten, wie später mit der „Schrotthypothese" glaubhaft gemacht werden sollte. Als dritter Schritt erfolgte dann, wenige Tage vor der Währungsunion, eine Neufassung des *Treuhandgesetzes*[204], welche, im Gegensatz zur ersten Fassung, nun nicht mehr die „Wahrung des Volkseigentums" vorsah, sondern seine „Privatisierung und Verwertung" entsprechend marktwirtschaftlichen Prinzipien. Im Klartext bedeutete dies den schnellstmöglichen Verkauf aller privatisierbaren Vermögenswerte, sofern darauf keine Restitutionsansprüche lagen. Wie hoch der Erlös sein würde, war ungewiss. Auch stand eine generelle Beteiligung der ostdeutschen Bevölkerung nun nicht mehr zur Debatte. Nichtsdestotrotz aber fand der Gedanke einer *indirekten* Beteiligung der DDR-Bürger am Volksvermögen der DDR über die Vergabe „verbriefter Anteilsrechte" noch Eingang in die Verträge zur deutschen Einheit, wenn auch in modifizierter Form: Die Einräumung der Anteilsrechte wurde nun von der „Ertragsfähigkeit" des ehemaligen volkseigenen Vermögens abhängig gemacht und auf die „Umstellungsverluste" der Sparer beim Währungsumtausch am 1.7.1990 beschränkt.[205]

Dass daraus nichts wurde, hatte bekanntlich mehrere Gründe, angefangen von der überzogenen Vorstellung, was den Wert des DDR-Vermögens anbetraf, bis hin zur ruinösen Veräußerungspraxis der *Treuhandanstalt*.

Dass daraus nichts werden würde, zeigte sich spätestens mit der Vorlage der D-Mark-Eröffnungsbilanz der *Treuhandanstalt* zum 1.7.1990 im Oktober 1992. Ungeachtet dessen gab es aber, mit Verweis auf das beträchtliche Immobilienvermögen der Treuhand, auch nach diesem „Offenbarungsakt" noch ernstgemeinte Vorschläge, o.g. Passus des *Staats-* und des *Einigungsvertrages* zu verwirklichen.[206]

Dass daraus nichts werden konnte, resultierte vor allem aus der Währungsunion und dem damit verbundenen Verlust der Absatzmärkte für die ostdeutschen Betriebe, worauf zwangsläufig die Entwertung ihres Anlagevermögens folgte. Verstärkt wurde dieser Prozess noch durch das neue *Treuhandgesetz*, welches der Privatisierung gegenüber der Sanierung von Unternehmen uneingeschränkte Priorität einräumte, sowie durch den marktradikalen Transformationskurs der Bundesregierung und den weitgehenden Verzicht auf flankierende wirtschaftspolitische Maßnahmen.

---

203 H. Tietmeyer, a.a.O., S. 10.
204 Vgl. „Gesetz zur Privatisierung und Reorganisation des volkseigenen Vermögens (Treuhandgesetz) v. 17.6.1990", Gbl DDR I, S. 300ff.
205 Vgl. StVertr, BGBl 1990 II, S. 537ff., Art. 10, Abs. 6; EVertr, a.a.O., Art. 25, Abs. 3.
206 Vgl. G. Sinn/H.-W. Sinn, a.a.O., S. 138f.; H.-W. Sinn, „Magere Erlöse", in: *Wirtschaftswoche* 1–2, v. 7.1.1994, S. 36–40.

Dass daraus aber, ebenso wie aus einer Beteiligung der ostdeutschen Bevölkerung am Produktivvermögen, auch gar nichts werden sollte, geht auf die Interessenkonstellation im wiedervereinigten Deutschland zurück, wie sie sich konzeptionell und personell in der Treuhandpolitik widerspiegelte. Hatten die Initiatoren der ersten *Treuhandanstalt* noch ostdeutsche Interessen im Auge, indem sie das Staatseigentum der DDR zu wirklichem *Volks*eigentum machen wollten, so verfolgte die *Treuhand* nach Inkrafttreten des novellierten Gesetzes hier ganz andere Interessen. Dabei hatte sie zwei ordnungspolitische Aufgaben in einem Akt zu bewältigen, die Etablierung privaten Eigentums in den neuen Bundesländern, als Basis für die marktwirtschaftliche Ordnung, und die Integration der ostdeutschen Wirtschaft in das Wirtschaftsgefüge der Bundesrepublik. Da letzteres aber entscheidend von der westdeutschen Wirtschaftsverfassung, -struktur und -größe geprägt wird, und demzufolge auch von westdeutschen Interessen beherrscht, konnte sich die Integration der ostdeutschen Wirtschaft nur als ein Prozess der An- und Einpassung ostdeutscher Unternehmen und Strukturen an bzw. in westdeutsche vollziehen, letztlich in ihrem Aufgehen in diesen.[207]

Die Politik der *Treuhandanstalt* unter *Detlev C. Rohwedder* und *Birgit Breuel* zielte von Anfang an in diese Richtung, indem sie vor allem private Investoren aus Westdeutschland als neue Eigentümer favorisierte. Dies blieb nicht ohne Einfluss auf den konkreten Verlauf der Privatisierung. So wurden einerseits die Erwerbsbedingungen durch die Treuhand derart gesetzt, dass Ostdeutsche so gut wie keine Chance hatten, daran teilzuhaben. Sie verfügten weder über genügend Geldkapital, um als Käufer in Frage zu kommen, noch über andere Vermögenswerte, insbesondere Immobilien, die als Sicherheiten für Kredite hätten dienen können. Die Liquidierung eines Drittels der privaten Geldvermögen durch den nichtparitätischen Währungsumtausch, wovon besonders der Mittelstand betroffen war[208], und die Verunsicherung durch den Grundsatz „Rückgabe vor Entschädigung" verstärkten dieses Dilemma zweifellos. Aber es war nicht nur der Preis der von der *Treuhand* zum Kauf angebotenen Objekte, der die Ostdeutschen bei der Neuverteilung des einstigen DDR-Volksvermögens außen vor hielt.[209] Eine viel größere Rolle spielte, dass

---

207 Wolfgang Schäuble berichtet in seinem Buch *Der Vertrag* (1991) ohne Umschweife darüber, nach welchen Spielregeln sich der Beitritt der DDR zur BRD vollzog, welche Interessen dabei Vorrang hatten und dass sein Gegenüber bei der Aushandlung des Vertrages zu keinem Zeitpunkt ein gleichberechtigter Verhandlungspartner gewesen war. Es liegt auf der Hand, dass der *wirtschaftliche* Vereinigungs- und Integrationsprozess nach dem gleichen Muster abgelaufen ist.
208 Vgl. U. Busch, „Argumente für einen fast vergessenen Passus des Einigungsvertrages", in: *Utopie kreativ*, 43ff./1994, S. 122–138.
209 Dies gilt für die „große" Privatisierung des Anlagevermögens der Industrie und des Grund und Bodens. An der sog. „kleinen" Privatisierung der Einzelhandelsgeschäfte, Apotheken,

die Betriebe in d.R. unsaniert veräußert wurden, die Sanierungskosten also die Käufer zu tragen hatten, sowie die an den Erwerb geknüpften Auflagen hinsichtlich Investitionsvolumen und Arbeitsplatzerhalt.

Andererseits führte die Verkaufspraxis der *Treuhandanstalt*, das heißt der Zeitdruck, die begrenzte Aufnahmefähigkeit des Marktes, die einseitige Präferierung westdeutscher Interessenten usw., dazu, dass der Verkauf zu einem *Ausverkauf* wurde und die Preise zu Schleuderpreisen. „Was juristisch noch als Verkauf bezeichnet werden mag", konstatierten *Gerlinde* und *Hans-Werner Sinn*, war „ökonomisch ein Geschenk".[210] Letztlich erhielt die ganze Transaktion dadurch einen anderen Charakter: Es war kein Verkauf im üblichen Sinne, kein äquivalenter Tausch, sondern eine *Übereignung* von Vermögenswerten an westdeutsche Kapitaleigner, eine Übertragung von Eigentumsobjekten zu bestenfalls symbolischen Preisen, welche bloß der Form nach als Verkauf firmierte, dem Wesen nach aber, ähnlich wie die Restitution, ein *Transfer* war, ein Vermögenstransfer.

In Summa vollzog sich die Umgestaltung der Eigentumsverhältnisse in Ostdeutschland, das heißt die Überführung des sozialistischen Eigentums in private Eigentumsformen, auf vier Wegen, die in ganz unterschiedlichem Maße einen Transfer verkörperten:

Erstens über die Restitution, also die Rückübertragung von Eigentumsrechten an die, i.S. der bundesdeutschen Rechtsauffassung, Berechtigten. Dabei wurden die betreffenden Eigentumsobjekte auf dem Wege ihrer Rückgabe an die früheren Eigentümer oder deren Erben reprivatisiert.

Zweitens durch die entgeltlose Übertragung oder Schenkung von Eigentumsobjekten. Dies betraf zum Beispiel das Verwaltungs- und Finanzvermögen der DDR, das NVA-Vermögen, Teile der Sondervermögen von Bahn und Post u.a.m.

Drittens durch den Verkauf von Eigentumsobjekten bzw. -rechten, entweder direkt oder indirekt, mittels Beteiligungen.

Viertens durch die Umwandlung sozialistischer Genossenschaften in private Rechtsformen, wodurch das genossenschaftliche Eigentum in privates Eigentum überführt wurde.

Während die beiden zuerst genannten Formen, die Restitution und die entgeltlose Übertragung, *per definitionem* einen Vermögenstransfer darstellen, ist dies beim Verkauf von Vermögensobjekten normalerweise nicht der Fall. Vielmehr wird hier unterstellt, dass die Vermögensobjekte zwar den Eigentümer wechseln, aber entgelt-

---

Gaststätten usw. hingegen partizipierten mehrheitlich Ostdeutsche (IWH, „Eigentums- und Vermögensstrukturen...", a.a.O., S. 13ff.).
210 G. Sinn/H.-W. Sinn, *Kaltstart*, a.a.O., S. 89.

lich und entsprechend den Gesetzen des Tausches, so dass ein Ausgleich stattfindet. Der vierte Punkt beinhaltet die bloße Umwandlung der Rechtsform und ist, sofern damit nicht eine Rückübertragung an Alteigentümer einhergeht, nicht mit einem Wechsel des Eigentümers verbunden, in Bezug auf die hier untersuchte Frage also neutral.[211]

Das Hauptergebnis der Eigentumstransformation ist in der Etablierung einer privaten Eigentumsordnung zu sehen. Dies wurde in Ostdeutschland in nicht viel mehr als vier Jahren erreicht: Bis Ende 1994, bei Einstellung des operativen Geschäfts der *Treuhandanstalt*, waren 54% der Treuhandbetriebe auf dem Verkaufswege privatisiert, 13% reprivatisiert und 2% kommunalisiert worden. Der Anteil der Liquidationen betrug 31%.[212] Damit war die Einheit der Nation eigentumsseitig und rechtlich, das heißt in ihren wichtigsten ordnungspolitischen Grundlagen, wieder hergestellt. Zugleich aber resultiert aus eben diesem Prozess, der Restauration der privaten Eigentumsordnung und seiner konkreten Ausgestaltung, eine nachhaltige sozialökonomische Spaltung der Gesellschaft, wodurch die positiven ökonomischen Effekte der Eigentumstransformation, die Erhöhung der volkswirtschaftlichen Effizienz und der allgemeinen Wohlfahrt, in politischer und sozialer Hinsicht nicht unerheblich relativiert werden.

Mit Blick auf die Partizipation der ostdeutschen Bevölkerung ist bei der Neudefinition der Eigentumsverhältnisse sorgfältig zwischen Reprivatisierung bzw. Restitution, der Übertragung von Eigentumsobjekten und -rechten, dem Verkauf derselben sowie der Umwandlung bestimmter Eigentumsformen und Besitzverhältnisse in private Rechtsformen zu unterscheiden. Am stärksten partizipierten die Ostdeutschen an der Umwandlung des genossenschaftlichen Eigentums, am geringsten am Verkauf des ehemaligen Volkseigentums durch die *Treuhandanstalt*. Die Tatsache, dass die Privatisierung in Ostdeutschland von den Formen der Restitution und des Verkaufs dominiert wurde, hatte zur Konsequenz, dass die Ostdeutschen unter den neuen Eigentümern heute absolut unterrepräsentiert sind. Gemessen an der Zahl der Arbeitsplätze lag ihr Anteil am Eigentum privatisierter Unternehmen Ende 1993 bei „weniger als sechs Prozent".[213] Die Erweiterung der Kapitalbasis durch Investitio-

---

211 Vgl. J. Stefanides/F. Vilmar, „Die ostdeutschen Agrargenossenschaften", in: F. Vilmar (Hrsg.), *Zehn Jahre Vereinigungspolitik...*, a.a.O., S. 223–233.
212 Bundesanstalt für vereinigungsbedingte Sonderaufgaben (BvS), *Jahresabschluß der Treuhandanstalt zum 31. Dezember 1994*, Berlin 1995, S. 9; IWH, „Eigentums- und Vermögensstrukturen...", a.a.O., S. 12.
213 H.-W. Sinn, „Magere Erlöse", a.a.O., S. 36. Vgl. auch die *Große Anfrage* dazu im Bundestag, wonach „nur 5% des ostdeutschen Produktivvermögens im Prozess der Privatisierung des Volkseigentums der DDR durch die Treuhandanstalt an Ostdeutsche gegangen" sind (BT-Drs. 14/2622, v. 31.1.2000, S. 1).

nen (westdeutscher und ausländischer Investoren) wird hieran kaum etwas ändern. Ganz im Gegenteil: „Es wird bei den 6 Prozent bleiben".[214] Damit ist genau das eingetreten, was *Hans Willgerodt* im Jahr der Vereinigung noch als ein „irreales Gespenst" abtat, nämlich dass „der überwiegende Teil" der ostdeutschen Produktiv- und Immobilienvermögen Westdeutschen und Ausländern gehört, umgekehrt aber Ostdeutsche am westdeutschen Vermögen so gut wie nicht beteiligt sind.[215] Fazit ist, dass die Ostdeutschen heute, nach Abschluss der Eigentumstransformation, „die Bevölkerung in Europa (sind), der am wenigsten von dem Territorium gehört auf dem sie lebt."[216] Eine Erhöhung der Eigentümerquote ist allein durch Neugründungen von Unternehmen zu erwarten; ein Prozess, der zwar stattfindet, zugleich aber dadurch erschwert ist, dass es an Geldkapital bzw. an beleihbaren Vermögenswerten fehlt.

Dadurch, dass die Ostdeutschen an der Privatisierung des DDR-Volksvermögens kaum beteiligt waren, sondern Westdeutsche dieses größtenteils unter sich aufgeteilt haben, hat die Neuordnung der Eigentumsverhältnisse dazu beigetragen, die Trennung der deutschen Bevölkerung in Vermögensreiche und -arme zu vertiefen. Im *Armuts- und Reichtumsbericht der Bundesregierung* wurde dazu festgestellt, dass die derzeit in Deutschland anzutreffende Vermögensverteilung „sehr ungleichmäßig ist" und „der Vermögensvorsprung" der westdeutschen gegenüber den ostdeutschen Haushalten dabei „besonders ausgeprägt".[217] Dazu dürfte auch beigetragen haben, dass sich in den 90er Jahren „die Quote des privaten Eigentums am Produktivvermögen beträchtlich erhöht hat"[218], vor allem in Westdeutschland. Unter den Kriterien, von denen die „Vermögenssachverhalte" abhängig sind, rangiert der „Wohnsitz" (in den alten bzw. neuen Ländern) an erster Stelle, noch vor dem Erwerbsstatus, dem Einkommen und dem Alter.[219] Insofern trifft es nach wie vor zu, dass *soziale Ungleichheit* in Deutschland vor allem „durch ein ebenso evidentes wie signifikantes Zeichen markiert (wird), die Zugehörigkeit zum Osten oder Westen".[220] Die Art und Weise der Eigentumstransformation hat entschieden dazu beigetragen, dass die Ost-West-Diskrepanz der privaten Vermögen, absolut betrachtet, heute größer ist denn je. Alle

---

214 C. Thimann, *Aufbau von Kapitalstock und Vermögen in Ostdeutschland: der lange Weg zur Einheitlichkeit der Lebensverhältnisse*, Tübingen 1996, S. 145.
215 H. Willgerodt, „Wirtschaftsordnung für ein anderes Deutschland – Wege aus der Krise der DDR", in: *Zeitschrift für Wirtschaftspolitik*, Heft 1/1990, S. 161.
216 G. Winkler, a.a.O., S. 21.
217 *Lebenslagen in Deutschland*, a.a.O., S. 46f.
218 Ebenda, S. 61 sowie Tabelle I.61 und I.62 im Materialband zum Bericht, S. 108f.
219 Vgl. ebenda, S. 54.
220 E.-U. Huster, „Schroffe Segmentierung in Ost und West. Die doppelt gespaltene Entwicklung in Deutschland", in: R. Hickel/E.-U. Huster/H. Kohl (Hrsg.), *Umverteilen. Schritte zur sozialen und wirtschaftlichen Einheit Deutschlands*, Köln 1993, S. 206.

dazu vorliegenden Untersuchungen und Studien belegen dies, indem sie nicht nur innerhalb, sondern auch zwischen den beiden Landesteilen eine beträchtliche Ungleichverteilung der privaten Vermögen konstatieren, eine enorme „Vermögenslücke", viel größer und weit stabiler als die Diskrepanz bei den Einkommen.[221]

Die mit der Privatisierung herbeigeführte Lösung der Eigentumsfrage hat insofern ein neues deutsch-deutsches Problem hervorgebracht bzw. verschärft, die *Vermögensfrage*.[222] Die in der Diskrepanz der Vermögensverhältnisse evident werdende sozialökonomische Spaltung der Gesellschaft ist als Nebeneffekt des ordnungspolitischen Umbaus Ostdeutschlands und der Umgestaltung der Eigentumsverhältnisse zu begreifen. Beides war notwendig, um die Transformation der Gesellschaft zu bewerkstelligen. Die dabei zur Anwendung gelangten Formen und Methoden jedoch waren nationalspezifisch und interessengeleitet. Dies gilt auch für den *Vermögenstransfer*. Dass zwischen Ost- und Westdeutschland nach 1989 ein Vermögenstransfer stattgefunden hat, dürfte dabei unstrittig sein. Wie dieser zu beurteilen ist, jedoch nicht. Die ökonomische Wertung des Vermögenstransfers hängt vor allem von der Beantwortung zweier Fragen ab: *erstens* davon, wie der rechtliche Status des Volkseigentums definiert wird und *zweitens* von der Frage, in welchem Umfang das Volkseigentum der DDR vor seiner Transformation einen positiven Vermögenswert verkörperte.

Geht man bei der Beantwortung der ersten Frage davon aus, dass es sich bei dem Volkseigentum um eine Form öffentlichen Eigentums gehandelt hat, konzentriert in der Hand des Staates, und das der Einzelne daran nur als Gesellschaftsmitglied teil hatte[223], so liegt es nahe, die Privatisierung in der stattgefundenen Form als einen Akt der Enteignung der ostdeutschen Bevölkerung zu interpretieren. Spiegelbildlich entspräche dem eine Übereignung von Vermögenswerten an die neuen Eigentümer, womit der Tatbestand eines Vermögenstransfers gegeben wäre. Strittig ist in dieser Betrachtung allein der Umfang des Vermögenstransfers. Aber dies ist nur die eine Sicht des Problems. Es gibt noch eine andere: Stellt man sich nämlich auf die Position, dass es sich bei dem Volkseigentum seinem Wesen nach um „Nichteigentum" gehandelt hat, um ein bloßes Besitzverhältnis also[224] bzw., fasst man dieses rein

---

221 Vgl. R. Kreckel, „Geteilte Ungleichheit im vereinten Deutschland", in: R. Geißler (Hrsg.), *Sozialer Umbruch in Ostdeutschland*, Opladen 1993; R. Hauser, *Entwicklung und Verteilung ...*, a.a.O.; K-D. Bedau, „Auswertung ...", a.a.O.; U. Busch, „Vermögensdifferenzierung und Disparität der Lebensverhältnisse im vereinigten Deutschland", in: *Berliner Debatte INITIAL*, 7. Jg. (1996) 5, S. 103–119.
222 Vgl. U, Busch, „Der offenen Vermögensfrage erster Teil...", a.a.O., und E. Richter, „Der offenen Vermögensfrage zweiter Teil: Die Produktivvermögenslücke", in: H. Misselwitz/K. Werlich (Hrsg.), *1989...*, a.a.O., S. 196–224.
223 Vgl. M. Brie, *Wer ist Eigentümer im Sozialismus?*, Berlin 1990.
224 Vgl. H.-J. Stadermann, „Das Eigentum", in: H.-J. Stadermann/O. Steiger, a.a.O., S. 105–129.

negativ auf, als „niemandes Eigentum"[225] oder „Enteignung aller einzelnen"[226], so erscheint die Privatisierung als ein Prozess der Aneignung von Vermögenswerten *ohne* gleichzeitige Enteignung. Diese Argumentation folgt vom Prinzip her dem § 958 BGB: „Wer eine herrenlose bewegliche Sache in Eigenbesitz nimmt, erwirbt das Eigentum an der Sache". Von einem Vermögenstransfer lässt sich unter diesen Umständen nicht sprechen, wohl aber von einem Vermögenszuwachs, einer Bereicherung also der sich die „Sachen" aneignenden Subjekte. Eine Zunahme der Ost-West-Diskrepanz bei den Vermögen wäre gleichwohl auch hier das Ergebnis.

Sichtlich schwieriger erweist sich die Beantwortung der zweiten Frage, der Frage nach dem Umfang des Vermögenstransfers: Zum einen deshalb, weil sich *post festum* kaum mehr exakt klären lässt, wie hoch der Wert des transferierten Vermögens tatsächlich war, zumal strittig ist, welcher Stichtag für die Bewertung des DDR-Vermögens gelten soll, der 31.12.1989, der 30.6.1990, der 1.7.1990 oder der 3.10. 1990. Zum anderen, weil die Statistik der DDR für eine Bewertung des Staatsvermögens nach marktwirtschaftlichen Kriterien keine verlässliche Basis bietet[227] und die Bundesregierung es 1990 (bzw. bald darauf.) versäumt hat, die im *Staats*- und im *Einigungsvertrag* getroffenen Festlegungen zur „Bestandsaufnahme des volkseigenen Vermögens und seiner Ertragsfähigkeit"[228] entsprechend umzusetzen. Am 27.1. 2000 erklärte die Bundesregierung hierzu, dass sie es nicht „für zweckmäßig (hält), eine solche Bilanz nachträglich aufzustellen".[229] Angesichts dieser Lage bleibt nur die Möglichkeit, den Vermögenstransfer anhand von Schätzungen über den Umfang des DDR-Vermögens zu bestimmen. Derartige Überschlagsrechnungen und Schätzungen wurden seit 1990 von verschiedener Seite vorgenommen, insgesamt mehr als 25 an der Zahl.[230] Auf Grund der unterschiedlichen Bezugsgrößen (Volksvermögen, Staatsvermögen, Treuhandvermögen) sowie Verfahren und Methoden (Substanz- oder Ertragswert) lassen sie jedoch keinen eindeutigen Schluss über den relevanten Umfang des DDR-Vermögens zu. Je nach Bewertungsstichtag, getroffenen Annahmen, Bewertungsmethode und praktiziertem Vorgehen variieren die Schätzungen

---

225 H. Leipold, *Wirtschafts- und Gesellschaftssysteme im Vergleich*, Stuttgart 1981, S. 4.
226 W. Eucken, *Grundsätze...*, a.a.O., S. 139.
227 Lt. DDR-Statistik wies der dem produktiven Anlagevermögen entsprechende Grundmittelbestand in den produzierenden Bereichen 1989, bei Zugrundelegung der Preise von 1986, einen Buchwert von 1.250 Mrd. Mark der DDR auf. In den nichtproduzierenden Bereichen waren es 495 Mrd. Mark, woraus sich ein Gesamtwert von 1.745 Mrd. Mark errechnet (Statistisches Amt der DDR (Hrsg.), *Statistisches Jahrbuch der DDR*, Berlin 1990, S. 118f.). Der Grund und Boden dagegen wurde nicht bewertet.
228 Vgl. StVertr, Art. 10 (6) und EVertr, Art. 25 (6).
229 BT-Drs. 14/2622, S. 6. Vgl. dazu auch BT-Drs. 12/4579 und 13/2629.
230 Vgl. dazu U. Busch, „Transfer West-Ost und Ost-West: Wer machte das große Geschäft", in: F. Vilmar (Hrsg.), *Zehn Jahre ...*, a.a.O., S. 170ff.

erheblich: zwischen 1.365 Mrd. DM für das DDR-Vermögen bzw. 763 Mrd. DM für das Vermögen der *Treuhand*[231] und 450 Mrd. DM für das Produktivvermögen[232] bzw. 250 Mrd. DM für den Immobilienbestand der *Treuhand*, als Wertuntergrenze.[233] Einige Schätzungen liegen sogar noch deutlich darunter, indem sie für die Zeit nach dem 30.6.1990 von einem insgesamt negativen Wert des Anlagevermögens ausgehen.[234] Dementsprechend divergieren die Annahmen hinsichtlich des Umfangs eines Ost-West-Vermögenstransfers – zwischen mehr als 1 Billion D-Mark[235] und einem Wert von faktisch Null. Erstere Überlegung unterstellt einen Wert des DDR-Vermögens in Höhe von mindestens 1,3 Billionen DM, wovon nach Abzug der Schulden und Belastungen (250 Mrd. DM) ein Nettovermögen von ca. 1,1 Billionen DM verbleibt. Da im Privatisierungsprozess nahezu 95 Prozent aller Vermögensobjekte an westdeutsche oder ausländische Eigentümer veräußert wurden, bildet dieser Wert die Ausgangsgröße für die Bestimmung des Vermögenstransfers. Nach Abzug eines für Einrichtungen des Gemeinwesens bestimmten Finanzierungsbeitrages Ostdeutschlands in Höhe ca. 500 Mrd. DM verbliebe ein Vermögenswert von ca. 600 Mrd. DM, worauf seitens der ehemaligen DDR-Bürger ein Ausgleichsanspruch bestehen würde.[236]

Während bei dieser Argumentation das Ausmaß der Entwertung des Produktivkapitals im Transformationsprozess vermutlich zu gering angesetzt wurde, unterstellt die andere Position, indem sie von einem Vermögenstransfer von Null ausgeht, eine totale Entwertung des DDR-Vermögens, was nicht weniger realitätsfremd sein dürfte. Dies nicht nur wegen des physischen Umfangs der Grundstücke, Gebäude, Wohnungen, Produktionsanlagen, Kulturgüter etc., welche die DDR in die Bundesrepublik eingebracht hat[237], sondern auch wegen des signifikanten Vermögensanstiegs in Westdeutschland nach 1990, sowohl im Unternehmensbereich als auch bei privaten Haushalten.[238] Gestützt wird diese Position jedoch von der Bundesregierung, die auf diesbezügliche Anfragen im Bundestag den Standpunkt vertrat, dass die dem *Einigungsvertrag* (Art.

---

231 Vgl. E. Faude/C. Luft, „Fakten widersprechen Armutstheorie", in : *Berliner Zeitung*, 23.5.1991.
232 C. Thimann, *Aufbau* ..., a.a.O., S. 36.
233 G. Sinn/H.-W. Sinn, *Kaltstart*, a.a.O., S. 112.
234 Vgl. B. Breuel (Hrsg.), *Treuhand intern*, Frankfurt/M. und Berlin 1993, S. 103ff.
235 R. Mager/M. Voigt, *Transferleistungen* ..., a.a.O., S. 29.
236 Ebenda.
237 S. Wenzel, *Was war die DDR wert?*, Berlin 2000, S. 171ff.; C. Luft, *Treuhandreport*, Berlin 1992, S. 139ff.
238 Vgl. BBk, *Monatsberichte*, 44. Jg. (1992) 8, S. 30ff.; 51. Jg. (1999) 1, S. 33ff.; C. Schäfer, „Soziale Polarisierung bei Einkommen und Vermögen", in: *WSIMitt* 10/1995, S. 605ff.; DIW, „Geldvermögen und Vermögenseinkommen der privaten Haushalte", in: *Wochenbericht* 30/1999, S. 559ff.; „Die gespaltene Gesellschaft", in: *Der Spiegel* Nr. 40/1997, S. 86–100.

25, Abs. 6) zugrunde gelegte Einschätzung, wonach nach der Verwendung des volkseigenen Vermögens für die Strukturanpassung der Wirtschaft und die Sanierung des Staatshaushalts „ein verteilungsfähiger positiver Rest" verbleiben würde, sich „als offenkundig unzutreffend" erwiesen habe.[239] Aber auch diese Aussage ist statistisch nicht belegt. Um hier nun zu einer akzeptablen Lösung zu kommen, ist es erforderlich, zunächst zwei Fragen auseinander zu halten: Zum einen die Frage nach dem Vermögensverlust für die ostdeutsche Bevölkerung durch den Systemwechsel und die Eigentumstransformation. Und zum anderen die Frage nach dem möglichen Gewinn, den westdeutsche Unternehmen sowie private und öffentliche Haushalte daraus gezogen haben könnten. Beide Größen sind nicht identisch, da zunächst der Entwertungsverlust in Rechnung gestellt werden muss, der durch den Wechsel des Wirtschafts- und Gesellschaftssystems zwangsläufig ausgelöst wurde und der erheblich war. Das Ausmaß dieses Verlustes aber hing ganz entschieden davon ab, auf welche Art und Weise der Transformationsprozess erfolgt ist, war also wesentlich politikbestimmt. Hiervon ausgehend erscheint es nun durchaus möglich, dass die o.g. Summe von ca. 600 Mrd. DM der ostdeutschen Bevölkerung tatsächlich als Verlust entstanden ist. Gleichwohl aber muss auf der anderen Seite nicht ein Gewinn gleicher Größenordnung entstanden sein, sondern u.U. auch ein deutlich geringerer.[240] Die Differenz würde sich aus dem transformationsbedingten Entwertungsverlust erklären.

Hieran schließt sich nun die Frage an, ob und inwieweit der Vermögenstransfer zwischen Ost- und Westdeutschland den Transferbedarf und die Transferzahlungen tangiert. Dies wird gegenwärtig unter zwei Aspekten diskutiert: *Erstens* vor dem Hintergrund einer Kausalitätsannahme derart, dass der Transferbedarf erst wesentlich durch die infolge der überstürzten Währungsunion und Privatisierung zu verzeichnende Entwertung und Neuverteilung des Produktiv- und Immobilienvermögens der DDR entstanden ist. Insofern besteht zwischen beiden Prozessen ein enger Zusammenhang. *Zweitens* wird diese Frage im Rahmen des Versicherungsansatzes von *Wolfgang Schrettl*[241] diskutiert, welcher zwischen beiden Größen, dem Finanz-

---

239 „Antwort der Bundesregierung auf die Große Anfrage der Abgeordneten Barbara Höll u.a." v. 6.11.1995, BT-Drs. 13/2629, S. 2. Vgl. auch: „Antwort auf die Große Anfrage der Fraktion der PDS v. 31.1.2000", BT-Drs. 14/2622, S. 6ff.
240 So weisen die dazu vorliegenden Rechnungen für 1990 und 1991 bei Unternehmen und privaten Haushalten zwar überproportionale Gewinne und Vermögenszuwächse aus, ein Vermögenstransfer in der o.g. Größenordnung lässt sich hingegen nicht nachweisen (Vgl. B. Görzig/C. Schmidt-Faber, „Wie entwickeln sich die Gewinne in Deutschland?", in: DIW-SH 171, Berlin 2001; BBk, *Jahresabschlüsse westdeutscher Unternehmen 1971 bis 1991*, Frankfurt a.M. 1993; BBk, *Ergebnisse der gesamtwirtschaftlichen Finanzierungsrechnung für Deutschland 1990 bis 1997*, Frankfurt a.M. 1998).
241 Vgl. W. Schrettl, „Transition with Insurance...", a.a.O. sowie die Ausführungen im Kapitel 2.1.

und dem Vermögenstransfer, einen versicherungsanalogen Konnex herstellte. Dabei erscheinen die Finanztransfers faktisch als Folgeleistungen für einen zuvor erbrachten Vermögenstransfer. Beide Erklärungsversuche stimmen darin überein, dass sie sowohl den Vermögenstransfer als auch die laufenden Transferzahlungen im Kontext mit der ordnungspolitischen und realökonomischen Integration der DDR in die Bundesrepublik erklären. Während erstere Hypothese hier jedoch vor allem den Prozesscharakter der Vereinigung betont und daher auch die jeweiligen ökonomischen Wirkungen der Transfers berücksichtigt, die Kausalität von Finanz- und Realtransfer u.a.m., stellt die zweite Erklärung stärker auf den vertragsmäßigen Charakter der Wiedervereinigung ab. Was in jedem Fall bleibt, ist aber eine bestimmte Potenzialverschiebung zwischen Ost- und Westdeutschland und die sich daraus ableitenden unterschiedlichen Konsequenzen für die wirtschaftliche Entwicklung beider Landesteile. Hiervon ausgehend steht es außer Frage, dass der Vermögenstransfer einerseits den Transferbedarf Ostdeutschlands mitbegründet, andererseits aber möglicherweise auch dazu beigetragen hat, die Transferleistungen für Ostdeutschland ökonomisch zu ermöglichen.

2.3. Das innerdeutsche Transferproblem

Die Interpretation der deutsch-deutschen Wirtschaftsbeziehungen seit der Vereinigung als Transferproblem geht zurück auf *Gert Leis*[242] und *Heiner Flassbeck*[243]. Aber auch bei anderen Autoren finden sich Darstellungen, die in diesem Sinne auszulegen sind.[244] Nicht zuletzt sei in diesem Zusammenhang auf eine Reihe außenwirtschaftstheoretischer Abhandlungen verwiesen, worin das innerdeutsche Transferproblem anhand von Zwei-Staaten-Modellen zahlungsbilanztechnisch abgebildet und analysiert wird.[245] Bei diesen Darstellungen geht es im Kern darum, zu zeigen, dass es sich bei den Finanztransfers nicht um ein isoliertes Phänomen der Distribution handelt, sondern um die *finanzielle* Seite eines komplexeren ökonomischen Vorgangs. Das realwirtschaftliche Komplement hierzu bilden Güterlieferungen und Lei-

---

242 G. Leis, *Das deutsche Transferproblem der neunziger Jahre*, Frankfurt a. M. u.a. 1994.
243 H. Flassbeck, „Die deutsche Vereinigung – ein Transferproblem", in: DIW, *Vierteljahreshefte zur Wirtschaftsforschung*, 64. Jg. (1995), Heft 3, S. 404–413.
244 Vgl. W. Hankel, „Ausgleich für Förderer und Geförderte", *Handelsblatt* 10.6.1992, S. 2; E. Helmstädter, *Perspektiven...*, a.a.O.; U. Blum/S. Scharfe, „Quo Vadis Ostdeutschland. Der Aufholprozess aus Sicht der Entwicklungsökonomik", in: IWH-SH 2/2001, S. 116–147.
245 Vgl. W. Maennig, „Zahlungsbilanzwirkungen der westdeutschen Transfers an Ostdeutschland im Lichte außenwirtschaftlicher Transfertheorien", in: D. Brümmerhoff (Hrsg.), *Nutzen und Kosten ...*, a.a.O., S. 28–47; A. Schimmelpfennig, „Die deutsche Vereinigung und das Leistungsbilanzdefizit", in: *Kredit und Kapital*, Jg. 31 (1998), Heft 2, S.190–216.

stungen, welche dem Finanztransfer – gemäß den Regeln der ökonomischen Logik – als Realtransfer folgen. Da die wirtschaftlichen Konsequenzen beider Transfers für Geber und für Empfänger aber durchaus nicht dieselben sind, sondern in d.R. entgegengesetzt, ist es insbesondere unter entwicklungspolitischem Aspekt von Interesse, sich mit dieser Frage eingehender zu beschäftigen. Für die ökonomische Deutung der Vereinigung und deren Folgen ist die innere Logik des Transfergeschehens von weit reichender Bedeutung. Den theoretischen Hintergrund dafür bildet das außenwirtschaftliche *Transferproblem*, welches seinen historischen Ursprung in der Zeit nach dem Ersten Weltkrieg hat und das begrifflich auf John Maynard Keynes zurückgeht.[246]

Das Deutsche Reich wurde 1919 im Vertrag von Versailles dazu verurteilt, an die Siegermächte Reparationszahlungen in Höhe von 132 Mrd. Goldmark zu leisten.[247] Ob und wodurch Deutschland die Aufbringung dieser ungeheuren Summe bewerkstelligen würde und ob die damit verbundenen Prozesse nicht letztlich die beabsichtigte Ressourcenübertragung unmöglich machen könnten, war in den 20er Jahren Gegenstand einer ausgiebigen Diskussion, unter anderem zwischen *Keynes* und *Bertil Ohlin*.[248] Da die Reserven an Gold und Devisen, über welche Deutschland 1919 verfügte, bei weitem nicht ausreichten, um die Reparationsverpflichtungen zu erfüllen und eine Verschuldung in dieser Größenordnung nicht in Frage kam, blieb als Lösung nur eine Steigerung der Produktion und des Exports. Das heißt, Deutschland musste, um die Reparationen bezahlen zu können, zunächst auf den Märkten der Transferempfänger erfolgreich sein. Dies aber setzte die Erhöhung seiner Wettbewerbsfähigkeit voraus, was u.a. über eine Verschlechterung der *terms of trade* erreicht wurde. Dadurch aber musste es, was durchaus vorhersehbar war, zu erheblichen Zahlungsbilanzungleichgewichten zwischen Deutschland und den Siegermächten kommen, sowie zu Preis- und Einkommenseffekten, die sich letztlich für die *Entente*-Staaten als nachteilig erweisen sollten.[249] Abstrahiert man von dem konkreten historischen Kontext, so erweist sich die Frage, ob einem monetären Transfer ein realer Transfer folgt, in welcher Höhe dies der Fall sein wird und welche Konsequenzen dies nach sich zieht, als die eigentlich relevante und nach wie vor aktuelle

---

246 J. M. Keynes, „The German Transfer Problem", in: *Economic Journal, Vol. 39* (1929), S. 1–17.
247 Die Festlegung dieser Summe erfolgte endgültig erst 1921 in London, während im Versailler Vertragstext, Art. 231–247, kein konkreter Betrag genannt ist.
248 Vgl. dazu H. S. Ellis/L. A. Metzler (Eds.), *Readings in the Theory of International Trade*, London 1950; H. G. Johnson, „The Transfer Problem and Exchange Stability", in: *Journal of Political Economy*, Vol. 64 (1956) 3, S. 212ff.
249 Vgl. H. Mottek/W. Becker/A. Schröter, *Wirtschaftsgeschichte Deutschlands. Ein Grundriß*, Bd. 3, Berlin 1975, S. 235ff.

Fragestellung dieser Debatte. Das *reale* Transferproblem bildet somit den „Kern der Transfertheorie".[250]

Im Einzelnen werden in diesem Zusammenhang drei Problemkreise angesprochen: *Erstens* das Problem der Aufbringung der zu transferierenden Summe im Geberland. *Zweitens* das Problem der Übertragung der Transfersumme vom Geber- an das Empfängerland.[251] Und drittens das Problem der Verwendung des Transferbetrages im Empfängerland. Für das Funktionieren des Ganzen steht der Begriff *Transfermechanismus*, welcher beschreibt, wie und in welchem Umfang ein monetärer Transfer zu einem realen Transfer führt, also entsprechende Waren- und Dienstleistungsströme nach sich zieht. Dabei ist es nicht unerheblich, ob der Transfer einmalig oder dauerhaft erfolgt und auf welche Art und Weise der Transferbetrag im Geberland aufgebracht und im Empfängerland verwendet wird. Diese Fragen lassen sich nun theoretisch unter klassischen und unter keynesianischen Annahmen diskutieren:

Im *klassischen* Fall werden Vollbeschäftigung und die Auslastung der Produktionskapazitäten unterstellt; ferner eine Übereinstimmung der geplanten Ersparnis mit der geplanten Investition. Reale Multiplikatorwirkungen sind damit ausgeschlossen, ebenso wie geld- und finanzpolitische Einflüsse.

Im *keynesianischen* Fall hingegen wird von Multiplikatorprozessen im Geber- und im Empfängerland ausgegangen. Ferner davon, dass der Kapitalexport partiell oder total über einen Geldschöpfungs- oder Enthortungsprozess finanziert wird und der Transferbetrag im Empfängerland sowohl für den Kauf von Gütern verwendet als auch gespart werden kann.

Entsprechend den unterschiedlich gesetzten Prämissen fallen die Ergebnisse jeweils verschieden aus:

In der *klassischen* Diktion bedingt die Aufbringung des Transferbetrages eine Einschränkung der Gesamtausgaben im Geberland, sowohl für im Inland produzierte Güter als auch, im Maße der Importneigung[252], für Güter, die aus dem Ausland eingeführt werden. Analog dazu steigen die Ausgaben im Empfängerland, und zwar ebenfalls sowohl für inländische als auch für ausländische Güter. Importminderung und Exportzunahme des Geberlandes zusammen bilden den *Realtransfer*. Der monetäre Transfer führt also durch eine direkte Kaufkraftübertragung zunächst zu ei-

---

250 J. Schröder, „Transfertheorie", in: *HdWW*, Bd. 4, Stuttgart u.a.O., 1980, S. 11.
251 Für „Land" könnte hier auch „Region" stehen, so dass die Aussagen vom Grundsatz her auch für den aktuellen deutschen Fall zweier Regionen innerhalb eines Staates sowie Wirtschafts- und Währungsgebietes ohne Wechselkurs und Zollbarrieren sinngemäß Anwendung finden können.
252 Die Importneigung findet in der *marginalen Importquote* ihren Niederschlag, welche angibt, wie hoch der Anteil an einer zusätzlichen Einkommenseinheit ist, der für Importe verwendet wird.

nem primären Realtransfer, der um so höher ausfällt, je größer die Summe der marginalen Importquoten der beteiligten Länder ist. Beträgt deren Summe eins, so entsprechen Exportzuwachs und Importminderung im Geberland genau dem monetären Transfer im Sinne eines Kapitalexports. Man spricht in diesem Fall von einem *vollkommenen* Realtransfer, da Finanz- und Realtransfer größengleich sind. Andernfalls, wenn die Summe der marginalen Importquoten kleiner oder größer als eins ist, stimmt der Realtransfer größenmäßig mit dem Finanztransfer zunächst nicht überein. Die Änderung der Gesamtnachfrage nach in- bzw. ausländischen Gütern bewirkt dann jedoch eine Verschiebung der Preisrelationen zwischen dem In- und dem Ausland bzw. zwischen in- und ausländischen Gütern derart, dass letztlich über preisinduzierte, sog. sekundäre Nachfrageänderungen doch noch ein Ausgleich herbeigeführt wird. In dem Maße, wie es zu Änderungen der Gesamtnachfrage nach Gütern des Geber- bzw. Nehmerlandes kommt, führen die Preiseffekte in Abhängigkeit von den Preiselastizitäten der Importnachfrage über eine Änderung der *terms of trade* dann zu einem zusätzlichen, indirekten Realtransfer und damit zum Ausgleich der Leistungsbilanz. Die Herausbildung eines Gleichgewichts findet also in jedem Fall statt.

In der *keynesianischen* Lesart hingegen, welche Unterbeschäftigung und freie Produktionskapazitäten als Möglichkeit einschließt, ist die Absorption einer zusätzlichen Nachfrage auch ohne Preisveränderungen möglich. Das Zustandekommen eines Realtransfers wird hier vollständig über Einkommenseffekte erklärt. Finanz- und Realtransfer stimmen dabei nicht zwingend überein, sondern nur unter ganz bestimmten Voraussetzungen. Die zentrale Frage dabei ist, inwieweit ein monetärer Transfer im Geberland Anpassungsprozesse auszulösen vermag, die schließlich eine Erhöhung des Außenbeitrages[253] bewirken. In der Regel findet unter diesen Umständen aber kein vollständiger Realtransfer statt, da der Außenbeitragsmultiplikator zwar positiv, aber kleiner als eins ist. Im Maße der Aufbringung des Finanztransfers jedoch durch eine wirkliche Einschränkung der Ausgaben im Geberland und der Verwendung dieser Mittel für zusätzliche Ausgaben für Güterkäufe im Empfängerland steigt die Chance für einen vollständigen Realtransfer. Werden die zusätzlichen Ausgaben im Empfängerland des Finanztransfers gar *ausschließlich* über Importe aus dem Geberland realisiert, so sind auch hier die Bedingungen für einen vollkommenen Realtransfer gegeben. Dieser besondere Fall ist im deutsch-deutschen Kontext von größtem Interesse und wird uns deshalb noch ausführlich beschäftigen.

---

253 Der Außenbeitrag einer Volkswirtschaft, wie er sich als Saldo der Handels- bzw. Leistungsbilanz darstellt, ist die Differenz zwischen der Aus- und Einfuhr von Waren und Dienstleistungen unter Berücksichtigung im Ausland empfangener bzw. geleisteter Erwerbs- und Vermögenseinkommen.

Nun zu den drei o.g. Problemkreisen: Ganz allgemein betrachtet, beinhaltet das *Aufbringungsproblem* das Problem der Finanzierung der Transferzahlungen, also die Frage, inwieweit die Aufbringung der Transfersumme den Wirtschaftskreislauf und die Vermögensposition des Geberlandes tangiert. Saldenmechanisch gilt dabei, dass jedem Kapitalexport eine andere zahlungsbilanzwirksame Transaktion entsprechen muss: Entweder finanziert die Notenbank den monetären Transfer, indem sie dafür Währungsreserven mobilisiert, oder aber der (autonome) Kapitalexport ruft eine entgegengesetzt verlaufende transnationale Kapitalbewegung hervor. Schließlich ist es auch denkbar, dass sich der monetäre Transfer über Preis-, Wechselkurs- oder Einkommensänderungen sowie Lieferbindungen auf den Waren- und Dienstleistungsverkehr mit dem Ausland auswirkt.[254] Kommt es dabei zu einer Vergrößerung des Außenbeitrages, so haben wir es auch hier mit einem Realtransfer zu tun. Schließt man die erste Finanzierungsmöglichkeit, die Mobilisierung von Währungsreserven, wegen der Endlichkeit der dafür in Frage kommenden Mittel, aus, so bleiben für den Fall eines dauerhaften oder zumindest länger währenden Transfers als Finanzierungsvarianten die fortgesetzte Erwirtschaftung von (Export-)Überschüssen sowie die Attrahierung von Auslandskapital im Sinne eines monetären Gegentransfers. Beide Formen sind, indem sie unterschiedliche Reaktionen auf transferinduzierte Zahlungsbilanzeffekte verkörpern, zugleich spezifische Lösungsvarianten des *Übertragungsproblems*.

Sofern die Voraussetzungen dafür gegeben sind, vollzieht sich der Kapitalexport zuerst über eine Reduktion des Nettoauslandsvermögens des Geberlandes. Da dies jedoch sehr bald auf Grenzen stößt und von der Option eines Schuldenaufbaus im Ausland als Finanzierungsvariante abgesehen werden soll, verbleibt als dauerhafte Lösung des Aufbringungsproblems letztlich nur die Erwirtschaftung von *zusätzlichem Sozialprodukt* im Geberland und/oder die reale Ersparnis, das heißt die Senkung der inländischen Absorption. Dabei wird die durch den monetären Transfer vorübergehend herbeigeführte Verschlechterung der Außenposition (Devisenbilanz) durch den Realtransfer, welcher eine Erhöhung des Außenbeitrages bewirkt, regelmäßig wieder ausgeglichen.

Während die Finanzierung des Transfers über einen Kapitalimport resp. monetären Gegentransfer für das Geberland unmittelbar keine realwirtschaftlichen Konsequenzen hat, bedeutet die Finanzierung der Übertragung durch einen Realtransfer zunächst einmal den Verzicht des Geberlandes auf einen Teil seines Sozialprodukts. Das heißt, die Erhöhung des Außenbeitrages wird hier über eine Reduktion der inländischen realen Absorption am erwirtschafteten Sozialprodukt erreicht. Die Ver-

---

254 Vgl. G. Leis, *Das deutsche Transferproblem...* a.a.O., S. 30.

mögensposition des Geberlandes wird hingegen durch den Realtransfer, soweit dieser vollständig ist, nicht tangiert, da die Veränderungen der Übertragungsposition und des Außenbeitrages einander entsprechen.

Gilt nun aber, in spezifischer Ausführung dieser Variante, dass der monetäre und der reale Transfer derart miteinander verkoppelt sind, dass die Geldübertragung ganz oder teilweise dem Kauf von Gütern dient, die im Geberland produziert und dann in das Nehmerland exportiert wurden, also der o.g. besondere Fall, so durchläuft das Geld einen *Kreislauf:* Es wird im Geberland aufgebracht und gelangt als monetärer Transfer in das Empfängerland. Von dort aber fließt es dann – via Güterkauf – wieder zurück in das Geberland. Dabei ist der mittels des monetären Transfers bewirkte Realtransfer prinzipiell, also sowohl unter klassischen als auch unter keynesianischen Annahmen, um so größer, je höher der Anteil der aus dem Geberland importierten Güter an der Einkommensverwendung im Empfängerland ist.

Damit ist bereits das dritte Problem, das *Empfangs- bzw. Verwendungsproblem* der Transferzahlungen, angesprochen, welches für die volkswirtschaftliche Beurteilung des Ganzen von besonderer, ja letztlich entscheidender Bedeutung ist: Die Kopplung des Finanztransfers an einen güterwirtschaftlichen Realtransfer impliziert nämlich grundsätzlich die Möglichkeit, den Transferbetrag nicht über eine Reduktion der Verwendung des Sozialprodukts im Geberland aufzubringen, sondern über eine zusätzliche wirtschaftliche Aktivität. Das heißt, zur Aufbringung der Transferleistungen ist es u.U. überhaupt nicht nötig, dass das inländische Absorptionsvolumen durch Einsparungen gesenkt wird. Die Aufbringung der Mittel kann ebenso über eine zusätzliche Produktion erfolgen, also dadurch, dass die Wirtschaft des Geberlandes expandiert. Ob und inwieweit dies tatsächlich gelingt, hängt jedoch von bestimmten Bedingungen ab, sowohl von der konkreten konjunkturellen Situation im Geberland als auch, längerfristig gesehen, von der Entwicklung des Produktionspotenzials.

Im Falle einer Unterbeschäftigungssituation und nicht ausgelasteter Kapazitäten haben Transferzahlungen an das Ausland, die den Kauf inländischer Güter finanzieren, gesamtwirtschaftliche Nachfragewirkungen zur Folge. Diese vermögen *kurzfristig* Wachstumsimpulse auszulösen und führen somit *im Geberland* zur Hervorbringung eines zusätzlichen Sozialprodukts, begleitet von Beschäftigungs-, Einkommens- und Investitionseffekten. Ist dieser Prozess von Dauer, so vollziehen sich auf seiner Grundlage Veränderungen im Produktionspotenzial und hinsichtlich der Arbeitskräfteressourcen, welche *langfristig* ein höheres Produktionsniveau und Wirtschaftswachstum generieren. Dabei ist es durchaus denkbar, dass diese Effekte die mit den Transferzahlungen zunächst verbundenen Belastungen ganz oder teilweise kompensieren bzw. sogar überkompensieren, so dass im Geberland schließlich ein nachhaltiges Interesse an der Beibehaltung der Transferleistungen entsteht, ja, unter Umständen sogar an ihrer Erhöhung. Umgekehrt jedoch bedeutet der Realtransfer für das Empfängerland einen spürbaren Nachfrageausfall, welcher, in Abhängigkeit von der Verwendungsstruktur der Transfers, zu Wachstumseinbußen und einer nachhaltigen Schwächung der Produktionsbasis führt, schließlich zu einem Zurückbleiben in der Entwicklung. Die Folge ist eine Perpetuierung des Transferbedarfs, womit sich, entwicklungslogisch, der Kreis schließt: Der Entwicklungsrückstand induziert einen Transferbedarf, die daraufhin getätigten Transferzahlungen ziehen einen Realtransfer nach sich, welcher die Entwicklung endogener Potenziale unterdrückt, was erneut zu einem Transferbedarf führt usw. usf.

Im Folgenden soll nun der Frage nachgegangen werden, inwieweit die seit 1990 jährlich von West- nach Ostdeutschland fließenden Transferzahlungen ein spezifisches *innerdeutsches Transferproblem* begründen, das sich im Rahmen transfertheoretischer Annahmen diskutieren lässt. Dabei muss jedoch konzediert werden, dass es sich bei diesen Zahlungsströmen um *innerstaatliche* Finanzbeziehungen handelt und nicht um einen Transfer im außenwirtschaftlichen Sinne. Eine einfache schematische Übertragung der transfertheoretischen Annahmen auf die deutsch-deutsche Problematik, welche diese Tatsache ignorieren und damit dem besonderen Charakter der deutsch-deutschen Transfers nicht gerecht werden würde, scheidet daher aus Gründen methodischer Inkonvenienz aus.

Mit der Einführung der D-Mark in der DDR entstand in Ost- und Westdeutschland ein einheitliches Währungsgebiet. Anpassungsreaktionen über den Wechselkurs sind damit ausgeschlossen. Das Gleiche gilt für den Binnenmarkt und die Möglichkeit, über Zollbestimmungen die Güterein- und -ausfuhr zu regulieren. Mit dem Beitritt der DDR zur Bundesrepublik, der Eingliederung des DDR-Staatshaushalts in den Bundeshaushalt und der Überführung der Sozialversicherungssysteme der DDR in die bundesdeutschen Versorgungs- und Versicherungssysteme wandelten sich die „innerdeutschen" Handels- und Finanzbeziehungen vollends von zwischenstaatlichen zu innerstaatlichen Beziehungen.[255] Ein Rekurs auf das bekanntermaßen der Außenwirtschaftstheorie zuzurechnende *Transferproblem* ist damit eigentlich nicht mehr zulässig. Wird ein solcher trotzdem versucht[256], so unter Aufgabe des außen-

---

255 Auf die Besonderheiten der innerdeutschen Handels- und Währungsbeziehungen und ihres statistischen Ausweises in der VGR („Interzonenhandel") und der Zahlungsbilanzstatistik, wo die DDR in bestimmter Hinsicht als Ausland galt, in anderer aber nicht, soll hier nicht näher eingegangen werden. Vgl. dazu G. Leis, a.a.O., S. 13ff; BBk, *Monatsberichte*, 42. Jg. (1990) 1, S. 13–21 sowie J. Plassmann, „Die Rolle der Deutschen Bundesbank im innerdeutschen Zahlungsverkehr", in: BBk (Hrsg.), *Fünfzig Jahre Deutsche Mark*, a.a.O., S. 655–674.
256 Die Autoren, die sich in dieser Weise versucht haben, waren sich dessen durchaus bewusst. Andererseits aber vermochten sie dem Reiz nicht zu widerstehen, eine derart stringente

wirtschaftlichen Rahmens und der Ersetzung der Geld und Güter transferierenden Staaten durch „Länder" bzw. „Regionen" in einem föderalen Kontext, wie ihn die Bundesrepublik Deutschland bietet. Auf der Grundlage eines derart modifizierten theoretischen Ansatzes lässt sich nunmehr die Spezifik des innerdeutschen Transferproblems aufzeigen: Den Ausgangspunkt dafür bilden die Transferzahlungen, welche zunächst als Ressourcenübertragungen von West- nach Ostdeutschland erscheinen. Dem entspricht ihre aufkommensseitige Erfassung als *Ausgaben* öffentlicher Haushalte. Bezieht man jedoch die Verwendung der Transfers mit in die Betrachtung ein, so zeigt sich, dass dem Finanzzufluss Ostdeutschlands ein ähnlich hoher Importüberschuss entspricht, das Geld also über den Umweg der Realisierung westdeutscher Güter auf dem ostdeutschen Markt nach Westdeutschland zurückfließt. Auf diese Weise finanzieren sich die „Leistungen an den Osten", zumindest zum überwiegenden Teil, „selbst".[257] Da die Transferzahlungen in D-Mark (bzw. €) erfolgen, also in heimischer Währung, muss ihnen auch kein „externer" Exportüberschuss gegenüberstehen. Hierfür genügt ein „interner" Überschuss im Handel mit den neuen Ländern. Und den gibt es auf Grund der marktbeherrschenden Stellung westdeutscher Anbieter seit der Marktöffnung in Ostdeutschland in ausreichender Höhe.

Die geheime Logik der Transferzahlungen ist mithin in dem ökonomischen Kreislauf zu sehen, der sich zwischen West- und Ostdeutschland vollzieht. Die Finanztransfers bilden hierin ein Moment, die Realtransfers ein anderes, dazu komplementäres. In diesem Kreislauf kulminiert die Paradoxie, die dem Transferproblem ohnehin inhärent ist, in besonderer Weise:

Die Transferleistungen dienen dem Zweck, die in Ostdeutschland existierende Lücke zwischen Produktion und Absorption zu schließen. Diese Lücke aber ist wesentlich Reflex des Niedergangs der Produktion, so dass, einerseits, der Transferbedarf erst durch den Verlust der Märkte und den Ruin der ostdeutschen Produzenten entsteht. Andererseits aber setzt die Zahlung der Transfers „die Eroberung des ostdeutschen Marktes"[258] durch westdeutsche Anbieter – und damit die Ruinierung der im Wettbewerb unterlegenen ostdeutschen Produzenten – voraus. Letzteres ist zwingende Konsequenz der Tatsache, dass die Transferzahlungen über einen Realtransfer finanziert werden. Dadurch aber erhält der Realtransfer im volkswirtschaftlichen Kreislauf gewissermaßen Priorität, während der Finanztransfer, kausal betrachtet,

---

und zur Formalisierung ökonomischer Beziehungen geeignete Theorie wie die Transfertheorie auf die innerdeutschen Wirtschaftbeziehungen anzuwenden (vgl. G. Leis, a.a.O.; A. Schimmelpfennig, a.a.O.; W. Maennig , a.a.O.).

257 BBk, „Öffentliche Finanztransfers für Ostdeutschland in den Jahren 1991 und 1992", in: *Monatsberichte*, 44. Jg. (1992) 3, S. 16f.

258 H. Flassbeck, „Die deutsche ....", a.a.O., S. 410.

als Folge erscheint. So bedingt der eine Prozess den anderen, bis letztendlich ein interdependenter Kreislauf zustande kommt. Die Grundlage dafür bildete die Währungsunion, welche den Güterstrom von West nach Ost überhaupt erst möglich gemacht hat. Dieser erforderte dann zur Finanzierung des ostdeutschen „Leistungsbilanzdefizits" einen entsprechenden Finanztransfer, um die „Importe" aus Westdeutschland bezahlen zu können. Dadurch kehrt sich das Verhältnis von Finanz- und Realtransfer quasi um: nicht der Realtransfer folgt dem Finanztransfer, sondern umgekehrt, der Finanztransfer dem Realtransfer, wobei letzterer den finanziellen Transferbedarf erst begründet. Zugleich aber ist der Finanztransfer auch eine Bedingung für den Realtransfer, denn nur so lässt sich der durch die Währungsunion generierte Kreislauf *auf Dauer* auch aufrecht erhalten.

Folgt man in dieser Frage nun weiter den Vorgaben der Transfertheorie, so ist zunächst das Aufbringungsproblem zu diskutieren: Als Ausgangsüberlegung dafür gilt, dass die Transferzahlungen aus dem jährlichen Sozialprodukt der Geberregion aufzubringen sind. Das heißt, für Westdeutschland würde sich dadurch die Inanspruchnahme von erwirtschaftetem Sozialprodukt in der Gegenwart oder, sofern die Transferzahlungen über Kredite finanziert werden, in der Zukunft, vermindern. Da es sich bei den West-Ost-Transfers aber um einen innerstaatlichen Umverteilungsprozess handelt und nicht um eine zwischenstaatliche Transaktion, würde dies vorerst nur die gesamtwirtschaftliche Ersparnis tangieren, im Westen negativ, im Osten positiv. Die gesamtdeutsche Vermögensposition dagegen bliebe hiervon unberührt, denn zur Aufbringung der Transferzahlungen bedarf es weder eines Exportüberschusses noch eines Nettokapitalimports.

In einer *statischen* Betrachtung, das heißt bei Annahme eines konstanten Sozialprodukts und eines konstanten Kapitalbilanzsaldos, würde dies eine Reduktion der Investitions- oder Konsumausgaben in Westdeutschland nach sich ziehen, ggf. auch beides. Dieser, normalerweise äußerst restriktiv wirkende, Rückgang der Absorption tangiert jedoch das Produktionsniveau dann nicht, wenn dem monetären Transfer ein gleich großer Realtransfer entspricht. Im Falle nicht vollständig ausgelasteter Kapazitäten würde der Realtransfer sogar einen Anstieg des westdeutschen Sozialprodukts bewirken, wodurch sich die Aufbringungslast der Transferleistungen spürbar verringern würde.

In einer *dynamischen* Betrachtung hätten darüber hinaus auftretende Ressourcenverschiebungen von Ost nach West, Migrationsströme von Arbeitskräften und die Verlagerung von Produktionsstätten, zur Folge, dass der Realtransfer den monetären Transfer größenmäßig übertrifft. Das heißt, in diesem Fall würden *mehr* Güter in den Osten transferiert werden als Geld, wodurch sich das Problem faktisch umkehrt: Es würden mehr Geldmittel von Ostdeutschland nach Westdeutschland (zurück)fließen als zuvor überhaupt, in Form von Transferzahlungen, in den Osten geflossen sind. Hinzu kommt, dass die Aufbringung der Transferleistungen für die westdeutsche Wirtschaft in der Realität auf Grund zahlreicher Sonderbedingungen anfangs kein allzu großes Problem darstellte. Zu den begünstigenden Faktoren zählten dabei insbesondere der Leistungsbilanzüberschuss zum Zeitpunkt der Vereinigung[259] sowie die vergleichsweise günstige Haushaltssituation und verhältnismäßig geringe Staatsverschuldung[260], ferner die prall gefüllten Sozialversicherungskassen.[261] Die Zahlung der Transfers war deshalb zunächst ohne gravierende Einschränkungen der Investitions- und Konsumausgaben und auch ohne Steuer- und Beitragserhöhungen möglich. Dies änderte sich zwar mit dem Abflauen des Vereinigungsbooms nach 1991, aber nicht so dramatisch, dass dadurch zu irgendeinem Zeitpunkt die Aufbringung der Transferleistungen infrage gestellt worden wäre.

Mit der *Währungs-, Wirtschafts- und Sozialunion* entstand in Deutschland ein einheitlicher Währungsraum und Binnenmarkt, der die Kopplung des Finanztransfers an einen entsprechenden Realtransfer unverzüglich und problemlos ermöglichte. Da die ostdeutschen Konsumenten und Investoren einerseits in ihrem Kaufverhalten westdeutsche Produkte bevorzugten, andererseits aber mit der Währungsumstellung auch sofort eine radikale Substitution des Güterangebots einsetzte, war der Absatz westdeutscher Güter im Osten optimal gesichert. Mit einem Anteil von „fast 25 v.H." am „Export" wurden die neuen Bundesländer binnen weniger Wochen „zum wichtigsten Absatzmarkt für westdeutsche Produzenten".[262] Der durch den monetären Transfer alimentierte ostdeutsche Nachfrageschub schlug sich mithin in einem hohen „Exportüberschuss" Westdeutschlands und einem entsprechenden Defizit Ostdeutschlands im innerdeutschen Handel nieder. Durch die Finanzierung desselben über weitere Transferzahlungen, die wiederum dem Kauf westdeutscher Produkte dienten, erhielt das Ganze eine vom Prinzip her bis heute andauernde und reibungslos funktionierende Stabilität.

---

259 1989 belief sich der Saldo der Leistungsbilanz der Bundesrepublik Deutschland auf 107,3 Mrd. DM und der Außenhandelsüberschuss auf 134,6 Mrd. DM (BBk, *Monatsberichte*, 53. Jg. (2001) 10, S. 68*).
260 Mit einem Defizit von 7,5 Mrd. DM wies die Bundesrepublik 1989 einen beinahe ausgeglichenen Haushalt auf. Die Verschuldung der öffentlichen Haushalte lag im Juni 1990 bei 944,7 Mrd. DM. Ende 1989 betrug sie 928,8 Mrd. DM, was einer Schuldenquote von 41,1% entsprach (BBk, *Monatsberichte*, 42. Jg. (1990) 12, S. 60*, 64*).
261 Die BA wies 1989 bei einem Ausgabenvolumen von 39,8 Mrd. DM ein Defizit von 1,95 Mrd. DM auf; die Rentenversicherungen der Arbeiter und Angestellten verzeichneten einen Einnahmenüberschuss von 3,1 Mrd. DM und eine Vermögensposition in Höhe von 26,4 Mrd. DM (ebenda, S. 67*).
262 G. Leis, a.a.O., S. 117.

Zweitens sei das *Übertragungsproblem* angesprochen, welches normalerweise die Zahlungsbilanzeffekte und die entsprechenden Anpassungsreaktionen im Geber- und im Empfängerland zum Gegenstand hat. Da es sich bei den deutsch-deutschen Transfers aber um regionale Umverteilungsbeziehungen innerhalb eines Staates handelt, abgewickelt in ein und derselben Währung, und nicht um außenwirtschaftliche Transaktionen, wird die Zahlungsbilanz davon unmittelbar nicht berührt. Zur Finanzierung der Transfers sind weder ein Exportüberschuss gegenüber dem Ausland noch ein Nettokapitalimport aus dem Ausland erforderlich. Das sonst so schwierige Übertragungsproblem erweist sich folglich für den deutsch-deutschen Fall zunächst also als gänzlich irrelevant. Dies stellt sich jedoch dann etwas anders dar, wenn nicht nur Ost- und Westdeutschland in ihren finanziellen und güterwirtschaftlichen Beziehungen betrachtet werden, sondern darüber hinaus auch die außenwirtschaftliche Verflechtung Westdeutschlands sowie der akkumulierte Leistungsbilanzüberschuss der Bundesrepublik Eingang in die Analyse finden.

Infolge des durch die Transferzahlungen induzierten Nachfragesogs Ostdeutschlands kam es nicht nur zu verstärkten Lieferungen aus Westdeutschland. Es erfolgte auch ein vermehrter Import aus dem Ausland, wodurch sich die außenwirtschaftliche Position der Bundesrepublik erheblich veränderte.[263] Dabei erwies sich der seit 1991 zu verzeichnende, faktisch einem Kapitalimport gleichkommende Abbau des Überschusses der Leistungsbilanz im Vereinigungsprozess als Unterstützung für die Aufbringung des Transfers. Das Gleiche gilt für die nach dem Marktaustritt ostdeutscher Unternehmen von westdeutschen Unternehmen im Handel mit Osteuropa erzielten Exportüberschüsse. Durch die Einbeziehung dieser Aspekte in die Erörterung des Transferproblems verschiebt sich der Maßstab ein wenig: Während der monetäre Transfer allein von Westdeutschland getragen wird, sind am Realtransfer auch andere Länder beteiligt. Dies spiegelt sich direkt in der Entwicklung des Außenbeitrages zwischen Ostdeutschland und dem Ausland wider, aber auch indirekt, in einer Zunahme der westdeutschen Importe aus dem Ausland und einer Passivierung der bundesdeutschen Leistungsbilanz.[264] Während das innerdeutsche Ungleichgewicht nach wie vor besteht, relativierte sich das gegenüber dem Ausland zu verzeichnende Defizit im Laufe der Zeit jedoch bald wieder, so dass dieser Punkt heute keine nennenswerte Rolle mehr spielt.

---

263 Vgl. „Die westdeutsche Wirtschaft unter dem Einfluss der ökonomischen Vereinigung Deutschlands", in: BBk, *Monatsberichte*, 43. Jg. (1991) 10, S. 15–21.
264 So weist die Leistungsbilanz der Bundesrepublik seit dem ersten Quartal 1991 einen Negativsaldo auf. Ebenso die Handelsbilanz im zweiten Quartal 1991, wohingegen die Kapitalbilanz für 1991 und 1992 einen positiven Saldo (Kapitalimport) ausweist (BBk, *Monatsberichte*, 45. Jg. (1993) 3, S. 85*).

Demgegenüber ist das *Empfangs- bzw. Verwendungsproblem* der Transfers für Ostdeutschland von weit größerer Bedeutung. Dies insbesondere deshalb, weil es maßgeblich von der Verwendungsstruktur der Transferleistungen abhängt, ob langfristig in Ostdeutschland ein in bestimmtem Maße transferinduzierter Entwicklungsprozess zustande kommt oder aber, ob der gegenwärtig zu verzeichnende Entwicklungsrückstand erhalten bleibt und sich der Transferbedarf infolgedessen reproduziert, was o.g. Kreislaufprozess entsprechen würde.

Die Verwendungsstruktur der seit dem zweiten Halbjahr 1990 an Ostdeutschland geleisteten Transfers weist einen investiven Anteil von weniger als einem Viertel auf.[265] Das heißt, der weitaus größte Teil dieser Leistungen diente konsumtiven Zwecken, entweder in Form direkter Zahlungen an private Haushalte oder über die Finanzierung öffentlicher Ausgaben im Beitrittsgebiet, und findet in einem entsprechenden Realtransfer von Konsumgütern und Dienstleistungen sein Pendant. Bezieht man die Aufteilung der Transfers in *allgemeine*, föderal- und sozialstaatlich geregelte Leistungen und *spezielle*, nur Ostdeutschland gewährte Sonderleistungen mit in die Analyse ein, so zeigt sich, dass die allgemeinen Leistungen fast ausschließlich dem Konsum dienen, während die speziellen Transfers größtenteils investiven Charakters sind.[266] Eine Kürzung dieser Leistungen, wie sie immer wieder diskutiert wird, würde zu einer weiteren Erhöhung des konsumtiven Anteils an den Transferausgaben führen, mit der Konsequenz, dass sich dadurch das innerdeutsche Transferproblem langfristig nicht verringern, sondern weiter verfestigen würde.

Obwohl West- und Ostdeutschland seit der Wiedervereinigung keine getrennten Volkswirtschaften mehr sind, erweist sich die Erörterung des innerdeutschen Transfergeschehens im Lichte der Transfertheorie als produktiv. Dies insbesondere auch deshalb, weil sich auf diese Weise plausibel beschreiben lässt, welche Umstände das Zustandekommen eines innerdeutschen Realtransfers ermöglicht haben und förderten. Mit der Präsenz westdeutscher und ausländischer Güter auf dem ostdeutschen Markt begann sich die Schere zwischen Produktion und Verbrauch sofort zu öffnen: Die mangelnde Wettbewerbsfähigkeit ostdeutscher Unternehmen im neuen, durch den Weltmarkt bestimmten Kontext und die radikal veränderten Angebotsbedingungen führten zur Substitution ostdeutscher Produkte durch „Importgüter". Diese wurden von den Konsumenten vor allem auf Grund ihrer Gebrauchseigenschaften bevorzugt. Sie zeichneten sich zudem aber häufig auch noch durch relativ niedrige

---

[265] Berechnungen der Wirtschaftsforschungsinstitute und der BBk zufolge machten die Investitionen an den Transferleistungen von 1991 bis 1998 kumuliert 229 Mrd. DM aus. Dies entspricht einem Anteil an den Nettoleistungen von 22,2 % (DIW/IfW/IWH, *Gesamtwirtschaftliche .... Neunzehnter Bericht*, a.a.O., S. 15).
[266] Vgl. J. Ragnitz et al., *Transfers, Exportleistungen* ..., a.a.O., S. 23.

Preise aus, was für die ostdeutschen Käufer eine Verbesserung ihrer *terms of trade* bedeutete. Mitunter war es aber auch nur der Reiz des Neuen oder einfach die Tatsache, dass es keine Ostprodukte waren, was ihren Absatz begünstigte. Zwar kamen ostdeutsche Käufer auch bald wieder auf heimische Erzeugnisse zurück, dies aber nur bei bestimmten Produkten, zum Beispiel Lebensmitteln. Und selbst dort etablierte sich, vor allem angebotsbedingt, ein hoher, stabiler Anteil von „Importen", während der Anteil ostdeutscher Erzeugnisse verhältnismäßig gering blieb.[267] Dabei spielt eine Rolle, dass Präferenzen sich mit der Zeit wandeln, aber immer auch angebotsbeeinflusst sind. Als sich mit der Einführung der D-Mark das Angebot und die relativen Preise änderten, waren westdeutsche Produzenten durch die geografische und kulturelle Nähe zum ostdeutschen Absatzmarkt gegenüber ausländischen Anbietern erheblich im Vorteil. Die zeitgleich mit der Währungsunion erfolgte Übertragung des staatlichen ostdeutschen Verkaufsstellennetzes (HO) an westdeutsche Handelsketten erwies sich für westdeutsche Unternehmen als eine Absatzfördermaßnahme *par excellence*, die den Realtransfer gleich in zweifacher Hinsicht begünstigte: zum einen direkt, quasi als negatives Handelshemmnis, zum anderen aber auch indirekt, durch die massive Beeinflussung der Präferenzen zugunsten westdeutscher Güter und Marken. Das Ergebnis manifestierte sich in der Entwicklung der ostdeutschen „Importneigung" bezüglich westdeutscher Lieferungen[268]: Diese wuchs gleichsam über Nacht von weniger als 0,1 auf 0,67 und verringert sich seitdem nur geringfügig (1992: 0,60; 1993: 0,55; 1994: 0,57).[269] Anfang der 90er Jahre überstiegen die „Importe" aus Westdeutschland und dem Ausland sogar die Wertschöpfung der ostdeutschen Wirtschaft. Dagegen ist die westdeutsche „Importneigung" für ostdeutsche Produkte mit 0,01 (1991) und 0,02 (1994) extrem niedrig[270], wodurch der Realtransfer erheblich zum Ungleichgewicht der innerdeutschen „Handelsbilanz" beiträgt. Für die ostdeutsche Wirtschaft bedeutete der Run auf westdeutsche Produkte einen negativen Nachfrageschock, dessen Wirkung durch die diskriminierenden Angebotsbedingungen für Ostprodukte[271], die Kostenentwicklung und das Auseinanderklaf-

---

267 1999 lag der Anteil der ostdeutschen Betriebe des Ernährungsgewerbes am Inlandsumsatz bei 12,9% (K. Steinitz/W. Kühn/K. Mai, *Ostdeutschland 10 Jahre nach der Vereinigung*, Beiträge zur Wirtschaftspolitik, 1–2, Berlin 2001, S. 16). Mitte der 90er Jahre entfielen nur 15 bis 20 Prozent des Lebensmittelumsatzes in den neuen Bundesländern auf heimische Produkte (*Berliner Zeitung* 24.9.96).
268 Diese umfassen auch sog. Durchleitungsimporte aus Drittländern.
269 W. Maennig, „Zahlungsbilanzwirkungen ...", a.a.O., S. 39. Dabei kann davon ausgegangen werden, dass die statistischen Angaben auf Grund immenser Erfassungsprobleme eher nach unten verzerrt sind.
270 Ebenda, S. 39
271 Die Übereignung des ostdeutschen Verkaufsstellennetzes an westdeutsche Handelsketten hatte zur Folge, dass ostdeutsche Produkte nach dem 1.7.1990 fast nur noch auf der

fen von Löhnen und Produktivität noch erheblich verstärkt wurde. Mit dem Zusammenbruch der Produktion, der Schließung von Betrieben und dem massenhaften Abbau von Arbeitsplätzen stiegen insbesondere die im Rahmen der Sozialsysteme geleisteten Transfers sprunghaft an.[272] Volkswirtschaftliche Leistungserbringung und Einkommensentwicklung waren damit faktisch entkoppelt. Wertschöpfung und materielles Lebensniveau verzeichnen seitdem eine divergierende Entwicklung, was sich in der sog. *Produktionslücke*, der Differenz zwischen produziertem Bruttoinlandsprodukt und gesamtwirtschaftlicher Absorption, anschaulich manifestiert (Vgl. Abbildung 2.3.-1).

Abbildung 2.3.-1
Bruttoinlandsprodukt, Gesamtverbrauch und Produktionslücke Ostdeutschlands in Mrd. DM (1989–2000)

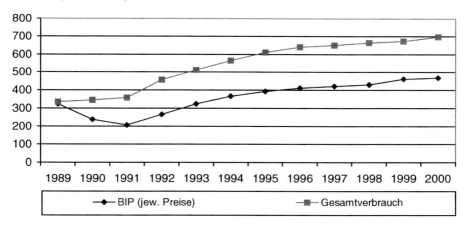

Quelle: StBA, BMWi; DIW; H.-W. Sinn, „Zehn Jahre ....", a.a.O., S. 12, eigene Berechnungen

Bis Mitte der 90er Jahre hatte sich die Schere zwischen Gesamtnachfrage und Produktion immer weiter geöffnet. 1995 betrug die Diskrepanz (ohne Berlin) 211 Mrd. DM, was einem Anteil am Bruttoinlandsprodukt von 53,7% entsprach. Seitdem hat sich die Diskrepanz zwischen gesamtwirtschaftlicher Nachfrage und Brut-

---

Straße, auf Wochenmärkten, in Behelfsverkaufsstellen, Zelten, Lagerhallen etc. angeboten werden konnten.
272 Die Ausgaben der BA in Ostdeutschland stiegen von 2.458 Mio. DM im 4. Vj. 1990 auf 13.290 Mio. DM im 2. Vj. 1993 (BBk, *Monatsberichte*, 44. Jg. (1992) 4, S. 67*; 46. Jg. (1994) 3, S. 77*).

toinlandsprodukt absolut kaum verändert, relativ aber ist sie auf Grund des Anstiegs der Produktion etwas zurückgegangen, bis auf ca. 40% im Jahr 2000.[273] 1999 lag der Gesamtverbrauch Ostdeutschlands bei 673 Mrd. DM, das BIP aber betrug nur 461 Mrd. DM, was einer Produktionslücke von 212 Mrd. DM entsprach. Die Schließung dieser Lücke erfolgte *finanziell* mittels Transferzahlungen in Höhe von (netto) 144 Mrd. DM und einem Kapitalimport von 68 Mrd. DM[274], real aber durch Warenlieferungen und Leistungen aus Westdeutschland, dem *Realtransfer*.

Eine hohe Absorptions- und Importneigung in der Empfängerregion, aber Wettbewerbsvorteile und Präferenzen zugunsten der Güter der transferleistenden Region – das sind die Bedingungen, die laut Transfertheorie grundsätzlich einen Realtransfer begünstigen. Auf unseren Fall trifft beides in hohem Maße zu! Gleichzeitig stellen diese Bedingungen Faktoren dar, die den Niedergang der ostdeutschen Produktion mit verursacht, zumindest aber unterstützt haben. Sie sind folglich mit dafür verantwortlich, dass bisher in Ostdeutschland kein selbsttragender Aufschwung zustande gekommen ist, statt dessen aber ein Transferkreislauf.

Demgegenüber brachte der ostdeutsche Nachfrageschub den westdeutschen Produzenten Umsatz- und Gewinnzuwächse in Größenordnungen, die den mit der Aufbringung der Transferzahlungen verbundenen Belastungen in einer Kosten-Nutzen-Analyse gegen zu rechnen wären. Durch die zusätzlichen Gewinne konnten Amortisationszeiten verkürzt werden und war ein schnellerer Technologiewechsel möglich. Der transferinduzierte Boom vermochte so nicht nur die Auswirkungen der zu Beginn der 90er Jahre rückläufigen Nachfrage aus dem europäischen Ausland vollständig zu kompensieren. Er schürte bei den Unternehmen auch Erwartungen über eine dauerhafte Mehrnachfrage. Durch die daraufhin erfolgte Erweiterung der Produktionskapazitäten schlug die Nachfragewirkung auch auf die Investitionsgüterindustrie durch, wodurch es temporär noch zu einer Verstärkung der konjunkturellen Aufwärtsbewegung kam. Die gesamtwirtschaftliche Sachvermögensbildung sowie die Nettoinvestitionen der westdeutschen Unternehmen nahmen Anfang der 90er Jahre sprunghaft zu. Dergleichen die Ersparnisbildung und das Wachstum der Geldvermögen der Unternehmen wie der privaten Haushalte.[275] Auch wirkte die Netto-Zuwanderung von fast einer Million Menschen allein bis 1991, nachfragestimulierend, da sich das verfügbare Einkommen der Übersiedler erhöhte und sie außerdem nun einen noch größeren Anteil davon für westdeutsche Waren, auch für sog. nicht handelbare Güter, verwendeten.

---

273 Vgl. IWH, *Wirtschaft im Wandel*, 16/2001, S. 414.
274 Vgl. H.-W. Sinn, „Zehn Jahre deutsche Wiedervereinigung ...", a.a.O., S. 12.
275 Vgl. BBk, *Ergebnisse der gesamtwirtschaftlichen Finanzierungsrechnung für Deutschland 1990 bis 1997* sowie dgl. *1991 bis 1999*, in: *Statistische Sonderveröffentlichung*, 4/1998 und 4/2000.

Beschränkt man die Analyse auf ein Jahr, so erscheinen die nach Ostdeutschland fließenden Transferzahlungen für Westdeutschland ausschließlich als Belastung, da ihre Aufbringung das dort verfügbare Einkommen mindert. Dies war in der Tat auch der Fall, insbesondere, nachdem sich die aus der Vereinigung resultierenden Einsparpotenziale als Quelle für die Transferzahlungen erschöpft hatten. Durch die Verwendung der Transfers aber für den Kauf „importierter" Güter kommt es zu einem gleichgerichteten Realtransfer, infolgedessen das Geld wieder zu seinem Ausgangspunkt zurückkehrt. Auf mehrere Jahre betrachtet ergibt sich so ein *Kreislauf*, wodurch sich die Last der periodischen Aufbringung der Transfers spürbar verringert, da diese nun nicht in Ost-, sondern in Westdeutschland (bzw. im Ausland) einkommens-, gewinn- und vermögenswirksam werden. „Subventionen für Ostdeutschland und zusätzliches Wachstum, zusätzliche Gewinne und zusätzliche Arbeitsplätze für Westdeutschland sind also nur die Kehrseiten einer Medaille."[276] Die durch den Realtransfer generierten positiven Wachstums-, Beschäftigung-, Investitions- und Einkommenseffekte sind unter Umständen sogar *größer* als die mit der Aufbringung der Transferzahlungen verbundenen Lasten. Einen Gegenposten zu dem beträchtlichen Impuls, den die transferfinanzierte Nachfrage aus Ostdeutschland für die westdeutsche Wirtschaft darstellt, bildet jedoch der Anstieg der Verschuldung der öffentlichen Haushalte und der daraus resultierende Schuldendienst, ein Aspekt auf den im Kapitel 3.3. noch zurückzukommen sein wird.

Die hier getroffene Annahme eines Kreislaufprozesses unterstellt, dass den Transferzahlungen ein „Einfuhrüberschuss" Ostdeutschlands entspricht, welcher hauptsächlich auf das extreme Ungleichgewicht im innerdeutschen „Handel" zurückgeht. Diesem „Einfuhrüberschuss" steht also ein „Ausfuhrüberschuss" Westdeutschlands gegenüber, so dass die Transfergelder über die Realisierung der den Realtransfer verkörpernden Güter tatsächlich eine finanzielle Kreisbewegung durchlaufen – von Westdeutschland via Ostdeutschland nach Westdeutschland. Demgegenüber stellt der Realtransfer, als materielle Verkörperung des Saldos des innerdeutschen Handels, eine absolut *einseitige*, nur von West- nach Ostdeutschland stattfindende, Transaktion dar. Wenn es nun zutrifft[277], dass der Realtransfer den monetären Transfer regelmäßig übersteigt, der westdeutsche „Exportüberschuss" im Betrag also größer ist als die Summe der Transferzahlungen, so hätte dies beachtenswerte realwirtschaftliche Konsequenzen. Tatsache ist, dass das reale verfügbare Bruttoinlandsprodukt Westdeutschlands in den ersten Jahren nach der Vereinigung selbst *netto*, d.h. nach

---

276 W. Thierse, *Zukunft Ost* ...., a.a.O., S. 90.
277 Dies ist sehr wahrscheinlich, lässt sich statistisch aber nur für die Jahre 1990 bis 1994 wirklich belegen, da das StBA seit 1995 keine Daten mehr über den innerdeutschen Handel veröffentlicht.

Abzug der Transferzahlungen, deutlich über dem langjährigen Trendwert lag, was darauf schließen lässt, dass zumindest in dieser Periode der ökonomische Nutzen der Vereinigung für die westdeutsche Wirtschaft größer war als die sich in den Transferzahlungen widerspiegelnden Kosten. Ob und inwieweit diese Entwicklung sich in den Folgejahren fortgesetzt hat, lässt sich jedoch nicht mit Bestimmtheit sagen. Möglicherweise in abgeschwächter Form, mit Sicherheit aber wohl nicht in gleichem Umfange wie zwischen 1990 und 1994.

Tabelle 2.3–1
Saldo im innerdeutschen Handel und Bruttotransfers 1990–1994 in Mrd. DM

Jahr	1990	1991	1992	1993	1994
Saldo im innerdeutschen Handel	67,0	179,1	200,5	204,4	209,6
Bruttotransferzahlungen	64,0	139,0	151,0	167,0	169,0
Differenz	3,0	40,1	49,5	37,4	40,6

Quelle: G. Leis, *Das deutsche ...*, a.a.O., S. 118; IWH, *Frühjahrsgutachten* 1993, S. 60 und 90

Dass die stimulierende Wirkung des ostdeutschen Nachfrageschubs nicht durch eine entsprechende Drosselung der westdeutschen Nachfrage kompensiert werden musste, hat außer dem Realtransfer aber noch drei weitere Gründe:

Erstens trug die zusätzliche Nachfrage aus dem Osten, neben der anhaltenden Konjunktur, dazu bei, dass die Transfers, zumindest zu einem Teil, zunächst aus höheren Steuereinnahmen und Abgaben finanziert werden konnten.

Zweitens war Deutschland von 1991 bis 1996, und in geringerem Umfang auch noch in späteren Jahren, Nettokapitalimporteur, was die Finanzierung der Transfers zu einem Teil „von außen" sicherstellte.

Und drittens wurde zur Deckung der steigenden Ausgaben für den *Aufbau Ost* sukzessive die Staatsverschuldung ausgedehnt, insbesondere über die Schaffung sog. Sondervermögen.

Insbesondere die letzten beiden Gründe, also die Kreditaufnahme im In- und Ausland, brachten es mit sich, dass zur Aufbringung der Transferzahlungen zunächst keine Einschränkung der verfügbaren Einkommen und der Nachfrage erforderlich war. Die reale Aufbringungslast wurde in die Zukunft verschoben. Der Vermögensstatus der Bundesrepublik gegenüber dem Ausland, welcher 1990 noch 516,6 Mrd. DM betragen hatte, schmolz bis 1997 auf 131,5 Mrd. DM zusammen.[278] Ursache dafür war vor allem ein Umschwung in der Leistungsbilanz, deren Saldo sich infol-

---

278 BBk, *Zahlungsbilanzstatistik*, Statistisches Beiheft zum Monatbericht *7/2001*, S. 98.

ge einer Zunahme der Importe, aber auch der laufenden Übertragungen, von +107,3 Mrd. DM 1989 auf -30,4 Mrd. DM im Jahre 1991 reduzierte und der bis zum Jahr 2000 negativ geblieben ist.[279] Da das Auslandsvermögen begrenzt ist und die Wachstumsraten des Bruttoinlandsprodukts gewöhnlich unter dem zu zahlenden Zinssatz liegen, sind Nettokapitalimporte auf lange Sicht zur Finanzierung von Transferzahlungen untauglich. Zweckmäßiger ist es, hierfür das laufende Sozialprodukt heranzuziehen. Dies aber fällt um so leichter, je stärker und stabiler das Wirtschaftwachstum ist, wozu wiederum ein Realtransfer nicht unwesentlich beiträgt.

Nun liefert die transferinduzierte Zusatznachfrage aus dem Osten zwar eine Erklärung für den Wirtschaftsboom Anfang der 90er Jahre, aber keine hinreichende Begründung für die *nachhaltigen* Effekte, welche die westdeutsche Wirtschaft seit 1990 verzeichnet. Um auch dafür eine plausible Argumentation liefern zu können, ist es notwendig, neben der Nachfrageseite unbedingt auch die Angebotsseite mit in die Analyse einzubeziehen. Denn nur über die Ausdehnung der Produktion und die Zunahme des Produktionspotenzials lässt sich zeigen, warum es sich bei dem Transfereffekt nicht nur um ein „Strohfeuer" gehandelt hat, sondern um eine dauerhaft wirkende Stimulanz für die westdeutsche Wirtschaft. Dazu ist es erforderlich, die nachfrageinduzierten Effekte gegenüber jenen Effekten abzugrenzen, die über intern und auswärtig finanziertes Sachkapital sowie anderweitig hinzutretende Produktionsfaktoren auf das Produktionspotenzial sowohl der transferleistenden als auch der transfernehmenden Volks- bzw. Teilwirtschaft entstehen.

Die westdeutsche Wirtschaft befand sich 1990 im Endstadium einer konjunkturellen Aufschwungphase, in deren Verlauf die zur Verfügung stehenden Kapazitäten zunehmend stärker beansprucht worden waren. Der Vereinigungsboom verlängerte die Hochkonjunktur zwar um weitere zwei Jahre, ließ diese zugleich aber auch an ihre kapazitätsbedingten Grenzen stoßen.[280] Qualifizierte Arbeitskräfte wurden mehr und mehr zu einem „Engpassfaktor", wodurch das Wachstum limitiert wurde.[281] Trotzdem konnte der Bedarf nicht gestillt werden, weshalb es zu Importen aus dem Ausland, sog. Durchleitungsimporten von West- nach Ostdeutschland, kam und infolgedessen zu einem Umkippen der westdeutschen Handelsbilanz. Gleichzeitig fanden aber auch Kapazitätserweiterungen statt. Die Wachstumsrate der Anlageinvestitionen erhöhte sich von 9,0% 1989 auf 12,6% im Jahre 1990. Und auch 1991 nahm das

---

279 BBk, *Monatsberichte*, 53. Jg. (2001) 10, S. 68*.
280 1991 erreichte der Auslastungsgrad des gesamtwirtschaftlichen Produktionspotenzials nahezu 100% (vgl. SVR, *Vor weitreichenden Entscheidungen. Jahresgutachten 1998/99*, a.a.O., S. 285).
281 „Die westdeutsche Wirtschaft unter dem Einfluss...", a.a.O., S. 15–21.

Investitionsvolumen um 4,8% zu.[282] Mit der Aufstockung des Sachkapitals wurden produktionsseitig die Grundlagen für eine auf längere Sicht über den westdeutschen Absorptions- und Exportbedarf hinausgehende Mehrproduktion geschaffen. Diese überproportionale Erhöhung des Kapitalstocks war aber nur möglich, weil es gleichzeitig zu einem Zustrom von Arbeitskräften aus Ostdeutschland kam: Bis Ende 2000 siedelten rund zweieinhalb Millionen Menschen von Ost- nach Westdeutschland über. Dem stand eine weitaus geringere Zuwanderung nach Ostdeutschland gegenüber, so dass Westdeutschland per Saldo einen Zuwachs von rund 1,3 Millionen Übersiedlern aus Ostdeutschland verbuchen konnte.[283] In grenznahen Gebieten kam es darüber hinaus zu gewaltigen Pendlerströmen, wobei auch hier die Zahl der Einpendler die der Auspendler deutlich überstieg.[284] Diese quantitative und qualitative Verbesserung des Arbeitsangebotes durch Zuwanderung von qualifizierten Arbeitskräften erhöhte die Produktivität des vorhandenen Kapitalstocks und bildete das Komplement zu den Erweiterungsinvestitionen.

Dem Arbeitskräftezustrom nach Westdeutschland steht spiegelbildlich ein Verlust an qualifizierten Arbeitskräften in Ostdeutschland gegenüber. Selbst wenn dieser Vorgang nur vorübergehend sein sollte[285], so bedeutet er für Ostdeutschland doch absolut und relativ eine spürbare Schwächung des Wachstumspotenzials. Die Begrenzung dieses Verlustes war deshalb *ein* Motiv für die Aufrechterhaltung des Lebensstandards der ostdeutschen Bevölkerung durch sozial motivierte, hauptsächlich konsumtiven Zwecken dienende Transferzahlungen sowie für die, ebenfalls transferfinanzierte, aktive Arbeitsmarktpolitik. Je länger sich aber der Aufschwung der Produktion im Osten verzögert, die Löhne unter und die Arbeitslosigkeit über dem westdeutschen Niveau liegen, um so unwahrscheinlicher wird es, dass die abgewanderten Arbeitskräfte je wieder zurückkehren.[286] Die zunächst nur als temporär angenommene Verschiebung von Potenzial wird damit zu einer definitiven. Mit dem vorläufigen Ende des Konvergenzprozesses zwischen Ost- und Westdeutschland Ende der 90er Jahre hat sich die Gefahr eines derartigen Szenarios erheblich verstärkt.

---

282 In Preisen von 1991 (SVR, *Den Aufschwung sichern – Arbeitsplätze schaffen. Jahresgutachten* 1994/95, Stuttgart 1995, S.365).

283 StBA, Statistische Jahrbücher 1991–2001. Danach siedelten von 1989 bis 2000 2,66 Millionen Menschen von Ost nach Westdeutschland und 1,40 Millionen von West- nach Ostdeutschland.

284 Der Saldo betrug 1991 216 000 und 1993 sogar 329 000 Personen (SVR, *Den Aufschwung sichern ... Jahresgutachten* 1994/95, a.a.O., S. 339.

285 In diesem Falle wäre der Exodus nicht ausschließlich negativ zu werten, da das Humankapital wenigstens erhalten bliebe, während es im Falle von Arbeitslosigkeit oder der Ausübung wenig qualifizierter Tätigkeiten im Rahmen von Arbeitsbeschaffungsmaßnahmen verfallen würde.

286 Dies dokumentiert sich u.a. darin, dass seit 1994 Frauen den Hauptteil der Übersiedler stellen (vgl. V. Dietrich et al., *Wechselbeziehungen ...*, a.a.O., IWH-SH 4/1997, S. 78ff.).

Fasst man die Ergebnisse der Entwicklung in Ost- und Westdeutschland seit 1990 unter dem Transferaspekt zusammen, so zeigt sich, dass zwischen beiden Landesteilen nach wie vor eine unübersehbare Diskrepanz existiert. Auch zwölf Jahre nach der Vereinigung ist Ostdeutschland von der Zielvorstellung einer dynamischen Wirtschaftsregion und „blühenden Landschaft" weit entfernt, während Westdeutschland gegenüber 1989 einen deutlichen Anstieg des Produktionsniveaus sowie der Erwerbstätigenzahl verzeichnet und inzwischen einem Wachstumspfad folgt, der über dem Trend der 70er und 80er Jahre liegt. Demgegenüber hat sich die Erwartung eines transferinduzierten und dann selbsttragenden Aufschwungs in Ostdeutschland bisher nicht erfüllt. Trotz umfangreicher Modernisierungsmaßnahmen liegt das Produktionsniveau heute nur unwesentlich über dem Ausgangsniveau von 1989/90, die Erwerbstätigkeit hingegen ist drastisch zurückgegangen, so dass das Maß der Unterbeschäftigung (bei Einschluss nicht gewünschter Arbeitsverhältnisse) rund 45% erreicht.[287] Als Ausdruck dieser Konstellation sind die umfangreichen Transfers anzusehen, die zwar verhindern, dass die wirtschaftliche Unterentwicklung Ostdeutschlands zu einer sozialen Katastrophe wird, die aber keinen dauerhaften wirtschaftlichen Aufschwung bewirkt haben. Die Erklärung ist in dem „merkwürdigen Kreislauf" zu suchen, welcher den selbsttragenden Aufschwung blockiert, statt ihn zu fördern.[288] Wesentlich ist in diesem Zusammenhang, dass die Aufbringung der Transfers weder durch Einsparungen noch durch eine solidarische Umverteilung zwischen West und Ost bewerkstelligt wurde, sondern hauptsächlich durch eine *zusätzliche* wirtschaftliche Aktivität. Dazu bedurfte es allerdings einer Potenzialverschiebung von Ost nach West und der Akkumulation neuen Sachkapitals. Langfristig ist hierin der eigentliche *Gewinn* Westdeutschlands seit 1989 zu erblicken. Sofern sich dieser Vereinigungsgewinn als dauerhaft erweist, scheint es angemessen, die daraus hervorgehende Finanzkraft im volkswirtschaftlichen Verteilungs- und Umverteilungsprozess angemessen zu berücksichtigen und die Begrifflichkeit des interregionalen Finanzausgleichs dementsprechend anzupassen.

Weil Transfers, Produktionslücke, und „Handelsbilanz"-Ungleichgewicht sich im innerdeutschen Wirtschaftskreislauf gegenseitig bedingen, kann ihre Verringerung bzw. Beseitigung nur synchron erfolgen. Während der Einbruch der ostdeutschen Produktion 1990/91 schockartig vor sich ging und Transferzahlungen wie Realtransfers bereits kurz darauf ihren vollen Umfang erreicht hatten, sind die in entgegengesetzter Richtung verlaufenden Prozesse nur langfristig vorstellbar: Das heißt, eine Lösung des Transferproblems im Sinne einer Überwindung der Transfer-

---

287 G. Winkler (Hrsg.), *Sozialreport 2001*, a.a.O., S. 101.
288 W. Thierse, *Zukunft Ost ...*, a.a.O., S. 91.

abhängigkeit Ostdeutschlands ist nur über ein zusätzliches Wachstum und eine stärkere Marktpräsens ostdeutscher Unternehmen in Ost- und Westdeutschland denkbar. Da dies entscheidend von der Höhe der Investitionen abhängt, bildet eine transfergestützte Investitionsoffensive den Schlüssel zur Lösung des Problems. Während die Verwendung von Einkommen für Konsumzwecke nur in derselben Periode zur Einkommensentstehung beiträgt und nicht direkt wachstumsfördernd wirkt, bildet eine investive Einkommensverwendung die Basis für künftige Einkommensströme. Je schneller ein produktiver Kapitalstock aufgebaut wird, desto eher käme es in Ostdeutschland zu Wachstum und mithin, durch die Erhöhung von Beschäftigung und Einkommen, zu einem Rückgang der Sozialtransfers. Die öffentlichen Haushalte würden dadurch entlastet werden, was Spielräume für eine Konsolidierung der Finanzen und für öffentliche Investitionen schüfe.

Die mit dem *Transferproblem* theoretisch aufgezeigte Konsequenz, was passiert, wenn mit den Finanztransfers zugleich auch die Güter in die Empfängerregion strömen, die Märkte erobern und dauerhaft besetzen, kann in Ostdeutschland inzwischen praktisch in Augenschein genommen werden: Der Verdrängung der heimischen Erzeugnisse vom Markt folgte die Zerstörung der Produktionskapazitäten, einschließlich eines Großteils der Arbeitsplätze, damit die Entwertung des Produktiv- und Humankapitals, schließlich die ökonomische und soziale Peripherisierung der ganzen Region. Inzwischen ist in diesem Prozess eine neue Stufe erreicht, die Abwanderung von Arbeitskräften, gebärfähigen Frauen, Jugendlichen. Die mit dem Einigungsvertrag gegebene Versicherung, den Lebensstandard trotzdem zu sichern und sukzessive zu erhöhen, macht unter den Bedingungen der bundesdeutschen Staats- und Rechtsordnung weitere Transferleistungen unabdingbar, finanziell wie real, um die Lücke zwischen Produktion und Verbrauch zu schließen. Die damit verbundenen Entwicklungseffekte jedoch fallen im Westen an, wo die den Realtransfer ausmachenden Güter produziert werden, der Osten dagegen hängt „am Tropf".[289]

So wenig wie dieser Befund befriedigt, vermag er andererseits aber auch nicht zu überraschen. Denn letztlich bestätigt sich hierin nur, was entwicklungslogisch ohnehin auf der Hand liegt, nämlich dass ein Ressourcentransfer und Importüberschuss für das Empfängerland nicht einen nachholenden Entwicklungsprozess auslöst, sondern ganz im Gegenteil, den Entwicklungsrückstand konserviert und die Abhängigkeit verstärkt. Entwicklungsfördernd dagegen wirkt eine Marktkonstellation, worin der Export den Import übersteigt, hohe Investitionen getätigt werden und der Binnenmarkt geschützt ist.[290] Gerade dies aber wurde durch die *Währungs-, Wirtschafts-*

---

[289] Vgl. U. Busch/A. Schneider, „Zehn Jahre am Tropf", in: *Berliner Debatte INITIAL*, 11. Jg. (2000) 4, S. 101–116.

und Sozialunion nicht geleistet, sondern eher verhindert. Mehr als Transfers und „Importe" westdeutscher Güter braucht Ostdeutschland, um sich selbsttragend zu entwickeln, Absatzmärkte für seine Produkte, sowohl im Inland als auch im Ausland. Dem „Import" westdeutscher Güter muss, will Ostdeutschland aus der Falle der Transferabhängigkeit herauskommen, ein gleichgroßer „Export" ostdeutscher Produkte gegenüberstehen, was entsprechende Marktanteile ostdeutscher Produzenten im Westen voraussetzt. Erst dann würden die Transfers überflüssig und könnten zurückgeführt werden. Bedingung dafür ist jedoch eine Zunahme der Wettbewerbsfähigkeit der ostdeutschen Unternehmen und eine größere Attraktivität des Produktionsstandortes *Ost*. Eine Politik zur wirtschaftlichen Entwicklung Ostdeutschlands muss daher vor allem die Stärkung der ostdeutschen Produktionsbasis, der regionalen Wirtschaftsstruktur, -verflechtung und -kreisläufe sowie der Exportindustrie und Dienstleistungen, zum Ziel haben. Nur so wird es möglich, die endogenen Potenziale in den neuen Bundesländern nicht nur punktuell, sondern flächendeckend zu mobilisieren. Eine überproportionale Steigerung der ostdeutschen Wertschöpfung in dem Umfang, wie sie für eine Annäherung an das westdeutsche Pro-Kopf-Niveau erforderlich wäre, ist durch einen Verdrängungswettbewerb auf gesättigten Märkten allerdings nicht realistisch. Hieraus erwächst die besondere Bedeutung von Innovationen und damit der Innovationsförderung – auch transferfinanzierter – für den Aufschwung Ost. Ebenso aber auch die Notwendigkeit über eine staatlich gelenkte und geförderte Neuverteilung der Produktion in Deutschland nachzudenken.

---

290 Vgl. H. Riese, „Entwicklungsstrategie und ökonomische Theorie – Anmerkungen zu einem vernachlässigten Thema", in: *Ökonomie und Gesellschaft, Jahrbuch 4*, Frankfurt/New York 1986, S. 157ff.

Kapitel 3

Struktur und Umfang der Transferleistungen

3.1. Systematik und Quantifizierung

3.1.1. Ebenen und Struktur

Ausgehend von den oben getroffenen Aussagen zur Taxonomie der Transferleistungen[1] und den eingeschränkten Möglichkeiten, diese quantitativ zu erfassen, konzentriert sich die Darstellung in diesem Kapitel vor allem auf die direkten Finanztransfers der öffentlichen Haushalte, das heißt auf die Leistungen der Gebietskörperschaften und der Sozialversicherungen. Darüber hinaus sollen Steuervergünstigungen, sofern sie mit der deutschen Vereinigung in einem ursächlichen Zusammenhang stehen, als indirekte Transferleistungen Berücksichtigung finden. Auf eine quantifizierende Darstellung des Vermögenstransfers hingegen muss auf Grund der Nichtverfügbarkeit entsprechender statistischer Daten verzichtet werden. Gleichwohl aber ist dieser Aspekt für die Gesamtproblematik von beachtlichem Interesse, worauf gelegentlich auch hingewiesen wird.[2]

Die Transferleistungen der öffentlichen Haushalte können grundsätzlich unter drei Aspekten erfasst werden: nach *Gebern*, nach *Empfängern* und entsprechend dem *Verwendungszweck*. Hiervon ausgehend lassen sich Geberrechnungen, Nehmerrechnungen und Verwendungsrechnungen unterscheiden. Zwischen Transfergebern und -nehmern bestehen jedoch keine direkten Beziehungen, sondern diese werden über institutionelle *Intermediäre* vermittelt. Indem diese die Transfermittel aufbringen, weiterleiten, übertragen, verteilen und auszahlen, fungieren sie als intermediäre

---

1 Vgl. Kapitel 2.1.
2 Vgl. SVR, *Vor weitreichenden Entscheidungen. Jahresgutachten 1998/99*, a.a.O., Z 200.
3 Selbst beim „Solidaritätszuschlag" zur Einkommensteuer, welcher vorgeblich für den *Aufbau Ost* erhoben wird, allerdings im gesamten Bundesgebiet (vgl. SolZG v. 23.6.1993, BGBl. I, S. 975 bzw. i. d. F. v. 21.11.1997, BStBl. I, S. 1043) besteht „keine direkte Zweckbindung zwischen dem Aufkommen aus dem Solidaritätszuschlag und irgendwelchen Leistungen an die neuen Bundesländer ..." (SVR, *Im Standortwettbewerb. Jahresgutachten 1995/96*, a.a.O., Z 332).

Finanzgeber bzw. Finanzempfänger, die den Finanzfluss organisieren und kontrollieren.

Insgesamt lassen sich vier Ebenen des Mittelflusses unterscheiden: *Erstens* die Ebene der Steuer- und Beitragszahler in Westdeutschland als den letztlich Belasteten; *zweitens* die Ebene der intermediären Finanzgeberinstitutionen; *drittens* die Ebene der intermediären Finanznehmerinstitutionen und *viertens* die Ebene der eigentlichen Transferempfänger als den letztlich Begünstigten.

Obwohl die hier zur Diskussion stehenden Leistungen auf der ersten Ebene aufgebracht und auf der vierten Ebene verwendet werden, ist ein exakter Nachweis dieser Leistungen nur auf den intermediären Ebenen möglich. So bedeuten die Transferzahlungen für die letztlich Belasteten, die Steuer- und Beitragszahler, höhere Steuern, Steuerzuschläge und Beiträge, aber auch Leistungskürzungen, Ausgabenverschiebungen, Kaufkraftverluste u.ä., wobei letztere kaum quantifizierbar und in d.R. nur selten eindeutig adressierbar sind.[3] Ähnlich verhält sich dies mit der Verwendung der Transfers. Auch hier lässt sich der Umfang der den privaten Haushalten und Unternehmen in Ostdeutschland letztlich tatsächlich zufließenden Leistungen im Einzelnen nicht exakt bestimmen. Zumal ein Teil der geleisteten Transfers auch anderen zugute kommt, zum Beispiel westdeutschen und ausländischen Investoren, oder bereits auf intermediärer Ebene „verpufft".

Eine Quantifizierung der Transferleistungen anhand des Mittelflusses von der ersten zur vierten Ebene erweist sich somit als kaum realisierbar. Beschränkt man die Analyse dagegen auf die Intermediäre, auf die zweite und die dritte Ebene also, so lassen sich die notwendigen Abgrenzungen leichter vornehmen: Für die Geberinstitutionen stellen die Transferleistungen „Ausgaben" dar, für die Empfängerinstitutionen sind sie „Einnahmen". In gesamtstaatlichen Institutionen mit einer nach Ost und West getrennten Einnahmen- und Ausgabenrechnung erscheinen sie als Finanzierungssalden.[4]

Werden die Intermediäre – in einer vereinfachenden Betrachtung – nun jeweils den Gebern bzw. Empfängern zugerechnet, so lassen sich die vier Ebenen des Mittelflusses auf zwei reduzieren, auf die der Finanzgeber und die der Transferempfänger (vgl. Abb. 3.1.-1).

In einem derart vereinfachten Modell lassen sich die finanziellen Übertragungen Westdeutschlands an Ostdeutschland grundsätzlich bestimmen und als Zahlungsströme abbilden (vgl. Abb. 3.1.-2 bis 3.1.-5). Da bei diesen Transfers die Empfänger, zumindest in allgemeiner Abgrenzung, bereits mit der Definition der Leistung

---

4   Dies gilt zum Beispiel für Institutionen im sozialen Bereich (vgl. BMA, *Sozialbericht 1997*, a.a.O., S. 223, 233 und 260).

Abb. 3.1.-1
Ebenen des Mittelflusses der Finanztransfers

Finanzgeber
    Erste Ebene: Steuer- und Beitragzahler in Westdeutschland
    Zweite Ebene: Intermediäre Finanzgeberinstitutionen
- Bund (Finanzierungsbeitrag Westdeutschlands)
- Sonderhaushalte des Bundes
- Westdeutsche Länder und Gemeinden
- Europäische Union
- Bundesanstalt für Arbeit (West)
- Rentenversicherung (West)
- Sonstige

    Dritte Ebene: Intermediäre Empfängerinstitutionen
- Gebietskörperschaften in den neuen Bundesländern
- Arbeitslosenversicherung (Ost)
- Rentenversicherung (Ost)
- Sonstige

Transferempfänger

    Vierte Ebene: Letztendliche Mittelverwendung, differenziert nach allgemeinen und besonderen Leistungen für Ostdeutschland
- Private Haushalte (Ost)
- Unternehmen (Ost)
- Sonstige (Unternehmen mit Sitz in Westdeutschland und im Ausland u.a.)
- Empfänger von Realtransfers und Steuervergünstigungen

---

feststehen und eine detaillierte Analyse der Leistungen nur im Kontext mit ihrer Verwendung möglich ist, liegt der Schwerpunkt der Darstellung auf dem ersten und dem dritten Aspekt. Das heißt, die Transferleistungen sollen vor allem aus der Perspektive der Geberinstitutionen (Kapitel 3.2.) und auf ihre Verwendung hin (Kapitel 3.4.) untersucht werden, wobei letzterer Aspekt im vierten Kapitel, der Wirkungsanalyse, gewissermaßen eine auf die vierte Ebene bezogene Fortsetzung erfährt.

Die Darstellung der Transferleistungen aus der Sicht der Geberinstitutionen besitzt den Vorzug, dass hier im Prinzip alle den neuen Bundesländern und Berlin/Ost zufließenden bzw. Ostdeutschland zuzurechnenden Zahlungen und Ausgaben erfasst werden. Auf diese Weise lässt sich der finanzielle Verbund zwischen den öffentlichen Haushalten der Bundesrepublik Deutschland und der Region Ostdeutschland lückenlos abbilden.[5] Eine solche Darstellung ist jedoch in mehrfacher Hinsicht auch problematisch: Denn, erstens, ist sie kein Ausweis der Leistungen Westdeutschlands für Ostdeutschland, da es sich beim Bund und bei den Sozialversicherungsträgern nicht um westdeutsche, sondern um gesamtstaatliche Institutionen handelt. Zweitens wird durch eine derartige Rechnung möglicherweise ein falsches Bild assoziiert, indem der Eindruck erweckt wird, die Transferzahlungen seien ausschließlich ein Problem der deutschen Einheit. In Wahrheit jedoch sind sie wesentlicher Bestandteil des interregionalen Finanzausgleichs und als solcher der föderalen Staatsordnung der Bundesrepublik inhärent. Sie lassen sich daher nur im Rahmen gesamtstaatlicher Umverteilungsvorgänge richtig beurteilen. Eine gesamtdeutsche Transferbilanz, worin die Transferrechnungen für Ostdeutschland eingebettet wären, existiert aber nicht.

Um die West-Ost-Transfers gegenüber allen anderen in Deutschland getätigten Transferleistungen als eigenständige Größe abgrenzen zu können, wäre es erforderlich, die Ressorts der öffentlichen Haushalte jeweils in Teilressorts für West- und Ostdeutschland aufzuspalten. Darüber hinaus wären die Leistungen für Ostdeutschland in „normale" und zusätzliche, überproportionale Leistungen zu unterteilen sowie die ausschließlich Ostdeutschland zufließenden Transfers als spezifische Leistungen gesondert auszuweisen. Ein solches Vorhaben scheitert aber bereits daran, dass die öffentlichen Haushalte der Bundesrepublik Deutschland grundsätzlich nicht in regionalisierter Form aufbereitet werden und eine derartige Aufspaltung der Zahlungsströme auch nachträglich nicht vorgenommen wird. Ein direkter Ausweis bestimmter Zahlungen als West-Ost-Transfers ist daher nicht möglich. Um hier trotzdem zu einem Ergebnis zu kommen, ist ein Umweg nötig: Hierzu werden zunächst alle Ostdeutschland zurechenbaren finanziellen Aufwendungen institutioneller Finanzgeber im Bruttoausdruck erfasst. Dabei wird neben eindeutig definierten Ausgaben auch auf Schätzungen, anteilige Zurechnungen und verbale Hochrechnungen der Geberressorts zurückgegriffen.[6] In einem zweiten Schritt werden den Brutto-

---

5 Praktisch stößt dies jedoch auf eine Reihe von Abgrenzungsproblemen: So liegen für den Ost- und den Westteil von Berlin nur für die ersten Jahre getrennte Daten vor, so dass sich Ostdeutschland als Region statistisch nicht immer klar abgrenzen lässt.
6 Wie strittig die dabei zugrunde gelegten Verfahren und Daten sind, geht aus einem 1996 von den ostdeutschen Finanzministern präsentierten Papier hervor. Den darin vorgenommenen Berechnungen zufolge beliefen sich die um „gesetzliche Leistungen und reine Bundesaufgaben" bereinigten Bruttotransfers für Ostdeutschland nur auf „etwa die Hälfte" des von der Regierung ausgewiesenen Leistungsumfangs (*Sechs-Thesen-Papier der ostdeutschen Finanzminister*, o.O., 1996, S. 35).

leistungen dann die in Ostdeutschland eingenommenen Steuern und Beiträge gegenübergestellt, um eine Nettogröße zu erhalten. Dieser Rekurs auf eine Nettogröße ist absolut notwendig. Jeder Versuch dagegen, bei der Bestimmung des Umfangs der West-Ost-Transfers auf den Bruttowert der öffentlichen Leistungen abzustellen, muss fehl gehen, da in einer solchen Rechnung der Selbstfinanzierungsanteil der neuen Länder außer Ansatz bleibt, das Umverteilungsvolumen mithin zu hoch ausgewiesen wird und die öffentlichen Haushalte der Bundesrepublik faktisch mit denen Westdeutschlands gleichgesetzt werden.[7] Um die Diskussion über die Kosten der Einheit nicht durch eine derartige Verzerrung des Leistungsumfangs zu belasten, ist der Ausweis der von West- nach Ostdeutschland geleisteten Übertragungen nur als Nettogröße sinnvoll. Alle weiteren Überlegungen zur Quantifizierung der Transferleistungen knüpfen deshalb hier an, bei den *Nettotransfers*. Dies gilt sowohl für den Ausweis des, gemessen am Bevölkerungsanteil, überproportionalen Anteils öffentlicher Leistungen für Ostdeutschland als auch für die Erfassung der Sonderleistungen für die neuen Länder und Berlin/Ost.

Überträgt man die in Abbildung 3.1.-1 dargestellte Ebenenstruktur des Mittelflusses in ein Schema derart, dass die Transferleistungen jeweils als Ausgaben bzw. Einnahmen der institutionellen Intermediäre erscheinen, so erhält man nachstehende Systematisierungen:

In der ersten Übersicht (Abbildung 3.1.-2) sind die Transferleistungen als „Ausgaben" der Geberinstitutionen erfasst. Die entsprechenden Tabellen dazu befinden sich vor allem im Kapitel 3.1.2. In der zweiten Übersicht (Abbildung 3.1.-3) erscheinen die zuvor als Ausgaben erfassten Leistungen nunmehr als „Einnahmen", im Sinne der Zahlung von Transfers an entsprechende Nehmerinstitutionen. Datenmäßig lässt sich diese Seite des Transfergeschehens jedoch nur sehr unvollständig abbilden, weshalb sich unsere Analyse vor allem auf die Gebersicht stützt. Die dritte und die vierte Übersicht schließlich betreffen die Verwendung der Transfers, zum einen bezogen auf die Empfängersubjekte (Abbildung 3.1.-4) und zum anderen entsprechend dem Verwendungszweck (Abbildung 3.1.-5). Da nicht für alle Positionen Daten vorliegen, und selbst wenn, dann oftmals nur für kurze Zeiträume, lässt sich der Mittelfluss insgesamt nur selektiv abbilden. Eine zusammenfassende Darstellung des Transfergeschehens ist angesichts der eingeschränkten Verfügbarkeit entsprechender Daten nur verbal möglich.

---

7 Der Ausweis von Bruttogrößen führt in diesem Zusammenhang unweigerlich zu Fehlschlüssen, und zwar nicht nur in Bezug auf das Ausmaß der Umverteilung zwischen West- und Ostdeutschland, welches dadurch erheblich „aufgeblasen" wird, sondern auch hinsichtlich seiner Entwicklung, da der Anstieg des Steuer- und Beitragsaufkommens im Osten ohne Einfluss auf den Ausweis des Umfangs der Transferleistungen bliebe.

Abb. 3.1.-2
Ausgabenstruktur der Transferleistungen (Zweite Ebene)

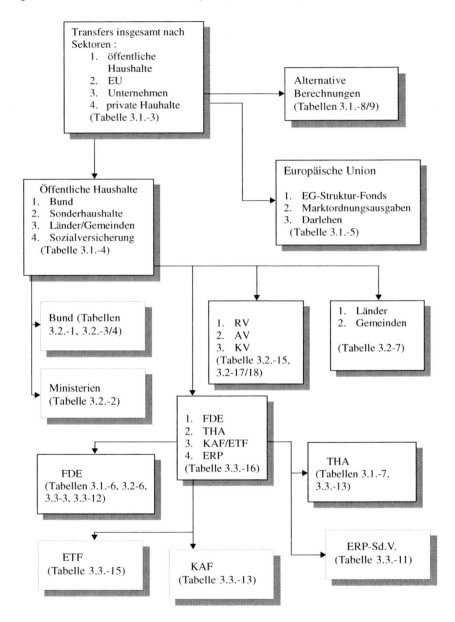

Abbildung 3.1.-3
Einnahmenstruktur der Transferleistungen (Dritte Ebene)

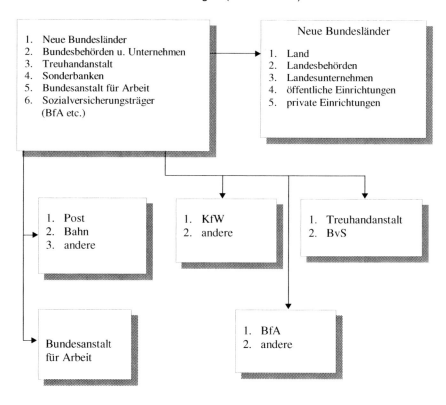

Abbildung 3.1.-4
Subjektbezogene Verwendung der Transferleistungen (Vierte Ebene)

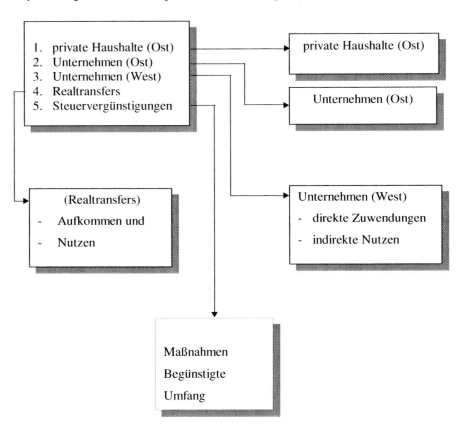

Abbildung 3.1.-5
Sachbezogene Verwendung der Transfers (Vierte Ebene)

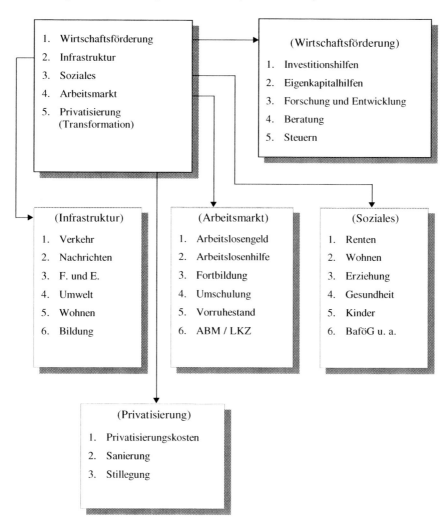

3.1.2. Empirische Erfassung

Bereits im Vorfeld der Vereinigung wurde versucht, den Umfang der notwendig werdenden Ressourcenübertragungen an Ostdeutschland abzuschätzen.[8] Die Diskussion beschränkte sich zu diesem Zeitpunkt jedoch noch auf unvermeidliche Überbrückungszahlungen und finanzielle Starthilfen für das zweite Halbjahr 1990 und für die ersten Jahre der Einheit. Der Umfang der Leistungen wurde mithin verhältnismäßig gering veranschlagt und die Zahlungen galten nicht als eine Angelegenheit von Dauer.[9] Erst der Kollaps der ostdeutschen Wirtschaft infolge der Währungs-, Wirtschafts- und Sozialunion, die daraufhin ausbleibenden Einnahmen in den öffentlichen Kassen und der sprunghafte Anstieg des Transferbedarfs ließen das Problem in seiner ganzen Tragweite erahnen. Zumindest, was den Umfang der Transferleistungen anbetrifft; hinsichtlich seiner Dauer dominierten noch eine Zeitlang illusionäre Vorstellungen.

Die Transferzahlungen für Ostdeutschland nahmen im zweiten Halbjahr 1990 ihren Anfang.[10] Verlässliche und mit den Leistungen in den Folgejahren vergleichbare Daten existieren aber erst seit 1991. Die Angaben für 1990 wurden deshalb gesondert in einer Tabelle zusammengefasst (vgl. Tab. 3.1.-1).

Tabelle 3.1.-1
Transferzahlungen an Ostdeutschland 1990 in Mrd. DM

Bundeshaushalt	42,0
• Soziales	12,0
• Überleitung DDR-Haushalt	10,0
• Wirtschaft/Regionalförderung	3,0
• Ernährung/Landwirtschaft/Forsten	2,0
• Steuerliche Mindereinnahmen	7,0
Fonds deutsche Einheit	22,0
Summe:	64,0

Quelle: IW, iwd 13/1991; BMF, *Finanzbericht 1991*, Bonn 1990; G. Sinn/H.-W. Sinn, a.a.O., S. 26.

---

8   Vgl. SVR, *Auf dem Wege zur wirtschaftlichen Einheit...*, a.a.O., Z. 105f., 218ff. und 277.
9   Vgl. H. Schöberle, „Finanzierung des Staatshaushaltes...", a.a.O., S. 10f.
10 Die seitens der Bundesrepublik in den Vorjahren für die DDR getätigten Aufwendungen, wie zum Beispiel das Besuchern aus der DDR gezahlte „Begrüßungsgeld" oder bestimmte Zahlungen für humanitäre Zwecke, sind mit den Transferzahlungen nicht gleichzusetzen. Dies gilt auch für die für 1989 im Bundeshaushalt ausgewiesenen „gesamtdeutschen Hilfsmaßnahmen" in Höhe von 1.559 Mio. DM (BT-Drs. 11/8472, S. 139). Autoren, die in

Erste, umfassendere Daten über Umfang und Struktur der Transferzahlungen für Ostdeutschland wurden der Öffentlichkeit 1991 präsentiert. Seitdem gab es regelmäßige Berichterstattungen darüber, zumindest bis 1998. Für die Zeit danach sind nur selektive Aussagen über einzelne Leistungen möglich, jedoch nicht die Aufstellung einer Gesamtbilanz. Für die quantitative Erfassung der Transferleistungen bediente man sich vom Grundsatz her der in der *Europäischen Union* üblichen Methode der Quantifizierung der Finanzbeziehungen zwischen den einzelnen Mitgliedstaaten im Rahmen des gemeinsamen EG-Haushalts.[11] Das heißt, ausgehend von den Bruttozahlungen der öffentlichen Haushalte der Bundesrepublik an die Gebietskörperschaften, Sozialversicherungen usw. in Ostdeutschland werden durch Subtraktion der Einnahmen des Bundes, der Länder und der Sozialversicherungskassen in den neuen Ländern und Berlin-Ost, der Rückflüsse also, Nettogrößen ermittelt, die in ihrer Summe die Leistungen für Ostdeutschland i.S. von West-Ost-Transfers verkörpern. Dabei gab es von Anfang an methodische Probleme und Unklarheiten darüber, welche Leistungen, Ausgaben und Aufwendungen in die Rechung einzubeziehen sind und welche nicht.[12] In der Praxis führte dies zu erheblich voneinander abweichenden Rechnungen der einzelnen Institutionen und Wirtschaftsforschungsinstitute, worauf weiter unten noch ausführlich eingegangen wird. Im Interesse einer möglichst konsistenten Darstellung stützen sich unsere Ausführungen in d.R. auf die vom BMF bzw. BMWi seit 1991 veröffentlichten Daten. Diese Rechnungen wurden jedoch nach 1998 nicht in gleicher Weise fortgeführt, so dass sich die für 1999 und 2000 veröffentlichten Daten nicht problemlos in die Zeitreihen einfügen lassen. Trotzdem wurde versucht, für die gesamte Dekade ein Gesamtbild des Transfergeschehens zu zeichnen, auch wenn dieses angesichts der Datenlage in mancher Hinsicht notgedrungen unvollständig bleiben muss.

Bevor, ausgehend von der zweiten Ebene lt. Abbildung 3.1.-1 und der Geberstruktur, die Transferleistungen als Ausgaben intermediärer Finanzinstitutionen dargestellt werden, soll die nachstehende Tabelle einen Überblick über den Umfang der Transferleistungen im Zeitablauf vermitteln. Es handelt sich hierbei um eine Zusammenfassung der im Folgenden einzeln dargestellten Leistungen. Aus Gründen der

---

den Transferzahlungen lediglich eine Fortführung bisheriger Zahlungen an die DDR sehen wollen, übersehen, dass es sich bei diesen um innerstaatliche Leistungen handelt, bei jenen aber nicht.

11 Vgl. BBk, *Monatsberichte*, 45. Jg. (1993) 11, S. 61ff. Zur prinzipiellen Kritik an dieser Herangehensweise, worin innerstaatliche Finanzierungsströme wie zwischenstaatliche Finanzbeziehungen behandelt werden, vgl. Kapitel 2.1.

12 Vgl. A. Boss/A. Rosenschon, „Öffentliche ....", a.a.O., S. 10f. sowie W. Fuest/R. Kroker, „Transferzahlungen an die neuen Bundesländer. Dokumentation", a.a.O., D 1–13.

inhaltlichen Abgrenzung, aber auch der Datenlage, beschränkt sich diese Darstellung auf die Finanztransfers der öffentlichen Haushalte, einschließlich der Mittel der *Europäischen Union* (vgl. Tabelle 3.1.-2).

Tabelle 3.1.-2
Öffentliche Finanztransfers nach Geberinstitutionen 1991–1999 in Mrd. DM (€)

	1991	1992	1993	1994	1995	1996	1997	1998	1999
Bruttoleistungen	139	151	167	169	185	187	183	189	194 (99)
Bund	75	88	114	114	135	138	131	134	140 (72)
Fond Deutsche Einheit[1]	31	24	15	5	-	-	-	-	-
Europäische Union	4	5	5	6	7	7	7	7	7 (04)
Rentenversicherung[2]	-	5	9	12	17	19	18	18	19 (10)
Bundesanstalt für Arbeit[3]	25	38	38	28	23	26	26	27	28 (14)
Länder/Gemeinden[4]	5	5	10	14	10	11	11	11	11 (06)
Rückflüsse[5]	33	37	39	43	45	47	47	47	50 (26)
Nettoleistungen	106	114	128	126	140	140	136	142	144 (74)

[1] Kreditfinanzierte Leistung, ohne Zuschüsse von Bund und Ländern; [2] Ohne Bundeszuschüsse;
[3] Gesamtdefizit Ost; [4] Ab 1995 im Wesentlichen Leistungen im Rahmen des Länderfinanzausgleichs;
[5] Steuer- und Verwaltungsmehreinnahmen des Bundes im Beitrittsgebiet.
Quelle: BMF 1999; BMWi 1998; eigene Berechnungen.

Wie aus vorstehender Tabelle ersichtlich ist, belaufen sich die Nettotransferleistungen seit Mitte der 90er Jahre konstant auf ca. 140 Mrd. DM jährlich, während die Bruttoleistungen bis auf knapp 200 Mrd. DM angestiegen sind. Dies erklärt sich aus der Zunahme der Rückflüsse, als Reflex einer allmählich wachsenden Wirtschaftskraft Ostdeutschlands. Da das Bruttoinlandsprodukt Ostdeutschlands seit 1992 kontinuierlich angewachsen ist, hat sich das relative Gewicht der Transferleistungen trotz ihres nominalen Anstiegs im Laufe der Zeit verringert. 1999 entsprachen die Nettotransferleistungen 31,2% des Bruttoinlandsprodukts Ostdeutschlands. 1992 waren es 42,9% gewesen, 1991 sogar 51,5%.

Versucht man die Transferleistungen geberseitig nach Sektoren zu gliedern, so stößt man auf zwei Probleme: Zum einen liegen nicht für alle Sektoren geeignete Daten vor und zum anderen lassen sich bestimmte Zahlungen nicht vollständig voneinander abgrenzen. Der erste Punkt betrifft insbesondere die Transfers privater Haushalte (Schenkungen, Erbschaften, Unterstützungszahlungen etc.), worüber es keine Statistik gibt. Ebenso wenig aber lassen sich die West-Ost-Transfers im Unternehmenssektor erfassen, wobei die in Ostdeutschland privat getätigten Investitionen westdeutscher Unternehmen hierfür u.E. kein geeigneter Indikator sind. Mithin beschränkt sich die Darstellung auf zwei Sektoren, den *Staat* und das *Ausland*. Infolge der besonderen Finanzkonstruktion der EU-Förderung stößt man jedoch auch hier auf unlösbare Abgrenzungsprobleme, was einen getrennten Ausweis erschwert (vgl. Tabelle 3.1.-3).

Tabelle 3.1.-3
Bruttotransferleistungen insgesamt nach Sektoren[1] in Mrd. DM (€)

	1991	1992	1993	1994	1995	1996	1997	1998	1999	2000[s]
Öffentliche Haushalte[2]	139	151	167	169	185	187	183	189	194 (99)	200 (102)
EU	4	5	5	6	7	7	7	7	7 (4)	7 (4)

[1] Für den Unternehmenssektor und den Sektor der privaten Haushalte liegen hierzu keine Angaben vor. [2] einschließlich bestimmter Mittel der Europäischen Union, [s] Schätzung
Quelle: BMWi, *Wirtschaftsdaten Neue Länder*, April 1999, S. 23

Statistisch vollständig erfassen, wenn auch in unterschiedlicher Abgrenzung, lassen sich allein die Transferleistungen der öffentlichen Haushalte (vgl. Tabelle 3.1.-4).

Tabelle 3.1.-4
Transferleistungen öffentlicher Haushalte 1991–1999 in Mrd. DM (€)

	1991	1992	1993	1994	1995	1996	1997	1998	1999
Bund	74,7	89,4	114,9	114,9	135,8	139,1	131,1	132,1	141,3 (72,2)
Sonderhaushalte[1]	39,8	37,7	38,0	28,8					
Länder und Gemeinden[2]	5,0	5,4	10,7	14,5	10,5	11,2	11,4	11,3	11,3 (5,8)
Sozialversicherungen[3]	18,7	34,2	23,0	29,8	33,3	30,9	34,7	31,9	36,0 (18,4)

[1] FDE und THA; ab 1995 in Leistungen des Bundes enthalten; [2] Ab 1995 im Wesentlichen Leistungen im Rahmen des LFA; [3] Ohne Zuschüsse des Bundes bzw. der Länder.
Quelle: BMF; J. Ragnitz et al., *Simulationsrechnungen zu den Auswirkungen einer Kürzung von Transferleistungen für die neuen Bundesländer*, in: *IWH-SH* 2/2000, S. 14

Die seitens der EG bzw. EU für Ostdeutschland bereitgestellten Mittel sind Bestandteil umfangreicher Förderprogramme, vor allem im Rahmen der Europäischen Strukturfonds. In den Jahren 1991 bis 1993 machten diese, zunächst außerhalb der regulären Förderung gewährten Hilfen bis zu 2% der Transfers in den Bereichen Wirtschaft, Infrastruktur und Arbeitsmarkt aus und bis zu 1,5% der Nettotransfers insgesamt. Mit der Aufnahme der neuen Bundesländer und Berlin/Ost 1994 in die Ziel-1-Förderung verdoppelten sich diese Anteile der Strukturfondsmittel auf 4,5 bzw. 3%. Dies unterstreicht die Bedeutung dieser Förderung für die Entwicklung der ostdeutschen Wirtschaft. Im Einzelnen handelt es sich bei den EU-Mitteln vor allem um Agrarmarktordnungsausgaben und Strukturhilfen, welche in Schwerpunktprogrammen zur Entwicklung der regionalen Infrastruktur, zur sozialen Flankierung struktureller Veränderungen und zur Investitionsförderung eingebunden sind. Darüber hinaus gibt es eine Vielzahl einzelner Fördermaßnahmen geringeren Umfangs sowie Darlehen zur Unterstützung bestimmter Vorhaben. Ca. zwei Drittel der EU-Hilfen sind zugleich als Ausgaben des Bundes bzw. der *Bundesanstalt für Arbeit* erfasst. Aber selbst, wenn die Gesamtaufwendungen um diese Mittel bereinigt werden, erhält man keine Nettogröße, die zu den anderen Transferleistungen einfach hinzuaddiert werden könnte. Denn die EU verzeichnet auch Einnahmen in Ostdeutschland, die den Hilfen gegen zu rechnen wären. Zudem wird ein nicht geringer Teil der Mittel auf dem Wege der Erstattung gewährt, setzt also zuvor geleistete Zahlungen an die EU voraus. Die nachstehende Tabelle gibt einen Überblick über die in den einzelnen Jahren vorgesehenen bzw. in Anspruch genommenen Mittel der Europäischen Gemeinschaft bzw. Union (vgl. Tabelle 3.1.-5). Die Förderung wird auch nach 1999 fortgesetzt. So erhalten die neuen Länder im Zeitraum 2000 bis 2006 weitere 24 Mrd. € aus dem Strukturfonds der EU.[13]

Ein großer Teil der öffentlichen Transferleistungen für Ostdeutschland wurde nicht direkt über den Bundeshaushalt oder die Länderhaushalte abgewickelt, sondern über Sonder- und Nebenhaushalte. Dies hatte den Vorteil, Finanzierungsaufgaben außerhalb der Haushalte von Bund, Ländern und Gemeinden erfüllen zu können und dafür u.U. Kredite in einem Umfang in Anspruch zu nehmen, wie dies regulär nicht möglich gewesen wäre. Zu den im Zuge der deutschen Vereinigung gebildeten Sondervermögen gehören der *Fonds Deutsche Einheit*, der *Kreditabwicklungsfonds* und der *Erblastentilgungsfonds*, i.w.S. auch der Haushalt der *Treuhandanstalt*. Darüber hinaus existierten bereits bestimmte Fonds, die im Einigungsprozess neue Aufgaben zugeteilt bekamen, so die Sondervermögen von *Bahn* und *Post*, das *ERP-Sondervermögen* sowie die Förderbanken *Kreditanstalt für Wiederaufbau* und *Deutsche Ausgleichsbank*.[14] Vorerst aber sollen hier nur die Leistungen bestimmter Sondervermögen in ihrer Eigenschaft als Transferleistungen interessieren. Dies betrifft insbesondere den *Fonds Deutsche Einheit*. Dieser Fonds wurde eingerichtet, um die im Staatsvertrag über die Währungs-, Wirtschafts- und Sozialunion festgeschriebene Verpflichtung des Bundes, der DDR „zweckgebundene Finanzzuweisungen zum

---

13 Vgl. dazu K. Toepel/C. Weise, „Die Integration Ostdeutschlands in die EU: Eine Erfolgsgeschichte?", in: DIW, *Vierteljahreshefte zur Wirtschaftsforschung,* 69. Jg. (2000) 2, S. 178–193.
14 Vgl. dazu Kapitel 3.3.

Tabelle 3.1.-5
EU-Hilfen für die neuen Länder und Berlin/Ost in Mrd. DM[1]

	1991	1992	1993	1994	1995	1996	1997	1998	1999
EG/EU Hilfen insgesamt[2]	4,0	5,0	5,0	6,0	7,0	7,0	7,0	7,0	7,0
Strukturfonds[3]	1,5	1,9	2,5	3,6	3,8	4,2	4,4	4,8	5,1
Darunter[4]:									
- EFRE	0,9	1,1	1,4	1,8	1,9	2,1	2,2	2,4	2,6
- ESF	0,5	0,7	0,8	1,1	1,2	1,2	1,3	1,4	1,6
- EAGFL	0,1	0,2	0,3	0,7	0,7	0,8	0,9	0,9	1,0
Marktordnungsausgaben[5]	4,3	3,7	3,5						
Darlehen[5]	1,2	1,7	0,9						2,3

Anmerkungen und Quellen: [1] 1 ECU=1,90 DM, ohne Deflator, Abweichungen rundungsbedingt; [2] BMWi, *Wirtschaftsdaten Neue Länder*, April 1999, S. 23, ohne Darlehen; [3] 1991–1993: 2.720 Mio. ECU (EG-Kommission, *Gemeinschaftliches Förderkonzept 1991–1993*, Brüssel 1991); vgl. auch D. Biehl, „Die Rolle des EG-Regionalfonds bei der Regionalpolitik und ihre Finanzierung in den neuen Bundesländern", in: K.H. Hansmeyer (Hrsg.), *Finanzierungsprobleme der deutschen Einheit I, Schriften des Vereins für Socialpolitik*, N.F. Bd. 229/I, Berlin 1993, S. 11–38. 1994–1999: 13.640 Mio. ECU (EU-Kommission, *Gemeinschaftliches Förderkonzept 1994–1999*, Brüssel 1994); vgl. auch K. Toepel, *Zwischenbilanz der Strukturinterventionen und anderer EU-Programme in den neuen Bundesländern*, DIW-Sonderheft 159, Berlin 1996, S. 10ff.; J. Riedel/F. Scharr, „Die Europäischen Strukturfonds in den neuen Bundesländern: I. Zur Standortbestimmung der ostdeutschen Wirtschaft im europäischen Kontext", in: *ifo Schnelldienst*, Jg. 51 (1998)1–2, S. 7–16. [4] EFRE: Europäischer Fonds für regionale Entwicklung; ESF: Europäischer Sozialfonds; EAGFL: Europäischer Ausrüstungs- und Garantiefonds (vgl. EU-Kommission, a.a.O., Brüssel 1991 und 1994) [5] Vgl. V. Meinhardt et al., *Transferleistungen* ..., a.a.O., S. 69ff.; Europäische Kommission, a.a.O.

Haushaltsausgleich"[15] zu gewähren, ohne Eingriffe in den Bundeshaushalt verwirklichen zu können. Nach der Herstellung der Einheit fiel dem Fonds für eine Übergangszeit die Aufgabe zu, als Surrogat für den für die neuen Länder bis 1995 ausgesetzten Finanzausgleich zu fungieren und die Finanzkraft der ostdeutschen Länder und Gemeinden auszugleichen. Die Leistungen des Fonds beliefen sich auf insgesamt 160,7 Mrd. DM (vgl. Tabelle 3.1.-6).

Tabelle 3.1.-6
Leistungen des Fonds Deutsche Einheit 1990–1994 in Mrd. DM

	1990	1991	1992	1993	1994
Ursprünglicher Leistungsumfang[1]	22,0	35,0	28,0	20,0	10,0
1. Aufstockung[2]			5,9	11,5	13,9
2. Aufstockung[3]				3,7	10,7
Gesamtleistungen	22,0	35,0	33,9	35,2	34,6

Anmerkungen und Quellen: [1] Lt. StVertr., Art. 28; EVertr. Art. 7 und Anl. I z. EVertr. sowie „Gesetz über die Errichtung eines Fonds Deutsche Einheit" v. 25.6.1990 (BGBl. 1990 II, S. 518, 533). [2] Lt. Gesetz v. 16.3.1992 (BGBl. 1992 I, S. 674). [3] Gemäß Beschlussempfehlung des Haushaltsausschusses (BT-Drs. 12/4081).

15 StVertr. Art. 28.

I.w.S. zählte auch die *Treuhandanstalt*, obwohl formell dem Unternehmensbereich zugerechnet, zu den Nebenhaushalten des Bundes. In ihrer Tätigkeit unterstand sie der unmittelbaren Dienstaufsicht des Bundesfinanzministers. Inwieweit die Ausgaben der THA als Transferleistungen anzusehen sind, wird in der Literatur jedoch unterschiedlich beurteilt. U.E. kommen als Transferleistungen für die neuen Länder nicht alle von der THA bzw. BvS getätigten Ausgaben in Betracht, sondern nur jene, die nach Abzug der Altschulden der Unternehmen sowie der Verbindlichkeiten aus Ausgleichsforderungen verbleiben, also das Defizit aus dem sog. Kerngeschäft. Zieht man hiervon die Zinsen ab, die für die Altkredite und für die Neuverschuldung zu zahlen waren, so ergibt sich eine Nettogröße, die mit anderen Transferleistungen vergleichbar ist. Seit 1995 wird der Finanzbedarf der Treuhand-Nachfolgeeinrichtungen direkt aus dem Bundeshaushalt gedeckt. Für 2001 sind hierfür 538 Mio. € und für 2002 485 Mio. € vorgesehen.[16]

Tabelle 3.1.-7
Leistungen der THA und ihrer Nachfolgeeinrichtungen in Mrd. DM (€)

	1990	1991	1992	1993	1994	1995	1996	1997	1998	1999	2000
Ausgaben	5,9	27,6	41,2	46,6	46,6						
Ausgaben abz. Einnahmen		18,4	20,0	30,3	28,8						
Defizit im Kerngeschäft	4,3	19,8	29,7	38,1	34,4						
Nettotransfers[1]		8,8	13,7	23,0	23,8	1,1	0,5	0,5	1,0	1,0 (0,5)	1,0 (0,5)

[1]) Defizit im Kerngeschäft ./. Schuldendienst u.ä. bis 1994 (V. Dietrich et al., a.a.O., S. 33), ab 1995 Ausgaben für Treuhand-Nachfolgeeinrichtungen (BMWi, *Wirtschaftsdaten Neue Länder*, 4/1999, S. 24; BMF, *Bundeshaushalt 2002. Tabellen und Übersichten*, a.a.O., S. 11).
Quelle: BvS: IWH; A. Boss/A. Rosenschon, a.a.O., S. 13

3.1.3. Unterschiedliche Berechnungen

Der dramatische Anstieg der Transferzahlungen für Ostdeutschland und die durch die Propagierung dafür ungeeigneter Bruttozahlen durch die Bundesregierung zusätzlich angeheizte Diskussion veranlassten zu Beginn der 90er Jahre verschiedene Institutionen, eigene Berechnungen zu den Transferleistungen vorzunehmen. So veröffentlichten neben dem BMF, dem BMWi und dem *Statistischen Bundesamt* im Laufe der 90er Jahre auch die *Deutsche Bundesbank*, der *Sachverständigenrat* und eine Reihe von Wirtschaftsforschungsinstituten Transferrechnungen. Unter den Instituten waren es vor

---

16 BMF, *Bundeshaushalt 2002. Tabellen und Übersichten*, Berlin 2001, S. 14.

allem das IfW, das DIW, das IWH, das IW und das RWI, die sich umfassend mit der Transferproblematik auseinandergesetzt haben und ihre Forschungsergebnisse in bestimmten Abständen publizierten. Da jedoch kein Konsens darüber erreicht werden konnte, welche Leistungen im Einzelnen als Transfers anzusehen sind und welche nicht, wie die statistische Erfassung zu erfolgen hat und welche Methoden, Vorgehensweisen und Institutionen autorisiert sind, hierfür Maßstäbe zu setzen, bieten die vorliegenden Transferrechnungen letztlich ein wenig einheitliches Bild.

Die außerordentliche Vielfalt der Leistungen der öffentlichen Haushalte sowie die Unsicherheit über deren Zuordnung, Abgrenzung und Bewertung führten zu unterschiedlichen, in den Anfangsjahren sogar gravierend voneinander abweichenden Angaben über den Umfang der Transferleistungen. Dabei sind die einzelnen Rechnungen weder untereinander kompatibel noch sind ihre Angaben immer auf einschlägige Primärdaten zurückführbar. Dies führte in gewissem Umfange zu Intransparenz, was die komparative Analyse erschwert. Im Einzelnen handelt es sich bei den hier auftretenden Problemen insbesondere um inhaltliche Definitions- und Abgrenzungsprobleme. Daneben haben wir es aber auch mit Doppelzählungen, intertemporalen Abgrenzungsfragen und Problemen der eindeutigen Zuordnung bestimmter Daten zu tun. Auch existieren hinsichtlich Auswahl, Erfassung und Zuordnung von Daten Interpretationsräume, die je nach Zielstellung der Untersuchung unterschiedlich ausgefüllt werden. In der Literatur wurde diese Problematik mehrfach angesprochen[17], ohne jedoch, dass dadurch eine Änderung bewirkt worden wäre. So sucht man nach wie vor „vergeblich nach einer detaillierten Untersuchung zu den West-Ost-Transfers, in der die Globalzahlen aus Angaben über die zahlreichen Einzelmaßnahmen abgeleitet werden".[18] Eine derartige Recherche gibt es nicht und wird es auch in Zukunft kaum geben. Aber die Analyse der deutsch-deutschen Finanzbeziehungen wird nicht nur durch das Fehlen einer einheitlichen Datenbasis erschwert. Es existiert auch keine gesamtdeutsche interregionale Transferbilanz, worin die Leistungen für Ostdeutschland eingebettet wären. Dies erklärt zu einem Gutteil die fehlende Konsistenz der Daten untereinander und die enormen Abweichungen zwischen den verschiedenen Rechnungen. Die nachstehend aufgeführten alternativen Berechnungen enthalten Angaben über die Höhe der Brutto- und der Nettotransfers seit 1991. Sie stützen sich auf regierungsamtliche Veröffentlichungen sowie Publikationen o.g. Wirtschaftsforschungsinstitute.

---

17 Vgl. SVR, *Für Wachstumsorientierung ...Jahresgutachten 1992/93*, a.a.O., Z 190; BBk, „Zur Diskussion ...", a.a.O., S. 22ff.; A.Boss/A. Rosenschon, „Öffentliche Transferleistungen ...", a.a.O.; IW, „Der West-Ost-Transfer", in: *iwd*, 26/1991, S. 4; V. Dietrich et al., *Wechselbeziehungen ..*, a.a.O., S. 34f.
18 A. Boss/A. Rosenschon, a.a.O., S. 3.

Tabelle 3.1.-8
Alternative Berechnungen der Bruttotransferleistungen 1991–1999 in Mrd. DM

Institution	1991	1992	1993	1994	1995	1996	1997	1998	1999
BMWi[1]	139,0	151,0	167,0	169,0	185,0	187,0	183,0	189,0	194,0
BBk[2]	139,0	152,0	168,0	168,0	185,0	184,0	178,0		
SVR[3]	k.A.	k.A.	k.A.	k.A.	k.A.	k.A.	k.A.	k.A.	k.A.
IWH[4]	152,5	186,7	205,5	201,8	184,9	182,9			
IWH[5]	142,2	171,8	191,6	194,0	186,5	188,3	184,3	182,3	195,6
IW[6]	178,2	197,8	215,4	210,4	200,7	197,3	188,4	200,8	k.A.
IfW[7]	151,5	280,2	228,9	201,4	180,6				
DIW[8]	161,0	194,0							
RWI[9]	188,4	231,1	258,6	263,1	240,7	225,4	225,4	227,5	k.A.

Tabelle 3.1.-9
Alternative Berechnungen der Nettotransferleistungen 1991–1999 in Mrd. DM

Institution	1991	1992	1993	1994	1995	1996	1997	1998	1999
BMWi[1]	106,0	114,0	128,0	126,0	140,0	140,0	136,0	141,0	150,0
BBk[2]	106,0	115,0	129,0	125,0	140,0	134,0	130,0		
SVR[3]	105,0	123,0	132,0	123,0	124,0				
IWH[4]	118,5	146,7	162,5	154,8	134,9	126,9			
IWH[5]	109,2	132,7	150,2	148,8	139,6	140,0	136,4	133,7	145,0
IW[6]	143,2	156,8	171,4	162,4	149,7	145,3	137,4	148,8	k.A.
IfW[7]	129,1	252,6	198,2	165,3	140,6				
DIW[8]	123,0	141,0	135,0	135,0	114,0	118,0	108,0	111,0	109,0
RWI[9]	155,4	194,1	219,6	220,1	195,9	183,1	183,8	184,2	k.A.

Quellen: [1] BMWi, *Wirtschaftsdaten Neue Länder*, November 1998, S. 29 (Ursprungsdaten: BMF.); [2] BBk, *Monatsberichte*, 48. Jg. (1996) 10, S. 29; [3] SVR, *Jahresgutachten 1995/96*, Ziffer 204ff.; [4] IWH, *Sonderheft* 4/1997, S. 29; [5] IWH-SH 2/2000, S. 14; [6] IW, *iwd*, 1999, Nr. 44, S. 4; [7] IfW, *Kieler Diskussionsbeiträge* 269, 1996, S. 19; [8] DIW, *Sonderheft* 154/1995, S. 36ff., 79ff. (1991–1992); *Vierteljahresheft* 2/2000, S. 203 (1993–1999); 9) RWI, *Hamburger Jahrbuch*, 2000, S. 13.

Ein Vergleich der Daten der beiden Tabellen zeigt, dass die Rechnungen der Wirtschaftsforschungsinstitute den Umfang der Transferleistungen in der Regel höher ausweisen als die regierungsamtlichen Statistiken. Dies gilt generell, ganz besonders aber für die Nettotransfers.[19] Sieht man die Angaben des BMF bzw. BMWi und des StBA als Referenzwerte an, so lässt sich die Abweichung der einzelnen Rechnungen statistisch ermitteln: Bei den Bruttotransferleistungen beträgt die maximale Abweichung der Institutsdaten vom Referenzwert *nach oben* 129,2 Mrd. DM

---

19 Dies gilt auch für andere, in der Tabelle nicht erfasste Darstellungen: Vgl. z.B. J. Ragnitz, „Zur Kontroverse ...", a.a.O., S. 4 und K. Lichtblau, *Von der Transfer- in die Marktwirtschaft*, a.a.O., S. 53.

bzw. 85,6% (1992), *nach unten* aber nur 4,4 Mrd. DM bzw. 2,4% (1995). Beide Male betrifft dies das IfW, wofür es methodische Gründe gibt.[20]

Eine komparative Analyse der Nettotransfers zeigt ähnliche Ergebnisse. Auch hier weichen die Institutsdaten von den regierungsoffiziellen Angaben in der Regel nach oben ab, am stärksten wiederum die Angaben des IfW für 1992 mit 121,6%. Aber auch die vom RWI vorgelegten Daten liegen erheblich über den Angaben des BMF/BMWi. Insgesamt betrachtet differieren die Daten der fünf Wirtschaftsforschungsinstitute gegenüber den regierungsamtlichen Daten bei den Bruttotransfers durchschnittlich um mehr als 15%, am krassesten 1992 mit +29,2%. Bei den Nettotransfers beträgt die durchschnittliche Abweichung insgesamt mehr als 20%, 1992 waren es 33,2%. Nach 1994 werden die Unterschiede spürbar geringer. Diese Feststellung stützt sich jedoch nur auf Berechnungen einiger und nicht aller Institute, da zum Beispiel das IfW für die zweite Hälfte der 90 Jahre hierzu keine Daten mehr veröffentlicht hat.

Der über die Jahre zu verzeichnende Rückgang der Differenz lässt auf eine Harmonisierung der Berechnungsmethoden und auf einen im Laufe der Zeit einfacher gewordenen Datenzugriff schließen. Tatsächlich aber ist diese Annäherung vor allem der Tatsache geschuldet, dass Mitte der 90er Jahre einige, hinsichtlich ihrer Zurechnung zu den Transfers besonders strittige Positionen, wie zum Beispiel die Leistungen der *Treuhandanstalt*, an Bedeutung verloren bzw. gänzlich wegfielen. Darüber hinaus spielt hierbei eine Rolle, dass das *Statistische Bundesamt* seit 1995 keine nach Ost- und Westdeutschland getrennte Verteilungs- und Verwendungsrechnung mehr veröffentlicht, was den Rückgriff auf gesicherte statistische Basisdaten der VGR bzw. ESVG für Ostdeutschland von diesem Zeitpunkt an unmöglich macht. Infolgedessen wurden die Rechnungen der Institute zum Teil nicht mehr fortgeführt oder aber mit Daten, welche auf Veröffentlichungen des BMF zurückgehen, woraus sich dann die Konvergenz der Zahlenreihen in der Zeit erklärt.

Die Abweichungen in den Statistiken der einzelnen Institute sind Anlass genug, um die Methoden der Datenerfassung und -systematisierung genauer zu betrachten. Dabei fällt auf, dass bestimmte Institute der Erörterung ihres methodischen Vorgehens relativ breiten Raum widmen, so das IfW und das IWH, während andere hierüber relativ wenig verlauten lassen. Bestimmte Abweichungen in den Rechnungen sind daher nicht vollständig nachvollziehbar und müssen unkommentiert bleiben. Grundsätzlich lassen sich in den Analysen nachstehende Differenzpunkte und methodische Unterschiede ausmachen:

---

20 Vgl. A. Boss/A. Rosenschon, „Öffentliche Transferleistungen ....", a.a.O., S. 10ff.

Erstens unterscheiden sich die vorliegenden Rechnungen hinsichtlich ihrer zeitlichen Abgrenzung. So machte zum Beispiel der *Sachverständigenrat* bereits für 1990 Angaben zu den Transferleistungen[21], während die meisten Institute erst 1991 damit begonnen hatten. Einzelne Daten für das zweite Halbjahr 1990 liegen jedoch auch vom BMWi, vom BMF, von der BBk sowie von einigen Instituten vor.[22] Teilweise werden diese jedoch nicht gesondert ausgewiesen, sondern dem Jahr 1991 zugerechnet.[23] Im Sinne einer Vereinheitlichung des Datenbildes scheint seit Mitte der 90er Jahre jedoch Konsens darüber zu bestehen, das Jahr 1990 unberücksichtigt zu lassen und alle Übersichten erst mit dem Jahr 1991 zu beginnen. Was dagegen den Abschluss der Zeitreihen anbetrifft, so ist dieser zunächst natürlich durch den Zeitpunkt der Veröffentlichung bestimmt. Einige Institute verzichten jedoch, nachdem das *Statistische Bundesamt* keine gesonderten Verteilungs- und Verwendungsdaten für Ostdeutschland mehr veröffentlicht, auf eigene Berechnungen. Ihre Zeitreihen enden daher 1995 bzw. übernehmen von da an die regierungsamtlichen Daten.

Zweitens gibt es Unterschiede hinsichtlich der Klassifizierung und Abgrenzung bestimmter Zahlungen als Transfers. Strittig sind hier insbesondere die Leistungen der *Treuhandanstalt*, die Bedienung der sog. Altschulden sowie die Kosten der Finanzierung der „Erblasten". Während zum Beispiel der *Sachverständigenrat* die im Zusammenhang mit der Tätigkeit der *Treuhandanstalt* entstandenen Kosten nicht zu den öffentlichen Transferleistungen zählt, beziehen die anderen Rechnungen diese mit ein. Allerdings auf ganz unterschiedliche Art und Weise: So werden in einigen Rechnungen nicht nur die laufenden Aufwendungen der *Treuhandanstalt* für die Privatisierung, Sanierung und Stilllegung von Betrieben als Transferleistungen erfasst, sondern das gesamte Finanzierungsdefizit.[24] Andere Autoren beziehen darüber hinaus auch noch die durch die *Treuhand* übernommenen Schulden mit in die Transferrechnungen ein.[25] In den Berechnungen des RWI sind neben dem Defizit der *Treuhand* auch die Zinslasten aus den Altschulden sowie der anteilige Schuldendienst für den *Kreditabwicklungsfonds*, die Wohnungsbauverbindlichkeiten und die Altschulden für gesellschaftliche Einrichtungen enthalten, wodurch sich der Gesamtumfang der Transferleistungen entsprechend erhöht, auf netto 1.536 Mrd. DM bis 1998, gegenüber 1.031 Mrd. DM lt. BMF/BMWi.[26] Demgegenüber wurde diese Po-

---

21 Für 1990 werden Nettotransferleistungen in Höhe von 45,0 Mrd. DM aufgeführt (SVR, *Im Standortwettbewerb. Jahresgutachten 1995/96*, a.a.O., Z 204ff.).
22 Vgl. V. Meinhardt et al., a.a.O., S. 23, 28.
23 So verfährt zum Beispiel Karl Lichtblau (vgl. K. Lichtblau, *Von der Transfer....*,a.a.O., S. 53).
24 So bei J. Ragnitz, „Zur Kontroverse ...", a.a.O., S. 4 und bei K. Lichtblau, a.a.O., S. 53.
25 Vgl. A. Boss/A. Rosenschon, „Öffentliche ...", a.a.O., S. 13 und 19.
26 Vgl. U. Heilemann/H. Rappen, „'Aufbau Ost' ...", a.a.O., S. 7 und Tabelle 3.1.-9.

sition in den Rechnungen des IWH[27] und des IW[28] um die Zins- und Tilgungslasten bereinigt, so dass zwar das Defizit erfasst wird, nicht aber die dafür anfallenden Finanzierungskosten. Da die *Treuhandanstalt* zum 31.12.1994 ihre Tätigkeit eingestellt hat, weisen diejenigen Rechnungen, welche die Kosten der Privatisierung umfassend berücksichtigten, bis 1994 deutlich höhere Nettotransfers aus als die Rechnungen des BMF und des BMWi sowie des SVR und der *Bundesbank*. Entsprechend verschieden sind die Verlaufsprofile: Während die Institutsrechnungen 1995 gegenüber 1994 durchweg einen signifikanten Rückgang der Transfers verzeichnen, dokumentieren die Rechnungen des BMWi, des BMF, der *Bundesbank* und des SVR dagegen einen weiteren Anstieg (vgl. Tabelle 3.1–9). Um dieser Problematik gerecht zu werden, berechnete der *Sachverständigenrat* 1995 zweierlei Nettotransfers, einmal unter Einbeziehung der Zins- und Tilgungszahlungen auf Altschulden und das andere Mal, analog den Rechnungen von Regierung und *Bundesbank*, ohne.[29]

Nicht weniger umstritten als die Zurechnung der Treuhandausgaben, Altschulden etc. ist die Behandlung steuerlicher Vergünstigungen im Vereinigungsprozess. So bezieht zum Beispiel das IWH, im Unterschied zum BMF und BMWi, die mit der Gewährung von Steuervergünstigungen im Osten verbundenen Steuerausfälle zunächst in die Berechnungen mit ein[30], was zu einem höheren Ausweis des Umfangs der Transferleistungen führt. Später wurde das Konzept aber geändert und diese Position aus den Transferrechnungen ausgeklammert.[31]

Eine Sonderstellung nimmt diesbezüglich die Analyse des IfW ein.[32] Im Unterschied zu allen anderen Rechnungen werden hier nämlich nicht nur das Gesamtdefizit der *Treuhandanstalt* und die Steuervergünstigungen (für westdeutsche Investoren) als Transfers gewertet, sondern auch die vereinigungsbedingte Übernahme der „Altschulden". Es handelt sich hierbei um Ausgleichsforderungen der Kreditinstitute aus der asymmetrisch erfolgten Währungsumstellung zum 1.7.1990 sowie um Abschreibungen von Forderungen gegenüber nicht sanierungsfähigen Unternehmen. Zum anderen betrifft dies Kredite und Ausgleichsforderungen, die im Kontext mit der Sanierung von Unternehmen durch die THA übernommen bzw. eingeräumt wur-

---

27 Vgl. V. Dietrich et al., *Wechselbeziehungen zwischen Transfers, Wirtschaftsstruktur und Wachstum in den neuen Bundesländern. Abschlußbericht*, in: *IWH-SH* 1/1998, S. 33f. sowie J. Ragnitz et al., *Simulationsrechnungen...*, a.a.O., S. 14.
28 Vgl. IW, *iwd*, Nr. 24/1996, S. 4f.; *iwd*, Nr. 21/1995, S. 6f. und Nr. 38, S. 1ff.; *iwd*, Nr. 2/1994, S. 4f. In jüngeren Veröffentlichungen wurden die Daten nach oben korrigiert: *iwd*, Nr. 44/1999, S. 4f.
29 SVR, *Im Standortwettbewerb. Jahresgutachten 1995/96*, a.a.O., S. 204–207
30 Vgl. J. Ragnitz, „Zur Kontroverse ...", a.a.O., S. 4.
31 Vgl. V. Dietrich et al., *Wechselbeziehungen...*, a.a.O., *IWH-SH* 4/1997, S. 29; V. Dietrich et al., *Wechselbeziehungen... Abschlußbericht*, a.a.O., S. 34
32 Vgl. A. Boss/A. Rosenschon, „Öffentliche Transferleistungen...", a.a.O.

den. Diese, der Sache nach als Vermögenstransfers des Staates an den privaten Unternehmenssektor anzusehenden Zahlungen, beliefen sich bis 1995 auf ca. 150 Mrd. DM. Durch ihre Einbeziehung in die Transferrechnung erhöht sich der Ausweis der Transferleistungen gegenüber den Referenzwerten des BMWi und BMF für den genannten Zeitraum um ca. 44%. 1992 lag er sogar um 120% darüber.[33]

Drittens gibt es Unterschiede zwischen den Transferrechnungen hinsichtlich der Erfassung einzelner Leistungen. Bei den Transfers handelt es sich zum größten Teil um Mittel, die nicht direkt, sondern vermittels eines „Trägers" oder „Intermediär" den Empfängern zufließen, also nacheinander mehrere Stellen, zumeist öffentliche Haushalte, durchlaufen. Dies führte zwangsläufig zu Ungenauigkeiten bei ihrer Erfassung und zu Doppelzählungen. Besonders ist dies bei den Zahlungen der *Europäischen Union* der Fall, die zum Teil als Leistungen des Bundes erfasst, andererseits aber auch extra ausgewiesen werden, als Zahlungen aus dem EU-Haushalt. Ferner gilt dies für arbeitsmarktpolitische Maßnahmen, die aus Mitteln der *Bundesanstalt für Arbeit* finanziert werden, worin jedoch Bundeszuschüsse enthalten sind. Ähnlich verhält sich dies auch bei Maßnahmen zur Wirtschaftsförderung, für die es diverse Finanzierungsquellen gibt[34], sog. Mischfinanzierungen, und bei den Zins- und Tilgungszahlungen des *Fonds Deutsche Einheit*, welche mal mitgerechnet werden und mal nicht.

Viertens existiert auf Grund des hohen Anteils kreditfinanzierter Leistungen an den Transfers ein intertemporales Abgrenzungsproblem. Laut VGR sind Transfers jeweils im Jahr des Leistungsflusses entweder als laufende Leistung oder als Vermögensübertragung zu erfassen. Bei einer Kreditfinanzierung besteht aber grundsätzlich auch die Möglichkeit, die Zinszahlungen in späteren Jahren als Transfers i.S. laufender Zahlungen zu verbuchen. Da dies jedoch zu einer Überzeichnung des wahren Leistungsumfangs führen würde, ist dies unzulässig. Bei einer separaten Erfassung der Daten ist jedoch nicht gänzlich auszuschließen, dass es trotzdem dazu kommt, zumal dies nachträglich schwer feststellbar ist. Ein Beispiel dafür ist der unterschiedliche Umgang mit den „Altschulden" und den Kosten ihrer Finanzierung in den einzelnen Transferrechnungen.

Fünftens gibt es bei der Erfassung der Transferleistungen „zahlungstechnische Verzerrungen". Zum Beispiel in Bezug auf die Leistungen der *Bundesanstalt für Arbeit* und der Rentenversicherungsträger, da hier zwischen dem Beitragsaufkommen Ost, dem Beitragsaufkommen West, dem üblichen und dem „besonderen" Bundeszuschuss sowie den jeweiligen Vermögenspositionen unterschieden werden muss, bevor im Zusammenhang mit der Deckung der Ausgaben im Osten auf einen West-Ost-Transfer geschlossen werden kann.

33   Vgl. BBk, „Zur Diskussion ....", a.a.O., S. 26f.
34   Vgl. BMWi, *Bilanz der Wirtschaftsförderung ... bis Ende 1998*, a.a.O.

Sechstens: Da der größte Teil der Transferleistungen den Charakter ganz normaler Zahlungen im Rahmen des föderalen Systems der Bundesrepublik besitzt, werden viele Daten nicht mehr gesondert als West-Ost-Transfers erfasst, sondern nur noch als Leistungen der öffentlichen Haushalte ausgewiesen. Die damit verbundenen Informationslücken lassen sich von Jahr zu Jahr immer weniger durch spezielle Berichterstattungen wie den Finanzbericht des Bundes, den *Sozialbericht* des BMA, den *Subventionsbericht* der Bundesregierung etc. schließen. Es bleibt ein Informationsdefizit, quasi als Ausdruck zunehmender deutsch-deutscher Normalität, wodurch die Transferrechnungen aber mehr und mehr fragmentarisch werden.

Siebentens: Berlin wurde anfangs in den Statistiken getrennt geführt, als Berlin/West bzw. „Westberlin" und „Berlin/Ost". Dies erlaubte es grundsätzlich, Berlin/Ost den neuen Bundesländern zuzurechnen und so einen West-Ost-Transfer als Übertragung zwischen dem früheren Bundesgebiet und dem Beitrittsgebiet unter Einschluss von Berlin/Ost auszuweisen. Seit der Zusammenlegung beider Haushalte zu einem Gesamthaushalt des Bundeslandes „Berlin" ist dies im Prinzip nicht mehr möglich. Finanzpolitische Begünstigungen für Berlin/Ost können daher nur noch partiell, nämlich wenn sie als solche gesondert ausgewiesen werden, als Transferleistungen erfasst werden.[35] Ansonsten verbleibt nur die Möglichkeit, entweder Berlin als Ganzes den neuen Bundesländern zuzurechnen und so ein Fördergebiet „Ostdeutschland" unter Einschluss Berlins abzugrenzen oder aber, die neuen Bundesländer ohne Berlin als regionale Einheit zu behandeln. Unter diesen Bedingungen ist es jedoch kaum möglich, Zeitreihen für Ostdeutschland mit einer einheitlichen Datenbasis zu erstellen.

Achtens: Große Teile der Transferleistungen für Ostdeutschland stellen ihrem Charakter nach öffentliche Güter dar und lassen sich regional nicht eindeutig zuordnen. Da die Begünstigten dieser Leistungen häufig gleichermaßen Ost- wie Westdeutsche sind und, wie zum Beispiel bei bestimmten Infrastrukturleistungen, darüber hinaus nicht selten auch noch Gebietsfremde, scheint es einigermaßen abwegig, die mit diesen Leistungen verbundenen Aufwendungen den Ostdeutschen als Transferleistungen „in Rechnung" stellen zu wollen. Besser wäre es, auf die Anrechnung dieser Leistungen gänzlich zu verzichten, wie es die *Deutsche Bundesbank* bereits 1996 vorgeschlagen hat.[36]

Neuntens stellt die Quantifizierung der Rückflüsse und damit der Ausweis des Umfangs der Nettotransfers ein ungelöstes Problem dar. Die ostdeutschen Finanz-

---

35 Das IWH hat sich hier mit einer „künstlichen" Aufteilung der Mittel beholfen, indem zum Beispiel die Hälfte der Mittel für den Ausbau Berlins als Regierungssitz als West-Ost-Transfer gezählt wurden (vgl. J. Ragnitz et al., *Simulationsrechnungen ...*, a.a.O., S. 17).
36 Vgl. BBk, „Zur Diskussion ....", a.a.O., S. 29.

minister haben hierzu bereits 1996 Stellung genommen und Berechnungen vorgelegt, die von denen der Bundesregierung erheblich abweichen.[37] Diese Frage spielte auch in der Diskussion um den Bund-Länder-Finanzausgleich und dessen Neuregelung nach 2004 eine Rolle.

Zehntens, so lässt sich resümieren, sind die Unterschiede zwischen den einzelnen Transferrechnungen beträchtlich, wenn auch im Laufe der Zeit abnehmend. Sie sind in erster Linie auf eine unterschiedliche Definition der West-Ost-Transfers zurückzuführen, ferner auf die unterschiedliche Abgrenzung der Transferleistungen im Einzelnen sowie auf objektive Schwierigkeiten der Datenerfassung. Um den unlösbaren Problemen einer inkonsistenten Datenbasis zu entgehen, soll im folgenden in d.R. auf die Daten des BMF und BMWi Bezug genommen werden. Nur in besonderen Fällen und bei speziellen Anliegen wird auf die davon abweichenden Analysen der Wirtschaftsforschungsinstitute zurückgegriffen.

3.2. Finanztransfers öffentlicher Haushalte

3.2.1. Transferleistungen des Bundes

Der Beitritt der DDR zur Bundesrepublik und, damit verbunden, die Ausdehnung der Währungshoheit und des Binnenmarktes sowie der bundesdeutschen Wirtschafts- und Sozialordnung auf das Beitrittsgebiet, bewirkten einen nicht abreißenden Strom öffentlicher finanzieller und materieller Leistungen in die neuen Länder und Berlin/Ost. Ihrem Charakter nach verkörpern diese Leistungen innerstaatliche Transfers. Sofern die Mittel dafür in Westdeutschland aufgebracht werden, ihre Verwendung aber in Ostdeutschland erfolgt, erscheinen sie als *West-Ost-Transfer*, eine Bestimmung, die ihrem Wesen als innerstaatliche Finanzbeziehungen zuwiderläuft und deshalb eine differenziertere Betrachtung erfordert.[38] In der Hauptsache handelt es sich hierbei um Leistungen aus öffentlichen Haushalten, welche den neuen Ländern auf Grund entsprechender Leistungsgesetze, finanzpolitischer Vorgaben oder spezieller vertraglicher Vereinbarungen zufließen. Der größte Teil dieser Leistungen entfällt naturgemäß auf den *Bund*, das heißt, die Mittel dafür werden über den Bundeshaushalt bereitgestellt und nach Ostdeutschland transferiert. Dabei ist zwischen direkten Finanztransfers i.S. von Ausgaben für die neuen Länder und Berlin/Ost, Belastun-

---

37 Vgl. *Sechs-Thesen-Papier der ostdeutschen Finanzminister*, a.a.O.
38 Vgl. dazu Kapitel 2.1.

gen in Form von Zinsen auf Schulden der Sondervermögen und Tilgungen dieser Schulden sowie indirekten Transfers in Form von Steuervergünstigungen für das Beitrittsgebiet zu unterscheiden. In einer erweiterten Betrachtung kämen noch Realtransfers hinzu, da der Bund öffentliche Güter bereitstellt, woran auch Ostdeutsche partizipieren. Da sich deren Nutzen jedoch kaum regional differenziert quantifizieren lässt, muss auf ihre Berücksichtigung hier verzichtet werden.

Entsprechend der vorgenommenen Eingrenzung des Themas sollen hier insbesondere die direkten Finanztransfers in Gestalt der *Ausgaben des Bundes* für Ostdeutschland interessieren. Diese treten zunächst, wie alle Haushaltsausgaben, als Bruttogröße auf. Als West-Ost-Transfers kommen sie aber nur als Nettogröße in Betracht, also nur insoweit, wie sie die Einnahmen des Bundes im Beitrittsgebiet übersteigen.

Als Finanzkategorie spiegeln die Ausgaben des Bundeshaushalts die zentrale Verantwortung des Bundes für die einzelnen Territorien im Bundesstaat spezifisch wider, in Bezug auf Ostdeutschland also die besondere Verantwortung des Bundes für das Beitrittsgebiet. Sie unterliegen demgemäß vom Grundsatz her einer verfassungsrechtlichen Regelung.[39] Als Finanzbeziehungen sind sie ausschließlich vertikaler Natur. Indem der Bund den größten Teil des Finanzbedarfs der neuen Länder, sofern dieser das eigene Aufkommen übersteigt, deckt, wird er als zentrale Haushaltsinstitution aktiv. Das Ausmaß dieser Aktivität lässt sich am Anteil Ostdeutschlands an den Bundesausgaben insgesamt ablesen: 1991 betrug dieser Anteil (brutto) 18,5%, 1992 waren es 20,6%. In den Folgejahren entfielen rund ein Viertel der Bundesausgaben auf Ostdeutschland, 1999 sogar fast 28%. Demgegenüber betrugen die Einnahmen des Bundes im Osten 1991 und 1992 jeweils nur 9,3% und in den Folgejahren etwa 10% der Gesamteinnahmen. 1999 waren es 10,6%. Die Differenz zwischen beiden Größen bringt jeweils die Nettobelastung des Bundes zum Ausdruck. Wie sich zeigt, hat diese im Laufe der Zeit absolut und relativ zugenommen. Strukturell spiegelt sich in den Ausgaben des Bundes für die neuen Länder einerseits der gleiche Bedarf wie in Westdeutschland wider, andererseits aber auch, bedingt durch die besondere Problemlage Ostdeutschlands, ein spezieller Transferbedarf. Letzterer dokumentiert sich zum Beispiel in einem deutlich höheren Anteil sozialer Leistungen an den Gesamtausgaben sowie in vergleichsweise hohen Aufwendungen für infrastrukturelle Maßnahmen. Beides ist charakteristisch für die Verwendungsstruktur der West-Ost-Transfers und verweist mithin auf stabile Unterschiede im Transferbedarf zwischen den beiden Landesteilen.

---

39 Vgl. Art. 104a ff. GG.

Neben den unmittelbaren Ausgaben und Zuweisungen des Bundes an die ostdeutschen Länder und Gemeinden umfassen die Transferleistungen des Bundes auch Zahlungen an die Sozialversicherungsträger zur Deckung einigungsbedingter Defizite. Diese Zuschüsse an die *Bundesanstalt für Arbeit* und die Rentenversicherungskassen sind in ihrem Umfang erheblich; insgesamt machen sie mehr als ein Drittel der Nettotransfers des Bundes aus. Darüber hinaus zählen die Zuschüsse zum Fonds Deutsche Einheit, die Zinszuschüsse an die *Kreditanstalt für Wiederaufbau* und die *Deutsche Ausgleichsbank*, die Ausgleichszahlungen an die westdeutschen Länder zur Kompensation von Mehrbelastungen infolge der Reform des Länderfinanzausgleichs sowie diverse Einnahmeminderungen zu den Leistungen des Bundes.[40]

Tabelle 3.2.-1
Leistungen des Bundes für Ostdeutschland 1991–1999 in Mrd. DM (€)

	1991	1992	1993	1994	1995	1996	1997	1998	1999
Bruttoleistungen	74,6	88,2	113,5	113,7	135,1	138,2	130,9	134,2	145,4 (74,4)
- Unmittelbare Bundesausgaben	55,2	59,2	63,9	70,6	78,0	72,4	67,9	69,3	70,1 (35,8)
- Zuschüsse FDE/LFA/BEZ	4,0	9,9	14,2	19,5	34,7	35,3	35,2	36,0	37,0 (18,9)
- Zuschüsse SV	15,4	19,1	35,4	23,6	22,4	30,5	27,8	28,9	38,3 (19,6)
Rückflüsse	33,0	37,0	39,0	43,0	45,0	47,0	47,0	47,0	50,0 (25,6)
- Steuern	31,0	35,0	37,0	41,0	43,0	45,0	45,0	45,0	48,0 (24,5)
- Verwaltungsmehreinnahmen	2,0	2,0	2,0	2,0	2,0	2,0	2,0	2,0	2,0 (1,0)
Nettoleistungen	42,0	51,0	75,0	71,0	90	91,0	84,0	87,0	96,0 (49,1)

Quelle: BMWi, *Wirtschaftsdaten Neue Länder*, April 1999, S. 23f.; V. Dietrich et al., a.a.O., S. 23

Will man die direkten Ausgaben des Bundes für die neuen Länder im Einzelnen darstellen, so lässt sich dies auf verschiedene Art und Weise verwirklichen: *Zum einen* lassen sich die Ausgaben nach Ressorts gliedern. Da hierzu jedoch nicht für alle Jahre entsprechende Daten verfügbar sind, beschränkt sich die nachstehende Tabelle exemplarisch auf das Jahr 1991. Gestützt auf den Haushaltsplan wurden hierfür durch das IW einigungsbedingte Ausgaben in Höhe von 93,2 Mrd. DM und Transfers von 62,6 Mrd. DM ermittelt. Der Umfang ergibt sich vor allem aus der Einbeziehung hoher Sozialtransfers, aber auch aus einer Vielzahl von Einzelposten im Etat des Bundestages, des Bundesrates, des Kanzleramtes, des Bundesrechnungshofes, des BMF, BMJ, BMU etc.[41], deren Zurechnung zu den einigungsbedingten

---

40 Vgl. dazu im Einzelnen: BMWi, *Wirtschaftsdaten Neue Länder*, April 1999, S. 24; V. Dietrich et al., *Wechselbeziehungen ...Abschlußbericht*, a.a.O., Tabelle A 1.2–1, S. 236.
41 Vgl. W. Fuest/R. Kroker, „Transferzahlungen ...", S. D 5.

Ausgaben mitunter jedoch strittig ist. Abweichend davon ermittelte das DIW einen deutlich geringeren Umfang an Leistungen für die neuen Länder (vgl. Tabelle 3.2.-2). *Zweitens* ist es möglich, die Ausgaben des Bundes nach den Empfängern zu gliedern. Auf diese Weise lassen sich zum Beispiel die Zahlungen an die Gebietskörperschaften der neuen Länder als eigenständige Größe abgrenzen.[42]

Tabelle 3.2.-2
Transferleistungen des Bundes nach Ministerien 1991 in Mio. DM

Ministerium/Struktureinheit	Einigungsbedingte Ausgaben[1]	Transfers[1]	Transferleistungen[2,3]
BMI	2.372	1.078	1.267
BMWi	6.851	3.542	3.389
BML	4.396	2.817	6.872
BMV	11.918	11.176	8.556
BMR	1.499	746	1.494
Bundesschuldenverwaltung	6.410	3.200	1.135
Allgemeine Finanzverwaltung	11.814	9.043	6.365
Gemeinschaftswerk „Aufschwung Ost"	12.000	12.000	12.000
Übrige Ministerien	35.963	18.981	611
Insgesamt[3]	93.223	62.583	40.761

Anmerkungen und Quellen: [1)] IW, *iw-trends*, 18. Jg. (1991) 3, D 5; [2)] V. Meinhardt et al., a.a.O., S. 23; [3)] einschließlich Finanzhilfen der EG, aber ohne soziale Leistungen der Gebietskörperschaften.

Drittens lassen sich die Leistungen des Bundes nach ihrer Zweckbestimmung gliedern. Hierzu gibt es unterschiedliche Lösungsansätze: Zum Beispiel gliederte die *Deutsche Bundesbank* die Ausgaben des Bundes für Ostdeutschland entsprechend den Rubriken: „Soziale Zwecke", „Verkehrswesen", „Verteidigung", „Landwirtschaft", „Gemeinschaftsaufgaben", „Schuldendienst", „Finanzzuweisungen an den Fonds Deutsche Einheit" und „Gemeinschaftswerk Aufschwung Ost".[43] Demgegenüber bevorzugten die Autoren der Transfer-Studie des DIW eine Gliederung der Transfers „nach Ausgabearten", klassifiziert nach einem Nummernsystem.[44] Ähnlich differenziert, aber ausgehend von Empfängergruppen, sind *Alfred Boss* und *Astrid Rosenschon* verfahren, indem sie die Transferleistungen maximal aufspalteten, um so eine Vielzahl von Einzelpositionen zu erhalten, die sich dann auf verschiedene Weise gruppieren lassen.[45] Grundlage für die Ausgabengliederung durch das IWH

---

42 Vgl. A. Boss/A. Rosenschon, „Öffentliche Transferleistungen ...", a.a.O., S. 23.
43 Vgl. BBk, „Öffentliche Finanztransfers für Ostdeutschland in den Jahren 1991 und 1992", in: *Monatsberichte,* 44. Jg. (1992) 3, S. 17.
44 Vgl. V. Meinhardt et al, *Transferleistungen in die neuen Bundesländer ....,* a.a.O., S. 27ff.
45 A. Boss/A. Rosenschon, „Öffentliche Transferleistungen ...", a.a.O., S. 24ff.

Tabelle 3.2.-3
Transferleistungen des Bundes (brutto) 1991–1999 in Mrd. DM

	1991	1992	1993	1994	1995	1996	1997	1998	1999	1991-1999
Infrastrukturausbau:										
Straßenbauplan	2,1	4,0	3,2	3,7	3,8	3,9	4,1	4,2	4,1	33,1
Komm. Straßenbau/ÖPNV	1,8	3,1	1,8	1,7	1,5	0,8	0,8	0,8	0,8	13,6
Bundeswasserstraßen	0,4	0,4	0,3	0,3	0,4	0,6	0,7	0,7	0,9	4,7
Eisenbahnen (Vermögen)	4,8	5,9	6,3	9,3	8,4	9,0	8,7	7,8	8,9	69,0
IFG Aufbau Ost	5,3	0,0	1,5	0,0	6,6	6,6	6,6	6,6	6,6	39,8
Kulturelle Infrastruktur	1,1	0,6	0,6	0,0	0,0	0,0	0,0	0,0	0,0	2,3
Städtebau	0,8	0,4	0,4	0,5	0,8	0,7	0,6	0,6	0,5	5,3
Sozialer Wohnungsbau	0,7	1,4	0,5	0,5	0,6	0,8	0,8	0,9	0,8	7,0
Hochschulbau	0,4	0,7	0,7	0,7	0,7	0,7	0,6	0,6	0,6	5,7
Pflegeeinrichtungen Ost	0,0	0,0	0,0	0,0	0,8	0,8	0,1	0,8	0,8	3,3
Bundesvermögen/ -bau	1,0	0,9	0,8	0,6	0,7	0,8	0,6	0,6	0,6	6,6
SDAG Wismut	1,1	1,1	0,8	0,8	0,6	0,5	0,5	0,5	0,5	6,4
GA Wirtschaft - Infrastruktur	1,1	1,0	1,2	2,1	1,5	1,1	1,2	1,3	1,3	11,7
GA Agrar-Infrastruktur	0,2	0,4	0,3	0,3	0,4	0,4	0,3	0,2	0,2	2,5
Zahlungen an Unternehmen:										
GA Wirtschaft	0,9	1,7	2,5	1,1	1,6	1,9	1,7	1,5	1,3	14,3
KfW-/ERP-Programme	0,0	0,0	0,4	1,0	1,5	1,5	1,6	2,0	1,8	9,8
Eigenkapitalhilfeprogramm	0,2	0,5	0,7	0,9	1,2	1,2	1,0	1,0	0,9	7,6
TH-Nachfolgeeinrichtungen	0,0	0,0	0,0	0,0	1,1	0,5	0,5	1,0	1,1	4,2
Forschung, Technologie	0,8	1,6	2,0	2,2	2,4	2,4	2,1	2,2	2,5	18,2
GA Agrar	0,3	0,6	0,7	0,7	0,8	0,8	0,5	0,5	0,4	5,3
Gasölverbilligung	0,2	0,2	0,2	0,2	0,2	0,2	0,2	0,2	0,2	1,8
Zinshilfe Altschulden Wohnungsbau	0,0	0,0	0,0	1,3	1,3	0,0	0,0	0,0	0,0	2,6
Eisenbahnen (lfd. Zuschüsse)	2,9	3,6	3,8	5,7	5,1	3,2	3,0	3,0	3,0	33,4
Sozialleistungen:										
Wohngeld	0,4	1,7	1,3	0,9	0,7	0,7	0,8	0,8	0,8	8,0
BaföG	0,5	0,6	0,5	0,3	0,3	0,4	0,3	0,3	0,3	3,5
Kindergeld	5,3	5,1	3,4	3,4	4,0	5,2	5,1	5,0	5,0	41,5
Erziehungsgeld	0,6	0,7	0,7	0,8	0,8	0,8	0,8	1,0	1,0	7,2
Kriegsopferfürs./Versorgung	0,4	1,1	1,2	1,4	1,4	1,6	1,4	1,1	0,9	10,5
Zuschuss BA	5,9	8,9	24,4	10,2	6,9	13,8	9,6	7,7	11,0	98,3
Arbeitslosenhilfe, ABM u.ä.	2,8	4,7	4,5	5,5	7,0	8,0	9,3	12,0	11,8	65,6
Vorruhestand, AÜG	5,7	5,1	5,0	7,2	8,2	5,7	2,0	0,1	0,0	39,0
Sozialversicherung	9,5	10,2	11,0	13,4	15,5	16,7	18,2	19,2	23,5	137,2
Sonstiges:										
Wesentl. Personalausgaben	0,5	0,5	0,7	0,7	0,7	0,6	0,8	1,0	1,2	6,7
Verteidigung	4,2	3,2	4,7	5,0	3,5	3,5	3,5	3,5	3,5	34,6
Zivildienstleistende	0,4	0,2	0,2	0,3	0,3	0,3	0,5	0,6	0,6	3,4
Bundeshilfe Berlin	1,3	2,0	2,5	1,5	0,0	0,0	0,0	0,0	0,0	7,3
Regierungssitz Berlin (50%)	0,0	0,3	0,3	0,2	0,2	0,3	0,6	0,8	0,9	3,4
Sonstiges	6,6	4,9	6,0	5,5	5,1	4,7	4,8	4,4	4,4	46,4
Gewährleistungen	0,0	0,2	3,2	3,4	2,7	1,8	1,4	1,0	1,0	14,7
Zuweisungen an Gebietskörperschaften:										
Zuschüsse FDE	4,0	9,9	14,2	19,5	0,0	0,0	0,0	0,0		47,6
BEZ	0,0	0,0	0,0	0,0	18,3	18,0	18,0	18,4	18,4	91,1
Finanzausgleich	0,0	0,0	0,0	0,0	16,4	17,0	17,2	17,6	18,6	86,8
Bruttotransfer insgesamt	74,7	89,4	114,9	114,9	135,8	139,1	131,5	132,1	141,3	1073,4

Quelle: BMF; J. Ragnitz et al., *Simulationsrechnungen...*, a.a.O., S. 16f.

Tabelle 3.2.-4
Zahlungen des Bundes nach Empfängergruppen 1991–1995 in Mrd. DM

	1991	1992	1993	1994	1995
Private Haushalte	27,2	32,9	52,6	45,2	43,1
darunter:					
• Vorruhestandsgeld	5,7	5,1	4,5	3,0	0,8
• Zuschuss BA	5,9	8,9	24,4	10,2	6,9
• Zuschuss RV[1]	6,3	8,5	10,1	13,4	13,4
• Kindergeld	5,1	4,8	4,9	4,8	4,7
Unternehmen	19,7	22,9	20,2	27,1	27,6
darunter:					
• Übergangshilfen Landwirtschaft	3,2	0,8	k.A.	-	-
• Städtebauförderung	0,5	0,4	0,4	0,5	0,7
• SDAG Wismut	1,1	1,1	0,8	0,8	0,6
• Reichsbahn	7,7	9,5	10,1	15,9	15,8
Öffentliche Haushalte[2]	9,4	6,3	7,1	7,0	32,3
darunter:					
- GA regionale Wirtschaftsstruktur	1,1	1,0	1,2	2,1	1,5
- kommunaler Straßenbau/ÖPNV	1,7	2,8	1,5	1,5	1,2

[1]) Zuschüsse an die RV der Arbeiter, der Angestellten und der Knappschaft; [2]) ohne Zahlungen an den Fonds *Deutsche Einheit*.
Quelle: A. Boss/A. Rosenschon, „Öffentliche ...", a.a.O., S. 19, 24ff.: eigene Berechnungen.

war indes die Gliederung des BMF, worin sämtliche Leistungen in lediglich fünf Gruppen zusammengefasst sind: Infrastruktur, Sozialleistungen, Wirtschaftsförderung und ungebundene Zuweisungen. Der Rest erscheint als „nicht zuzuordnen"[46] (vgl. Tabelle 3.2.-3). An anderer Stelle finden sich die gleichen Daten über die Leistungen des Bundes, gegliedert nach „Zahlungen an die Länder-/Gemeindehaushalte", „Leistungen an die Bevölkerung" und „sonstige Ausgaben". Hinzu kommen diverse „Einnahmeminderungen".[47] Dabei wird deutlich, dass mit zuletzt 52% (1999) der Ausgaben der größte Teil der Leistungen an die Bevölkerung und damit in den sozialen Bereich fließt. Neben den traditionellen Geldleistungen wie Kindergeld, Erziehungsgeld, Wohngeld usw. sind dies insbesondere auch die Zuschüsse des Bundes an die Sozialversicherungskassen sowie eine Reihe von Sonderleistungen für die neuen Länder, wie zum Beispiel die Zahlungen von Vorruhestandsgeld und von Sozialzuschlägen für Alters- und Erwerbsunfähigkeitsrenten. Neben den Sozialleistungen sind es vor allem die Ausgaben im Verkehrswesen, die ebenfalls überproportional zu Buche schlagen; dies bereits in den Jahren 1991 bis 1998, aber auch darüber hinaus, zunächst bis 2004, und dann, etwas vermindert, weiter bis 2019.[48]

46 Vgl. V. Dietrich et al., *Wechselbeziehungen...Abschlußbericht*, a.a.O., S. 236
47 Vgl. BMWi, *Wirtschaftsdaten Neue Länder*, April 1999, S. 24.
48 Vgl. S. Finsterbusch, „Was den Osten noch vom Westen trennt", in: *FAZ*, 20.6.2001.

Viertens ist es üblich, die Bundesausgaben nach Empfängern zu gliedern, das heißt nach den Ausgaben für die privaten Haushalte in Ostdeutschland, die Unternehmen und die öffentlichen Haushalte (vgl. Tabelle 3.2.-4). Im Unterschied zu den Gesamtdarstellungen sind hier nur die direkten Zuwendungen an die jeweilige Empfängergruppe und die jeweils wichtigsten Positionen erfasst.

Fünftens scheint es zweckmäßig zu sein, die Ausgaben entsprechend der regionalen Verteilung zu gliedern, das heißt differenziert nach Bundesländern. Eine derartige Aufteilung der Ausgaben lässt sich jedoch nur für jene Leistungen vornehmen, die auch als Einnahmen in den Haushaltsrechnungen der neuen Länder erscheinen bzw. im Falle Berlins „offensichtlich ostspezifisch" sind.[49] Erwartungsgemäß differieren die Zuweisungen an die einzelnen Länder in ihrer absoluten Höhe entsprechend den Bevölkerungszahlen. Relativiert man die Zahlungen jedoch an den Einwohnerzahlen, so kehrt sich die Reihenfolge um, so dass die „ärmeren" Länder pro Kopf gesehen die höchste Förderung erhalten. Die von der Bundesregierung bis 1998 regelmäßig veröffentlichten Daten zu den Ausgaben des Bundes für Ostdeutschland weisen insofern eine hiervon abweichende Struktur auf, dass die Bruttoausgaben hier lediglich in „Zahlungen an die Gebietskörperschaften", „Leistungen an die Bevölkerung" und „sonstige Ausgaben" unterteilt werden. Nettogrößen sind in dieser Darstellung nur insgesamt ausgewiesen, nicht aber in Bezug auf einzelne Positionen oder Rubriken (vgl. Tabelle 3.2.-5).

Tabelle 3.2.-5
Leistungen des Bundes für Ostdeutschland 1991–1999 in Mrd. DM

	1991	1992	1993	1994	1995	1996	1997	1998	1999[P]
Zahlungen an die Länder-/Gemeindehaushalte	21,0	24,7	28,4	32,1	19,7	17,4	15,4	15,7	15,2
Darunter: FDE	4,0	9,9	14,2	19,5	-	-	-	-	-
Leistungen an die Bevölkerung	30,1	35,7	50,1	41,7	43,6	46,5	41,2	43,0	52,0
Sonstige Ausgaben	23,5	27,8	35,0	39,9	37,1	31,5	30,3	30,6	32,3
Summe:	74,6	88,2	113,5	113,7	100,4	95,4	86,9	89,3	99,5
Finanzausgleich*	-	-	-	-	34,7	35,0	35,2	36,0	37,0
Systemumstellung Kindergeld*	-	-	-	-	-	5,0	5,0	5,0	5,0
Regional. G für SPNV*	-	-	-	-	-	2,8	3,8	3,9	3,9
Gesamtsumme:	74,6	88,2	113,5	113,7	135,1	138,2	130,9	134,2	145,4

* Einnahmeminderung; [P] Planzahlen
Quelle: BMWi, *Wirtschaftsdaten Neue Länder*, April 1999, S. 24.

---

49 Vgl. A. Boss/A. Rosenschon, „Öffentliche Transferleistungen ...", a.a.O., S. 32 und 35.

Diese Form der Veröffentlichung der Transferleistungen für Ostdeutschland wurde nach 1998 nicht mehr fortgeführt, so dass für 1999 nur Planzahlen bzw. vorläufige Angaben existieren und für 2000 bestenfalls Schätzungen.

3.2.2. Transferzahlungen im Rahmen des Bund-Länder-Finanzausgleichs

In der Bundesrepublik Deutschland gehört der Finanzausgleich zwischen dem Bund, den Ländern und den Kommunen zu den Grundelementen der föderativen Ordnung. Er ist daher, was seine Grundsätze und wesentlichen Bestimmungen angeht, verfassungsrechtlich geregelt. Dies betrifft sowohl die Aufgabenverteilung zwischen den Gebietskörperschaften[50] als auch die Verteilung der Einnahmen und Ausgaben[51] sowie die Gestaltung des föderalen Ausgleichsmechanismus.[52] Als Grundbaustein der bundesstaatlichen Finanzverfassung beinhaltet der Finanzausgleich „die Aufteilung der öffentlichen Aufgaben auf die verschiedenen Gebietskörperschaften und die Regelung der finanziellen Beziehungen zwischen ihnen."[53] Dabei leiten sich die finanziellen Aspekte aus der Verteilung der Aufgaben her, und nicht umgekehrt. Das heißt, der Finanzbedarf der Gebietskörperschaften ergibt sich aus der Zuordnung bestimmter Aufgaben und den daraus resultierenden Ausgaben. Die Deckung des Finanzbedarfs erfolgt mithin im Interesse der Aufgabenwahrnehmung gemäß den Grundsätzen des Fiskalföderalismus.[54]

Damit es unter den Bedingungen stark differierender Einnahmen der Länder und Gemeinden nicht zu gravierenden Unterschieden bei der Erfüllung der Aufgaben kommt, hat, so das *Grundgesetz*, die Gesetzgebung sicher zu stellen, „dass die unterschiedliche Finanzkraft der Länder angemessen ausgeglichen wird". Darüber hinaus legt das Gesetz fest, „dass der Bund aus seinen Mitteln leistungsschwachen Ländern Zuweisungen zur ergänzenden Deckung ihres allgemeinen Finanzbedarfs (Ergänzungszuweisungen) gewährt."[55] An diesem, aus der Parallelität der Aufgaben der Gebietskörperschaften abgeleiteten Prinzip des föderalen Finanzkraftausgleichs wird

---

50 Vgl. Art. 71–74 GG.
51 Vgl. Art. 91ff., 104a bzw. 105 GG.
52 Vgl. Art. 106ff. GG.
53 W. Wittmann, *Einführung in die Finanzwissenschaft*, III. Teil, Stuttgart 1975, S. 111.
54 Vgl. U. Häde, *Finanzausgleich*, Tübingen 1996; S. Korioth, *Der Finanzausgleich zwischen Bund und Ländern*, Tübingen 1997; S. Homburg, „Eine Theorie des Länderfinanzausgleichs: Finanzausgleich und Produktionseffizienz", in: *Finanzarchiv*, N.F., Bd. 50 (1993) 4, S. 458–486.
55 Art. 107 GG.

auch, wie aus dem neuen „Maßstäbegesetz"[56] hervorgeht, nach der Reform des Finanzausgleichs festgehalten. In dem Entwurf des BMF zum „Maßstäbegesetz" ist dazu unter anderem formuliert, dass der Finanzausgleich unter den Ländern wie bisher „der Annäherung ihrer Finanzkraft" dient und der „angemessene Ausgleich" eine „den ländereigenen Aufgaben entsprechende hinreichende Annäherung der Finanzkraft der Länder" erfordert.[57] So trägt der Finanzausgleich dazu bei, im gesamten Bundesgebiet „gleichwertige Lebensverhältnisse" herzustellen und das Gleichheitspostulat des *Grundgesetzes*[58] zu verwirklichen – ein Aspekt, der in Bezug auf die neuen Länder von besonderer Relevanz ist.

Der Finanzausgleich zwischen Bund, Ländern und Gemeinden[59] modifiziert die sogenannte Primärverteilung der Steuereinnahmen der Gebietskörperschaften durch horizontale und vertikale Ausgleichszahlungen. Gegenstand des Finanzausgleichs ist mithin zum einen die Verteilung der finanziellen Mittel zwischen Bund, Ländern und Gemeinden (*vertikaler* Finanzausgleich) und zum anderen die Aufteilung der Ländereinnahmen zwischen den einzelnen Bundesländern (*horizontaler* Finanzausgleich). Um die einzelnen Verteilungswirkungen des Finanzausgleichs sinnvoll voneinander abgrenzen und quantifizieren zu können, sind mehrere *Stufen* zu unterscheiden. Die Ausgangsgröße hierfür bilden die sog. Gemeinschaftssteuern (Einkommen-, Körperschaft-, Gewerbe- und Umsatzsteuer), die im Unterschied zu den bundes- bzw. landes- und gemeindeeigenen Steuern fiskalische Einnahmen darstellen, die nicht einer Körperschaft allein zufließen, sondern mehreren zugleich, was die Notwendigkeit ihrer Zerlegung und Aufteilung mit sich bringt:

Die erste Stufe, auch *primärer Finanzausgleich* genannt, beinhaltet die Zerlegung und Aufteilung der Steuereinnahmen zwischen den einzelnen Gebietskörperschaften, teils auf Grund fester Vorgaben, teils entsprechend jährlich zu treffender

---

56 Mit dem „Gesetz über verfassungskonkretisierende allgemeine Maßstäbe für die Verteilung des Umsatzsteueraufkommens, für den Finanzausgleich unter den Ländern sowie für die Gewährung von Bundesergänzungszuweisungen", das am 5.7.2001 verabschiedet worden ist, wurde die erste Stufe der vom Bundesverfassungsgericht verlangten Neuregelung des bundesstaatlichen Finanzausgleichs abgeschlossen. (Vgl. dazu „Das Maßstäbegesetz – Neuregelung der Grundlagen des bundesstaatlichen Finanzausgleichs", in: BMF, *Monatsbericht*, September 2001, S. 67–69.)
57 „Entwurf eines Gesetzes über verfassungskonkretisierende allgemeine Maßstäbe für die Verteilung des Umsatzsteueraufkommens, für den Finanzausgleich unter den Ländern sowie für die Gewährung von Bundesergänzungszuweisungen (Maßstäbegesetz – MaßstG –) v. 21.2.2001", §§ 8 und 11 (VA 4/VA 2).
58 Vgl. Art. 72 und Art. 3 GG.
59 Der kommunale Finanzausgleich wird hier nicht behandelt. Vgl. dazu: P. Bohley, „Der kommunale Finanzausgleich in den neuen Bundesländern nach der Wiedervereinigung Deutschlands", in: A. Oberhauser (Hrsg.), *Finanzierungsprobleme der deutschen Einheit III*, Schriften des Vereins für Socialpolitik, N.F., Bd. 229/III, Berlin 1995, S. 189–245.

Gesetzesentscheidungen. Im Ergebnis dieser Steuerverteilung erhalten zum Beispiel die Länder und der Bund derzeit jeweils 42,5% und die Gemeinden 15% des örtlichen Einkommensteueraufkommens. Bei der Umsatzsteuer erfolgt die Verteilung derart, dass der Bund vorab 5,63% für die Rentenversicherung abzweigt, dann erhalten die Gemeinden 2,20%. Den Rest teilen sich dann Bund und Länder im Verhältnis 50,25 zu 49,75%.[60]

Mit der zweiten Stufe, dem *Umsatzsteuervorwegausgleich*, beginnt der sekundäre Finanzausgleich. Dieser beinhaltet die Verteilung des Umsatzsteueraufkommens entsprechend der Einwohnerzahl und der Finanzkraft der Länder. Dabei wird zunächst die primäre Verteilung des Steueraufkommens dahingehend korrigiert, dass finanzschwache Länder bis zu 25% der Umsatzsteuereinnahmen vorab erhalten. Die verbleibenden 75% werden dann nach einem einheitlichen Pro-Kopf-Schlüssel auf alle Länder verteilt, wobei Garantieklauseln dafür sorgen, dass es dadurch zu keiner finanziellen Schlechterstellung der finanzstarken Länder kommt. Im Ergebnis dieser Maßnahmen wird die Finanzkraft der steuerschwachen Länder auf bis zu 92% des Durchschnitts angehoben.

Daran schließt sich drittens der horizontale Finanzausgleich zwischen den Ländern an, der *Länderfinanzausgleich* i.e.S. Ziel ist es hier, die Finanzkraft der finanzschwachen Länder auf mindestens 95% des Bundesdurchschnitts anzuheben. Dazu werden seit 1970 zwei Kennziffern berechnet, die Finanzkraftmesszahl und die Ausgleichsmesszahl. Grundlage dafür sind die nach dem Umsatzsteuervorwegausgleich zu verzeichnenden Steuereinnahmen eines Landes sowie die Ausgleichsansprüche, bezogen auf die durchschnittliche Finanzkraft der Länder. Stadtstaaten besitzen dabei das Privileg, gegenüber Flächenländern einen um 35% höheren Finanzbedarf in Ansatz bringen. Übersteigt die Finanzkraft eines Landes den so ermittelten Finanzbedarf, so ist dieses Land ausgleichspflichtig. Im umgekehrten Fall ist es ausgleichsberechtigt. Ein komplizierter Mechanismus, welcher die überproportionale Finanzkraft der „reichen" Länder in bestimmtem Maße abschöpft und die unterproportionale Finanzkraft der „armen" Länder stärkt, sorgt für einen finanziellen Ausgleich zwischen Finanzkraft und Finanzbedarf. Das Ganze läuft schließlich auf ein Nullsummenspiel hinaus, bei dem zwischen finanzstarken und finanzschwachen Ländern solange eine Umverteilung erfolgt, bis die finanzschwachen Länder eine Steuerkraft in Höhe von 95% des Durchschnitts erreicht haben und die finanzstarken Länder ein Niveau von nur noch wenigen Prozentpunkten über dem Durchschnitt. Trotz der hierin zum Ausdruck kommenden Verringerung der Unterschiede, bleibt die ursprüngliche Rangfolge der Länder hinsichtlich ihrer Finanzkraft aber erhalten.

---

60 Vgl. BMF, *Finanzbericht 2002*, Berlin 2001, S. 154.

Danach tritt der Bund in Aktion und gewährt den finanzschwachen Ländern in einer vierten Stufe des Finanzausgleichs Ergänzungszuweisungen (BEZ), sog. *Fehlbetrags-BEZ*, womit 90% der noch verbliebenen Lücke gegenüber dem Bundesdurchschnitt gedeckt werden. Die finanzschwachen Länder werden durch diese Zahlungen auf 99,5% des Durchschnitts hochgeschleust, was faktisch einer Nivellierung der Unterschiede in der Finanzkraftausstattung gleichkommt, nicht aber einer „Übernivellierung", denn die Rangfolge der Länder hinsichtlich ihrer Finanzkraft ändert sich auch durch diese Zahlungen, welche 1999 und 2000 jeweils 11 der 16 Bundesländer erhielten, nicht.

Eine abschließende *fünfte* Stufe des Finanzausgleichs ist darin zu erblicken, dass der Bund noch eine Reihe weiterer Ergänzungszuweisungen zahlt, so an die neuen Länder und Berlin zum Abbau teilungsbedingter Sonderbelastungen, an kleinere Länder zum Ausgleich überproportionaler Kosten der politischen Führung, an finanzschwächere alte Bundesländer zur Kompensation besonderer Härten, die aus der Einbeziehung der neuen Länder in den Finanzausgleich herrühren sowie als Sanierungshilfen für das Saarland und Bremen. Im Unterschied zu den Zahlungen im Rahmen des Länderfinanzausgleichs i.e.S. und den Fehlbetrags-BEZ dienen diese Finanzzuweisungen des Bundes dem Ausgleich besonderer Belastungen der Länder und spezifischen Zwecksetzungen. Sie werden als „Pauschaltransfers" gewährt, das heißt unabhängig von der Entwicklung der relativen Finanzkraft der Länder. Da die einzelnen Länder hieran, ihrem Bedarf entsprechend, in unterschiedlichem Maße partizipieren, kommt es infolge dieser Zahlungen zu einer Verschiebung in der Finanzkraftreihenfolge. Obwohl dies durchaus der Intention dieser, über den eigentlichen Finanzausgleich hinausgehenden, Zuweisungen entspricht, ist diese Tatsache doch ein wesentlicher Kritikpunkt am gesamten Finanzausgleichsystem.[61]

1990, im Jahr der deutschen Vereinigung, betrug das Gesamtvolumen des Finanzausgleichs 20,6 Mrd. DM. Davon entfielen 12,2 Mrd. auf die Steuerzerlegung und nur 8,4 Mrd. auf den sekundären Finanzausgleich – als echten Umverteilungsprozess. Auf den Länderfinanzausgleich i.e.S. entfielen nur 4,0 Mrd. DM.[62] Obwohl sich diese Zahlen, gemessen am Gesamtbudget der Länder, eher gering ausnehmen, fällt der damit erzielte Nivellierungseffekt erstaunlich hoch aus: Entsprachen die Anteile des örtlichen Steueraufkommens an den Länderhaushalten *vor* dem Finanzausgleich mit 52,2% bzw. 197,8% einem Verhältnis von 1 : 3,8, so lagen die modifizierten Werte *nach* dem Finanzausgleich zwischen 97,2% und 140,7%, also bei einem Verhältnis

---

61 Vgl. A. Ottnad, „Spitzenausgleich oder Spitze des Eisbergs staatlicher Umverteilung?", in: *Wirtschaftsdienst*, 78. Jg. (1998), S. 393–400.
62 BMF, *Finanzbericht 1998*, Bonn 1997, S. 143ff.

von 1:1,5. Einige Empfängerländer, zum Beispiel Bremen und das Saarland, wiesen nach der Umverteilung sogar höhere Werte als die Zahlerländer auf, was zu Kritik herausforderte und Anlass war, eine Reform des gesamten Ausgleichsystems zu fordern.[63] Diese Reform jedoch fand so schnell nicht statt.

Vielmehr stellte der Beitritt der DDR zur Bundesrepublik 1990 dieses System, mit allen seinen Vorzügen und Schwächen, vor eine völlig neue Herausforderung: Normalerweise wäre es angezeigt gewesen, den neuen Ländern sofort nach dem Beitritt den gleichen „Chancenausgleich" zu gewähren wie den finanzschwächeren alten Ländern; zumal das *Grundgesetz* genau dies, das heißt die sofortige und gleichberechtigte Einbeziehung des Beitrittsgebietes in die bestehende Finanzverfassung, vorsah.[64] Durch die Ausdehnung des Geltungsbereiches des *Grundgesetzes* auf Ostdeutschland war es geradezu „logisch zwingend"[65], die neuen Länder auch an dem grundgesetzlich geregelten föderalistischen Finanzverbund zu beteiligen. Eine solche Lösung hätte jedoch, wegen der Unterschiede in der Steuerkraft und -struktur zwischen alten und neuen Ländern, für die alten Länder einschneidende finanzielle Konsequenzen gehabt: Dies zum einen, weil mit den neuen Ländern durchweg finanzschwache Länder dazu gekommen wären, wodurch sich das Verhältnis zwischen Geber- und Nehmerländern wesentlich verschoben hätte. Während die neuen Länder in einem derartigen Finanzverbund allesamt einen Nehmerstatus eingenommen hätten, wären einige alte Bundesländer unweigerlich von der Nehmer- auf die Geberseite gerutscht. Zweitens hätte der Finanzbedarf der neuen Länder das bestehende Ausgleichssystem „überfordert" und dessen konzeptionelle Schwächen bloßgelegt.[66] Drittens wären zusätzliche umfangreiche Zahlungen des Bundes (BEZ) erforderlich geworden, wodurch das ganze System eine andere, stärker vertikale Ausrichtung bekommen hätte. All dies lag jedoch nicht im Interesse der westdeutschen Länder, so dass man darin übereinkam, vorerst eine andere, vom *Grundgesetz* abweichende Lösung zu praktizieren. Anstatt die neuen Länder in den bestehenden Finanzverbund zu integrieren, wurden Übergangsregelungen getroffen, welche die westdeutschen Bun-

---

63 Vgl. R. Peffekoven, „Zur Neuordnung des Länderfinanzausgleichs", in: *Finanzarchiv*, N.F., Bd. 45 (1987) 2, S. 181–228; R. Taube, „Ein Vorschlag zur Reform des Länderfinanzausgleichs", in: *Wirtschaftsdienst*, Jg. 70 (1990), S. 372–380; S. Homburg, „Anreizwirkungen des deutschen Finanzausgleichs", in: *Finanzarchiv*, N.F., Bd. 51 (1994) 3, S. 312–330.
64 Vgl. P. Gottfried/W. Wiegard, „Der Länderfinanzausgleich nach der Vereinigung", in: *Wirtschaftsdienst*, 71. Jg. (1991), S. 453; G. Milbradt, „Die neuen Bundesländer zügig in die Finanzverfassung einbeziehen – nicht abkoppeln", in: *Wirtschaftsdienst*, 71. Jg. (1991), S. 59–63.
65 D. Grosser, *Das Wagnis der Währungs-, Wirtschafts- und Sozialunion*, a.a.O., S. 373.
66 Vgl. R. Peffekoven, „Finanzausgleich im vereinten Deutschland", in: *Wirtschaftsdienst*, 70. Jg. (1990), S. 346–352.

desländer schonten, indem die finanziellen Ansprüche der neuen Länder größtenteils dem Bund zugeschoben bzw. einfach in die Zukunft verlagert wurden.

Die finanzpolitischen Modalitäten des Beitritts der DDR zur Bundesrepublik wurden in den Verträgen zur deutschen Einheit gesondert geregelt.[67] Danach sollte die vertikale Steuerverteilung grundsätzlich gemäß Art. 106 GG vor sich gehen, allerdings mit einer bedeutsamen Ausnahme, der Aufsplittung des gesamtdeutschen Länderanteils an der Umsatzsteuer in einen Ost- und einen Westteil. Der durchschnittliche Umsatzsteueranteil pro Einwohner in den neuen Bundesländern sollte von 55% des Durchschnitts der alten Länder im Jahre 1991 sukzessive bis auf 70% im Jahre 1994 ansteigen. Diese Regelung hatte jedoch keinen Bestand. Schon bald kam man darin überein, die neuen Bundesländer bereits von 1991 an bei der Auffüllung des Länderanteils an der Umsatzsteuer gemäß ihrer Einwohnerzahl zu beteiligen. Diese erzielten dadurch (bis 1994) Mehreinnahmen in Höhe von 10 Mrd. DM, die andernfalls den alten Ländern zugefallen wären und folglich als indirekter Finanztransfer der alten für die neuen Länder angesehen werden können.

Ferner wurde im *Einigungsvertrag*, abweichend vom *Grundgesetz*, Art. 106, Absatz 3 und Art. 107, Absatz 2, verfügt, dass ein steuerkraftbezogener Umsatzsteuerausgleich sowie ein gesamtdeutscher Länderfinanzausgleich bis 31.12.1994 „nicht stattfindet".[68] Statt dessen wurde bis 1994, als hätte es keine Vereinigung gegeben, der Finanzausgleich „jeweils gesondert unter den alten Ländern und unter den jungen Ländern" durchgeführt, was für letztere, da die Finanzkraftverhältnisse sehr ähnlich waren, völlig wirkungslos blieb.[69] Bundesergänzungszuweisungen waren für die neuen Länder vorerst ebenfalls nicht vorgesehen. Als Ersatz für einen gesamtdeutschen Finanzausgleich (einschließlich entsprechender Ergänzungszuweisungen des Bundes) wurde der bereits im Juni 1990 zum Zwecke des Defizitausgleichs des DDR-Staatshaushalts etablierte Fonds „Deutsche Einheit"[70] ins Spiel gebracht. Dieser sollte ursprünglich ein Volumen von 115 Mrd. DM umfassen, wurde dann jedoch in mehreren Schritten auf 160,7 Mrd. DM aufgestockt. Bezeichnend dabei ist, dass, „obwohl die Benachteiligung der Ostländer im föderativen Verfassungsgefüge offenkundig und die Notlage gravierend" war, die verspäteten

---

67 Vgl. StVertr., Art. 28 (BGBl. 1990 II, S. 537) und EVertr., insbes. Art. 7 (BGBl. 1990 II, S. 889).
68 Ebenda, Art. 7, Absatz 2 und 3.
69 Das jährliche Ausgleichsvolumen belief sich lediglich auf 70 bis 185 Mio. DM und war damit, gemessen am Budget der neuen Länder, gänzlich „unbedeutend" (BMF, *Finanzbericht 1998*, a.a.O., S. 143).
70 Vgl. „Gesetz über die Errichtung eines Fonds ‚Deutsche Einheit' vom 25. Juni 1990" (BGBl. 1990 II, S. 518, 533) und EVertr., Anlage I, Sachgebiet B, Abschnitt II (in: *Die Verträge zur Einheit...*, a.a.O., S. 182ff.).

Anpassungen des Leistungsumfangs von der Bundesregierung jedes Mal als „zusätzliche Leistungen 'verkauft', um nicht zu sagen: gnädig gewährt", wurden.[71] Die Aufbringung dieser Summe erfolgte hauptsächlich durch Kreditaufnahme (95 Mrd. DM). Der Rest wurde durch Zuschüsse der Haushalte des Bundes (49,6 Mrd. DM) und der Länder (16,1 Mrd. DM) bereitgestellt.[72]

Tabelle 3.2.-6
Fonds Deutsche Einheit 1990–1997* in Mrd. DM

	1990	1991	1992	1993	1994	1995	1996	1997
1. Zuschuss Bund	2,0	4,0	9,9	14,2	19,5	-	-	-
2. Zuschuss Länder-West	-	-	-	6,0	10,1	-	-	-
3. Kreditaufnahme	20,0	31,0	24,0	15,0	5,0	-	-	-
4. Schuldendienst Bund	-	2,0	5,1	3,8	4,5	2,65	2,65	2,65
5. Schuldendienst Länder	-	-	-	3,8	4,5	6,85	6,85	6,85
Leistungen insgesamt:	22,0	35,0	33,9	35,2	34,6	9,50	9,50	9,50

* 1995 begann die Tilgungsphase des Fonds, die sich bis 2019 erstrecken wird. Für 1998 bis 2000 galten reduzierte Annuitäten, ab 2002 veränderte Regeln.
Quellen: BMA, *Finanzbericht* 20002, a.a.O., S. 53; A. Boss/A. Rosenschon, „Öffentliche Transferleistungen ...,a.a.O., S. 11, 19, 21

Finanztechnisch stellt der *Fonds* ein Sondervermögen dar, woraus von 1990 bis 1994 Zahlungen an die neuen Länder geleistet worden sind. Die Zinszahlung und die Tilgung, woran sich neben dem Bund auch die westdeutschen Länder beteiligen, erstreckt sich bis 2019. Die danach noch ausstehende Restschuld von 12,8 Mrd. DM wird komplett der Bund übernehmen. Der Anteil der alten Länder an der Finanzierung des Fonds ist per Saldo als gering einzustufen, da im Gegenzug ihr Anteil am Umsatzsteueraufkommen bei gleichzeitiger Anhebung des Steuersatzes erhöht wurde. Die Belastung der alten Länder wurde dadurch nahezu vollständig kompensiert. Die jüngsten Entscheidungen hierzu[73] bewirkten ein Übriges, so dass die Fondslösung letztlich vor allem zu Lasten des Bundes ging. Eine sofortige Einbeziehung

---

71 H. Mäding, „'Geld regiert die Welt' – Beobachtungen zur Finanzpolitik im vereinigten Deutschland", in: W. Seibel/A. Benz (Hrsg.), *Regierungssystem und Verwaltungspolitik*, a.a.O., S. 148.
72 BMWi, *Jahresbericht der Bundesregierung... 1998*, a.a.O., S. 60f.
73 Am 23.6. 2001 einigten sich Bund und Länder darüber, den „Fonds" künftig in den Finanzausgleich zu integrieren, die Tilgung zu strecken und den Schuldendienst zwischen Bund und Ländern neu aufzuteilen. Danach betragen die künftigen Annuitäten 2,46 Mrd. € in 2002, 2,27 Mrd. € in 2003 und 2,26 Mrd. € in 2004. Für die Jahre ab 2005 übernimmt der Bund die Annuitäten sowie die zum 31.12.2019 verbleibende Restschuld. Er erhält dafür einen jährlichen Festbetrag an der Umsatzsteuer in Höhe von 1,32 Mrd. € (BMF, *Finanzbericht 2002*, a.a.O., S. 53).

der neuen Länder in den Länderfinanzausgleich hätte, wie eine Modellrechnung des *IW Köln* belegt, den alten Ländern weitaus mehr abverlangt und den neuen Ländern mehr Geld in die Kassen gespült.[74] Sie wäre damit für die neuen Länder wesentlich günstiger gewesen als der *Fonds Deutsche Einheit*, welcher „keine ausreichende Entschädigung für den Verzicht auf einen vollständigen gesamtdeutschen Finanzausgleich" bot.[75] Dies ist schon daran ablesbar, dass die neuen Länder (ohne Berlin) 1990 bis 1994 im Jahresdurchschnitt Leistungen aus dem Fonds in Höhe von rund 30 Mrd. DM erhielten, nach ihrer Einbeziehung in den gesamtdeutschen Finanzausgleich von 1995 an aber 40–45 Mrd. DM.[76] Allein schon die Systemumstellung zum 1.1.1995 bewirkte hier also eine beträchtliche „Verbesserung der Finanzausstattung".[77] Die zuvor praktizierte Fonds-Lösung war für die neuen Länder alles andere als optimal, da sie ihnen verfassungsmäßig zustehende Ausgleichszahlungen teilweise vorenthielt, den Bund über Gebühr belastete und den größten Teil der Kosten auf dem Kreditwege zukünftigen Generationen aufbürdete: Ende 2000 belief sich der Schuldenstand des Fonds auf knapp 80 Mrd. DM bzw. 40,4 Mrd. €.[78] Bis zu seiner endgültigen Tilgung werden noch zwei Jahrzehnte vergehen. Die Fonds-Lösung bedeutete damit nicht nur eine, gemessen an den verfassungsrechtlichen Ansprüchen, „interregionale Umverteilung von Ost nach West", sondern auch eine „intertemporale Umverteilung" zwischen den Generationen.[79]

Von Vorteil war diese Lösung allein für die westdeutschen Länder, da sich hierdurch ihr Solidarbeitrag für die neuen Länder in engen Grenzen halten ließ.[80] So belief sich der *direkte* Unterstützungsbeitrag der alten für die neuen Länder von 1991 bis 1994 auf ein Gesamtvolumen von 33,0 Mrd. DM (vgl. Tabelle 3.2.-7, Zeilen 2–6). Bezieht man den Umverteilungseffekt des Umsatzsteuerausgleichs als *indirekten* Beitrag mit in die Rechnung ein, ohne jedoch die Mehreinnahmen, die in diesem Zusammenhang den Ländern zugestanden wurden, gegen zu rechnen, so erhöht sich der Betrag auf ca. 43 Mrd. DM. Berücksichtigt man zudem auch noch die Mindereinnahmen durch den Verzicht auf Bundesergänzungszuweisungen zugunsten der

---

74 Vgl. W. Fuest/K. Lichtblau, *Finanzausgleich im vereinten Deutschland*, a.a.O., S. 34ff.
75 P. Gottfried/ W. Wiegand, „Finanzausgleich ...", a.a.O., S. 461.
76 Von den 160,7 Mrd. DM des Fonds gingen 11,2 Mrd. an Berlin, so dass 149,5 Mrd. DM für die neuen Länder verblieben. Von 1995 an stehen diesen jährlich 13–15 Mrd. DM aus dem Umsatzsteuerausgleich zu, 6–7 Mrd. DM aus dem LFA, ca. 20 Mrd. DM BEZ und Finanzhilfen des Bundes sowie 4–5 Mrd. DM aus der steuerlichen Investitionsförderung, insgesamt also jährlich 40–45 Mrd. DM.
77 K. Lichtblau, *Von der Transfer- in die Marktwirtschaft*, a.a.O., S. 172.
78 BBk, *Monatsberichte*, 53. Jg. (2001) 10, S. 57*.
79 P. Gottfried/ W. Wiegand, „Finanzausgleich ...", a.a.O., S. 460f.
80 Vgl. U. Busch, „Solidarischer Finanzausgleich. Wie hoch ist der Solidaritätsbeitrag der alten für die neuen Länder?", in: *Utopie kreativ*, Heft 100 (Februar) 1999, S. 15–28.

neuen Länder, so erhält man als Gesamtumfang der Transferleistungen der westdeutschen Länder und Gemeinden ca. 49 Mrd. DM. Dies entspricht einem jährlichen Leistungsvolumen von ca.12 Mrd. DM (brutto) bzw. 7 bis 10 Mrd. DM (netto).[81] Berücksichtigt man außerdem auch noch die Umsatzsteuerverluste in Höhe von 10 bis 12 Mrd. DM, die den alten Ländern durch die Neuregelung des Umsatzsteuerausgleichs entstanden sind, sowie Mindereinnahmen aus Steuersenkungen, Strukturhilfen u.ä. als „quantifizierbaren finanziellen Beitrag", so erhöht sich der Bruttoumfang der Leistungen der alten für die neuen Länder bis 1994 „größenordnungsmäßig auf mehr als 100 Mrd. DM"[82]. Diesen Aufwendungen und indirekten Belastungen stehen jedoch beträchtliche Mehreinnahmen der Länder aus der Umsatzsteuerneuverteilung sowie dem einigungsbedingten steuerlichen Mehraufkommen gegenüber, wodurch die tatsächliche Belastung erheblich relativiert wird.

Tabelle 3.2.-7
Bruttotransferleistungen der alten Bundesländer 1990–1994 in Mrd. DM

	1990	1991	1992	1993	1994
1. Umsatzsteuerausgleich	-	4,3	3,3	1,6	0,9
2. Zuschuss FDE	-	-	-	6,0	10,1
3. Schuldendienst	-	-	-	3,8	4,5
4. Länderfinanzausgleich	-	-	-	-	-
5. Investitionszulage	-	-	0,4	0,7	0,5
6. Technische/personelle Hilfen	k.A.	1,0	2,0	2,0	2,0
7. Mindereinnahmen durch Verzicht auf BEZ	-	-	1,0	2,5	2,5
Summe: 2-6	-	1,0	2,4	12,5	17,1
Summe: 1-7	-	5,3	6,7	16,6	20,5

Quelle: V. Dietrich et al., *Wechselbeziehungen* ..., a.a.O., S. 28; A. Boss/A. Rosenschon, *Öffentliche Transferleistungen...*, a.a.O., S. 11; BMF, *Finanzbericht 1998*, a.a.O., S. 145.

Als Finanzierungskonzept stellte der Fonds Deutsche Einheit eine vor dem Hintergrund starker struktureller Disparitäten zwischen alten und neuen Ländern „zeitlich befristete Übergangslösung"[83] bzw. eine unter großem Zeitdruck zustande gekommene „Notlösung" dar, mehr nicht. Gleichwohl aber offenbarte sich hierin bereits das Muster, nach dem die Finanzierung der deutschen Einheit dann auch weiterhin ablaufen sollte. Kennzeichnend dafür sind: *Erstens* der Vorrang der Kreditfinanzie-

---

81 R.-D.Postlep, „Einigungsbedingte Belastungen des Bundes, der alten Bundesländer und ihrer Gemeinden", in: *Wirtschaftsdienst*, Jg. 72 (1992), S. 41.
82 W. Renzsch, „Die Finanzierung der deutschen Einheit und der finanzpolitische Reformstau", in: *Wirtschaftsdienst*, Jg. 78 (1998), S. 354.
83 H. Pitlik/G. Schmid, „Zur politischen Ökonomie..., a.a.O., S. 105.

rung, wodurch die Lasten in die Zukunft verlagert werden; *zweitens* die Bildung von Sondervermögen und Nebenhaushalten, um den „Sonderstatus" des Beitrittsgebietes herauszustellen und die reguläre Staatsverschuldung niedrig zu halten bzw. zu verschleiern; *drittens* die überproportionale Belastung des Bundes und damit die Dominanz des vertikalen Elements im Finanzierungsmix, was zwar dem Charakter der Integration Ostdeutschlands als einer gesamtstaatlichen Aufgabe genügte, zugleich aber die föderale Entsolidarisierung der „reichen" Länder einleitete; *viertens* die Bemessung der Finanzmittel nach Kriterien der Konsumangleichung zwischen Ost und West, nicht aber der Produktion. – „Die Weichen bei der Finanzierung der Einheit wurden also schon im Mai 1990", bei der Konzipierung des Fonds, „falsch gestellt"[84], das heißt, nicht in Richtung wirtschaftlicher Konvergenz, sondern in Richtung Abkoppelung. Die in den folgenden Jahren vorgenommenen Nachbesserungen und Korrekturen haben hieran insgesamt nur wenig zu ändern vermocht.

Zum 1.1.1995 trat dann das 1993 beschlossene *Föderale Konsolidierungsprogramm* (FKP)[85] in Kraft. Damit begann in finanzverfassungsrechtlicher Hinsicht die zweite Phase des Einigungsprozesses, die bis zum Jahr 2004 dauern wird. Die mit dem FKP erfolgte Neuregelung des bundesstaatlichen Finanzausgleichs stellte aber „weniger eine Reform des Systems, als vielmehr eine Erweiterung und Veränderung des bestehenden Ausgleichsinstrumentariums"[86] dar. Zu einer wirklichen Reform fehlte der damaligen Regierung der Wille, vor allem aber wohl auch (gegenüber den westdeutschen Ländern) die politische Durchsetzungskraft. Gleichwohl aber bedeutete die Neuregelung für die fünf neuen Länder und Berlin eine Zäsur, da diese von nun an vollständig und gleichberechtigt am gesamtdeutschen Länderfinanzausgleich teilnehmen durften. Damit wurde, nunmehr verfassungskonform, sichergestellt, dass die noch auf lange Sicht geringere Finanzkraft der neuen Länder und Berlins innerhalb des kooperativen Föderalismus „angemessen ausgeglichen" wird und die ostdeutschen Länder für „den Anschluss an die Lebensverhältnisse in den alten Ländern" eine „dauerhafte finanzielle Basis" erhalten.[87]

Der horizontale Finanzausgleich i.e.S. war in seiner herkömmlichen Form als „Spitzenausgleich" konzipiert. Das heißt, Grundlage für sein Funktionieren war, dass sich die Unterschiede in der Finanzkraft der Länder in engen Grenzen bewegten und

---

84 D. Grosser, *Das Wagnis* ..., a.a.O., S. 372.
85 „Gesetz zur Umsetzung des Föderalen Konsolidierungsprogramms – FKPG" v. 23.6.1993 (BGBl. I, S. 944–991).
86 H. Grossekettler, „Chronik: Die ersten fünf Jahre. Ein Rückblick auf die gesamtdeutsche Finanzpolitik der Jahre 1990 bis 1995", in: *Finanzarchiv*, N.F., Bd. 53 (1996) S. 225.
87 BMF, *Finanzbericht 1998*, a.a.O., S. 144 (Man beachte: Es ist vom „Anschluss an die Lebensverhältnisse" die Rede, nicht aber von einem Anschluss an die Produktion, Produktivität etc.)

auf lange Sicht in etwa ausglichen. Beides traf für Ostdeutschland, wo die Finanzkraft 1995 nicht einmal 40 Prozent des Bundesdurchschnitts erreichte, aber nicht zu. Deshalb setzte die Einbeziehung der neuen Länder in den Finanzausgleich eine Modifizierung desselben voraus, wie sie 1993 mit der Neufassung des *Gesetzes über den Finanzausgleich* erfolgte.[88]

Das seit 1995 geltende reformierte Finanzausgleichskonzept stellt einen Kompromiss zwischen Bund und Ländern dar, bei welchem vor allem der Bund stärker belastet wurde. Trotzdem führte die Einbeziehung der neuen Länder in das Ausgleichssystem zu erheblichen Veränderungen in der Verteilungsstruktur. So stieg die Transferquote, das heißt, das Verhältnis von Gesamtausgleichsvolumen und originärer Finanzkraft aller Länder, rapide an und damit der Grad der Abschöpfung und Nivellierung. Für einige westdeutsche Länder war dies Anlass, daraufhin den kooperativen Föderalismus überhaupt in Frage zu stellen, obwohl die westdeutschen Länder an den „Kosten der Einheit" insgesamt nach wie vor nur in geringem Umfang beteiligt waren. Andere Länder hingegen und der Bund verteidigten das bisherige Ausgleichssystem, insbesondere auch mit Blick auf die neuen Länder, und sehen seine Mängel als im Rahmen des vorhandenen Regelwerks überwindbar an. So wird seit Mitte der 90er Jahre auf wissenschaftlicher und politischer Ebene heftig darüber gestritten, ob, und, wenn ja, in welche Richtung das Finanzausgleichssystem zu reformieren sei[89], im Sinne einer Verstärkung des föderalen Wettbewerbs, wofür der Begriff *Konkurrenzföderalismus* steht, oder im Sinne der Beibehaltung des solidarischen Ausgleichs, der föderalen Solidarität.

Im Grunde handelt es sich hierbei um einen Verteilungsstreit, der auf mehreren Ebenen ausgetragen wird, zwischen Geber- und Empfängerländern, zwischen Bund und Ländern (und Gemeinden) sowie zwischen alten und neuen Bundesländern. Hinzu kommen spezifische Konflikte wie die zwischen Flächenländern und Stadtstaaten sowie zwischen kleinen und großen Ländern. Die neuen Bundesländer und Berlin sind in diesem Streit auf allen Konfliktfeldern präsent. An der Diskussion beteiligen

---

88 „Gesetz über den Finanzausgleich zwischen Bund und Ländern" (Finanzausgleichsgesetz – FAG) v. 26.6.1993 (BGBl. 1993 I, S. 977–982).
89 Vgl. dazu R. Peffekoven, „Reform des Finanzausgleichs – eine vertane Chance", in: *Finanzarchiv*, N.F., Bd. 51 (1994) 3, S. 281–311; S. Homburg, „Anreizwirkungen des deutschen Finanzausgleichs", in: *Finanzarchiv*, N.F., Bd. 51 (1994) 3, S. 312–330; B. Huber, „Der Finanzausgleich im deutschen Föderalismus", in: *Aus Politik und Zeitgeschichte*, B 24/1997, S. 22–29; B. Huber/K. Lichtblau, „Konfiskatorischer Finanzausgleich verlangt eine Reform", in: *Wirtschaftsdienst*, Jg. 78 (1998) S. 142–147; Schlie, M., „Finanzausgleich in Deutschland: Struktur, finanzielle Auswirkungen und Reformvorschläge", in: *Die Weltwirtschaft*, 2/1999, S. 188–206; K.-P. Fox, „Schieflagen in der Diskussion des grundgesetzlichen Finanzausgleichs", in: *Wirtschaftsdienst*, 81. Jg. (2001), S. 340–342.

sich neben den Vertretern der Länder, dem BMF und den Wirtschaftsforschungsinstituten[90] auch der *Sachverständigenrat*[91], die *Deutsche Bundesbank*[92] und die *Landeszentralbanken*[93]. Auch wenn dies in der Diskussion nicht immer explizit betont wird, so ist die Kontroverse um den Finanzausgleich für Ostdeutschland von eminenter Bedeutung, denn neben Berlin, Bremen und dem Saarland sind es nun mal die neuen Länder, die von der gegenwärtigen Praxis am meisten „profitieren" und die mithin von einer Zurückführung der Transferquote am härtesten betroffen wären. Es ist daher nur allzu verständlich, wenn in einer Reihe von Publikationen ausdrücklich auf diese Tatsache aufmerksam gemacht wird und dabei die Interessen der neuen Länder besonders herausgestellt werden.[94]

Worum geht es im Einzelnen? Das seit 1995 praktizierte Finanzausgleichsverfahren weist gegenüber der alten Ordnung[95] eine Reihe von Modifizierungen auf: So wurde die horizontale Umsatzsteuerverteilung, der *Umsatzsteuervorwegausgleich*, dahingehend vereinfacht, dass jetzt bis zu einem Viertel des Länderanteils an der Umsatzsteuer unter den Ländern nach Steuerkraftgesichtspunkten verteilt wird und der Rest nach Einwohnern. Dabei werden denjenigen Ländern, deren Steuerkraft weniger als 92% des Durchschnitts beträgt, sog. Ergänzungsanteile zugewiesen. Mit Ausnahme des Saarlandes sind dies fast ausnahmslos die neuen Länder. 1995 erhöhte sich auf diese Weise ihre Finanzkraft um knapp 12 Mrd. DM, 1996 waren es 13,7 Mrd. DM, 1999 15,3 Mrd. DM und im Jahr 2000 sogar 16,9 Mrd. DM. Damit entfielen 99,4% des insgesamt umverteilten Umsatzsteuervolumens auf die neuen Länder.[96] Aber auch für die alten Länder führte die Neuregelung der Umsatzsteuerverteilung zu keiner echten Mehrbelastung. Im Gegenteil: Da die Erhöhung des Länderanteils an der Umsatzsteuer von 37% auf 44% rund 16 Mrd. DM p.a. ausmacht[97], also mehr als im Umsatz-

---

90 Z.B. DIW, „Quo vadis, Länderfinanzausgleich?", in: *Wochenbericht 26/2000*, S. 396–405; B. Huber./K. Lichtblau, „Systemschwächen des Finanzausgleichs – eine Reformskizze", in: *iw-trends* 4/1997, S. 24–45.

91 SVR, *Chancen auf einen höheren Wachstumspfad. Jahresgutachten 2000/01*, a.a.O., S. 208–212.

92 BBk, *Monatsberichte*, 48. Jg. (1996) 10, S. 17–31; 53. Jg. (2001) 6, S. 59–76.

93 Vgl. Landeszentralbank in Berlin und Brandenburg, *Jahresbericht 2000*, Berlin 2001, S. 102ff.

94 Vgl. z. B. DIW, „Wirtschaftsschwache Bundesländer trotz Finanzausgleich in der Klemme", in: *Wochenberichte* 34/1997, S. 601–611; DIW, „Länderfinanzausgleich: Neuer Verteilungsstreit zwischen West und Ost", in: *Wochenberichte* 7/1998, S. 133–141.

95 „Gesetz über den Finanzausgleich zwischen Bund und Ländern" (BGBl. 1988 I, S. 95–99).

96 Vgl. BMF, „Bund-Länder Finanzbeziehungen auf der Grundlage der geltenden Finanzverfassungsordnung", *Dokumentation* 3/2000, S. 40; entsprechende Angaben für 2000, Tab. 4.

97 T. Lenk, „Bei der Reform der Finanzverfassung die neuen Bundesländer nicht vergessen!", in: *Wirtschaftsdienst*, Jg. 79 (1999) S. 170.

Tabelle 3.2.-8
Gesamtdeutscher Länderfinanzausgleich i.e.S. in Mio. DM (€) bzw. %

	1995	1996	1997	1998	1999	2000
Leistungen der Geberländer davon:	11.195	12.229	11.998	13.534	14.649	16.274 (8.321)
- an neue Bundesländer	5.550	6.224	6.045	6.286	6.760	7.301 (3.733)
(in %)	(49,6)	(50,9)	(50,4)	(46,4)	(46,1)	(44,9)
- an Berlin	4.222	4.336	4.432	4.891	5.330	5.521 (2.823)
(in %)	(37,7)	(35,5)	(36,9)	(36,1)	(36,4)	(33,9)
- an alte Bundesländer	1.423	1.669	1.522	2.357	2.558	3.452 (1.765)
(in %)	(12,7)	(13,6)	(12,7)	(17,4)	(17,5)	(21,2)

Quelle: BMF, *Finanzbericht 2001*,a.a.O., S. 160; *Finanzbericht 2002*, a.a.O., S. 164f.

Tabelle 3.2.-9
Horizontaler Finanzausgleich und Finanzkraft 1999 in Mio. DM bzw. %

	Steuerkraft vor USt-Verteilung[1]	Umsatzsteuervorwegausgleich[2]	Finanzkraftmesszahl in %	Länderfinanzausgleich i.e.S.[2]	Finanzkraft nach Ausgleich in %[3] je Einw.	
Hamburg	173,2	-404	142,7	-665	103,7	134,3
Hessen	138,5	-1.433	120,2	-4.744	105,5	103,2
Baden-Württ.	119,5	-2.478	108,3	-3.427	103,7	101,2
Bayern	117,5	-2.873	106,4	-3.188	103,3	100,7
NRW	113,1	-4.264	103,6	-2.578	102,1	100,5
Bremen	112,2	-158	101,7	+665	96,1	123,3
Rheinl.-Pfalz	97,4	-955	92,2	+379	96,5	94,3
Schleswig-H.	97,4	-657	93,8	+174	97,7	95,1
Berlin	92,9	-805	89,7	+5.316	95,0	123,6
Niedersachsen	89,9	-1.463	90,2	+1.037	95,2	93,0
Saarland	76,3	+161	86,9	+295	95,0	92,8
Brandenburg	40,9	+2.639	82,8	+1.147	95,0	92,4
Sachsen	39,5	+4.711	82,3	+2.149	95,0	92,7
MVP	36,8	+2.009	81,3	+921	95,0	92,4
Thüringen	35,9	+2.807	81,7	+1.218	95,0	92,4
Sachsen-Anh.	34,0	+3.164	82,0	+1.300	95,0	92,5
Insgesamt	100,0	+/- 15.330	100,0	+/- 14.601	100,0	100,0

[1] Steuern nach örtlichem Aufkommen, Länderdurchschnitt = 100; [2] Leistungen in Mio. DM; [3] in % der Ausgleichsmesszahl
Quelle: BMF; DIW, „Quo vadis ...", a.a.O., S. 398; eigene Berechnungen.

steuerausgleich von West nach Ost umverteilt wird (1995: 11,3 Mrd. DM, 1999: 14,5 Mrd. DM und 2000: 16,0 Mrd. DM), verbesserte sich ihr Finanzstatus dadurch per Saldo sogar noch. Stärker belastet wurde durch diese Regelung allein der Bund.

Daran schließt sich der *horizontale Länderfinanzausgleich* i.e.S. an, über welchen die Finanzkraft der finanzschwachen Länder durch Ausgleichszahlungen der finanzstarken Länder auf mindestens 95% des Durchschnitts angehoben wird. Gegenüber der früheren Regelung wurde jedoch die Progression bei der Abschöpfung der ausgleichspflichtigen Überschüsse etwas gemildert. Ein Überschuss bis zu 1% des Durchschnitts wird zu 15% abgeschöpft, danach beträgt die Abschöpfungsquote zwei Drittel. Überschüsse von mehr als 10% des Durchschnitts werden derzeit mit 80% abgeschöpft. Insgesamt wird dadurch ein Volumen von 11 bis 16 Mrd. DM umverteilt, größtenteils an die neuen Länder und Berlin (vgl. Tabelle 3.2.-8).

Im Ergebnis der Reform erhöhte sich 1995 das Volumen des Länderfinanzausgleichs auf 11,2 Mrd. DM, was gegenüber 1994 fast eine Vervierfachung bedeutete. Seitdem ist es weiter gestiegen, bis 2000 auf 16,3 Mrd. DM bzw. 8,3 Mrd. €. Rund die Hälfte dieser Mittel floss jeweils den neuen Bundesländern zu, mehr als ein Drittel Berlin. Insgesamt bewirkte die horizontale Umverteilung im Umsatzsteuervorwegausgleich und im Länderfinanzausgleich i.e.S. eine spürbare Angleichung der Finanzkraft der einzelnen Bundesländer, wodurch sich ihre Rangfolge signifikant veränderte. Die neuen Länder jedoch bilden, obwohl sie bei der Umverteilung die höchsten Zugewinne verzeichnen, hinsichtlich der relativen Finanzkraft je Einwohner (vgl. Tabelle 3.2.-9, letzte Spalte) auch *nach* dem horizontalen Finanzausgleich die Schlusslichter unter allen Ländern.

Bei der Würdigung des Länderfinanzausgleichs seit In-Kraft-Treten des FKP dürfte jedoch die Strukturverschiebung in den Finanzbeziehungen noch stärker zu Buche schlagen als der gestiegene Umfang: So insbesondere die Tatsache, dass bis 1991 von den zehn alten Bundesländern i.d.R. fünf ausgleichspflichtig und fünf ausgleichsberechtigt waren.[98] Seit 1995 sind von den nunmehr 16 Bundesländern elf ausgleichsberechtigt und fünf ausgleichspflichtig, bis auf 1995 und 1997, wo das Verhältnis zehn zu sechs betrug. Länder, die in der Vergangenheit zeitweilig (Bayern, NRW, Hamburg) oder sogar durchweg (Schleswig-Holstein) zu den Empfängern zählten, rutschten nun plötzlich auf die Geberseite. Angesichts der auf längere Sicht schwachen bis sehr schwachen Finanzpositionen der fünf neuen Länder und Berlins, aber auch Bremens, Niedersachsens, Rheinland-Pfalz' und des Saarlandes, zeichnen sich auf diese Weise stabile Umverteilungsverhältnisse im Rahmen des föderalen Ausgleichs ab.

---

98 1981–1987 lag das Verhältnis bei 3:7, 1988 bei 2:8, 1989–1991 bei 5:5 und 1992–1994 bei 3:7. Berlin nahm bis 1994 nicht am Länderfinanzausgleich teil (vgl. BMF, *Finanzbericht 1998*, S. 145).

Dies war für die Hauptgeberländer Anlass, 1998 vor dem *Bundesverfassungsgericht* zu klagen und eine Neuregelung der Finanzverfassungsordnung zu fordern. Dabei ging es den Klägern um eine Verbesserung der Anreizstrukturen des Finanzausgleichs durch eine Reduzierung der Grenzbelastungen, um die Erreichung einer höheren Effizienz der Steuerverwaltung sowie um eine Zurückführung des Ausmaßes der Nivellierung. Darüber hinaus wird eine Vereinfachung des gesamten Verfahrens und eine größere Transparenz des Finanzausgleichs angestrebt.[99] An Stelle der passiven Umverteilung von Steuereinnahmen wird „mehr Standortwettbewerb" der Regionen und mehr Marktlogik bei der Verteilung der Mittel gefordert. In den Augen der Verfechter eines radikalen Umbaus des föderalen Ausgleichssystems mangelt es dem gegenwärtigen System vor allem „an ökonomischer Logik und an Wettbewerb". Der derzeit praktizierte Ausgleich mache „die armen Länder nicht reich", so die Argumentation, sondern verführe sie „zu Tatenlosigkeit und Schuldenmachen". Nicht durch „finanzielle Verschiebemanöver" würde das „Wohlstandsgefälle zwischen ärmeren und wohlhabenden Regionen, zwischen Ost und West ... eingeebnet, sondern im Wettbewerb".[100]

Obwohl viele der in diesem Zusammenhang vorgebrachten Kritikpunkte durchaus nachvollziehbar sind, darf nicht übersehen werden, dass dieser Vorstoß letztlich nicht auf eine Verbesserung des gegenwärtigen Finanzausgleichssystems zielt, sondern auf einen verfassungspolitischen Paradigmenwechsel, auf den Umbau des Finanzausgleichs im Geiste eines weniger solidarischen, dafür aber ökonomisch effizienteren Systems des „wettbewerblichen Föderalismus"[101]. Statt des „solidarischen Ausgleichs" zwischen finanzstarken und finanzschwachen Ländern soll die Konkurrenz unter den Ländern gestärkt und dadurch sukzessive, über die Ausbildung eines „wettbewerbs*orientierten* Föderalismus"[102] und den allmählichen Rückzug des Staates, zu guter Letzt ein *anderes* System durchgesetzt werden. „Wettbewerbsföderalismus" versus „kooperativen Föderalismus"[103], zwischen diesen beiden Optionen bewegt sich der Streit um die Neugestaltung des Finanzausgleichs zwischen 2005 und 2019. Da bis zu diesem Zeitpunkt die strukturellen Disparitäten zwischen Ost- und Westdeutschland nicht beseitigt sein werden, würde Ostdeutschland durch eine solche Regelung, wie sie die reichen westdeutschen Länder anstreben, einem ungleichen

---

99 Vgl. C. Baretti/B. Huber/K. Lichtblau, „Weniger Wachstum und Steueraufkommen durch den Finanzausgleich", in: *Wirtschaftsdienst*, 81. Jg. (2001) S. 38–44.
100 P. Gillies, „Der ungerechte Finanzausgleich", in: *Die Welt*, 21.6.2001.
101 Vgl. H. Siebert, „Mehr Standortwettbewerb beim Finanzausgleich", in: *FAZ*, 8.8.2000.
102 Über Inhalt und Grundlagen desselben: vgl. T. Lenk/F. Schneider, „Zurück zum Trennsystem als Königsweg zu mehr Föderalismus in Zeiten des ‚Aufbau Ost'?", in: *Jahrbücher für Nationalökonomie und Statistik*, Vol. 219 (1999) 3+4, S. 412ff. (Hervorhebung – U.B.).
103 Vgl. AG Alternative Wirtschaftspolitik, *Memorandum 2001*, Köln 2001, S. 26f. und S. 112ff.

Wettbewerb ausgesetzt werden. Die damit verbundenen Einschränkungen würden vor allem zu Lasten der Investitionen gehen, wodurch sich die Zukunftschancen der neuen Länder nicht verbessern, sondern weiter verschlechtern würden. Erst nach der Schaffung grundsätzlich gleicher Rahmenbedingungen in Ost und West wäre ein mehr wettbewerblich orientiertes Finanzausgleichsmodell geeignet, um die Entwicklung im Osten zu fördern und dadurch Kräfte freizusetzen, die sonst nicht zum Tragen kämen.

Das *Bundesverfassungsgericht* folgte in seinem Urteil vom 11.11.1999 dem Ansinnen der Kläger nur teilweise, indem es entschied, dass das bisherige Verfahren noch bis Ende 2004 anwendbar sei, danach aber ein neuer Finanzausgleich auf der Basis des *Grundgesetzes* in Kraft trete, wofür die gesetzlichen Grundlagen bis Ende 2002 („Maßstäbegesetz") bzw. 2005 („Finanzausgleichsgesetz") zu schaffen sind.[104] Gefordert wird aber eine bessere Balance zwischen Landesautonomie einerseits und bundesstaatlicher Solidargemeinschaft andererseits. Die bisherige Nivellierung der Länder hinsichtlich ihrer Finanzkraft soll eingeschränkt werden, eine Umkehrung der Finanzkraftreihenfolge durch die Zahlung von Sonderbedarfs-BEZ wird künftig ausgeschlossen, eine gewisse Mindestfinanzkraft soll jedoch jedem Land auch weiterhin garantiert werden. Derzeit werden politisch und juristisch die Weichen für den neuen Finanzausgleich gestellt.[105] Dabei ist absehbar, dass mit In-Kraft-Treten der neuen Regelung für Ostdeutschland deutlich weniger Mittel als bisher bereitstehen werden, wodurch sich die schon heute angespannte finanzielle Situation der ostdeutschen Länder und Kommunen weiter zuspitzen wird. Insbesondere nach 2006, wenn aller Voraussicht nach die EU-Förderung für Ostdeutschland ausgelaufen sein wird und die Abschmelzung der jährlichen Bundeszuschüsse beginnt, droht die Finanznot der ostdeutschen Gebietskörperschaften dramatische Formen anzunehmen. Angesichts ihrer prekären Finanzlage werden die neuen Länder in der Debatte um die konkrete Ausgestaltung des neuen Finanzausgleichs Interessen von existentieller Bedeutung wahrzunehmen haben.

Erweitert man die Analyse um die *vertikalen* Komponenten des Finanzausgleichs, so verstärkt sich der Eindruck einer asymmetrischen Umverteilung der Finanzmit-

---

104 Bundesverfassungsgericht, *Pressemitteilung* 117/99 v. 11. November 1999; R. Peffekoven, „Das Urteil des Bundesverfassungsgerichts zum Länderfinanzausgleich", in: *Wirtschaftsdienst*, Jg. 79 (1999) S. 709–715; W. Renzsch, „Das Urteil zum Finanzausgleich: Enge Fristensetzung", in: *Wirtschaftsdienst*, Jg. 79 (1999), S. 716–719; F. Söllner, „Der Länderfinanzausgleich nach dem Urteil des Bundesverfassungsgerichts", in: *Wirtschaftsdienst*, Jg. 80 (2000), S. 611–616; B. Huber/K. Lichtblau, *Ein neuer Finanzausgleich*, Köln 2000, S. 14ff.
105 Vgl. W. Renzsch, „Finanzreform 2005 – Möglichkeiten und Grenzen", in: *Wirtschaftsdienst*, 79. Jg. (1999), S. 156–163.

tel. Ein zentraler Punkt ist dabei die seit 1995 stark angewachsene Rolle des Bundes, welche sich insbesondere in einer Zunahme Bundesergänzungszuweisungen (BEZ) und Finanzhilfen dokumentiert: Abhängig vom Bedarf erhalten neue wie alte Länder zum Ausgleich der nach dem Länderfinanzausgleich verbleibenden Differenz zur durchschnittlichen Finanzkraft der Länder Ergänzungszuweisungen, sog. *Fehlbetrags-BEZ*. 1995 betrugen diese 4,8 Mrd. DM, 1999 6,5 Mrd. DM und 2000 7,2 Mrd. DM bzw. 3,7 Mrd. €. Der Sache nach gehören diese Zahlungen zum Länderfinanzausgleich, quasi als vertikale Ergänzung des seinem Wesen nach horizontalen Ausgleichs. Die neuen Länder partizipieren hieran zu mehr als 40%, Berlin zuletzt mit 13%. Darüber hinaus zahlt der Bund den neuen Ländern und Berlin zum Abbau „teilungsbedingter Sonderbelastungen sowie zum Ausgleich unterproportionaler kommunaler Finanzkraft" bis zum Jahre 2004 jährlich *Sonderbedarfs-BEZ* in Höhe von 14 Mrd. DM. Zusätzlich erhalten kleine Bundesländer wegen ihrer überproportionalen Kosten für die „politische Führung" *Sonderbedarfs-BEZ* von jährlich rund 1,5 Mrd. DM. An die neuen Länder (außer Sachsen) und Berlin entfallen davon ca. 57%. Als weitere flankierende Maßnahme zur Entwicklung der Wirtschaftskraft gewährt der Bund den neuen Ländern und Berlin gemäß Art. 104a GG außerdem Finanzhilfen im Rahmen des *Investitionsförderungsgesetzes* (IfG) in Höhe von 6,6 Mrd. DM jährlich[106], die nicht zum eigentlichen Finanzausgleichssystem gehören, gleichwohl aber häufig in diesem Zusammenhang Erwähnung finden (vgl. Tabelle 3.2.-10).

Rechnet man alle Bundesergänzungszuweisungen und Finanzhilfen zusammen, so erhält man für 2000 eine Summe von 32,7 Mrd. DM bzw. 16,7 Mrd. €. Die neuen Länder erhielten davon 20,2 Mrd. DM und Berlin 5,1 Mrd. DM, was einem Anteil von 61,9% bzw. 15,5% entspricht. Zusammen sind das 77,4%. Ein Vergleich dieser Größen mit dem Umfang des Umsatzsteuerausgleichs (17,0 Mrd. DM) und des Länderfinanzausgleichs i.e.S. (16,3 Mrd. DM) lässt die gewachsene Rolle des Bundes im Finanzausgleich evident werden. 1999 übertraf der Umfang der vertikalen Zahlungen sogar den der horizontalen Umverteilung. Im Jahr 2000 bestand hier in etwa Parität. Dies gilt insbesondere für die neuen Länder, da diese an den Zahlungen des Bundes weitaus stärker partizipieren als an den Ausgleichszahlungen im Rahmen des Länderfinanzausgleichs i.e.S. 1999 wurden im Finanzausgleich insgesamt (einschließlich der Finanzhilfen gemäß IfG) 62,5 Mrd. DM umverteilt. Davon erhielten die neuen Länder 42,1 Mrd. DM (67,4%) und Berlin 9,6 Mrd. DM (15,4%). Im Jahr 2000 umfasste der Finanzausgleich ein Volumen von 66,0 Mrd. DM, wovon die neuen Länder 44,4 Mrd. DM (67,3%) und Berlin 9,7 Mrd. DM (14,7%) auf sich konzentrieren konnten. Damit ist die „Finanzierung der Haushalte der neuen Län-

---

106 Vgl. BMF, *Finanzbericht 2002*, Berlin 2001, S. 155.

Tabelle 3.2.-10
BEZ und Finanzhilfen des Bundes 1995–2000 in Mio. DM (€)

	1995	1996	1997	1998	1999	2000	
Gesamtvolumen	31.672	31.755	31.842	32.257	32.442	32.691	(16.715)
davon an:							
- neue BL	19.940	19.961	19.928	20.055	20.176	20.246	(10.352)
· Fehl-BEZ	2.601	6.222	2.593	2.716	2.837	2.907	(1.486)
· Sonder-BEZ	11.338	11.338	11.338	11.338	11.338	11.338	(5.797)
· Sd.-BEZ PF	656	656	656	656	656	656	(336)
· Sonst. BEZ	0	0	0	0	0	0	(0)
· Finanzhilfen	5.345	5.345	5.345	5.345	5.345	5.345	(2.733)
- Berlin	4.985	4.994	4.982	5.018	5.055	5.079	(2.597)
· Fehl-BEZ	849	858	846	882	919	943	(482)
· Sonder-BEZ	2.662	2.662	2.662	2.662	2.662	2.662	(1.361)
· Sd.-BEZ PF	219	219	219	219	219	219	(112)
· Sonst. BEZ	0	0	0	0	0	0	(0)
· Finanzhilfen	1.255	1.255	1.255	1.255	1.255	1.255	(642)
- alte BL	6.748	6.800	6.932	7.184	7.211	7.365	(3.766)
· Fehl-BEZ	1.341	1.522	1.782	2.177	2.742	3.380	(1.729)
· Sonder-BEZ	0	0	0	0	0	0	(0)
· Sd.-BEZ PF	662	662	662	662	662	662	(338)
· Sonst. BEZ	4.745	4.610	4.477	4.342	3.807	3.323	(1.699)
· Finanzhilfen	0	0	0	0	0	0	(0)

Quelle: BMF, *Finanzbericht* 2001, a.a.O., S. 158ff.; *Finanzbericht* 2002, a.a.O., S. 165f.
Legende: BEZ: Bundesergänzungszuweisungen; Fehlbetrags-BEZ; Sonderbedarfs-BEZ Neue Länder; Sonderbedarfs-BEZ Kosten politischer Führung; Sonstige BEZ: Übergangs-BEZ alte Länder und Sanierungs-BEZ Bremen/Saarland; Finanzhilfen: gem. Investitionsförderungsgesetz *Aufbau Ost*.

der" (und Berlins) faktisch „zur Hauptaufgabe" des Finanzausgleichs geworden.[107] Die nachstehende Tabelle gibt einen Überblick über die insgesamt seit 1995 an die neuen Bundesländer und Berlin geleisteten Finanzausgleichszahlungen.

Wie hoch das Gewicht dieser Zahlungen, gemessen an den Einnahmen der neuen Länder, tatsächlich ist, lässt sich durch eine Gegenüberstellung der entsprechenden Daten verdeutlichen. So beliefen sich die Einnahmen der ostdeutschen Länder 1999 bzw. 2000 auf 97,5 bzw. 98,0 Mrd. DM, die der Kommunen auf 51,0 bzw. 50 Mrd. DM.[108] Aus dem Finanzausgleich flossen ihnen insgesamt aber Mittel in Höhe von 42,1 bzw. 44,5 Mrd. DM zu. Für Berlin stellt sich die Lage, resultierend aus den besonderen Umständen der historischen Entwicklung und der Situation als Hauptstadt und Regierungssitz, etwas anders dar. Fraglos handelt es sich hierbei finanzpolitisch um eine Problematik von besonderer Brisanz, wozu inzwischen zahlreiche Studien und Abhandlungen vorliegen, auf welche verwiesen wird[109] (vgl. Tabelle 3.2.-12).

107 T. Lenk, „Bei der Reform ...", a.a.O., S. 164.
108 BBk, *Monatsberichte*, 53. Jg. (2001) 6, S. 52*.

Tabelle 3.2.-11
Leistungen an die neuen Länder und Berlin im Rahmen des Föderalen Konsolidierungsprogramms 1995 bis 2000 in Mrd. DM

	1995		1996		1997		1998		1999		2000	
	NBL	Berlin	NBL	Berlin	NBL	Berlin	NBL	Berlin	NBL	Berlin	NBL	Berlin
Umsatzsteuer-Ausgleich	12,0	-0,6	13,7	-0,7	13,3	-0,7	14,2	-0,7	15,5	-0,8	16,9	-0,9
Länderfinanzausgleich	5,6	4,2	6,2	4,3	6,0	4,4	6,3	4,9	6,7	5,3	7,3	5,5
BEZ	14,6	3,7	14,6	3,7	14,6	3,7	14,7	3,8	14,8	3,8	14,9	3,8
Finanzhilfen	5,3	1,3	5,3	1,3	5,3	1,3	5,3	1,3	5,3	1,3	5,3	1,3
Insgesamt	37,5	8,6	39,8	8,6	39,2	8,7	40,5	9,3	42,1	9,6	44,4	9,7

Quelle: BMF, *Bund-Länder Finanzbeziehungen* ..., a.a.O., S. 40ff; *Finanzbericht 2002*, a.a.O., S. 154ff.

Tabelle 3.2.-12
Struktur der Einnahmen des Landes Berlin 1990–2000 in Mio. DM

Jahr	Einnahmen insgesamt	Steuereinnahmen	Zahlungen des Bundes				LFA	Vermögensverkäufe	Sonst.
			Insges.	FDE	BEZ	FH/IfG			
1990	23.193	6.254	14.361	-	-	-	-	243	2.335
1991	32.479	9.428	19.735	2.737	-	-	-	497	2.819
1992	34.690	12.338	18.427	2.717	-	-	-	55	3.870
1993	34.395	14.462	15.399	2.891	-	-	-	53	4.481
1994	33.412	16.536	10.454	2.878	-	-	-	1.868	4.554
1995	32.483	15.686	6.881	-	3.729	1.255	4.222	749	4.945
1996	31.879	15.013	7.587	-	3.740	1.255	4.335	73	4.871
1997	39.417	15.511	7.530	-	3.725	1.255	4.425	6.032	5.919
1998	36.354	15.838	7.479	-	3.750	1.255	4.888	2.629	5.520
1999	37.557	16.866	7.566	-	3.800	1.255	5.316	3.635	4.174
2000	35.875	16.994	7.514	-	3.824	1.255	5.521	1.360	4.486

Quelle: Statistisches Bundesamt; H. Seitz, „Haushaltsnotlage in Berlin?", Frankfurt/O 2001 (unveröff.)

In dieser Darlegung zeigt sich aber keineswegs nur der unbestreitbare Tatbestand, dass die Umverteilung zugunsten der neuen Länder seit 1995 kräftig zugenommen hat. Zugleich dokumentiert sich in den Daten vorstehender Tabellen auch die Gewichtsverlagerung zwischen horizontaler und vertikaler Komponente des

---

109 Vgl. DIW, „Kann sich Berlin aus seinem Finanzdilemma befreien? Zur Entwicklung des Landeshaushalts von Berlin", in: *Wochenbericht* 22/1999, S. 389–397; „Zuspitzung der Haushaltskrise in Berlin – Ohne Hilfen des Bundes droht Kollaps", in: *Wochenbericht* 25/2001, S. 370ff.; H. Seitz, „Haushaltsnotlage in Berlin?", Frankfurt/O. 2001 (erscheint demnächst in: *Perspektiven der Wirtschaftspolitik*).

Finanzausgleichs, welche auf eine veränderte Rollenverteilung zwischen Bund und Ländern hinweist. Der Nettoeffekt der dabei auszumachenden Verschiebung vom horizontalen zum vertikalen Finanzausgleich ist in einer Verschiebung der Kosten des föderalen Ausgleichs zu Lasten des Bundes zu sehen, während sich der Anteil der westdeutschen Länder seit 1994 ständig verringert hat. Die Neugestaltung des Finanzausgleichs auf der Grundlage des FKP hat also nicht nur zu einer finanziellen Besserstellung der neuen Länder geführt. Paradoxerweise entlastete sie auch die alten Länder, teils durch die Übernahme bestimmter „Kosten" durch den Bund und die Abtretung von Steuereinnahmen an die Länder, teils infolge zusätzlicher Zahlungen des Bundes an bestimmte Länder, so an Bremen und an das Saarland. Demgegenüber verzeichnete Berlin eine spezifische Entwicklung, die einerseits, was die unmittelbaren Zahlungen anbetrifft, durch einen Rückzug des Bundes aus der „Berlinhilfe" charakterisiert ist, andererseits aber, durch die Einbeziehung Berlins in diverse ostspezifische Fördermaßnahmen, auch wiederum durch eine Zunahme entsprechender Ausgleichszahlungen. Insgesamt haben diese Umschichtungen bei der Finanzierung des West/Ost-Landes Berlin zu erheblicher Intransparenz und nicht wenigen ungeklärten Finanzproblemen geführt.

Per Saldo verzeichneten die westdeutschen Bundesländer durch die Neuregelung des Finanzausgleichs 1995 eine unmittelbare Entlastung in Höhe von 0,3 Mrd. DM. Dem stand beim Bund eine Mehrbelastung in Höhe von 47,2 Mrd. DM gegenüber.[110] Nicht berücksichtigt sind dabei der 1995 als Ergänzungsabgabe zur Einkommen- und Körperschaftsteuer wieder eingeführte „Solidaritätszuschlag" (1995: 26,3 Mrd. DM) als zusätzliche Einnahme des Bundes sowie die Verluste der Länder aus der Umsatzsteuerverteilung und den (gestrichenen) Bundesergänzungszuweisungen, welche sich 1995 auf insgesamt 15,8 Mrd. DM summierten. Zieht man diese Größen mit heran, so ergibt sich ein Mehr an direkten Belastungen für die Länder von 8,0 Mrd. DM. Werden davon aber die Leistungen auslaufender Programme, quasi als Einsparungen, abgezogen, so reduziert sich die *tatsächliche* jährliche Belastung der alten Länder von 1995 an auf lediglich etwa 5 Mrd. DM.[111] Das ist, verglichen mit den Aufwendungen der Jahre zuvor, etwa ein Drittel weniger. Addiert man auch hier wieder die indirekten Belastungen, etwa auf Grund der Aufhebung des Strukturhilfegesetzes, des Abbaus von Mischfinanzierungen sowie veränderter Steuergesetze, hinzu, so ergibt sich ein Gesamtbeitrag der alten für die neu-

---

110 Vgl. Wissenschaftlicher Beirat beim BMF (Hrsg.), *Einnahmeverteilung zwischen Bund und Ländern*, Bonn 1995, S. 15.
111 R. Peffekoven, „Reform des Finanzausgleichs ...", a.a.O., S. 304f. Vgl. auch SVR, *Jahresgutachten 1993/94*, a.a.O., Z. 299.

Tabelle 3.2.-13
Be- und Entlastungen durch Einführung des FKP 1995 in Mrd. DM

	Bund	Alte Länder	Neue Länder[1]
Neue Regelungen	-63,4	-8,4	48,3
ETF	-21,5	-	-
Ergänzungszuweisungen	-25,0	6,7	18,3
IfG	-6,6	-	6,6
Umsatzsteuerverteilung/LFA	-16,4	-8,2	24,7
Fonds Deutsche Einheit	-2,6	-6,9	-
THA/Staatsbank	10,0	-	-
Altschulden Wohnungsbau	-1,3	-	-1,3
Entfallende Regelungen	69,2	4,4	-39,8
Fonds Deutsche Einheit	21,6[2]	7,5[3]	-33,6
Rest Berlinhilfe	6,2	-	-6,2
Schuldendienst/KAF	6,0	-	-
Alte BEZ	4,4	-4,4	-
Solidaritätszuschlag	26,3	-	-
Abbau Steuervergünstigungen	4,7	1,8	-
Insgesamt	5,8	-4,0	8,5

Anmerkungen: [1] Einschließlich Berlin; [2] Einschließlich Wegfall von Annuitäten; [3] Nach Abzug zusätzlicher Annuitäten (2,1 Mrd. DM). Belastungen (-), Entlastungen (+). Einschließlich Gemeinden.
Quelle: S. Bach/D. Vesper, „Finanzpolitik und Wiedervereinigung ...", a.a.O., S. 199

en Länder von jährlich maximal 25 Mrd. DM, das heißt in ähnlicher Höhe wie 1991 bis 1994.[112] Auch diese Rechnung weist also *keine* Erhöhung der bündischen Solidarität resp. Belastung der alten Bundesländer aus. Durch die Berücksichtigung aller direkten und indirekten Belastungen relativiert sich zwar die „Schieflage" der Kostenverteilung zwischen Bund und Ländern etwas, das Gesamtbild aber bleibt davon unberührt, zumal wenn Berlin, wie hier der Fall, gänzlich als neues Bundesland gezählt wird. Andere Rechnungen kommen zu ähnlichen, im Einzelnen aber auch davon abweichenden Ergebnissen. So ermittelte beispielsweise das DIW für das Jahr 1995 eine Mehrbelastung der alten Bundesländer durch die Neuregelungen des FKP in Höhe von 4 Mrd. DM. Dem stand beim Bund, sofern der Solidaritätszuschlag berücksichtigt wird, eine Entlastung in Höhe von 5,8 Mrd. DM gegenüber (vgl. Tabelle 3.2.-13).

Etwas anders stellt sich dies jedoch dar, wenn die westdeutschen Länder differenziert betrachtet werden. Dann zeigt sich nämlich, dass bestimmte ausgleichsberechtigte Länder durch die Einbeziehung der neuen Länder und die Neuordnung des Finanzausgleichs in der Tat nicht schlechter gestellt wurden (Bremen, Saarland), andere zwar Einbußen erlitten, aber nicht gravierend (Niedersachsen, Schleswig-Holstein, Hamburg), einige ausgleichspflichtige Länder aber (Hessen, Baden-Würt-

---

112 W. Renzsch, „Die Finanzierung ...", a.a.O., S. 355.

Tabelle 3.2.-14
Relative Finanzkraft der Länder vor und nach dem Finanzausgleich 2000[1]

Bundesländer	Vor Umsatz-steuerverteilg.[2]	Nach Umsatz-steuerausgleich	Nach LFA	Nach Fehl-betrags-BEZ	Nach Sonder-bedarfs-BEZ
Flächenländer West:					
Hessen	142,9	122,4	103,8	101,9	97,3
Baden-Württemberg	121,2	109,1	101,3	99,5	95,0
Bayern	120,9	107,4	100,9	99,1	94,6
NRW	113,7	102,9	100,4	98,5	94,1
Schleswig-Holstein	93,3	90,2	93,0	95,1	92,7
Rheinland-Pfalz	92,9	88,8	92,8	95,5	93,3
Niedersachsen	86,8	89,8	92,8	95,4	91,7
Saarland	77,4	86,8	93,0	95,7	114,3
Stadtstaaten					
Hamburg	184,2	149,9	136,4	133,9	127,9
Bremen	103,2	95,1	122,8	125,7	172,6
Berlin	93,9	89,4	123,7	127,2	138,3
Flächenländer Ost					
Brandenburg	37,2	82,2	92,4	95,0	107,0
MVP	35,0	81,1	92,7	95,3	109,1
Sachsen	33,9	82,1	93,1	95,7	107,6
Thüringen	30,4	81,4	92,7	95,4	108,6
Sachsen-Anhalt	29,6	81,8	93,0	95,7	109,1

[1] Finanzkraft je Einwohner in % des gesamtdeutschen Durchschnitts, zusammen = 100; [2] Anteile der Länder an Gemeinschaftssteuern (ohne Umsatzsteuer) sowie Ländersteuern nach örtlichem Aufkommen (ohne Finanzhilfen gemäß IfG).
Quelle: BBk, *Monatsberichte*, 53. Jg. (2001) 6, S. 68.

temberg und Bayern) erheblich mehr als bisher zur Kasse gebeten werden. Vor dem Hintergrund dieser Polarisierung innerhalb Westdeutschlands erklärt sich die unterschiedliche Positionierung der Länder in der gegenwärtigen Kontroverse um den Finanzausgleich. Wie stark sich die Finanzkraftunterschiede der einzelnen Bundesländer durch den Finanzausgleich unter Einschluss der Bundesergänzungszuweisungen verändern, geht aus Tabelle 3.2.-14 hervor.

Wie aus vorstehender Tabelle 3.2.-14 ersichtlich ist, verändern sich die Finanzkraftunterschiede im Ergebnis der einzelnen Umverteilungsschritte ganz erheblich. Dies gilt insbesondere für die letzte Stufe der vertikalen Umverteilung, die Sonderbedarfs-BEZ, welche die Finanzausstattung der Stadtstaaten Bremen und Berlin, aber auch des Saarlandes und der neuen Bundesländer, bedeutend verbessert. Im Gegenzug verschlechtert sich die relative Finanzposition der anderen Länder, so dass sich die Finanzkraftreihenfolge letztlich sogar umkehrt. Insgesamt bewirkt der Finanzausgleich für die alten Bundesländer eine Reduktion ihrer relativen Finanzkraft von 113,7% (vor der Umsatzsteuerverteilung) auf 98,3%, nach Abschluss aller Umverteilungsstufen. Für die neuen Bundesländer dagegen verbessert sich die Finanzposition von ursprünglich 33,2% über 81,8% (nach dem Umsatzsteuervorwegausgleich) auf 108,2% zum Schluss.[113]

Diese Zahlen lassen aber auch keinen Zweifel daran, wie gewaltig die finanziellen Unterschiede zwischen den neuen und den alten Bundesländern, mehr als ein Jahrzehnt nach der Vereinigung, immer noch sind und welcher Anstrengungen es noch bedarf, um unter diesen Bedingungen „die Einheitlichkeit der Lebensverhältnisse" im gesamten Bundesgebiet wirklich zu sichern. Das Erschreckende dabei ist, dass sich bei der Entwicklung der Steuereinnahmen in Ost- und Westdeutschland keinerlei Konvergenz feststellen lässt. Vielmehr spiegelt sich in diesen Zahlen die auch sonst in der Wirtschaft zu beobachtende Divergenz wider, das heißt, der Osten fällt auch hier kontinuierlich zurück. Lag das Steueraufkommen[114] der neuen Bundesländer (je Einwohner) 1995 noch bei 47,9% des Bundesdurchschnitts, so betrug es in 2000 nur noch 33,2%. Besonders krass ist die Diskrepanz zwischen den Spitzenländern im Westen, Hamburg mit 184,2% und Hessen mit 142,9%, und den Schlusslichtern im Osten, Thüringen mit 30,4% und Sachsen-Anhalt mit nur 29,6% des Durchschnittswertes. Selbst das ärmste Bundesland im Westen, das Saarland, verzeichnet hier immer noch ein mehr als doppelt so hohes Niveau wie die ostdeutschen Länder im Durchschnitt.

Um die neuen Länder (und Berlin/Ost) in ihrem wirtschaftlichen Entwicklungs- und Aufholprozess zu unterstützen und den damit verbundenen Transferbedarf auf mittlere Frist finanziell sicherzustellen, einigten sich Bund und Länder 1993 auf einen Solidarpakt für Ostdeutschland *(Solidarpakt I)*. Kern dieses Pakts mit einer Laufzeit von zehn Jahren, von 1995 bis 2004, ist das *Föderale Konsolidierungsprogramm*. Mit ihm wurde geregelt, wie die Verteilung der sich aus den vereinigungsbedingten Schulden ergebenden Lasten zu erfolgen hat und wie sich, von 1995 an, der Bund-Länder Finanzausgleich gestaltet. Da es zu diesem Zeitpunkt bereits unübersehbar war, dass der Finanzbedarf der neuen Länder noch auf lange Sicht die Größenordnung der Umverteilungsvolumina im horizontalen Finanzausgleich deutlich übersteigen wird, wurden im FKP eine Reihe zusätzlicher Leistungen vereinbart: die BEZ zur Überwindung teilungsbedingter Sonderlasten und die Finanzhilfen des Bundes für Investitionen gemäß dem Investitionsförderungsgesetz *Aufbau Ost* (IfG).

---

113 Vgl. BBk, „Die Entwicklung der Länderfinanzen seit Mitte der neunziger Jahre", in: *Monatsberichte*, 53. Jg. (2001) 6, S. 68.
114 Gemeinschaftssteuern (ohne Umsatzsteuer) zzgl. Ländersteuern (*Quelle:* BMF, für 2000 vorläufig).

Wie hoch das jährliche Transfervolumen im Rahmen des Solidarpakts größenmäßig zu veranschlagen ist, wird, je nachdem, welche Leistungen dazu im Einzelnen herangezogen werden, unterschiedlich beurteilt. So geht *Rolf Peffekoven* für 1995 von Einnahmen der neuen Länder von „nahezu 58 Mrd. DM"[115] aus, im *Jahresbericht der Bundesregierung* werden für 1997 knapp 49,9 Mrd. DM genannt[116], für 1998 50,1 Mrd. DM[117], wovon aber nur 40 Mrd. DM speziell für den *Aufbau Ost* bestimmt waren. Andere Quellen weisen als Obergrenze des Solidarpakts ca. 55 Mrd. DM aus, wobei in diesem Fall zu den Bundesergänzungszuweisungen für teilungsbedingte Sonderlasten (14,3 Mrd. DM) und den Finanzhilfen gemäß IfG (6,6 Mrd. DM) auch die Einnahmen der neuen Länder aus der Neufestlegung der Umsatzsteuerverteilung und dem Länderfinanzausgleich i.e.S. sowie die Fehlbetragsergänzungszuweisungen des Bundes hinzugerechnet wurden.[118] Das generelle Problem dieser Rechnungen besteht darin, dass hier – wie bei derartigen Transferrechnungen auch sonst – allgemeine, bundeseinheitlich gewährte Zahlungen mit speziellen, nur Ostdeutschland zustehenden Leistungen zu einer Größe zusammengefasst werden. Ganz reguläre Ausgleichszahlungen im Rahmen des Umsatzsteuerausgleichs und des Länderfinanzausgleichs erscheinen so, indem sie als Leistungen im Rahmen des „Solidarpakts" ausgewiesen werden, als „Sonderleistungen" des Westens für den Osten, was sie von der Sache her aber gerade nicht sind. Da dies in der Vergangenheit immer wieder zu „fehlerhaften Schlussfolgerungen der Öffentlichkeit hinsichtlich der Leistungen für den eigentlichen Aufbau Ost geführt"[119] hat, sollte ein derartiger, noch dazu irreführender Ausweis, künftig tunlichst vermieden werden. Es scheint daher angemessen, die im Rahmen des horizontalen Finanzausgleichs vorgenommenen Transfers sowie die Fehlbetrags-BEZ bei der Quantifizierung der Solidarleistungen nicht mitzurechnen, dafür aber neben den Sonder-BEZ für Ostdeutschland (14 Mrd. DM) und den Finanzhilfen gem. IfG (6,6 Mrd. DM) eine Reihe von Mischfinanzierungen und besonderen Fördermaßnahmen, insbesondere im infrastrukturellen Bereich, in der Summe ca. 10 Mrd. DM, zu berücksichtigen. Insgesamt ergibt sich so ein Solidarbeitrag von rund 30 Mrd. DM jährlich, also von 1995 bis 2004 von ca. 300 Mrd. DM.

---

115 R. Peffekoven, „Reform des Finanzausgleichs ...", a.a.O., S. 304.
116 Bundesregierung, *Jahresbericht... 1998*, a.a.O., S. 64f.
117 Bundesregierung, *Jahresbericht...1999*, a.a.O., S. 19f.
118 Die Landeszentralbank Berlin und Brandenburg weist in ihrer Rechnung 53–55 Mrd. DM aus (LZBB, *Jahresbericht 2000*, a.a.O., S. 103), das IW errechnete (anhand von Planzahlen) sogar 55,8 Mrd. DM (W. Fuest/R. Kroker, *Die Finanzpolitik nach der Wiedervereinigung*, Köln 1993, S. 36).
119 Bundesregierung, *Jahresbericht... 1999*, a.a.O. , S. 20.

Die nach dem Urteil des *Bundesverfassungsgerichts* v. 11. November 1999 unumgänglich gewordene Neuregelung des Finanzausgleichs zum 1. Januar 2005 tangiert natürlich den Solidarpakt für die neuen Länder in hohem Maße. So spielte die Frage, ob dieser nach dem Jahre 2004 als *Solidarpakt II* vom Grundsatz her fortgeführt werden soll oder nicht, in der Diskussion über die Grundkonturen des neuen Finanzausgleichs eine zentrale Rolle. Drei Punkte sind in diesem Zusammenhang von besonderer Relevanz: *Erstens* die überproportionale Belastung einiger westdeutscher Bundesländer und damit das Problem der hohen Grenzbelastung als dem „ökonomischen Kernproblem" des bisherigen Ausgleichssystems.[120] *Zweitens* die Tatsache, dass sich der Länderfinanzausgleich inzwischen als ein stabiler Umverteilungsmechanismus mit fest definierten Rollen, was die Ausgleichspflicht und die Ausgleichsberechtigung einzelner Länder anbetrifft, etabliert zu haben scheint, wobei die neuen Bundesländer und Berlin, wie nicht anders zu erwarten, feste Positionen auf Seiten der Ausgleichsberechtigten beanspruchen. Und *drittens* der Befund, dass der infrastrukturelle Nachholbedarf und die nach wie vor verhältnismäßig geringe Wirtschafts- und Steuerkraft der neuen Länder weitere Hilfen in der Größenordnung der bisher gewährten Zahlungen erforderlich machen, also noch einmal mindestens 300 Mrd. DM.

Die Ministerpräsidenten der neuen Länder bezifferten den Förderbedarf für die nächsten Jahrzehnte (ab 2005) aus aktueller Sicht auf 400 bis 500 Mrd. DM. Allein der Investitionsbedarf im infrastrukturellen Bereich wurde mit ca. 300 Mrd. DM veranschlagt. Weitere 100 Mrd. DM sollten der Wirtschaftsförderung dienen, ein ebenso hoher Betrag der aktiven Arbeitsmarktpolitik.[121] Diese Forderung wurde im Westen als „unakzeptable Belastung" aufgenommen und mit einer, teilweise alles andere als sachlich geführten, Debatte über den *Aufbau Ost* als einem „Fass ohne Boden" beantwortet.[122] Vor diesem Hintergrund verlief die Diskussion über die Reform des Finanzausgleichs, die zudem auch noch von den Kläger-Ländern dominiert wurde, für die neuen Länder zunächst eher unbefriedigend. Ihre historisch-spezifische Problemlage fand in der kritischen Auseinandersetzung mit dem gegenwärtigen Ausgleichssystem unter Allokations- und Effizienzgesichtspunkten entschieden zu wenig Berücksichtigung. Die vergleichsweise ungünstige finanzielle Lage der neuen Länder lässt sich, im Unterschied zu bestimmten alten Ländern, eben nicht aus verzerrenden Allokationswirkungen von Finanzausgleichszahlungen innerhalb einer funktionierenden Marktwirtschaft im Zustand eines räumlich effizienten Gleichgewichts erklä-

---

120 B. Huber/K. Lichtblau, *Ein neuer Finanzausgleich*, a.a.O., S. 9ff.
121 Vgl. J. Schneider, „Ost-Länder fordern bis zu 500 Milliarden Mark", in: *SZ* 30.3.2000.
122 Vgl. zum Beispiel „Aufbau Ost – Fass ohne Boden", in: *Die Welt*, 11.6.1999.

ren, sondern resultiert aus der ungleichen Lastenverteilung im Gefolge des Zweiten Weltkriegs, der deutschen Teilung und des missglückten planwirtschaftlichen Experiments in der DDR. Sie ist also *exogen* bedingt. Erst wenn der Aufholprozess Ostdeutschlands so weit fortgeschritten ist, dass gegenüber den alten Bundesländern Wettbewerbsgleichheit besteht, wird die Frage, ob das Ausmaß der Nivellierung im Ergebnis des Finanzausgleichs die allokative Effizienz behindert, zu einem wirklichen Problem. Bis dahin aber zählt allein der distributive Aspekt des Finanzausgleichs und ist die Unterstützung der neuen Länder im Rahmen des föderalen Ausgleichssystems ökonomisch und sozial gleichermaßen notwendig wie gerechtfertigt. Ganz abgesehen von der verfassungsrechtlich gebotenen föderalen Solidarität des Bundes wie der Länder. Unterstützung fanden die neuen Bundesländer schließlich durch Gutachten der fünf führenden Wirtschaftsforschungsinstitute, worin der infrastrukturelle Nachholbedarf Ostdeutschlands, bezogen auf das Jahr 2005, mit ca. 300 Mrd. DM beziffert wurde.[123] Aus den Gutachten geht auch hervor, dass eine Rückführung der Unterstützungszahlungen nicht nur für Ostdeutschland verheerende Auswirkungen hätte, sondern gleichermaßen auch für Westdeutschland, da es infolge einer Reduktion der Zahlungen und des dadurch bedingten Ausbleibens der Nachfrage aus dem Osten hier zu erheblichen Produktions- und Beschäftigungsverlusten kommen würde. Auf die Summe von 300 Mrd. DM stützte sich dann in der weiteren Diskussion die Forderung der ostdeutschen Länder nach einem Finanzvolumen des *Solidarpakts II* in eben dieser Größenordnung. Dies wurde damit begründet, dass die Mittel des Solidarpakts, wie auch bisher, vor allem zur Beseitigung der Infrastrukturdefizite eingesetzt werden sollen.

Das derzeitige Ausgleichssystem sichert den finanzschwachen Ländern – über mehrere Stufen – letztendlich eine Finanzausstattung je Einwohner von mehr als 100 Prozent des Bundesdurchschnitts. Für die neuen Länder bedeutet dies eine Verbesserung ihrer relativen Finanzposition von durchschnittlich einem Drittel derzeit auf 108,2 % (Vgl. Tabelle 3.2.-14). Ausschlaggebend dafür waren aber in der Vergangenheit nicht in erster Linie die Zahlungen der alten an die neuen Länder (und Berlin) im Rahmen des Länderfinanzausgleichs – diese machten mit einem Umfang von 12,8 Mrd. DM im Jahr 2000 kaum ein Viertel des Gesamtvolumens der Umverteilung aus – sondern die Ergänzungszuweisungen und Finanzhilfen des Bundes, welche den Hauptteil der Mittel für den Solidarpakt bildeten. Dies stellt sich jedoch für die drei finanzstärksten ausgleichspflichtigen Länder anders dar. Für sie sind die Zahlungen im Rahmen des Länderfinanzausgleichs allerdings der größte Posten, dicht

---

123 Vgl. DIW/ifo/IWH/RWI/ILS, *Solidarpakt II – Infrastrukturelle Nachholbedarfe Ostdeutschlands*, 2000 (unveröffentlicht).

gefolgt von den Belastungen durch den Umsatzsteuerausgleich. Beide Ausgabensummen finden sich in der Bilanz fast vollständig bei den neuen Bundesländern und Berlin als Einnahmen wieder, womit der Interessenkonflikt offenbar wird. Ausgehend von dieser Konstellation ist keine Reform des Finanzausgleichssystems denkbar, bei dem die neuen Bundesländer nicht die Verlierer sein werden. Es sei denn, es würden nur die Verteilungsmodalitäten geändert, das Ganze einfacher gestaltet und transparenter, die Belastungen für die alten Bundesländer blieben aber auf gleichem Niveau. Eine solche „Lösung" entspräche jedoch nicht den Intentionen der in der Debatte um den Finanzausgleich den Ton angebenden ausgleichspflichtigen Länder. Sollte aber der Nivellierungsgrad im Finanzausgleichssystem der Länder verringert werden, so ginge dies nur über eine Reduzierung der Abschöpfungsquoten der ausgleichspflichtigen Länder. Dies würde aber zwangsläufig eine Kürzung der Ausgleichsansprüche der neuen Bundesländer als Hauptausgleichsberechtigte implizieren. Resultat einer solchen Reform wäre also, wie auch immer, eine finanzielle Schlechterstellung der neuen Bundesländer. Angesichts der wirtschaftlichen Situation der neuen Länder und des nach wie vor hohen, das eigene Steueraufkommen weit übersteigenden Finanzbedarfs, wäre eine solche „Lösung" in höchstem Maße kontraproduktiv für den Aufholprozess Ostdeutschlands und geradezu verwerflich in Hinblick auf das Ziel der Herstellung gleichwertiger Lebensverhältnisse in Deutschland. Die Konsequenz wäre letztendlich, dass der Bund mit noch höheren Ergänzungszuweisungen und Finanzhilfen einspringen müsste, um zu verhindern, dass die neuen Länder finanziell völlig „abdriften". Im Unterschied zu den westdeutschen Ländern nämlich kann sich der Bund seiner Solidarhaftung gegenüber in Not geratenen Ländern nicht entziehen. Dies aber würde bedeuten, dass die horizontale Komponente im föderalen Ausgleichssystem mehr und mehr durch die vertikale ersetzt wird. Zwischen den Regionen würde Wettbewerb herrschen, zwischen dem Bund und den Ländern aber solidarische Kooperation.

Die Entscheidung zum *Solidarpakt II*, die schließlich am 21./22. Juni 2001, zumindest was den politischen Rahmen anbetrifft, zwischen dem Bund und den Ländern ausgehandelt wurde, folgt in wesentlichen Punkten den Vorstellungen der neuen Bundesländer, in anderen, nicht minder bedeutsamen, aber nicht. Beschlossen wurde, den Solidarpakt mit dem erklärten Ziel, „gleichwertige wirtschaftliche und soziale Lebensverhältnisse in Ost und West zu schaffen und die innere Einheit zu vollenden"[124], bis 2019 fortzuführen. Vorgesehen ist dafür ein Finanzvolumen von insgesamt 306 Mrd. DM. Hinter dieser Summe verbergen sich aber ganz unterschiedliche Zwecksetzungen und Finanzgebaren.

---

124 Sonder-Konferenz der Ministerpräsidenten der Länder am 21./22. Juni 2000 in Berlin, Ergebnisprotokoll, Anlage 3.

Der neue Solidarpakt umfasst zwei Teile: Korb I enthält Bundesmittel, die den neuen Ländern zum Abbau teilungsbedingter Sonderlastungen zur Verfügung gestellt werden, insgesamt 206 Mrd. DM. Die neuen Länder erhalten diese Mittel in Form von Sonderbedarfsergänzungszuweisungen. Sie bilden faktisch den Ersatz für die bisherigen Bundesergänzungszuweisungen und die Finanzhilfen im Rahmen des IfG in Höhe von jährlich 20,6 Mrd. DM. Ihre Zahlung erfolgt jedoch nunmehr verteilt auf 15 Jahre bei degressiver Staffelung, so dass nur im ersten Jahr (2005) 20,6 Mrd. DM zur Auszahlung kommen, im Jahr 2006 20,5 Mrd. DM, 2007 20,3 Mrd. DM, 2008 20,0 Mrd. DM usw. Die letzte Zahlung in Höhe von 4,1 Mrd. DM soll 2019 erfolgen. Anders als bisher, unterliegen diese Mittel keiner konkreten Zweckbindung, sondern stehen den Empfängern zur freien Verfügung. Korb II beinhaltet keine exakt vereinbarte Summe, sondern eine „Zielgröße" von 100 Mrd. DM bei einer Laufzeit von ebenfalls 15 Jahren. Orientierungsgrundlage dafür war der jetzige Umfang überproportionaler Zuwendungen des Bundes und der EU an die neuen Länder in Höhe von jährlich ca. 10 Mrd. DM. Im Konkreten sind diese Mittel jedoch jedes Jahr neu auszuhandeln, wobei ihre Bereitstellung letztlich von der Kassenlage des Bundes abhängig ist.

Das Verhandlungsergebnis des *Solidarpakts II* als „Erfolg" für die neuen Länder zu werten, ohne die daran geknüpften Bedingungen kritisch zu würdigen, wäre jedoch allzu euphemistisch. Denn, *erstens* wurde der teilungsbedingte Nachholbedarf deutlich höher eingeschätzt als der Umfang der im Solidarpakt dafür zur Verfügung gestellten Mittel, so dass diese „kaum als ausreichend anzusehen"[125] sind, um die Infrastrukturlücke tatsächlich zu schließen. *Zweitens* bedeutet die zeitliche Streckung der Zahlungen, dass, auf das Jahr umgerechnet, im Durchschnitt etwa ein Drittel weniger Mittel als bisher (30,6 Mrd. DM) zur Verfügung stehen. Drittens erfolgen die Zahlungen über 15 Jahre, ohne dass jedoch eine Anpassung der jährlichen Leistungen an die Inflation vorgenommen wird. Eine entsprechende Abdiskontierung der Beträge auf reale Größen lässt jedoch erkennen, dass selbst bei einer moderaten Inflation von nur 2–3% p.a. *real* bis zu einem Drittel der nominal vereinbarten Summe weniger verfügbar sein wird. Aus all dem folgt, dass, per Saldo und real gerechnet, den neuen Ländern in der dritten Phase der Finanzierung der deutschen Einheit bedeutend weniger Finanzzuweisungen zur Verfügung stehen werden als bisher. Dies wird besonders nach 2008 spürbar werden, wenn die Zahlungen der *Europäischen Union* ausgelaufen sind und die Degression der Zahlungen des Bundes verstärkt einsetzt. Ob diese gegenüber den bisherigen Zahlungen deutlich geringeren Zuwen-

---

125 J. Ragnitz, „'Solidarpakt II': Die ostdeutschen Länder in der Verantwortung", in: *Wirtschaft im Wandel*, 10/2001, S. 248.

dungen dann ausreichend sein werden, um Ostdeutschland im Niveau Westdeutschland anzugleichen, bleibt abzuwarten. Zumal auch die regulären Umverteilungseffekte im Rahmen des Länderfinanzausgleichs für den Osten künftig geringer ausfallen werden als bisher. Trotz dieser Unsicherheit haben die ostdeutschen Länder erklärt, künftig keine diesbezüglichen Forderungen mehr zu stellen. Das heißt, ab 2020 wird ein ggf. noch bestehender teilungsbedingter infrastruktureller Nachholbedarf „nicht mehr geltend gemacht" werden.[126]

3.2.3. Transferzahlungen im Rahmen der Sozialversicherung

Der größte Teil der seit 1990 vorgenommenen Transferleistungen diente einem sozialen Verwendungszweck bzw. war sozialpolitisch motiviert. In der Summe gilt dies für ca. 51% aller öffentlichen Leistungen für Ostdeutschland seit 1991.[127] Rund die Hälfte dieser Aufwendungen verkörperte direkte Leistungen für die Bevölkerung, die andere Hälfte umfasste Ausgaben der Gebietskörperschaften und Sozialversicherungsträger, die i.w.S. dem sozialen Bereich zuzuordnen sind. Hierin dokumentiert sich die zentrale Rolle, welche die sozialen Sicherungssysteme im Einigungsprozess spielen, was sich sowohl aus dem sozialstaatlichen Charakter der Bundesrepublik erklärt als auch aus dem Scheitern des Transformationskonzepts der Bundesregierung. Mit dem Ausbleiben des wirtschaftlichen Aufschwungs, dem Rückgang der Beschäftigung und der Zunahme sozialer Probleme wuchsen die Anforderungen an die sozialen Sicherungssysteme, so dass sich die Sozialversicherungen zu dem nach dem Bund „bedeutendsten Finanzier der deutschen Einheit"[128] entwickelten.

Grenzt man die Gesamtheit der *Sozialtransfers* auf die Leistungen der institutionellen Sozialversicherungsträger ein, so sind es im Wesentlichen zwei intermediäre Quellen, worauf diese sich aufkommensseitig zurückführen lassen: die Sozialversicherungen und der Bundeshaushalt. Die Sozialversicherungskassen erbringen Transferleistungen, indem sie die Defizite im Osten im Rahmen eines internen Finanzausgleichs mit den im Westen erzielten Beitragsüberschüssen und angesammelten Guthaben ausgleichen. Da dies nicht ausreicht, um den Finanzbedarf der Kassen im Osten vollständig zu decken, erfolgt ein zusätzlicher Finanzausgleich durch den Bund. Beide Größen zusammen, der interne Finanzausgleich der Kassen und der über den regulären Umfang hinausgehende Zuschuss des Bundes, bilden den West-Ost-Sozialtransfer, wobei die Leistungen der Sozialversicherungsträger

---

126 Sonder-Konferenz der Ministerpräsidenten..., a.a.O., Anlage 3, S. 1.
127 Vgl. J. Ragnitz et al., *Simulationsrechnungen* ..., a.a.O., S. 14.
128 O. Schwinn, *Die Finanzierung der deutschen Einheit*, a.a.O., S. 121.

einen Defizitausgleich im Rahmen des jeweiligen Kassenverbunds unter Berücksichtigung der Beitragseinnahmen im Osten darstellen und die Leistungen des Bundes Zuschüsse verkörpern, die jährlich entsprechend dem verbleibenden Finanzbedarf gezahlt werden (vgl. Tabelle 3.2.-15).

Tabelle 3.2.-15
Transferleistungen der Sozialversicherung und Bundeszuschüsse 1991–1999 in Mrd. DM

	1991	1992	1993	1994	1995	1996	1997	1998	1999
SV-Träger	18,7	34,2	23,0	29,8	33,3	30,9	34,7	31,9	36,0
Bundeszuschüsse	15,4	19,1	35,4	23,6	32,4	30,5	27,8	26,9	34,5
Insgesamt	34,1	53,3	58,4	53,4	65,7	61,4	62,5	58,8	70,5

Quelle: BMF, BMWi, J. Ragnitz et al., *Simulationsrechnungen...*, a.a.O., S. 14 und 17

Im Einzelnen verbergen sich hierunter Leistungen der *Bundesanstalt für Arbeit*, der *Bundesversicherungsanstalt für Angestellte* sowie der anderen Rentenversicherungsträger, wie der *Bahnversicherungsanstalt*, der *Bundesknappschaft*, der *Seekasse* usw., soweit diese das Beitragsaufkommen im Osten überstiegen und durch Ausgleichszahlungen der Kassen sowie Zuschüsse des Bundes finanziert worden sind. Zweck dieser Zahlungen war die finanzielle Leistungssicherung der gesetzlichen Renten-, Kranken- und Arbeitslosenversicherung im Osten sowie die Unterstützung der ostdeutschen Gebietskörperschaften bei der Wahrnehmung ihrer sozialpolitischen Aufgaben. Grundlage dafür sind die Bestimmungen zur „Sozialunion" im *Staatsvertrag* v. 18.5.90, insbesondere Art. 18 bis 25 und 28, und im *Einigungsvertrag* v. 31.8. 90, hier vor allem Art. 8 und 30, sowie die Sozialgesetzgebung der Bundesrepublik, die nach dem Auslaufen bestimmter Übergangsfristen auch für das Beitrittsgebiet Gültigkeit besitzt.

Der Umfang der Sozialtransfers ist vor allem der prekären wirtschaftlichen und sozialen Lage in den neuen Bundesländern geschuldet. Konnte anfangs noch erwartet werden, dass es zur Leistungssicherung in den verschiedenen Zweigen der Sozialversicherung im Osten lediglich einer Anschubfinanzierung bzw. Deckung temporärer Defizite bei den Trägern bedarf, so zeigte sich bald, dass das Ausmaß des wirtschaftlichen Niedergangs und die andauernde Massenarbeitslosigkeit Sozialtransfers in größerem Umfang und auf lange Sicht unumgänglich machen würden. Dies betraf institutionell insbesondere die *Bundesanstalt für Arbeit* und die Rentenversicherungsträger. Dabei kam es im Laufe der Zeit jedoch zu strukturellen Verschiebungen: So ist der Anteil des anfangs sehr hohen Leistungsumfangs der *Bundesanstalt für Arbeit* seit 1994 etwas zurückgegangen. Demgegenüber hat sich der Anteil der Zahlun-

Abbildung 3.2.-1
Struktur der Sozialtransfers 1991–1999 in Mrd. DM

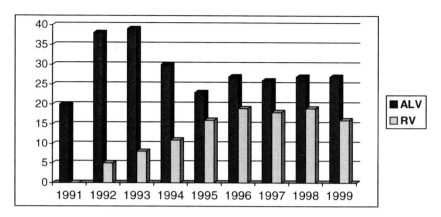

Quelle: S. Bach/D. Vesper, „Finanzpolitik und Wiedervereinigung ...", a.a.O., S. 203

gen der Rentenversicherungen erhöht. Gleichwohl aber beanspruchte die Arbeitslosenversicherung über die gesamte Periode hinweg absolut die meisten Mittel (vgl. Abbildung 3.2.-1).

Gemäß den Bestimmungen zur Rechtsangleichung im *Einigungsvertrag* trat zum 3.10.1990 bzw. 1.1.1991 in den neuen Ländern auch auf sozialem Gebiet Bundesrecht in Kraft. Im Falle bundeseinheitlicher Institutionen, wie der *Bundesanstalt für Arbeit*, der *Bundesversicherungsanstalt für Angestellte* und der *Bundesknappschaft*, schließt dies bei auftretender Unterdeckung der Ausgaben interne Ausgleichszahlungen sowie Zuschüsse des Bundes ein. Für die Arbeitslosenversicherung gilt dies bereits seit dem 3.10.1990. Für die Träger der Unfallversicherung seit dem 1.1.1991. Für die Rentenversicherung wurde zum 1.1.1992 ein entsprechender Finanzverbund vereinbart, nachdem des Rentenüberleitungsgesetz in Kraft getreten war.[129] Etwas anders verhält sich dies bei der gesetzlichen Krankenversicherung, da die Ost-Krankenkassen mit den westdeutschen Kassen zunächst in keinem Finanzverbund standen. Mit dem *GKV-Finanzstärkungsgesetz* wurde jedoch 1998 beschlossen, die Trennung des Risikostrukturausgleichs zwischen den alten und den neuen Ländern ab 1999 schrittweise und von 2001 an gänzlich aufzuheben.[130]

---

129 Vgl. N. Andel, „Die Rentenversicherung im Prozeß der Wiedervereinigung Deutschlands", in: K.-H. Hansmeyer (Hrsg.), *Finanzierungsprobleme der deutschen Einheit II*, Schriften des Vereins für Socialpolitik, N.F., Bd. 229/II, Berlin 1993, S. 64–111.
130 Vgl. BMA, *Sozialbericht 1997*, a.a.O., S. 61.

Insgesamt ist die finanzielle Situation der ostdeutschen Sozialversicherungsträger seit 1991 durch eine unausgeglichene Einnahmen-Ausgaben-Entwicklung charakterisiert. Dies zeigt sich zum einen in den hohen Finanzierungsdefiziten (der ostdeutschen Träger), zum anderen in entsprechenden Ausgleichszahlungen (der westdeutschen Träger) sowie hohen Zuschüssen des Bundes. Dabei haben sich die regionalen Unterschiede in der finanziellen Entwicklung der Kassen im Laufe der Zeit noch verstärkt. Das heißt, hohen Überschüssen der *Bundesanstalt für Arbeit* und der Rentenversicherungsträger in Westdeutschland stehen nach wie vor nicht weniger hohe Defizite in Ostdeutschland gegenüber.[131] Aus der Auflistung der für Ost- und Westdeutschland getrennt erfassten Finanzierungssalden der Sozialversicherungsträger lässt sich ersehen, in welchem Umfang seit 1991 ein interner Finanzausgleich der Sozialversicherungen notwendig, aber auch möglich war (vgl. Tabelle 3.2.-16). Im Einzelnen vollzieht sich dieser Ausgleich aber über verschiedene Stufen und differenzierte Zurechnungen, so dass die Finanzierungssalden nicht mit dem Nettotransfer von West nach Ost gleichzusetzen sind. Die Finanzierungssalden bilden lediglich eine Voraussetzung für das Zustandekommen entsprechender Ausgleichstransaktionen, die ihrem Charakter nach dann interregionale Transfers sind.

Tabelle 3.2.-16
Finanzierungssalden der Sozialversicherungsträger 1991–1999 in Mrd. DM

	1991	1992	1993	1994	1995	1996	1997	1998	1999
AL[1] West	20,4	24,5	15,0	19,5	15,7	11,0	16,6	18,9	16,5
Ost	-20,0	-38,0	-38,6	-29,6	-23,1	-26,6	-26,3	-26,7	-22,9
Zusammen	0,4	-13,5	-23,6	-10,1	-7,4	-15,6	-9,7	-7,8	-6,4
RV[2] West	10,7	10,4	0,2	8,8	6,0	11,8	19,7	22,5	26,7
Ost	0,5	-4,6	-7,9	-10,7	-15,9	-18,9	-17,8	-19,1	-17,0
Zusammen	11,2	5,8	-7,7	-1,9	-9,9	-7,1	1,9	3,4	9,7
KV[3] West	-5,6	-9,1	9,1	2,1	-5,1	-4,6	1,3	1,9	-0,2
Ost	2,8	-0,3	1,4	0,1	-1,8	-2,1	-0,2	-0,7	-0,5
Zusammen	-2,8	-9,4	10,5	2,2	-6,9	-6,8	1,1	1,2	-0,7

[1] Arbeitslosenversicherung; [2] Rentenversicherung; [3] Krankenversicherung, jeweils ohne Bundeszuschüsse.
Quelle: DIW, *Wochenbericht*, 45/1999, S. 815.

Den Posten mit dem größten Gewicht innerhalb der Transferbilanz stellt zweifellos die Arbeitslosenversicherung dar. Die hier seit Anfang der 90er Jahre zu verzeichnende Ausweitung des Leistungsvolumens[132] ist vor allem auf den im Osten un-

---

131 Vgl. V. Meinhardt, „Sozialversicherungshaushalt weiterhin mit Überschüssen", in: DIW, *Wochenbericht*, 46/2000.
132 1990 betrugen die Ausgaben der BA 41,4 Mrd. DM, 1991 bereits 71,9 Mrd. DM. Im Jahr 2000 waren es 98,7 Mrd. DM (BBk, *Monatsberichte*, div. Jgg.).

gleich höheren Bedarf an entsprechenden Leistungen zurückzuführen, darüber hinaus aber auch auf die hier anzutreffende spezifische Leistungsstruktur, insbesondere den höheren Stellenwert der aktiven Arbeitsmarktpolitik. In den ersten Jahren nach der Vereinigung entfielen auf Grund des Rückgangs der Beschäftigung in den neuen Ländern und der sprunghaften Zunahme der Zahl der Leistungsempfänger bis zu 50 Prozent der Gesamtausgaben der *Bundesanstalt für Arbeit*, aber nur ein Bruchteil der Beitragseinnahmen, auf Ostdeutschland.[133] Mithin verzeichnete die Arbeitslosenversicherung hier von Anfang an ein erhebliches Defizit.[134] Kumuliert belief sich dieses im Jahr 2000 auf mehr als 270 Mrd. DM. Dem standen, nicht zuletzt infolge des Vereinigungsbooms 1990/91 und der insgesamt wesentlich günstigeren Beschäftigungssituation, im Westen beträchtliche Überschüsse gegenüber, die im Rahmen des internen Finanzausgleichs der *Bundesanstalt für Arbeit* zur Finanzierung der Ausgaben im Osten mit herangezogen wurden. Darüber hinaus waren aber noch Bundeszuschüsse von insgesamt 96,4 Mrd. DM erforderlich[135], um die Ausgaben für die Zah-

Tabelle 3.2.-17
Einnahmen und Ausgaben der Bundesanstalt für Arbeit (NBL) 1991–2000 in Mrd. DM (€)

	1991	1992	1993	1994	1995	1996	1997	1998	1999	2000
Einnahmen[1]	4,6	3,3	3,6	3,8	4,0	3,9	3,7	k.A.	k.A.	k.A.
Ausgaben	29,9	46,0	50,6	41,6	35,8	38,2	38,3	k.A.	k.A.	k.A.
darunter: AL-unterstützung	17,9	14,6	13,9	13,2	13,1	16,9	20,0	18,4	16,8 (8,6)	16,3 (8,3)
berufliche Förderung	8,3	20,2	21,0	16,9	17,7	18,1	15,3	17,5	19,7 (10,1)	19,1 (9,8)
Budgetsaldo	-25,3	-42,7	-47,0	-37,8	-31,8	-34,3	-34,6	k.A.	k.A.	k.A.
Bundeszuschuss[2]	5,9	8,9	24,4	10,1	6,9	13,8	9,6	7,7	7,3 (3,7)	1,7 (0,9)
Finanzierungssaldo[3]	-20,0	-38,0	-38,6	-29,6	-23,1	-26,6	-26,3	-26,7	-22,9 (-11,7)	-25,0[s] -12,8

1) ohne Liquiditätshilfen des Bundes; 2) BMWi; DIW; 3) bereinigte Größen; s) Schätzung
Quellen: BBk, *Monatsberichte,* div. Jgg.; DIW, *Wochenbericht* 45/1999, S. 815; BMWi, *Wirtschaftsdaten Neue Länder,* April 1999

---

133 Vgl. K. Mackscheidt, „Die Transferaktivität der Bundesanstalt für Arbeit nach der Deutschen Einigung – Dynamik und Effizienz", in: K.-H. Hansmeyer (Hrsg.), *Finanzierungsprobleme ....,* a.a.O., S. 113–153.
134 Im 2. Halbjahr 1990 betrugen die Ausgaben der BA in Ostdeutschland bereits 2.458 Mio. DM. Zu ihrer Finanzierung bedurfte es eines Postens im Nachtragshaushalt des Bundes, da seitens der BA einnahmeseitig dafür noch keinerlei Voraussetzungen bestanden (SVR, *Reformen voranbringen. Jahresgutachten 1996/97,* a.a.O., S. 276).
135 BMWi, *Wirtschaftsdaten Neue Länder,* 4/1999, S. 24; BBk, *Monatsberichte* 53. Jg. (2001) 10, S. 59*.

lungen von Arbeitslosen- und Kurzarbeitergeld sicher zu stellen sowie die enormen Kosten für die berufliche Bildung, Rehabilitation, Arbeitsbeschaffung usw. zu decken.

In der *Rentenversicherung* stellte sich die Entwicklung dagegen wie folgt dar: Infolge der Anhebung der Alters- und Erwerbsunfähigkeitsrenten in Ostdeutschland, zunächst auf 40,3% des Westniveaus (zweites Halbjahr 1990), dann schrittweise bis auf ein Niveau von inzwischen 87,0% des Vergleichswerts[136], demgegenüber aber zurückbleibenden Beitragszahlungen, überstiegen die Ausgaben der Rentenversicherung *Ost*, trotz steigender Bundeszuschüsse, regelmäßig deren Einnahmen (vgl. Tabelle 3.2.-18). Der notwendige Defizitausgleich erfolgte im Rahmen eines Finanzverbundes mit der Rentenversicherung *West*, teils durch Übertragung von im Westen erzielten Einnahmeüberschüssen, teils durch Rückgriff auf in früheren Jahren gebildete Rücklagen. Während 1991 die vom Bund bereitgestellten Mittel noch ausreichten, um den Mehrbedarf der Rentenversicherung Ost zu decken, verzeichnet diese von 1992 an eine von Jahr zu Jahr zunehmende Unterdeckung ihrer Ausgaben. Ließ sich diese zunächst noch durch laufende Überschüsse der Rentenversicherung West ausgleichen, so bedurfte es dazu in den Jahren 1993 bis 1996 zusätzlich eines Rückgriffs auf die in früheren Jahren angesammelten Rücklagen im Umfang von mehr als 30 Mrd. DM.[137] Da auch diese Mittel aus Beiträgen westdeutscher Versicherungsnehmer resultieren, erhöht sich durch ihre Inanspruchnahme der Transferbeitrag der Rentenversicherung *West* entsprechend.

Um die gesetzlich geregelte Leistungserbringung der Rentenversicherung garantieren zu können, reichte das Beitragsaufkommen jedoch nicht aus, weder im Westen noch im Osten. Deshalb wurden zusätzlich erhebliche Bundeszuschüsse geleistet, bis zu 88 Mrd. DM pro Jahr. Da diese Zahlungen für Ost und West getrennt ausgewiesen werden, lässt sich der für die Rentenversicherung Ost vorgesehene Anteil exakt bestimmen: zwischen 1991 und 2000 belief sich der Bundeszuschuss hier auf 177,3 Mrd. DM.[138] Der interne Finanzausgleich der Rentenversicherung und die Zuschüsse des Bundes garantierten, dass die gesetzlich fixierte Leistungserbringung zur Alterssicherung auch im Osten erfolgte, trotz hier deutlich geringerer Beitragseinnahmen und praktisch ohne Vermögensrücklage. Für den Umfang der dafür notwendigen Ausgleichszahlungen und Zuschüsse ist zweifellos das vergleichsweise hohe Rentenniveau im Beitrittsgebiet ausschlaggebend. Bei der Würdigung dieser Tatsache gilt es jedoch zu beachten, dass dies im Wesentlichen auf die mit dem

---

136 Diese Angaben beziehen sich auf die sog. Eckrente (vgl. BMA, *Sozialbericht 1997*, Materialband, Fortschreibung für 2000, Tab. IV-17).
137 DIW, „Vereinigungsfolgen belasten Sozialversicherung", in: *Wochenbericht* 40/1997, S. 727.
138 BBk, *Monatsberichte*, 47. Jg. (1995) 3, S. 60*; 53. Jg. (2001) 6, S. 60*.

Tabelle 3.2.-18
Einnahmen und Ausgaben der Rentenversicherung der Arbeiter und Angestellten in Ostdeutschland 1991–2000 in Mrd. DM (€)[1]

	1991	1992	1993	1994	1995	1996	1997	1998	1999	2000
Einnahmen	32,1	42,3	53,2	63,0	70,8	74,8	79,4	81,1	84,5 (43,2)	84,1 (43,0)
darunter: Bundeszuschuss	6,4	9,4	10,8	13,8	16,4	17,9	20,1	23,6	28,8 (14,7)	30,1 (15,4)
Ausgaben	31,6	46,9	55,2	65,8	77,8	83,8	87,4	90,9	93,2 (47,6)	96,2 (49,2)
Darunter: Renten	26,7	40,0	45,2	53,1	63,8	68,3	70,5	73,0	75,1 (38,4)	77,3 (39,5)
Saldo Ost	+0,5	-4,6	-1,9	-2,8	-7,0	-9,0	-8,1	-9,8	-8,7 (-4,4)	-12,2 (-6,2)
nachrichtlich: o. Finanzausgleich		-4,6	-7,9	-10,7	-15,9	-18,9	-17,8	-19,1	-17,0 (-8,7)	k.A.
Saldo West	+10,7	+10,4	-5,7	+0,8	-2,9	0	+10,0	+13,2	+18,2 (+9,3)	+13,9 (+7,1)
nachrichtlich: o. Finanzausgleich		+10,4	+0,2	+8,8	+6,0	+11,8	+19,7	+22,5	+26,7	k.A.
Vermögens-änderung[2]	-8,2	-6,0	-10,0	-6,2	-11,8	-7,3	+0,2	+3,5	+8,5 (+4,3)	+1,4 (+0,7)

[1] ab 1993 einschließlich Finanzausgleichsleistungen; [2] entspricht im Wesentlichen der Schwankungsreserve.
Quelle: BBk, *Monatsberichte*, 44. Jg. (1992) 3, S. 67*; 47. Jg. (1995) 7, S. 60*; 53. Jg. (2001)6, S. 59*; DIW, a.a.O., 45/1999, S. 815.

Rentenüberleitungsgesetz 1992 herbeigeführte „Systemlösung" zurückzuführen ist, womit alle Zusatzrenten- und Versorgungssysteme der DDR aufgehoben wurden und deren Ansprüche, soweit nicht annulliert, in die Sozialversicherung integriert worden sind. Dadurch unterscheidet sich die Struktur der Rentenbezieher im Osten ganz erheblich von der im Westen, so dass die durchschnittlichen Zahlbeträge in Ost und West nicht vergleichbar sind.[139] Zudem sind für das faktische Rentenniveau die höhere Frauenerwerbsquote im Osten, die längere Lebensarbeitszeit und die in der Regel ununterbrochenen Erwerbsbiographien der Menschen in Ostdeutschland von ausschlaggebender Bedeutung.

Im Gegensatz zur Arbeitslosen- und Rentenversicherung, deren Träger von Anfang an chronische Defizite verzeichneten, stellte sich die Situation bei der *Gesetzlichen Krankenversicherung* (GKV) in den neuen Bundesländern zunächst relativ günstig dar: Bis 1994 wurden hier Einnahmeüberschüsse erzielt bzw. war die Bilanz

---

139 Vgl. dazu K.-H. Christoph, *Das Rentenüberleitungsgesetz und die Herstellung der Einheit Deutschlands,* Berlin 1999.

in etwa ausgeglichen.[140] In den Folgejahren waren jedoch auch hier, trotz beachtlicher Beitragserhöhungen, größere Defizite zu verzeichnen: 1995: -2,1 Mrd. DM und 1996: -1,5 Mrd. DM. Gesetzliche Neuregelungen und rigide Sparmaßnahmen seit 1997 führten dann zwar zu einer finanziellen Entlastung der ostdeutschen Krankenkassen, so dass die Defizite vorübergehend geringer wurden (1997: -0,2 Mrd. DM; 1998: 0,7 Mrd. DM), nicht aber zu einer dauerhaften Lösung der angespannten Finanzlage. 1998 wurde deshalb mit der Verabschiedung des *GKV-Finanzstärkungsgesetzes*[141] beschlossen, die bisherige Trennung des Risikostrukturausgleichs zwischen den Krankenkassen der alten und der neuen Länder von 1999 an schrittweise aufzuheben und im Jahr 2001 gänzlich abzuschaffen. Diese Entscheidung implizierte, dass seit 1999 in bestimmtem Umfange zwischen West- und Ostdeutschland ein Risikostrukturausgleich stattfindet. Dies war mit einem West-Ost-Transfer der GKV in Höhe von 1,2 Mrd. DM (1999) und 3,0 Mrd. DM (2000) verbunden.[142]

Demgegenüber verzeichneten die Unfall- und die *soziale Pflegeversicherung* durchweg ausgeglichene Budgets, das heißt die in Anspruch genommenen Leistungen wurden hier fast vollständig durch Beitragseinnahmen finanziert und es bedurfte mithin keines nennenswerten Transfers.[143]

Eine Analyse der Einnahmen-/Ausgaben-Relationen der Sozialversicherungskassen zeigt, dass die Situation im Osten durch ein chronisches Defizit gekennzeichnet ist, welches durch den Finanzverbund mit den jeweiligen Trägern im Westen sowie durch hohe Bundeszuschüsse aufgefangen wird. Innerhalb der *Bundesanstalt für Arbeit* und der *Bundesversicherungsanstalt für Angestellte* hat dies seit der Vereinigung Jahr für Jahr zu erheblichen Mittelumschichtungen geführt. Bei der Rentenversicherung war außerdem zeitweilig eine dramatische Verschlechterung der Vermögenssituation die Folge. Der Umfang des dabei zu verzeichnenden West-Ost-Transfers errechnet sich bei der Arbeitslosenversicherung aus dem Saldo bzw. Überschuss West und dem Bundeszuschuss, der ausschließlich den neuen Ländern zugute kommt. Bei der Rentenversicherung sind hierfür der Saldo Ost und die Veränderung der Schwankungsreserve sowie des Verwaltungsvermögens zu Grunde zu legen. Bei der GKV ist dafür das im Risikostrukturausgleich per Saldo regional umverteilte Finanzvolumen heranzuziehen. Insgesamt ergeben sich auf diese Weise für 1991 bis 2000 Nettotransferleistungen der Sozialversicherungsträger (ohne Zuschüsse

---

140 Der Einnahmen-/Ausgabensaldo betrug 1991: 2,77 Mrd. DM; 1992: - 0,26 Mrd. DM; 1993: 1,35 Mrd. DM und 1994: 0,12 Mrd. DM (SVR, *Jahresgutachten 1996/97*, Stuttgart 1996, S. 272).
141 *GKV-Finanzstärkungsgesetz* v. 24.3.1998, BGBl. 1998 I, S. 526.
142 BMA, *Sozialbericht* 1997, a.a.O., S. 61; DIW, „Weiterhin hohe ...", a.a.O., S. 816.
143 BMA, *Sozialbericht* 1997, a.a.O., S. 225ff.

des Bundes) in Höhe von rund 300 Mrd. DM, eine gewaltige Summe, auch in Relation zu anderen Transferleistungen.

Ein Vergleich dieser Daten mit den insgesamt als Sozialtransfers ausgewiesenen Leistungen, die allerdings auf der Basis von Bruttogrößen ermittelt wurden, zeigt, dass die Transfers der Sozialversicherungsträger trotz ihres Umfangs weniger als die Hälfte der Gesamtsozialtransfers ausmachen. Dies ist darauf zurückzuführen, dass für die Klassifikation der Sozialtransfers eine sehr weite Abgrenzung gewählt wurde und der größte Teil dieser Leistungen in den „sonstigen", hinsichtlich ihrer Zuordnung nicht immer nachvollziehbaren Positionen enthalten ist. Neben methodischen Schwierigkeiten der Erfassung der Transferleistungen im Allgemeinen und der Sozialtransfers im Besonderen kommen hierin auch konzeptionelle Mängel zum Ausdruck, insbesondere das ungelöste Problem der Abgrenzung der *speziellen Leistungen* für Ostdeutschland von den generell dem föderalen System der Bundesrepublik zuzurechnenden Umverteilungsvorgängen sowie die Frage der fehlenden Einbindung der Zahlungen an Ostdeutschland in eine gesamtdeutsche Transferbilanz, um neben den Leistungen für den Osten auch die zurückfließenden Gelder zu erfassen sowie die Effekte, die mit den Transferzahlungen in Ost und West verbunden sind.

Tabelle 3.2.-19
Sozialbudget und Sozialtransfers für Ostdeutschland 1991–1999 in Mrd. DM bzw. %

	1991	1992	1993	1994	1995	1996	1997	1998	1999
Sozialbudget	123,3	176,0	194,8	203,8	219,6	231,6	232,7	241,0	247,8
Zuweisungen[1]	36,8	48,9	53,3	57,9	65,7	67,6	67,3	74,8	81,8
West-Ost-Transfer	24,6	43,0	48,3	40,1	39,8	44,9	44,5	45,8	45,2
Anteil in v.H.	20,0	24,4	24,8	19,6	18,1	19,4	19,1	19,0	18,2

[1] Aus öffentlichen Mitteln.
Quelle: BMA, *Sozialbericht 1993*, Bonn 1994, S. 261; *1997*, a.a.O., S. 223, 228, 233, 288; *Sozialbudget 1999*, Bonn 2000, S. 4, 47

Die Sozialleistungen und Sozialtransfers werden periodisch im *Sozialbericht* des BMA zusammengefasst, zuletzt 1998. Die hier veröffentlichten Daten enthalten auch Angaben darüber, welche Transferleistungen im betrachteten Zeitraum Ostdeutschland zugeflossen sind und wie diese finanziert wurden (vgl. Tabelle 3.2.-19). Aus der Tabelle geht hervor, dass der Anteil der Transfers an der Finanzierung der Sozialleistungen in den neuen Ländern von 1991 bis 1993 kräftig angestiegen ist, bis auf 24%, seitdem aber wieder zurückgeht, bis auf einen Wert um 18%. Perspektivisch ist hier mit einem weiteren Rückgang zu rechnen, während die absolute Größe sich kaum reduzieren wird.

3.2.4. Steuervergünstigungen

Um eine möglichst komplexe Erfassung der öffentlichen Transferleistungen zu erreichen, ist die Analyse der Ausgaben der Gebietskörperschaften und Sozialversicherungsträger für Ostdeutschland um ihr Pendant auf der Einnahmeseite zu erweitern. Das heißt, die unmittelbar mit der deutschen Einigung im Zusammenhang stehenden Einnahmeausfälle des Staates sollen ebenfalls in die Betrachtung einbezogen werden. Stellten die bisher behandelten Ausgaben *direkte* Transferleistungen für Ostdeutschland dar, so handelt es sich bei den zahlreichen Steuersubventionen und anderen Einnahmeausfällen um *indirekte* Transferleistungen (vgl. Abb. 2.1.-1). Indirekt deshalb, weil sie zwar mit bestimmten Aufbauleistungen für die neuen Länder in einem ursächlichen Zusammenhang stehen, diesen aber nicht unmittelbar zugute kommen. Als Einnahmeausfälle öffentlicher Haushalte sind sie lediglich „Reflex einer bestimmten Art der Finanzierung vorangegangener Aufbauleistungen".[144]

Die Zahlung von Transfers und die Gewährung von Beihilfen und anderen direkten Leistungen sind keineswegs die einzigen Möglichkeiten, die wirtschaftliche Entwicklung finanziell zu fördern. Ebenso kann der Erlass von Steuern beachtliche Auswirkungen auf die Investitionsbereitschaft haben. Deshalb wird in der Literatur in diesem Zusammenhang auch auf *tax-subsidies* bzw. *tax-expenditures* hingewiesen.[145] Obwohl Steuersubventionen vom theoretischen Standpunkt aus betrachtet den herkömmlichen Subventionszahlungen durchaus äquivalent sind[146], gibt es bezüglich der Transparenz, der zu verzeichnenden Verteilungswirkungen und der praktischen Umsetzung beider Politikmaßnahmen doch beachtenswerte Unterschiede: Transferzahlungen sind transparenter, zumal ihre Gewährung einen Posten im Etat beansprucht; im Gegensatz dazu werden Steuerausfälle auf Grund von Steuervergünstigungen im Staatshaushalt nicht verbucht. Dies macht es unmöglich, die mit der Gewährung von Steuervergünstigungen verbundenen Umverteilungswirkungen und Transfereffekte exakt zu quantifizieren. Dies ist unter anderem auch darauf zurückzuführen, dass bei Abschaffung einer Steuersubvention, etwa durch Aufhebung entsprechender Bestimmungen oder durch eine Steuererhöhung, die Steuererlöse nicht wieder in voller Höhe zu realisieren sind. Vielmehr ist damit zu rechnen, dass Steuervermeidung, intertemporaler Zahlungsaufschub oder andere ökonomische Anreize zu einem Rückgang der Steuerbasis führen.[147]

---

144 V. Dietrich et al., *Wechselbeziehungen ...Abschlußbericht*, a.a.O., S. 25.
145 Für eine ausführliche Beschreibung, siehe G. Miller/F. Bogui, „Tax Expenditures", in: *Public Administration and Public Policy*, Vol. 72 (1999) S. 801–810.
146 Vgl. R. A. Musgrave, *Finanztheorie*, Tübingen 1966; H. S. Rosen, *Finance*, Boston 1992³, S. 390f.

Um den Ausbau der Infrastruktur, die Erweiterung der Bausubstanz und die Modernisierung des Kapitalstocks in den neuen Bundesländern wirksam zu fördern, wurde seit 1990, parallel zu den staatlichen Investitionen, eine große Zahl von Steueränderungsgesetzen erlassen bzw. von Steuergesetzen novelliert.[148] Ziel dieser Maßnahmen war es, Anreize für private Investitionen zu schaffen, um den Neuaufbau des Kapitalstocks, als entscheidende Grundlage für einen selbsttragenden Aufschwung, fiskalpolitisch zu initiieren bzw. zu unterstützen. Verglichen mit anderen Wirtschaftsfördermaßnahmen, zum Beispiel entsprechenden Krediten oder Eigenkapitalhilfen, nahm die steuerliche Förderung hier einen herausragenden Platz ein.[149] Insbesondere für die Errichtung neuer Bauten, aber auch für die Rekonstruktion und Restaurierung vorhandener Bausubstanz, war die steuerliche Förderung von entscheidender Bedeutung. Dass es in diesem Zusammenhang auch zu einer einseitigen Übersubventionierung und Fehlallokation gekommen ist, ist die Kehrseite dieser Politik.

Bei den hier zur Anwendung gelangten Förderinstrumenten handelte es sich vor allem um Sonderabschreibungen, steuerfreie Investitionsrücklagen, Investitionszulagen sowie die befristete Aussetzung der Vermögens- und Gewerbekapitalsteuererhebung im Beitrittsgebiet.[150] Die finanzwirtschaftliche Dimension und Relevanz dieser Maßnahmen war beachtlich. Schätzungen zufolge wurden bis 1995 ca. 44 Mrd. DM[151] und bis 1998 ca. 77 Mrd. DM für steuerliche Fördermaßnahmen in Ostdeutschland „ausgegeben" bzw., auf Grund von Sonderabschreibungsbestimmungen, weniger eingenommen.[152] Eine, allerdings auch Berlin/West einschließende, Aufstellung des BMF weist für den Zeitraum 1991 bis 2000 insgesamt 97,2 Mrd. DM Steuermindereinnahmen auf Grund steuerlicher Fördermaßnahmen aus. Den höchsten Anteil verzeichnen dabei Steuerausfälle durch die Inanspruchnahme von Sonderabschreibungsmöglichkeiten[153] für Unternehmensinvestitionen und im Wohnungsbau, gefolgt von staatlichen Investitionszulagen[154] (vgl. Tabelle 3.2.-20).

---

147 Wird Q, der Geldwert der getätigten Aktivität, mit dem *ad valorem* Steuersatz t besteuert, reagieren die Steuererlöse auf eine Veränderung von t um einen Prozentpunkt im Ausmaß Q(1–η), wobei η = -(dQ/dt) (t/Q) die Elastizität der besteuerten Aktivität auf t darstellt.
148 Vgl. K. Trojanus, *Konzeption, Formen und Wirkungen der Subventionen zur Förderung der Transformation in Ostdeutschland*, München 1995.
149 Vgl. SVR, *Wachstum, Beschäftigung, Währungsunion... Jahresgutachten 1997/98*, a.a.O., S. 81.
150 Vgl. insbesondere: „Steueränderungsgesetz" v. 24.6.1991 (BGBl. I Nr. 38); „Investitionszulagengesetz" von 1991 (ebd.); „Standortsicherungsgesetz" v. 13.9.1993 (BGBl. I Nr. 49).
151 U. Heilemann/H. Rappen, „Was kostet uns die Einheit?", a.a.O., S. 92.
152 U. Heilemann/H. Rappen, „Zehn Jahre Deutsche Einheit...", a.a.O., S. 10.
153 Sonderabschreibungen führen zu einer zeitlichen Vorverlagerung des Aufwands und damit zu einer Verschiebung des Gewinns in spätere Perioden. Dem begünstigten Unterneh-

Tabelle 3.2.-20
Steuerliche Fördermaßnahmen in den neuen Bundesländern und Berlin 1991–2000
in Mio. DM

Jahr	Insgesamt	Steuermindereinnahmen im Rechnungsjahr					
		Invest.-Zulage[1]	Sonder-Afa Untern.Invest.	Sonder-Afa Wohnungsbau	Sonstiges	Invest.-Zulage[2]	Sonstiges[2]
1991	5.177	1.044	3.510	243	380	-	-
1992	10.251	4.301	5.150	380	420	-	-
1993	12.747	5.192	6.600	491	464	-	-
1994	13.372	4.436	7.470	899	567	-	-
1995	14.661	3.619	9.225	1.197	620	-	-
1996	13.828	2.409	8.977	1.452	990	-	-
1997	10.664	1.767	6.071	2.330	496	-	-
1998	9.086	1.262	5.821	1.860	143	-	-
1999	2.834	877	1071	725	26	-	135
2000	4.585	330	545	450	14	3.561	15
Summe	97.205	25.237	54.440	10.027	4.120	3.561	150

Anmerkungen: Grobe Schätzung, Mai 2000; [1] gem. InvZulG und InvZulVo, geltend bis 1999; [2] gem. geltendem Recht ab Vz 1999 für gewerbliche Investitionen und im Wohnungsbau.
Quelle: BMF, *Datensammlung zur Steuerpolitik,* Oktober 2000, S. 45.

Am besten lässt sich der fiskalische Effekt einer steuerpolitischen Maßnahme im Jahr ihres In-Kraft-Tretens feststellen. Entsprechende Untersuchungen belegen dies, bezogen auf Einzelmaßnahmen, so dass der in der Tabelle angegebene Umfang des Gesamteffekts durchaus nachvollziehbar erscheint. So bewirkte zum Beispiel die Einführung von Sonderabschreibungen für Wirtschaftsgüter des Betriebvermögens kumulativ zur Investitionszulage nach geltendem Recht und die Gewährung einer befristeten Investitionszulage im Fördergebiet für 1991 in den ersten zwölf Monaten bereits steuerliche Mindereinnahmen in Höhe von 1,7 Mrd. DM. Die Verlängerung derselben Maßnahme im Jahr 1995 hatte Mindereinnahmen in Höhe von 3,2 Mrd. DM zur Folge. Ähnlich hoch war der fiskalische Effekt der Sonderabschreibungen für Betriebsgebäude im Verarbeitenden Gewerbe, allein 1997 waren es hier 1,95 Mrd. DM. Die Beispiele ließen sich fortführen.[155]

---

men bringen sie dadurch einen Liquiditäts- und einen Rentabilitätsvorteil. Da die Ausnutzung dieses Vorteils Gewinne voraussetzt, kommt diese Form der Förderung insbesondere Unternehmen mit hohen Gewinnen zugute. Für Existenzgründer und neue ostdeutsche Unternehmen mit Verlusten in der Anlaufphase bringt sie hingegen keinen Vorteil.
154 Investitionszulagen sind unverzinsliche, unabhängig vom wirtschaftlichen Erfolg des Investors gewährte, nicht rückzahlbare Zuschüsse in Höhe eines bestimmten Prozentsatzes (bis 1994 20%, ab 1995 10%) der Anschaffungs- oder Herstellungskosten. Sie nützen dem begünstigten Unternehmen durch einen einmaligen Liquiditätseffekt. Zudem haben sie durch die Nichtanrechnung auf die Abschreibungsgrundlage eine steuermindernde Wirkung.
155 Diese Angaben verdankt der Verfasser Herrn Prof. Helmut Seitz (Frankfurt Oder, 2000).

Demgegenüber kommt der realökonomische Effekt dieser Förderung in einer Zunahme der Investitionen zum Ausdruck. Das BMWi weist für den Zeitraum von 1990 bis 1997 ein über steuerliche Hilfen angeschobenes Investitionsvolumen in Ostdeutschland von 510 Mrd. DM aus, drei Viertel der insgesamt in diesem Zeitraum in den neuen Ländern getätigten Anlageinvestitionen in der gewerblichen Wirtschaft.[156] Gleichwohl kam die steuerliche Förderung 1997, wie die Wirtschaftsförderung überhaupt, „auf den Prüfstand", denn nicht wenige Fehlentwicklungen gingen gerade auf ihr Konto.[157] Eine qualitative und quantitative Beurteilung der Maßnahmen hinsichtlich ihrer ökonomischen Wirkungen ist jedoch aus mehreren Gründen problematisch: Als sicher darf angenommen werden, dass die steuerliche Förderung einen positiven Einfluss auf die Investitionsentscheidungen hatte. In welchem Umfang die Investitionen jedoch tatsächlich auf Grund der steuerlichen Förderung getätigt wurden, lässt sich nicht mit Bestimmtheit sagen, noch lässt sich der Beitrag der einzelnen Maßnahmen isolieren, da die Fördermöglichkeiten kumulativ nutzbar waren. Es kann auch nicht ausgeschlossen werden, dass bestimmte Investitionen auch ohne steuerliche Förderung getätigt worden wären und die Steuersubventionen folglich einen bloßen Mitnahme- und Umverteilungseffekt öffentlicher Mittel zugunsten privater Investoren darstellten. Ebenso wenig lässt sich zweifelsfrei zwischen steuerlich motivierten bloßen Verlagerungen von Investitionen von West- nach Ostdeutschland und wirklich zusätzlichen Investitionen unterscheiden. In diesen Fällen kämen die Investitionsobjekte (Wohnungen, Bürogebäude, Produktionsanlagen etc.) zwar trotzdem dem Fördergebiet Ost in bestimmter Hinsicht zugute, gleichwohl aber wäre es nicht gerechtfertigt, die damit verbundenen Einnahmeausfälle des Staates und Vermögenszuwächse der, in d.R. westdeutschen, Investoren als Transferleistungen für Ostdeutschland einzustufen. Weitere Kritikpunkte betreffen die durch die Förderung mitverursachte Fehlallokation von Investitionen in unrentablen Bereichen und die mit der hohen Förderintensität verbundenen Nebenwirkungen.[158] Zum 31.12.1998 wurden daraufhin die für die neuen Länder spezifischen Sonderabschreibungen abgeschafft und das steuerliche Förderinstrumentarium auf eine veränderte Investitionszulagenregelung umgestellt. Den Schwerpunkt der steuerlichen

---

156 BMWi, *Bilanz der Wirtschaftsförderung des Bundes in Ostdeutschland bis Ende 1997*. Dokumentation Nr. 437, Berlin 1998, S. 7.
157 Vgl. DIW/IfW/IWH, *Gesamtwirtschaftliche und unternehmerische ...Fünfzehnter Bericht*, IWH-SH 2/1997; G. Müller, „Wirkung der Investitionsförderung", in: *Wirtschaft im Wandel*, 7/2000, S. 200–204.
158 Vgl. DIW/IfW/IWH, *Gesamtwirtschaftliche und unternehmerische ...Neunzehnter Bericht*, a.a.O., S. 48ff; C. Fuest/B. Huber, „Die Effizienz von Kapitalsubventionen bei Unterbeschäftigung – eine theoretische und finanzpolitische Analyse zur Förderpolitik in den neuen Bundesländern", in: *Finanzarchiv*, N.F., Jg. 55 (1997) 3, S. 355–373.

Förderung bilden mithin das Verarbeitende Gewerbe und produktionsnahe Dienstleistungen.[159]

Eine sachlich zutreffende Begriffsbestimmung der Transferleistungen und umfassende Behandlung der Transferproblematik schließt die Steuervergünstigungen, sofern dafür speziell für das Fördergebiet Ost erlassene Regelungen die rechtliche Grundlage bilden, notwendig mit ein. Als Steuermindereinnahmen wären sie der oben definierten Größe der Nettotransfers II als indirekte Transfers hinzuzurechnen, so dass man eine erweiterte Abgrenzung der Nettofinanztransfers erhält (vgl. dazu Abbildung 2.1.-2).

3.3. Aufbringung und Finanzierung der Transferleistungen

3.3.1. Finanzierungsstrategien

Die Transferzahlungen für Ostdeutschland machten zwischen 1991 und 2000 nach herkömmlicher Rechnung, das heißt bei Zugrundelegung der Nettotransfers, im Jahresdurchschnitt etwa 4,5% des westdeutschen Bruttoinlandsprodukts aus. Auch wenn diesen Leistungen in den ersten Jahren erhebliche Vereinigungsgewinne gegenüber standen und die deutsche Einheit langfristig ohnedies positive Integrationseffekte für ganz Deutschland mit sich bringt, so stellen sie für die öffentlichen Haushalte doch auch eine nicht zu unterschätzende Belastung dar, die fortdauert. Bei der Würdigung dieser Tatsache darf aber nicht außer Acht gelassen werden, dass, auch wenn Umfang und Dauer der Zahlungen nicht exakt vorhersehbar waren, ihre Unabweisbarkeit doch bereits in den *Bedingungen* der Einheit angelegt war. So reduzierte die Strategie der Wiedervereinigung und des raschen Beitritts der DDR zur Bundesrepublik gemäß Artikel 23 GG (a.F.) auf der einen Seite zwar den Steuerungsbedarf im Systemwandel auf den direkten Transfer bundesdeutscher Institutionen; auf der anderen Seite aber wurden mit der Übertragung der Wirtschafts- und Sozialordnung

---

159 Die Investitionszulagen für neue bewegliche Anlagegüter und neue unbewegliche Wirtschaftsgüter, die zwischen 1999 und 2004 (beim Handwerk, Handel und Mietwohnungsbau bis 2001) angeschafft werden, betragen im Verarbeitenden Gewerbe und bei bestimmten produktionsnahen Dienstleistungen 10%, für kleine und mittlere Unternehmen 20% und im Wohnungsbau 15%. Bei der Förderung von Wohnbauten gelten jedoch Höchstbeträge bzw. Fördergrenzen (vgl. SVR, *Wirtschaftspolitik unter Reformdruck. Jahresgutachten 1999/2000*, Stuttgart 1999, Z. 123, Tabelle 23, S. 64ff.).

der Bundesrepublik auf das Beitrittsgebiet zugleich finanzielle Ansprüche begründet, die dann aus öffentlichen Kassen zu befriedigen waren.[160]

Mit der Vereinigungsstrategie, wie sie von der Bundesregierung 1990 durchgesetzt worden ist, war auch das Finanzierungskonzept bereits vorgezeichnet. Charakteristisch hierfür war der Verzicht auf eine Neuordnung der Finanzen, wie es den veränderten Bedingungen nach der Vereinigung entsprochen hätte. Statt dessen erfolgte über mehrere Nachtragshaushalte und die Einrichtung diverser Sondervermögen eine schrittweise Anpassung des Budgets an den gestiegenen Finanzbedarf und damit ein „Rückgriff auf altvertraute Handlungsmuster und Optionen"[161]. Getragen von dem Glauben, dass allein schon der Ordnungsrahmen der Sozialen Marktwirtschaft ausreichend sei, um im Osten einen selbsttragenden Aufschwung herbeizuführen, erwies sich dieses Konzept angesichts des tatsächlichen Finanzbedarfs jedoch vom Umfang her als völlig „unzureichend" und von seiner Struktur her mit etlichen „Konstruktionsfehlern behaftet".[162]

Problemverschärfend wirkte dabei, dass die Mehrzahl der ostdeutschen Unternehmen den Schock der Währungs-, Wirtschafts- und Sozialunion nicht überlebt hat, die Ansprüche auf Ausgleichszahlungen aber umso höher ausfielen, je mehr die ostdeutsche Wirtschaft kollabierte. Profitiert hat davon die Wirtschaft im Westen, wobei aus der zusätzlichen Wertschöpfung die Transferleistungen finanziert wurden. Auf diese Weise entstand ein ökonomischer Kreislauf, worin die Bedingungen der Notwendigkeit der Zahlung von Transfers zugleich die Bedingungen ihrer Aufbringung implizieren oder, anders gesagt, worin die Bedingungen des Transferbedarfs zugleich die Bedingungen seiner Befriedigung sind. Im Finanzierungskonzept spiegelt sich dies entsprechend wider.

Im Kapitel 2.3. wurde gezeigt, warum es im Zusammenhang mit den deutschdeutschen Finanztransfers kein Übertragungsproblem gibt. Dem lässt sich nunmehr hinzufügen, dass es in diesem Falle auch kein besonderes Aufbringungsproblem gibt. Die Transferleistungen verkörpern für die westdeutsche Wirtschaft einen zusätzlichen Produktionsausstoß, dessen Realisierung auf dem ostdeutschen Markt durch

---

160 Um dem zu entgehen, hätte die Bundesregierung eine alternative Vereinigungsstrategie wählen müssen, zum Beispiel den Weg über eine Konföderation. Dies hätte jedoch die (verspätete) Anerkennung der DDR samt Staatsbürgerschaft bedeutet und mithin eine abrupte Korrektur Bonns in dieser Frage, was politisch nicht zu erwarten war, nichtsdestotrotz aber bis heute als kostengünstigere Alternative diskutiert wird (vgl. T. Betz, „Zehn Jahre keine Einheit", a.a.O., S. 267ff.).
161 O. Schwinn, *Die Finanzierung ...*, a.a.O., S. 186; vgl. auch W. Renzsch, „Budgetäre Anpassung statt institutionellen Wandels. Zur finanziellen Bewältigung der Lasten des Beitritts der DDR zur Bundesrepublik", in: H. Wollmann et al. (Hrsg.), *Transformation der politisch-administrativen Strukturen ...*, a.a.O., S. 49–118.
162 O. Schwinn, *Die Finanzierung ...*, a.a.O., S. 186.

die Zahlung öffentlicher Mittel gesichert wird. Als einziger relevanter Kasus des klassischen Transferproblems verbleibt mithin das *Finanzierungsproblem*. Und in der Tat kristallisierte dieses sich im deutsch-deutschen Kontext als das eigentliche Problem heraus. Im Konkreten betrifft dies insbesondere die Wahl geeigneter Finanzierungsstrategien und -instrumente sowie deren adäquaten und effizienten Einsatz. Diese Frage ist besonders in verteilungspolitischer Hinsicht von Bedeutung. Zudem besitzt sie eine allokations- und stabilitätspolitische Dimension.[163]

Vom Grundsatz her gibt es für die Lösung des Finanzierungsproblems drei Strategien:

Erstens die Einsparung von Ausgaben und die Vornahme von Umschichtungen im bisherigen Etat;

zweitens die Verbesserung der Einnahmen durch eine Erhöhung der Steuern, Gebühren und Beiträge oder die Einführung zusätzlicher Abgaben und

drittens die Erzielung außerordentlicher Einnahmen durch die Aufnahme von Krediten, also eine höhere Staatsverschuldung.

Auf Grund der unterschiedlichen Finanzierungsanforderungen im Vereinigungsprozess scheint es ausgeschlossen, die anstehenden Probleme über nur eine der genannten Strategien lösen zu wollen. Vielmehr laufen alle Überlegungen hierzu auf einen *policy mix* hinaus, der allerdings sehr unterschiedlich strukturiert sein kann. Optimal wäre eine Kombination der verschiedenen fiskalpolitischen Maßnahmen und Instrumente, die der jeweiligen Spezifik des Finanzbedarfs genau entspricht. Voraussetzung dafür wäre allerdings eine mittelfristige Strategie, die nicht nur den auftretenden Finanzbedarf hinreichend genau zu quantifizieren vermag, sondern dabei zusätzlich nach investiver und konsumtiver Mittelverwendung sowie nach kurz-, mittel- und langfristigen Aufgaben differenziert. Dass dies in der Praxis nicht annähernd gelungen ist, kann rückblickend gezeigt werden, ist den Verantwortlichen wegen der Unwägbarkeit der in diesem Zusammenhang zu treffenden Entscheidungen aber nur bedingt anzulasten. Kritisch bewertet werden muss dagegen die bereits im *Einigungsvertrag* vorgenommene „Kodifizierung einer eindimensionalen Finanzierungsstrategie"[164], welche eine flexible Handhabung der Finanzierung behinderte. Hinzu kommen Versäumnisse beim umfassenden Einsatz der finanz- und wirtschaftspolitischen Instrumente, die mangelhafte Koordinierung der einzelnen Politikbereiche und fehlende Abstimmung der Strategien untereinander sowie die vollständige Unterordnung der ostdeutschen Belange unter die Interessen der westdeutschen Wirtschaft und Politik. Auf diese Weise ist letztlich, trotz hoher Transferleistungen, in Ost-

---

163 Vgl. W. Fuest/R. Kroker, *Die Finanzpolitik nach der Wiedervereinigung*, a.a.O., S. 21ff.
164 O. Schwinn, *Die Finanzierung ...*, a.a.O., S. 186.

deutschland bisher kein selbsttragender Aufschwung zustande gekommen, sondern eine Entwicklung, die durch Abhängigkeit von Westdeutschland geprägt ist.

Kritiker der Finanzpolitik werfen der Bundesregierung im Zusammenhang mit der Finanzierung der Einheit „Konzeptionslosigkeit"[165] vor sowie eine systematische Unterschätzung des Finanzbedarfs[166], weshalb Einnahmen sichernde Maßnahmen zunächst unterblieben, gepaart mit einer „Überschätzung der Bereitschaft westlicher Unternehmen, in Ostdeutschland zu investieren".[167] Da der unabweisliche Finanzbedarf bedeutend höher ausfiel als erwartet, führte dies schließlich zu einer undurchsichtigen Fondswirtschaft mit der Konsequenz einer dramatisch ansteigenden verdeckten Staatsverschuldung.[168] Die, statt von „Solidarität", von „Knauserigkeit" bestimmten Verhandlungen um die Finanzierung der deutschen Einheit hatten für die neuen Bundesländer ungünstige finanzielle Ausgangspositionen zur Folge.[169] Aber selbst Befürworter der Finanzpolitik der Bundesregierung mussten konzedieren, dass man „nicht alles anders, aber vieles hätte besser machen können" und dass insbesondere in den ersten Jahren des Vereinigungsprozesses eine „gesamtwirtschaftlich verträglichere" finanzpolitische Strategie hätte gefahren werden können.[170] Für die Folgejahre wird hier dagegen von einem „ausgewogenen Instrumentenmix" gesprochen, der „im wesentlichen gelungen" sei.[171]

Vor diesem Hintergrund einer durchaus differenzierten Bewertung der Finanzpolitik im Gefolge der deutschen Einheit sollen nunmehr die Finanzierungsvarianten, -strategien und -instrumente im Einzelnen betrachtet werden. Die *erste* Strategie wurde von der Überlegung getragen, der größte Teil des durch den Beitritt der DDR zur Bundesrepublik hervorgerufenen zusätzlichen Finanzbedarfs ließe sich durch Einsparungen und Umschichtungen innerhalb des bisherigen Etats decken. Haushaltseinsparungen als Grundlage für Ausgabenumschichtungen von West nach Ost galten weithin als der „Königsweg" für die Finanzierung der Einheit. Dies betraf zunächst Mittel, die durch den Wegfall der Kosten der Teilung frei geworden waren. Hierzu zählten die bisher an die DDR zu entrichtende Transitpauschale und Straßenbenutzungsgebühr, die Mittel für den Freikauf von Häftlingen, die Aufwendungen

---

165 Arbeitsgruppe Alternative Wirtschaftspolitik, *Gegen Massenarbeitslosigkeit und Chaos...*, a.a.O., S. 225; dies., *Gegen den ökonomischen Niedergang...*, a.a.O., S. 159ff.
166 Vgl. G. Milbradt, „Finanzierung der ostdeutschen Länder", a.a.O., S. 59–63.
167 D. Grosser, *Das Wagnis...*, a.a.O., S. 367.
168 H. Schui, *Die ökonomische Vereinigung Deutschlands*, Heilbronn 1991, S. 86ff.
169 K. Schmidt, „Die Finanzierung des Einigungsprozesses in Deutschland", in: *Wirtschaftsdienst*, 71. Jg. (1991) S. 349.
170 W. Otremba, „Finanzpolitik 1989 bis 1998 – Die Dämme haben gehalten", in: *Wirtschaftsdienst*, 79. Jg. (1999) S. 21.
171 Ebenda, S. 22.

für Übersiedler, das bis zum 31.12.1989 gezahlte „Begrüßungsgeld" u.a.m. 1991 wurden durch den Wegfall dieser Posten im Bundeshaushalt 1,8 Mrd. DM eingespart.[172] Damit war dieses Einsparpotenzial aber auch schon ausgeschöpft.

Neben diesen unmittelbar frei gewordenen Mitteln ergaben sich durch den künftigen Wegfall der „Berlin- und Zonenrandförderung" weitere beträchtliche Einsparmöglichkeiten, zum Beispiel durch die Streichung von Finanzhilfen und Steuersubventionen in Höhe von ca. 13 Mrd. DM p.a. und den Abbau des jährlichen Haushaltszuschusses für Westberlin in ähnlichem Umfang (vgl. Tabelle 3.3.-1). Insgesamt, so eine Schätzung des BMF, machten die „Lasten der öffentlichen Hände im Zusammenhang mit der Teilung Deutschlands" rund 40 Mrd. DM aus. Neben den Finanzhilfen und Steuervergünstigungen zählten hierzu auch die Ausgaben für den Reisedevisenfonds (2,2 Mrd. DM) und die Leistungen des Bundes an Übersiedler (3,3 Mrd. DM) sowie ähnliche Aufwendungen der Länder und Sozialversicherungen (7,5 Mrd.).[173] Da durch die Vereinigung die Standortnachteile in den ehemaligen „Zonenrandgebieten" und West-Berlin beseitigt worden waren, standen diese Ausgaben sofort zur Disposition. Weitere Einsparpotenziale wurden im Verteidigungshaushalt gesehen (jährlich 5–6 Mrd. DM), im Rückzug der ausländischen Truppen aus Deutschland[174], in einer Halbierung des Aufwandes für die Vertretung Deutschlands im Ausland usw. Das IW schätzte das Einsparpotenzial bis zum Ende des Jahrzehnts auf mindestens 100 Mrd. DM.[175] Hinzu kamen Einsparungen durch mögliche Subventionskürzungen in Westdeutschland bis zum Jahr 2000 im Umfange von rund 470 Mrd. DM[176], eine Einschätzung, die durch eine Studie des *Bundes der Steuerzahler* gestützt wurde, wonach allein in den Bereichen Kohle-, Agrar-, Wohnungsbau- und Sparförderung bis 1994 ein Einsparvolumen von 135 Mrd. DM existierte.

Rechnet man alles zusammen, so ergibt sich für 1991 eine unmittelbare Ersparnis von ca. 40 Mrd. DM und für die nächsten zehn Jahre ein Sparpotenzial von mehr als 600 Mrd. DM, womit der *Aufbau Ost* großzügig hätte finanziert werden können. Da der Grenznutzen des Einsatzes dieser Mittel im Osten um einiges höher veranschlagt wurde als im Westen, hätte sich allein schon durch die Umschichtung dieser Mittel ein positiver Effekt von mehr als 1 Billion DM ergeben, womit nicht nur sämtliche Kosten der Einheit gedeckt, sondern darüber hinaus auch noch ein erkleck-

---

172 W. Fuest, *Finanzierung der deutschen Einheit,* a.a.O., S. 9.
173 SVR, *Auf dem Wege zur wirtschaftlichen Einheit ... Jahresgutachten 1990/91*, a.a.O., Z 365.
174 Die DDR zahlte bis 1990 an die Sowjetunion jährliche Stationierungskosten in Höhe von 2,5 Mrd. Mark. Über die Zahlungen der Bundesrepublik an die auf ihrem Gebiet stationierten ausländischen Streitkräfte gibt es keine Angaben.
175 W. Fuest, *Finanzierung ...,* a.a.O., S. 10.
176 Ebenda, S. 11.

Tabelle 3.3.-1
Teilungsbedingte Finanzhilfen und Steuervergünstigungen 1990 in Mrd. DM

(West-)Berlinförderung:	10,3
· Verkehr: Transitpauschale, Förderung des Luftverkehrs	1,0
· Investitionen: Steuererleichterungen und Zulagen im Wohnungsbau	2,0
· Produktion: Kürzungsanspruch bei der Umsatzsteuer	2,9
· Einkommen: Sterermäßigung bei der Einkommen- und Körperschaftsteuer, Arbeitnehmerzulage etc.	3,8
Zonenrandförderung:	
Steuererleichterungen und Zulagen für Investitionen	2,6
Insgesamt:	12,9
Bundeshilfe für Berlin:	13,2

Quelle: SVR, *Auf dem Wege zur wirtschaftlichen Einheit...*. *Jahrsgutachten 1990/91*, a.a.O., Z. 365f.

licher Vereinigungsgewinn erzielt worden wäre. In den Folgejahren fanden derartige Rechnungen jedoch auffälligerweise kaum mehr Erwähnung. Und zwar deshalb, weil derartige Einspareffekte jeweils nur einmal auftreten, und nicht jedes Jahr von Neuem, auch wenn der Umschichtungseffekt andauert, was sich in einer dynamisierten Opportunitätskostenanalyse zeigen ließe. Andererseits aber ließen sich bestimmte Einsparpotenziale offensichtlich gar nicht realisieren, womit sie als Finanzierungsquelle faktisch ausfielen. „Ganz sicher" aber wäre in den westdeutschen öffentlichen Haushalten mehr an Umschichtungen möglich gewesen, als „mühevoll" zustande gekommen ist, wenn „die Partikularisten" in den alten Bundesländern einige ihrer Privilegien bei den Finanzhilfen, Steuersubventionen und Regulierungen aufgegeben hätten.[177] Drittens überstiegen die Kosten der Einheit schon bald die durch Einsparungen freigesetzten Mittel, so dass die hierauf beruhende Strategie zwangsläufig zu einer nur noch nebensächlichen Komponente im Finanzierungskonzept wurde. Für das BMF war die Vorstellung, die aus der Vereinigung resultierenden Mehrbelastungen für den Bundeshaushalt vor allem durch Einsparungen ausgleichen zu wollen, bereits im Mai 1991 „eine finanz- und haushaltpolitische Illusion".[178]

Der insgesamt von wenig Realismus und Veränderungsbereitschaft gegenüber dem Herkömmlichen geprägte Einstieg in die finanzpolitische Bewältigung des Vereinigungsprozesses führte teilweise zu chaotischen Verhältnissen. So wurden noch 1990 drei Nachtragshaushalte mit einem Gesamtvolumen von 33 Mrd. DM fällig[179],

---

[177] K. Schmidt, „Die Finanzierung ....", a.a.O., S. 344.
[178] H. Schöberle, „Finanzierung des Staatshaushaltes..., a.a.O., S. 11.
[179] Der erste Nachtragshaushalt vom 23.5.1990 umfasste 3.912 Mio. DM, der zweite vom 22.6.1990 2.750 Mio. DM und der dritte vom 26.10.1990 19.164 Mio. DM an „Leistungen für die ehemalige DDR". Hinzu kamen steuerliche Mindereinnahmen von 7.050 Mio. DM (SVR, *Jahrsgutachten 1990/91*, a.a.O., Z. 224).

um den Einigungsprozess finanziell abzusichern. Die Nettokreditaufnahme des Bundes erhöhte sich um zusätzliche 25,9 Mrd. DM auf 66,9 Mrd. DM.[180] Aber auch die Art der Schuldenfinanzierung veränderte sich, durch eine „Flucht aus dem Budget" in eine „undurchsichtige Fondswirtschaft" in Gestalt von nicht weniger als zehn Sondervermögen, die noch dazu der parlamentarischen Kotrolle entzogen waren.[181] Im ersten Halbjahr 1991 wurde offenbar, dass Ausgabeneinsparungen und Haushaltsumschichtungen nicht annähernd ausreichen würden, um die Finanzierung der einigungsbedingten Mehrausgaben zu sichern. Andererseits stieß aber auch die Notlösung einer fortgesetzten Kreditaufnahme inzwischen an stabilitätspolitische Grenzen.

Damit rückte die *zweite* Strategie, welche auf Einnahmeverbesserungen abstellte, ins Zentrum der Finanzpolitik. Angesichts des steigenden Finanzierungsbedarfs wurden nunmehr Steuererhöhungen unausweichlich, um die Haushaltsdefizite zu reduzieren und die Glaubwürdigkeit der Finanzpolitik wieder herzustellen. Ausgelöst wurde dieser Strategiewechsel aber nicht nur durch den gestiegenen Transferbedarf Ostdeutschlands, sondern auch durch die zusätzlichen internationalen Anforderungen im Zusammenhang mit dem Golfkrieg.[182] So wurden zum 1.7.1991 umfangreiche Steuer-, Beitrags- und Abgabenerhöhungen beschlossen: Die Mineralölsteuer, die Heizöl- und Gassteuer wurden angehoben, die Versicherungssteuer und die Telefongebühren erhöht, die Sozialversicherungsbeiträge heraufgesetzt und auf die Lohn- und Einkommen- sowie Körperschaftsteuerschuld der sog. Solidaritätszuschlag[183] von 7,5% erhoben.[184] 1992 und 1993 folgten weitere Steuer- und Beitragsanhebungen, darunter der Mehrwertsteuer, wodurch insbesondere die privaten Haushalte überproportional belastet wurden.

Bei der Würdigung dieser Strategie gilt es zu berücksichtigen, dass die von den Steuer- und Beitragserhöhungen ausgehenden Wirkungen auf mikro- und makro-

---

180 Dies resultierte vor allem aus Mehrausgaben infolge des Golfkonflikts 1990/91 sowie zusätzlichen Aufwendungen zur Defizitfinanzierung des Haushalts der ehemaligen DDR (vgl. ebenda, Z. 224f.).
181 Vgl. K. Mackscheidt, „Die parlamentarische Kotrolle muß gewährleistet werden", in: *Wirtschaftsdienst*, 70. Jg. (1990), S. 391–394.
182 Für Deutschland ergaben sich in diesem Zusammenhang direkte Zahlungsverpflichtungen in Höhe von ca. 17 Mrd. DM, davon 5 Mrd. DM in 1990 und ca. 12 Mrd. DM 1991 (BMF, *Finanzbericht 1991*, a.a.O., S. 12, 68; *1992*, a.a.O., S. 72; *1993*, a.a.O., S. 171, 181).
183 Hierbei handelt es sich um eine Ergänzungsabgabe gemäß Art. 106 GG. Der Zuschlag wurde zunächst befristet für ein Jahr, vom 1.7.1991 bis zum 30.6.1992, in Höhe von 7,5% erhoben („Gesetz zur Einführung eines befristeten Solidaritätszuschlags und zur Änderung von Verbrauchsteuer- und anderen Gesetzen 'Solidaritätsgesetz' v. 24.6.1991", BGBl. I, S. 1319).
184 Vgl. BMF, *Finanzbericht 1992*, Bonn 1991, S. 226f.

ökonomischer Ebene sowohl in West- als auch in Ostdeutschland auftraten. Unter dem Aspekt der Effizienz ist daher zu fragen, ob die aus der Umverteilung resultierenden positiven Wirkungen im Osten die Wachstumsverluste im Westen übertroffen haben. Zeitweilig, zwischen 1992 und 1995, hatte dies tatsächlich den Anschein, langfristig aber war es nicht der Fall, so dass hierüber insgesamt kein befriedigendes Urteil abgegeben werden kann. Berücksichtigt werden muss auch, dass es zwischen den einzelnen Maßnahmen zur Einnahmeverbesserung und den Leistungen für Ostdeutschland keinen direkten Zusammenhang gibt. Nicht einmal beim „Solidaritätszuschlag" war dies ursprünglich der Fall.[185] Folglich kann aus einer fiskalischen Einnahmeverbesserung nicht unmittelbar auf einen höheren Transferumfang geschlossen werden, ebenso wenig wie sich umgekehrt ein größerer Umfang an Transferleistungen nicht unmittelbar auf parallel dazu vorgenommene Einnahmeverbesserungen im Staatshaushalt zurückführen lässt.

Tabelle 3.3.-2
Einnahmen aus dem Solidaritätszuschlag[1] 1991–2000 in Mrd. DM (€)

	1991	1992	1993	1994	1995	1996	1997	1998	1999	2000
Bund	10,5	13,0	0,1	1,6	26,3	26,1	25,9	20,6	22,0	23,2 (11,8)

[1]) Ergänzungsabgabe zur Einkommen- und Körperschaftsteuer, erhoben vom 1.7.1991 bis 30.6.1992 und unbefristet seit dem 1.1.1995.
Quelle: BMF, Finanzberichte 1992 – 2001, a.a.O.; 2002, S. 116.

Als *dritte* Strategie fand die Finanzierung mittels Kreditaufnahme auf dem Kapitalmarkt Anwendung. Anfangs nur als Notlösung und Ergänzung gegenüber den beiden anderen Finanzierungsvarianten gedacht, wurde die öffentliche Kreditaufnahme durch die Begründung zahlreicher Nebenhaushalte und Sondervermögen bald zur Hauptform der Finanzierung der deutschen Einheit. Auch wenn es bis zu einem gewissen Grade durchaus gerechtfertigt war, die Mittel für den *Aufbau Ost* über die Aufnahme von Krediten aufzubringen[186], so erwies sich die exzessive Inanspruchnahme dieses Mittels doch als zunehmend problematisch, so dass Ende der 90er Jahre eine haushaltspolitische Konsolidierungsstrategie eingeleitet werden musste.

---

185 Als Begründung für die Einführung des Solidaritätszuschlags wurden ausdrücklich nicht die Kosten der deutschen Einheit angeführt, sondern der „gestiegene Finanzierungsbedarf im Zusammenhang mit zusätzlichen internationalen Anforderungen (Golfkrieg, Osteuropa)" (H. Schöberle, a.a.O., S. 12).
186 Vgl. W. Kitterer, „Rechtfertigung und Risiken einer Finanzierung der deutschen Einheit durch Staatsverschuldung", in: K.-H. Hansmeyer, *Finanzierungsprobleme der deutschen Einheit I*, Schriften des Vereins für Socialpolitik, N.F. Band 229/I-II, Berlin 1993, S. 39–76.

Obwohl dem Bund zeitweilig kaum eine andere Wahl blieb, als die Finanzierung der unabweisbaren Mehrausgaben durch die Aufnahme immer höherer Kredite zu sichern, weist der exorbitante Anstieg der Schulden seit 1990 doch auch auf konzeptionelle Schwächen und Fehler bei der finanzpolitischen Gestaltung des Einigungsprozesses hin, deren Folgen noch lange zu spüren sein werden. In welchem Maße der Anstieg der Staatsverschuldung jedoch direkt oder indirekt dem Vereinigungsprozess anzulasten ist, lässt sich nur schwer quantifizieren. Unabhängig davon, wie hoch dieser Anteil beziffert wird, ändert dies aber nichts daran, dass diese Schulden in erster Linie als Resultat einer bestimmten Finanzierungsstrategie begriffen werden müssen und nicht etwa als „Erblast" der ehemaligen DDR.

Eine besondere Problematik stellen die mit der Aufbringung der Transferzahlungen verbundenen *spezifischen Finanzierungskosten* dar. In den Transferrechnungen sind sie, da sie keine West-Ost-Transaktionen abbilden, im allgemeinen nicht enthalten. Gleichwohl handelt es sich hierbei aber um Aufwendungen, insbesondere in Form von Zinszahlungen, die im Zusammenhang mit der Finanzierung der Einheit getätigt wurden. Eine umfassende Belastungsrechnung müsste daher, so fordern einige Autoren[187], die Zinszahlungen des *Fonds Deutsche Einheit* und der *Treuhandanstalt* sowie deren Nachfolgeeinrichtungen ebenso einschließen wie die Zinsen für den gesamten einigungsbedingten Anteil der Staatsschulden, und zwar als indirekte Belastungen. Dabei gilt es jedoch zu berücksichtigen, dass die Höhe dieser Belastungen[188] keine exogene Größe darstellt, sondern ganz wesentlich von der Finanzierungsstrategie abhängt, über welche die Bundesregierung souverän entscheidet. Bei der Wahl einer weniger kreditdominierten und dafür mehr steuerorientierten Finanzierung wären die Zinsbelastungen weitaus geringer gewesen. Ganz abgesehen von der gänzlich anderen Verteilungsstruktur der Belastungen, die sich daraus ergeben hätte. Gegen eine Einbeziehung dieser Aufwendungen in eine entsprechende Belastungsrechnung spricht auch, dass es sich hierbei um eine intersektorale Umverteilung innerhalb Westdeutschlands handelt. Das heißt, die als Ausgaben der Gebietskörperschaften auftretenden Zinsen verkörpern auf der anderen Seite Einnahmen der Banken und privaten Haushalte, vornehmlich in Westdeutschland, während Ostdeutschland zwar Nutznießer der kreditfinanzierten Leistungen ist, gegenüber den Finanzierungsausgaben und -einnahmen jedoch eine weithin neutrale Position einnimmt.

---

187 Vgl. K. Lichtblau, *Von der Transfer- in die Marktwirtschaft*, a.a.O., S. 53; U. Heilemann/H. Rappen, „ 'Aufbau Ost' – Zwischenbilanz und Perspektiven", a.a.O., S. 9–39.
188 So beliefen sich zum Beispiel die Zinsausgaben der THA von 1990 bis 1994 auf 42,7 Mrd. DM; die des FDE werden bis zum Ende des Finanzierungszeitraumes ca. 90 Mrd. DM betragen (A. Boss/A. Rosenschon, „Öffentliche ...", a.a.O., S. 11 und 13; BMF, *Finanzbericht 2000*, a.a.O., S. 52).

Die verschiedenen Finanzierungsstrategien spiegeln sich in den unterschiedlichen Finanzierungsprojekten und Förderprogrammen, welche zur Stabilisierung und wirtschaftlichen Entwicklung Ostdeutschlands aufgelegt wurden, wider.[189] Gleichsam als Surrogat für die bis 1995 ausgesetzte Teilnahme der neuen Länder und Berlins am gesamtdeutschen Länderfinanzausgleich stand hier zunächst der *Fonds Deutsche Einheit* im Zentrum. Dieser Fonds wurde gemäß den Bestimmungen des *Staatsvertrages* zur Währungs-, Wirtschafts- und Sozialunion Mitte 1990 als Sondervermögen des Bundes geschaffen und diente, getrennt von den Finanzen der westdeutschen Gebietskörperschaften, der Finanzierung des *Aufbaus Ost*. Mit einem Kreditanteil von ursprünglich 82,6%, nach der Aufstockung 59,1%, entsprach die Konstruktion dieses Fonds von vornherein einem Finanzierungsmix, worin die Kreditkomponente dominierte. Die restlichen Mittel (40,9%) wurden durch den Bund (49,6 Mrd. DM) und die alten Bundesländer (16,1 Mrd. DM) aufgebracht (vgl. Tabelle 3.3.-3).

Tabelle 3.3.-3
Finanzierungsstruktur des Fonds Deutsche Einheit in Mrd. DM

	1990	1991	1992	1993	1994	1995	1996	1997	1998	1999	2000
Zuschuss											
- Bund	2,0	4,0	9,9	14,2	19,5						
- Länder	-	-	-	6,0	10,1						
Kredit	20,0	31,0	24,0	15,0	5,0						
Schuldendienst insgesamt	-	3,0	8,7	9,1	10,8	9,5	9,5	9,5	6,5	6,5	6,5
- Bund	-	2,0	5,1	3,8	4,5	2,7	2,7	2,7	1,7	1,7	1,7
- Länder	-	0,6	2,6	3,8	4,5	4,1	4,1	4,1	3,2	3,2	3,2
- Gemeinden	-	0,4	1,0	1,5	1,8	2,7	2,7	2,7	1,6	1,6	1,6

Quelle: BMF, *Finanzbericht 2000*, a.a.O., S. 52; *2001*, S. 40; *2002*, S. 53; eigene Berechnungen

Ursprünglich war für den Fonds nur ein Umfang von 115 Mrd. DM vorgesehen, wovon 95 Mrd. DM durch Kreditaufnahme und 20 Mrd. DM durch Einsparungen im Bundeshaushalt aufgebracht werden sollten. Durch die zweimalige Aufstockung des Fondsvolumens verschoben sich die Relationen jedoch etwas, so dass letztlich die alten Länder stärker an der Finanzierung beteiligt wurden. Andererseits flossen mit den Einnahmen aus der Umsatzsteuer und der Zinsabschlagsteuer[190] nun auch

---

189 Vgl. dazu die Übersichten in: BMWi, *Bilanz der Wirtschaftsförderung des Bundes in Ostdeutschland*, Dokumentation 419, Bonn 1997; Dokumentation 437, Berlin 1998; Dokumentation 458, Berlin 1999.
190 „Gesetz zur Neuregelung der Zinsbesteuerung (Zinsabschlaggesetz)" v. 9.11.1992, BGBl. I, S. 1853–63.

Stereinnahmen in die Finanzierung ein, wodurch sich der Kreditanteil entsprechend verringerte. Das Grundkonzept wurde dadurch jedoch nicht wesentlich verändert.

Obwohl der Fonds bei der Erfüllung der aus dem *Staatsvertrag* resultierenden finanziellen Verpflichtungen der Bundesrepublik gegenüber der DDR und der Unterstützung der neuen Länder und Berlins (Ost) bei der Deckung ihres allgemeinen Finanzbedarfs in den ersten Jahren der Einheit eine herausragende Rolle gespielt hat, ist es nicht gelungen, auf diese Weise die Gesamtproblematik der Finanzierung der neuen Länder in den Griff zu bekommen. Dieser Lösungsansatz musste unbefriedigend bleiben, weil der Fonds vom Volumen her unterdimensioniert, von seiner Struktur her zu sehr auf den Bund konzentriert und zudem auch noch kreditlastig war. Dem Finanzierungskonzept lag von Anfang an eine grobe Fehleinschätzung der Problemlage Ostdeutschlands, und damit auch des Finanzierungsbedarfs, zugrunde. Dies lässt sich anhand eines, im September 1990 abgegebenen, Urteils *Wolfram Engels'* exemplifizieren. Dieser sah „das Finanzproblem" allein darin, dass „die Ausgaben zunächst sehr hoch sind ..., während Einnahmen und Ersparnisse erst langsam wachsen". So würde *kurzzeitig* eine „Finanzierungslücke" entstehen, die, da sie schon „in den folgenden Jahren durch Überschüsse abgelöst wird, ...vernünftigerweise durch Kredite überbrückt werden sollte". Steuererhöhungen wären in dieser Lage „absurd", da der Staat dadurch „auf Kosten seiner Bürger Vermögen bildet".[191] Ähnlich dachten auch andere Ökonomen, woraus sich die anfängliche Indolenz gegenüber einer höheren Staatsverschuldung erklärt.

Als Alternative zu dem, von „extrem unrealistischen Annahmen" getragenen, Finanzierungskonzept der Bundesregierung, wurde noch während der Verhandlungen zum *Einigungsvertrag* von Seiten der DDR ein bis heute in den Einzelheiten nachvollziehbares Konzept vorgelegt, das sich, was den Finanzbedarf anbetrifft, im Rückblick als eine „erstaunlich zutreffende Prognose"[192] erweist. Aber, so sachgerecht die hierin enthaltenen Berechnungen auch waren, sie passten nicht in die, zunehmend auch von wahltaktischen Erwägungen bestimmte, Finanzierungsstrategie der Bundesregierung. So fiel das Konzept des DDR-Finanzministers *Walter Romberg* (SPD) der „spezifischen Handlungslogik des Parteienwettbewerbs ... zum Opfer", womit die Chance für „die Sicherung einer soliden finanziellen Basis" für den ostdeutschen Aufbauprozess erst einmal vertan war.[193] In Bezug auf den *Fonds Deutsche Einheit* zeigte sich dies in ständigen Nachbesserungen und Korrekturen, paral-

---

191 W. Engels, „Schwarzmalerei", in: *Wirtschaftwoche* (Ost), 40/1990 v. 28.9.90, S. 50.
192 O. Schwinn, a.a.O., S. 71 u. 83; R. Czada, „Der Kampf um die Finanzierung der deutschen Einheit", in: G. Lehmbruch (Hg.), *Einigung und Zerfall*, Opladen 1995, S. 73ff. (s. auch: MPIFG DP 1/1995, Köln).
193 O. Schwinn, a.a.O., S. 83.

Tabelle 3.3.-4
Das Gemeinschaftswerk Aufschwung Ost in Mrd. DM

	1991	1992
Kommunales Investitionsprogramm	5,0	-
Arbeitsbeschaffungsmaßnahmen	2,5	3,0
Verkehr	1,4	4,2
Wohnungs- und Städtebau	1,1	1,1
Förderung privater Unternehmensinvestitionen	0,4	0,7
Sonderprogramm Regionale Wirtschaftsförderung	0,6	0,6
Werfthilfen	0,1	0,4
Umweltschutzsofortmaßnahmen	0,4	0,4
Hochschulen Ost	0,2	0,2
Instandsetzung Gebäudebestand Bund	0,3	0,1
Sonstiges	-	1,4
Insgesamt	12,0	12,1

Quelle: BMF, Bundeshaushalt 1991, Bonn 1991

lel dazu etablierten weiteren Nebenhaushalten und steigenden Finanzierungsdefiziten und Schuldenbeständen, sowohl beim Bund als auch bei den ostdeutschen Ländern und Gemeinden.

Die erste Kurskorrektur erfolgte bereits im Februar 1991. Nachdem offenbar wurde, dass die Marktkräfte alleine im Osten keinen Aufschwung zustande bringen würden, entschied sich die Bundesregierung für eine Politik staatlicher Wirtschafts- und Investitionsförderung. Dazu wurde ein auf zwei Jahre befristetes Programm *Gemeinschaftswerk Aufschwung Ost* mit einem Volumen von insgesamt 24 Mrd. DM beschlossen, was zusätzliche Transferleistungen zur Förderung öffentlicher und privater Investitionen in eben dieser Größenordnung bedeutete. Dieses Programm umfasste eine Vielzahl von Einzelnmaßnahmen zur Entwicklung der Infrastruktur, der Förderung des Städtebaus und der Modernisierung, des Umweltschutzes und der Arbeitsförderung (vgl. Tabelle 3.3.-4).

Ursprünglich sollte auch dieses Programm vollständig aus Einsparungen finanziert werden. Mit dem Übergang zu einer mehr auf Steuer- und Beitragserhöhungen basierenden Strategie sowie einer höheren Neuverschuldung kamen hierfür dann aber vor allem auch fiskalische Einnahmeverbesserungen in Betracht. Die Basis dafür boten die infolge des Vereinigungsbooms in Westdeutschland stark angestiegenen Steuereinnahmen[194] sowie der 1991 und 1992 verhältnismäßig hoch ausgefalle-

---

194 Vgl. BBk, „Die Entwicklung des Steueraufkommens seit dem Jahre 1990", in: *Monatsberichte*, 45. Jg. (1993) 3, S. 22f. und S. 31.

ne Bundesbankgewinn von 15,2 bzw. 14,7 Mrd. DM, wovon 14,5 bzw. 13,1 Mrd. DM an den Bund abgeführt wurden.[195]

Gemessen am Gesamtumfang der Transferzahlungen nimmt sich das Programm *Gemeinschaftswerk Aufschwung Ost* recht bescheiden aus, denn der Finanzierungsumfang auf anderen Gebieten, zum Beispiel der passiven Arbeitsmarktpolitik, überstieg die hier bereitgestellten Mittel bei weitem. Aber eine durchgreifende Verbesserung der Infrastruktur, des Kapitalstocks oder des Wohnungsbestandes war mit diesen Mitteln und in einem Zeitraum von zwei Jahren ohnehin nicht zu erreichen. Dazu bedurfte es eines wesentlich umfangreicheren privaten Kapitaltransfers, wozu die staatlichen Transfers nur von komplementärer Bedeutung waren. Mit ihnen sollte lediglich ein finanzpolitischer Anstoß gegeben werden, damit privates Kapital, auf welches die Bundesregierung in der Hauptsache setzte, auch wirklich nach Ostdeutschland fließt. Insofern entsprach auch dieses Programm einer angebotsorientierten Politik und stellte keine, wie auch immer motivierte, wirtschaftspolitische Kehrtwende dar. Da die privaten Investitionen aber nicht in dem erwarteten Umfang erfolgt sind, ist dieses Programm aus heutiger Sicht eher als ein Beleg für die Fehleinschätzung der anstehenden Aufgaben und die Verzögerung ihrer Lösung zu werten, denn als ein gewichtiger Beitrag zu ihrer Bewältigung. Zumal einige der hier eingesetzten Finanzierungs- und Steuerungsinstrumente eher kontraproduktiv als entwicklungsfördernd gewirkt haben[196], und andere, zum Beispiel Sonderabschreibungen, nicht nur positive Effekte, sondern auch erhebliche Fehlallokationen zur Folge hatten.[197] Der Hauptmangel war aber nach wie vor darin zu erblicken, dass auch zwei Jahre nach der Einheit immer noch kein in sich konsistentes und längerfristiges Finanzierungskonzept existierte, die Transferleistungen vielmehr über ein Sammelsurium unterschiedlichster Maßnahmen und Programme finanziert wurden, eben „Flickschusterei"[198] herrschte.

Eine Wende in der Finanzpolitik vollzog sich indes 1993, mit der Verabschiedung des *Föderalen Konsolidierungsprogramms*, welches 1995 in Kraft trat.[199] Dem ging das Eingeständnis der Bundesregierung voraus, die Kosten der Einheit bis dato falsch eingeschätzt zu haben, weshalb kein ausreichend tragfähiges Finanzierungskonzept erarbeitet worden war. Auch dokumentierten die Wirtschaftsdaten für Ost-

---

195 BBk, *Geschäftsbericht für das Jahr 1991*, S. 144 und für das Jahr *1992*, S. 144.
196 Zum Beispiel die Erhöhung der Umsatzsteuer von 14 auf 15% lt. Steueränderungsgesetz 1992.
197 Vgl. dazu DIW/IfW/IWH, *Gesamtwirtschaftliche und unternehmerische Anpassungsfortschritte in Ostdeutschland. Fünfzehnter Bericht*, a.a.O., S. 32f.
198 K. Handschuh, „Etat 1991: Waigels Flickwerk", in: *Wirtschaftswoche*, Nr. 12/1991 v. 15.3., S. 26.

deutschland ein Scheitern der seit der Währungs-, Wirtschafts- und Sozialunion verfolgten Wirtschafts- und Finanzstrategie, was ein Umsteuern nahe legte. Der entscheidende Punkt hierbei war jedoch die Erkenntnis, dass es sich bei den Transferzahlungen offensichtlich nicht um eine kurzfristige Liquiditäts- und Überbrückungshilfe handelte, sondern um eine Einrichtung von Dauer. Mit der bisherigen Politik war es zwar gelungen, Ostdeutschland in historisch bemerkenswert kurzer Frist als Gesellschafts- und Wirtschaftssystem marktwirtschaftlich zu transformieren, nicht aber eine selbsttragende wirtschaftliche Entwicklung zu initiieren und die Lebensverhältnisse an westdeutsches Niveau anzugleichen. Als Konsequenz blieb ein Transferbedarf Ostdeutschlands in der Größenordnung von rund 150 Mrd. DM jährlich, der mittels öffentlicher Transfers zu decken ist, und dies durchaus auf längere Sicht. Der Fonds Deutsche Einheit und das *Gemeinschaftswerk Aufschwung Ost* hatten sich unter diesen Bedingungen als Konzepte der Finanzierung der deutschen Einheit als entschieden „zu billig"[200] erwiesen. Zur Bewältigung dieser Aufgaben bedurfte es eines wesentlich umfangreicheren Finanzentwurfs, der auf einer breiteren konsensualen Basis stand und langfristigen Charakters war. Indem die Bundesregierung mit dem „Solidarpakt" nunmehr ein solches Programm für den Zeitraum 1995 bis 2004 vorlegte, erkannte sie erstmals öffentlich Umfang und Dauerhaftigkeit der Transferzahlungen an und verwarf damit all ihre früheren, zu dieser Frage eingenommenen Positionen. Inzwischen erfolgte mit der Verabschiedung des neuen „Solidarpakts" (II) eine Fortschreibung der damals eingeschlagenen Politik für weitere 15 Jahre, was die Bedeutung der damaligen Korrektur unterstreicht und den Unterstützungszeitraum auf nunmehr 30 Jahre ausdehnt.

Mit dem „Solidarpakt" (I) ging es im Wesentlichen um die Lösung dreier Probleme: *Erstens* sollten die im Vereinigungsprozess aufgelaufenen und der DDR zugeschriebenen Schulden, die bis dato in diversen Sondervermögen geführt wurden, in einem Fonds, dem *Erblastentilgungsfonds*, zusammengeführt und damit endgültig geregelt werden[201]. *Zweitens* stand die Reform des Bund-Länder-Finanzausgleichs an, welche die Einbeziehung der neuen Länder und Berlins in den gesamtdeutschen Finanzausgleich vorsah. Und drittens war die Finanzierung all dieser Maßnahmen zu regeln, wozu das *Föderale Konsolidierungsprogramm* (FKP) aufgelegt wurde.

---

199 „Gesetz über die Maßnahmen zur Bewältigung der finanziellen Erblasten im Zusammenhang mit der Herstellung der Einheit Deutschlands, zur langfristigen Sicherung des Aufbaus in den Neuen Ländern, zur Neuordnung des bundesstaatlichen Finanzausgleichs und zur Entlastung der öffentlichen Haushalte (Gesetz zur Umsetzung des Föderalen Konsolidierungsprogramms – FKPG)", 1993 (BGBl. 1993 I, S. 944–991).
200 Arbeitsgruppe Alternative Wirtschaftspolitik, *Gegen den ökonomischen Niedergang ...*, a.a.O., S. 161.
201 Vgl. SVR, *Im Standortwettbewerb. Jahresgutachten 1995/96*, a.a.O., S. 144.

Während es in Bezug auf die ersten beiden Punkte recht bald zu einer Einigung kam, verhinderten unüberbrückbare Interessengegensätze zwischen Bund und alten Ländern die Verabschiedung eines aus Einsparungen und Einnahmeverbesserungen kombinierten Reformpakets. Als konsensfähig erwies sich nur eine Lösung, die sich eng an den Status quo anlehnte und alle darüber hinaus gehenden Finanzierungsanforderungen an die Kapitalmärkte verwies. So kam schließlich eine Finanzierungslösung nur unter Einschluss einer höheren Neuverschuldung zustande, mit den bekannten Konsequenzen hinsichtlich der Verschiebung der Finanzierungskosten in die Zukunft und der zusätzlichen Belastung des Staates durch steigende Zinszahlungen.[202] Für die in den 90er Jahren zu verzeichnende Zunahme der Staatsverschuldung war der aus der Vereinigung resultierende Finanzierungsbedarf jedoch keineswegs der einzige, ja letztlich nicht einmal der ausschlaggebende Faktor: So war in der ersten Hälfte der 90er Jahre nur etwa ein Viertel des Defizits des Bundeshaushalts einigungsbedingt, während drei Viertel auf Steuerausfälle und rezessionsbedingte Zusatzausgaben zurückgingen.[203] Dies änderte sich in der zweiten Hälfte des Jahrzehnts durch die Übernahme bestimmter Sondervermögen durch den Bund, aber niemals so weit, dass sich dadurch die Relation umgekehrt hätte.

Zur Finanzierung der Transferleistungen und der fiskalischen Altlasten Ostdeutschlands wurde 1993 im Kontext mit einem Gesamtkonzept zur Konsolidierung der Staatsfinanzen ein Maßnahmepaket beschlossen, das auf drei Säulen basierte, auf Einnahmeverbesserungen, auf Ausgabenkürzungen sowie auf der Streichung von Steuervergünstigungen und auf Maßnahmen zur Missbrauchsbekämpfung bei der Inanspruchnahme von Lohnersatz- und anderen Sozialleistungen. Im Einzelnen umfasste dieses Paket einnahmeseitig die unbefristete Wiedereinführung des „Solidaritätszuschlages"[204] und die Erhöhung der Vermögenssteuer von 0,5% auf 1%, bei gleichzeitiger Anhebung der Freibeträge.[205] Beide Maßnahmen waren jedoch, so wie beschlossen, nicht von langer Dauer.[206] Ausgabeseitig wurde die Kür-

---

202 Vgl. dazu Abschnitt 3.3.2.
203 So erklärte Staatssekretär Manfred Overhaus am 5. August 1994 im Bundestag, dass „der einigungsbedingte Teil am Defizit des Bundeshaushalts ... kaum zu ermitteln sei.... Gleichwohl kann angenommen werden, daß vom Defizit des Bundes in den Jahren 1991bis 1994 etwa ein Viertel durch die Vereinigung bedingt ist." (BT-Drs. 12/8372, S. 22)
204 Vgl. „Solidaritätszuschlaggesetz" v. 23.6.1995 (BGBl. 1995 I, S. 944).
205 Vgl. „Vermögenssteuergesetz" v. 17.4.1974 i. d. F. der Bekanntgabe v. 14.11.1990 (BGBl. II, S. 2467), geändert zum 1.1.1995.
206 Zum 1.1.1998 erfolgte eine Senkung des Zuschlags auf 5,5% („Gesetz zur Senkung des Solidaritätszuschlags v. 21.11.1997", BGBl. I, S. 2743). 1995 entschied das Bundesverfassungsgericht, dass die Erhebung Vermögenssteuer von 1997 an für unbestimmte Zeit ausgesetzt wird (BverfG v. 22.6.1995, BStBl. II, S. 655f; BMF, *Finanzbericht 1998*, Bonn 1997, S. 123ff.).

zung bestimmter Sozialleistungen und der Abbau von Steuersubventionen beschlossen sowie eine Verstärkung der Missbrauchsbekämpfung von Leistungen der *Bundesanstalt für Arbeit*. Der Schwerpunkt der Maßnahmen lag somit, insgesamt gesehen, eindeutig auf den ersten beiden Aspekten, womit das Paket von seiner Intention her vor allem der Strategie der Einnahmeverbesserung in Verbindung mit bestimmten Einsparungen und Ausgabenkürzungen entsprach. Die Nichtdurchsetzbarkeit der ursprünglich anvisierten Einsparziele wurde dann jedoch wiederum vor allem durch eine höhere Kreditaufnahme kompensiert, womit in der praktischen Umsetzung die dritte Strategie, die Ausweitung der Staatsverschuldung, immer mehr an Gewicht gewann.

Mit dem „Solidarpakt" und dem FKP erfolgte zwischen Bund, Ländern und Gemeinden sowie zwischen Ost- und Westdeutschland eine Ressourcenverschiebung im Umfange von insgesamt 94,8 Mrd. DM.[207] Dadurch ist es gelungen, den neuen Ländern für ein Jahrzehnt eine, gemessen an den Vorjahren, vergleichsweise solide und verlässliche Finanzausstattung zu garantieren, sie in den Länderfinanzausgleich zu integrieren und für die finanziellen Altlasten eine Lösung zu finden; ein „großer Wurf" war indes auch dieses Programm nicht.[208] Obwohl mit dem FKP in bestimmter Hinsicht eine Korrektur vorangegangener Fehleinschätzungen und Irrtümer erfolgt war, bedeutete dies doch keine wirkliche Überwindung der „fiskalischen Bagatellisierung"[209] der Jahrhundertaufgabe der deutschen Einigung. Trotz partieller Verbesserungen blieb es, im Ganzen gesehen, bei „einem konzeptionslosen, an der Konsensfähigkeit der Einzelmaßnahmen orientierten Stückwerk"[210]. So konnte beispielsweise keine Reform der föderalen Finanzbeziehungen durchgesetzt werden, was zur Folge hatte, dass sich die aus der Einbeziehung der neuen Länder und Berlins in den Finanzausgleich resultierenden Mehrbelastungen vor allem in einer Zunahme der vertikalen Verteilung niederschlagen. Zum anderen führte die Integration der neuen Länder und Berlins in den Finanzausgleich zu einer Polarisierung unter den alten Ländern, was zu einem regelrechten Verteilungsstreit führte, welcher 1998/99 schließlich vor dem BverfG ausgetragen werden musste. In der Frage, ob die Einnahmeverbesserung des Staatshaushalts durch einen Sozialabbau oder durch eine Sonderabgabe für Besserverdienende und Beamte erreicht werden soll, konnte ebenfalls kein Konsens erzielt werden, da die steuer- und sozialpolitischen Konzepte der Parteien unvereinbar waren. So kam es weder in der einen noch in der anderen Richtung zu spürbaren einnahmerelevanten Veränderungen. Statt dessen wurde lie-

---

207 R. Czada, „Der Kampf um ...", a.a.O., S. 90.
208 Vgl. O. Schwinn, a.a.O., S. 178ff.
209 R. Hickel/J. Priewe, *Nach dem Fehlstart*, Frankfurt/M. 1994, S. 139.
210 O. Schwinn, a.a.O., S. 184.

ber – als kleinster gemeinsamer Nenner aller Beteiligten – eine höhere Staatsverschuldung hingenommen. Der Bund trug die Hauptlast der Vereinigung, finanzierte diese letztlich jedoch nur zum geringsten Teil mit Einsparungen und Steuererhöhungen, zum überwiegenden Teil aber über die Aufnahme von Krediten. Dies blieb nicht folgenlos für die Entwicklung der Staatsverschuldung und deren Struktur, wobei sich die Masse der Schulden wie der daraus erwachsenden Verpflichtungen logischerweise beim Bund konzentrierten.

Für Ostdeutschland bedeutete das *Föderale Konsolidierungsprogramm* einen Schritt weiter auf dem Wege von der formalen zur tatsächlichen Einheit, ohne dass diese damit bereits vollendet wäre. Die Finanzierung der zur Verwirklichung des Grundgesetzes notwendigen innerdeutschen Transferleistungen gehört dabei zu den wesentlichen Bestimmungsmomenten. Der Beitritt Ostdeutschlands zur Bundesrepublik hatte eine erhebliche Ausgabenerweiterung der öffentlichen Haushalte zur Folge[211]; nach Abzug der Beiträge Ostdeutschlands zu den Einnahmen des Bundes bis zum Jahr 2000 umfassten diese ca. 1,4 Billionen DM. Die Staatsquote erhöhte sich dadurch von 46,5% (1989) auf mehr als 50% Mitte der 90er Jahre, das Finanzierungsdefizit stieg von -0,1% (1989) auf einen Wert von über 3%, 1996 waren es sogar 3,4%.[212] Der größte Teil des in den 90er Jahren bei den öffentlichen Haushalten zu verzeichnenden Ausgabenanstiegs wurde durch die neuen Länder und Berlin hervorgerufen. Die institutionelle Struktur der Bundesrepublik, ihre föderale Verfassung und Gliederung, bewirkten, dass die damit verbundenen Kosten auf mehrere Ebenen und Träger verteilt werden konnten, auf Bund, Länder, Gemeinden, Sozialversicherungsträger, *Treuhandanstalt* und diverse Sondervermögen. Diese Segmentierung und Sequenzierung der Belastungen sowie ihre kreditgetragene Transferierung in eine spätere Zeit bewirkten, dass das Finanzierungsproblem ohne größere haushaltspolitische Spannungen bewältigt werden konnte, andererseits aber auch dessen Unterschätzung in der Gegenwart und Verschiebung in die Zukunft. Letzteres dokumentiert sich heute in einer gegenüber früher drastisch höheren Verschuldung der Gebietskörperschaften, aber auch in der besonders prekären finanziellen Lage der neuen Länder und Berlins, welche „Anlass zur Sorge"[213] gibt. Die Vereinigung hätte jedoch, vor allem für den Bund, noch weitaus dramatischere Konsequenzen gehabt, wären nicht eine Reihe entlastender Faktoren und Prozesse hinzuge-

---

211 Vgl. P. Hernold, „Bereitstellung öffentlicher Leistungen und sektorale Anpassungsprozesse im Zuge der deutschen Einigung", in: *RWI-Mitteilungen*, 47. Jg. (1996) 3–4, S. 171–189.
212 Vgl. BBk, *Monatsberichte*, 53. Jg. (2001) 10, S. 53*.
213 H. Seitz, „Finanzierung und Finanzprobleme der neuen Länder", in: *Informationen zur Raumentwicklung*, Sonderausgabe „10 Jahre deutsche Einheit", Bonn 2001.

kommen. Dies betraf die Verlagerung bestimmter Kosten vom Staatshaushalt auf die Sozialversicherungshaushalte, insbesondere die Rentenversicherung, aber auch die Entschuldung des Staates durch die Inflation.

Anfang der 90er Jahre wurde die infolge des Einigungsbooms in Westdeutschland über Erwarten günstige Finanzsituation der Rentenversicherung dazu genutzt, mittels Umschichtung von Sozialbeiträgen einen Teil der hohen zusätzlichen Anforderungen der Arbeitslosenversicherung, die der Bund hätte tragen müssen, über die Rentenversicherung zu finanzieren. Dies wurde dadurch ermöglicht, dass zwischen 1990 und 1992 die Beitragseinnahmen spürbar angestiegen waren, die Ausgaben aber, auf Grund einer verzögerten Anpassung der Renten- an die Lohnentwicklung und der durch die Rentenreform 1992 bewirkten Änderungen, hinter dem Anstieg der Einnahmen zurückblieben. Auf diese Weise entstand ein Einnahmeüberschuss von 9,6 Mrd. DM (1990) bzw. 10,7 Mrd. DM (1991) und 10,4 Mrd. DM (1992). Zudem stieg das Vermögen der Rentenversicherung bis auf eine Größe von 49,1 Mrd. DM, zweieinhalb mal soviel wie der gesetzlich vorgeschriebene Mindestumfang der Schwankungsreserve erforderte.[214] Diese Mittel wurden von 1992 an zum Defizitausgleich der Rentenversicherung *Ost* mit herangezogen, wodurch sich höhere Bundeszuschüsse und, bis 1994, auch Beitragssatzerhöhungen, erübrigten.

Ein zweiter Faktor, der dazu beigetragen hat, die budgetäre Situation in der ersten Hälfte der 90er Jahre erheblich zu entschärfen, war die von der Währungs-, Wirtschafts- und Sozialunion und dem Vereinigungsboom ausgegangene Inflation. Den Ausgangspunkt für diese Überlegung bildet der mit der Währungsumstellung einhergegangene monetäre Schock, welcher durch einen kurzzeitigen Anstieg des Geldangebots bei gleichzeitigem temporären Rückgang der Geldnachfrage ausgelöst und dann durch den Anpassungsprozess des Preisniveaus absorbiert wurde. Dabei war für die Expansion der Geldmenge[215] nicht so sehr ein durch den Umtauschsatz bei der Währungsumstellung vermeintlich alimentierter „Geldüberhang" ausschlaggebend, sondern vielmehr die undifferenzierte Behandlung der Gesamtheit der Geldbestände der DDR als M_1.[216] Auf Grund eines falschen Analogieschlusses der

---

214 BBk, „Zur Finanzentwicklung der gesetzlichen Rentenversicherung seit Beginn der neunziger Jahre", in: *Monatsberichte*, 47. Jg. (1995) 3, S. 25
215 Mit der Ausweitung des Währungsgebietes erhöhte sich die Geldmenge in der Abgrenzung M_3 um 180 Mrd. DM oder knapp 15%. Ausgehend von den Größenverhältnissen der Wirtschaftspotenziale Ost- und Westdeutschlands wäre aber eine Zunahme „um etwa 10% angemessen" gewesen, nach dem Niedergang der ostdeutschen Produktion eher weniger (BBk, „Ein Jahr deutsche Währungs-, Wirtschafts- und Sozialunion", in: *Monatsberichte*, 43. Jg. (1991) 7, S. 19).
216 Während die Geldmenge M_3 in Westdeutschland nur ca. ein Drittel des Bruttogeldvermögens der privaten Haushalte und Unternehmen ausmachte, der größere Teil aber dem Geldkapital zuzurechnen war, waren in Ostdeutschland, wo es faktisch kein Geldkapital gab,

Bundesbank wurden bei der Währungsumstellung alle Forderungen von Nichtbanken gegenüber dem Bankensystem der DDR, mit Ausnahme bestimmter Versicherungseinlagen, als M_1 behandelt.[217] Tatsächlich aber trug mindestens ein Drittel der „Spargiroeinlagen" den Charakter langfristiger Anlagen i.S. von Geldkapital und hätte daher entsprechend dem Geldmengenkonzept der Bundesbank überhaupt nicht zur Geldmenge gezählt werden dürfen. Berücksichtigt man diesen Fakt, so entsprach die Ausdehnung der Geldmenge um 15% *effektiv* nur einer Zunahme derselben um gut 11% und war damit nicht viel höher als die Zunahme des Produktionspotenzials.[218] Der in diesem Zusammenhang ins Spiel gebrachte „Geldüberhang"[219] erwies sich damit als ein bloßes „Scheinproblem"[220], was auch die nachfolgende Entwicklung belegt, da weder der im zweiten Halbjahr 1990 durch die „Überliquidisierung" erwartete „Kaufrausch" eingetreten ist, noch der durch das zusätzliche Geldangebot „vielfach befürchtete Inflationsimpuls"[221]. Statt dessen kam es zu einer Portfolioumschichtung und überaus raschen Anpassung der Geldnachfrage an die tatsächliche Präferenzstruktur, wodurch sich der „Geldüberhang" quasi über Nacht auflöste. Dies war von der *Bundesbank* freilich auch nicht anders erwartet worden, ging sie doch davon aus, „dass sich der umstellungsbedingte ‚Geldüberhang' durch eine kräftige

beide Größen nahezu identisch. Da zudem auch noch die Spareinlagen „täglich fällig" waren, war M_3 *de facto* (mit Ausnahme der Versicherungseinlagen) identisch mit M_1. Diese rein formale Zuordnung sagt jedoch absolut nichts über die wirkliche Geldnachfrage und Anlagepräferenz aus, weshalb sich hieraus auch *keine* Schlüsse hinsichtlich eines „Geldüberhangs" ziehen lassen (Vgl. R. Pohl, „Geld und Währung in Deutschland seit der Währungsumstellung", in: DIW, *Vierteljahreshefte zur Wirtschaftsforschung*, 64. Jg. (1995) 3, S. 386–402).

217 BBk, „Die Währungsunion ..., a.a.O., S. 14ff.
218 Diese Position vertrat 1990 auch das DIW, verbunden mit der Schlussfolgerung, dass von der Währungsunion „keine Belastung" der potenzialgerechten Geldmengenpolitik ausgehen würde (zit. nach: BBk, *Auszüge aus Presseartikeln* Nr. 53 v. 28.6.1990, S. 11).
219 Von diesem, lediglich umstellungsbedingten „Geldüberhang", ist der in der DDR *vor* der Währungsunion existierende Geldüberhang sorgfältig zu unterscheiden, dessen Umfang auf 15% der Geldbestände bzw. ca. 60 Mrd. Mark geschätzt wurde, der aber durch den Währungsumtausch vollständig beseitigt wurde. De facto bedeutete der Konversionssatz von 1,8 zu 1 eine weit größere Entwertung der Geldbestände als der Geldüberhang ausgemacht hat (vgl. M. E. Streit, „Die deutsche Währungsunion", in: BBk (Hrsg.), *Fünfzig Jahre Deutsche Mark*, a.a.O., S. 679; K. Tannert (Hg.), *Geld, Kredit, Finanzen aus neuer Sicht,* Berlin 1990, S. 11).
220 Vgl. dazu Adolf Wagner, der festgestellt hat, dass „empirische Analogieschlüsse vom Gebiet der alten Bundesrepublik auf die neuen Bundesländer" u.a. das „Scheinproblem ‚Geldüberhang'" hervorgebracht haben (A. Wagner „Zur Transformation von Wirtschaftssystemen", in: *RWI-Mitteilungen*, Jg. 47 (1997) 1–2, S. 49. Vgl. auch ders., „Auf dem Weg zur Wirtschaftsunion. Probleme für den Umbau der DDR-Wirtschaft", in: *Der Bürger im Staat*, Jg. 40 (1990) 2, S. 97ff.).
221 BBk, „Zinsentwicklung und Zinsstruktur seit Anfang der achtziger Jahre", in: *Monatsberichte,* 43. Jg. (1991) 7, S. 35.

Geldkapitalbildung ... gleichsam von selbst zurückbilden würde".[222] So konnte bereits das Jahr 1990 „in stabilitätspolitischer Hinsicht ...mit einer für die Geld- und Währungspolitik positiven Bilanz abgeschlossen"[223] werden. Erst recht galt dies für 1991, nachdem der Normalisierungsprozess der Geldhaltung in Ostdeutschland faktisch beendet war.

Demgegenüber waren die durch den Wirtschaftsboom im zweiten Halbjahr 1990 und 1991 in Westdeutschland ausgelösten exorbitanten Gewinn- und Lohnzuwächse und die damit einher gehende hohe Kreditexpansion für die Entwicklung der geldmenge von weit größerem Gewicht. Insgesamt, so stellte die *Deutsche Bundesbank* 1992 fest, war das Geldmengenwachstum in den Jahren 1991 und 1992 „erheblich stärker, als auf längere Sicht mit der Geldwertstabilität vereinbar"[224] war. Hiervon gingen nachhaltige Impulse für die Preisentwicklung aus, so dass die Inflationsrate in Westdeutschland kräftig anstieg: 1991 auf 3,5%, 1992 auf 4,0% und 1993 auf 4,2%.[225] Dieser inflationäre Schub, in Verbindung mit der Ausdehnung der Geldmenge im Zuge der Währungsumstellung, bedeutete einen „erheblichen Beitrag zur Finanzierung der vom Staat aufzubringenden Kosten der deutschen Wiedervereinigung".[226]

Bei der Begründung dieser These sind drei Faktoren zu unterscheiden:
- die durch die Staatsverschuldung bedingte Erhöhung der Geldmenge, welche entweder direkt beim Staat ausgabewirksam wird oder aber den Wirtschaftssubjekten als Transfers zufließt;
- das durch die Inflationierung i.S. einer „kalten Progression" erhöhte Steueraufkommen und
- die reale Abwertung der Staatsschuld infolge der vereinigungsbedingten nicht antizipierten Geldentwertung im Maße der jährlichen Inflationsrate.[227]

---

222 BBk, „Ein Jahr deutsche Währungs-, Wirtschafts- und Sozialunion", a.a.O., S. 19.
223 R. Pohl, „Geld und Währung ....", a.a.O., S. 396.
224 BBk, „Die Wirtschaftslage in Deutschland im Frühjahr 1992", in: *Monatsberichte*, 44. Jg. (1992) 6, S. 13.
225 Preisindex für die Lebenshaltung aller privaten Haushalte, Veränderung gegenüber Vorjahr, 1985=100. In Ostdeutschland vollzog sich demgegenüber eine inflationäre Anpassung der Preisstruktur und des Preisniveaus, wobei die Raten rückläufig waren, 1991 21,5%, 1992 11,2%, 1993 8,8 % und 1994 3,4%, (BBk, *Monatsberichte*, 47. Jg. (1995) 3, S. 65*, 67*, *Geschäftsbericht für das Jahr 1991*, S. 24).
226 H.-H. Francke/H. Nitsch, „Der Beitrag der Währungsumstellung zur Finanzierung der deutschen Einheit", in: A. Oberhauser (Hrsg.), *Finanzierungsprobleme der deutschen Einheit IV*, Schriften des Vereins für Socialpolitik, N.F., Band 229/IV, Berlin 1996, S. 61.
227 Dabei wird unterstellt, dass die Geldentwertung von den Gläubigern der Staatsschuld auf Grund des Überraschungseffekts der Ereignisse nicht (voll) antizipiert werden konnte und folglich eine reale Abwertung der Geldvermögensbestände, insbesondere durch Kursverluste festverzinslicher Wertpapiere, unvermeidlich eintrat (vgl. ebenda, S. 62).

Wie *Hans-Hermann Francke* und *Harald Nitsch* zeigen konnten, bewirkte die Zunahme der Zentralbankgeldmenge 1990 um 40 Mrd. DM bis 1993 eine „kalte Progression" von 15,96 Mrd. DM und eine Realabwertung der Vermögens- resp. Schuldenbestände von 52,70 Mrd. DM. Dabei wurde unterstellt, dass etwa die Hälfte der Inflation durch den Vereinigungsprozess induziert sei. Stellt man dabei in Rechnung, dass die durch Staatsverschuldung finanzierte Geldmenge in den Folgejahren noch weitaus stärker angewachsen ist als dies 1990 der Fall war, so erhält man eine ungefähre Vorstellung über das Ausmaß des Beitrages der Inflation zur Finanzierung der deutschen Einheit. Mokanterweise stellen die Autoren zur Verdeutlichung ihrer Aussage einen Vergleich zum „Solidaritätszuschlag" und zum „Fonds Deutsche Einheit" her: Dabei zeigt sich, dass der in o.g. Rechnung für die Jahre 1990 bis 1993 ermittelte Beitrag der induzierten Inflation zur Finanzierung der deutschen Einheit etwa sechsmal so groß war wie das Aufkommen aus dem „Solidaritätszuschlag" und etwa gleichgroß wie das ursprünglich vorgesehene Volumen des „Fonds Deutsche Einheit".[228] Damit hätten nicht nur die indirekten Kosten und Nutzen der Einheit jeweils die direkten Kosten und Nutzen übertroffen. Gleiches gilt offenbar auch für die Finanzierung der Kosten, wo die indirekten Finanzierungsbeiträge die direkten Aufwendungen ebenfalls zu übertreffen scheinen.

3.3.2. Staatsverschuldung

Das Thema Staatsverschuldung fand in der öffentlichen Diskussion der Bundesrepublik schon des öfteren lebhaftes Interesse, zuletzt Mitte der 90er Jahre, als es um die Erfüllung der Stabilitätskriterien des Vertrages von *Maastricht* und die davon abhängige Teilnahme Deutschlands an der europäischen Währungsunion ging.[229] Weniger im öffentlichen Bewusstsein hingegen ist, dass die Verschuldung der öffentlichen Haushalte seit 1950 kontinuierlich angewachsen ist und inzwischen mit 2,4 Billionen DM einen Stand erreicht hat, der besorgniserregend erscheint. Zu dieser Entwicklung haben viele Faktoren beigetragen, nicht zuletzt die deutsche Vereinigung. In welchem Umfange dies der Fall war und welche Aspekte bei der Erörterung dieser Frage zu berücksichtigen sind, ist Gegenstand dieses Abschnitts.

Obwohl die Staatsverschuldung seit der Wiedervereinigung eine neue Dimension erreicht hat, stellt die Finanzierung von Haushaltsdefiziten durch die Aufnahme

---

228 Ebenda, S. 63f.
229 Vgl. D. Duwendag, „Zur Frage eines tragfähigen Policy mix: Sind adäquate Regeln für die Fiskalpolitik unentbehrlich?", in: M. Weber (Hrsg.), *Europa auf dem Weg zur Währungsunion*, Darmstadt 1991, S. 220–248; H.-H. Hartwich, *Die Europäisierung des deutschen Wirtschaftssystems*, Opladen 1998.

von Krediten durchaus kein neues Phänomen dar. Vielmehr hat die Defizitquote auch schon früher das Wachstum des Bruttoinlandsprodukts überschritten, so dass über viele Jahre hinweg ein kontinuierlicher Schuldenaufbau erfolgt ist. Eine Beschränkung der Analyse auf die Periode seit 1990 wäre insofern unvollständig, ja würde u.U. sogar zu fehlerhaften Schlüssen führen, da die Entwicklung der jüngsten Zeit vor allem eine Fortsetzung des bisherigen Trends darstellt und erst in zweiter Linie durch die vereinigungsbedingten Probleme bestimmt ist. Gleichwohl hat der hohe Kreditanteil an der Finanzierung der Einheit nicht unerheblich dazu beigetragen, den Verschuldungstrend zu verstärken. Es erweist sich allerdings als äußerst schwierig, wenn nicht gar unmöglich, die Höhe der tatsächlich einigungsbedingten Verschuldung exakt zu bestimmen.

Die Bundesrepublik „startete" 1949 mit einem Schuldenstand von 18,7 Mrd. DM. Bis 1960 erhöhte sich dieser Wert auf 71,8 Mrd. DM; 1970 betrug die Gesamtverschuldung der bundesdeutschen Gebietskörperschaften, einschließlich *Bundesbahn* und *Bundespost* sowie *ERP-Sondervermögen*, bereits 158,0 Mrd. DM. Davon entfiel mit 55,8 Mrd. DM der größte Teil auf den Bund. Die westdeutschen Gemeinden waren mit 39,9 Mrd. DM, die Länder mit 27,4 Mrd. DM verschuldet. Im Verlauf der siebziger Jahre kam es dann zu einer verhältnismäßig starken Zunahme der Verschuldung. In der Rezessionsphase 1974/75, nach der ersten Ölkrise, erhöhte sich die Nettoneuverschuldung auf 53,7 Mrd. DM. Dabei resultierte der hohe Kreditbedarf aus konjunkturell bedingten Einnahmeausfällen; zugleich aber war er auch Ausdruck einer auf die Stärkung der Inlandsnachfrage gerichteten Finanzpolitik. Im darauf einsetzenden Aufschwung konnte die Nettokreditaufnahme wieder verringert werden, so dass die Schulden langsamer wuchsen. Ab 1978 aber stieg die Neuverschuldung wieder und erreichte im Jahr 1981 mit 68,1 Mrd. DM ein neues Maximum. Die Gesamtverschuldung überstieg zu diesem Zeitpunkt bereits die Marke von 500 Mrd. DM, was einer Schuldenstandsquote von 35,3% entsprach.[230]

Nach dem Regierungswechsel im Jahr 1982 wurde die Nettokreditaufnahme des Staates trotz anhaltender Rezession zunächst in großen Schritten bis zum Jahr 1985 auf ca. 40 Mrd. DM zurückgeführt, doch noch während des anschließenden Konjunkturaufschwungs gab man den Konsolidierungskurs wieder auf, so dass die Neuverschuldung wiederum auf 55,4 Mrd. DM im Jahr 1988 anstieg. Inzwischen betrug die Gesamtverschuldung der Gebietskörperschaften, einschließlich Bahn und Post, bereits mehr als 1 Billion DM (vgl. Tabelle 3.3.-5). Insbesondere die Länder, aber auch die Gemeinden und die Bundesunternehmen, hatten in demselben Zeitraum

---

230 StBA, *Statistisches Jahrbuch 1986*, a.a.O., S. 530; BBk, *Monatsberichte*, 35. Jg. (1983) 11, S. 63*.

Tabelle 3.3.-5
Staatsverschuldung in der Bundesrepublik Deutschland (früheres Bundesgebiet) 1950 bis Juni 1990 in Mrd. DM

	1950	1960	1970	1980	1985	1989	1990[2]
Bund[1]	6,7	29,9	55,8	233,2	398,7	497,3	502,5
Länder	11,8	15,2	27,4	135,9	246,2	307,6	313,1
Gemeinden[3]	0,2	11,5	39,9	93,8	111,7	119,9	121,8
Bundesbahn	-	10,0	15,1	32,3	36,1	44,0	45,1
Bundespost	-	5,1	19,9	33,8	50,3	65,4	65,5
Insgesamt	18,7	71,8	158,1	529,0	843,0	1.034,2	1.048,0

[1] einschließlich Lastenausgleichsfonds und Sondervermögen; [2] Juni 1990; [3] einschließlich Zweckverbände
Quelle : StBA, *Statistisches Jahrbuch* 1996; SVR, *Die wirtschaftliche Integration in Deutschland, Perspektiven – Wege – Risiken*, Jahresgutachten 1991/92, Stuttgart 1991, S. 343; eigene Berechnungen.

ihre Budgets anhaltend überschritten. Die Zinsausgaben waren mittlerweile auf 60,1 Mrd. DM (ohne Bahn und Post) gestiegen und beanspruchten damit 9% der Gesamtausgaben des Staates.

Im Verlaufe der Jahre 1970 bis 1990 hatte sich die Gesamtverschuldung des Staates, in nominalen Größen gerechnet, mehr als versechsfacht. Die Schuldenquote[231] war 1989 mit 46,5% und 1990 (Juni) mit 43,1% mehr als doppelt so hoch wie 1970.

1989 erlebte die westdeutsche Wirtschaft einen starken Aufschwung, der einen unerwarteten Anstieg der Steuereinnahmen nach sich zog. Aus diesem Grunde konnte die Nettokreditaufnahme gesenkt werden. Mit einem Einnahmeüberschuss des Staates von 2,8 Mrd. DM[232] befand sich die Bundesrepublik im Jahr des Mauerfalls, was das Verhältnis von laufenden Einnahmen und Ausgaben anbetraf, in einer recht komfortablen Lage, nicht aber in Hinblick auf die Verschuldung, die mit mehr als 1 Billion DM und einer Quote von 46,5% bereits eine beachtliche Höhe erreicht hatte.[233] So vollzog sich die mit hohen finanziellen Belastungen verbundene Eingliederung der neuen Bundesländer in das wirtschaftliche und sozialstaatliche System der Bundesrepublik teils unter außerordentlich günstigen, teils aber auch unter weniger günstigen Voraussetzungen. Die Angleichung der Lebensverhältnisse in Ostdeutsch-

---

231 Unter der Schuldenquote wird das Verhältnis der Gesamtverschuldung zum BIP verstanden. Ohne Berücksichtigung der Staatsunternehmen Bahn und Post betrug die Schuldenquote 1989 41,6%.
232 BBk, *Monatsberichte*, 49. Jg. (1997) 3, S. 54*.
233 Im Unterschied hierzu war die außenwirtschaftliche Situation mit einem Leistungsbilanzüberschuss von 107,3 Mrd. DM sehr günstig (BBk, *Monatsberichte*, Jg. 53 (2001) 10, S. 68*).

Abb. 3.3.-1
Verschuldung der Gebietskörperschaften und Sonderhaushalte 1981–2000 in Mrd. DM

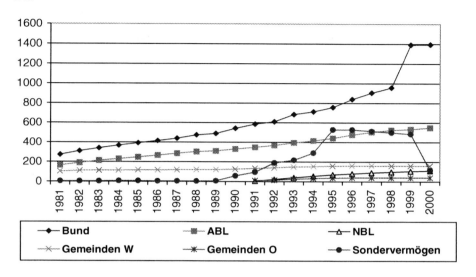

land an westdeutsches Niveau ließ sich unter den Bedingungen einer wenig ausgeprägten Sparbereitschaft und Solidarität, aber hoher Erwartungen an Steuersenkungen, nur über eine verstärkte Kreditaufnahme realisieren. Damit erhöhte sich der Verschuldungsdruck, dem in der Folge, verstärkt durch die hinter den Erwartungen zurückbleibende wirtschaftliche Entwicklung in Ostdeutschland, anhaltend nachgegeben wurde. Das Ergebnis war eine Verdopplung der Staatsverschuldung in weniger als einem Jahrzehnt, ein Befund, der mit Bestürzung registriert wurde[234].

Mit dem Beitritt der DDR zur Bundesrepublik stieg die Staatsschuld *absolut* weiter an, relativ jedoch nicht, da die Staatsverschuldung pro Kopf in der DDR geringer war als im alten Bundesgebiet. Mithin ging die Schuldenstandsquote zunächst leicht zurück, auf 43,8%. Die Regelungen in den Verträgen zur deutschen Einheit sahen vor, die öffentlichen Haushalte der DDR, beginnend mit der Währungs-, Wirtschafts- und Sozialunion am 1.7.1990, den bundesdeutschen Haushaltsstrukturen anzupassen und die öffentlichen Vermögenswerte und Schulden in nicht rechtsfähige Sondervermögen

---

234 Vgl. U. Maciey/B. Waltermann, *Staatsverschuldung – Preis der Einheit?*, Köln 1996; U. Wagschal, *Staatsverschuldung*, Opladen 1996; A. Ottnad, *Wohlstand auf Pump*, Frankfurt/New York 1996, S. 60ff.; A. Boss, „How Germany Shouldered the Fiscal Burden of the Unification", *Kiel Working Paper* No. 851/1998.

des Bundes zu überführen bzw. den Ländern und Gemeinden oder anderen Körperschaften zu übertragen.[235] Dadurch ging die Staatsschuld der DDR, teils offen, teils verdeckt, in die Gesamtschuld der Bundesrepublik ein. Insgesamt handelte es sich hierbei um eine Größe von 216,7 Mrd. DM[236], die sich wie folgt zusammensetzte:

Erstens war hierin die sog. innere Verschuldung des Staatshaushalts gegenüber dem Kreditsystem, das heißt, der Staatsbank der DDR, in Höhe von 28,0 Mrd. DM enthalten.

Zweitens umfasste sie die Nettoverschuldung der DDR gegenüber dem westlichen Ausland in Höhe von 20,3 Mrd. DM; eine Größe, die inzwischen durch die detaillierte Aufrechnung aller Forderungen und Verbindlichkeiten der DDR gegenüber dem „nichtsozialistischen Wirtschaftssystem" leicht nach unten korrigiert wurde, auf 19,9 Mrd. DM.[237] Den größten Teil ihrer außenwirtschaftlichen Beziehungen unterhielt die DDR jedoch zu Ländern des RGW und einigen Entwicklungsländern, wo die Forderungen die Verbindlichkeiten bei weitem überstiegen, so dass sich netto ein nicht unbeträchtlicher Überschuss ergab.[238] Bezieht man diese, nach dem Beitritt der DDR zur Bundesrepublik ja ebenfalls an den Bund übergegangenen Forderungen mit in die Bilanz ein, so erscheint die Außenposition der DDR in einem etwas günstigeren Licht. Dabei muss allerdings beachtet werden, dass sich Forderungen und Verbindlichkeiten auf unterschiedliche Bereiche, Länder und Währungen bezogen und mithin nicht gegeneinander aufrechenbar waren.

Drittens umfasste die DDR-Staatsschuld Verbindlichkeiten der Wohnungswirtschaft in Höhe von 38,0 Mrd. DM. Hierbei handelte es sich um Wohnungsbaukredite der *Staatsbank der DDR* an die Wohnungsbaugesellschaften, die nach Ablauf einer bestimmten Frist als eine vom Staat zu tilgende Schuld in den Staatshaushalt

---

235 Vgl. StVertr, Art. 26 und EVertr, Art. 21–27.
236 Andere Autoren setzen die Staatsschuld der DDR geringer an und verweisen dabei auf den Charakter der „Altschulden" der Treuhandbetriebe als „innere Verrechnungen, die sich im Rahmen eines Eigentumssubjektes ausgleichen" (S. Wenzel, *Was war die DDR wert? Und wo ist dieser Wert geblieben?*, Berlin 2000, S. 29; ders., „War die DDR 1989 wirtschaftlich am Ende?", in: *hefte zur ddr-geschichte,* Berlin 1998; H. Nick, „Die Schulden der Ostdeutschen", in: W. Richter (Hrsg.), *Unfrieden in Ostdeutschland 6.*, a.a.O., S. 123–137; G. Schürer, „Das Ende der DDR-Wirtschaft", in: L. Elm/D. Keller/R. Mocek (Hrsg.), *ANsichten zur Geschichte der DDR*, Bd. 6, Berlin 1996, S. 391ff.
237 BBk, *Die Zahlungsbilanz der ehemaligen DDR 1975 bis 1989*, Frankfurt a. M. 1999, S. 59f. Die Verschuldung gegenüber dem NSW wird hier für 1989 mit 19.887 Mio. DM angegeben. Vgl. auch A. Volze, „Ein großer Bluff? Die Westverschuldung der DDR", in: *Deutschland Archiv*, 5/1996, S. 701–713.
238 Ende 1990 summierten sich die Außenstände der DDR auf ca. 12 Mrd. Transferrubel bzw., zum Verhältnis von 1:2,34 umgerechnet, 28 Mrd. D-Mark (C. Luft, *Abbruch oder Aufbruch*, Berlin 1998, S. 50f.).

eingestellt wurden. Faktisch waren dies also Investitionskredite des Staates zur Finanzierung des staatlichen Wohnungsbaus.

Viertens enthält diese Berechnung die sog. Altschulden der ehemals volkseigenen und dann der *Treuhandanstalt* unterstellten Betriebe, insgesamt 104,0 Mrd. DM. Diese Position rührte vor allem daher, dass die DDR-Betriebe einerseits über Gebühr mit Abgaben an den Staat belastet wurden, andererseits aber mittels Kredit über die *Staatsbank* finanziert, so dass die Fremdfinanzierungsquote ständig angestiegen ist. 1989 betrug der Kreditanteil der Investitionsfinanzierung ca. zwei Drittel.[239] In Anbetracht des Eigentümerstatus der volkseigenen Betriebe als Staatseigentum sind dieses Schulden in der Tat eher dem Staat als den Betrieben bzw. Unternehmen zuzurechnen. Bilanztechnisch entsprachen ihnen die Kreditforderungen der *Staatsbank* gegenüber der Wirtschaft.[240]

Fünftens wird der Staatsschuld der DDR der aus der teilweisen Umstellung der Sparguthaben im Verhältnis von 1:1 resultierende Restausgleichsposten von 26,4 Mrd. DM zugerechnet.[241] Hierbei handelt es sich jedoch um eine Position, die von ihrem Ursprung her nichts mit dem DDR-Staatshaushalt zu tun hat und die vollständig von dem für die Währungsumstellung gewählten Konversionssatz bestimmt war. Ihre Zuordnung als DDR-Staatsschuld lässt sich nur damit rechtfertigen, dass diese Mittel DDR-Bürgern zugute gekommen sind.

Stellt man die 216,7 Mrd. DM Staatsschulden der DDR der Staatsschuld der Bundesrepublik (ohne Bahn und Post) in Höhe von 937,4 Mrd. DM (Juni 1990) gegenüber und bezieht beide Größen jeweils auf die Einwohnerzahl, so zeigt sich, dass die Ostdeutschen mit ihrem Beitritt zur Bundesrepublik pro Kopf mehr Schulden übernommen als eingebracht haben. Für die öffentlichen Haushalte bedeutete die Vereinigung zunächst also keine Höherverschuldung, sondern eine partielle Entschuldung. Dieser statistische Effekt war darauf zurückzuführen, dass der nunmehr gesamtdeutsche Schuldenstand neben der Verschuldung der Gebietskörperschaften der alten Bundesrepublik jetzt auch die Schulden des DDR-Staatshaushalts umfasste, diese im Vergleich aber, pro Kopf gerechnet, etwa zehn Prozent niedriger lagen als die der alten Bundesrepublik.[242] Gleichwohl aber kam es im Ergebnis der Vereini-

---

239 K. Werner, „Die Lage der DDR-Wirtschaft am Vorabend der Währungs-, Wirtschafts- und Sozialunion", in: R. Pohl (Hrsg.), *Herausforderung Ostdeutschland*, a.a.O., S. 37.
240 Ob diese Altschulden als Schulden der Unternehmen oder des Staates anzusehen waren, ist strittig. Vgl. dazu: R. Pohl, „Alt-Schulden der DDR-Betriebe: Streichung unumgänglich", in: DIW *Wochenbericht*, 36/1990; H. Nick, „Schlussrechnung in Sachen Erblast DDR", in: *Blätter für deutsche und internationale Politik*, 9/1994, S. 1101–1113; K.-A. Schachtschneider, „Sozialistische Schulden nach der Revolution", in: *Schriften zum Öffentlichen Recht*, Bd. 692, Berlin 1996.
241 Vgl. BBk, „Die Währungsunion ...", a.a.O., S. 26.

gung zu einem enormen Anstieg der Staatsverschuldung. Da dieser sich nicht unmittelbar aus dem Beitritt der DDR und deren finanzieller „Erblast" ableiten lässt, muss er aus der Vereinigungspolitik und der ökonomischen Lage Ostdeutschlands *nach* dem Beitritt erklärt werden:

Mit den neuen Ländern kamen relativ finanzschwache Territorien zur Bundesrepublik hinzu, die auf Grund ihrer katastrophalen Wirtschaftslage einen überproportional hohen und zudem steigenden Finanzbedarf aufwiesen. Die Übertragung der westdeutschen Rechts- und Sozialordnung auf die neuen Bundesländer hatte vor dem Hintergrund des Niedergangs der Produktion und der sprunghaft ansteigenden Arbeitslosigkeit hohe finanzielle Belastungen der Gebietskörperschaften, insbesondere des Bundes, zur Folge. Die Hoffnung, die erhöhten Ausgaben schon bald durch entsprechende Einnahmen im Beitrittsgebiet und durch vereinigungsbedingte Einsparungen gegenfinanzieren zu können, erfüllte sich nicht. Trotz des Vereinigungsbooms in der westdeutschen Wirtschaft Anfang der 90er Jahre nahm das Wachstum der Steuereinnahmen des Bundes bereits 1993 wieder ab (vgl. Tabelle 3.3.-6). Gleichzeitig wurde offenbar, dass die aus der Privatisierung der ostdeutschen Wirtschaft erwarteten Einnahmen weitgehend ausbleiben würden und die *Treuhand* selbst als Nettokreditnehmer in hohem Maße zu der ohnehin schon erheblichen Haushaltsbelastung beitragen würde. Die Folge waren hohe, bis heute anhaltende, Transferzahlungen der öffentlicher Haushalte, die zum größten Teil über Kredite finanziert wurden. Die im Vereinigungsprozess zu verzeichnende Zunahme der Staatsverschuldung lässt sich damit in der Tat weniger auf die „Erblast" der DDR zurückführen als auf Probleme der wirtschaftlichen Integration und Entwicklung der neuen Bundesländer nach dem Beitritt. Von daher erschließt sich dann auch der Zusammenhang zwischen Transferzahlungen und Staatsverschuldung als wesentlich postunifiziär und durch die Politik determiniert.

Da Steuererhöhungen von Seiten der Regierung als kontraproduktiv angesehen und daher zunächst ausgeschlossen worden waren, einschneidende Sparmaßnahmen und Haushaltsumschichtungen aber politisch nicht durchsetzbar schienen, avancierte, gestützt auf Empfehlungen der Wirtschaftsforschungsinstitute und der Bankwirtschaft[243], die Kreditaufnahme zum Hauptinstrument bei der Finanzierung der erhöhten Ausgaben des Staates. Dabei bediente man sich eigens für diesen Zweck geschaffener Nebenhaushalte. Die Nettokreditaufnahme des Bundes, einschließlich der Nebenhaushalte, erreichte im Jahr 1991, trotz eines Einnahmenplus von 42 Mrd. DM gegenüber dem Vorjahr, ein Volumen von 88,2 Mrd. DM. Im darauf folgenden

---

242 Die Pro-Kopf-Verschuldung wies folgende Werte auf: Für 1990 ca. 14.820 DM (West) und 13.380 DM (Ost). Für 1991 ca. 14.520 DM (Gesamtdeutschland) (Quelle: StBA, eigene Berechnungen).
243 Vgl. W. Kitterer, „Rechtfertigung und Risken ...", a.a.O., S. 40.

Tabelle 3.3.-6
Steuereinnahmen der Gebietskörperschaften 1990 – 2000 in Mrd. DM

	1990	1991	1992	1993	1994	1995	1996	1997	1998	1999	2000
Bund[1]	279,2	321,5	356,8	360,3	386,3	390,9	372,5	368,3	379,5	414,1	428,4
Länder (West)[2a]	198,2	216,5	233,6	241,0	241,8	254,2	257,1	254,4	269,4	283,7	292,1
Länder (West)[2b]		207,0	221,3	226,2	225,3	238,5	242,1	238,9	253,1	266,8	275,1
Länder (Ost)[3a]		16,2	22,7	24,6	29,3	46,7	45,2	45,7	47,1	49,1	49,9
Länder (Ost)[3b]		16,2	35,0	39,4	45,9	62,4	60,1	61,2	63,3	65,9	66,9
Länder gesamt	198,2	232,7	256,3	265,6	271,1	300,9	302,2	300,0	316,4	332,8	341,9
Gemeinden-West	69,2	75,8	81,3	82,1	81,0	78,3	79,7	80,7	87,2	91,4	93,1
Gemeinden-Ost		2,2	4,0	5,2	6,6	7,5	6,4	6,8	7,8	8,2	8,2
Gemeinden gesamt	69,2	78,0	85,3	87,2	87,6	85,9	86,1	87,6	94,9	99,7	101,4
Insgesamt[4]	546,5	632,2	698,4	713,2	745,0	777,6	760,9	755,9	790,8	846,5	871,7

[1] 1990: inkl. 17,4 Mrd. DM Steuereinnahmen in Ostdeutschland im 2. Hj.; [2a] einschließlich Berlin; [2b] ohne Berlin; [3a] ohne Berlin; [3b] mit Berlin; [4] ohne EU-Anteil.
Quelle : StBA, *VGR Fachserie 14*, Reihe 2, versch. Jgg.; eigene Berechnungen.

Jahr stand eine Nettoneuverschuldung von 62,3 Mrd. DM zusätzlichen Steuereinnahmen in Höhe von 35 Mrd. DM gegenüber. Dies zeigt, dass der enorm gestiegene Finanzbedarf nicht allein durch Einnahmenzuwächse gedeckt werden konnte, sondern dass es dazu außerordentlicher Einnahmen über Kredite bedurfte. Als nach den Solidarpaktverhandlungen 1993 der Verteilungsschlüssel der Umsatzsteuer zugunsten der Länder geändert wurde[244], musste der Bund von 1995 an einnahmenseitig spürbare Rückgänge hinnehmen, denen in den darauf folgenden Jahren ebenfalls mit einer höheren Nettokreditaufnahme begegnet wurde (vgl. Tabelle 3.3.-7). So stieg die Verschuldung des Bundes von 1990 bis 1998 von 542,2 Mrd. DM auf 957,9 Mrd. DM an und hat sich damit, trotz der Ausgliederung eines großen Teils der Verbindlichkeiten in Nebenhaushalte, innerhalb von acht Jahren fast verdoppelt.

Zum 1.7.1999 wurden die meisten Nebenhaushalte wieder in den Bundeshaushalt eingegliedert[245], wodurch es zu einem Sprung im statistischen Ausweis der Verschuldung kam. Bis Ende 2000 erhöhte sich die derart modifiziert Schuld des Bundes auf 1.400,0 Mrd. DM bzw. 715,8 Mrd. €. Bezieht man alle Nebenhaushalte in die Rechnung ein, so ist die Verschuldung in dem Jahrzehnt seit 1990 um den Faktor 2,76

---

244 Im Ergebnis der Solidarpaktverhandlungen verzichtete der Bund zu Gunsten der Länder auf 7 Prozentpunkte der Umsatzsteuereinnahmen. Dies entsprach 1995 einem Finanzvolumen von 16 Mrd. DM.
245 Dies betrifft die Schulden des Erblastentilgungsfonds, worin verschiedene Sondervermögen zusammen gefasst wurden, des Bundeseisanbahnvermögens und des Ausgleichsfonds „Steinkohleneinsatz". Demgegenüber bestehen das ERP-Sondervermögen und der Entschädigungsfonds als gesonderte Fonds fort.

Tabelle 3.3.-7
Nettokreditaufnahme der Gebietskörperschaften und der Sondervermögen 1990 bis 2000 in Mrd. DM

	1990	1991	1992	1993	1994	1995	1996	1997	1998	1999	2000
Bund	46,7	52,0	38,6	66,2	50,1	50,1	78,3	63,7	56,4	51,1	46,5
Sonderverm.[1]	4,8	64,9	64,3	52,0	25,4	15,4	9,1	5,6	5,3	-0,9	6,4
Länder	18,2[2]	30,2	31,7	40,6	40,2	38,6	39,2	40,2	29,6	23,	8,0
Gemeinden	2,9	10,5	13,3	15,2	7,3	8,4	6,5	4,7	1,3	0,4	-0,8
Insgesamt	72,6	157,6	147,9	174,0	123,0	112,5	133,1	114,2	92,6	73,7	60,1

[1] umfasst Lastenausgleichsfonds, ERP-Sondervermögen, Fonds Deutsche Einheit, Kreditabwicklungsfonds, Erblastentilgungsfonds, Bundeseisenbahnvermögen, Entschädigungsfonds, Ausgleichsfonds „Steinkohle"; [2] ohne neue Bundesländer und Berlin/Ost.
Quelle : BMF, *Finanzbericht 2002*, a.a.O., S. 188, 208f, 244; *Bundeshaushalt 2002. Tabellen und Übersichten*, a.a.O., S. 32.

angestiegen. Die Zinsbelastung des Bundes erhöhte sich gleichzeitig um 124%, von 34,2 Mrd. DM im Jahr 1990 auf 76,6 Mrd. DM in 2000, was einem Anteil von 16% an den Bundesausgaben insgesamt entsprach, gegenüber noch 9% im Jahre 1990.[246]

Eine ähnliche Entwicklung lässt sich in Bezug auf die Länder konstatieren: So nutzten die westdeutschen Bundesländer die Einnahmesteigerungen in den Jahren des Vereinigungsbooms nicht zur Rückführung oder Stabilisierung ihrer Schulden, sondern erhöhten vielmehr noch ihre Kreditaufnahme. In der Folge stieg, obwohl sich die Einnahmen aus Steuern spürbar verbesserten, die Gesamtverschuldung der alten Bundesländer und Berlins von 326,5 Mrd. DM 1990 auf 651,7 Mrd. DM im Jahr 2000 an[247], was einer Verdopplung entsprach. Dem standen jedoch, wie oben gezeigt, nur relativ geringe direkte einigungsbedingte Aufwendungen gegenüber, insbesondere die Zuschüsse von 16,1 Mrd. DM an den *Fonds Deutsche Einheit* und die dafür zu leistenden Schuldendienstzahlungen. Dies legt die Vermutung nahe, dass die alten Bundesländer die bislang noch nicht abschließend geklärte Frage der Finanzierung der deutschen Einheit dazu genutzt haben, selbst am Kapitalmarkt als Kreditnehmer aufzutreten, um anschließend ihre schlechte Finanzlage als Begründung dafür auszugeben, sich nicht adäquat an den Kosten der Einheit beteiligen zu können. Spätestens seit dem Solidarpakt von 1993 lag damit auf der Hand, dass der Bund Hauptfinanzier des Vereinigungsprozesses sein würde.

Demgegenüber war die finanzielle Situation der ostdeutschen Bundesländer (und Kommunen) zwar durch einen schuldenfreien Start, aber auch von Anfang an durch große Finanzierungsdefizite gekennzeichnet. Diese sollten vor der im *Einigungsver-*

---

246 BMF, *Bundeshaushalt 2000. Tabellen und Übersichten*, 17; dgl. 2002, 9 und 16.
247 BMF, *Bundeshaushalt 2002. Tabellen und Übersichten*, a.a.O., S. 30.

trag für 1995 vorgesehenen Eingliederung in den Länderfinanzausgleich durch Zuweisungen des *Fonds Deutsche Einheit* und Sonderzuweisungen des Bundes ausgeglichen werden; die Zahlungen konnten den hohen Finanzbedarf jedoch nicht decken. Folglich blieb den neuen Ländern nur der Weg der Kreditaufnahme.[248] Ihre Gesamtverschuldung erhöhte sich rasant, von nur 4,9 Mrd. DM im Jahr 1991 auf 55,7 Mrd. DM 1994. Auch nach Aufnahme in den gesamtdeutschen Finanzausgleich verbesserte sich die Haushaltslage der ostdeutschen Bundesländer nicht genug, um eine Rückführung der Verschuldung zu ermöglichen. Dennoch verringerte sich von diesem Zeitpunkt an zumindest das Wachstum der Nettokreditaufnahme. Die Gesamtverschuldung der neuen Bundesländer betrug Ende des Jahres 2000 108,9 Mrd. DM (55,7 Mrd. €), die der Gemeinden 33,3 Mrd. DM (17,0 Mrd. €) (vgl. Tabelle 3.3.-8).

Die Gesamtverschuldung aller Bundesländer betrug im Jahr 2000 661,4 Mrd. DM (338,1 Mrd. €), wovon 16,5% auf die neuen Länder entfielen. Insgesamt mussten die Länder im Jahr 2000 37,3 Mrd. DM für Zinsen aufwenden, die neuen Länder

Tabelle 3.3.-8
Verschuldung der Gebietskörperschaften 1990–2000 in Mrd. DM (€)

	1990	1991	1992	1993	1994	1995	1996	1997	1998	1999	2000
Bund	542,2	586,5	611,1	685,3	712,5	756,8	839,9	905,7	957,9	1396,7 (714,1)	1400,0 (715,8)
Sondervermögen[1]	71,0	133,8	297,3	385,5	495,2	530,7	530,3	516,3	499,3	109,9 (56,2)	114,9 (58,7)
Länder (W)	328,8	347,4	366,6	393,6	415,1	442,5	477,4	505,3	525,6	536,3 (274,2)	552,4 (282,4)
Länder (O)		4,9	22,5	40,3	55,7	69,2	81,0	90,2	98,2	104,0 (53,2)	108,9 (55,7)
Länder gesamt	328,8	352,3	389,1	433,8	470,7	511,7	558,3	595,5	623,8	640,3 (327,4)	661,4 (338,1)
Gemeinden (W)	125,6	132,1	140,1	149,2	155,7	159,6	161,4	163,1	161,0	159,4 (81,5)	159,2 (81,4)
Gemeinden (O)		8,6	14,5	23,7	32,5	37,0	39,2	39,0	40,0	40,5 (20,7)	33,3 (17,0)
Gemeinden gesamt	125,6	140,7	154,6	172,9	188,1	196,6	200,6	202,1	201,0	199,9 (102,2)	192,5 (98,4)
Insgesamt	1067,6	1213,3	1452,1	1677,5	1866,5	1995,8	2129,1	2219,6	2282,0	2346,8 (1200,0)	2368,8 (1211,1)

[1] FDE, KAF, THA, ELF, ERP-Sondervermögen, BEV und Ausgleichsfonds Steinkohleneinsatz.
Quelle: BBk, *Monatsberichte*, verschiedene Jgg.; eigene Berechnungen

---

248 Da die neuen Bundesländer bis dahin faktisch unverschuldet waren, wurde in der Diskussion um die neue Finanzordnung 1993 von den alten Bundesländern argumentiert, das Verschuldungspotential sei noch nicht ausgeschöpft und somit höhere Finanzhilfen nicht gerechtfertigt.

davon 5,6 Mrd. DM. Die Zinslastquote[249] der Länder hat sich von 5,9% im Jahr 1991 auf 7,6% im Jahr 2000 erhöht. Bei Berücksichtigung der Tatsache dagegen, dass die Zinslastquote der westdeutschen Länder 1990 bereits 7,6% betrug, ist durch die Einbeziehung der neuen Länder eine temporäre Entschuldung der Länder insgesamt zu konstatieren. Inzwischen erreichte jedoch der Anteil der Zinsen an den Gesamtausgaben der Länder durch die zunehmende Verschuldung auch der neuen Länder wieder das frühere Niveau bzw. übertraf dieses sogar (vgl. Tabelle 3.3.-9). Die hohen Zinsausgaben stellen besonders für die neuen Länder eine enorme Belastung dar, da bei einer etwa gleichgroßen Pro-Kopf-Verschuldung die Steuereinnahmen mit 84% des Westniveaus hier immer noch deutlich niedriger sind als in den alten Bundesländern, so dass die Zins-Steuer-Quote entsprechend höher ausfällt.[250]

Interessant ist auch die Entwicklung der Verschuldung der Gemeinden in Ost- und Westdeutschland. Trotz steigender Steuereinnahmen, vor allem zu Beginn der 90er Jahre (vgl. Tabelle 3.3.-6), erhöhte sich hier gleichzeitig die Nettokreditaufnahme in großen Schritten von 2,9 Mrd. DM im Jahr 1990 auf 15,2 Mrd. DM im Jahr 1993. Dabei war der Anteil der Neuverschuldung der Gemeinden und Gemeindeverbände in Ost- und Westdeutschland in etwa gleich, der relative Schuldenanstieg auf Grund der geringeren Finanzkraft demzufolge aber in Ostdeutschland deutlich höher. Der enorme Nachholbedarf bei der Bereitstellung kommunaler Infrastruktur war offensichtlich allein mit den gestiegenen Einnahmen aus Steuern und Abgaben nicht zu finanzieren. Seit 1994 führten die Gemeinden ihre Nettokreditaufnahme zurück, die ostdeutschen Kommunen 1998 auf 1,0 Mrd. DM, 1999 auf 0,5 Mrd. DM und 2000 sogar auf 0.[251] Diese Entwicklung ist jedoch weniger als Ausdruck einer planmäßigen Konsolidierung zu werten, denn als Ergebnis einer zugespitzten Finanzlage, die keine weitere Zinsbelastung mehr erlaubt.

Eine besondere Bedeutung kommt bei der Finanzierung der deutschen Einheit den Sonder-, Neben- oder Schattenhaushalten zu. Dabei handelte es sich bei der Ausgliederung von Teilen der öffentlichen Haushalte in Nebenhaushalte um kein neues Phänomen. Mit dem *ERP-Sondervermögen*, dem *Lastenausgleichsfonds* und dem *Ausgleichsfonds zur Sicherung des Steinkohleeinsatzes in der Elektrizitätswirtschaft* existierten zum Zeitpunkt der Vereinigung bereits drei solcher Parafisken. Allein schon wegen ihres relativ geringen Umfangs von insgesamt nur 7 Mrd. DM (1989) waren diese jedoch nur von untergeordneter Bedeutung. Mit der im Ergebnis

---

249 Anteil der Zinsausgaben an den Gesamtausgaben, auch Zins-Ausgaben-Quote genannt.
250 Vgl. BBk, „Die Entwicklung der Länderfinanzen ...", a.a.O., S. 59–76.
251 BMF, *Finanzbericht* 2002, a.a.O., S. 188. Vgl. auch K. Steinitz/W. Kühn/K. Mai, *Ostdeutschland 10 Jahre nach der Vereinigung*, Beiträge zur Wirtschaftspolitik 1–2/2001, hrsg. v. d. PDS, S. 78ff.

Tabelle 3.3.-9
Zinsausgaben der Gebietskörperschaften und Sondervermögen 1990–2000 in Mrd. DM (€)

	1990	1991	1992	1993	1994	1995	1996	1997	1998	1999	2000
Bund	34,2	39,6	43,8	45,8	53,1	49,7	50,9	53,4	56,2	80,4 (41,1)	76,6 (39,2)
Sondervermögen	0,5	4,5	21,0	16,8	19,7	36,1	34,2	32,2	30,0	8,4 (4,3)	8,1 (4,1)
Länder	21,9	23,9	25,5	28,1	29,7	31,5	33,2	35,3	36,5	37,4 (19,1)	37,3 (19,1)
Gemeinden	7,9	8,9	10,0	11,0	11,2	11,4	11,5	11,2	11,0	10,5 (5,4)	10,1 (5,2)
Insgesamt	64,5	76,9	100,3	101,7	113,7	128,7	129,8	132,1	133,7	136,7 (69,9)	132,1 (67,5)

Quelle: BMF, *Finanzberichte* 1991ff.; 2002, S. 58, 159f., 182, 360; *Bundeshaushalt 2002*, a.a.O., S. 24

Tabelle 3.3.-10
Zinslastquoten der Gebietskörperschaften und Nebenhaushalte in %

	1990	1991	1992	1993	1994	1995	1996	1997	1998	1999	2000
Bund	9,0	9,9	10,3	10,0	11,3	10,7	11,2	12,1	12,3	16,6	16,0
Bund[1]	9,0	10,3	12,6	11,6	13,9	17,1	17,2	17,8	17,3	16,9	16,2
Länder (West)	7,3	7,4	7,4	7,4	7,4	7,6	7,6	8,0	8,0	8,1	7,8
Länder (Ost)	-	0,2	0,5	1,8	2,7	3,4	4,3	5,7	5,7	6,0	6,2
Gemeinden (West)	3,7	3,7	3,7	3,8	3,7	4,0	4,1	4,1	4,0	3,7	3,5
Gemeinden (Ost)		0,4	0,8	1,5	1,9	2,5	3,0	3,2	3,4	3,4	3,4
Nebenhaushalte[2]	1,5	8,7	30,9	26,9	22,4	51,9	50,8	49,6	44,9	19,5	22,5
Öff. Gesamthaushalt	7,9	7,9	9,4	9,1	9,7	10,7	11,0	11,8	11,7	11,7	11,3

[1] Einschließlich Erstattungen, bereinigt um den Länder- bzw. Gemeindenanteil an Zinserstattungen des FDE; [2] Sonderrechnungen
Quelle: BMF, *Bundeshaushalt 2000*, a.a.O., Tabelle 17; 2002, a.a.O., S. 36.

der Vereinigungsverhandlungen 1990 beschlossenen Errichtung von drei weiteren Nebenhaushalten zur Erfüllung spezieller wirtschafts- und finanzpolitischer Aufgaben ist das Gewicht außerbudgetärer Institutionen innerhalb der bundesdeutschen Finanzordnung jedoch in eine völlig neue Dimension hineingewachsen.[252] Dies dokumentiert sich schon darin, dass die Nettokreditaufnahme von Bund, Ländern und Kommunen zusammengenommen 1992 ca. 71,4 Mrd. DM betrug, die der Sonder-

---

252 Zu berücksichtigen ist in diesem Zusammenhang zudem die Ausweitung der Aktivitäten der großen Förderbanken des Bundes, KfW, Deutsche Ausgleichsbank und Berliner Industriebank.

vermögen und Nebenhaushalte, Förderbanken etc. jedoch 118 Mrd. DM[253], also weit mehr. Ähnlich verhielt sich dies in Hinblick auf den Schuldenstand und die daraus resultierenden Zinsausgaben. Bis 1995 summierten sich die Verbindlichkeiten sämtlicher Nebenhaushalte auf mehr als 530 Mrd. DM und repräsentierten damit einen beträchtlichen Anteil an den Gesamtschulden des Staates. 1998 waren es noch knapp 500 Mrd. DM, danach ist infolge struktureller Veränderungen ein deutlicher Rückgang zu verzeichnen (vgl. Abb. 3.3.-1). Da die Sondervermögen im Zusammenhang mit der Finanzierung der deutschen Einheit eine wichtige Rolle spielten, ist eine differenzierte Betrachtung ihrer Konstruktion und Entwicklung erforderlich:

a) *ERP-Sondervermögen*
Das in der Nachkriegszeit zur Förderung von Investitionen des Mittelstandes im Zuge des Marshall-Plans geschaffene ERP-Sondervermögen (European Recovery Program), welches hauptsächlich von der Kreditanstalt für Wiederaufbau (KfW) abgewickelte zinsverbilligte Kreditprogramme finanziert, wurde seit 1990 zugunsten der neuen Länder kräftig erweitert. So stiegen die ERP-Schulden von 7,1 Mrd. DM 1989 auf 24,3 Mrd. DM im Jahre 1992 und 34,1 Mrd. DM 1996 an. Seither haben sie sich in etwa in dieser Größenordnung stabilisiert, Ende 2000 betrugen sie 35,96 Mrd. DM bzw. 18,4 Mrd. €.[254] Nachdem das ERP-Sondervermögen ursprünglich vor allem einen revolvierenden Förderfonds verkörperte, wurde mit seiner stärkeren Ausweitung eine Refinanzierung über den Kapitalmarkt nötig. Der Bund, der selbst jährliche Zuschüsse an den Fonds leistet, hat eine uneingeschränkte Haftungsgarantie über die vom ERP-Sondervermögen begebenen Anleihen übernommen, um deren Akzeptanz zu erhöhen und Zinsvorteile zu erlangen. Das ERP-Vermögen ist ein rechtlich unselbständiges, nicht rechtsfähiges Sondervermögen des Bundes, das getrennt von dessen übrigen Vermögen geführt wird. Es ist somit als ein „klassischer" Nebenhaushalt zu betrachten (vgl. Tabelle 3.3.-11).

b) Fonds „Deutsche Einheit"
Der Fonds Deutsche Einheit wurde für den Zeitraum Mitte 1990 bis Ende 1994 „zur Stärkung der allgemeinen Einnahmenbasis der ostdeutschen Gebietskörperschaften durch nicht zweckgebundene Zuweisungen"[255] geschaffen. Er diente quasi als Surrogat für die erst ab 1995 vorgesehene Teilnahme der neuen Länder am Finanzausgleich. Die ausgeschütteten Mittel wurden im Verhältnis der Einwohnerzahlen an

---
253 BBk, „Die Bedeutung von Nebenhaushalten im Zuge der deutschen Vereinigung", in: *Monatsberichte*, 45. Jg. (1993) 5, S. 44.
254 BBk, *Monatsberichte*, 53. Jg. (2001) 10, S. 57* und verschiedene Jgg.
255 BBk, „Die Bedeutung ....", a.a.O., S. 47.

Tabelle 3.3.-11
Entwicklung des ERP-Sondervermögens 1990–2000, Mrd. DM (€)

	1990	1991	1992	1993	1994	1995	1996	1997	1998	1999	2000
Ausgaben[1]	7,0	12,2	13,5	16,4	16,8	16,7	15,8	16,1	15,5	16,0 (8,2)	13,5 (6,9)
Einnahmen[2]	4,8	5,5	6,8	6,8	7,4	9,8	3,8	8,8	8,4	8,0 (4,1)	7,2 (3,7)
Nettoneuverschuldung	2,4	6,9	8,0	9,6	8,8	6,9	7,5	7,3	7,1	8,0 (4,1)	6,4 (3,3)
Schuldenstand[3]	9,5	16,4	24,3	28,1	27,9	34,1	34,0	34,1	33,6	31,2 (16,0)	35,8 (18,3)

[1] ohne Kredite; [2] ohne Tilgung; [3] per 31.12.2000.
Quelle: BBk, Monatsberichte, verschiedene Jgg., BMF, Finanzbericht 2002, a.a.O., S. 320

die ostdeutschen Länder verteilt, die ihrerseits 40% davon an die Gemeinden und Gemeindeverbände weiterleiteten. Insgesamt sind auf diesem Wege bis 1994 160,7 Mrd. DM an die neuen Bundesländer[256] überwiesen worden, 65,7 Mrd. DM aus Haushaltsmitteln des Bundes und der Länder und 95 Mrd. DM aus Kreditaufnahmen (vgl. Tabellen 3.1.-6, 3.2.-6 und 3.3.-3). Auf Grund der Finanzierungsstruktur des Fonds und der Streckung des Schuldendienstes bis zum Jahr 2019, stellt er innerhalb der öffentlichen Gesamtverschuldung über zwei Jahrzehnte hinweg einen bedeutenden Posten dar.

Tabelle 3.3.-12
Fonds Deutsche Einheit 1990–2000 in Mrd. DM (€)

	1990	1991	1992	1993	1994	1195	1996	1997	1998	1999	2000
Schuldenstand	19,8	50,5	74,4	87,7	89,2	87,1	83,6	79,7	79,4	78,7 (40,2)	79,1 (40,4)
Nettokreditaufnahme	19,8	30,7	23,9	13,3	1,5	-2,0	-3,6	-2,2	-0,4	-0,8 (-0,4)	0,6 (0,3)

Quelle: BBk, Monatsberichte, versch. Jgg.

Der Schuldendienst für den Fonds oblag bis 1994 zur Hälfte dem Bund, zu 30% den alten Bundesländern und zu 20% den westdeutschen Gemeinden, was einer Belastung von 11,8 Mrd. DM für den Bund, 7,08 Mrd. DM für die Länder und 4,72 Mrd. DM für die Gemeinden entsprach, insgesamt also 23,6 Mrd. DM. Seit 1995

---

256 Da der Bund auf die ihm gemäß Einigungsvertrag für die Erfüllung zentraler öffentlicher Aufgaben in Ostdeutschland zustehenden 15% der Ausschüttungen verzichtete, standen den neuen Ländern zusätzlich 14,1 Mrd. DM zur Verfügung, und damit 100% des Ausschüttungsvolumens.

werden dem Fonds in Annuitäten von 10% (9,5 Mrd. DM) zur Hälfte von den alten Ländern und zu jeweils etwa einem Viertel vom Bund und von den westdeutschen Gemeinden die für Zinszahlungen und Tilgung notwendigen Mittel zugeführt. Nach der Änderung des Verteilungsschlüssels des Umsatzsteueraufkommens wurden im FKP zusätzlich pauschale Ausgleichszahlungen der westdeutschen Länder an den Bund in Höhe von 2,1 Mrd. DM vereinbart. Aufgrund der günstigen Zinsentwicklung wurde die Schuld des Fonds schneller als erwartet zurückgeführt. Deshalb wurden die Zuweisungen in den Jahren 1998, 1999 und 2000 auf 6,8% der Schuld abgesenkt, was einer Belastung von 6,46 Mrd. DM oder 3,3 Mrd. € jährlich entspricht bzw. einer Entlastung von Bund und Ländern im Umfange von 3,04 Mrd. DM jährlich.[257]

c) *Kreditabwicklungsfonds*
Der mit dem Einigungsvertrag geschaffene und zum 3. Oktober 1990 begründete Kreditabwicklungsfonds (KAF) hatte im Wesentlichen die Aufgabe, die im Zeitraum vom 1. Juli bis zum 3. Oktober 1990 im Republikhaushalt der DDR erfassten Schulden und die im Zusammenhang mit der Währungsumstellung entstandenen Verbindlichkeiten zusammenzuführen. Erstere betrugen 27,3 Mrd. DM, letztere 85,1 Mrd. DM. Insgesamt wurden die Schulden des Kreditabwicklungsfonds Ende 1994 – vor seiner Überführung in den *Erblastentilgungsfonds* – auf 113,2 Mrd. DM (57,9 Mrd. €) beziffert[258] (vgl. Tabelle 3.3.-13).

Tabelle 3.3.-13
Kreditabwicklungsfonds 1990–1994 in Mrd. DM

	1990	1991	1992	1993	1994
Schuldenstand	27,3	27,5	91,8	101,2	102,4
Veränderung		-0,2	64,3	9,5	1,2
Zinserstattungen[1]		2,3	15,3	8,4	5,4

[1] Zinserstattungen an den KAF zu gleichen Teilen durch Bund und THA
Quelle: BMF, *Finanzberichte*, lfd. Jgg.; BBk, *Monatsberichte*, 47. Jg. (1995)12, S. 57f; A. Boss/A. Rosenschon, „Öffentliche Transferleistungen ...", a.a.O., S. 12

Zum Ausgleich bilanzieller Schieflagen infolge der asymmetrischen Währungsumstellung sowie auf Grund des hohen Abschreibungsbedarfs auf Unternehmenskredite kam es zu einer Verkürzung der Passiva der Bilanzen der ostdeutschen Kreditinstitute. Um diese auszugleichen, wurden den Banken und Außenhandelsbetrieben

---

257 Vgl. BMF, *Finanzbericht 1999*, a.a.O., S. 40; *Finanzbericht 2002*, a.a.O., S. 53.
258 Angaben nach dem Stand Ende 2000 (BMF, *Finanzbericht 2002*, a.a.O., S. 52).

Ausgleichsforderungen im Umfange von insgesamt ca. 30 Mrd. DM gegenüber dem „Ausgleichsfonds Währungsumstellung" zugeteilt. Ferner hatten die ostdeutschen Banken und Sparkassen nicht einbringbare Altkredite an Betriebe der ehemaligen DDR und anderer RGW-Staaten in ihren Bilanzen, für welche, soweit diese nicht von der *Treuhandanstalt* übernommen wurden, Wertberichtigungen vorgenommen werden mussten. Auch in diesem Umfang wurden ihnen Ausgleichsforderungen zugesprochen. Insgesamt erreichten diese 1994 einen Umfang von ca. 39 Mrd. DM. Zusätzlich sollte die Eigenkapitalbasis der Kreditinstitute verbessert und auf das bankenaufsichtsrechtlich vorgeschriebene Niveau von mindestens 4% der Bilanzsumme angehoben werden. Die hierfür notwendigen Mittel in Höhe von ca. 5 Mrd. DM wurden ebenfalls in Form von Ausgleichsforderungen gegenüber dem *Ausgleichsfonds* zugeteilt. Dieser hatte seinerseits Ansprüche an den *Kreditabwicklungsfonds* im Umfang der zugeteilten Ausgleichsforderungen. Die auf diese Weise entstandenen Schulden beliefen sich schließlich auf mehr als 85 Mrd. DM und repräsentierten somit den Hauptteil der Verbindlichkeiten dieses Fonds.

Entgegen der ursprünglich vorgesehenen Übernahme der Verbindlichkeiten des KAF von Bund, neuen Ländern und *Treuhandanstalt* zu jeweils gleichen Teilen ab dem Jahre 1994, wurde 1993 im Rahmen des FKP vereinbart, die Fondslaufzeit um ein Jahr zu verlängern und den Fonds anschließend in den 1995 neu zu gründenden *Erblastentilgungsfonds* überzuleiten. Bis dahin erfolgte die Finanzierung der Zinsleistungen des Kreditabwicklungsfonds jeweils zur Hälfte durch den Bund und die *Treuhandanstalt*, die ihrerseits jedoch inzwischen selbst in außerordentlichem Maße zum Kreditnehmer geworden war. Die sich daraus ergebenden Belastungen bezifferten sich auf jeweils insgesamt ca. 15,6 Mrd. DM für Bund und THA in den Jahren 1991 bis 1994. Tilgungen wurden in diesem Zeitraum nicht vorgenommen.

d) Treuhandanstalt

Obwohl die *Treuhandanstalt* formal dem Unternehmenssektor zuzurechnen war, wird sie zugleich i.w.S. als Nebenhaushalt behandelt. Auf Grund ihres Status als „rechtsfähige bundesunmittelbare Anstalt des öffentlichen Rechts"[259], die der Fach- und Rechtsaufsicht des Bundesministers der Finanzen unterstand, musste der Bund für die gesamte, aus ihrer Geschäftstätigkeit hervorgegangene, finanzielle Hinterlassenschaft aufkommen. Ursprünglich war vorgesehen, mit Hilfe der Privatisierungserlöse des von der *Treuhand* verwalteten volkseigenen Vermögens die Transformationskosten und Staatsschulden der DDR zu begleichen. Dies hätte jedoch ein anderes Vorgehen, als das von der *Treuhand* praktizierte, erfordert. Als sichtbar wurde, dass

---

259 EVertr., Artikel 25, Absatz 1.

die Ertragskraft der Treuhandbetriebe weit hinter den Erwartungen zurückblieb, die Haushalte von Bund, Ländern und Gemeinden aber bereits hinreichend belastet waren, blieb der *Treuhand* nur die Kreditaufnahme als Mittel zur Finanzierung ihrer außerordentlich hohen und rasch anwachsenden Verbindlichkeiten.[260] Im Ergebnis dessen stieg die Verschuldung der *Treuhandanstalt* von zunächst nur 14,1 Mrd. DM im Jahre 1990 auf mehr als 100 Mrd. DM bereits zwei Jahre später. Ende 1994 beendete die THA ihre Tätigkeit mit einem Gesamtdefizit von 256,4 Mrd DM.[261] Gleichzeitig erhöhten sich die auf das Budgetdefizit zu leistenden Zinszahlungen von 0,4 Mrd. DM im Jahr 1991 auf bis zu 5,5 Mrd. DM im Jahr 1994. Zusätzlich hatte die *Treuhandanstalt* im Laufe ihrer Tätigkeit Ausgaben für Zinsen auf übernommene Altkredite der von ihr privatisierten Betriebe in Höhe von 42,8 Mrd. DM und für Zinsleistungen an den *Kreditabwicklungsfonds* von insgesamt 15,6 Mrd. DM (vgl. Tabelle 3.3.-13) getätigt.

Tabelle 3.3.-14
Verschuldung der Treuhandanstalt in Mrd. DM

	1990	1991	1992	1993	1994
übernommene Altschulden	9,8	5,5	37,8	23,4	1,9
Kreditmarktverschuldung	4,3	24,2	54,7	134,5	204,5
Schuldenstand zum Jahresende	14,1	39,4	106,8	168,3	256,4[1]
Zinszahlungen insgesamt[2]	4,4	10,3	10,3	13,5	15,8

[1] Gesamtdefizit zum 31.12.1994; [2] Zinsen auf übernommene Altkredite und auf das Budgetdefizit, nicht aber Zinserstattungen an den KAF.
Quellen: BBk, *Monatsberichte*, 47 Jg. (1995) 7, S. 58*; BMF, *Finanzbericht 2000*, a.a.O. S. 51; A. Boss/A. Rosenschon, „Öffentliche Transferleistungen ...", a.a.O., S. 19, 13

Nach der Auflösung der *Treuhandanstalt* und der teilweisen Überführung von Vermögenswerten und Verbindlichkeiten auf ihre Nachfolgeeinrichtungen[262] und den Bund, verblieben 204,5 Mrd. DM an Finanzschulden[263], die zum 1.1.1995 durch den *Erblastentilgungsfonds* übernommen wurden, dessen Schuldendienst maßgeblich dem

[260] Vgl. Treuhandanstalt (Hrsg.), *Treuhandanstalt. Dokumentation 1990–1994*, Bd. 1–15, Berlin 1994; H. Brücker, *Privatisierung in Ostdeutschland*, Frankfurt/New York 1995.
[261] Lt. BvS betrug das Gesamtdefizit der THA am 31.12.1994 256,4 Mrd. DM (BvS, *Jahresabschluss der Treuhandanstalt zum 31. Dezember 1994*, Berlin 1995, S. 12f.). In den ELF wurden davon zum 1.1.1995 204,5 Mrd. DM Verbindlichkeiten überführt.
[262] Als Nachfolgeeinrichtungen der THA fungierten bis 2000 die *Bundesanstalt für vereinigungsbedingte Sonderaufgaben* (BvS), bis 1997 die *Beteiligungs-Management-Gesellschaft Berlin mbH* (BMGB) sowie weiterhin die *Treuhand Liegenschaftsgesellschaft mbH* (TLG) und die *Bodenverwertungs- und Verwaltungsgesellschaft* (BVVG).
[263] Vgl. BMF, *Finanzbericht* 2000, a.a.O., S. 51.

Bund obliegt. Diese Summe umfasste im Wesentlichen die zur Refinanzierung übernommener Altschulden aufgenommenen Kredite im Umfang von 73 Mrd. DM und die Kredite zur Finanzierung der laufenden Defizite in Höhe von rund 129 Mrd. DM.[264] Als direkte Nachfolgeeinrichtung der *Treuhandanstalt* fungierte vom 1.1.1995 bis 31.12.2000 die *Bundesanstalt für vereinigungsbedingte Sonderaufgaben* (BvS). Ihrer Stellung nach war sie „Zuwendungsempfängerin des Bundes", konnte ihre Ausgaben aber weitgehend durch eigene Einnahmen decken. Grundsätzlich gilt, dass alle in Zukunft noch anfallenden Defizite der Nachfolgeeinrichtungen der *Treuhandanstalt* direkt aus dem Bundeshaushalt zu finanzieren sind.

e) *Ostdeutsche Wohnungswirtschaft*
Im *Einigungsvertrag* war vereinbart worden, die ostdeutsche Wohnungswirtschaft einschließlich der bis 1990 aufgelaufenen Schulden auf die Kommunen zu übertragen. Insgesamt beliefen sich die Verbindlichkeiten zum 1. Juli 1990 auf ca. 36 Mrd. DM. Auf Grund der geringen Finanzkraft der ostdeutschen Gemeinden wurden sie zunächst bis Ende des Jahres 1993 gestundet. Im Zuge der Solidarpaktverhandlungen wurde schließlich entschieden, ca. 31 Mrd. DM der inzwischen auf mehr als 52 Mrd. DM angewachsenen Schulden auf den neu zu gründenden *Erblastentilgungsfonds* zu übertragen. Bis dahin sollten sich Bund und neue Länder die zu leistenden Zinszahlungen teilen. Es wurde auch beschlossen, dass diejenigen Wohnungsunternehmen, welche die Schuldenkappung in Anspruch nehmen, einen Teil ihrer Privatisierungserlöse an den Fonds weiterzuleiten haben. Der Schuldendienst für die verbleibenden Verbindlichkeiten in Höhe von ca. 21 Mrd. DM obliegt seitdem den Kommunen und sollte hauptsächlich durch Einnahmen aus der Privatisierung der übernommenen Wohnungsbestände finanziert werden.

f) *Erblastentilgungsfonds*
Die Einrichtung eines derartigen, alle aus dem Vereinigungsprozess resultierenden Schulden zusammenfassenden Fonds war ursprünglich nicht vorgesehen gewesen. Sie wurde aber notwendig, da sich das Finanzierungskonzept des *Einigungsvertrages* „als nicht tragfähig" erwiesen hatte und die *Treuhandanstalt* sowie die neuen Länder als Finanziers faktisch weggefallen waren. Die *Treuhandanstalt* war von einem potenziellen Geldgeber selbst zu einer „Quelle der Verschuldung" geworden und sah sich daher außerstande, die Schulden des *Kreditabwicklungsfonds* wie geplant zu tilgen und die neuen Länder waren auf Grund ihrer unterproportionalen

---

264 BBk, „Die Entwicklung der Staatsverschuldung seit der deutschen Vereinigung", in: *Monatsberichte*, 49. Jg. (1997) 3, S. 22.

Finanzausstattung in einer prekären Haushaltslage, die es ihnen nicht erlaubte, zusätzliche Belastungen zu übernehmen.[265] Als Lösung wurde deshalb 1993 im Rahmen des Solidarpakts beschlossen, 1995 einen *Erblastentilgungsfonds* einzurichten, worin „wesentliche Elemente" der höher als erwartet ausgefallenen „finanziellen Erblast der ehemaligen DDR zusammengefasst, verzinst und getilgt"[266] werden sollten.

So richtig es war, die nach 1994 noch verbliebenen Schulden aus dem Vereinigungsprozess in ein Sondervermögen zusammenzuführen, so ist es doch falsch, diese allein als „Erblast" der DDR anzusehen. Der größte Teil dieser Schulden geht auf die Tätigkeit der *Treuhandanstalt* zurück, ein anderer Teil besteht aus Finanzierungskosten. In beiden Fällen handelt es sich also nicht direkt um „Altschulden" der DDR, sondern um Kosten des Vereinigungsprozesses, die in hohem Maße von der Privatisierungs- bzw. Finanzierungsstrategie bestimmt wurden.

In den Fonds eingestellt wurden:
- die Verbindlichkeiten des zum 31.12.1994 aufgelösten *Kreditabwicklungsfonds* im Umfang von 113,2 Mrd. DM, wovon 27,3 Mrd. DM aus dem Staatshaushalt der DDR resultierten und 85,1 Mrd. DM Verbindlichkeiten gegenüber dem *Ausgleichsfonds Währungsumstellung* waren;
- die Schulden der *Treuhandanstalt* aus aufgenommenen Krediten, übernommenen Altkrediten und Ausgleichsforderungen von Treuhand-Unternehmen in Höhe von 204,5 Mrd. DM;
- die Altverbindlichkeiten ostdeutscher Wohnungsbauunternehmen mit einer Summe von ca. 28 Mrd. DM und
- die ab 1.1.1997 übernommenen Altschulden für gesellschaftliche Einrichtungen nach den Vorschriften des „Altschuldenregelungsgesetzes" in Höhe von 8,4 Mrd. DM.[267]

Je nach Stichtag ergab sich somit ein Anfangsschuldenstand des *Erblastentilgungsfonds* von 298,8 Mrd. DM[268], 328,9 Mrd. DM[269] bzw. 354,0 Mrd. DM[270]. Durch einen Bundeszuschuss in Höhe von 25,2 Mrd. DM konnte die Verschuldung im Jahr 1995 auf 328,9 Mrd. DM zurückgeführt werden. In der Folgezeit erhöhte sie sich jedoch wieder, da mit der Überführung des *Kreditabwicklungsfonds* zugleich auch die Verantwortung für noch zuzuteilende Ausgleichsforderungen an Kreditinstitute

---

265 O. Schwinn, *Die Finanzierung ...*, a.a.O., S. 173f.
266 BMF, *Finanzbericht 2000*, Berlin 1999, S. 51.
267 Angaben nach dem Stand Ende 1998 (vgl. BMF, *Finanzbericht 2000*, a.a.O., S. 51).
268 Stand per 31.3.1995 (BBk, *Monatsberichte*, 48. Jg. (1996) 3, S. 57*).
269 Stand per 31.12.1995 (BBk, *Monatsberichte*, 49. Jg. (1997) 3, S. 57*).
270 Stand per 31.12.2000 (BMF, *Finanzbericht 2002*, a.a.O., S. 51).

und Außenhandelsbetriebe an den *Erblastentilgungsfonds* übertragen wurde. Infolge weiterer derartiger Zuteilungen ist erst für 2003 mit dem maximalen Anfangsschuldenstand von 355 Mrd. DM (181,5 Mrd. €) zu rechnen.[271]

Gemäß den Festlegungen im Solidarpakt obliegt die Bedienung der Schulden des *Erblastentilgungsfonds* allein dem Bund. Mit dem Ziel, die gesamte „Erblast" innerhalb einer Generation zu tilgen, wurde eine Annuität von 7,5% festgelegt. Als Gegenfinanzierung sollte unter anderem der 1995 wieder eingeführte „Solidaritätszuschlag" dienen. Gleichzeitig wurde bestimmt, die über den Betrag von 7 Mrd. DM hinausgehenden Gewinne der *Bundesbank* jährlich dem Fonds zuzuweisen. Weiterhin sollten Abführungen von Privatisierungserlösen aus Wohneigentum, Abführungen des *Ausgleichsfonds Währungsumstellung* und eventuelle Überschüsse aus der Abwicklung der Außenhandelsbetriebe der DDR zur Rückführung der Schulden des Fonds herangezogen werden. Um die Tilgung der Schulden im geplanten Zeitraum tatsächlich zu gewährleisten, wurde dem Fonds keine Kreditermächtigung eingeräumt, so dass ein eventueller Mehrbedarf ausschließlich durch einen höhere Bundeszuschuss gedeckt werden kann.[272] Die neuen Länder leisten seit 1998 jährlich einen Beitrag von 280 Mio. DM (143 Mio. €) zur Finanzierung der Verbindlichkeiten des Fonds für den Bau gesellschaftlicher Einrichtungen.

Seit der Einrichtung des Fonds bis Ende 1998 hat der Bund diesem Mittel in Höhe von insgesamt ca. 91,5 Mrd. DM zugeführt. Zum 1.7.1999 erfolgte eine Mitübernahme der Schulden des Fonds durch den Bund.[273] Ähnlich wie im Falle des *Fonds Deutsche Einheit* wurde – begründet mit der günstigen Zinsentwicklung –

Tabelle 3.3.-15
Erblastentilgungsfonds 1995–2000 in Mrd. DM (€)

	1995	1996	1997	1998	1999[2]	2000[2]
Schuldenstand[1]	328,9	331,9	322,0	305,0	295,5 (151,1)	247,7 (126,7)
Vereinigungsbedingte Altschulden	13,7	8,6	0	-	-	-
Ausgleichsforderungen	78,4	81,1	80,1	79,9	80,0 (40,9)	-
Nettokreditaufnahme	-10,0	-10,1	-11,0	-18,5	-9,5 (-4,9)	-

[1] Jahresende [2] Zum 1.7.1999 erfolgte eine Mitübernahme der Schulden durch den Bund.
Quelle: BBk, *Monatsberichte*, 50. Jg. (1998) 4, S. 58*; 53. Jg. (2001) 10, S. 56*; BMF, *Finanzbericht 2002*, a.a.O., S. 321

271 BMF, *Finanzbericht 2002*, a.a.O., S. 53.
272 Vgl. „Gesetz über die Errichtung eines Erblastentilgungsfonds" (Erblastentilgungsfondsgesetz – ELFG) v. 23.6.1993, BGBl. I, S. 984–986, in der Fassung der Bekanntmachung v. 16.8.1999 (BGBl. I, S. 1882ff.).
273 Vgl. „Schuldenmitübernahmegesetz" BGBl. 1998 I, S. 1384.

auch für den *Erblastentilgungsfonds* für die Jahre 1998 bis 2000 eine temporäre Reduzierung der Zuschüsse des Bundes beschlossen[274], wodurch sich der geplante Tilgungszeitraum jedoch nicht verlängern soll. Diese Maßnahme erscheint im Lichte der Haushaltskonsolidierung plausibel, zugleich offenbart sich hierin aber auch ein recht willkürlicher Umgang mit den einst festgelegten Konditionen zur Begleichung der Schulden aus dem Einigungsprozess. Es ist nicht auszuschließen, dass es durch diese Modifizierung im Tilgungsablauf zu einer weiteren Verlagerung der Lasten der Staatsverschuldung auf die nachfolgende Generation kommt. Dies wäre insbesondere dann der Fall, wenn die im Rahmen des Schuldendienstes aufzubringenden Zinszahlungen aus Steuereinnahmen finanziert würden und die Steuerzahler mit den Gläubigern der Schulden des Fonds nicht identisch sind.[275] Aber auch unabhängig davon wäre eine rasche Reduzierung des Schuldenvolumens wünschenswert.[276]

g) Weitere Nebenhaushalte
Neben den bereits aufgeführten, unmittelbar mit dem Einigungsprozess in Verbindung stehenden Sonderhaushalten, existieren weitere, einer direkten Verwaltung durch den Bund unterliegende bzw. außerhalb der Bundesverwaltung bestehende Parafisken.[277] Für die hier behandelte Problematik sind dabei insbesondere das *Bundeseisenbahnvermögen* und der *Entschädigungsfonds* relevant, zwei Sonderhaushalte, die im Ergebnis der deutschen Vereinigung entstanden sind bzw. ihre Verschuldung seitdem enorm ausgeweitet haben. Mit einem Schuldenstand von 76,7 Mrd. DM nahm das Bundeseisenbahnvermögen bis zu seiner Übernahme durch den Bund eine gewichtige Stellung unter den Sonderhaushalten ein. Durch das „Eisenbahnneuordnungsgesetz" 1993 gebildet, oblag ihm neben der Verwaltung der von der *Deutschen Bundesbahn* und der *Deutschen Reichsbahn* übernommenen Altschulden auch die Personalverwaltung der beamteten Mitarbeiter der DB AG und die Verwaltung der nicht bahnnotwendigen Liegenschaften. 1990 wies die Bundesbahn Verbindlichkeiten in Höhe von 47,1 Mrd. DM auf. Durch die Übernahme von 12,6 Mrd. DM Altschulden durch den Bund, ging die Verschuldung 1991 auf ca. 38 Mrd. DM

---

274 Wegen der hohen Nettotilgung des Fonds wurden die Zuführungen des Bundes 1998 um 5,1 Mrd. DM, 1999 um 9,5 Mrd. DM und 2000 um 7,5 Mrd. DM herabgesetzt (BMF, *Finanzbericht 1999*, a.a.O., S. 41).
275 Vgl. A. Oberhauser, „Die Last der Staatsverschuldung", in: *Kredit und Kapital*, 28. Jg. (1995) 3, S. 362ff.
276 2001 erfolgte unter Einsatz von Einnahmen aus der Versteigerung von UMTS-Lizenzen eine Tilgung der Bundesschuld, wodurch auch der ETF früher als ursprünglich geplant getilgt wird.
277 Hierzu gehören das Bundeseisenbahnvermögen, der Entschädigungsfonds, die Förderbanken und der Ausgleichsfonds zur Sicherung des Steinkohleneinsatzes.

Tabelle 3.3.-16
Ausgewählte Nebenhaushalte des Bundes, Mrd. DM (€)

	1990	1991	1992	1993	1994	1995	1996	1997	1998	1999	2000
ERP	9,5	16,4	24,3	28,1	27,9	34,1	34,0	34,1	33,6	31,2 (16,0)	35,8 (18,3)
FDE	19,8	50,5	74,4	87,7	89,2	87,1	83,5	79,7	79,4	78,7 (40,2)	79,1 (40,4)
THA	14,1	39,4	106,8	168,3	204,5[1]						
KAF	27,6	27,5	91,8	101,2	102,4						
ELF						328,9	331,9	322,0	305,0	295,5[2] (151,1)	247,7[3] (126,7)
BEV					71,2	78,4	77,8	77,3	77,3	76,7[2] (39,2)	-
Insges.[4]	71,0	133,8	297,3	385,5	495,2	528,5	527,2	513,1	495,9	109,9 (56,2)	114,9 (58,78)

[1] Das Gesamtdefizit am 31.12.1994 betrug 256,4 Mrd. DM; [2] Juni 1999; [3] in der Bundesschuld enthalten; [4] Stand zum Jahresende.
Quelle : BBk, Monatsberichte, verschiedene Jgg.; 49. Jg. (1997) 3, S. 22

zurück. In den Folgejahren stieg sie dann aber, vor allem auf Grund des hohen Investitionsbedarfs in den neuen Bundesländern, kontinuierlich an. Mit In-Kraft-Treten des „Eisenbahnneuordnungsgesetzes" und der Zusammenführung von Bundesbahn und Reichsbahn in die DB AG wurden die Schulden beider Staatsbetriebe in Höhe von ca. 66 Mrd. DM auf das *Bundeseisenbahnvermögen* übertragen. Zur Finanzierung dieses Sondervermögens leistete der Bund Zuschüsse, zwischen 11 und 19 Mrd. DM jährlich. Im Gegenzug erhält er von der DB AG Abnutzungsgebühren in Höhe der Abschreibungen.

Zur Kompensation für Enteignungen und Vermögensverluste auf dem Gebiet der früheren DDR, die nicht rückgängig gemacht wurden, wurde am 1. August 1991 der *Entschädigungsfonds* eingerichtet. Die Grundlage dafür bildete eine entsprechende Festlegung in der „Gemeinsamen Erklärung zur Regelung offener Vermögensfragen"[278]. Die Höhe der Entschädigungen bemaß sich dabei an historischen Wertansätzen. Die dafür notwendigen Mittel in Höhe von schätzungsweise 12,5 Mrd. DM kamen aus verschiedenen Quellen, unter anderem aus einer speziellen Vermögensabgabe auf restituierte Vermögensobjekte, aus Erlösen der *Treuhandanstalt* sowie aus Rückflüssen aus dem *Lastenausgleichsfonds*.[279] Eine Kreditfinanzierung des Fonds

---

278 Vgl. „Gemeinsame Erklärung ...", a.a.O., (BGBl. II, S. 889, 1237).
279 Der Lastenausgleichsfonds wurde 1952 zur Finanzierung des Lastenausgleichs i.S. einer gleichmäßigen Verteilung der Kriegs- und Kriegsfolgeschäden der Heimatvertriebenen und Kriegsgeschädigten gegründet.

war nicht vorgesehen. Die *Bundesbank* rechnet mit zukünftigen Gesamtschulden des Fonds in Höhe von ca. 13 Mrd. DM, die zwischen 2004 und 2008 getilgt werden sollen. Ende 2000 wies der Fonds einen Stand von 400 Mio. DM (204 Mio. €) auf.[280]

Seit der Vereinigung ist die Staatsverschuldung in Deutschland sprunghaft angestiegen. Die Evidenz dieser Tatsache rechtfertigt es jedoch nicht, die deutsche Vereinigung oder gar die „Erblast" der DDR als einzige Ursache dafür anzusehen. Bei dem Anstieg der Staatsverschuldung handelt es sich vielmehr um ein sehr komplexes Phänomen, wofür ganz unterschiedliche Determinanten verantwortlich sind, objektiv-ökonomische ebenso wie wirtschaftspolitische, daneben aber auch geistige und ethisch-moralische.[281] In dem hier behandelten Fall dürften nicht zuletzt auch politische Bestimmungsgründe[282] von maßgebender Bedeutung gewesen sein.

In der Diskussion um die Staatsverschuldung wird dem Einigungsprozess eine zentrale Bedeutung beigemessen. In welchem Ausmaß der Anstieg der öffentlichen Verschuldung seit 1990 aber tatsächlich der deutschen Vereinigung zuzurechnen ist, lässt sich nicht mit Bestimmtheit sagen. Ungeachtet mannigfaltiger Mutmaßungen hierüber erweist sich eine exakte Quantifizierung der einigungsbedingten Verschuldung als außerordentlich diffizil: So ist schon die Zuordnung bestimmter Finanzströme zu den Transfers für Ostdeutschland umstritten. Folglich können auch nicht die Finanzierung der Transfers, zum Beispiel durch die Aufnahme von Krediten, und erst recht nicht der daraus resultierende Schuldendienst, zweifelsfrei als einigungsbedingt eingestuft werden. Andererseits ist die heute zu konstatierende Verschuldung das Ergebnis einer bestimmten (gewollten) Politik und war insofern interessengeleitet und machtpolitisch motiviert. Selbst dann, wenn man „sämtliche finanziellen Anstrengungen, die erforderlich sind, um in Ostdeutschland materielle Lebensverhältnisse wie in Westdeutschland zu schaffen", als „finanzielle Erblast" und „Kosten" der Vereinigung definiert, so rechtfertigt dies noch lange nicht die „Kreditfinanzierung dieser Aufwendungen"[283]. Schließlich gab es auch andere Finanzierungsmöglichkeiten, von denen aber vergleichsweise wenig Gebrauch gemacht worden ist.

Angesichts dieser Situation verwundert es nicht, dass in der Literatur kaum exakte Angaben über die Höhe der einigungsbedingten Verschuldung zu finden sind. So äußerte zum Beispiel die *Deutsche Bundesbank* 1997, dass von der absoluten Zunahme der Gesamtverschuldung der Gebietskörperschaften seit 1989 in Höhe von

---

280 BBk, *Monatsberichte*, 53. Jg. (2001) 10, S. 57*.
281 Vgl. A. Ottnad, *Wohlstand auf Pump*, Frankfurt/New York 1996, S. 12f.
282 Vgl. D. Brümmerhoff, *Finanzwissenschaft*, München/Wien 2001[8], S. 611ff.
283 Ebenda, S. 62.

rund 1.200 Mrd. DM „mehr als die Hälfte auf die Wiedervereinigung" entfalle.[284] *Oliver Schwinn* schrieb im selben Jahr, auf eine Aussage des BMF Bezug nehmend, dass „nur ein Viertel der Defizite des Bundeshaushalts einigungsbedingt sei."[285] In jedem Fall bedarf ein großer Teil der Schulden einer anderen, nicht einigungsbedingten Erklärung. Um größenmäßig abschätzen zu können, wie hoch der Anteil der einigungsbedingten Schulden an der Gesamtverschuldung der Gebietskörperschaften ist, kann, ausgehend von der Staatsverschuldung seit 1950, eine hypothetische Trendberechnung der Entwicklung des Schuldenstandes Westdeutschlands über das Jahr 1990 hinaus vorgenommen werden. Danach wäre in der Bundesrepublik auch ohne Beitritt der DDR eine kräftige Zunahme der Staatsschuld zu verzeichnen gewesen[286], bis zum Jahr 2000 schätzungsweise auf einen Wert von 1,6 bis 1,9 Billionen DM.[287] Vergleicht man das Ergebnis der trendmäßigen Extrapolation mit der tatsächlichen Entwicklung, so erkennt man in der Abweichung der faktischen Verschuldungszunahme vom Trend das Ausmaß der vereinigungsbedingten Mehrverschuldung der westdeutschen Gebietskörperschaften seit 1990. Sinnvoller scheint es jedoch zu sein, als Bezugsgröße für eine derartige Betrachtung die Gesamtverschuldung der Bundesrepublik zu wählen. Dabei wären dem westdeutschen Schuldenstand die Schulden der DDR per 30.6.1990 in Höhe von 216,7 Mrd. DM hinzuzurechnen, bevor eine Trendrechnung vorgenommen wird.[288] Die so ermittelte hypothetische Verschuldung im Jahr 2000 läge bei 1,9 bis 2,1 Billionen DM. Die Differenz dieser Größe gegenüber dem tatsächlichen Schuldenstand von 2,4 Billionen DM in Höhe von 300 bis 500 Mrd. DM markiert das Ausmaß der unter den Bedingungen der Einheit entstandenen Mehrverschuldung. In dieser Größenordnung wäre die seit 1990 zu verzeichnende Zunahme der öffentlichen Verschuldung in der Tat als *einigungsbedingt* anzusehen.

---

284 BBk, „Die Entwicklung der Staatsverschuldung ...", a.a.O., S. 19.
285 O. Schwinn, *Die Finanzierung ...*, a.a.O., S. 150 sowie BT-Drs. 12/8372, S. 22.
286 Diese Annahme wird durch die Entwicklung der jahresdurchschnittlichen Zuwachsraten der Staatsverschuldung gestützt. Diese betrugen 1965–1969: 9,8%, 1970–1974: 10,3%, 1975–1979: 16,6%; 1980–1984: 11,6% und 1985–1989: 5,3%, 1990–1994: 12,3% und 1995–1999: 7,2%. Im Jahr 2000 betrug die Veränderung etwa 1% (BBk, „Die Entwicklung ...". a.a.O., S. 18; *Monatsberichte*, 53. Jg. (2001) 9, S. 55*).
287 Bis 30.6.1990 hatte sich die Staatsschuld der Bundesrepublik gegenüber 1980 in etwa verdoppelt. Eine Fortführung dieses Trends hätte im Jahr 2000 zu einem Schuldenstand von 1,9 Bill. DM geführt. Aber selbst bei Fortsetzung des Konsolidierungskurses der 80er Jahre wäre die Verschuldung auf 1,6 Bill. DM gestiegen.
288 Rechnungen, worin die Schuldenstände der Gebietskörperschaften der Bundesrepublik *vor* 1990 mit entsprechenden Größen *nach* der Vereinigung verglichen werden, ohne jedoch, dass eine Anpassung an den veränderten Gebietsstand erfolgt wäre, billigen der DDR faktisch kein „Recht" auf Staatsverschuldung zu und weisen mithin den Umfang der einigungsbedingten Verschuldung systematisch *zu hoch* aus.

Eine andere Möglichkeit der Quantifizierung der vereinigungsbedingten Verschuldung stellt die Gegenüberstellung von Schulden und Transferleistungen dar. Dem liegt die Annahme zugrunde, dass die Schuldenaufnahme der Gebietskörperschaften wesentlich durch den Umfang der Transferleistungen für Ostdeutschland determiniert war. Insofern existiert zwischen beiden Größen ein enger Zusammenhang. Ausgehend von der Nettogröße der Transfers, die sich aus den Bruttotransfers unter Berücksichtigung der einigungsbedingten Einnahmen im Osten und der einigungsbedingten Mehreinnahmen sowie Minderausgaben im Westen ergibt, sollen Schulden im Folgenden dann als *einigungsbedingt* angesehen werden, wenn sie zur Finanzierung direkter Leistungen für Ostdeutschland aufgenommen wurden oder infolge besonderer, ausschließlich dem Tatbestand der Vereinigung zuzurechnender und über das normale Maß staatlicher Transfers hinaus gehender, öffentlicher Ausgaben entstanden sind. Dies gilt es nun differenziert für den Bund, die Länder und Gemeinden sowie die verschiedenen Neben- resp. Sonderhaushalte zu untersuchen:

Relativ einfach erscheint die Zuordnung der in den *Sondervermögen* erfassten Schulden, da diese stets zur Erfüllung bestimmter Aufgaben geschaffen wurden, anhand derer das o. g. Kriterium leicht zu überprüfen ist. Dies gilt insbesondere für den *Fonds Deutsche Einheit*, dessen Zahlungen unmittelbar an die neuen Länder geflossen sind. Weiterhin sind die Kapitalmarktschulden der *Treuhandanstalt* vom Prinzip her den einigungsbedingten Schulden zuzurechnen.[289] Gleiches gilt für die im Kreditabwicklungsfonds zusammengefassten Schulden des DDR-Haushalts und die im Zusammenhang mit der Währungsunion entstandenen Verbindlichkeiten. Ebenso sind die zusätzlich in den *Erblastentilgungsfonds* aufgenommenen Altschulden auf gesellschaftliche Einrichtungen der ostdeutschen Gemeinden i.w.S. des Wortes als einigungsbedingt anzusehen. Nicht gleichermaßen gilt dies jedoch für die künftig zu erwartenden Schulden des *Entschädigungsfonds*, da hiervon eine anders gerichtete Verteilungswirkung ausgeht.

Als schwierig erweist sich demgegenüber die Zuordnung des *ERP-Sondervermögens*. Zwar wurde hier der Kreditrahmen seit Beginn der neunziger Jahre mit einem starken Ausbau verbilligter Zinsprogramme zugunsten der neuen Bundesländer stark ausgeweitet. Es handelt sich dabei jedoch in d.R. nicht um besondere Leistungen für Ostdeutschland. Die entstandenen Schulden können somit nur bedingt als einigungsmotiviert angesehen werden. Ein ähnliches Problem ergibt sich in Be-

---

289 Strittig dabei sind jedoch die sog. Altschulden der Treuhandbetriebe, da es sich hierbei quasi um interne Verrechnungsgrößen innerhalb des Staates handelte (vgl. S. Wenzel, Was war..., a.a.O., S. 29f.; I. Wiesejahn, *Der doppelte Skandal: Das Milliardengeschäft mit erfundenen DDR-Schulden und einkassierten Banken*, Berlin 2002 – im Ersch.).

zug auf das *Bundeseisenbahnvermögen*, das die Schulden von Bundesbahn und Reichsbahn vereinte, wovon erstere aber den weitaus größeren Teil ausmachten. Zwar wurde seit der Vereinigung bei der Bahn im Ostteil Deutschlands stärker als im Westteil kreditfinanziert investiert, doch stellten auch diese Ausgaben keine speziellen Leistungen für Ostdeutschland dar. Demzufolge kann auch die Neuverschuldung des *Bundeseisenbahnvermögens* nicht als einigungsbedingt aufgefasst werden.

Versucht man die vorstehenden Aussagen zu quantifizieren, so zeigt sich, dass zwar die meisten der in den Sonderhaushalten erfassten Schulden als einigungsbedingt klassifiziert werden können, keineswegs aber alle. Auch ist der Anteil der einigungsbedingten Schulden an den Gesamtschulden mit der Zeit sichtbar zurückgegangen, da bestimmte Programme ausliefen. Der höchste Wert ergab sich danach für 1994. Seither werden durch Zuschüsse aus dem Bundeshaushalt die Schulden des *Erblastentilgungsfonds* und des *Fonds Deutsche Einheit*, mit jedoch zeitweilig verringerten Raten, getilgt, wodurch sich der Schuldenstand sukzessive reduziert (vgl. Tabelle 3.3.-16).

Weitaus komplizierter gestaltet sich demgegenüber die Bestimmung des Anteils der einigungsbedingten Verschuldung an der Gesamtverschuldung der Gebietskörperschaften. Dafür gibt es verschiedene Gründe: Einerseits verkörpern die Ausgaben der neuen Länder und Gemeinden zweifelsfrei direkte Leistungen für Ostdeutschland. Andererseits aber können die zu ihrer Finanzierung (anteilig) aufgenommenen Kredite nicht ohne Tautologie als einigungsbedingt angesehen werden. Die neuen Länder nehmen zwar, ebenso wie die alten, im Rahmen der föderalen Ordnung bestimmte Aufgaben wahr, wofür Ausgaben anfallen. In d.R. handelt es sich dabei aber nicht um Sonderleistungen. Auf Grund der anhaltend prekären Finanzlage der ostdeutschen Länder wurden eben diese besonderen Leistungen vom Bund bzw. von Sonderhaushalten übernommen. Gleichwohl aber sind die meisten der durch den Bund finanzierten Leistungen normale Ausgaben im Rahmen allgemeiner Leistungsgesetze und keine besonderen Aufwendungen für die neuen Länder. Eine exakte Bestimmung der einigungsbedingten Verschuldung des Bundes und der westdeutschen Länder und Gemeinden ist hiervon ausgehend nur in Verbindung mit einer differenzierten Erfassung der von ihnen geleisteten Transfers für Ostdeutschland möglich. Die genaue Quantifizierung und Abgrenzung dieser Leistungen gestaltet sich aber auf Grund unzureichender statistischer Angaben als äußerst diffizil und ist inzwischen, nach mehrmaliger Änderung der Veröffentlichungspraxis bzw. ihrer Einstellung, kaum noch zu leisten. Dennoch haben Untersuchungen verschiedener Institutionen die Nettotransfers übereinstimmend auf etwa zwei Drittel und die speziellen Leistungen für Ostdeutschland auf etwa ein Viertel der Bruttotransfers bestimmt. Ohne diese Größen an dieser Stelle zu diskutieren[290], sollen sie im Folgenden als Referenzwerte für die Ermittlung der einigungsbedingten Verschuldung der westdeutschen Gebietskörperschaften dienen.

Zunächst sind dazu die direkten Leistungen der westdeutschen Länder und Gemeinden für Ostdeutschland zu erfassen, das heißt, vor allem die Zuschüsse und Schuldendienstzahlungen für den *Fonds Deutsche Einheit* sowie, in geringem Umfange, die personellen und materiellen Hilfen. Diese Leistungen beliefen sich bis 1994 auf 32,2 Mrd. DM. Seit 1995 tragen die westdeutschen Länder und Gemeinden jährlich in Höhe von 6,8 Mrd. DM und im Zeitraum von 1998 bis 2000 in Höhe von ca. 4,8 Mrd. DM zum Schuldendienst des Fonds bei (vgl. Tabelle 3.3.-3). Mithin summieren sich die geleisteten Zahlungen bis zum Jahr 2000 auf weitere 34,8 Mrd. DM. Die personellen und materiellen Hilfen beliefen sich schätzungsweise auf 11 bis 13 Mrd. DM. Unter Vernachlässigung von Zinsen, Rückflüssen und Einnahmeausfällen durch Neuregelungen bei der Verteilung des Steueraufkommens können die im genannten Zeitraum aufgenommenen Kredite der westdeutschen Länder und Gemeinden in Höhe der aufgezählten speziellen Leistungen für Ostdeutschland als unmittelbar einigungsbedingt eingestuft werden. Dies betrifft eine Gesamtgröße von ca. 80 Mrd. DM. Tatsächlich ist die Verschuldung der westdeutschen Gebietskörperschaften seit 1991 aber um 257,2 Mrd. DM, also mehr als das Dreifache, gestiegen. Der einigungsbedingte Anteil an dieser Verschuldung beträgt mithin nur etwa ein Drittel.

Bezüglich der Leistungen des Bundes würde eine solche Rechnung weit umfänglicher ausfallen. Der Einfachheit halber soll deshalb von den Gesamttransfers im Umfange von 1,8 Billionen DM ausgegangen werden, wovon die Leistungen der alten für die neuen Bundesländer, rund 100 Mrd. DM, abzuziehen sind. Geht man nun auch hier davon aus, dass nur etwa ein Viertel der Gesamtleistungen spezielle Leistungen für Ostdeutschland sind, also ca. 450 Mrd. DM, so überstieg auch hier die Kreditaufnahme im gesamten Zeitraum die Summe der speziellen Leistungen für Ostdeutschland ganz erheblich.[291] Bei der Interpretation dieser Zahlen muss jedoch berücksichtigt werden, dass der Bund 1999 die Schulden des *Erblastentilgungsfonds*, des *Bundeseisenbahnvermögens* und des *Ausgleichsfonds Steinkohleneinsatz* mit übernommen hat.

Für die gesamte Dekade von 1991 bis 2000 lässt sich die einigungsbedingte Verschuldung von Bund, westdeutschen Ländern und Gemeinden sowie der Sondervermögen und Nebenhaushalte auf eine Größenordnung von 600 bis 700 Mrd. DM

---

290 Vgl. dazu Kapitel 3.5.
291 Per 30.6.1990 betrugen die Schulden des Bundes 502,5 Mrd. DM, Ende 2000 waren es 1,4 Bill. DM bzw. 716 Mrd. € (BBk, *Monatsberichte*, 43. Jg. (1991) 3, S. 63*; 53. Jg. (2001) 10, S. 55*).

schätzen. Zieht man hiervon die per 1.7.1990 festgestellte Staatsschuld der DDR in Höhe von 216,7 Mrd. DM ab, so entspricht die verbleibende Größe in etwa dem Umfang der speziellen Transferleistungen i. S. der Nettotransfers III. Dies ist plausibel, denn die Kreditnahme diente im Wesentlichen der Finanzierung der besonderen Leistungen für Ostdeutschland.

Zusammenfassend kann eingeschätzt werden, dass sich unter Berücksichtigung der Gebietsstandsausweitung infolge des Beitritts der DDR die Staatsverschuldung der Bundesrepublik seit 1990 etwas mehr als verdoppelt hat. Gleichwohl aber ist nur ein Teil des zu verzeichnenden Anstiegs der Schulden mit den erhöhten finanziellen Lasten im Gefolge der Vereinigung zu begründen. Dem Umfang nach sind etwa ein Viertel der Gesamtschulden der Gebietskörperschaften als einigungsbedingt einzustufen, aber fast die Hälfte des Schuldenzuwachses seit 1990. Dies unterstreicht die Problematik des Themas, wenngleich die empirische Evidenz nicht annähernd hinreicht, um dies auch schlüssig belegen zu können.

Trotz der krisenhaften wirtschaftlichen Situation in Ostdeutschland, und der darum notwendigen föderalen Unterstützung, sind in Westdeutschland bisher keine maßgeblichen Einschränkungen vorgenommen worden. Vielmehr nahm auch hier, selbst während des Einigungsbooms, die Verschuldung durch die Finanzierung jährlicher Haushaltsdefizite mittels Kredit kräftig weiter zu. Da sich die steuerliche „Einigungsdividende" auf die Jahre 1990 und 1991 beschränkte und in den Jahren danach die konjunkturelle Entwicklung keine Verbesserung der Finanzlage der öffentlichen Haushalte ermöglichte, sondern diesen vielmehr steigende Sozialausgaben abverlangte, erfolgte die Bewältigung der finanziellen Lasten des Einigungsprozesses im Wesentlichen auf dem Wege der Kreditaufnahme. In Anbetracht der absoluten Singularität des Einigungsprozesses ist dies *an sich* nicht weiter problematisch, sofern die damit verbundenen Lasten nur „tragbar" sind. Das heißt, die Zinszahlungen dürfen die Steuereinnahmen nicht übersteigen[292] und ihr Anteil an den Gesamtausgaben[293] darf nicht derart hoch sein, dass dadurch die Handlungsfähigkeit des Staates essenziell eingeschränkt werden würde.[294] Da die Zinsaufwendungen letztlich aus dem Sozialprodukt zu begleichen sind, kann die Staatsschuld auf lange Sicht nicht

---

292 Das Maß hierfür ist die *Zins-Steuer-Quote*, welche angibt, wie viel Prozent der Steuern der Zinszahlung dienen (vgl. Tabelle 3.3.-18).
293 Dieser Anteil ist an der *Zins-Ausgaben-Quote* ablesbar (vgl. Tabelle 3.3.-10).
294 Demgegenüber halten andere Autoren eine öffentliche Schuld nur dann für tragbar, wenn erwartet werden kann, dass „in der Zukunft Budgetüberschüsse erzielt werden, aus denen die Schuld getilgt werden kann", woraus sich strenge Auflagen hinsichtlich der Verwendung der vom Staat aufgenommenen Kredite herleiten (F. Heinemann, *Staatsverschuldung. Ursachen und Begrenzung*, Köln 1994, S. 12). Vgl. auch H. Warlitzer, *Staatsausgaben und Wirtschaftswachstum*, Köln 1999.

rascher wachsen als das Sozialprodukt. Insofern hängt die Tragfähigkeit der Staatsverschuldung auch von der Stabilität der Schuldenstandsquote, das heißt des Verhältnisses der Gesamtschuld zum Bruttoinlandsprodukt, ab.[295]

Diese Bedingungen als gegeben vorausgesetzt, erweist sich die öffentliche Kreditaufnahme auch im Vergleich zu alternativen Finanzierungsmethoden, insbesondere einer höheren Besteuerung, durchaus als geeignet, um die Finanzierung der Einheit „generationsübergreifend" zu gestalten.[296] Dies belegen auch differenzierte Analysen über die Vor- und Nachteile einer mit der Staatsverschuldung verbundenen zeitlichen Verschiebung volkswirtschaftlicher Kosten.[297] Da jede Kreditaufnahme zukünftige Steuern impliziert, bleibt die intertemporal wirksame Belastung ohnehin die Gleiche. Das heißt, „der Gegenwartswert einer höheren zukünftigen Besteuerung entspricht dem Volumen der verringerten gegenwärtigen Besteuerung"[298]. Die Problematik, die sich in dieser Hinsicht aus der aktuellen Entwicklung ergibt, ist also weniger der Staatsverschuldung als solcher geschuldet als dem dabei zugrunde gelegten Finanzierungsmix sowie der Verwendungsstruktur der kreditfinanzierten Staatsausgaben. Die Verschuldung der Gebietskörperschaften Deutschlands beruhte 1999 zu 57,8% auf einer Kapitalmarktfinanzierung und zu 37,5% auf Direktausleihungen von Kreditinstituten.[299] Beide Formen bergen bestimmte Risiken in sich: erstere vor allem, indem u.U. über einen *crowding out*-Effekt die private Investitionstätigkeit negativ beeinträchtigt wird; letztere wegen der damit verbundenen Geldmengenexpansion und Inflationsgefahr. Angesichts o.g. Finanzierungsstruktur dürften in Deutschland bei einer außer Kontrolle geratenden Entwicklung der Staatsver-

---

295 Um dies zu zeigen, wird üblicherweise ein Ansatz von O. J. Blanchard herangezogen, wonach das Budgetdefizit D´ gleich den Staatsausgaben für Güter, Dienste und Transfers (G^r) abzüglich der Steuern (T) und zuzüglich der realen Zinsausgaben für D (iD) ist: D´(t) = G^r(t) − T(t) + iD(t) (O. J. Blanchard, „Suggestion for a New Set of Fiscal Indicators", in: OECD *Working Paper*, 1990/79). Vgl C. B. Blankart, *Öffentliche Finanzen in der Demokratie*, München 1998³, S. 341f.; D. Brümmerhoff, *Finanzwissenschaft*, a.a.O., S. 605f. In Deutschland erhöhte sich die Schuldenstandsquote von 43,8% 1990 auf 61,1% im Jahre 1999. Seitdem konnte sie etwas zurückgeführt werden (BMF, *Finanzbericht 2002*, a.a.O., 382).
296 R. Hickel, „Die alte Finanzpolitik im neuen Gewande: Kritik der Verdrängung makroökonomischen Denkens", in: W. Goldschmidt/D. Klein/K. Steinitz (Hg.), *Neoliberalismus – Hegemonie ohne Perspektive*, Heilbronn 2000, S. 18.
297 Vgl. O. Gandenberger, „Theorie der öffentlichen Verschuldung", in: *Handbuch der Finanzwissenschaft*, Bd. III, hrsg. v. F. Neumark (bearbeitet von N. Andel u. H. Haller), Tübingen 1981³, S. 8ff.; W. Kitterer, „Rechtfertigung ...", a.a.O.; A. Oberhauser, „Die Last ...". a.a.O., S. 346ff; S. Weltring, *Die Staatsverschuldung als Finanzierungsinstrument des deutschen Vereinigungsprozesses*, Frankfurt/M 1997.
298 F. Heinemann, *Staatsverschuldung...*, a.a.O., S. 23.
299 BBk, *Monatsberichte*, 53. Jg. (2001) 10, S. 55*.

schuldung tendenziell die negativen Wirkungen auf den Kapitalstock und das Wachstum die stabilitätspolitischen Risiken überwiegen.[300]

Der andere Aspekt, die Verwendungsstruktur der kreditfinanzierten Staatsausgaben, steht in einem unmittelbaren Zusammenhang mit der Verwendungsstruktur der Transferzahlungen, insbesondere der speziellen Transfers für Ostdeutschland.[301] Da Investitionen hiervon nur einen Teil ausmachen, die Aufnahme von Krediten aber mit dem Verweis auf durch Investitionsausgaben induzierte Wachstumseffekte gerechtfertigt wird, ist hierin ein weiteres Risiko einer hohen und weiter wachsenden Staatsverschuldung zu erblicken. Dieses Risiko sinkt jedoch in dem Maße, wie die Transfers für Investitionen verwendet werden. Interessant ist in diesem Zusammenhang die Veränderung der Gläubigerstruktur der öffentlichen Haushalte. Während 1990 inländische Nichtbanken (ohne Sozialversicherungen) hier noch einen Anteil von 22,5% hatten, repräsentierten sie 1997 nur noch 12,8% der Gläubiger, im Jahr 2000 hingegen wieder etwas mehr, 15,6%. Gleichzeitig stieg der Anteil der ausländischen Gläubiger von rund einem Fünftel auf mehr als ein Drittel; die öffentlichen Haushalte in Deutschland sind also in zunehmendem Maße im Ausland verschuldet. Mit etwa der Hälfte der Gesamtschulden der öffentlichen Haushalte stellen Kreditinstitute relativ konstant die meisten Mittel zur Verfügung. Private Ersparnisse, die in Staatspapieren angelegt sind, spielen hingegen anteilig eine immer geringere Rolle (vgl. Tabelle 3.3.-17).

Ein weiterer Punkt bezieht sich auf die Struktur der Schuld selbst. Hier erweist sich der bis 1999 zu verzeichnende hohe Anteil der Sondervermögen an der Gesamt-

Tabelle 3.3.- 17
Gläubigerstruktur der öffentlichen Haushalte 1990–2000 in %

	1990	1991	1992	1993	1994	1995	1996	1997	1998	1999	2000
Bankensystem											
• Bundesbank	1,2	1,1	1,4	0,9	0,7	0,5	0,4	0,4	0,4	0,4	0,4
• Kreditinstitute	55,3	52,3	53,5	53,2	55,2	52,7	53,2	53,4	51,7	49,8	46,7
Inländische Nichtbanken											
• Sozialversicherungen	0,6	0,6	0,5	0,4	0,3	0,3	0,2	0,1	0,1	0,1	0
• Sonstige	21,9	22,9	19,0	16,3	17,9	18,3	16,8	12,8	13,7	15,6	17,4
Ausland	20,9	23,1	25,6	29,2	25,9	28,2	29,3	33,3	34,1	34,3	35,6

Quelle: BBk, *Monatsberichte*, versch. Jgg., eigene Berechnungen

300 Vgl. W. Cezanne, „Gesamtwirtschaftliche Finanzierungsprobleme der deutschen Einheit – Zur Makroökonomik defizitfinanzierter Staatsausgaben", in: C. Köhler/R. Pohl (Hrsg.), *Aspekte der Transformation Ostdeutschlands*, Berlin 1995, S. 131f.
301 Vgl. dazu Kapitel 3.4.

verschuldung, aber auch der übergroße Anteil des Bundes, als tückisch, da sich dadurch die insgesamt als durchaus tragbar einzuschätzende Staatsschuld für bestimmte Gebietskörperschaften trotzdem als problematisch darstellen kann. So lagen *exempli causa* die Zins-Steuer-Quote und die Zins-Ausgaben-Quote des Bundes 1998 mit 23,2% bzw. 17,3% erheblich über den entsprechenden Werten für die öffentlichen Haushalte insgesamt[302], wodurch „die Handlungsfähigkeit des Bundes" empfindlich eingeschränkt wurde und weniger Mittel „für Zukunftsaufgaben" zur Verfügung standen.[303] Die Zinsausgaben der Gebietskörperschaften erreichten 1999 den Umfang von 136,5 Mrd. DM; im Jahr darauf waren es, wie auch in den Vorjahren, 132,5 Mrd. DM.[304] Im Vergleich dazu betrug die im Wesentlichen durch Zuschüsse des Bundes finanzierte Tilgung der Schulden der Nebenhaushalte bis 2000 jährlich weniger als 18 Mrd. DM. Auch ist diese Tilgung solange nur eine fiktive, wie der Bund selbst als Finanzier eine die Tilgungsraten weit überschreitende Nettokreditaufnahme aufweist. Eine Betrachtung der Entwicklung der Zins-Ausgaben-Quote des Bundes macht die negative Tendenz deutlich: Danach sind die Ausgaben für Zinsen in Höhe von 16,6% bzw., bei Berücksichtigung von Zinserstattungen, 16,9% im Jahre 1999 gegenüber 9,0% im Jahr 1990 und 5,3% im Jahre 1975 auf fast das Doppelte bzw. mehr als das Dreifache angestiegen und nehmen inzwischen den zweitgrößten Posten im Budget ein. Angesichts dieser Tatsache scheint eine Stabilisierung der Schuldenstandsquote bei 60% als nicht ausreichend. Darüber hinaus ist eine Umverteilung der Belastungen im föderalen System geboten, ggf. auch eine temporäre Rückführung der Neuverschuldung des Bundes, um der drohenden „Schuldenfalle" zu entgehen.

Auch die von den Ländern und Gemeinden zu tragende Zinslast ist in den vergangenen Jahren gestiegen, wobei die ostdeutschen Gebietskörperschaften innerhalb kurzer Zeit das Niveau der westdeutschen Länder und Gemeinden nicht nur erreicht, sondern teilweise sogar bereits deutlich überschritten haben. Zwar sind die Zinsausgaben der Länder und Gemeinden viel geringer als die des Bundes, gleichwohl aber wäre ein weiterer Anstieg besonders von den finanzschwachen Ländern und Kommunen kaum zu verkraften, so dass auch hier eine Konsolidierungsstrategie angestrebt werden muss.[305]

---

302 BMF, *Bundeshaushalt 2002...*, a.a.O., S. 36.
303 BMF, *Der Finanzplan des Bundes 1999 bis 2003*, Berlin 1999, S. 5.
304 BBk, *Monatsberichte*, 53. Jg. (2001) 10, S. 52*.
305 Vgl. H. Karrenberg, „Die Finanzlage der Kommunen in den alten und neuen Ländern 1999 und 2000", in: *Der Gemeindehaushalt*, 4/2000, S. 76ff.

Tabelle 3.3.-18
Zins-Steuer-Quoten der Gebietskörperschaften 1990–2000 in %

	1990	1991	1992	1993	1994	1995	1996	1997	1998	1999	2000
Bund	12,4	12,5	12,4	12,9	14,0	13,6	15,0	16,1	16,4	21,4	19,7
Bund[1]	12,4	13,1	15,2	14,9	17,2	21,8	23,2	23,8	23,2	21,7	20,0
W-Länder	10,9	11,0	10,7	10,8	10,9	10,6	10,4	10,8	11,2	10,8	10,3
O-Länder	-	0,8	2,2	7,3	9,1	8,2	10,5	12,1	13,0	13,1	13,5
W-Gemeinden	11,2	11,3	11,5	12,1	12,1	12,4	11,9	11,4	10,4	9,3	8,9
O-Gemeinden	-	7,9	13,1	19,5	19,2	20,5	26,7	25,4	22,8	20,9	20,6
Öffentlicher Gesamthaushalt	11,4	11,6	13,7	13,5	14,5	15,8	16,3	16,5	16,9	15,4	14,4

[1]) einschließlich Zinserstattungen
Quelle: BMF, *Bundeshaushalt 2000. Tabellen und Übersichten*, Berlin 1999, Tabelle 17; *2002*, S. 36

3.4. Die Verwendung der Transfers

Die Verwendung der Transfers erfolgt weitgehend entsprechend ihrer ökonomischen und rechtlichen Motivation. Insbesondere letztere setzt der Disposition über die Transfermittel enge Grenzen, so dass der Entscheidungsspielraum der Empfängerinstitutionen bei der Verwendung der Transfers außerordentlich gering ist. Bei den meisten Leistungen gibt es einen derartigen Spielraum überhaupt nicht, sondern die Bereitstellung der Mittel erfolgt zweckgebunden und maßnahmebezogen. So stellt der größte Teil der Transferleistungen Ausgaben dar, die unmittelbar vom Bund in den neuen Ländern getätigt werden. Hier wird mit der Bereitstellung der Mittel faktisch zugleich über deren Verwendung entschieden, ohne Dazwischentreten eines vom Bund unterschiedenen institutionellen Transferempfängers.[306]

Eine Diskussion über die Verwendung der Transfers muss diese, bereits mit ihrer Begründung gegebene, verwendungsseitige Vorherbestimmung berücksichtigen. In der Regel ist die Verwendungsstruktur der Transferleistungen nur indirekt, über eine Modifizierung des Transferbedarfs oder über eine Veränderung der Leistungsgesetze, beeinflussbar. Beides aber hängt von vielen Faktoren ab und liegt nur zum geringsten Teil in der Befugnis bzw. Kompetenz der Transferempfänger. Aber auch die Transfergeber handeln weitgehend im Rahmen gesamtstaatlicher Regelsysteme, zu

---

306 Um den Finanzfluss trotzdem als West-Ost-Transaktion erfassen zu können, wäre es erforderlich, den Bundeshaushalt künstlich in einen Haushalt-West und einen Haushalt-Ost aufzuspalten. Angesichts der Tatsache, dass es sich bei dem Bundeshaushalt jedoch um einen zentralen Etat handelt, der nicht in regionalisierter Form aufbereitet wird, erscheint ein derartiges Vorgehen vom Ansatz her befremdlich und praktisch nicht realisierbar.

deren Veränderung es entsprechender Entscheidungen bedarf, und dazu wiederum eines nicht einfach zu erreichenden politischen Konsenses. Selbst die Leistungen des „Solidarpakts" stellen langfristige vertragliche Vereinbarungen zwischen dem Bund sowie den alten und neuen Ländern dar, die in entsprechende Gesetze gefasst wurden und folglich nur in der jeweiligen Entscheidungsphase darüber zur Diskussion standen, also 1993 (Solidarpakt I) bzw. 2001 (Solidarpakt II). Nach erfolgter Beschlussfassung und Verabschiedung der Gesetze, Maßnahmen und Durchführungsbestimmungen sind jedoch nur noch geringe Einflussmöglichkeiten gegeben, sowohl was die Bereitstellung der Mittel anbetrifft als auch hinsichtlich ihrer Verwendung.[307]

Insgesamt betrachtet sind die Analysen, die zur Verwendung der Transfers vorliegen, relativ spärlich. Gleichwohl aber lassen sich, bezogen auf den Zeitraum 1990 bis 2000, einige Aussagen treffen. Danach diente der größte Teil der Transferleistungen einem *sozialen* Verwendungszweck bzw. war *sozialpolitisch* motiviert.[308] Diese Feststellung gilt fast unverändert für die gesamte Periode seit 1990 (vgl. Tabelle 3.4.-1).[309] Danach waren rund 51 Prozent der gesamten Bruttotransfers sozialpolitisch begründete Ausgaben (vgl. Tabelle 3.4.-2). Etwa die Hälfte dieser Aufwendungen verkörperte direkte Leistungen an die Bevölkerung, wie Wohngeld, Erziehungsgeld, Arbeitslosengeld, Arbeitslosenhilfe, Sozialhilfe, Altersrente etc.; die andere Hälfte umfasste Ausgaben der Gebietskörperschaften im sozialen Bereich sowie Leistungen der Sozialversicherungen. Die Zuschüsse des Bundes an die Sozialversicherungen und die Transaktionen innerhalb der Rentenversicherungsträger und der Arbeitslosenversicherung zum Zwecke des Defizitausgleichs[310] bildeten den Hauptteil der Sozialtransfers. Bis 1994 wurden hierzu auch die Sozialausgaben der Treuhandanstalt und die Verlustausgleichszahlungen für die Treuhandbetriebe ge-

---

307 Mit dem Solidarpakt II wurde gegenüber dem Solidarpakt I insofern eine Veränderung herbeigeführt, als die neuen Länder und Berlin nunmehr einen Teil der Mittel im Rahmen einer „aufbaugerechten Verwendung" zur freien Verfügung erhalten. Mit der Disponibilität bei der Verwendung der Mittel erhöht sich aber zugleich auch die Verantwortung der Länder für deren effektive Verwendung (vgl. J. Ragnitz, „Solidarpakt II ...", a.a.O., S. 248f.).
308 Dabei werden die Begriffe "sozial" und "sozialpolitisch" sehr viel weiter gefasst als sonst üblich, was zur Folge hat, dass die Transferleistungen *insgesamt* als überwiegend sozialen Zwecken dienend erscheinen. Neben entsprechenden Leistungen an die Bevölkerung und laufenden Aufwendungen sozialer Einrichtungen rechnen hierzu aber in nicht unerheblichem Umfange auch konsumnahe Investitionen (zum Beispiel im Wohnungsbau), Zinshilfen für Altschulden kommunaler Wohnungsbaugesellschaften, Zuschüsse an die Reichsbahn, Subventionen für Gasöl u.a.m. (vgl. die Zuordnung der Transferleistungen durch das BMF, in: V. Dietrich, *Wechselbeziehungen ... Abschlußbericht*, a.a.O , S. 236).
309 Für 1990 kann davon ausgegangen werden, dass etwa 90% der Transferzahlungen des Bundes und der Leistungen des Fonds Deutsche Einheit einem sozialen Verwendungszweck dienten (vgl. Tab. 3.1.-1).
310 Vgl. dazu Abschnitt 3.2.3.

rechnet, woraus sich die relativ hohen Werte in den Jahren 1992 bis 1994 und der 1995 gegenüber der Vorperiode zu verzeichnende abrupte Rückgang dieser Leistungen erklären.

Den zweiten großen Posten der West-Ost-Transfers mit knapp einem Viertel aller Leistungen bildeten im Untersuchungszeitraum die „ungebundenen Zuweisungen", das heißt, die Zahlungen an die Gebietskörperschaften zum Ausgleich ihrer, gemessen an den zu tätigenden Ausgaben, zu geringen Finanzkraft. Der größte Teil dieser Mittel floss letztlich in den Konsum; ein erheblicher Teil wurde jedoch auch für den Ausbau der regionalen Infrastruktur und die Wirtschaftsförderung verwendet. Genaue Daten über die Aufteilung dieser Mittel existieren jedoch nicht. Ähnliches gilt für die Rubrik der nicht zuzuordnenden Leistungen, worunter beispielsweise die Bundeshilfen für Berlin und die Aufwendungen für Regierungsbauten in Berlin fallen, aber auch alle nicht zweckgebundenen Mittel.

Tabelle 3.4.-1
Verwendungsstruktur der Transferleistungen 1991–1999 in Mrd. DM

	1991	1992	1993	1994	1995	1996	1997	1998	1999
Wirtschaftsnahe Infrastruktur	17,5	17,0	16,6	19,5	24,4	24,7	24,1	23,4	24,5
Wirtschaftsförderung	3,6	8,2	14,7	14,6	15,0	13,0	11,5	11,5	11,4
Sozialleistungen	64,5	92,7	103,6	104,5	92,1	94,7	92,2	90,1	101,1
Ungebundene Zuweisungen	40,0	38,5	38,5	37,9	44,3	45,8	45,8	46,7	47,7
Nicht zuzuordnen	16,6	15,4	18,3	17,6	10,7	10,1	10,7	10,6	10,9
Summe	142,2	171,8	191,6	194,0	196,5	188,3	184,3	182,3	195,6

Quelle: BMF; BMWi; J. Ragnitz et al., *Simulationsrechnungen ...*, a.a.O., S. 14.

Einen beachtlichen Umfang weisen die Aufwendungen für die Modernisierung und den Ausbau der Infrastruktur auf. Seit 1991 wurden hierfür ca. 200 Mrd. DM bereitgestellt. Von besonderem Gewicht waren dabei insbesondere die seit 1995 im Rahmen des *Solidarpakts* vorgenommenen Zuweisungen an die ostdeutschen Länder und Gemeinden und die für den Bundesautobahn-, Straßen- und Wasserstraßenbau getätigten Investitionen. Damit wurde eine umfassende Modernisierung der Infrastruktur Ostdeutschlands erreicht, aber noch keine Schließung der Infrastrukturlücke gegenüber Westdeutschland.[311] Mit den inzwischen getroffenen Vereinbarun-

---

311 Vgl. DIW/ifo/IWH/RWI/IfLS, *Solidarpakt II – Infrastrukturelle Nachholbedarfe Ostdeutschlands, gemeinsame Zusammenfassung*, Essen 2000; DIW, „Zum infrastrukturellen Nachholbedarf Ostdeutschlands", in: *Wochenbericht* 20/2001, S. 293–298.

gen zum *Solidarpakt II* werden diese Leistungen bis zum Jahre 2019 im Umfang von 206 Mrd. DM degressiv fortgeführt. Aber selbst dann wird der gegenwärtig auf 250 bis 300 Mrd. DM geschätzte infrastrukturelle Nachholbedarf nicht vollständig gedeckt sein, sondern noch weiterer Anpassungsbedarf bestehen.

Tabelle 3.4.-2
Verwendungsstruktur der Transferleistungen 1991–1999 in %

	1991	1992	1993	1994	1995	1996	1997	1998	1999
Wirtschaftsnahe Infrastruktur	12,3	9,9	8,6	10,0	13,1	13,1	13,1	12,8	12,5
Wirtschaftsförderung	2,5	4,8	7,6	7,5	8,0	6,9	6,3	6,3	5,8
Sozialleistungen	45,4	54,0	54,0	53,8	49,4	50,3	50,0	49,4	51,7
Ungebundene Zuweisungen	28,1	22,4	20,1	19,5	23,8	24,3	24,8	25,6	24,4
Nicht zuzuordnen	11,7	9,0	9,6	9,2	5,7	5,4	5,8	5,3	5,6
Summe	100,0	100,0	100,0	100,0	100,0	100,0	100,0	100,0	100,0

Quelle: BMF, BMWi; J. Ragnitz et al., *Simulationsrechnungen ...*, a.a.O., S. 14

Demgegenüber waren die explizit für die Wirtschaftsförderung bestimmten Transferleistungen von relativ geringem Umfang. Dies ist zum einen darauf zurückzuführen, dass hier nur die *direkten* Aufwendungen für diesen Zweck erfasst wurden, zum Beispiel die Ausgaben im Rahmen der *Gemeinschaftsaufgabe*[312], die Aufwendungen für Forschung und Technologie, für Eigenkapitalhilfe, die Unterstützung von Existenzgründern u.ä., nicht aber die Einnahmeausfälle durch Sonderabschreibungen und Steuersubventionen sowie die ostdeutschen Unternehmen über zinsverbilligte Darlehen gewährten Investitionshilfen.[313] Die Förderhilfen reichen vom Kredit- und Bürgschaftsinstrumentarium über steuerliche Vergünstigungen und regionale Beihilfen sowie Infrastrukturmaßnahmen, Energiesparprogramme, Umweltschutzprojekte u.ä. bis hin zu Maßnahmen der Forschungs- und Innovationsförderung, Liquiditätshilfen, Unterstützungen zur Stärkung der Eigenkapitalausstattung, der Absatz- und Außenwirtschaftsförderung sowie der preisgünstigen Abgabe von Liegenschaften und Bereitstellung bestimmter Beratungs-, Schulungs- und Informationsangebote. Die tatsächlichen Leistungen für die Wirtschaftsförderung

---

312 Die Gemeinschaftsaufgabe „Verbesserung der regionalen Wirtschaftsstruktur" umfasst u.a. Leistungen für die Förderung der gewerblichen Wirtschaft und der wirtschaftsnahen Infrastruktur. Der Bund stellte im Rahmen der regionalen Wirtschaftsförderung Ost dafür in den Jahren 1991 bis 2000 rund 29,4 Mrd. DM (15 Mrd. €) bereit (BMF, *Finanzbericht 2002*, a.a.O., S. 36).
313 Vgl. dazu SVR, *Wachstum, Beschäftigung .... Jahresgutachten 1997/98*, a.a.O., 80ff.

lagen im untersuchten Zeitraum also deutlich höher als dies in den Veröffentlichungen zum Förderumfang zum Ausdruck kommt. Dies betrifft insbesondere die Leistungen für Unternehmen, wo der Katalog der Fördermaßnahmen sehr breit gefächert ist.[314]

Trotz mannigfacher Einwände, die gegen die Förderpolitik und gegen Förderprogramme im Einzelnen geltend gemacht werden könnten, ist deren Umfang beachtlich. Bereits in den ersten fünf Jahren betrug das Fördervolumen in der Wirtschaft 170 Mrd. DM und entsprach damit etwa einem Drittel der in diesem Zeitraum in Ostdeutschland getätigten Bruttoinvestitionsausgaben.[315] Bis zum Jahr 2000 erhöhte sich dieser Umfang weiter. Im Mittelpunkt stand dabei die Investitionsförderung, sowohl im gewerblichen Unternehmensbereich und in der Wohnungswirtschaft als auch im öffentlichen Sektor. Insbesondere sollten die über ein abgestuftes Präferenzgefälle vorgenommenen Mittelzuweisungen an ostdeutsche Gebietskörperschaften wirksame Investitionsanreize vermitteln, um den Kapitalstock zu vergrößern und die infrastrukturell bedingten Standortnachteile abzubauen. Daneben kamen zahlreiche subventionspolitischen Maßnahmen zum Einsatz sowie Kreditprogramme[316], die mit der Transferproblematik jedoch nur in einer indirekten Verbindung stehen. Das mit Unterstützung von ERP-Krediten und (seit 1997) Eigenkapitalhilfsprogrammen geförderte Investitionsvolumen belief sich bis März 2001 insgesamt auf 198 Mrd. DM, das durch GA-Mittel geförderte Investitionsvolumen betrug 233 Mrd. DM.[317] Dadurch, dass ein nicht unbeträchtlicher Teil der Nettotransfers in die Subventionierung des Faktors Kapital gegangen ist, hat sich das Bruttoanlagevermögen in Ostdeutschland seit 1990 nicht nur deutlich erhöht, sondern auch von seiner Struktur her grundlegend verändert. Mit Hilfe wirtschaftsfördernder Maßnahmen wurde neben der exogenen Reindustrialisierung zugleich eine Vitalisierung der endogenen Potenziale angestrebt. Beide Prozesse haben jedoch ihr Ziel, in Ostdeutschland einen selbsttragenden Aufschwung zu generieren, bisher nicht erreicht und sollten daher fortgeführt werden.

Andere Rechnungen beziehen demgegenüber die Ausgaben der *Treuhandanstalt* voll mit ein und gelangen so, insbesondere auch, was die Wirtschaftsförderung anbetrifft, zu höheren Angaben als in den Tabellen 3.4.-1 und 2 ausgewiesen.[318] Hin-

---

314 Vgl. dazu SVR, *Wirtschaftspolitik unter Reformdruck. Jahresgutachten 1999/2000*, a.a.O., Z. 122ff.
315 Vgl. BBk, „Fortschritte im Anpassungsprozess in Ostdeutschland und der Beitrag der Wirtschaftsförderung", in: *Monatsberichte*, 47. Jg. (1995) 7, S. 49.
316 Vgl. SVR, *Wachstum, Beschäftigung... Jahresgutachten 1997/98*, a.a.O., S. 80ff.
317 BMWi, *Wirtschaftsdaten Neue Länder*, Juli 2001, S. 19.
318 Zu den unterschiedlichen Erfassungsmethoden und Abgrenzungen der Transferleistungen vergleiche Abschnitt 3.1.3.

sichtlich der Verwendungsstruktur insgesamt ergibt sich jedoch ein ähnliches Bild. Dies gilt auch, wenn eine etwas andere Untergliederung der Leistungen vorgenommen wird, wie zum Beispiel im *Neunzehnten Anpassungsbericht* der Wirtschaftsforschungsinstitute, wo die Bruttotransferleistungen in Sozialleistungen, Subventionen, Investitionen und allgemeine Finanzzuweisungen untergliedert wurden. Im Zeitraum von 1991 bis 1998 machten nach dieser Rechnung die Sozialleistungen rund 44% der Gesamtleistungen aus und die Investitionen 16,7%, während die allgemeinen Finanzzuweisungen sich mit 31,3% in etwa mit den in o.g. Tabellen zuletzt ausgewiesenen Positionen decken.[319]

Zu differenzierteren Aussagen hinsichtlich der Verwendungsstruktur gelangt man, wenn die Transferleistungen tiefer untergliedert werden. Dabei bestätigt sich, dass hier für eventuelle Umschichtungen im Prinzip keinerlei Spielraum existiert, das heißt, einzelne Ausgabepositionen nur unter Inkaufnahme einer Aufstockung der Gesamtleistungen erhöht werden können, sofern nicht eine generelle Einschränkung der Leistungsgesetze vorliegt. In nachstehender Tabelle wurden die Leistungen in

Tabelle 3.4.-3
Ausgabenstruktur der Transferleistungen 1991–1999* in Mrd. DM

	1991/93	1994/96	1997/99
Wirtschaft	46,7	38,6	22,8
• Investitionsförderung	9,3	15,3	12,0
• Gewerbliche Wirtschaft	2,8	5,0	3,9
• Treuhandanstalt	28,3	10,7	1,6
• Sonstige	6,4	7,5	5,3
Infrastruktur	21,6	27,1	28,0
Arbeitsmarkt	43,3	39,5	38,4
• Aktiv	16,1	15,3	15,4
• Passiv	27,2	24,3	23,0
Soziales	24,0	40,6	49,5
• Sozialversicherung	14,9	31,2	40,6
• Andere	9,1	9,4	8,9
Sonstiges	60,0	60,8	65,3
• Umsatzsteuerzerlegung	11,4	12,7	13,5
• Finanzausgleich	34,7	36,2	40,7
• Andere	14,0	11,9	11,2
Bruttotransfers insgesamt	195,6	206,7	204,0

* jeweils Jahresdurchschnitt.
Quelle: R. Kroker/K. Lichtblau, „Zehn Jahre Aufbau Ost: Erfolge, Defizite und Reformbedarf", in: IW, *iw-trends*, 27. Jg. (2000) 3, S. 45

[319] DIW/IfW/IWH, *Gesamtwirtschaftliche....19. Bericht*, a.a.O., Statistischer Anhang, S. XV.

Tabelle 3.4.-4
Ausgewählte Fördermaßnahmen für Unternehmen in Ostdeutschland 1991–2000 in Mrd. DM (€)

	1991	1992	1993	1994	1995	1996	1997	1998	1999	2000
Investitionszuschüsse[1]	7,5	6,4	7,0	6,7	5,1	6,3	4,5	6,0		
ERP-Kredite[2]	8,2	6,1	6,8	6,0	4,1	3,6	3,2	2,9		
KfW-Programme[3]	5,9	6,3	4,0	3,8	2,1	2,1	1,9	1,6		
DtA-Programme[4]	3,5	3,9	2,5	2,2	2,5	2,5	2,1	1,5		
Steuerliche Förderung: Investitionszulagen[5]	1,0	4,2	4,9	4,4	3,6	2,4	1,8	1,3	0,9 (0,5)	4,1 (2,0)
Sonderabschreibungen[6]	3,4	4,9	6,3	7,1	9,1	8,9	6,0	5,8	1,1 (0,6)	0,5 (0,3)

Anmerkungen: [1] gewerbliche Wirtschaft; im Rahmen der GA *Verbesserung der regionalen Wirtschaftsstruktur* und den Europäischen Regionalfonds; [2] ERP-Existenzgründer-, Modernisierungs-, Aufbau- und -Beteiligungsprogramm; [3] KfW-Mittelstandprogramme, Investitionsprogramm, Beteiligungsfonds u.a.; [4] einschl. Betriebsmittelprogramm, ab 1995 mit Eigenkapitalergänzungsprogramm; [5] gem. Investitionszulagengesetz, ab 1999 veränderte Rechtsgrundlage; [6] gem. Fördergebietsgesetz.
Quelle: SVR, *Wirtschaftspolitik unter Reformdruck. Jahresgutachten 1999/2000*, a.a.O., S. 64; BMWi.

den einzelnen Rubriken jeweils für drei Jahre zusammengefasst.[320] Dadurch tritt der Trend in der Strukturverschiebung deutlicher hervor, zumal sich der Gesamtumfang der Leistungen im Laufe der Zeit nur geringfügig verändert hat. Wie aus dieser Übersicht hervorgeht, hat vor allem der Anteil der Arbeitsmarkt- und Sozialleistungen im Laufe der Zeit stark zugenommen, während die Ausgaben für die Wirtschaft relativ gesunken sind. Letzteres erklärt sich nicht zuletzt aus der Tatsache, dass die *Treuhandanstalt* 1994 ihre Tätigkeit beendete. Aber selbst wenn dieser Posten ausgeklammert wird, ist in der letzten Triade ein Rückgang der Investitionsförderung und der Infrastrukturleistungen auszumachen. Parallel hierzu hat der Anteil der gemäß bundesweiter Regelsysteme gewährten Sozialleistungen deutlich zugenommen, von anfangs gut einem Drittel auf inzwischen mehr als die Hälfte der Leistungen.

In dieser Entwicklung dokumentiert sich in bestimmtem Maße eine Wandlung des Charakters der Transferleistungen, von vorrangig für den *Aufbau Ost* bestimmten Maßnahmen zu überwiegend der sozialen Alimentierung dienenden Ausgleichszahlungen. In der Relation von investiven und konsumtiven Ausgaben spiegelt sich dies in bestimmtem Maße wider. Somit reflektiert sich in diesem Verhältnis nicht nur *ex post* die de-facto-Relation der Transferausgaben, sondern zugleich auch die mit den Transferzahlungen verfolgte Strategie. Seit Mitte der 90er Jahre, seit dem

---

[320] Dabei gilt es zu berücksichtigen, dass die dieser Tabelle zugrunde liegenden Daten des IW nicht deckungsgleich sind mit den vorstehenden Tabellen zugrunde liegenden Transferrechnungen.

der wirtschaftliche Konvergenzprozess zum Stillstand gekommen ist, ist diese ganz offensichtlich weit weniger auf die Überwindung der wirtschaftlichen Rückständigkeit Ostdeutschlands gerichtet als auf deren sozial verträgliche Gestaltung.

Einer Schätzung des IWH zufolge entfielen im Zeitraum 1991 bis 1999 etwa „ein Sechstel der erfassten Ausgaben" auf investive und mehr als zwei Drittel auf konsumtive Zwecke.[321] Der Rest ist nicht zuordenbar, da mehr als ein Drittel der Transfers Finanzzuweisungen ohne Verwendungsauflagen darstellen, über deren tatsächliche Verwendung auch nachträglich kein Nachweis erfolgt. Diese Gliederung der Ausgaben nach Verwendungszwecken gilt nahezu für die gesamte Dekade, wobei der höchste Anteil investiver Ausgaben Mitte der 90er Jahre zu verzeichnen war. Andere Rechnungen gelangten zu hiervon nur wenig abweichenden Ergebnissen.[322] Bei der Würdigung dieser Angaben ist jedoch zu beachten, dass die mit den Begriffen „investiv" und „konsumtiv" verbundenen Abgrenzungen nicht eindeutig sind. Einerseits stimmt der hier verwendete Investitionsbegriff, da er zusätzlich zu den Aufwendungen für dauerhafte, reproduzierbare Produktionsmittel auch konsumnahe Einrichtungen der Infrastruktur sowie Wohnbauten berücksichtigt, nicht mit dem Investitionsbegriff der Finanzstatistik überein. Andererseits bleiben Ausgaben unberücksichtigt, die zweifelsfrei dem Aufbau des Kapitalstocks und der Erhöhung der Leistungsfähigkeit der Unternehmen dienten, jedoch nicht zum Sachkapital zählen, wie zum Beispiel die Ausgaben für unternehmensinterne Forschung und Entwicklung. Auch beruht die Quantifizierung der investiven Transferleistungen auf Schätzungen, die „mit großen Unwägbarkeiten"[323] behaftet sind. Nicht alle Budgetpositionen, die in den Haushaltsrechnungen des öffentlichen Sektors als investiv gelten, sind tatsächlich als solche anzusehen. Vorbehalte gibt es hier vor allem in Bezug auf die Maßnahmen im Rahmen der *Gemeinschaftsaufgabe Verbesserung der regionalen Wirtschaftsstruktur* und gegenüber den pauschalen Investitionszuschüssen an die Länder gemäß Investitionsförderungsgesetz *Aufbau Ost*. Aber auch die zahlreichen Förderprogramme für Unternehmen, das ERP-Kreditprogramm, das Eigenkapitalhilfeprogramm, das Kommunalkreditprogramm, das Wohnraum-Modernisierungsprogramm u.a.m., die unübersehbare Zahl regionaler Förderprogramme sowie viele Mischfinanzierungen und die Programme der *Europäischen*

---

321 V. Dietrich et al., *Wechselbeziehungen ... Abschlußbericht*, a.a.O., S. 40.
322 So gelangten IfW-Forscher für 1995 zu dem Resultat, dass von den erfassten Bruttoleistungen in Höhe von 180,6 Mrd. DM etwa 28,8 Mrd. DM investive Leistungen waren. Dies entsprach einem Anteil von knapp 16%. Darin eingeschlossen waren jedoch zahlreiche Förderprogramme und Subventionen, die eigentlich anders zu bewerten wären. Bereinigte man die Rechnung um diese Posten, so verblieben etwa 15 Mrd. DM als „harter Kern der investiven Leistungen", was einem Anteil von aber nur noch 8,3% entspräche (A. Boss/A. Rosenschon, „Öffentliche Transferleistungen ....", a.a.O., S. 30).
323 J. Ragnitz, „Zur Kontroverse um die Transferleistungen ...", a.a.O., S. 6.

Union beinhalten ganz unterschiedliche Zwecksetzungen, wovon nur ein Teil als wirklich investiv gelten kann.[324]

Wie aus Tabelle 3.4.-2 ersichtlich, diente im Zeitraum von 1991 bis 1999 ein fast gleichbleibend hoher Anteil von durchschnittlich mehr als 50 Prozent der Bruttotransfers einem sozialen Verwendungszweck. Damit machten die Sozialleistungen den Hauptteil der konsumtiven Transferleistungen aus. In diesen Relationen spiegeln sich unterschiedliche Bestimmungsgründe wider, das Sozialleistungsniveau der Bundesrepublik ebenso wie demographische Faktoren, aber auch das wirtschaftlichen Gefälle Ostdeutschlands gegenüber Westdeutschland. Die Sozialleistungsquote[325] für die Bundesrepublik lag 1999 bei 33,7%; 1989 waren es 30,1% gewesen.[326] Dieser Anstieg geht wesentlich auf Ostdeutschland zurück, da hier auf Grund größerer sozialer Probleme infolge des geringen Produktions- und Beschäftigungsniveaus ein höherer Bedarf an Sozialleistungen existiert. Insgesamt erhöhte sich der Leistungsumfang des Sozialbudgets zwischen 1990 und 1999 um 80%[327]. Statistisch dokumentiert sich dieser „Wiedervereinigungseffekt" vor allem darin, dass der Anstieg der Sozialausgaben seit 1991 im früheren Bundesgebiet mit 40,7% signifikant geringer ausfiel als der Zuwachs des Sozialbudgets insgesamt. In den neuen Bundesländern lag der Anstieg dementsprechend sehr viel höher, bei 101,0%.[328] Auch erhöhte sich, wie aus Tabelle 3.4.-6. hervorgeht, der Anteil Ostdeutschlands am Sozialbudget der Bundesrepublik insgesamt, zwar nur marginal, aber kontinuierlich.

Tabelle 3.4.-5
Sozialleistungsquoten in Ost- und Westdeutschland 1991–1999 in %

Jahr	1991	1992	1993	1994	1995	1996	1997	1998	1999[P]
Bundesrepublik	29,8	31,4	32,4	32,3	33,2	34,1	33,7	33,4	33,7
Ostdeutschland	58,1	64,7	58,9	54,6	54,6	55,3	54,6	55,8	56,0
Westdeutschland	27,6	28,2	29,4	29,6	30,4	31,3	31,0	30,5	30,8

[P] vorläufig.
Quelle: BMA, *Sozialbudget 1999*, Berlin 2000, S. 3 und 4.

---

324 Besonders fragwürdig ist, dass Ausgaben für Flächenstilllegungen, für den Rückbau von Straßen und Produktionsanlagen und für den Abriss von Wohn- und Bürobauten üblicherweise als investiv eingestuft werden, obwohl dadurch keine Kapazitäten geschaffen oder erweitert, sondern statt dessen vernichtet werden.
325 Die Sozialleistungsquote bezeichnet das Verhältnis der Sozialleistungen zum Bruttoinlandsprodukt.
326 Vgl. BMA, *Sozialbudget 1999*, Berlin 2000, S. 3f.
327 Ebenda, S. 3.
328 Ebenda, S. 4.

Bei der Interpretation dieser Zahlen gilt es jedoch zu beachten, dass der Basiswert des Sozialbudgets für die neuen Bundesländer noch Übergangsbedingungen widerspiegelt und somit noch immer keine echte Vergleichbarkeit der Größen gegeben ist. So entsprach der Anteil Ostdeutschlands am gesamtdeutschen Sozialbudget mit 18,8% seit 1995 in etwa dem Bevölkerungsanteil und war damit keineswegs überproportional hoch. Die Sozialleistungen pro Kopf beliefen sich 1999 im Osten durchschnittlich auf 16.238 DM. Im Westen waren sie etwas geringer, 15.843 DM.[329] Es liegt nahe, von diesen nicht allzu sehr differierenden Ausgaben auf eine Niveaugleichheit der Sozialleistungen in Ost und West zu schließen. Dies wäre allerdings ein Fehlschluss, denn hier existieren nach wie vor erhebliche Unterschiede. Insbesondere die an das Einkommensniveau gekoppelten sozialpolitischen Einkommensleistungen sind in den neuen Ländern deutlich geringer als in den alten. Da das Produktionsniveau in Ostdeutschland jedoch erheblich niedriger ist als in Westdeutschland, ist die *Sozialleistungsquote*, welche das Verhältnis von Sozialbudget und Wirtschaftsleistung zum Ausdruck bringt, im Osten sehr viel höher als im Westen. Über die absolute Versorgung mit Sozialleistungen sagt dies jedoch wenig aus. Denn hier besteht auf einigen Gebieten im Osten nach wie vor erheblicher Nachholbedarf.

Die wirtschaftliche Schwäche Ostdeutschlands korreliert mit einer Reihe strukturell ungünstiger Positionen, insbesondere Arbeitslosigkeit, Unterbeschäftigung, Armut und Überalterung. Dies hat zur Folge, dass das tatsächliche Niveau individu-

Tabelle 3.4.-6
Sozialleistungen in Ostdeutschland 1990–1999 in Mrd. DM bzw. %

	1990	1991	1992	1993	1994	1995	1996	1997	1998	1999[p]
Sozialbudget insgesamt, absolut	725,9	875,6	989,4	1048,6	1097,4	1167,9	1224,2	1236,8	1265,1	1306,6
Anteil Ost, absolut	26,4	123,3	176,0	194,8	203,8	219,6	231,6	232,7	241,0	247,8
in %	3,6	14,1	17,8	18,6	18,6	18,8	18,9	18,8	19,0	19,0
- RV[1], absolut	13,6	34,0	48,7	55,5	65,4	79,5	85,7	89,0	92,8	95,1
in %	6,0	13,0	16,9	17,9	19,5	22,0	22,8	23,1	23,2	23,1
- KV[1], absolut	10,2	23,2	33,5	36,3	41,2	40,8	42,4	41,4	41,5	42,9
in %	9,8	12,8	16,0	17,3	18,1	17,0	17,1	17,1	16,8	16,7
- Arbeitsförderung[1]	2,5	38,5	56,3	61,4	55,2	51,7	52,6	50,6	51,4	52,5
in %	4,8	44,1	50,2	46,7	43,6	40,2	38,0	37,4	38,6	38,8
W-O-Transfer[2]	-	24,6	43,0	48,3	40,1	39,8	44,9	44,5	45,8	45,2
in %	-	18,8	23,9	24,1	19,3	19,0	18,7	18,8	17,9	17,9

Anmerkungen: [1)] Leistungen in Ostdeutschland in Mrd. DM bzw. % des gesamtdeutschen Leistungsumfangs; [2)] Anteil des West-Ost-Transfers an der Finanzierung, in Mrd. DM bzw. %
Quelle: BMA, Sozialbudget 1999, a.a.O., S. 3, 4, 17, 21, 47, 48; eigene Berechnungen

329 Ebenda, S. 4.

eller sozialer Leistungen zwischen Ost und West ganz erheblich differiert. Bei genauerer Analyse zeigt sich, dass „die weitgehende rechnerische Identität der Pro-Kopf-Ziffern in West- und Ostdeutschland zu einem großen Teil auf die ostdeutschen Arbeitsmarktprobleme zurückzuführen ist".[330] So betrugen die Pro-Kopf-Sozialausgaben für „Beschäftigung" in Ostdeutschland durchschnittlich zwei- bis dreimal so viel wie in Westdeutschland. Trotzdem war das *individuelle* Leistungsniveau bei den Betroffenen, vor allem das Leistungsentgelt, erheblich geringer als im Westen. Da dieser Bereich im Osten mehr als ein Viertel des Sozialbudgets absorbierte[331], im Westen dagegen nur gut 10%, verblieben hier deutlich weniger Mittel für die anderen Funktionsbereiche, wie zum Beispiel „Gesundheit", wo das Leistungsniveau 1997 nur bei 85,6% des Westniveaus lag, „Ehe und Familie", wo es 73,7% waren oder „Vermögensbildung", wo sogar erst 59% des Westniveaus erreicht worden sind.[332] Eine Niveauangleichung in diesen Bereichen, ohne vorhergegangene Produktionserhöhung, würde eine Zunahme der konsumtiven Transfers implizieren und die Sozialleistungsquote im Osten weiter erhöhen. Eine Angleichung der wirtschaftlichen Leistungskraft dagegen würde nicht nur eine Rückführung der Sozialleistungsquote und mithin der Sozialtransfers bewirken, sondern auch eine strukturelle Verbesserung der Transferleistungen insgesamt.

Neben den Leistungen der Arbeitslosen- und der Rentenversicherung enthält die Verwendungsposition „Sozialleistungen" noch eine Reihe sonstiger Zahlungen, so zum Beispiel die Lohn- und Sozialausgaben der *Treuhandanstalt* sowie die Kosten des Verlustausgleichs der Treuhandbetriebe. Ferner zählen hierzu „konsumnahe Investitionen des Staates", Zinssubventionen im Wohnungsbau, Zuschüsse an die Reichsbahn, Wohngeld, BAföG, Kindergeld, Erziehungsgeld, Zuwendungen für Zivildienstleistende u.a.m. Bis 1999 summierten sich diese Zahlungen zusammen mit den Sozialleistungen i.e.S. auf 836 Mrd. DM.[333] Etwa die Hälfte davon stellte direkte Leistungen an die Bevölkerung dar, der Rest verkörperte größtenteils Aufwendungen sozialer Einrichtungen.

Die Sozialleistungen sind, soweit man sie *insgesamt, pro Kopf* und *im statistischen Durchschnitt* betrachtet, gemäß geltendem Sozialrecht der Bundesrepublik zwischen Ost- und Westdeutschland weitgehend angeglichen. Gleiches gilt aber nicht für die wirtschaftliche Leistungskraft und das Einkommensniveau, für das Steuer- und Beitragsaufkommen usw., so dass es, entsprechend den Regeln des Sozialstaates,

---

330 BMA, *Sozialbericht* 1997, a.a.O., S. 192.
331 Der Anteil der Ausgaben für Arbeitsförderung am Sozialbudget Ost lag 1990 bis 1999 zwischen 32,0 und 21,3% (BMA, *Sozialbudget 1999*, S. 18).
332 BMA, *Sozialbericht* 1997, a.a.O., S. 192f, 213.
333 J. Ragnitz et al., *Simulationsrechnungen* ..., a.a.O., S. 16f.

hier zu erheblichen Umverteilungseffekten kommt. Innerhalb des Sozialbudgets stellt sich dies als ein Fließen beachtlicher Transfers von West nach Ost dar, das heißt als eine permanente Umverteilung von für Sozialausgaben bestimmten Mitteln zwischen West- und Ostdeutschland. Eine Angleichung der Sozialleistungsquoten ist unter diesen Bedingungen nur denkbar, wenn sich die Wirtschaftskraft Ostdeutschlands spürbar erhöht. Solange hier eine Lücke klafft, sind umfangreiche Sozialtransfers erforderlich, um die verfassungsmäßig gebotene „Gleichwertigkeit" der Lebensverhältnisse herzustellen. Damit erweisen sich insbesondere die einer konsumtiven Verwendung dienenden Transferleistungen als endogen, das heißt von der wirtschaftlichen Entwicklung abhängig. Da, zumindest mittelfristig, nicht davon ausgegangen werden kann, dass die wirtschaftliche Leistungskraft Ostdeutschlands westdeutsches Niveau erreicht, andererseits aber der Sozialstandard im Osten mindestens beibehalten, wenn nicht erhöht werden wird, zeichnet sich für die Sozialtransfers auch perspektivisch die Tendenz einer relativen Stabilität ab. Ihre kurzfristige Rückführung, würde ebenso an der staatlichen Einheit Deutschlands scheitern wie an sozialstaatlichen Grundsätzen. Zumal diese Leistungen weder ausschließlich transformatorisch bedingt sind noch in einem überschaubaren Zeitraum als transitorisch eingestuft werden können.

Was in Bezug auf bestimmte, der wirtschaftlichen Entwicklung Ostdeutschlands förderliche Maßnahmen durchaus sinnvoll ist, nämlich sie als „besondere Hilfen" des Westens für den Osten zu titulieren, scheint in Bezug auf die Sozialtransfers fraglich. Noch dazu, wenn es sich bei diesen Leistungen letztlich um nichts anderes als die finanzielle Konsequenz realökonomischer und demographischer Disparitäten sowie regionaler Unterschiede handelt, wie sie auch – wenngleich weit weniger ausgeprägt – zwischen bestimmten Regionen Westdeutschlands bestehen. Natürlich darf dabei nicht übersehen werden, dass das Umverteilungsvolumen im Rahmen des Sozialbudgets nach dem Beitritt der DDR zur Bundesrepublik sprunghaft angestiegen ist. Dies ist jedoch ein rein quantitatives Phänomen. Qualitativ, das heißt vom Grundsatz her, hat sich dadurch an dem föderalen Ausgleichsmechanismus der Bundesrepublik absolut nichts verändert.

Die Zweifel an der zutreffenden Charakterisierung im Osten getätigter Sozialausgaben, die nicht durch entsprechende Einnahmen in den neuen Ländern gedeckt sind, als *West-Ost-Transfer*, lassen sich prinzipiell auch auf andere Leistungen übertragen, zum Beispiel auf die Ausgaben des Bundes im infrastrukturellen Bereich. Bei den Sozialtransfers jedoch sind sie besonders angebracht. Denn hier erweist sich die Begriffswahl ganz offensichtlich als ein kameralistisches oder gar dem Vokabular der deutschen Teilung entlehntes Relikt, nicht aber als eine zutreffende Bezeichnung für innerstaatliche Umverteilungsvorgänge.

Gelangt man, ausgehend von der Verwendungsstruktur der Transferleistungen, nun zu dem Schluss, dass, um den wirtschaftlichen Aufbau Ostdeutschlands voranzutreiben, der investive Anteil an den Transfers erhöht werden muss, so ist dies nicht zu Lasten des konsumtiven Anteils möglich, sondern nur über eine Aufstockung des Gesamtvolumens. Erst in einem späteren Stadium der Entwicklung, wenn infolge zusätzlicher Investitionen Wachstums- und Einkommenseffekte zu verzeichnen sind und die Steuer- und Beitragseinnahmen im Osten steigen, können die Transferleistungen reduziert werden, gleichermaßen im Ergebnis eines dann von selbst zurückgehenden Transferbedarfs.

3.5. Allgemeine und spezielle Transferleistungen

Ausgehend von der jeweiligen Bestimmung, dem Grund der Gewährung und dem Verwendungszweck lassen sich innerhalb der Gesamtheit der Transferleistungen *spezielle* Leistungen für die neuen Länder abgrenzen. Wenn es auch über deren absolute und relative Größenordnung nur ungefähre Vorstellungen gibt, so stand doch von Anfang an fest, dass es sich hierbei um den kleineren Teil der Leistungen handelt, während die *allgemeinen*, vom Prinzip her auch im Westen anfallenden Leistungen, den Löwenanteil der Transfers ausmachen.

Bereits 1992 hatte der *Sachverständigenrat* darauf hingewiesen, dass sich „mit den öffentlichen Leistungen für Ostdeutschland ... Leistungen ganz unterschiedlicher Qualität verbinden".[334] Größtenteils handelt es sich hierbei um allgemeine Leistungen, die als einigungsbedingte Ausgaben „lediglich die Vergrößerung des Bundesgebietes wider(spiegeln), die dazu geführt hat, daß nun der Bund seine traditionellen Aufgaben auch in den neuen Bundesländern erfüllen muß". Darüber hinaus gibt es aber auch einigungsbedingte Ausgaben, die aus „speziellen Maßnahmen" resultieren, „die für eine bestimmte Zeit erforderlich sind, um den Umstellungsprozeß in Ostdeutschland zu erleichtern und sozialpolitisch zu flankieren, das Infrastrukturdefizit abzubauen und die Finanzschwäche der ostdeutschen Länder und Gemeinden zu kompensieren".[335] Allein um letztere geht es hier, wenn von besonderen oder speziellen Transferleistungen die Rede ist.

Die *Deutsche Bundesbank* unterstützte diese Position ausdrücklich, indem sie deutlich machte, dass „ein erheblicher Teil der Bundesleistungen auf allgemeine Ver-

---

334 SVR, *Für Wachstumsorientierung... Jahresgutachten 1992/93*, a.a.O., Z 190.
335 Ebenda.

waltungsausgaben für Ostdeutschland" entfalle bzw. „Aufwendungen des Bundes für allgemeine öffentliche Leistungen in Ostdeutschland" verkörpert.[336] In der Diskussion über die öffentlichen Finanztransfers fand dieser Hinweis jedoch keine hinreichende Berücksichtigung. Vielmehr verbreitete sich in der Öffentlichkeit die irrige Vorstellung, die öffentlichen Transfers für Ostdeutschland seien größtenteils Sonderleistungen, die der Finanzierung des *Aufbaus Ost* dienten. Demgegenüber betonte die *Bundesbank* 1996, dass es sich in Wirklichkeit genau umkehrt verhalte: „Die ausgewiesenen Transfers sind zum überwiegenden Teil das Ergebnis der Integration der neuen Länder in den bundesdeutschen Föderalstaat und der Ausdehnung der bestehenden Rechts- und Sozialordnung."[337]

Im *Jahresgutachten 1997/98* griff der *Sachverständigenrat* dieses Thema wiederholt auf und betonte, unter Bezugnahme auf die dazu in der Öffentlichkeit geführte Diskussion, dass es „nicht sinnvoll" sei, Kosten wie zum Beispiel die „in den neuen Bundesländern anfallenden Ausgaben für Bundeswehr und Bundesgrenzschutz", zu den Transferleistungen zu zählen und dass „es nichts mit Transfers in die neuen Bundesländer zu tun hat, wenn die Verkehrsverbindungen der Bundeshauptstadt mit allen Teilen des Landes verbessert werden"[338]. Diese Frage spielte dann noch einmal im *Bericht der Bundesregierung zum Stand der deutschen Einheit* 1999 eine Rolle, mit dem Ergebnis, dass künftig nur noch jene Ausgaben gesondert als West-Ost-Transfers ausgewiesen werden sollten, die „tatsächlich" dem *Aufbau Ost* dienten und die „die Entwicklung in den neuen Ländern gezielt voranbringen"[339], die allgemeinen Leistungen hingegen nicht.

Im Unterschied zu den allgemeinen Leistungen, die im Rahmen des föderalen Systems und auf der Grundlage bundeseinheitlichen Rechts in Ost- wie in Westdeutschland gewährt werden, wenn auch zum Teil in unterschiedlicher Höhe, stellen die spezifischen Transfers *Sonderleistungen* für die neuen Länder und Berlin/Ost dar. Die *Deutsche Bundesbank* veranschlagte dafür, bezogen auf das Jahr 1995, ca. 50 Mrd. DM.[340] Parallel dazu wurden von den Finanzministern der neuen Länder Berechnungen zum Umfang der besonderen Transferleistungen angestellt. Mit einem Volumen von 55,2 Mrd. DM für 1995 und 50,0 Mrd. DM für 1996[341] gelangten sie zu einem ähnlichen Ergebnis wie die *Deutsche Bundesbank*. Für 1997 legte das IWH eine detaillierte, auf jede Position des Bundeshaushalts eingehende, Analyse vor. Auch die-

---

336 BBk, „Öffentliche Finanztransfers für Ostdeutschland ...", a.a.O., S. 16 und 18.
337 BBk, „Zur Diskussion über die öffentlichen Transfers ...", a.a.O., S. 30f.
338 SVR, *Wachstum ..... Jahrsgutachten 1997/98*, a.a.O., S. 348f.
339 Bundesregierung, *Bericht .... zum Stand der deutschen Einheit* 1999, a.a.O., S. 20f.
340 BBk, „Zur Diskussion über die öffentlichen Transfers ...", a.a.O., S. 30.
341 *Sechs-Thesen-Papier der ostdeutschen Finanzminister...*, o. O., 1996, S. 35.

sen Erhebungen zufolge waren die Finanztransfers „nur zu einem geringen Teil" Sonderleistungen für die neuen Länder. Ihre Aufrechung ergab insgesamt für 1997 eine Summe von etwa 43 Mrd. DM, womit sie nicht einmal ein Viertel der Bruttotransfers ausmachten.[342] Ähnliche Größenordnungen und Relationen galten auch für die Folgejahre, wie weitere Berechnungen belegen. Für 1999 wurden bei Zugrundelegung der gleichen Methode Sonderleistungen im Umfang von ca. 47 Mrd. DM ermittelt.[343]

Ausgehend von den vorliegenden Untersuchungsergebnissen lassen sich weiterführende Überlegungen zur Quantifizierung des Umfangs der speziellen Transfers anstellen:

Dazu wurden, *erstens*, die als Bruttoleistungen des Bundes ausgewiesenen Ausgaben daraufhin überprüft, inwieweit sie auf rechtlichen Sonderregelungen für Ostdeutschland beruhen. Nur da, wo dies eindeutig der Fall war, handelt es sich um Sonderleistungen für die neuen Länder und für Berlin/Ost. Das IWH hat eine derartige Recherche für die Jahre 1997 und 1999 vorgenommen, mit dem Ergebnis, dass dies nur für gut ein Drittel aller Positionen zutrifft, für den größeren Teil der Bundesausgaben hingegen nicht.

Zweitens wurde dann, exemplarisch für 1997, für jede einzelne Position der Anteil der West-Ost-Transfers an den Gesamtausgaben ermittelt.[344] Dabei zeigte sich, dass der Anteil Ostdeutschlands bzw. der West-Ost-Transfers an den Gesamtausgaben bei mehr als der Hälfte der Positionen überproportional hoch war[345], bei einigen war er angemessen oder proportional[346], bei etwa einem Fünftel aber unterproportional.[347] In einigen Fällen ließ sich kein eindeutiger Wert ermitteln bzw. keine plausible Zurechnung vornehmen. Als Kriterium für diese Bewertung wurde der Anteil der ostdeutschen Bevölkerung an der Gesamtbevölkerung Deutschlands herangezogen. Dieser lag 1997 bei 18,8%. All jene Ausgabepositionen also, die einen Transferanteil von mehr als 18,8% aufwiesen, beinhalteten überdurchschnittliche

---

342 J. Ragnitz et al., *Transfers, Exportleistungen und Produktivität...*, a.a.O., S. 9ff.
343 J. Ragnitz et al., *Simulationsrechnungen ....*, a.a.O., S. 13ff.
344 Vgl. J. Ragnitz et al., *Transfers, Exportleistungen und Produktivität...*, a.a.O., S. 11f.
345 Dies betrifft solche Positionen wie „Vorruhestandsgeld/Altersübergangsgeld" und „Wismut GmbH", da diese Ausgaben nur in Ostdeutschland angefallen sind. Darüber hinaus traf dies aber auch auf Infrastrukturleistungen und bestimmte Maßnahmen der Wirtschaftsförderung zu.
346 Dies betrifft insbesondere eine Reihe von Sozialleistungen, wo die Relationen annähernd dem Bevölkerungsanteil Ostdeutschlands an der Gesamtbevölkerung der Bundesrepublik entsprachen.
347 Unterproportional partizipierten die neuen Bundesländer zum Beispiel an den Ausgaben für die „Kriegsopferfürsorge und -versorgung", am „Erziehungsgeld" sowie an den Aufwendungen für „Forschung und Entwicklung". Hier besteht im Sinne einer Gleichbehandlung Nachholbedarf.

Tabelle 3.5.-1
Bruttotransferleistungen 1991 – 1999 und Sonderleistungen für Ostdeutschland[1] 1997 und 1999 in Mrd. DM

	1991	1992	1993	1994	1995	1996	1997	1998	1999	Sonderleistungen 1997	Sonderleistungen 1999
Leistungen des Bundes:											
Straßenbauplan	2,1	4,0	3,2	3,7	3,8	3,9	4,1	4,2	4,1		
Kommunal. Straßenbau/ÖPNV	1,8	3,1	1,8	1,7	1,5	1,3	0,8	0,8	0,8		
Bundeswasserstraßen	0,4	0,4	0,3	0,3	0,4	0,6	0,7	0,7	0,9		
Eisenbahnen (Vermögen)	4,8	5,9	6,3	9,3	8,4	9,0	8,7	7,8	8,9		
IFG Aufbau Ost	5,3	0,0	1,5	0,0	6,6	6,6	6,6	6,6	6,6	6,6	6,6
Kulturelle Infrastruktur	1,1	0,6	0,6	0,0	0,0	0,0	0,0	0,0			
Städtebau	0,8	0,4	0,4	0,5	0,8	0,7	0,6	0,6	0,5		
Sozialer Wohnungsbau	0,7	1,4	0,5	0,5	0,6	0,8	0,8	0,9	0,8		
Hochschulbau	0,4	0,7	0,7	0,7	0,7	0,7	0,6	0,6	0,6		
Pflegeeinrichtungen Ost	0,0	0,0	0,0	0,0	0,8	0,8	0,1	0,8	0,8	0,1	0,8
Bundesvermögen/-bau	1,0	0,9	0,8	0,6	0,7	0,8	0,6	0,6	0,6		
SDAG Wismut	1,1	1,1	0,8	0,8	0,6	0,5	0,5	0,5	0,5	0,5	0,5
GA Wirtschaft - Infrastruktur	1,1	1,0	1,2	2,1	1,5	1,1	1,2	1,3	1,3		
GA Agrar-Infrastruktur	0,2	0,4	0,3	0,3	0,4	0,4	0,3	0,2	0,2		
GA Wirtschaft	0,9	1,7	2,5	1,1	1,6	1,9	1,7	1,5	1,3	1,0	0,8
Investitionszulagen	0,5	2,1	2,4	2,2	1,8	1,2	0,8	0,6	0,6	0,3	0,6
KfW-/ERP-Programme										0,4	0,5
(Zinszuschüsse)	0,0	0,0	0,4	1,0	1,5	1,5	1,6	2,0	1,8		
Eigenkapitalhilfeprogramm	0,2	0,5	0,7	0,9	1,2	1,2	1,0	1,0	0,9		
THA-Nachfolgeeinrichtungen	0,0	0,0	0,0	0,0	1,1	0,5	0,5	1,0	1,1	0,5	1,1
Forschung, Technologie	0,8	1,6	2,0	2,2	2,4	2,4	2,1	2,2	2,5	0,4	0,5
GA Agrar	0,3	0,6	0,7	0,7	0,8	0,8	0,5	0,5	0,4		
Gasölverbilligung	0,2	0,2	0,2	0,2	0,2	0,2	0,2	0,2	1,6		
Zinshilfe Altschulden Wohnungsbau	0,0	0,0	0,0	1,3	1,3	0,0	0,0	0,0	0,0	0,0	0,0
Eisenbahnen (lfd. Zuschüsse)	2,9	3,6	3,8	5,7	5,1	3,2	3,0	3,0	3,0	3,0	3,0
Gewährleistungen	0,0	0,2	3,2	3,4	2,7	1,8	1,4	1,0	1,0		
Wohngeld	0,4	1,7	1,3	0,9	0,7	0,7	0,7	0,8	0,8		
BaföG	0,5	0,6	0,5	0,3	0,3	0,4	0,3	0,3	0,3		
Kindergeld	5,3	5,1	3,4	3,4	4,0	5,2	5,1	5,0	5,0		
Erziehungsgeld	0,6	0,7	0,7	0,8	0,8	0,8	0,8	1,0	1,0		
Kriegsopferfürs./Versorgung	0,4	1,1	1,2	1,4	1,4	1,6	1,4	1,1	0,9		
Zuschuss BA	5,9	8,9	24,4	10,2	6,9	13,8	9,6	7,7	11,0	9,6	11,0
Arbeitslosenhilfe, ABM u.ä.	2,8	4,7	4,5	5,5	7,0	8,0	9,3	12,0	11,8	0,5	
Vorruhestand, AL-Übergangsgeld	5,7	5,1	5,0	7,2	8,2	5,7	2,0	0,1	0,0	2,0	0,0
Sozialversicherung	9,5	10,2	11,0	13,4	15,5	16,7	18,2	19,2	23,5	2,2[2]	2,8

274

	1991	1992	1993	1994	1995	1996	1997	1998	1999	Sonderleistungen 1997	1999
Forts.											
Wesentliche Personalausgaben	0,5	0,5	0,7	0,7	0,7	0,6	0,8	1,0	1,2		
Verteidigung	4,2	3,2	4,7	5,0	3,5	3,5	3,5	3,5	3,5		
Zivildienstleistende	0,4	0,2	0,2	0,3	0,3	0,3	0,5	0,6	0,6		
Bundeshilfe Berlin	1,3	2,0	2,5	1,5	0,0	0,0	0,0	0,0	0,0		
Regierungssitz Berlin (50%)	0,0	0,3	0,3	0,2	0,2	0,3	0,6	0,8	0,9		
Sonstiges	6,6	4,9	6,0	5,5	5,1	4,7	4,8	4,4	4,4		
Zuschüsse FDE	4,0	9,9	14,2	19,5	0,0	0,0	0,0	0,0	0,0		
BEZ³	0,0	0,0	0,0	0,0	18,3	18,0	18,0	18,4	18,4	14,0	14,3
Neuregelung Finanzausgleich	0,0	0,0	0,0	0,0	16,4	17,0	17,2	17,6	18,6		
Bruttotransfer des Bundes insgesamt:	74,7	89,4	114,9	114,9	135,8	139,1	131,1	132,1	141,3	41,6	42,0
Europäische Union	4,0	5,0	5,0	6,0	7,0	7,0	7,0	7,0	7,0	2,0	2,0
Sozialversicherungsträger	18,7	34,2	23,0	29,8	33,3	30,9	34,7	31,9	36,0	6,7⁴	
Länder und Gemeinden	5,0	5,4	10,7	14,5	10,5	11,2	11,4	11,3	11,3	0,6	
Fonds Deutsche Einheit	31,0	24,0	15,0	5,0	0,0	0,0	0,0	0,0	0,0		
Treuhandanstalt	8,8	13,7	23,0	23,8	0,0	0,0	0,0	0,0	0,0		
Bruttoleistungen insgesamt⁵:	142,2	171,8	191,6	194,0	186,5	188,3	184,3	182,3	195,6	43,0	47,0

[1] in der Abgrenzung des IWH; [2] Ausgaben für Überführung von Zusatzversorgungssystemen plus Sozialzuschläge; [3] einschließlich Berlin; [4] Arbeitsförderung abzüglich 0,5 Mrd. Arbeitslosenhilfe, ABM u.ä. und Sonderregelungen ABM; [5] Differenzen zwischen den Einzelpositionen und den Gesamtleistungen gehen auf die hier nicht ausgewiesene Position „sonstiges" zurück, zum Teil aber auch auf Doppelzählungen einzelner Leistungen.
Quellen: BMF, BMWi, IWH, diverse Quellen, eigene Berechnungen

Leistungen für Ostdeutschland, jene dagegen, deren Transferanteil unter diesem Wert lag, unterdurchschnittliche.

Drittens wurden die Ausgabepositionen daraufhin evaluiert, inwieweit sie auf speziellen, eigens für Ostdeutschland getroffenen Maßnahmen beruhten, um so die Sonderleistungen als spezifische Transfers gegenüber allgemeinen Leistungen abgrenzen zu können. Dabei fielen einige der zuvor hinsichtlich ihres West-Ost-Transferanteils als für Ostdeutschland überproportional eingestuften Positionen wieder heraus, so zum Beispiel die „städtebauliche Förderung", der „soziale Wohnungsbau", der „Bundesstraßen-" und der „Bundeswasserstraßenbau", weil es sich hierbei um typische Bundesausgaben handelt, die derzeit zwar verstärkt im Osten realisiert werden, vom Grundsatz her aber ebenso im Westen anfallen. Ihre augenblickliche, den Osten bevorzugende regionale Verteilung spielt für ihre Charakterisierung als spezifische oder allgemeine Transfers keine Rolle.[348]

Durch Addition der Werte der letzten beiden Spalten der Tabelle 3.5.-1 ergibt sich für die Jahre 1997 und 1999 jeweils der Umfang der speziellen Leistungen für Ostdeutschland in der Abgrenzung der *Nettotransfers III* entsprechend dem Klassifikationsschema im Kapitel 2.1.[349] Mit einem Volumen von 43 bzw. 47 Mrd. DM entsprachen diese jeweils einem Anteil an den Gesamttransfers in Höhe von 23,3% bzw. 24,0%. Damit bestätigt sich die Feststellung, dass die öffentlichen Leistungen für Ostdeutschland – formal gesehen – nur zum geringeren Teil als 'Sonderleistungen' anzusehen sind. Auch, gemessen am Gesamtumfang des Bundeshaushalts in Höhe von 480,3 Mrd. DM (1997) bzw. 521,5 Mrd. DM (1999), woran Ostdeutschland mit einem Anteil von ca. 30% überproportional partizipierte, nimmt sich der Umfang der speziellen Leistungen des Bundes in Höhe von nicht viel mehr als 40 Mrd. DM verhältnismäßig gering aus. Dieses, verglichen mit den allgemeinen Transferleistungen, relativ geringe Volumen, darf jedoch nicht zu fehlerhaften Schlussfolgerungen hinsichtlich der Bedeutung dieser Zahlungen für den wirtschaftlichen Aufholprozess und die Entwicklung Ostdeutschlands verleiten. Überprüft man die speziellen Leistungen auf ihrem Verwendungszweck hin, so zeigt sich überraschenderweise, dass der Anteil der investiven gegenüber den konsumtiven Ausgaben hier bei weitem überwiegt. Auf letztere entfielen im Untersuchungszeitraum nur etwa ein Viertel der Sonderleistungen, was einem Anteil an den Gesamttransfers von ca. 6 Prozent entspricht, während die konsumtiven Ausgaben insgesamt aber mehr als zwei Drittel der Transfers ausmachen. Demgegenüber sind die *investiven* Leistungen, die insgesamt nur einen verhältnismäßig geringen Teil der Gesamttransfers

---

348 Für einige Positionen lässt sich allerdings keine befriedigende Lösung finden, so auch nicht für Berlin, das mal als neues, mal als altes Bundesland behandelt wird, mitunter aber auch als geteilte Stadt. Unter diesen Bedingungen sind willkürliche Zurechnungen von Finanzmitteln nicht auszuschließen. So geht das IWH zum Beispiel davon aus, dass 50 Prozent der Grunderwerbs- und Baukosten im Zusammenhang mit dem Regierungsumzug auf den Ostteil der Stadt entfallen. Angesichts der tatsächlichen Territorialstruktur Berlins dürfte diese Quote aber zu hoch sein, wobei sich der spezifische Transferanteil an diesen Kosten auf Null beläuft. Beim „Finanzausgleich" fasst das IWH die Bundesergänzungszuweisungen gem. § 11 Abs. 4 FAG in Höhe von 14 Mrd. DM vollständig als spezifische Transfers auf. Hierin enthalten sind aber 2.662 Mio. DM für Berlin, die sich ausgabeseitig nur schwer in voller Höhe dem Aufbau Ost zurechnen lassen (Vgl. BMF, *Finanzbericht* 2001, a.a.O., S. 161f.).

349 Vgl. Kapitel 2.1., Abbildung 2.1.-2.

ausmachen, unter den speziellen Transfers stark vertreten. Dies zeigt einmal mehr, in welch hohem Maße die konsumtiven Transfers allgemeine Leistungen darstellen, deren Gewährung auf der Basis bundeseinheitlichen Rechts erfolgt, während die investiven Ausgaben, die für den wirtschaftlichen Aufholprozess bestimmend sind, größtenteils diskretionäre Transfers bzw. spezielle Leistungen für Ostdeutschland verkörpern.

Gliedert man die Gesamttransfers in drei Gruppen, in Leistungen, die bundesweit geltenden Regelsystemen unterliegen, Sonderleistungen für Ostdeutschland und übrige Transfers[350], so ist im Laufe der Zeit eine deutliche Verschiebung zugunsten der ersten und zu Lasten der zweiten Gruppe auszumachen, während der Anteil der übrigen Transferleistungen fast unverändert geblieben ist (vgl. Abbildung 3.5.-1).

In der Struktur der Transfers, und in der in nachstehender Grafik sichtbar werdenden strukturellen Verschiebung zwischen überwiegend konsumtiven allgemeinen Leistungen und vorwiegend investiven Sonderleistungen, liegt die aktuelle Brisanz der Transferproblematik begründet: Da die allgemeinen Leistungen dem Transferbedarf folgen, ist ihre Reduzierung nur auf der Grundlage einer Erhöhung der Wirtschaftskraft Ostdeutschlands möglich. Dies aber setzt zuvor eine Zunahme der Investitionen voraus, wozu es spezieller Transferleistungen bedarf. Werden diese im Zuge einer Begrenzung oder gar Kürzung der Gesamtleistungen aber zurückgeführt, so sinkt das Investitionsvolumen, wodurch sich langfristig der Transferbedarf weiter erhöht. Der Weg aus diesem *Circulus vitiosus* heraus führt mithin nicht über eine Kürzung der Transferleistungen, denn diese ginge immer zu Lasten der spezifischen Transfers, sondern über eine vorübergehende Aufstockung derselben. Nur so lässt sich langfristig der (allgemeine) Transferbedarf reduzieren und damit schließlich auch der Umfang der allgemeinen und spezifischen Transferzahlungen. Die „Logik des Transferproblems" lässt lediglich die Wahl, entweder die Transferleistungen in der bisherigen Höhe fortzuführen und, da der Anteil der gesetzlich garantieren Leistungen zunehmen wird, künftig bald „nur noch dafür zu bezahlen, dass soziale und politische Verwerfungen eingedämmt werden", dies dafür aber auf Dauer, oder „*zusätzlich* in die ökonomische Basis zu investieren", damit die Transferzahlungen „eines Tages unnötig werden".[351] Letztere Alternative schließt jedoch ein, dass die Transferleistungen vorübergehend zugunsten des Investitionsvolumens in Ostdeutschland aufgestockt werden.

---

350 Hierunter werden Transferleistungen gefasst, die es vom Prinzip her auch in Westdeutschland gibt, die momentan aber in Ostdeutschland stärker ins Gewicht fallen, so zum Beispiel Mischfinanzierungen im Rahmen von Gemeinschaftsaufgaben, Infrastrukturinvestitionen des Bundes, Leistungen des EU-Strukturfonds und Maßnahmen der aktiven Arbeitsmarktpolitik.
351 W. Thierse, „Zehn Jahre danach (I): Perspektivenwechsel", in: *Die Neue Gesellschaft – Frankfurter Hefte*, September 2000, S. 538.

Abb. 3.5–1
Struktur der Transferleistungen 1991–1999, in %

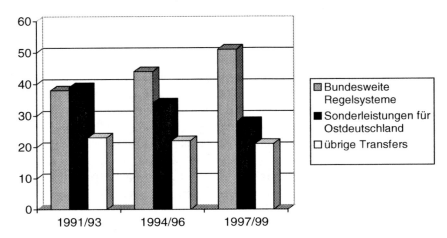

Quelle: R. Kroker/K. Lichtblau, „Zehn Jahre Aufbau Ost ...", a.a.O., S. 47, eigene Darstellung

In der gegenwärtigen Diskussion über die Transferzahlungen spiegelt sich diese alternative Sichtweise freilich nicht adäquat wider. Dies hat mehrere Gründe:

Erstens handelt es sich bei den Transfers, ihrem statistischen Ausweis und Beleg, um ein sehr komplexes, höchst differenziertes und wenig transparentes Phänomen. So ist es bisher weder aus finanzwissenschaftlicher noch empirisch-statistischer Sicht gelungen, den Gesamtumfang der Transfers exakt zu bestimmen, die einzelnen Leistungen klar abzugrenzen und die damit verbundenen vielfältigen Interdependenzen aufzuzeigen.

Zweitens findet die hierzu geführte Diskussion nach wie vor unter methodisch fragwürdigen Prämissen statt, insbesondere, wenn die Transfers für Ostdeutschland undifferenziert „als ein Zeichen der Solidarität"[352] angesehen und nicht im Kontext gesamtdeutscher Umverteilungsprozesse betrachtet werden.

Drittens schließlich wird bei der Erörterung des Umfangs der Transfers nicht genügend zwischen allgemeinen Leistungen, die auf Grund bundeseinheitlicher Rechtsvorschriften gewährt werden und die weder willkürlich festsetz- noch kürzbar sind, und speziellen Leistungen, die ausschließlich den neuen Bundesländern (und Berlin) zufließen und die vor allem dem *Aufbau Ost* dienen, unterschieden. Da letz-

---

352 Vgl. dazu kritisch: J. Ragnitz et al., *Transfers, Exportleistung* ...., a.a.O., S. 9.

tere aber weniger als ein Viertel der Gesamtleistungen ausmachen, ist diese Unterscheidung für die Würdigung des Transferproblems insgesamt und die sachgerechte Behandlung desselben unverzichtbar.

Als Ausdruck überwiegend stabiler, von den besonderen Umständen des Systemwandels zunehmend losgelöster, vertikaler und horizontaler Umverteilungsprozesse, sind die Transferzahlungen für Ostdeutschland ihrem Wesen nach inhärenter Bestandteil der bundesdeutschen Wirtschafts- und Gesellschaftsordnung. Es wird daher immer fragwürdiger, die *allgemeinen Transferzahlungen* als *West-Ost-Transfer* auszugeben und sie als Zahlungsströme von anderen innerstaatlichen und interregionalen Umverteilungsprozessen abzugrenzen. Zumal sie, wie oben festgestellt, weder ausschließlich transformatorisch bedingt noch als transitorisch anzusehen sind. Was in Bezug auf bestimmte wirtschaftsfördernde Maßnahmen, die den ungünstigen Standortbedingungen im Osten oder einem historisch zu erklärenden Rückstand gegenüber Westdeutschland geschuldet sind, einer zeitlichen Begrenzung unterliegen und ausschließlich den neuen Ländern zugute kommen, Sinn macht, nämlich sie als *besondere* Leistungen für den Osten herauszustellen, ist in Bezug auf die allgemeinen Leistungen, insbesondere die Sozialausgaben, nicht vertretbar. Insbesondere dann nicht, wenn diese Leistungen letztlich nichts anderes sind als die finanzielle Konsequenz realökonomischer und demographischer Disparitäten sowie regionaler Unterschiede, wie sie auch zwischen anderen Regionen des Altbundesgebietes und Europas vorkommen, wenn auch kaum in diesem Ausmaß.

Es spricht daher vieles dafür, den Transferbegriff, im Sinne besonderer Leistungen des Westens für den Osten, auf die *speziellen* Leistungen für Ostdeutschland zu begrenzen, während die allgemeinen Leistungen nicht als ein Zeichen westdeutscher Solidarität, sondern als Ausdruck bundesdeutscher Normalität anzusehen sind.

4. Kapitel

Wirkungen der Transferleistungen

4.1. Aufbau Ost – Überblick und Bilanz

Die Transferleistungen stellen ein Schlüsselproblem der deutschen Einheit dar, sowohl für die Beschreibung des seit 1990 stattfindenden Vereinigungs- und Integrationsprozesses als auch für die Erklärung der beim wirtschaftlichen Aufbau bisher erzielten Resultate. Während ersterer Aspekt auf eine Deskription Ostdeutschlands als *Transferökonomie* und *Transfergesellschaft* hinausläuft, bezieht sich letzterer vor allem auf die seit 1990 zu verzeichnenden *Wirkungen* der Transferleistungen. Gegenstand der Analyse sind dabei vor allem die in den neuen Ländern infolge des Mittelzuflusses *unmittelbar* erzielten Wirkungen, darüber hinaus aber auch die mit der Aufbringung, Übertragung und Verwendung der Finanztransfers verbundenen indirekten Effekte sowie die Folge- und Rückwirkungen auf Westdeutschland. Nicht zuletzt ist der Tatbestand eines umfangreichen innerdeutschen Realtransfers[1] wegen seiner entwicklungspolitischen Relevanz für Ostdeutschland in diesem Zusammenhang zu berücksichtigen.

Auf diese Weise ergibt sich ein sehr komplexes Bild verschiedenartigster kurz-, mittel- und langfristiger Wirkungen der Transferleistungen, direkter und indirekter, unmittelbarer und mittelbarer sowie interferenter und -dependenter Effekte, wie es verwirrender kaum mehr vorstellbar ist.[2] Hinzu kommt, dass durch die Finanzierung vieler Maßnahmen über Transfers in steigendem Umfange Allokationsverzerrungen sowie Mitnahme- und Gewöhnungseffekte auftreten, was die Beurteilung der Maßnahmen hinsichtlich ihrer Wirksamkeit erheblich erschwert. Mit der Dauer

---

1   Mit dem Terminus *Realtransfer* wird in der Außenwirtschaftstheorie der Güterfluss (Export) bezeichnet, der infolge eines Finanztransfers zustande kommt und durch das Bilanzgleichgewicht wieder hergestellt wird. Im deutsch-deutschen Kontext meint dieser Begriff den Gütertransfer von West- nach Ostdeutschland, um die Produktionslücke zu schließen bzw. den transferfinanzierten Verbrauchsüberhang zu realisieren (vgl. Kapitel 2.3.). Davon sorgfältig zu unterscheiden sind Realtransfers i. S. der Bereitstellung öffentlicher Güter durch den Staat (s. Kapitel 2.1.).
2   Einige Ökonomen erblickten bereits in dem, selbst für Experten kaum noch zu durchschauenden, Geflecht öffentlicher Finanzbeziehungen „ein geeignetes Untersuchungsobjekt für die Chaosforschung" (A. Boss/A. Rosenschon, „Öffentliche Transferleistungen ...", a.a.O., S. 3). Für die Wirkungen der Finanztransfers dürfte dies in noch weit höherem Grade gelten.

der Transferleistungen verstärken sich außerdem Multiplikatorprozesse, überlagern sich einzelne Aktivitäten, durchkreuzen oder kompensieren sich in ihren Wirkungen; es treten möglicherweise Nebenwirkungen auf, unerwünschte Effekte, Zufallsresultate u.a.m., was die Isolierung, Erfassung und Evaluation *einzelner* Maßnahmen vor unlösbare Probleme stellt. In noch viel stärkerem Maße trifft dies natürlich auf die Beurteilung des Gesamteffekts der Transferleistungen zu, da sich hierin alle Einzelmaßnahmen in ihren Wirkungen bündeln, das heißt, addieren und potenzieren, aber ebenso auch durchkreuzen und kompensieren. Es ist nicht einmal auszuschließen, dass über die Wirkung des Gesamtsystems letztlich „mehr der Zufall" entscheidet „als menschliche Vernunft"[3]. Eine Zurückführung empirisch konstatierbarer Resultate auf *bestimmte* Einzelmaßnahmen oder Leistungen scheint daher ebenso ausgeschlossen wie der umgekehrte Schluss, die Vorherbestimmung *konkreter* Ergebnisse und ihre Herleitung aus *bestimmten* Leistungen.

Eine detaillierte, das gesamte Spektrum der Transferleistungen erfassende Analyse, welche sowohl über die Effekte einzelner Maßnahmen als auch, durch Aggregation derselben, über die Wirkungsweise des Transfersystems insgesamt Aufschluss gibt, scheint unter diesen Umständen kaum durchführbar. Was aber möglich ist, ist die Evaluation ausgewählter wirtschaftspolitischer Maßnahmen, deren Wirkungskette relativ eindeutig ist, sowie eine *allgemeine Abschätzung* und Quantifizierung des volkswirtschaftlichen Effekts der Transferleistungen *in toto*, gemessen an bestimmten Kriterien der wirtschaftlichen Entwicklung und deutsch-deutschen Konvergenz.[4]

Dabei wird davon ausgegangen, dass es sich bei den Transfers vom Grundsatz her um Zahlungen handelt, deren Zustandekommen aus dem deutschen Vereinigungs- und Integrationsprozess resultiert. Die Transferzahlungen sind ihrem Charakter nach also weder bloße Solidarleistungen noch Geschenke des Westens an den Osten, sondern Ausdruck innerstaatlicher Finanzbeziehungen, deren Rechtsgrundlage, neben dem *Grundgesetz* und den Verträgen zur deutschen Einheit, vor allem die Sozialgesetzgebung der Bundesrepublik, das *Föderale Konsolidierungsprogramm* und die Maßnahmen zur Wirtschaftsförderung[5] bilden. Diskutiert wird in diesem Zusam-

---

3 Ebenda.
4 In der Literatur spiegelt sich dies in entsprechenden Fragestellungen und Abgrenzungen wider, so dass entweder einzelne Wirkungsaspekte bestimmter Fördermaßnahmen untersucht werden oder aber eine regionale Eingrenzung der Analyse vorgenommen wird. Eine gesamtwirtschaftliche Wirkungsanalyse der Leistungen insgesamt gibt es dagegen nicht (vgl. V. Dietrich et al., *Wechselbeziehungen... Abschlußbericht*, a.a.O., S. 107ff.; DIW/IfW/IWH, *Gesamtwirtschaftliche ...15. Bericht*, IWH-FR 2/1997, S. 42ff.; IWH, *Regionale Wirtschaftsstrukturen in der zweiten Phase der ostdeutschen Transformation: Sachsen-Anhalt 1995–1999*, IWH-SH 1/2001, Halle).
5 Vgl. BMWi, *Wirtschaftliche Förderung in den neuen Bundesländern*, Bonn 1996; BMWi, *Bilanz der Wirtschaftsförderung in Ostdeutschland bis Ende 1997*, a.a.O.; BMWi, *Mittelfri-*

menhang auch der Vermögenstransfer im Zuge der Privatisierung des DDR-Staatsvermögens, woraus ein „Entschädigungsanspruch" der ostdeutschen Bevölkerung gegenüber den öffentlichen Haushalten abgeleitet wird.[6]

Die Implikation der Transferleistungen in den Vereinigungskonnex verbietet es, die Entwicklung in Ostdeutschland mit den Transformationsabläufen in den Ländern Mittel- und Osteuropas gleich zu setzen. Einerseits genießt Ostdeutschland durch die Einbindung der Systemtransformation in den Vereinigungsprozess bei der Bewältigung der Transformationsprobleme das Privileg eines „Sonderfalls"[7]. Andererseits erwachsen den neuen Bundesländern hieraus, insbesondere was die Aktivierung endogener Entwicklungspotenziale anbetrifft, aber auch erhebliche Nachteile. So fiel in Ostdeutschland nicht nur der wirtschaftliche Kollaps 1990/91 weit dramatischer aus als in Polen, Tschechien oder Ungarn. Auch die wirtschaftliche Erholung blieb bisher hinter den Ergebnissen anderer Länder zurück. Ganz abgesehen von den Entwicklungsproblemen, die sich aus dem innerdeutschen „Leistungsbilanz"-Defizit und dem Ressourcentransfer, als der Kehrseite des transferfinanzierten Aufbauprozesses, längerfristig für Ostdeutschland ergeben.[8] Die Transferleistungen erscheinen unter diesen Bedingungen nicht nur von ihrem Wesen her, sondern auch im Lichte der von ihnen ausgehenden Wirkungen, eher als eine finanzpolitische Konsequenz der staatlichen und wirtschaftlichen Integration der neuen Länder in die Bundesrepublik, denn als ein *zusätzlicher* positiver Faktor im wirtschaftlichen Entwicklungsprozess, über welchen andere Länder nicht verfügen. Sie sind mithin kein Gegenstand einer komparativen Transformationsanalyse, sondern ein innerstaatliches Problem, das einer finanzwissenschaftlichen und regionalökonomischen Aufarbeitung bedarf.

Wenn aber die Transformationsländer Mittel- und Osteuropas als Referenz für eine Wirkungsanalyse der Transferleistungen nicht in Frage kommen, bleibt nur der Vergleich mit dem Alt-Bundesgebiet. Das heißt, die Wirkung der Transfers ist vor allem daran zu messen, inwieweit es mit ihrer Hilfe gelingt, den wirtschaftlichen Aufbau in den neuen Bundesländern voranzutreiben und Ostdeutschland dadurch wirtschaftlich wie sozial Westdeutschland anzunähern. Ein solches Herangehen entspricht nicht nur dem Charakter der Transfers als innerdeutsche Finanzbeziehungen, sondern auch deren prinzipieller Zielsetzung, die sich mit den Begriffen *Aufholprozess* und *Konvergenz* am besten umschreiben lässt. Ungeachtet aller, sich teilweise aktuell noch verstärkender regionaler Differenzierung ist deshalb die „Angleichung

---

stiges Förderkonzept der Bundesregierung, Berlin 1999; Bundesregierung, *Jahresbericht ... 2000*, a.a.O., S. 30ff.
6   Vgl. dazu Abschnitt 2.2.3.
7   Vgl. H. Wiesenthal, „Die Transformation Ostdeutschlands...", a.a.O., S. 134–159.
8   Vgl. U. Busch/A. Schneider, „Zehn Jahre am Tropf", a.a.O., S. 101–116.

der wirtschaftlichen und sozialen Verhältnisse" in Ost und West das übergreifende Ziel der Vereinigung und die „zentrale Herausforderung"[9] des Umgestaltungs- und Aufbauprozesses in Ostdeutschland.[10] Die hier seit 1990 zu verzeichnenden Resultate sind jedoch als äußerst widersprüchlich einzuschätzen: Auf der einen Seite steht dabei die Erneuerung und Modernisierung des Kapitalstocks, die Erhöhung der Leistungsfähigkeit der Wirtschaft, der Produktivität, die umfassende Sanierung und Modernisierung der Infrastruktur und der Bausubstanz sowie die Verbesserung des Umweltschutzes. Von 1991 bis 2000 wurden hierzu in der ostdeutschen Wirtschaft Investitionen in Höhe von ca. 1,8 Billionen DM getätigt, 220 Mrd. DM davon im Verarbeitenden Gewerbe.[11] Die gesamte Wirtschaft wurde einem durchgreifenden Strukturwandel und Umgestaltungsprozess unterworfen, wie er sonst nur in historisch wesentlich längeren Zeiträumen erfolgt. Die damit verbundenen sozialen „Brüche" und Anpassungen wurden mit öffentlichen Transfers aufgefangen. Ohne diese wäre der gewaltige Umbruch niemals in so kurzer Frist und in einer Atmosphäre des sozialen Friedens über die Bühne gegangen. Der Lebensstandard erhöhte sich in den ersten Jahren der Einheit spürbar. Den höchsten Zuwachs verzeichneten dabei die Empfänger von Transfereinkommen.

Auf der anderen Seite muss aber auch konstatiert werden, dass sich der Erneuerungsprozess Ostdeutschlands vor dem Hintergrund eines beispiellosen, nicht zuletzt durch die Wirtschaftspolitik selbst inszenierten Niedergangs der Produktion vollzogen hat. Die zwischen 1992 und 1995 erreichte Dynamik des Wachstums wird dadurch ganz erheblich relativiert. Gemessen am Bruttoinlandsprodukt wurde das Produktionsniveau der DDR von 1989 erst Ende der neunziger Jahre wieder erreicht; die Industrieproduktion liegt noch immer weit unter dem Stand der 80er Jahre. Trotz enormer qualitativer und struktureller Verbesserungen ist es bis heute nicht gelungen, die Verluste der Deindustrialisierung von 1990/91 durch den Neuaufbau industrieller Kapazitäten auszugleichen und in Ostdeutschland einen selbsttragenden Aufschwung herbeizuführen. Dies dokumentiert sich u.a. in einer vergleichsweise hohen Arbeitslosigkeit und Unterbeschäftigung sowie in den sozialen Problemen, die für die neuen Bundesländer hieraus langfristig erwachsen. Ostdeutschland ist heute eine „Zweidrittelgesellschaft", die sich „spiegelbildlich zur westdeutschen" verhält: Nur „das obere Drittel" hat sich erfolgreich integriert, während das mittlere Drittel, die „ostdeutsche Mitte", engagiert mithält, seine Lebens- und Berufsperspektiven aber immer noch gefährdet sieht, aktuell mehr denn je. Davon setzt sich

---

9 Bundesregierung, *Jahresbericht der Bundesregierung zum Stand ... 1999*, S. 25.
10 Vgl. dazu Kapitel 5.
11 BMWi, *Wirtschaftsdaten Neue Länder*, April 2001, S. 21; eigene Berechnungen.

ein „unteres Drittel" ab, das als „Vorstufe der klassischen Unterschicht" zeitweise oder auf Dauer „nicht aktiv in die Gesellschaft integriert" ist.[12] Die Defizite und Probleme Ostdeutschlands wiegen umso schwerer, da der wirtschaftliche Aufholprozess gegenüber Westdeutschland seit Mitte der 90er Jahre zum Stillstand gekommen ist und seither wieder eine Tendenz disparater Entwicklungen auszumachen ist. Bemerkenswert ist, dass sich diese Tendenz unter den Bedingungen einer außerordentlichen regionalen Differenzierung durchsetzt. Sowohl beim Wirtschaftswachstum und Strukturwandel, bei der Produktivitätsentwicklung, der Arbeitslosigkeit und Unterbeschäftigung als auch beim Einkommensniveau und Konsum gibt es Regionen, die eine recht günstige Entwicklung verzeichnen, während unmittelbar daneben Regionen existieren, in denen sich die Lage bedrohlich verschlechtert. Eine aktuelle Studie der *Kreditanstalt für Wiederaufbau* bestätigt dies, indem sie als zentrales Ergebnis herausarbeitete, „dass sich die regionalen Disparitäten in Ostdeutschland vertiefen."[13] In einigen Regionen ist der Aufbauprozess „steiler" verlaufen als vielfach angenommen, in anderen hingegen langsamer. Hervorhebenswert ist, dass dies „wesentlich auf die wirtschafts- und arbeitsmarktpolitischen Eingriffe zurückgeführt werden kann"[14], das heißt, da, wo mittels transferfinanzierter Maßnahmen die wirtschaftliche Entwicklung aktiv gefördert wurde, sind auch positive Effekte zu verzeichnen, wo dies allein den Kräften des Marktes überlassen wurde, hingegen nicht.

Bezieht man den Umfang der Transferleistungen für Ostdeutschland bis zum Jahr 2000 mit in diese Betrachtung ein, in der Summe netto mehr als 1,3 Billionen DM (670 Mrd. €), so liegt der Schluss nahe, der Einigungsprozess sei nicht optimal verlaufen, sei viel zu teuer geworden und habe sein Ziel nicht erreicht. Kurz, er ist „ökonomisch misslungen"[15]. Zuerst war es *Hans-Werner Sinn*, der dies aussprach. Andere Autoren, ganz unterschiedlicher Provenienz, folgten ihm in dieser Einschätzung. So fasste *Heiner Flassbeck* die Situation mit den Worten zusammen: „Der Osten hat es nicht geschafft. Leider, aber so ist das nun mal ...". Trotz hoher Transferzahlungen „gibt es Auseinanderlaufen statt Annäherung, Desintegration statt Integration, Zurückbleiben statt Aufholen."[16] Die Arbeitsgruppe *Alternative Wirtschaftspolitik* konstatierte nach einem Jahrzehnt „fundamentaler Fehler" und als Folge einer „verfehlten Transformationsstrategie" in Ostdeutschland weder einen wirtschaft-

---

12 W. Thierse, „Fünf Thesen ...", a.a.O., 5. These.
13 KfW (Hrsg.), *Neue Bundesländer. Einflussfaktoren der Regionalentwicklung*, Berlin 2001, S. 10.
14 Ebenda, S. 63.
15 H.-W. Sinn, „Zehn Jahre deutsche Wiedervereinigung...", a.a.O., S. 10.
16 H. Flassbeck, „Die verpaßte Chance", in: *Wirtschaft und Markt*, 5/2000, S. 41 und 10/2000, S. 46.

lichen Aufschwung noch eine Niveauangleichung. Vielmehr zeige sich, so die Autoren, dass die ostdeutsche Wirtschaft „das Modell eines aufholenden Wachstumstyps nicht erreicht hat".[17] An anderer Stelle wird resümiert, „der bisherige Saldo der wirtschaftlichen Entwicklung in Ostdeutschland ist insgesamt noch immer negativ."[18] Auch der Wirtschaftsexperte *Hans Apel* sieht den Aufschwung Ost „in ernsthaften Schwierigkeiten". Angesichts der aktuellen Daten hegt er sogar die Befürchtung, dass der Osten „auf Dauer schwach" und vom Westen abhängig bleiben könnte.[19]

In einer Expertise der Wirtschaftsforschungsinstitute DIW, IWH und IfW wird die aktuelle Wirtschaftslage in den neuen Bundesländern schlicht als „unbefriedigend" eingeschätzt.[20] Nicht grundsätzlich anders, wenn auch etwas weniger kritisch, urteilte der *Sachverständigenrat* in seinem Gutachten für das Jahr 2000/2001. Gleichwohl aber erblickte auch er in der Zehnjahresbilanz Ostdeutschlands einen „problematischen Befund", vor allem weil der wirtschaftliche Aufholprozess seit Mitte der 90er Jahre „ins Stocken" geraten ist.[21] *Rüdiger Pohl*, Präsident des IWH, sieht in der Entwicklung Ostdeutschlands „Erfolg" und „Misserfolg" dicht beieinander[22], wobei der seit 1997 ausgebliebene Aufholprozess diese Ambivalenz zuletzt eher negativ beeinflusst haben dürfte. In einer Studie des *ifo-Instituts* München gelangten *Hans-Werner Sinn* und *Frank Westermann* zu dem Ergebnis, dass die neuen Bundesländer inzwischen dem italienischen Mezzogiorno vergleichbar seien.[23] Das heißt, das Konvergenzszenario hätte sich vorerst erledigt und einem „Abkoppelungsszenario" Platz gemacht. Ostdeutschland wäre damit, ein Jahrzehnt nach dem Beitritt, von einer aufholenden zu einer abgehängten Region geworden.[24]

Demgegenüber sieht *Rolf Schwanitz*, Staatsminister im Bundeskanzleramt, zumindest seit dem 1998 vorgenommenen „Strategiewechsel" beim *Aufbau Ost* die Weichen für eine „nachhaltige Entwicklung des Ostens" richtig gestellt[25], eine Einschätzung, die angesichts der realökonomischen Lage etwas merkwürdig anmutet.

---

17 Arbeitsgruppe Alternative Wirtschaftspolitik, *Memorandum 2000*, Köln 2000, S. 160f, 164.
18 Arbeitsgruppe Alternative Wirtschaftspolitik, *Memo-Forum*, Nr. 27, Bremen 2000, S. 3.
19 H. Apel, „Der Osten bleibt auf Dauer schwach", in: *Die Welt*, 26.8.00, S. 5.
20 Vgl. DIW/IWH/IfW, *Gesamtwirtschaftliche und....Kurzexpertise*, in: IWH-SH 2/2001, S. 7ff.
21 SVR, *Chancen auf einen höheren Wachstumspfad. Jahresgutachten 2000/2001*, a.a.O., S. 116ff.
22 R. Pohl, „Die unvollendete Transformation", in: *Wirtschaft im Wandel*, 6. Jg. (2000) 8, S. 223.
23 H.-W. Sinn/F. Westermann, „Two Mezzogiornos", in: *CESifo Working Paper* No. 378, München 2001.
24 Vgl. AG Perspektiven für Ostdeutschland (Hrsg.), *Ostdeutschland – eine abgehängte Region? Perspektiven und Alternativen*, Dresden 2001.
25 R. Schwanitz, *Erfolgreicher Strategiewechsel für die Zukunft des Ostens*, Berlin (3.4.2001), S. 22.

Bundestagspräsident *Wolfgang Thierse* überwand schließlich den Dissens zwischen politischer Erfolgsrhetorik und wirtschaftlicher Realität, indem er die offensichtlich unbefriedigende wirtschaftliche Entwicklung Ostdeutschlands politisch thematisierte. Mit seiner Feststellung, dass zehn Jahre nach der Einheit im Osten „die wirtschaftliche und soziale Lage auf der Kippe" stehe[26], forderte er dazu auf, über die Zukunft Ostdeutschlands neu nachzudenken, was eine Neubewertung des Transferproblems einschließt.

Damit sind eine Reihe von Fragen aufgeworfen: So zum Beispiel nach der Richtigkeit der 1990 gewählten wirtschaftspolitischen Strategie, nach der Verteilung von Kosten und Nutzen der Einheit, nicht nur zwischen Ost und West, sondern auch zwischen den Generationen und sozialen Gruppen, nach den Ergebnissen des *Aufbaus Ost* und nach dem Effekt des milliardenschweren *Solidarpakts*. Vor allem aber ist zu fragen, welche Wirkungen die Transferzahlungen hervorgebracht haben, wem sie welchen Nutzen brachten und inwieweit sie mit dazu beigetragen haben, die ökonomische Basis Ostdeutschlands nachhaltig zu stärken – um künftige Zahlungen zu reduzieren oder gar überflüssig machen zu können? Dabei ist zu erkennen, dass die Probleme nicht nur komplizierter waren als zunächst angenommen und ihre Lösung damit langwieriger, sondern dass die meisten Politiker und nicht wenige Ökonomen überdies einer *Transferillusion* aufgesessen waren. Sie glaubten, in dem transferinduzierten, künstlich hochgetriebenen Wachstum der Jahre 1992 bis 1995 einen vom Markt getragenen *wirklichen* Aufschwung zu erblicken, der sich bald selbst tragen und zu einem beschleunigten Aufholprozess gegenüber Westdeutschland führen würde. Dies erwies sich jedoch als eine gefährliche und vor allem „teure" Illusion, denn sobald die Subventionen zurückgeführt und die der Wirtschaftsförderung dienenden Transferleistungen nicht weiter aufgestockt wurden, fiel der „Aufschwung" in sich zusammen und blieb die wirtschaftliche Entwicklung Ostdeutschlands hinter der Westdeutschlands zurück. Da sich unter diesen Bedingungen zwangsläufig der Transferbedarf erhöht, wird der Umfang der Transferleistungen nicht geringer. Ganz im Gegenteil, die einem sozialen Verwendungszweck dienenden Leistungen sowie die zur Aufrechterhaltung der staatlichen Ordnung erforderlichen Transfers nehmen noch zu, so dass, will man die wirtschaftliche Entwicklung über zusätzliche Investitionen fördern, ein Anstieg der Gesamtleistungen ins Auge gefasst werden muss, keinesfalls aber ihre Zurückführung.

---

26 Vgl. W. Thierse, „Fünf Thesen ...", a.a.O., 1. These.

Tabelle 4.1.-1
Indikatoren der wirtschaftlichen Entwicklung Ostdeutschlands 1991–2000

	1991	1992	1993	1994	1995	1996	1997	1998	1999	2000
Wachstum BIP[1, 4]	-19,2	9,5	11,9	11,4	4,4	3,2	1,2	1,0	1,4	1,1
BWS[1] (Mrd. DM)	256,8	281,4	315,3	350,8	367,9	381,1	387,5	393,0	399,4	406,3
Exportquote[2] in %	k. A.	13,9	12,2	11,4	11,8	12,2	14,8	17,9	18,7	21,3
Kapitalstock[2, 4, 6]	k.A.	8,7	8,6	8,0	7,5	6,8	6,6	5,6	4,8	4,6
Erwerbstätige[1]	6.785	5.943	5.795	5.936	6.048	6.008	5.926	5.940	5.965	5.874
Arbeitslose[2]	913	1.170	1.149	1.142	1.047	1.169	1.364	1.375	1.227	1.244
Arbeitslosenquote[2]	11,1	15,4	15,1	15,2	14,0	15,7	18,1	18,2	16,8[3]	17,1[3]
Arbeitsmarktpolit. Maßnahmen[2]	1.864	1.933	1.608	1.284	1.038	817	607	517	532[3]	495[3]

[1] NBL o. Berlin/Ost; [2] NBL einschl. Berlin/Ost; [3] ohne Berlin/Ost; [4] Reale Veränderung gegenüber Vorjahr in % [5] Tausend Personen, [6] ohne Wohnungsvermietung, in Preisen von 1991.
Quelle: IWH, *Wirtschaft im Wandel*, 7–8/2001, S. 176; StBA 2001, ifo 2001, eigene Berechnungen

Die volkswirtschaftliche Wirkung der Transferleistungen hängt entscheidend vom Umfang und von der Verwendung der Transfermittel ab. Folglich bilden Entwicklung und Verwendungsstruktur der Transferleistungen den Ausgangspunkt für die Analyse ihrer Wirkungen. Wie in Kapitel 3.4. gezeigt werden konnte, weist die Verteilung der Mittel über den gesamten Zeitraum hinweg eine bemerkenswerte Konstanz auf. Größere Abweichungen waren hier nur im ersten Jahr zu verzeichnen sowie in Bezug auf die „Wirtschaftsförderung", deren Anteil an den Gesamtleistungen erheblich schwankte. Mit einer Größenordnung von durchschnittlich nur 11 bis 12 Mrd. DM jährlich wies diese Verwendungsposition aber den geringsten Umfang auf, so dass das Gesamtvolumen davon kaum tangiert wurde. Demgegenüber entfiel durchweg ein stabiler Anteil von etwa der Hälfte der Mittel auf soziale Ausgaben und von rund einem Drittel auf Zuweisungen an die öffentlichen Haushalte der neuen Bundesländer bzw. nicht zuzuordnende Ausgaben.

Bereits aus dieser groben Untergliederung geht Wesentliches über die Wirkungsrichtung der Transferzahlungen hervor: *Erstens* dienen diese der Sicherung und Erhöhung des Einkommens-, Verbrauchs- und Lebensniveaus, relativ unabhängig von der regionalen ökonomischen Leistungskraft; *zweitens* der Funktionssicherung der staatlichen und kommunalen Institutionen entsprechend geltendem Recht und *drittens* der Unterstützung des wirtschaftlichen Aufschwungs in den neuen Ländern. Wie die Größenordnungen der einzelnen Verwendungsrubriken erkennen lassen, stellt diese Aufzählung zugleich eine Rangfolge dar.

Ergänzt man die Angaben zur Verwendungsstruktur der Transferleistungen um die an anderer Stelle getroffene Unterscheidung der Gesamttransfers in *allgemeine* und *spezifische* Transfers[27], wobei unterstellt sei, dass nur letztere *besondere* Leistungen für die neuen Länder darstellen, erstere jedoch nicht, diese aber mehr als drei Viertel der Gesamtleistungen ausmachen, während jene nur knapp ein Viertel ihres Volumens auf sich vereinen, so unterstreicht dies ihre Hauptwirkungsrichtung. Mit mehr als vier Fünfteln ihres Umfangs sind der Transferleistungen ganz überwiegend auf die Gewährleistung des Lebensniveaus und die Aufrechterhaltung der Funktionsfähigkeit des öffentlichen Lebens gerichtet. Nur ein verhältnismäßig geringer Teil der Transfers dient der wirtschaftlichen Entwicklung, und auch das vor allem nur *mittelbar*, durch die Schaffung entsprechender Rahmenbedingungen. Der wirtschaftliche Aufbau selbst bleibt dagegen privaten Investoren vorbehalten. Die öffentlichen Transfers sollen hier lediglich unterstützend wirken, zum Beispiel durch die Schaffung einer modernen Infrastruktur; sie können die privaten Investitionen aber nicht ersetzen.

Da die quantitative Gewichtung der Transfers ihre Qualität bestimmt, ihr Wesen und ihre Wirkungsrichtung, muss eine ökonomische Wertung derselben dem auch Rechnung tragen, das heißt, sie muss von den Hauptwirkungen der Transferleistungen ausgehen und darf nicht allein die wirtschaftliche Entwicklung und Effizienz zum Kriterium haben.

4.2. Einkommen, Verbrauch, Vermögen

Rund die Hälfte der zwischen 1990 und 2000 getätigten Transferleistungen floss direkt oder indirekt privaten Haushalten zu, hauptsächlich als Transfereinkommen, und diente somit dem privaten Konsum. Damit waren jedoch, sowohl in makroökonomischer als auch in verteilungspolitischer Hinsicht, eine Reihe von Konsequenzen verbunden: So wurde Anfang der 90er Jahre etwa ein Drittel der Inlandsnachfrage in den neuen Ländern durch Transferzahlungen finanziert. 1999 waren es noch ca. 28 Prozent.[28] Der überwiegende Teil davon trat auf dem Markt als Konsumgüternachfrage in Erscheinung und wurde durch entsprechende Lieferungen westdeutscher Hersteller gedeckt. Für die neuen Länder bedeutete dies, dass ihr Einkommens- und Verbrauchsniveau während der gesamten Periode deutlich über ihrem ökonomischen Leistungsniveau lag. Sie vermochten dadurch, im Unterschied zu den Transformationsländern Mittel- und Osteuropas, von Anfang an einen relativ hohen Wohlstand zu verwirklichen. Die Kehrseite dessen war jedoch, dass die Finanztransfers zu ihrer Realisierung einen umfangreichen Realtransfer aus Westdeutsch-

---

27 Vgl. Kapitel 3.5.
28 J. Ragnitz et al., *Simulationsrechnungen ....*, a.a.O., S. 14.

land generierten, wodurch in bestimmtem Maße die Entwicklung endogener Potenziale blockiert wurde und Ostdeutschland auf Dauer zu einer von Westdeutschland alimentierten und abhängigen Region herabsank.

Dieses Problematik spiegelt sich in der Verteilungsstruktur Ostdeutschlands spezifisch wider: *Erstens* in der Bedeutung und im Niveau der Transfereinkommen; *zweitens* in einer relativen Abkoppelung der Einkommensentwicklung von der Leistungsentwicklung; *drittens* im Konsum, welcher sowohl vom Niveau als auch von der Struktur her stärker an der Produktion Westdeutschlands orientiert ist als an der Ostdeutschlands. Alle drei Aspekte sind jedoch komplexer Natur und werden durch mehrere Determinanten bestimmt, durch ökonomische ebenso wie durch politische, aber auch durch die demographische Entwicklung, die Migration und langfristige Trends der wirtschaftlichen und gesellschaftlichen Entwicklung, wie dem Übergang von der Industrie- zur Dienstleistungsgesellschaft und den dadurch bedingten Veränderungen in der Produktions- und Verteilungsstruktur. Maßgebend für die Entwicklung der Einkommen und des Lebensniveaus in Ostdeutschland seit 1990 waren jedoch transformations- und vereinigungsbedingte Aspekte, insbesondere die Übernahme der bundesdeutschen Sozialsysteme, mit der Folge steigender Transfereinkommen. Vor dem Hintergrund des Rückgangs der Produktion, drastisch sinkender Erwerbstätigenzahlen und einer hohen Arbeitslosigkeit war es unvermeidbar, dass der Vereinigungsprozess mit einer Zunahme nicht nur der Transferzahlungen schlechthin, sondern vor allem der Sozialtransfers, verbunden war, über welche die Transfereinkommen finanziert wurden. Zudem entsprach es aber auch der Logik des Einigungsprozesses, dass das durch die unterschiedliche Systemzugehörigkeit und den historischen Entwicklungsverlauf hervorgerufene Wohlstandsgefälle zwischen Ost- und Westdeutschland nach der Vereinigung reduziert werden würde und auf diese Weise ein Teil des ökonomischen Vereinigungsgewinns Westdeutschlands via Transferzahlungen zugunsten Ostdeutschlands umverteilt wird. Seinen Niederschlag fand dies in dem unifiziären Phänomen *transferfinanzierter Transfereinkommen*, welches besagt, dass Transfereinkommen in Ostdeutschland über West-Ost-Transfers finanziert werden.

Es ist hier nicht der Platz, die Einkommensentwicklung der privaten Haushalte und die Erhöhung des Lebensniveaus in Ostdeutschland seit 1990 generell zu würdigen.[29] Es soll lediglich gezeigt werden, welchen Anteil die Transferleistungen daran hatten und in welch hohem Maße die Entwicklung des Einkommens-, Verbrauchs-

---

29 Vgl. dazu R. Hauser, *Entwicklung und Verteilung von Einkommen und Vermögen...*, a.a.O.; H. Berger et al., *Privathaushalte im Vereinigungsprozess. Ihre soziale Lage in Ost- und Westdeutschland*, Frankfurt/New York 1999; J. Delhey/P. Böhnke, *Über die materielle zur inneren Einheit?*, WZB DP FS III 99–412, Berlin 1999; G. Winkler (Hrsg.), *Sozialreport 2001*, a.a.O., S. 193ff.

und Lebensniveaus im ersten Jahrzehnt der Einheit direkt oder indirekt transferinduziert war. Dazu sollen zunächst Transfereinkommen und Markteinkommen in ihrer Entwicklung betrachtet werden.

Während die Markteinkommen, insbesondere die Löhne und Unternehmensgewinne, in ihrer Entwicklung mehr oder weniger der wirtschaftlichen Leistung folgen[30], weisen die Transfereinkommen eine derartige Abhängigkeit nicht auf bzw. stehen nur in einem indirekten Bezug zur ökonomischen Leistungsentwicklung. Ihre Höhe richtet sich entweder nach den Vorgaben allgemeingültiger Leistungsgesetze, wie dies beim BaföG, beim Kindergeld und bei der Sozialhilfe der Fall ist, oder aber, es wurden spezielle Regelungen für Ostdeutschland erlassen, wie zum Beispiel beim Wohngeld/Ost. Bestimmte Zahlungen erfolgen auch auf der Grundlage entsprechender sozialpolitischer Entscheidungen, wie 1990 und 1992 im Falle der Altersrente.[31] Im Resultat führte dies im Osten zu, gemessen an den Markteinkommen, vergleichsweise hohen Transfereinkommen und, insbesondere in den ersten Jahren, zu einer deutlich höheren Dynamik dieser gegenüber den Erwerbseinkommen. Dies spiegelt sich in vergleichsweise hohen Zuwächsen der nominalen Einkommen der privaten Haushalte sowie in einer, demgegenüber geringeren, aber nichts desto trotz beachtlichen, Entwicklung der Realeinkommen wider (vgl. Tabelle 4.2.-1).

Tabelle 4.2.-1
Entwicklung der monatlich verfügbaren Haushaltseinkommen in Ostdeutschland 1990 –1994 in DM

	2. Hj. 1990	1991	1992	1993	1994	Veränderung in %[4]
Verfügbare Einkommen davon:	2.076	2.424	3.138	3.436	3.603	73,6
Einkommen aus unselbständiger Arbeit	1.306	1.492	1.659	1.759	1.852	41,8
Transfereinkommen[1]	589	868	1.169	1.285	1.374	133,2
Gewinne und Vermögenseinkommen[2]	181	64	311	392	377	108,7
Reale verfügbare Einkommen[3]	2.076	2.139	2.493	2.598	2.545	22,6

[1] Empfangene lfd. Übertragungen abzügl. geleisteter Übertragungen; [2] Entnommene Gewinne der Selbständigen und Einkommen aus Mieten, Pachten, Zinsen abzüglich geleisteter Zinsen auf Konsumentenkredite; [3] zu Preisen 2. Hj. 1990; [4] Veränderung 1994 gegenüber 2. Hj. 1990.
Quelle: StBA; D. Gladisch/R. Grunert/J. Kolb, „Die wirtschaftliche Lage der privaten Haushalte", in: R. Pohl (Hrsg.), *Herausforderung Ostdeutschland,* Berlin 1995, S. 142

30 Durch die schnelle Tarifangleichung Ost, welche die Leistungsentwicklung teilweise vorwegnahm, wurde dieser Zusammenhang modifiziert, aber keinesfalls aufgehoben. Die von den Tariflöhnen deutlich abweichende Entwicklung der Effektivverdienste wirkte hier in bestimmtem Maße korrigierend.

In diesen Daten dokumentiert sich vor allem der Umbruch am ostdeutschen Arbeitsmarkt, wo zwischen 1990 und 1993 mehr als 3 Millionen Arbeitnehmer in eine transferabhängige Position (Arbeitslosigkeit, Vorruhestand, ABM, FuU u.ä.) wechselten. Dadurch ging die durchschnittliche Zahl der Bezieher von Arbeitseinkommen je Haushalt deutlich zurück, während sich die der Transferbezieher entsprechend erhöhte. Hinzu kam, dass die Transfereinkommen im Osten durch die Übernahme der sozialen Sicherungssysteme der Bundesrepublik im Niveau spürbar angehoben wurden. Dies galt insbesondere für die Altersrenten, aber auch für Lohnersatzleistungen, Sozialhilfe, Wohngeld u.a. Zahlungen. Dieser, zum Teil zweistellige, Anstieg der Zahlbeträge war jedoch begleitet von einer Anpassung der Preisstruktur und Rückführung der Subventionen im Bereich der privaten Lebenshaltung, wodurch der *reale* Anstieg weitaus geringer ausfiel als der nominale Zuwachs. So verzeichneten beispielsweise die Versichertenrenten wegen Alters und verminderter Erwerbsfähigkeit in Ostdeutschland zwischen dem 1.7.1990 und dem 1.7.1994 im Durchschnitt einen Zuwachs von 105,7%. Real entsprach dies jedoch nur einer Einkommensverbesserung um ca. 35,1%, da im gleichen Zeitraum die Lebenshaltungskosten für einen Zwei-Personen-Rentnerhaushalt um 52,2% angestiegen waren.[32] Ähnlich verhielt sich dies bei anderen Einkommensgruppen, so dass die vergleichsweise hohen nominalen Zuwächse in den seltensten Fällen etwas über die tatsächliche Entwicklung des Lebensniveaus bzw. des Wohlstands aussagen. Seit 1994 entspricht die Entwicklung des Preisniveaus im Osten in etwa der in Westdeutschland, so dass seitdem Vergleiche der Einkommensentwicklung eher möglich sind. Diese lassen jedoch nunmehr auch nominal keine signifikanten Unterschiede mehr erkennen, so dass der bis Mitte der 90er Jahre erreichte Anpassungsgrad bei den Einkommen in Ost- und Westdeutschland im Wesentlichen bis heute gilt. So erreichte der Ost-West-Anpassungsgrad der Bruttolöhne und -gehälter 1995 75,8%, bei den Nettolöhnen und -gehältern waren es 82,4%. 1998 betrug die Relation 77,2% bzw. 86,1%.[33] Eine weitere, vollständige Angleichung der Verdienste ist vorläufig nicht zu erwarten, sondern vielmehr

---

31 Die Altersrenten der DDR wurden zum 1.7.1990 auf DM umgestellt und im Zahlungsbetrag auf 70% der durchschnittlichen Nettoarbeitsverdienste angehoben (vgl. Art. 20(3) StVertr.). Zum 1.1.1992 erfolgte die Überführung der DDR-Renten in die gesetzliche Rentenversicherung der Bundesrepublik (s. „Rentenüberleitungsgesetz" (RÜG) v. 25.7.1991), was mit einem weiteren Anstieg des durchschnittlichen Rentenniveaus einherging.
32 BMA, *Sozialbericht 1997*, Bonn 1998, S. 311.
33 StBA, *Wirtschaftsdaten Neue Länder*, Juli 2001, S. 7. Vgl. auch DIW, „Einkommensanpassung in den neuen Ländern verliert an Tempo", in: DIW, *Wochenbericht 39/1998*, S. 707–716 und P. Krause/P. Habich, „Einkommen und Lebensqualität im vereinten Deutschland", in: DIW, *Vierteljahreshefte zur Wirtschaftsforschung*, 69. Jg. (2000) 2, S. 317–340.

„in weite Ferne" gerückt.[34] Trotzdem hat seit 1995 das Gewicht der Transfereinkommen, und damit die Transferabhängigkeit der Einkommen im Osten insgesamt, weiter zugenommen. Dies einerseits, bei den Lohnersatzleistungen, als Nachwirkung der Ost-West-Konvergenz der Arbeitseinkommen; andererseits aber auch als Reflex der krisenhaften wirtschaftlichen Lage im Osten, welche zur Folge hat, dass die Transfereinkommen hier nach wie vor einen höheren Anteil an den Gesamteinkommen verkörpern als im Bundesdurchschnitt. Während die Markteinkommen unmittelbar durch die wirtschaftliche Entwicklung, den Konjunkturverlauf und die Arbeitsnachfrage, bestimmt werden, entwickeln sich die Transfereinkommen relativ unabhängig davon. Dies verleiht ihnen u.U., in Phasen des wirtschaftlichen Abschwungs und der Rezession, eine größere Dynamik als den Arbeitseinkommen.

Wie aus Tabelle 4.2.-2 ablesbar, wiesen die Transfereinkommen in den 90er Jahren, infolge ihrer gegenüber den Arbeitseinkommen rascheren Anpassung an westdeutsche Standards, insgesamt eine höhere Dynamik auf als die Erwerbseinkommen. Dies galt in besonderer Weise für die Altersrenten. Während die Ost-West-Relation bei den Arbeitnehmerentgelten im Jahr 2000 im Durchschnitt bei 77,1 %

Tabelle 4.2.-2
Arbeitseinkommen und Altersrente in Ostdeutschland, 1990–1998 in DM bzw. %

	1990	1991	1992	1993	1994	1995	1996	1997	1998
Bruttoarb.-einkommen[1]	1.381	1.790	2.454	2.839	3.012	3.211	3.312	3.375	3.420
Jährliche Veränderung[6]	+17,7	+29,6	+37,1	+15,7	+6,1	+6,6	+3,1	+1,9	+1,3
Nettoarb.-einkommen[1]	1.094	1.368	1.755	2.032	2.112	2.221	2.350	2.371	2.420
Jährliche Veränderung[6]	+17,1	+25,1	+28,3	+15,8	+3,9	+5,2	+5,8	+0,9	+2,1
Jährliche reale Veränderung[6]	+8,1[4]	+11,2	+14,5	+5,8	+0,4	+3,3	+3,9	-1,1	+1,2
Altersrente[2]	590[3]	749	918	1.057	1.188	1.263	1.341	1.374	1.417
Jährliche Veränderung[6]	+24,3[5]	+26,9	+22,5	+15,1	+12,4	+6,3	+6,2	+2,5	+3,2
Jährliche reale Veränderung[6]	+20,0[5]	+10,1	+7,5	+3,5	+8,3	+4,1	+3,9	-0,1	+1,4

[1] Durchschnittliches Arbeitseinkommen; [2] Durchschnittliche Versichertenrente wegen Alters und verminderter Erwerbsfähigkeit; [3] Juli 1990; [4] 2. Hj. 1990; [5] geschätzt; [6] in %.
Quellen: StBA, Fachserie 18; BMA, Sozialbericht 1997, Fortschreibung 1998 und 1999; WSIMitt. 11/1999, S. 741; 11/2000, S. 751; eigene Berechnungen

---

34 K. Bedau, „Völlige Angleichung der Ost-West-Arbeitseinkommen nicht in Sicht", in: DIW, Wochenbericht 15–16/1999.

lag³⁵, *effektiv* sogar noch darunter, bei 62,0%³⁶, betrug das Rentenniveau Ost zu diesem Zeitpunkt bereits 87,0% des westdeutschen Vergleichswertes.³⁷ Bei den Sozialleistungen insgesamt wurden die 100 Prozent schon 1998 erreicht, wobei sich hinter dieser Größe aber ganz verschiedene Einzelleistungen verbergen, deren Inanspruchnahme in Ost- und Westdeutschland sehr unterschiedlich ausfällt. Die Ost-West-Relation differiert dabei zwischen 61,8% bei der Sozialhilfe und 263,0% bei Maßnahmen der Arbeitsförderung (vgl. Tabelle 4.2.-3).

Tabelle 4.2.-3
Einkommen in West- und Ostdeutschland 1998 in DM

	West	Ost	Relation
Bruttodurchschnittslohn/Monat	4.430	3.420	77,2
Nettodurchschnittslohn/Monat	2.810	2.420	86,1
Durchschnittliche Versichertenrente	1.291	1.418	109,8
Sozialleistungen/Monat pro Kopf	1.288	1.324	102,0
darunter: Krankenversicherung	257	229	89,1
Arbeitsförderung	108	284	263,0
Sozialhilfe	55	34	61,8

Quelle: BMWi, *Wirtschaftsdaten Neue Länder*, Dezember 1999, S. 7; BMA, *Sozialbericht* 1997, a.a.O., S. 204f, 279, 311, 287f.; *Sozialbudget 1998*, Tabellenauszug, Bonn 1999, S. 4; eigene Berechnungen

Bei der Betrachtung der Nominalgrößen ist jedoch unbedingt der bereits oben erwähnte Preisniveauanstieg zwischen 1990 und 2000 in Rechnung zu stellen. Dieser hatte zur Folge, dass die reale Einkommensentwicklung wesentlich moderater ausfiel als die nominale. So erhöhten sich von 1991 bis 2000 die Arbeitnehmerentgelte in Ostdeutschland nominal um 90,7%.³⁸ Real aber betrug der Zuwachs weniger als die Hälfte, da der Anstieg der Lebenshaltungskosten entsprechend hoch war.³⁹ Nicht viel anders verhielt sich dies bei den Altersrenten, welche von 1990 (1.7.) bis 1998 einen Zuwachs von 143% verzeichneten, dem aber ein Preisniveauanstieg von

---

35 Je Arbeitnehmer, NBL ohne Berlin (Quelle: StBA 2001).
36 Berechnet auf Basis ost- und westdeutscher Stundenlöhne. In der ostdeutschen Industrie liegt der Stundensatz effektiv unter 60% des Westniveaus (vgl. C. Schäfer, „Ungleichheiten politisch folgenlos? Zur aktuellen Einkommensverteilung", in: *WSIMitt* 11/2001, S. 666).
37 Die Angaben beziehen sich auf die Eckrente eines Durchschnittsverdieners mit 45 Versicherungsjahren (Quelle: BMA 2001).
38 Auf Basis ESVG 1995, Jahresdurchschnitt, NBL ohne Berlin (BMWi, *Wirtschaftsdaten Neue Länder*, April 2001, S. 3).
39 Bezogen auf alle Arbeitnehmerhaushalte weist die Statistik für das zweite Halbjahr 1990 auf der Basis von 1989 einen Preisniveauanstieg von knapp 13% aus (SVR 1991/92, S. 63). Per Dezember 1991 betrug der Preisniveauanstieg gegenüber dem Vorjahr 21,3%, für den Zeitraum 1992 bis 1997, auf der Basis von 1991, 32,7% und 1996 bis 2000, auf

66,0% gegenüber zu stellen ist.[40] In jedem Fall relativiert sich in *realer* Betrachtung der seit 1990 zu verzeichnende Wohlfahrtsgewinn durch den Anstieg der Lebenshaltungskosten erheblich. Ferner ist festzustellen, dass auf Grund der im Osten ungleich größeren Bedeutung der Transfereinkommen die Ost-West-Angleichung bei den verfügbaren Einkommen und den Haushaltseinkommen viel weiter fortgeschritten ist als bei den Markteinkommen, insbesondere den Erwerbseinkommen (vgl. Tabelle 4.2.-4).

Tabelle 4.2.-4
Reales Markteinkommen und reales verfügbares Einkommen in Ost- und Westdeutschland in Preisen von 1995 (äquivalenzgewichtet)[1] in DM pro Jahr

Jahr	Reales Markteinkommen		Relation Ost/West	Verfügbares Einkommen		Relation Ost/West
	West	Ost		West	Ost	
1991	42.986	25.305	58,9	38.430	24.621	64,1
1992	43.320	26.452	61,1	38.508	26.600	68,0
1993	42.596	28.319	66,5	38.147	28.222	74,0
1994	42.257	29.472	69,7	37.871	28.966	76,5
1995	43.149	28.860	66,9	37.493	28.651	76,4
1996	42.551	29.572	69,5	37.499	29.572	79,7
1997	42.044	29.456	70,1	37.339	29.900	80,1

[1] Äquivalenzeinkommen = Haushaltseinkommen/(Haushaltsgröße)^{0,5}
Quelle: DIW, *Wochenbericht* 19/2000, S. 296 und eigene Berechnungen

Diese Aussage lässt sich dadurch vertiefen, dass innerhalb der Markteinkommen zwischen Einkommen aus unselbständiger Arbeit und Kapitaleinkünften unterschieden wird. Dabei zeigt sich, dass die ostdeutschen Haushalte bei letzteren am ungünstigsten abschneiden. Mit 45,0% lag die Ost-West-Relation 1997 hier entschieden niedriger als bei den Erwerbseinkommen, wo sie 74,8% betrug.[41] Aber auch dieser Wert lag noch unter der Relation der verfügbaren Einkommen, wo das Verhältnis 80,1% ausmachte. Dies erklärt sich aus dem höheren Anteil der Transfereinkommen an den verfügbaren Haushalteinkommen in Ostdeutschland und deren, verglichen

---

der Basis von 1995, 7,5% (BBk, *Monatsberichte*, 44. Jg. (1992) 3, S. 74; 50. Jg. (1998) 3, S. 66*; 53. Jg. (2001) 8, S. 65*). Auf der Basis 2. Hj. 1990/1. Hj. 1991 = 100 betrug der Index für 1993 131,0. Bei der Zugrundelegung der Basis 1991 = 100 lag der Index 1997 bei 138,4. Jüngst veröffentlichte Daten weisen für die Lebenshaltung aller privaten Haushalte auf der Basis 1995 = 100 einen Index von 75,5% (1991) bzw. 107,5% (2000) aus (StBA, FS 17: Preise, versch. Jgg.).

40 BMA, *Sozialbericht 1997*, a.a.O., Tabellen IV-17, Fortschreibung.
41 DIW, „Angleichung der Markteinkommen privater Haushalte zwischen Ost- und Westdeutschland nicht in Sicht", in: *Wochenbericht*, 4/2001, S. 53f.

mit anderen Einkommensbestandteilen, größeren Annäherung an das westdeutsche Einkommensniveau.

Darüber hinaus weist die Verteilungsstruktur in Ostdeutschland infolge der staatlichen Umverteilung eine bedeutend stärkere Glättung auf als in Westdeutschland. So sinkt hier beim Übergang vom Markteinkommen zum Haushaltsnettoeinkommen der Ginikoeffizient um etwa die Hälfte, 1998 von 0,4815 auf 0,2435, während er sich in den alten Ländern nur um ca. ein Drittel verringert, von 0,4446 auf 0,2919.[42] Dadurch kehrt sich das Gefälle bei der Ungleichverteilung der Einkommen in Ost und West jeweils faktisch um. Das heißt, während in Ostdeutschland die Ungleichverteilung bei den Markteinkommen höher ist als in Westdeutschland, ist es bei den für das Lebensniveau letztlich ausschlaggebenden verfügbaren Haushaltsnettoeinkommen gerade umgekehrt. Dieser Effekt ist wesentlich auf die in Ost- und Westdeutschland unterschiedlich hohe Arbeitslosigkeit und Unterbeschäftigung zurückzuführen. Da diese aber größtenteils über Transferleistungen finanziert wird, ist der hier dargestellte Verteilungseffekt *unmittelbar* transferbedingt.

Die einkommensbezogenen Wirkungen der Transferleistungen spiegeln sich folgerichtig im Verbrauch und in der Ausstattung der privaten Haushalte mit langlebigen Konsum- und Gebrauchsgütern wider (vgl. Tab. 4.2.-5). Diese Entsprechung ist zwangsläufig, sofern man extreme Unterschiede im Sparverhalten bzw. bei der Inanspruchnahme von Krediten ausschließen kann[43], denn letztlich hängen die Entwicklung des Konsums und die Ausstattung der privaten Haushalte mit Gebrauchsgütern von den verfügbaren Haushaltsnettoeinkommen ab. So schließt sich der Kreis: Verbrauch und Leistung fallen in Ostdeutschland auf allen Ebenen auseinander, volkswirtschaftlich ebenso wie bezogen auf die privaten Haushalte und pro Kopf. Am wenigsten ist dies noch bei den Leistungsträgern der Fall, den Lohnabhängigen, am meisten aber bei den Transferempfängern, den Altersrentnern, Beziehern von Arbeitslosengeld und -hilfe, Sozialhilfeempfängern etc. Mithin verstärkt sich mit der Zunahme des Anteils dieser Personengruppen an der Gesamtbevölkerung objektiv die transferfinanzierte Verzerrung des volkswirtschaftlichen Zusammenhangs.

---

42   SVR, *Chancen auf einen höheren Wachstumspfad. Jahresgutachten 2000/01*, a.a.O., S. 263.
43   Es kann davon ausgegangen werden, dass die Sparquote der privaten Haushalte Ostdeutschlands annähernd der Westdeutschlands entspricht, zuletzt (1998) lag sie mit 9,9% gegenüber 11,6% leicht darunter (M. Münnich/M. Illgen, „Zur Höhe und Struktur der Ausgaben privater Haushalte in Deutschland", in: *WiSta*, 4/2000, S. 293; vgl. auch E. Ebert, *Einkommen und Konsum im Transformationsprozess*, Opladen 1997, S. 216ff.; J. Faik, „Die Verteilung und Bildung der Geldvermögen in Ostdeutschland seit 1990", in: W. Glatzer/ G. Kleinhenz (Hrsg.), *Wohlstand für alle?*, Opladen 1997, S. 204ff.).

Tabelle 4.2.-5
Ausstattung privater Haushalte mit ausgewählten Konsumgütern (Bestand je 100 Haushalte) 1998 und 2000

Position	Westdeutschland		Ostdeutschland		Relation	
	1998	2000	1998	2000	1998	2000
Kühlschrank	112,2	115,9	107,8	110,1	96,1	95,0
Geschirrspüler	49,4	52,5	25,8	32,7	52,2	62,3
Mikrowellengerät	53,7	58,9	41,6	48,9	77,5	83,0
Waschmaschine	92,4	95,3	95,4	97,5	103,2	102,3
Wäschetrockner	33,2	36,0	13,6	15,4	41,0	42,8
Fernsehgerät	139,4	143,3	143,2	142,9	102,7	99,7
Videorecorder	75,2	81,8	70,1	74,6	93,2	91,2
Hifi-Anlage	88,8	89,6	67,0	67,6	75,5	75,4
Video-Kamera	17,1	19,3	17,4	17,7	101,8	91,7
Telefon	112,3	104,2	97,6	97,0	86,9	93,1
ISDN-Anschluß	6,2	9,0	3,1	3,8	50,0	42,2
PC	47,6	63,0	37,9	51,3	79,6	81,4
Internet	9,2	19,0	5,3	13,0	57,6	68,4
PKW	98,3	96,4	91,6	90,6	93,2	94,0
Fahrrad	188,5	181,5	157,4	157,4	83,5	86,7

Quelle: StBA, Datenreport 1999, Bonn 2000, S. 129ff.; Statistisches Jahrbuch 2001, S. 565

Während sich die Ausgabenstruktur der ostdeutschen Privathaushalte zunehmend westdeutschen Konsummustern annähert, weist die Ausstattung der Haushalte mit langlebigen Konsumgütern noch eine Reihe von Unterschieden auf. Diese betreffen weniger den Ausstattungs*grad* als den Ausstattungs*bestand*[44], welcher als Vermögensposition mit der allgemeinen Vermögenssituation der Haushalte im Zusammenhang steht. So sind für die ostdeutschen Privathaushalte kleinere Wohnflächen[45] und ein geringeres Ausstattungsniveau der Wohnungen typisch[46], eine, gemessen am westdeutschen Durchschnitt, geringwertigere Ausstattung mit Haushaltstechnik und Unterhaltungselektronik, weniger PCs, Internetanschlüsse u.ä. Diese Unterschiede betreffen alle Einkommensgruppen und Haushaltstypen, so dass insgesamt nicht von

---

44 Während der Ausstattungsgrad Auskunft über das Vorhandensein bestimmter langlebiger Gebrauchsgüter in privaten Haushalten gibt, bezeichnet der Ausstattungsbestand die Anzahl dieser Güter je Haushalt.
45 Laut SOEP 2000 betrug die Wohnfläche Ost in Mietwohnungen im Jahr 2000 durchschnittlich 86% der entsprechenden Wohnfläche West (DIW, „Zur Wohnsituation in West- und Ostdeutschland – Anstieg der Mieten zum Stillstand gekommen", in: Wochenbericht 41/2001, S. 625–633).
46 Vgl. W. Hinrichs, „Entwicklung der Wohnverhältnisse in Ostdeutschland", in: G. Winkler (Hrsg.), Sozialreport 1999, a.a.O., S. 244f.; ders., „Wohnen 2000", in: Sozialreport 2001, Berlin 2001, S. 247ff.

einer Angleichung der Verbrauchsstrukturen und des Konsums in Deutschland gesprochen werden kann, sondern bestenfalls von einer tendenziellen Annäherung, wobei „markante Unterschiede in den Verbrauchsstrukturen zwischen den ost- und westdeutschen Haushalten" vorerst erhalten bleiben. Seit 1996 scheint aber auch dieser Aufholprozess unterbrochen zu sein, denn es lässt sich seither „keine weitere nennenswerte Annäherungstendenz" mehr beobachten. Vielmehr scheinen sich die bestehenden Unterschiede „zu verstetigen"[47]. Aktuell gibt es sogar Anlass für die Annahme, dass sie sich wieder vergrößern.

Dies stimmt vom Grundsatz her mit der Entwicklung der wirtschaftlichen Lage in Ostdeutschland überein und reflektiert sich in entsprechenden subjektiven Wertungen. So spiegelt sich in der Veränderung der „sozialen Befindlichkeit" der Ostdeutschen nicht nur die insgesamt positive Entwicklung seit 1990 wider, sondern gleichermaßen auch das erreichte Höchstmaß positiver Bewertung Mitte der 90er Jahre, der Absturz 1997/98, die mit dem Regierungswechsel verbundenen neuen Hoffnungen und die angesichts des realen Entwicklungsverlaufs nachfolgende Enttäuschung seit 2000.[48] Es ist aber auch festzustellen, dass die „hohe, seit 1990 tendenziell ansteigende, allgemeine Lebenszufriedenheit" der Ostdeutschen[49] nach wie vor mit einem Gefühl „kollektiver Benachteiligung" einhergeht, was vor allem auf Unterschiede in den *fundamentalen* Voraussetzungen des Lebens, den *materiellen Lebensbedingungen* also, wozu nicht zuletzt die Vermögensverhältnisse gehören, zurückzuführen ist. Dies gilt insbesondere für die privaten Haushalte, deren Lebensbedingungen *kurzfristig* zwar durch die Höhe der verfügbaren Einkommen bestimmt werden, *langfristig* aber ganz entschieden von der *Vermögenslage* abhängen. Die hier zu verzeichnende Differenz zwischen Ost und West wird somit zum *springenden Punkt*, wenn es darum geht, die *reale Diskrepanz* in den Lebensbedingungen zu begründen und die Unterschiede der Lebensverhältnisse in Ost- und Westdeutschland zu erklären.

Die Vermögen sind, *erstens*, mehr als jede andere Größe, „Maß" für den aktuellen Wohlstand und „Bedingung" für künftigen Wohlstanderwerb.[50] Sie bestimmen damit *fundamental* und *nachhaltig* die Gesamtheit der Lebensverhältnisse der Menschen.

Zweitens sind die Unterschiede zwischen Ost- und Westdeutschland *nirgends größer* als bei den privaten Vermögen.

---

47 R. Grunert, „Bei Annäherung weiterhin Besonderheiten der Konsumstruktur in Ostdeutschland", in: *Wirtschaft im Wandel*, 7/2000, S. 208.
48 Vgl. G. Winkler (Hrsg.), *Sozialreport 2001*, Berlin 2001, S. 15.
49 G. Winkler, „Zur sozialen Lage in den neuen Bundesländern", in: *WSIMitt*, 10/1999, S. 662
50 C. Thimann, *Aufbau von Kapitalstock und Vermögen in Ostdeutschland*, Tübingen 1996, S. 4.

Drittens haben sich diese seit der Wiedervereinigung nur wenig verringert. In einigen Bereichen haben sie sich sogar noch vertieft, auf jeden Fall aber verfestigt. Nachdem sich die Vorstellung von einer „schnellen Angleichung der Lebensverhältnisse im Gefolge eines ‚Wirtschaftswunders Ost'" als „irreal"[51] erwiesen hat bzw., als klar wurde, dass es sich hierbei nur um eine *Illusion* der Ostdeutschen und den „Wunschtraum" einiger Politiker im Wahljahr 1990 gehandelt hat, nicht aber um eine ernst zu nehmende Option, gilt es nunmehr, ein *langfristig* tragfähiges Konzept für die Herstellung gleichwertiger Lebensverhältnisse in Deutschland zu finden. Auf Grund der Bedeutung, welche den privaten Vermögen in diesem Kontext zukommt, vermag die Analyse der Vermögensverhältnisse seit 1990 über die bisherigen Veränderungen und die Tendenz dieses Prozesses einigen Aufschluss zu geben. Den Ausgangspunkt für eine solche Betrachtung bildet die Situation der privaten Haushalte in Ost- und Westdeutschland *vor* der Vereinigung:

Stellt man die Vermögensverhältnisse in Ost- und Westdeutschland für 1989/90 einander gegenüber, so fällt auf, dass hier gegenüber anderen Vergleichsgrößen ein unübersehbarer „Bruch" existiert. So entsprach die Relation der Einkommen der privaten Haushalte, kaufkraftbereinigt und die unterschiedliche Struktur der jeweils typischen Haushalte berücksichtigend, vor der Vereinigung einem Wert von 0,58[52], die der privaten Vermögen hingegen einem Wert von 0,23.[53] Während sich die in der Einkommensrelation zum Ausdruck kommende Inkongruenz zwischen Einkommens- bzw. Konsumtionsniveaus und Produktionsniveau, welches bei weniger als 50% des Westniveaus lag, mit der niedrigen Investitionsquote und der Kreditaufnahme der DDR im Ausland plausibel erklären lässt, weist die Vermögensrelation eine davon zu starke Abweichung auf, um einer derartigen Erklärung zu genügen. Mit weniger als einem Viertel des Vergleichswertes spiegelt sie weder das Produktivitäts- noch das Einkommensniveau adäquat wider, dafür aber eine extrem *niedrige* Vermögensposition der privaten Haushalte der DDR. Auch, wenn die dabei zugrunde gelegten Berechnungen, wie alle intersystemaren Vergleiche, mit statistischen Unsicherheiten behaftet und weder die Währungen noch die Güter wirklich vergleichbar sind, so ist die Abweichung der Vermögensrelation von den anderen Größen doch *so* gravierend, dass sie unmöglich allein auf statistische Unwägbarkeiten zurückgeführt werden kann. Sie ist ganz offen-

---

51 N. Kloten, „Deutsche Einheit: Die wirtschaftliche Last der Folgen für Ost und West", in: BBk, *Auszüge aus Presseartikeln*, 8/1996, S. 15.

52 O. Schwarzer, „Der Lebensstandard in der SBZ/DDR 1945–1989", in: *Jahrbuch für Wirtschaftsgeschichte*, 2/1995, S. 133f.

53 Diese Angabe beruht auf einer Schätzung. Berücksichtigt man dagegen nur das Geld- und das Immobilienvermögen, so beträgt die Relation 0,21 (U. Busch, „Vermögensdifferenzierung und Disparität der Lebensverhältnisse im vereinigten Deutschland", a.a.O., S. 109f.).

sichtlich *ordnungspolitisch* bedingt und erklärt sich aus der essenziell verschiedenen Eigentums- und Vermögensstruktur in beiden Gesellschaftssystemen.

Auf der Grundlage eines bereits historisch tradierten Reichtums- und Wohlstandsgefälles sowie ungleich verteilter Kriegsfolge- und Reparationslasten vollzog sich in Ost- und Westdeutschland eine über vier Jahrzehnte hinweg divergente Entwicklung. Während sich im Westen, mit der Rekonstruktion von privater Eigentumsordnung und Marktwirtschaft, ein rascher *privater* Vermögensaufbau vollzog, erlebte Ostdeutschland den Prozess einer eskalierenden Vergesellschaftung. Sowohl das von der SED verfolgte gesellschaftsstrategische Konzept als auch die politischen und wirtschaftlichen Rahmenbedingungen, unter denen die SBZ und die DDR existierten, ließen für eine private Vermögensbildung wenig Raum. *Außerhalb* der Konsumtionssphäre wurden private Eigentumsformen und Vermögen deshalb bald zu einer rudimentären Größe. Zudem verhinderte die Einkommenspolitik mit der ihr eigenen egalisierenden Tendenz in der DDR auch eine private Vermögensbildung vergleichbaren Ausmaßes wie in der Bundesrepublik. Hinzu kam, dass die wirtschaftliche Entwicklung in Westdeutschland erfolgreicher verlief als in der DDR, was dazu führte, dass die privaten Vermögen in Ost und West sich nicht nur quantitativ und strukturell voneinander unterschieden, sondern zunehmend auch *qualitativ,* hinsichtlich der technischen Parameter, des Design usw. beim Gebrauchsvermögen, der infrastrukturellen Erschließung und des Wohnwerts bei Immobilien[54] und im Außenwert der Währungen beim Geldvermögen[55]. Dies erschwert natürlich einen Vergleich, da eine Quantifizierung dieser qualitativen Aspekte kaum möglich ist. Der letztlich maßgebende Unterschied in den Vermögen erklärt sich jedoch aus den *Eigentumsverhältnissen.*

---

54 1989 stammten 37% des Wohnungsbestandes der DDR noch aus der Zeit vor 1918, in der BRD 17,7%. Im Durchschnitt waren die Wohnungen im Osten um 21% kleiner als im Westen. Die Wohnfläche je Einwohner lag mit 27,5 m2 bei 74,3% des westdeutschen Vergleichswertes. Der Anteil der Wohnungen mit Bad/Dusche betrug 82%, der mit IWC 76%, gegenüber 96 bzw. 98% (O. Schwarzer, a.a.O, S. 143f.).
55 Im Unterschied zur D-Mark handelte es sich bei der *Mark der DDR* (bzw. deren Vorläufern *DM* und *MDN)* um eine nichtkonvertierbare, in ihrem Umlauf auf das Territorium der DDR beschränkte Binnenwährung, deren „Kurs" nicht am Markt, sondern administrativ bestimmt wurde. Gegenüber der D-Mark galt eine Sonderregelung, wonach der Handel zwischen beiden Währungsgebieten in Verrechnungseinheiten auf der Basis von 1:1 erfolgte. Über den Außenwert oder einen Wechselkurs sagte diese Parität aber genauso wenig aus wie die Richtungskoeffizienten von 2,7 (1980), 2,9 (1985), 3,6 (1986), 4,3 (1987) und 4,4 (1988), welche die DDR als interne Umrechnungsgrößen im Außenhandel mit nichtsozialistischen Staaten verwendete.
56 Vgl. Art. 14 GG; H. Lampert, *Die Wirtschafts- und Sozialordnung der Bundesrepublik Deutschland*, München 1990, S. 41.

Während *Privateigentum* für die marktwirtschaftliche Ordnung der Bundesrepublik konstitutiv ist[56], verkörperte dies in der DDR als vermeintlich überlebte Form und bürgerliches Relikt lediglich eine Randerscheinung.[57] Dies reflektierte sich in der Vermögensstruktur der Haushalte entsprechend: Während im Westen der überwiegende Teil der Vermögen, auch der Produktiv- und Grundvermögen, *Privateigentum* ist, dominierte in der DDR „sozialistisches", also *öffentliches Eigentum* in Gestalt gesamtgesellschaftlichen Volkseigentums, genossenschaftlichen Eigentums und des Eigentums gesellschaftlicher Organisationen der Bürger.[58] Demgegenüber war das „persönliche Eigentum" im Wesentlichen auf konsumtives Sachvermögen, Wohneigentum und Geldersparnisse beschränkt und umfasste nur in ganz unbedeutendem Umfange Produktivkapital und nicht unmittelbar für Wohnzwecke genutzten Immobilienbesitz.

Trug die Wirtschaftsentwicklung in Westdeutschland nicht zuletzt zu einer Mehrung der Vermögen der privaten Haushalte bei, so spiegelte sich dieser Prozess in der DDR in der Akkumulation von Volkseigentum wider, das heißt, in einer Zunahme nicht des privaten, sondern des staatlichen und genossenschaftlichen Vermögens. Für einen Vergleich der Vermögenslagen der privaten Haushalte in Ost- und Westdeutschland scheint es daher vom Grundsatz her angezeigt, das „volkseigene Vermögen" für die Beschreibung der Vermögenssituation der privaten Haushalte in der DDR mit heranzuziehen. Welche Größe jedoch dafür in Frage kommt, die von DDR-Ökonomen ermittelte Summe von 1.365 Mrd. DM[59], der Schätzwert des Treuhandvermögens in Höhe von 600 Mrd. DM[60] oder andere Werte[61], lässt sich, ausgehend von dem heutigen Erkenntnisstand, nicht zuverlässig ausmachen. Geht man von *Detlev C. Rohwedders* Schätzung des Treuhandvermögens aus, so ergäbe sich ein *fiktiver Anteilswert* am von der *Treuhand* verwalteten Volksvermögen *je Haushalt* von ca. 100.000 DM.[62] Folgt man nun dem oben formulierten Ansatz und bezieht diese Größe in die komparative Analyse mit ein, so verändert sich dadurch die Ost-West-Relation der Vermögen ganz erheblich, nämlich von 0,23 auf 0,51. Damit

---

57 In der revidierten Verfassung der DDR aus dem Jahre 1974 hatte es nicht einmal mehr begrifflich Eingang gefunden.
58 Vgl. *Verfassung der DDR* (v. 6.4. 1968 in der Fassung des Gesetzes zur Ergänzung und Änderung der Verfassung der DDR v. 7.10.1974), Berlin 1974, Art. 10.
59 C. Luft/Faude, E., „Fakten widersprechen Armutstheorie", in: *Berliner Zeitung* v. 24.5.1991
60 D. C. Rohwedder, *Mitteilung des Vorstandsvorsitzenden Rohwedder vor der Bundeskammer in Wien*, 19.10.1990.
61 Vgl. dazu die Übersicht bei U. Busch, „Transfer West-Ost ...", a.a.O., S. 170ff.
62 Seitens des „runden Tisches" waren 1990 Anteilsrechte am volkseigenen Vermögen in Höhe von 40.000 Mark pro Kopf vorgesehen gewesen. Dies entsprach in etwa dem oben genannten Wert (vgl. E. Richter, *Aus ostdeutscher Sicht. Wider den neoliberalen Zeitgeist*, Köln/Weimar/Wien 1998, S. 15).

wäre der oben festgestellte Widerspruch zwischen der Einkommens- und der Vermögensrelation behoben. Der Abstand gegenüber Westdeutschland hätte damit bei den Einkommen wie bei den Vermögen jeweils etwa 50 Prozent ausgemacht. Dies scheint den wirklichen Verhältnissen Ende der 80er Jahre, also unmittelbar vor der Währungsunion, nahe zu kommen.

Mit dem Systemwechsel vollzogen sich dann aber *zwei* Prozesse, die für den Vermögensaufbau von nachhaltiger Bedeutung sein sollten: *Zum einen* die transformationsbedingte *Entwertung* der ostdeutschen Vermögen, insbesondere des Kapitalstocks. *Zum anderen* die *Privatisierung* des ostdeutschen Produktiv- und Immobilienvermögens, soweit sich dieses in staatlicher Hand befand. Beide Vorgänge stehen mit der Transferproblematik direkt und indirekt im Zusammenhang, weshalb sie hier von Interesse sind:

Geldvermögen: Gemäß den Vereinbarungen des *Staatsvertrages* zur Währungsunion erfolgte die Umstellung der Ersparnisse der Bevölkerung zum 1.7.1990 zu einem Satz von etwa 1,5 zu 1.[63] Dieser Umtauschsatz implizierte für die Bevölkerung einen nominellen Verlust in Höhe von ca. 68 Mrd. Mark, was *einem Drittel* des Geldvermögens entsprach.[64] Da generell ein Umtauschsatz von 2:1 galt, ergab sich durch die teilweise Umstellung der Guthaben im Verhältnis von 1:1 eine Ausgleichsforderung gegenüber dem Staat, die nach dem Beitritt in den *Kreditabwicklungsfonds* eingestellt wurde und seit 1995 Bestandteil des *Erblastentilgungsfonds* ist.[65] Da der Schuldendienst dafür dem Bund obliegt, das heißt aus dem Steueraufkommen sowie aus Bundesbankgewinnen vorgenommen wird, sind der Ausgleichsbetrag bzw. die Schuldendienstzahlungen in bestimmtem Maße als Transferleistungen anzusehen.

Wie der Tabelle 4.2.-6 zu entnehmen ist, konnte der Umtauschverlust bei den ostdeutschen Geldvermögen inzwischen wieder aufgefüllt werden. Der Niveauunterschied gegenüber Westdeutschland ist jedoch nach wie vor beträchtlich: Im Durchschnitt verfügen ostdeutsche Haushalte nur über *ein Drittel* der Geldvermögen westdeutscher Haushalte.[66] Der absolute Abstand hat sich seit 1990 sogar noch vergrößert, von 88.300 DM auf 112.000 DM. Unter den gegebenen Bedingungen eines im Osten *niedrigeren* Einkommensniveaus und einer bestenfalls *gleich hohen*, in der

---

63 Der generelle Umtauschsatz lautete 2:1, ein Teil der Guthaben wurde aber 1:1 umgestellt (BBk, „Die Währungsunion...", a.a.O., S. 14ff.).

64 Der im *Einigungsvertrag* dazu vorgesehene Passus (Art. 25) einer späteren Entschädigung der Sparer für den erlittenen Umtauschverlust wurde inzwischen ad acta gelegt, so dass von einer definitiven Reduktion des Geldvermögens auszugehen ist (vgl. dazu BT-Drs. 13/2629).

65 Vgl. M. E. Streit, „Die deutsche Währungsunion", in: BBk (Hrsg.), *Fünfzig Jahre...*, a.a.O., S. 702ff.

66 Vgl. DIW, „Geldvermögen und Vermögenseinkommen der privaten Haushalte", in: *Wochenbericht* 30/1999, S. 563.

Tabelle 4.2.-6
Vermögen und Verpflichtungen privater Haushalte in Ost- und Westdeutschland 1990 und 1997 in DM

Position	Westdeutschland		Ostdeutschland	
	1990	1997	1990	1997
Bruttovermögen insgesamt (Mrd. DM)				
- Immobilienvermögen	4.904,5	6.547,1	177,5	544,6
- Geldvermögen	3.061,0	5.006,0	137,3	352,8
- Gebrauchsvermögen	1.008,0	1.395,1	114,5	222,8
Insgesamt	8.973,5	12.948,2	429,3	1.120,2
- Verpflichtungen	1.081,8	1.745,2	14,2	76,3
- Reinvermögen	7.891,7	11.203,0	415,1	1.043,9
Je Haushalt (in DM)				
- Immobilienvermögen	174.100	213.900	26.200	79.500
- Geldvermögen	108.600	163.500	20.300	51.500
- Gebrauchsvermögen	35.800	45.600	16.900	32.500
Insgesamt	318.500	423.000	63.400	163.600
- Verpflichtungen	38.400	57.000	2.100	11.100
- Reinvermögen	280.100	366.000	61.300	152.400

Quelle: BBk, *Monatsberichte*, 51. Jg. (1999)1, S. 47

Tendenz eher geringeren Sparquote (vgl. Tabelle 4.2.-7), ist dies auch gar nicht anders vorstellbar.[67]

Die transferfinanzierte Förderung des Sparens und der Vermögensbildung durch den Staat vermochten hieran nichts zu ändern, obwohl der Osten bei bestimmten Leistungen begünstigt wird.[68] Im Unterschied zu den Einkommen wird es auch in Zukunft zu *keiner* Angleichung der Vermögen in Ost- und Westdeutschland kommen. Vielmehr ist für die nächsten Jahrzehnte, selbst bei Annahme einer völligen Lohnangleichung, von einer „Konservierung der Geldvermögensbestandsdifferenz zwischen beiden deutschen Landesteilen" auszugehen bzw., sofern der Beschäftigungsgrad und die Beschäftigtenstruktur berücksichtigt werden, von einer Tendenz „in Richtung einer höheren Bestandsdifferenz".[69] Die *Vermögenslücke* zwischen West-

---

67 Eine, von den gegebenen Einkommens- und Vermögensrelationen ausgehende, aber eine größere Einkommensdynamik im Osten unterstellende Extrapolation ergibt, dass sich bis zum Jahr 2014 zwar die Vermögensrelation zwischen Ost- und Westdeutschland verbessern wird, von 30,6 im Jahre 1994 auf 58,9 zwanzig Jahre später, gleichwohl aber die absolute Differenz zwischen den Geldvermögen je Haushalt weiter ansteigt, von 95.500 DM auf 139.800 DM (vgl. Abbildung 4.2.-1).
68 Dies betrifft insbesondere die Zahlung von Prämien bei Investmentsparplänen und Bausparverträgen.
69 J. Faik, „Die Verteilung ...", a.a.O., S. 222. Vgl. auch W. Schöning, *Ersparnisbildung und Vermögensanlage privater Haushalte*, Frankfurt a.M. u.a., 1996.

und Ostdeutschland wird sich also, trotz der absoluten Zunahme der Geldvermögen im Osten, nicht allmählich verringern, sondern von Jahr zu Jahr weiter vergrößern.

Nicht viel besser war es zunächst um das *Gebrauchsvermögen* bestellt, denn auch hier vollzog sich 1990 und in den Folgejahren eine rasante Entwertung: Zuerst bei Produkten, die westlichen Erzeugnissen im technischen Niveau und an Leistungskraft unterlegen waren. Dann erfasste die Devaluation auch Güter und Vermögensobjekte, die als Gebrauchswerte westlichen Erzeugnissen zwar vergleichbar waren, in der DDR aber zu teuer produziert wurden. Schließlich verfielen viele Güter allein deshalb der

Tabelle 4.2–7
Private Ersparnis in % der verfügbaren Einkommen der privaten Haushalte in Ost- und Westdeutschland 1990 – 2000

	1990	1991	1992	1993	1994	1995	1996	1997	1998	1999	2000
Ost	0	7,6	13,2	13,0	11,9						
West	14,7	14,4	13,9	13,3	12,7						
D*		13,1	12,9	12,4	11,6	11,2	10,8	10,4	10,3	9,9	9,8

* Gesamtdeutschland (veränderte Berechnungsmethode)
Quelle: BBk, *Monatsberichte*, 47 Jg. (1995)1, S 3; 3, S. 67*; 53. Jg. (2001) 10, S. 66*

Abbildung 4.2.-1
Entwicklung der verfügbaren Einkommen und der Geldvermögen der privaten Haushalte in Ost- und Westdeutschland (1994–2014)

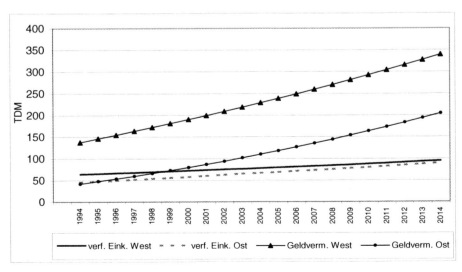

Entwertung, weil ihnen das Stigma „made in GDR" anhaftete oder weil es für sie plötzlich keine Ersatzteile oder Komplementärgüter mehr gab. Binnen weniger Monate schrumpfte so das gesamte, über Jahrzehnte hinweg von den DDR-Haushalten angesammelte Gebrauchsvermögen auf einen Bruchteil seines einstigen Wertes. Bedingt durch die Einkommensentwicklung und die Möglichkeit der Inanspruchnahme von Krediten vollzog sich der Ersatz und der Neuaufbau des Gebrauchsvermögens jedoch erstaunlich rasch, so dass 1997, mit einer Relation von 0,71, schon mehr als zwei Drittel des Westniveaus erreicht waren.[70]

Die einzige Rubrik privater Vermögenswerte, die von der transformations- und vereinigungsbedingten Devaluation nicht nur verschont geblieben ist, sondern die davon sogar noch profitiert hat, ist das *Immobilienvermögen*. Grundsätzlich kann davon ausgegangen werden, dass sich der Verkehrswert der Immobilien gegenüber früher deutlich erhöht hat, vor allem beim Grund und Boden. Für Gebäude und Wohnungen ist dies differenziert zu sehen. Diese Wertsteigerung ist jedoch ausschließlich den *Eigentümern* zugute gekommen, und das sind im Osten nicht viel mehr als *ein Viertel* der privaten Haushalte, darunter nicht wenige Alteigentümer aus dem Westen. Deutlicher noch als beim Geldvermögen hatte die Währungsunion beim Immobilienvermögen eine Zunahme der hier ohnehin schon beachtlichen Ungleichverteilung zur Folge.[71] Dieser Differenzierungseffekt wurde noch dadurch verstärkt, dass die auf den Immobilien lastenden Hypotheken 1990 im Verhältnis von 2:1 umgestellt wurden, was die Eigentümer quasi zu Doppelgewinnern machte. Nutznießer dieser Regelung, wie auch der massiven steuerlichen Förderung seit 1991, waren aber keineswegs nur ostdeutsche Haushalte, sondern auch „Alteigentümer" und Kapitalanleger aus dem Westen, was dazu geführt haben dürfte, dass sich dadurch die Ost-West-Disparität im Immobilienbereich insgesamt eher verstärkt als verringert hat.[72] Auf jeden Fall ist seit 1990 der „in ostdeutscher Hand" befindliche Anteil an Mietobjekten spürbar zurückgegangen, während sich der Anteil selbst genutzter Wohnobjekte erhöht hat.[73]

---

70 Vgl. Tabelle 4.2.-6
71 Vgl. DIW, „Immobilienvermögen der privaten Haushalte", in: *Wochenbericht*, 4/1996, S. 61ff.; K.-D. Bedau, „Auswertung ...", a.a.O., S. 13ff.; SVR, *Jahresgutachten 2000/2001*, a.a.O., S. 261ff.
72 Bei der Interpretation der Vermögensverteilung im Immobilienbereich ist zu beachten, dass im Osten *jede dritte* Immobilie einen Verkehrswert von unter 100.000 DM aufweist, es sich dabei also nur um Freizeit- und Wochenendobjekte handelt, im Westen dagegen nur jedes fünfzigste (!), und dass lediglich zwei Prozent der ostdeutschen Haushalte ein Immobilienvermögen von mehr als 420.000 DM vorweisen können, während dies im Westen jeder sechste Haushalt vermag (vgl. DIW, „Immobilienvermögen privater Haushalte in Deutschland 1995", in: *Wochenbericht*, 35/1998, S. 630ff.).
73 C. Thimann, *Aufbau von Kapitalstock und Vermögen in Ostdeutschland...*, a.a.O., S. 147.

Am stärksten fiel der Vermögensverlust beim *Produktivkapital* aus. Die Entwertung begann hier mit der Einführung der D-Mark und war eine direkte Folge der Konfrontation der größtenteils maroden DDR-Betriebe mit dem Weltmarkt. Der ungleiche Wettbewerb auf dem Binnenmarkt, der Rückgang der Nachfrage nach Erzeugnissen ostdeutscher Produktion und schließlich auch noch der Zusammenbruch des RGW-Marktes, das alles bewirkte den raschen Niedergang der ostdeutschen Wirtschaft und führte für viele Betriebe zum Ruin und damit zur Entwertung ihres Anlagekapitals. Das, was nach dem Marktschock und der Umstrukturierung der Volkswirtschaft, vom Produktivvermögen noch übrig war, wechselte danach im Zuge der Privatisierung durch die *Treuhandanstalt* den Eigentümer. Da Ostdeutsche hieran kaum partizipierten, kam die Privatisierung des ehemaligen Volksvermögens der DDR faktisch einem Vermögenstransfer von Ost nach West gleich.[74]

Die massive Entwertung ostdeutschen Produktivvermögens im Vereinigungsprozess und der nachfolgende Vermögenstransfers hatten zur Folge, dass die Ostdeutschen beim Produktivvermögen gegenüber den Westdeutschen heute noch weitaus schlechter dastehen als beim Geld-, Immobilien- und Gebrauchsvermögen. Selbst dann, wenn man neben den privatisierten Treuhandbetrieben die in private Rechtsformen umgewandelten Genossenschaften und sämtliche Existenzgründungen seit 1990 mit in den Vergleich einbezieht, ändert sich das Bild nur wenig: Gemessen am Geschäftsvolumen beträgt der ostdeutsche Anteil, letzten Erhebungen zufolge, 34%, bezogen auf das Stammkapital im produzierenden Gewerbe, gut ein Viertel. 93% der hier erfassten Betriebe haben aber weniger als 100 Beschäftigte, 43% sogar weniger als 20. Nur 7% dieser Betriebe beschäftigen mehr als 100 Mitarbeiter, ganze zwei Prozent 250 und mehr.[75] Berücksichtigt man darüber hinaus, dass die Kapitalausstattung im Osten, pro Kopf gerechnet, nur halb so hoch ist wie im Westen, so ergibt sich aus o.g. Daten, dass jeder Ostdeutsche im statistischen Durchschnitt über weniger als 14 Prozent des Produktivvermögens verfügt, das im Durchschnitt auf jeden Westdeutschen entfällt.[76] Ohne Produktivvermögen belief sich das Nettovermögen in den neuen Ländern 1998 im Durchschnitt auf 35% des Betrages im früheren Bundesgebiet.[77] Bei Hinzurechnung des Produktivvermögens würde sich die Relation noch um einige Prozentpunkte verringern.

Deutschland bietet heute, nach Abschluss der Privatisierung, hinsichtlich der Vermögensverteilung das Bild einer gespaltenen Gesellschaft. Signifikantester Ausdruck

---

74 Vgl. dazu Abschnitt 2.2.3.
75 IWH, „Eigentums- und Vermögensstrukturen in Ostdeutschland", a.a.O., S. 14.
76 Vgl. E. Richter, *Aus ostdeutscher Sicht* ..., a.a.O., S. 8.
77 *Lebenslagen in Deutschland* ..., a.a.O., S. 48.

dessen ist, dass der überwiegende Teil des ostdeutschen Produktiv- und Immobilienvermögens Westdeutschen gehört, umgekehrt aber Ostdeutsche am westdeutschen Vermögen so gut wie nicht beteiligt sind. In der Vermögensbilanz der privaten Haushalte spiegelt sich dies derart wider, dass die Ost-West-Relation beim Produktiv- und Immobilienvermögen *sehr viel ungünstiger* ausfällt als bei den anderen Vermögensformen und dass das Pendant zu den kapitalvermögenden, reichen westdeutschen Privathaushalten im Osten fast vollständig fehlt.[78] Ungeachtet der Tatsache, dass die Vereinigung auch für private Haushalte in Ostdeutschland Vermögenszuwächse mit sich gebracht hat, hat sie doch volkswirtschaftlich die *Ungleichverteilung* der Vermögen eher noch verstärkt, dies sowohl *zwischen* Ost- und Westdeutschland als auch *innerhalb* der beiden Teilgesellschaften. Dies bestätigen im Fazit alle bisher dazu durchgeführten Untersuchungen.[79] Auf Grund der gegebenen Verteilungsstruktur vor allem des Produktivkapitals und des Immobilienvermögens ist der Osten nicht nur der *ärmere* Teil Deutschlands, sondern zugleich auch der vom Westen *abhängige* Teil. Beredter Ausdruck dafür sind der bis heute unverminderte Transferbedarf, auch noch zwölf Jahre nach der Vereinigung, und die kein Ende findenden Transferzahlungen. Nach Beendigung der politischen Teilung Deutschlands ist die Ungleichheit der Vermögen zur *entscheidenden* Erklärungsvariable für die „strukturelle Heterogenität" und die „soziale Differenzierung" der Bevölkerung im vereinten Deutschland geworden.[80] – Sie ist es immer noch.

Vergleicht man die aktuellen Einkommens- und Vermögenswerte für Ostdeutschland mit den eingangs genannten Ost-West-Relationen für 1989/90, so zeigt sich, *erstens*, dass es hier seit 1990 sowohl beim Einkommen als auch beim Geld-, Immobilien- und Gebrauchsvermögen einen spürbaren Wachstums- und Aufholprozess gegeben hat.

---

78 Statistisch lässt sich dies in Bezug auf das Immobilienvermögen nachweisen (vgl. DIW *Wochenbericht* 4/1996, S. 61–72; M. Euler, Grundvermögen privater Haushalte, in: *Sparkasse* 112. Jg. (1995) 8, S. 345–355), für das Produktivvermögen existieren hierüber jedoch keine Berechnungen. Es kann jedoch davon ausgegangen werden, dass die extreme Ungleichverteilung des Vermögenswertes von 1,5 Billionen DM netto auf die privaten Haushalte die ostdeutschen Haushalte weitgehend ausschließt (vgl. DIW, „Vermögenswert der Unternehmen – Besitz und Beteiligungen privater Haushalte", in: *Wochenbericht* 48/2001, S. 767–776).
79 Vgl. z.B. BBk, „Zur Entwicklung der privaten ...", a.a.O.; R. Hauser, *Entwicklung und Verteilung...*, a.a.O.; C. Schäfer, „Soziale Polarisierung bei Einkommen und Vermögen", in: *WSIMitt.* 10/1995, S. 605–633; ders., „Das Ende der Bescheidenheit wäre der Anfang der Vernunft", in: *WSIMitt.*, 10/1998, S. 675–690; V. Offermann, „Die Entwicklung der Einkommen und Vermögen in den neuen Bundesländern seit 1990", in: J. Zerche, *Vom sozialistischen Versorgungsstaat zum Sozialstaat Bundesrepublik*, Regensburg 1994, S. 96–119.
80 R. Kreckel, „Geteilte Ungleichheit im vereinten Deutschland", a.a.O., S. 41ff.

Zweitens ist aber zu erkennen, dass dies in recht unterschiedlichem Maße der Fall war, viel stärker bei den Einkommen als bei den Vermögen, sofern diese in ihrer Gesamtheit betrachtet werden.

Drittens zeigt sich, dass das Verhältnis von Einkommens- und Vermögensrelation gegenwärtig nicht weniger *unstimmig* ist, wie 1989/90, sofern man das volkseigene Vermögen ausklammert. Ähnlich wie damals liegt auch heute das Einkommensniveau in Ostdeutschland *über* dem Produktions- und Produktivitätsniveau, das Vermögensniveau aber deutlich *darunter*, wobei sich die Abweichung sogar noch verstärkt hat. Erstere Differenz lässt sich über die Transferzahlungen, deren Löwenanteil einkommensrelevante Sozialleistungen sind, erklären. Letztere resultiert dagegen, neben dem historischen Unterschied in der Vermögensausstattung der privaten Haushalte, welcher sich reproduziert, unmittelbar aus dem Transformations- und Vereinigungsprozess.

Bezieht man nun aber auch noch das *Produktivvermögen* mit in die Betrachtung ein, und damit in der Ausgangsrelation die fiktiven Anteilsrechte am Volksvermögen, so ergibt sich ein etwas *anderer* Schluss: In dieser Betrachtung nämlich hätte sich seit 1990 zwar die Einkommensrelation zwischen Ost- und Westdeutschland angenähert, *nicht aber* die der *Vermögen*. Ganz im Gegenteil: die Verringerung der Vermögensrelation infolge der Privatisierung des DDR-Volksvermögens, von 0,51 auf nunmehr schätzungsweise 0,30, dokumentiert, dass der Abstand des Ostens gegenüber dem Westen im Verlaufe der Zeit spürbar *größer* geworden ist.[81] Diese Differenz, die sich hier auftut, ist die sog. „Vermögenslücke". Sie birgt, sofern sie in den nächsten Jahren nicht verringert wird , „die Gefahr einer nachhaltigen Spaltung der Gesellschaft"[82] in sich und gefährdet die deutsche Einheit. Eine Angleichung der Lebensverhältnisse in Ost- und Westdeutschland ist, solange in den fundamentalen Voraussetzungen dafür, in den materiellen Lebensgrundlagen, erhebliche Disparitäten existieren, ausgeschlossen. Auf Grund der herausragenden Bedeutung, welche dem Vermögen dabei zukommt, ergibt sich der Schluss, dass die mit der Vereinigung gesetzten Bedingungen und Verteilungsstrukturen bisher *nicht* zu einer Angleichung der Lebensverhältnisse in Deutschland geführt haben. Eher ist das Gegenteil zu beobachten, eine sich auf der Grundlage ungleich verteilter Vermögen vollziehende *Verfestigung* der Disparität in den Lebensverhältnissen zwischen Ost und West.

---

81 Dies lässt sich auch damit belegen, dass die Ungleichverteilung beim Produktivvermögens wesentlich größer ist, als bei den anderen Vermögensformen. So wurde für das Produktivvermögen ein Gini-Koeffizient von 0,97 ermittelt, während dieser beim Nettovermögen der Haushalte bei 0,65 bis 0,70 liegt und bei den Haushaltsnettoeinkommen bei 0,33 (in Westdeutschland) bzw. 0,28 (in Ostdeutschland) (vgl. R. Hauser, *Entwicklung und* ..., a.a.O., S. 10).
82 Ebenda, S. 8.

Zusammenfassend lässt sich festhalten: Die Wirkung der Transferleistungen ist vor allem darin zu sehen, in den neuen Ländern, trotz deren Rückstandes in der Produktion, ein Einkommens- und Verbrauchsniveau zu sichern, das sich am westdeutschen Produktions-, Lebens- und Sozialleistungsniveau orientiert und das mithin das Leistungs- und Lohnniveau Ostdeutschlands übersteigt. Der Vermögensaufbau und die Vermögensverteilung hingegen werden durch die Transferleistungen kaum tangiert. Dies ist über die gesamte Periode hinweg zu beobachten, also seit 1990, ohne dass sich hier eine gravierende Veränderung abzeichnen würde. Dies legt den Schluss nahe, dass das Transfersystem in seiner jetzigen Struktur und Anlage eher dazu geschaffen scheint, die ihm zugrunde liegenden vermögensseitigen Voraussetzungen zu reproduzieren als darauf hinzuwirken, diese spürbar und nachhaltig zu verändern, das heißt, sie anzugleichen.

4.3. Investitionen, Wachstum, Arbeitsproduktivität

Investitionen wirken quantitativ und qualitativ auf das Produktionspotenzial. Sie sind deshalb für den Aufbauprozess in Ostdeutschland von ausschlaggebender Bedeutung. Seit 1991 wurden in den neuen Ländern und Berlin/Ost rund zwei Billionen DM in neue Anlagen investiert. Das entsprach einem Anteil am Bruttoinlandsprodukt von ca. 40%. Diese auf den ersten Blick vergleichsweise sehr hoch erscheinende Investitionsquote[83] erklärt sich jedoch nicht so sehr aus einem extrem hohen Investitionsvolumen, sondern vielmehr aus dem niedrigen Bruttoinlandsprodukt, das seit 1991 in Ostdeutschland erwirtschaftet wird. Ferner ist in diesem Zusammenhang zu berücksichtigen, dass die gesamtwirtschaftliche Absorption in den neuen Bundesländern etwa um ein Drittel höher ist als der Umfang der Produktion, die Investitionen aber zu einem beachtlichen Teil zu Lasten dieser, über öffentliche Transfers und Kapitalimporte zu schließende, Lücke gehen. Insofern wird das tatsächliche volkswirtschaftliche Gewicht der Investitionen in der o.g. Investitionsquote erheblich überzeichnet. Gleichwohl aber ist der Umfang der seit 1991 in Ostdeutschland getätigten Investitionen beachtlich. Dies geht auch aus einer komparativen Betrachtung der Anlageinvestitionen je Einwohner hervor, wo die Werte für Ostdeutschland seit 1993 regelmäßig die westdeutschen Werte übersteigen. Die Spitze wurde hier

---

83 Die Investitionsquote drückt den Anteil der Bruttoinvestitionen am Bruttoinlandsprodukt aus. In Westdeutschland liegt sie im Durchschnitt des letzten Jahrzehnts etwa bei 20%.

allerdings bereits 1995 erreicht. Seitdem ist das relative Investitionsvolumen wieder rückläufig, was sich auch in den absoluten Volumina widerspiegelt, die in Ostdeutschland 1995 ihren Höchststand erreicht hatten und seitdem um mehr als 10% zurückgegangen sind, während die Werte für Westdeutschland seit Mitte der 90er Jahre um ca. 11,5% angestiegen sind (vgl. Tabelle 4.3.-1).

Tabelle 4.3.-1
Anlageinvestitionen in Ostdeutschland 1991–1999 in Mrd. DM

	1991	1992	1993	1994	1995	1996	1997	1998	1999
Anlageinvestitionen	100,4	139,9	167,1	200,5	207,5	205,8	199,5	187,7	186,1
Darunter:									
• prod. Gewerbe	31,0	38,7	42,8	43,7	42,1	39,3	36,3	33,1	33,0
• Dienstleist.-bereich	68,2	100,0	123,3	155,8	164,1	165,3	162,0	153,6	152,2
Neue Ausrüstungen[1]	44,9	52,4	56,8	59,4	59,8	60,9	62,1	63,9	66,6
darunter:									
• Prod. Gewerbe	23,4	24,8	25,7	25,3	24,9	24,2	22,8	22,0	23,4
• Dienstleist.-bereich	20,8	27,0	30,8	33,9	34,5	36,3	38,9	41,4	42,8
Neue Bauten	55,5	87,5	110,2	141,1	147,6	144,9	137,3	123,8	119,5
darunter:									
• Prod. Gewerbe	7,6	13,9	17,1	18,4	17,3	15,1	13,5	11,0	9,6
• Dienstleist.-bereich	47,4	73,0	92,5	121,9	129,7	129,0	123,1	112,2	109,4
Bruttoanlageinvestitionen je Einwohner NBL/ABL	67,0	91,5	121,8	146,0	152,3	156,0	148,8	134,8	133,1

[1] Neue Ausrüstungen und sonstige Anlagen nach ESVG.
Quelle: ifo Schnelldienst, 54. Jg. (2001) 3, S. 30ff.

Hinter diesen Daten verbergen sich eine Reihe bedeutsamer Besonderheiten und Probleme der wirtschaftlichen Entwicklung Ostdeutschlands. So kommt, *erstens*, in der absoluten Höhe der Investitionen seit 1992 vor allem der seit dem massiven Entwertungs- und Deindustrialisierungsprozess zu Beginn der 90er Jahre zu verzeichnende Restrukturierungs- und Nachholbedarf zum Ausdruck, weniger aber ein wirtschaftlicher Aufschwung. Dafür steht insbesondere der hohe Anteil der Bauinvestitionen von 69,7% an den Anlageinvestitionen[84], aber auch das Überwiegen der Infrastrukturinvestitionen gegenüber den Investitionen im produzierenden Gewerbe. Im Zeitraum von 1991 bis 1999 erfolgten 78,1% aller Investitionen in neue Anlagen in Dienstleistungsbereichen, 21,3% im produzierenden Gewerbe und 0,6% in der Land- und Forstwirtschaft, Fischerei.[85]

---

84 BMWi, *Wirtschaftsdaten Neue Länder*, Juli 2001, S. 20; eigene Berechnungen.
85 Ebenda, S. 21.

Abbildung 4.3.-1
Investitionen in Ostdeutschland nach Sektoren in Mrd. DM 1991–1999

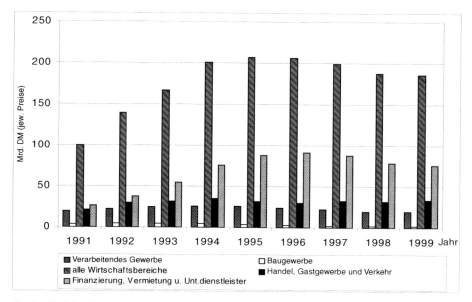

Quelle: ifo Schnelldienst 54. Jg. (2001) 3, S. 31

Zweitens ist zu erkennen, dass die hohen Investitionsquoten nur in geringem Maße ihre Entsprechung in einem hohen Wirtschaftswachstum gefunden haben. In der zweiten Hälfte der 90er Jahre drohten die rezessiven Tendenzen beim Bau sogar die positive Entwicklung im Verarbeitenden Gewerbe und im Dienstleistungsbereich zu überlagern. Im Jahr 2000 überstieg der Rückgang des realen Bruttoinlandsprodukts im Baugewerbe mit -9,7% den Zuwachs im verarbeitenden Gewerbe von 8,3%.[86] Hierin spiegelte sich in gewisser Weise die Struktur der Investitionen seit 1991 wider (vgl. Abbildung 4.3.-1), zugleich aber auch die Tatsache, dass der neu geschaffene Kapitalstock gegenüber dem veralteten Kapitalstock der DDR vor allem eine Modernisierung und Umstrukturierung bedeutete, weniger jedoch eine wirkliche Erweiterung der Produktionsbasis.[87]

---

86 Angaben für Ostdeutschland ohne Berlin (IWH, *Wirtschaft im Wandel*, 7–8/2001, S. 164).
87 So hat sich von 1991 bis 1999 der Kapitalstock der Unternehmen (ohne Wohnungsvermietung) in den neuen Ländern um 73% erhöht, bei den Ausrüstungen sogar um 151%, während das Bruttoinlandsprodukt gerade mal das Niveau von 1989 erreicht hat (A. Müller, „Verbesserte Produktionsmöglichkeiten bei unveränderten Absatzproblemen – Die Zeit in Ostdeutschland drängt", in: *ifo Schnelldienst*, 54. Jg. (2001) 3, S. 35).

Der für einen selbsttragenden Aufschwung besonders wichtige „industrielle Kern" der ostdeutschen Wirtschaft ist hinsichtlich seiner Kapitalausstattung nach wie vor unzureichend entwickelt und zieht, da „nur ungefähr jede zehnte Mark" der Investitionen in das Verarbeitende Gewerbe fließt, viel zu wenig und tendenziell „immer weniger Sachkapital auf sich".[88] Insgesamt wurden zwischen 1991 und 1999 im Verarbeitenden Gewerbe 201,5 Mrd. DM investiert, in der Spitze 25,4 Mrd. DM (1994), seit 1997 aber deutlich weniger, real sogar weniger als 1991, als es 19,0 Mrd. DM waren.[89]

Die Grafik 4.3.-1 veranschaulicht die Dynamik der Investitionen nach Branchen. Da nur Daten in jeweiligen Preisen zur Verfügung stehen, sind bei den hohen Wachstumsraten in den ersten Jahren große Preissteigerungsraten zu berücksichtigen. Bis einschließlich 1995 stiegen die Investitionen in fast allen Branchen; seitdem sind sie mehr (Baugewerbe) oder weniger stark (z.B. Handel/Verkehr) zurückgegangen, im Verarbeitenden Gewerbe um 22,7%.

Drittens geht aus einer Pro-Kopf-Betrachtung der Investitionstätigkeit hervor, dass die Investitionen je Einwohner in Ostdeutschland das westdeutsche Niveau erst von 1993 an überstiegen (s. Abbildung 4.3.-2). Dies war zwar auch dem niedrigen Ausgangsniveau geschuldet, bedeutete angesichts des erheblichen Rückstandes Ostdeutschlands bei der Kapitalausstattung gegenüber Westdeutschland zugleich aber eine erhebliche Verzögerung des wirtschaftlichen Aufholprozesses. Offensichtlich bedurfte es erst umfangreicher steuerlicher Anreize, damit sich westdeutsche Investoren in Ostdeutschland engagierten. Mit dem Auslaufen entsprechender Regelungen seit 1996 ging die Investitionstätigkeit im Osten wieder spürbar zurück. Trotzdem überstiegen die gesamtwirtschaftlichen Pro-Kopf-Investitionen in Ostdeutschland die in Westdeutschland 1999 noch immer um 24,2%.[90] Die Investitionen des Staates, die 1998 16% aller Investitionen ausmachten, betrugen dabei mehr als das Doppelte. Der Umfang der Investitionen in Unternehmen *ohne* Wohnbauten überstieg den westdeutschen Wert jedoch lediglich um 29,1%. Im Jahre 1995 waren es noch mehr als 45% gewesen. Dies macht deutlich, dass Ostdeutschland vor allem als Standort für öffentliche Investitionen zählte. Private Investitionen dagegen erfolgten nur dann in größerem Umfange, wenn sie großzügig subventioniert und durch zahlreiche Programme finanziell gefördert wurden. Mit der Einschränkung der Förderung ging die über den Zustrom externen Kapitals finanzierte Investitionstätigkeit sichtbar zurück. Die damit verbundenen Probleme und wirtschaftspolitischen Szenarien waren in der zweiten Hälfte der 90er Jahre Gegenstand einer lebhaft geführten Debatte.[91]

---

88 A. Müller, „Verbesserte ....", a.a.O., S. 30.
89 BMWi, *Wirtschaftsdaten neue Länder*, Juli 2001, S. 21 (nach ESVG 95).
90 Vgl. Ebenda, S. 22, eigene Berechnungen.
91 Vgl. DIW/IfW/IWH, *Gesamtwirtschaftliche...* Fünfzehnter Bericht, IWH-SH 2/1997; SVR, *Wirtschaftspolitik unter Reformdruck. Jahresgutachten 1999/2000*, a.a.O., S. 63ff.; R. Köd-

Aus all dem folgt, dass die Investitionen in Ostdeutschland in zweifacher Weise mit der Transferproblematik verbunden sind: *Zum einen*, indem ein beachtlicher Teil der seit 1990 vorgenommenen Investitionen als *öffentliche* Investitionen getätigt und damit direkt aus Transfermitteln bestritten wurde. *Zum anderen*, indem private Investitionen im Unternehmenssektor transferfinanziert direkt oder indirekt *gefördert* wurden. Fasst man beide Aspekte zusammen, so war das Investitionsgeschehen in Ostdeutschland *insgesamt* in weit höherem Maße transferbestimmt, als dies der Umfang der Investitionen des Staates zunächst vermuten lässt. Dies geht auch aus der regionalen Verteilung der Subventionen (Finanzhilfen und Steuervergünstigungen) hervor, woran die neuen Länder überproportional partizipierten, aber mit stark sinkender Tendenz. So entfielen 1995 noch 42% aller Subventionen auf Ostdeutschland, 1999 aber nur noch 30%. Absolut waren dies 26 Mrd. DM, davon 10 Mrd. DM Steuervergünstigungen und 16 Mrd. DM direkte Finanzhilfen.[92]

Einen besonderen Posten stellen in diesem Zusammenhang die Investitionen der Gebietskörperschaften dar. Diese, vor allem im Infrastrukturbereich angesiedelten Aufwendungen, beliefen sich 1999 mit ca. 27 Mrd. DM auf rund 14,5% des Gesamtumfangs der Anlageinvestitionen. Davon entfielen 59% (ca. 16 Mrd. DM) auf Sachinvestitionen der Länder und Gemeinden[93] und 41% (ca. 11 Mrd. DM) auf Investitionen des Bundes.[94] Unberücksichtigt bleibt dabei der auf Ostdeutschland entfallende Anteil der in öffentlichen Unternehmen (Bahn, Post, Telekom u. a.) getätigten Investitionen des Bundes.[95]

Etwa ein Drittel aller Anlageinvestitionen in Ostdeutschland entfallen momentan auf den Wohnungsbau, der stark subventioniert ist und vielfach von öffentlichen oder halböffentlichen Unternehmen durchgeführt wird. Auch dies muss, neben anderen Momenten, als eine Besonderheit Ostdeutschlands in der Gegenwart festgehalten werden.[96] Insofern weist auch die Struktur der auf Ostdeutschland entfallenden Subventionen Besonderheiten auf.

dermann, *Investitionen in Ostdeutschland: Struktur und steuerliche Förderung*, München 1996; G. Heimpold/J. Ragnitz, „Zur effizienten Ausgestaltung der Förderpolitik in den neuen Bundesländern", in: IWH, *Wirtschaft im Wandel*, 8/1996, S. 16–19; J. Ragnitz, „Die Zukunft der Ost-Förderung", in: *Wirtschaftsdienst*, 80. Jg. (2000) S. 225–229.
92 BBk, „Die Entwicklung der Subventionen in Deutschland seit Beginn der neunziger Jahre", in: *Monatsberichte*, 52. Jg. (2000) 12, S. 22f.
93 Diese Angabe versteht sich ohne Berlin. Mit Berlin waren es 16,9 Mrd. DM.
94 Ohne Eisenbahnen und Ausgaben laut IFG *Aufbau Ost* (BMF 2001).
95 Diese Investitionen sind von erheblichem Umfang: So wurden durch die Deutsche Reichsbahn bzw. die DB AG von 1991 bis 1998 35,3 Mrd. DM in Ostdeutschland investiert, durch die Telekom 47,8 Mrd. DM (BMWi, *Wirtschaftsdaten*..., a.a.O., S. 22).
96 Insgesamt gesehen ist die gewerbliche Wirtschaft, einschließlich Bergbau, der mit Abstand größte Subventionsempfänger in Deutschland. Hierauf entfielen 1990 49,1%, 1995 45,2% und 2000 49,8% (BMF, *Achtzehnter Subventionsbericht*, Berlin 2001, S. 15).

Tabelle 4.3.-2
Investive Ausgaben der NBL und Berlins 1992–2000 in Mrd. DM (€)

	1992	1993	1994	1995	1996	1997	1998	1999	2000
Neue Länder: Investive Ausgaben davon:	27,5	29,5	27,5	28,9	29,1	28,5	27,1	27,6 (14,1)	26,7 (13,7)
• Sachinvestitionen	3,9	4,1	4,6	4,6	4,4	4,1	4,1	4,2 (2,1) 7,0 (3,6)	4,3 (2,2)
• Zuweisungen an Gemeinden	8,5	8,5	6,5	7,5	7,4	7,6	7,4		6,5 (3,3)
Berlin: Investive Ausgaben davon:	6,7	5,9	5,2	6,3	6,1	5,5	5,3	4,8 (2,5) 0,9 (0,5)	4,3 (2,2)
• Sachinvestitionen	1,5	1,6	1,5	1,9	1,5	1,2	1,1		0,9 (0,5)
NBL und Berlin: Investive Ausgaben	34,2	35,4	32,7	35,2	35,2	34,0	32,4	32,4 (16,6)	31,2 (16,0)

Quelle: DIW, *Vierteljahresheft zur Wirtschaftsforschung*, 69 Jg. (2000) 2, S. 194–224; BMF, *Finanzbericht 2002*, a.a.O., S. 161; DIW, *Wochenberichte* 37/2001, S. 569–582, eigene Berechnungen.

Wie aus der Tabelle 4.3.-2 hervorgeht, sind die Investitionen der Länder und Kommunen seit 1993 bzw. 1995 (in lfd. Preisen) ständig gesunken. Am stärksten betrifft dies die kommunalen Investitionen. Die Investitionsausgaben des Bundes, woran Ostdeutschland überproportional partizipiert, wurden im Zuge der Haushaltskonsolidierung ebenfalls deutlich zurückgefahren, gegenüber 1995, wo sie mit 67,3 Mrd. DM ihren Höchststand erreicht hatten, auf 54,9 Mrd. DM im Jahr 2000.[97] Insgesamt dokumentiert sich in diesen Daten eine tendenziell abnehmende Bedeutung der Transferfinanzierung von Investitionen, eine Entwicklung, die sich nach Abschluss einer Reihe von Großprojekten beschleunigt fortsetzen wird.[98] In Anbetracht des Erreichens bestimmter Grenzen des staatlichen Engagements in der Wirtschaft und einer nachlassenden Effizienz der Investitionsförderung mag dies vom Prinzip her gerechtfertigt sein, für Ostdeutschland bedeutet es gleichwohl einen herben Rückschlag, denn „ohne staatliche Förderung kommt die ostdeutsche Wirtschaft ... bis auf weiteres nicht aus"[99]. Die Gründe dafür sind der nach wie vor zu verzeichnende Kapitalmangel ostdeutscher Unternehmen, ihre unzureichende Positionierung auf überregionalen Märkten sowie ihre Anfälligkeit gegenüber „den Widrigkeiten

---

97 BMF, *Finanzbericht* 2002, a.a.O., S. 57 und 61.
98 Vgl. P. Jäckel et al., „Ostdeutsche Industrie: Erneuter Investitionsrückgang nach Abschluss von Großprojekten", in: *ifo Schnelldienst* 53. Jg. (2000) 8, S. 3–8.
99 IWH, „Wirtschaftsförderung durch den Staat: die Grenzen sind erreicht", in: *Wirtschaft im Wandel*, 7/1998, S. 11.

der Konjunktur und des Wettbewerbs"[100]. Solange diese Tatbestände nicht beseitigt sind, muss die Förderpräferenz für die neuen Bundesländer grundsätzlich beibehalten werden, auch wenn die Förderung differenzierter und zielgerichteter, auf andere Schwerpunkte konzentriert, vorgenommen wird.

Insoweit die Finanzierung der Investitionen extern durch Transfers erfolgt, ist in entsprechendem Umfang kein Konsumverzicht nötig. Wegen der erhöhten Nachfrage in der Investitionsgüter produzierenden Industrie kann das Einkommen auch schon in der aktuellen Periode steigen. Letzteres kam jedoch in Ostdeutschland kaum zum Tragen, da die Produzenten der Investitionsgüter in d.R. nicht in Ost-, sondern in Westdeutschland ansässig waren. Für die Bewertung des mittel- und längerfristigen Effekts der Investitionssubventionierung ist deshalb zu prüfen, inwieweit die potenziellen positiven Wirkungen der Investitionsförderung durch Mitnahmeeffekte geschmälert wurden. Berechnungen des IWH[101] zufolge, war dies im Verarbeitenden

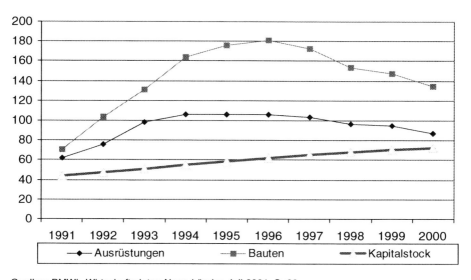

Abbildung 4.3.-2
Anlageinvestitionen und Kapitalstock je Einwohner in Ostdeutschland 1991–2000 in %, alte Länder = 100

Quellen: BMWi, *Wirtschaftsdaten Neue Länder*, Juli 2001, S. 20

100 Ebenda.
101 Vgl. G. Müller, „Wirkung der Investitionsförderung auf das Investitionsvolumen in den neuen Bundesländern", in: IWH, *Wirtschaft im Wandel*, 7/2000, S. 200–204.

Gewerbe im Durchschnitt nicht der Fall, kann aber wegen der starken Streuung der Fördersätze für die Unternehmen auch nicht gänzlich ausgeschlossen werden. Im Rahmen diverser Förderprogramme wurden von 1990 bis 2000 Investitionen im Umfang von rund 474 Mrd. DM angeschoben.[102] Dies entspricht rund einem Viertel aller Anlageinvestitionen. Gemessen am Volumen der Bruttotransfers von 1,8 Billionen DM verkörpern die kumulierten Kredit- bzw. Förderzusagen von 245 Mrd. DM jedoch nur einen verhältnismäßig geringen Umfang (vgl. Tabelle 4.3.-3).

Tabelle 4.3.-3
Investitionsförderung im ostdeutschen Unternehmenssektor[1] in Mrd. DM

	1990	1991	1992	1993	1994	1995	1996	1997	1998	1999	Ges.
Invest.-Zuschuß[2,7]	0,11	7,52	6,38	6,98	6,70	5,08	6,27	4,48	2,37[5]		45,9
Investitionszulage[3,7]	0	1,04	4,19	4,89	4,44	3,62	2,41	1,74	1,2[6]	1,2[6]	24,7
Sd.-Abschreibung[4,7]	0	3,36	4,90	6,30	7,10	9,10	9,50	6,82	3,50[5]		50,6
Kredite[2,7]	5,51	17,59	16,34	14,25	12,95	8,62	8,19	7,15	3,07[5]		93,7
Anlageinvestitionen insgesamt	34,5	100,4	139,9	167,1	200,5	207,5	205,8	199,5	187,7	186,1	1629,0

[1] ohne Wohnungsvermietung, jeweilige Preise; [2] Bewilligungen (ERP,KfW,DtA); [3] Auszahlungen; [4] Steuermindereinnahmen; [5] 1. Hj.
Quellen: [6] IWH-SH 2/2000, S.16; [7] 1990: IWH-SH 1/98, S. 143; 1991–97: IWH-SH 5/99, S. 52; IWH-SH 2/00, S.16

Auffällig ist in diesem Zusammenhang neben der sektoralen Struktur der Investitionen vor allem die Relation zwischen Ausrüstungs- und Bauinvestitionen. So entfielen zwischen 1991 und 2000 mehr als ein Viertel aller Investitionen in den neuen Bundesländern auf den Wohnungssektor.[103] Bis 1999 hatte sich das Volumen der Anlageinvestitionen nahezu verdoppelt, von 100,4 Mrd. DM auf 186,1 Mrd. DM (jeweilige Preise). Für den Sektor Wohnungsvermietung betrug der Zuwachs aber mehr als das Dreieinhalbfache, für alle anderen Bereiche hingegen jeweils nicht viel mehr als 50%.[104] Von ausschlaggebender Bedeutung für die wirtschaftliche Entwicklung Ostdeutschlands ist aber nicht das Volumen der Bauinvestitionen, sondern der Umfang der Ausrüstungsinvestitionen. Diese aber lagen, gemessen an Westdeutschland, zwischen 1990 und 1993 deutlich *unter* dem Vergleichswert, dann, von 1994 bis 1997, leicht darüber, und seit 1998 wieder darunter, mit sinkender Tendenz. Bezogen auf die gesamte Periode entwickelten sie sich somit nur unterproportional (vgl.

102 Vgl. BMWi, *Wirtschaftsdaten Neue Länder*, Juli 2001, S. 18.
103 A. Müller, „Aufholprozess der ostdeutschen Wirtschaft stagniert", in: *ifo Schnelldienst* 3/2000, S. 11.
104 Ebenda; A. Müller, „Verbesserte Produktionsmöglichkeiten ...", a.a.O., S. 30ff.

Tabelle 4.3.-4). Dies gilt insbesondere für das Verarbeitende Gewerbe, wo das Investitionsniveau (je Erwerbsfähigen) inzwischen sogar wieder unter das Niveau des Jahres 1992 gesunken ist.[105]

Tabelle 4.3.-4
Anlageinvestitionen und Kapitalstock je Einwohner in Ostdeutschland in % (Westdeutschland = 100)

	1991	1992	1993	1994	1995	1996	1997	1998	1999	2000
Investitionen										
- Ausrüstungen[1]	62,3	76,1	98,6	106,2	105,9	105,7	103,1	96,5	94,9	87,2
- Bauten	70,3	103,1	131,0	164,1	175,7	180,7	172,8	153,2	147,3	134,7
Kapitalstock[2]	44,3	47,6	51,2	54,8	58,4	62,0	65,5	68,4	70,7	72,5

[1] Investitionen in neue Ausrüstungen und sonstige Anlagen, nach ESVG 1995, jeweilige Preise
[2] Ohne Wohnungsvermietung, in Preisen von 1991
Quelle: BMWi, Wirtschaftsdaten neue Länder, Juli 2001, S. 20

Demgegenüber überstiegen die ostdeutschen Bauinvestitionen seit 1992 kontinuierlich das Niveau Westdeutschlands. Bis 1995 gab es hier, angeregt durch steuerliche Subventionen, sowohl absolut als auch je Einwohner ein ausgesprochen starkes Wachstum, danach ein deutliches Abflachen bei den Unternehmen und beim Staat und nur noch eine leichte Steigerung im privaten Wohnungsbau. Seit 1997 jedoch sind auch hier, und damit insgesamt, die Investitionen stark rückläufig.[106] Die Rezession der ostdeutschen Bauwirtschaft erweist sich somit vor allem als eine Folge der gedrosselten Bauaktivität des Staates und der Unternehmen. Der Rückgang im privaten Bereich ist dagegen eher von sekundärer Bedeutung und teilweise auch demographisch bedingt.

Die Investitionstätigkeit findet ihren Niederschlag im gesamtwirtschaftlichen Wachstum. In Ostdeutschland liegt die Wachstumsrate des realen Bruttoinlandsprodukts *ohne* Baubranche seit 1995 über der gesamtwirtschaftlichen Rate, was darauf hindeutet, dass der Bausektor inzwischen als Wachstumsmotor vom Verarbeitenden Gewerbe abgelöst worden ist. Dieser „Stabwechsel" vollzog sich jedoch vor dem Hintergrund einer sich insgesamt stark abschwächenden Dynamik, welche im ersten Halbjahr 2001 in eine Rezession mündete. Die massive staatliche Förderung der Bautätigkeit ließ sich, trotz vergleichsweise hoher Mitnahmeeffekte, wovon beim Baugewerbe als einer Branche mit regionaler Absatzorientierung auszugehen ist[107],

---

105 Vgl. Arbeitsgruppe Alternative Wirtschaftspolitik, *Memorandum 2000*, Köln 2000, S. 167.
106 Vgl. StBA, *WiSoLa. Tabellensammlung*, 2/1999, S. 204–211.
107 V. Dietrich et al., *Wechselbeziehungen ... Abschlußbericht*, a.a.O., S. 15.

zumindest zeitweise durch den hohen Nachholbedarf rechtfertigen. Das bis heute fortbestehende strukturelle Missverhältnis zwischen Bau- und Ausrüstungsinvestitionen hingegen, ist nicht zu rechtfertigen. Hier wurde ganz offensichtlich in der zweiten Hälfte der 90er Jahre der anstehende Strategiewechsel verpasst! Allerdings legt die seither zu beobachtende Entwicklung auch den Schluss nahe, dass hier zu einseitig und entschieden zu wenig auf eine selbsttragende wirtschaftliche Entwicklung bedacht gefördert worden ist. So sind heute neben einer „massiven Fehllenkung von Kapital"[108] im Ergebnis der Wirtschaftsförderung zugleich immer noch erhebliche Defizite festzustellen, die sich nur mit Hilfe weiterer Fördermaßnahmen und Investitionsprogramme beseitigen lassen. Der Schwerpunkt dieser Programme müsste jedoch, im Unterschied zur vorangegangenen Förderung, beim Verarbeitenden Gewerbe und im Dienstleistungsbereich liegen.

In modernen Industriegesellschaften hängt das wirtschaftliche Wachstum entscheidend von der Produktivitätsentwicklung ab. Die gesamtwirtschaftliche Produktivität einer Volkswirtschaft wird in d.R. als Quotient aus realem Bruttoinlandsprodukt und der Anzahl der Erwerbstätigen gemessen. Ihre Entwicklung lässt sich daher gedanklich in zwei Komponenten aufspalten: die Veränderung der Beschäftigung und die der Wertschöpfung. Die Produktivität steigt immer dann, wenn die Wertschöpfung stärker steigt (oder weniger sinkt) als die Beschäftigung. Eine Verringerung der Beschäftigung wirkt mithin, selbst bei stagnierender Produktion, produktivitätssteigernd, wenn die verbleibenden Arbeitskräfte produktiver sind als die entlassenen, sei es, weil sie fähiger sind, oder weil sich nunmehr der Kapitalstock auf weniger Arbeitende aufteilt. Es ist aber auch üblich, die gesamtwirtschaftliche Produktivität durch die Gegenüberstellung von Bruttoinlandsprodukt und Gesamtbevölkerung bzw. Zahl der Erwerbs*fähigen*[109] zu messen. In letzterem Fall wären Ausmaß und Veränderung der Unterbeschäftigung von erheblicher Bedeutung für den Ausweis der Produktivität. Dies gilt besonders für den Ost-West-Vergleich, da die Unterbeschäftigungsquote im Osten mehr als doppelt so hoch ist wie im Westen. Die gesamtwirtschaftliche Produktivität Ostdeutschlands betrug 1999, bezogen auf die Erwerbsfähigen, 56% des westdeutschen Niveaus (auf konstanter Preisbasis 1995), bezogen auf die Erwerbstätigen aber waren es 66,6% bzw., im Jahr 2000, sogar 69,0%.[110] Bezogen auf die Bevölkerung (je Einwohner) erreichte die Produktivität im Jahr 2000 61,1% des westdeutschen Vergleichswertes.

---

108 H.-W. Sinn, „Zehn Jahre ...", a.a.O., S. 15.
109 Im Unterschied zu den (tatsächlich) Erwerbstätigen erfasst der Begriff der Erwerbsfähigen das Arbeitskräftepotenzial, das heißt die Personen im Alter von 15 bis unter 65 Jahren.
110 Vgl. BMWi, *Wirtschaftsdaten Neue Länder*, Juli 2000, S. 3.

Weil die Produktivität die entscheidende Grundlage für die Einkommensentwicklung bildet, ist ihre Erhöhung und Angleichung an westdeutsches Niveau die wichtigste Voraussetzung für die angestrebte und im *Grundgesetz* postulierte Gleichwertigkeit der Lebensverhältnisse. Auch würde die Konvergenz des Produktivitätsniveaus zur Unabhängigkeit Ostdeutschlands von Transferleistungen führen. Da das Lebensniveau sich aber auf die gesamte Bevölkerung bezieht, muss die Produktivität auch pro Kopf wachsen. Dies ist durch Technologieverbesserungen – sprich: Investitionen in neue Anlagen – möglich, das heißt durch eine Erhöhung der Kapitalproduktivität, des Humankapitals und der totalen Faktorproduktivität. Hierzu können Transfers durch die Verbesserung der Infrastruktur, die Erhöhung der Kapitalintensität, die Stärkung von Forschung und Entwicklung, der Humankapitalbildung etc. durchaus einen positiven Beitrag leisten. Da der Einfluss der Branchenstruktur auf das Produktivitätsniveau von untergeordneter Bedeutung ist[111], kann man die Frage nach den Produktivitätswirkungen der Transferleistungen auf die beiden Produktionsfaktoren Arbeit und Kapital fokussieren.

In Ostdeutschland war die Veränderung der Produktivität zunächst rein rechnerischer Art: Das Bruttoinlandsprodukt schrumpfte von 1989 bis 1991 um mehr als ein Drittel, die Beschäftigung aber nur um ein Viertel, so dass die Produktivität, als der Quotient beider Größen, sank (s. Abbildung 4.3.-3). Dabei drückte die rechnerische Zuordnung der Kurzarbeiter zu den Erwerbstätigen den Wert zusätzlich nach unten.[112] Durch – zum größten Teil transferfinanzierte – Maßnahmen zur Entlastung des Arbeitsmarktes und die Ausdehnung der bundesdeutschen Arbeitslosenversicherung auf Ostdeutschland wurde das Arbeitsangebot dann deutlich gesenkt und die Entlassung von Arbeitskräften formal hinausgezögert bzw. durch entsprechende Maßnahmen, wie die Vorruhestandsregelung und die vorgezogene Verrentung, sozial verträglich gestaltet.

Seit 1992 stieg die gesamtwirtschaftliche Produktivität kontinuierlich an, wobei der Beschäftigungsrückgang hierauf nur noch einen geringen Einfluss hatte. Dabei ist jedoch nach Branchen zu differenzieren:

Im *Verarbeitenden Gewerbe* beruhte der Produktivitätsanstieg bis 1993 hauptsächlich auf der drastischen Reduzierung des Arbeitseinsatzes. Ab 1994 überwog dann die Zunahme der Produktion, während sich der Beschäftigungsabbau verlangsamte. Insgesamt fand hier auch der stärkste Produktivitätsanstieg relativ zu West-

---

111 Vgl. Dietrich et al., *Wechselbeziehungen* ... Abschlußbericht, a.a.O., S. 95ff.
112 Dieser Aspekt ist für den Ausweis der Produktivität von enormer Bedeutung, da die Zahl der Kurzarbeiter im ersten Halbjahr 1991 1.899.000 Personen, und damit 25,6% der Erwerbstätigen, erfasste (IAB; Europäische Kommission (Hg.), *Beschäftigungsobservatorium Ostdeutschland*, 1/1992, S. 2).

Abbildung 4.3.-3
Bruttoinlandsprodukt, Produktivität und Beschäftigung 1989–1998

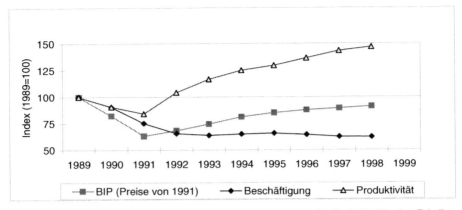

Quellen: HBS, Wirtschaftsbulletin Ostdeutschland, 6. Jg. (1996) 4, S. 43; StBA, WisoLa. Tabellensammlung, 2/1999; IWH, Wirtschaft im Wandel, 7–8/2001

deutschland statt, wobei die Angaben dazu, sofern sie 1991 als Ausgangsjahr wählen, einen kräftigen Basiseffekt einschließen (vgl. Tabelle 4.3.-5). Der Fortschritt ist hier, im Unterschied zu anderen Branchen, auch in der realen Betrachtung kaum geschmälert, da das Ost/West-Verhältnis der Outputpreise wegen der Handelbarkeit der meisten Güter seit 1992 in etwa konstant ist. Die Konzentration der Förderinstrumente mit dem höchsten Subventionswert (Investitionszulage, GA-Zuschuss) vor allem auf diesen Bereich hat trotz nicht auszuschließender Mitnahmeeffekte nicht unerheblich zu dem Produktivitätswachstum beigetragen. Obwohl das Bruttoanlagevermögen der Unternehmen 1998 zu 70% aus neuen Anlagen bestand, blieb die Entwicklung der Arbeitsproduktivität weit hinter den Erwartungen zurück. Die Gründe dafür sind vielfältig, unter anderem aber dürften die niedrige Kapitalintensität[113], eine ungünstige Betriebsgrößenstruktur sowie Absatzprobleme und Infrastrukturmängel dafür den Ausschlag geben.[114]

---

113 Vgl. dazu J. Ragnitz et al., Produktivitätsunterschiede und Konvergenz von Wirtschaftsräumen, in: IWH-SH 3/2001, S. 72ff.
114 Zur Diskussion der Gründe für den Produktivitätsrückstand vergleiche ferner: K.-H. Paqué, „Produktivität in Ostdeutschland", in: Magdeburger Wissenschaftsjournal, 2/1998, S. 27–37; J. Ragnitz, „Warum ist die Produktivität ostdeutscher Unternehmen so gering?", in: Konjunkturpolitik, 45. Jg. (1999) 3, S. 165–187; ders., „Produktivitätsrückstand der ostdeutschen Wirtschaft", in: Wirtschaft im Wandel, 7–8/2001, S. 181–189.

Tabelle 4.3–5
Arbeitsproduktivität[1] in der ostdeutschen Wirtschaft[2] (Westdeutschland[3] = 100)

	1991	1992	1993	1994	1995	1996	1997	1998	1999	2000
Insgesamt	34,6	48,3	59,5	64,3	65,1	67,1	67,7	67,3	67,5	68,5
Produzierendes Gewerbe ohne Bau	24,1	34,8	47,8	53,4	56,5	63,6	65,7	67,2	68,9	71,0
- Verarbeitendes Gewerbe	18,0	27,9	39,1	46,3	49,8	54,4	58,2	60,5	62,9	64,9
Baugewerbe	49,4	62,5	70,2	79,4	80,0	82,1	79,7	72,7	71,1	68,5
Handel, Gastgewerbe, Verkehr	43,1	57,0	65,9	69,0	66,7	67,5	66,9	67,0	67,1	66,6
Finanzierung, Vermietung, Unternehmensdienstleister	30,0	40,7	55,4	60,9	63,2	65,8	68,1	69,2	70,0	73,4
Öffentliche u. private Dienstleister	54,3	67,9	76,1	80,0	81,3	82,1	82,9	81,5	81,2	83,1

[1] Bruttowertschöpfung je Erwerbstätigen in jeweiligen Preisen; [2] ohne Berlin; [3] einschließlich Berlin
Quelle: IWH, *Wirtschaft im Wandel*, 7–8/2001, S. 182

Im *Dienstleistungssektor* war der Produktivitätszuwachs weniger stark als im Verarbeitenden Gewerbe (s. Tabelle 4.3.-5). Hier kam es durch die Liberalisierung und die Nachfragewirkungen der Transferzahlungen zu einer absoluten und relativen Ausdehnung der Produktion, die aber durch den starken Anstieg der Preise erheblich gedämpft wurde.[115] Die Annäherung des Preisverhältnisses zwischen Dienstleistungen und Gebrauchsgütern an das westdeutsche Niveau kann folglich zumindest teilweise auf Transferzahlungen zurückgeführt werden. Das relativ niedrige Produktivitätsniveau hat seine Ursache aber auch in der Zweigstruktur des ostdeutschen Dienstleistungssektors, da die wertschöpfungsintensiven, produktionsnahen Dienstleistungen wegen des relativ geringen Anteils des Verarbeitenden Gewerbes an der gesamten Wertschöpfung in der ostdeutschen Branchenstruktur (15,2% gegenüber 24,6% im Westen[116]) nur verhältnismäßig schwach vertreten sind. Kontraproduktive Wirkungen der Transferleistungen auf die Produktivität haben sich jedoch dort ergeben, wo durch Subventionen das Einsatzverhältnis der Produktionsfaktoren verzerrt worden ist. In solchen Fällen blieben die Transfers ohne nachhaltige Wir-

---

115 Nach Berechnungen von Paqué erhöhte sich die Produktivität im Dienstleistungssektor nur wenig und holte demnach gegenüber Westdeutschland kaum auf. Seit 1995 stagniert die Angleichung an das westdeutsche Niveau vollends; die erreichte Steigerung erwies sich dabei als ausschließlich nominell. In Preisen von 1991 gerechnet ergibt sich sogar ein Rückgang, d.h. die realen Steigerungen wurden durch Preiserhöhungen überkompensiert (vgl. K.-H. Paqué, a.a.O.).
116 BMWi, *Wirtschaftsdaten Neue Länder*, Juli 2001, S. 5 (Angaben für 2000, jeweils ohne Berlin).

kungen auf das Produktionspotenzial und erfüllten allenfalls eine kurzfristige, möglicherweise *soziale* Zielsetzung.[117]

Wie die Daten belegen, stagniert der Konvergenzprozess seit 1996 nicht nur beim Wachstum, sondern auch bei der Produktivität. Für eine Beschleunigung müssten vor allem technologie- und kapitalintensive Produktionszweige stärker gefördert werden. Die Förderung von Forschung und Technologie machte aber von 1991 bis 1999 gerade mal 1,7% der Bruttotransferzahlungen des Bundes aus. Die kumulierten Fördermittel vom BMWi und vom BMBF für Forschung, Technologie und Innovation betrugen von 1990 bis 1998 5,4 Mrd. DM.[118] Eine Verstärkung der Förderung in diesem Bereich wäre mittel- bis langfristig die beste Investitions- und Beschäftigungsförderung.

Ein dynamisches und nachhaltiges Wirtschaftswachstum ist für einen selbsttragenden Aufschwung in Ostdeutschland eine notwendige Voraussetzung; seine Beförderung mithin erklärtes Hauptziel der Wirtschaftspolitik. Wie die Daten in Tabelle 4.3.-6 erkennen lassen, verzeichnete das Wirtschaftswachstums in Ostdeutschland seit 1990 jedoch keine durchweg stabile und dynamische Entwicklung. Es ist auch keine Tendenz erkennbar, die dies für die Zukunft erwarten ließe.

Transferzahlungen können das Wachstum theoretisch, je nach Verwendungszweck, über Angebot und Nachfrage beeinflussen: *qualitativ* über Nachfragewirkungen und Verschiebungen in der Produktionsstruktur bzw. angebotsseitig, durch die Subventionierung von Produktionsfaktoren; *quantitativ* über eine das Produktionspotenzial und die Produktivität erhöhende Verwendung des Sozialprodukts, also über Investitionen in Sach- und Humankapital bzw. die Schaffung von Incentives für solche, durch Investitionszulagen, Sonderabschreibungen, Kreditsubventionierung, Eigenkapitalhilfen u.a.m. Auch die von der *Treuhandanstalt* gehandhabten Kaufpreisnachlässe bei der Privatisierung staatlicher Unternehmen gehörten dazu. Maßnahmen zur Beschleunigung des technischen Fortschritts und zum Aufbau der Infrastruktur sind ebenfalls auf die Erhöhung der Produktivität gerichtet. Desgleichen die qualitative Verbesserung des Arbeitsangebotes.

Die Transfers für konsumtive Zwecke machen den größten Teil der Gesamttransfers aus. Sie erhöhen unmittelbar das verfügbare Einkommen und wirken dadurch verstärkend auf die Nachfrage, auch nach ostdeutschen Produkten. Der dem zugrunde liegende Wirkungszusammenhang lässt sich anhand eines einfachen Modells auf-

---

117 Vgl. H. Schneider et al., *Die Effizienz der Arbeitsmarktpolitik in den neuen Bundesländern – Eine Bilanz der Vergangenheit und Ansätze für künftige Reformen*, IWH-SH 3/2000, S. 105ff.
118 DIW, *Vierteljahresheft zur Wirtschaftsforschung*, 69. Jg. (2000) 2, S. 278.

Tabelle 4.3.-6
Bruttoinlandsprodukts und Bruttowertschöpfung in Ostdeutschland 1990–2000 in Mrd. DM bzw. %

	1990	1991	1992	1993	1994	1995	1996	1997	1998	1999[2]	2000[2]
BIP, Mrd. DM[1]	267,7	206,0	222,1	242,8	266,2	280,1	285,5	290,2	297,6	-	-
Wachstumsrate[1]	-17,9	-22,9	7,8	9,3	9,6	4,4	3,2	1,7	2,0	-	-
Wachstumsrate[2]	k.A.	k.A.	11,7	19,1	11,3	5,0	2,5	1,0	0,7	1,4	1,1
BWS, Mrd. DM[2]	k.A.	256,8	281,4	315,3	350,8	367,9	381,1	387,5	393,0	399,4	406,3
Wachstumsrate[3]			9,5	12,0	11,3	4,9	3,6	1,7	1,4	1,6	1,7
- LFW[4]			-19,8	35,6	-12,3	13,1	3,5	6,5	10,4	3,7	-0,6
- Prod. Gewerbe[5]			-5,8	14,6	12,3	6,4	9,2	3,9	3,9	2,7	7,5
- dar.: V.G.			1,3	19,6	20,8	8,5	7,5	9,3	5,5	3,3	8,3
- Baugewerbe			31,6	17,2	22,4	2,6	-1,5	-3,8	-10,5	-4,3	-9,7
- Handel u.a.[6]			16,7	13,1	10,8	2,5	1,9	0,7	3,6	2,7	1,5
- Finanzierung[7]			10,0	17,0	13,7	10,8	8,0	7,2	7,2	5,0	5,0
- öff. u. priv. DL			17,0	3,8	6,0	2,3	1,4	-0,4	-0,2	0,1	0,8

[1] Preisbasis 1991, NBL und Berlin/Ost, nach VGR; [2] nach ESVG, Preisbasis 1995, NBL ohne Berlin; [3] Wachstumsrate BWS, Veränderung zum Vorjahr in %; [4] Land-, Forstwirtschaft, Fischerei; [5] ohne Baugewerbe; [6] Handel, Gastgewerbe, Verkehr; [7] Finanzierung, Vermietung, Unternehmensdienstleister.
Quellen: BMWi, *Wirtschaftsdaten Neue Länder*, div. Ausgaben; HBS, *Wirtschaftsbulletin Ostdeutschland*, 6. Jg. (1996) 4, S. 43; Arbeitskreis VGR der Länder (2001)

zeigen.[119] Danach bewirkt die transfergestützte Nachfrage, sofern bestimmte Voraussetzungen gegeben sind, durch die Schaffung neuer bzw. die Erhöhung der Auslastung bestehender Kapazitäten und/oder durch Preissteigerungen eine Mehrproduktion nicht gehandelter Güter (Dienstleistungen, Bauleistungen u.a.). Der Einfluss der Nachfrage auf die Angebotsstruktur besteht dabei darin, dass sich, ausgehend von einem Gleichgewichtszustand, durch die Transferzahlungen die Produktionsstruktur in der Empfängerregion zugunsten nicht gehandelter Güter verschiebt, während die Mehrnachfrage nach handelbaren Gütern kurzfristig durch Importe gedeckt werden kann. Da die Anpassung der Produktionskapazitäten an die veränderte Nachfragestruktur Zeit benötigt, beginnt sie erst ab einer gewissen Dauerhaftigkeit des Transferstromes. Eine *absolute* Schrumpfung der Produktion handelbarer Güter kann dabei nur durch ein Wachstum des Produktionspotenzials vermieden werden, welches die Wirkung der Transferzahlungen überkompensiert. Dies setzt jedoch voraus, dass die Transfers entweder direkt wachstumsfördernd verwendet werden oder dazu geeignet sind, endogene Wachstumspotenziale zu unterstützen.

---

119 Zum theoretischen Ansatz und Modell: vgl. V. Dietrich et al., *Wechselbeziehungen* ..., a.a.O., S. 107ff.

Für Ostdeutschland ist davon auszugehen, dass schon in der Ausgangssituation kein Gleichgewicht bestand, sondern ein Nachfrageüberhang bei nicht handelbaren Gütern und Dienstleistungen existierte. Die Annahmen o.g. Modells sind deshalb in der Praxis als nicht erfüllt anzusehen; der tatsächliche Wirkungsablauf war etwas anders. Dabei bewirkte die Aufhebung der angebotsseitigen Beschränkungen bei Preisen und privatem Unternehmertum *an sich* schon eine Ausweitung des Angebots entsprechender Güter. Die Einkommenserhöhung durch die Transfers kam verstärkend hinzu, so dass die entsprechenden Branchen besonders Anfang der 90er Jahre ein hohes Wachstum verzeichneten: Der Anteil der Dienstleistungen an der Bruttowertschöpfung lag 1991 in Ost- bzw. Westdeutschland bei 22,8 bzw. 32,3%, 1998 bei 27,7 bzw. 39,2% (Preise von 1991) bzw. bei 33,1 bzw. 40,2% (in laufenden Preisen).[120] Mehr als die Hälfte des in Prozentpunkten gemessenen Strukturwandels bzw. relativen Wachstums ging dabei also auf, im Verhältnis zu Westdeutschland *und* zu anderen Branchen, überproportionale Preissteigerungen zurück. Eine quantitative Abgrenzung der Transferwirkungen von denen der Liberalisierung auf die Preisentwicklung und die Produktion ist aber nicht möglich, zumal sich hier, im Unterschied zum Modell, zwei Effekte überlagern. Ihr Vorzeichen kann aber nur positiv sein.

Eine hemmende Wirkung von Preissteigerungen auf das Wachstum ergibt sich grundsätzlich angebotsseitig für Unternehmen bzw. Zweige, die nicht gehandelte Güter als Produktionsinput verwenden. Andererseits muss aber auch gesehen werden, dass außer dem Preis häufig auch die Qualität der Dienstleistungen gestiegen ist, ein Effekt, der sich, im Gegensatz zu ersterem, jedoch kaum messen lässt. Im Fazit ist eine starke Expansion des Dienstleistungssektors und des Baugewerbes festzustellen, beides Branchen mit einer überwiegend regionalen Absatzorientierung. Gemessen am Grad der Angleichung Ostdeutschlands an Westdeutschland scheint der Strukturwandel hier aber noch nicht abgeschlossen zu sein: so reduzierte sich der Unterschied bei Dienstleistungen (in laufenden Preisen) von 1991 bis 1997 von 10 auf 7 Prozentpunkte, das durchschnittliche Indexwachstum betrug hingegen 10 Prozentpunkte. Wie für die Dienstleistungen, so gilt auch für das Baugewerbe, dass sowohl der Nachholbedarf als auch die Einkommenstransfers expandierend gewirkt haben. Verstärkend kam hinzu, dass auch spezielle Fördermaßnahmen (öffentliche Infrastruktur, Förderung durch Zuschüsse und Sonderabschreibungen) transferfinanziert waren. Der seit Mitte der 90er Jahre zu verzeichnende starke Rückgang der Bauproduktion ist folglich sowohl Ausdruck einer Anpassung an „normale" Größenordnungen nach eingetretener Sättigung als auch Folge der abrupten Rückführung der transferfinanzierten Förderung, insbesondere der Steuersubventionen. Hinzu kommen

---

120 StBA, *WisoLa. Tabellensammlung* ..., a.a.O., 2/1999, S. 204ff.

Migrationsprozesse, wodurch insbesondere im Wohnungsbau Überkapazitäten entstanden sind, die einer weiteren Expansion des Baugewerbes im Wege stehen.

Der Bereich *Verkehr und Nachrichtenübermittlung* wuchs bis 1994 mit hohen, danach aber abnehmenden Raten. Hier wirkten transferfinanzierte Infrastrukturinvestitionen zunächst wachstumsfördernd, nach 1994 nahm die Wachstumsrate aufgrund eines zunehmenden Sparzwangs bei den Gebietskörperschaften jedoch spürbar ab (vgl. Abbildung 4.3.-4).

Insgesamt betrachtet hatte das *Verarbeitende Gewerbe* mit einem Rückgang der Produktion zwischen 1989 und 1991 um mehr als zwei Drittel von allen Branchen den stärksten Einbruch erlitten. Aufgrund seiner Rolle als Motor des technischen Fortschritts und der Produktivität wurde diese Branche aber, neben dem Bau, auch am stärksten gefördert. Seit 1992 wächst sie kontinuierlich, mit im Zeitablauf zunehmenden Raten. Dieses Wachstum vollzieht sich allerdings derzeit immer noch auf einer recht schmalen Basis. Hierin dokumentiert sich aber nicht zuletzt, direkt und indirekt, auch die Wirkung entsprechender Transferleistungen, insbesondere die längerfristig angelegter und auf eine nachhaltige und stabile Entwicklung orientierter Investitionen.

Abbildung 4.3.-4
Bruttowertschöpfung in den NBL nach Branchen 1991–1998

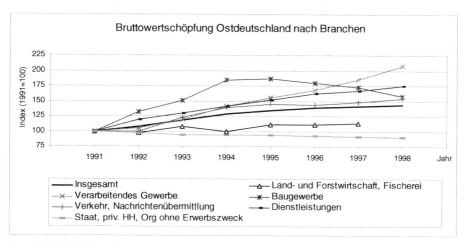

Quelle: BMWi, *Wirtschaftsdaten Neue Länder*, März 2000, S. 3 (VGR, Preisbasis 1991)

4.4. Infrastruktur

Eine besonders nachhaltige Wirkung verzeichnen die Transferleistungen in Bezug auf die Infrastruktur, einen Bereich, der zudem einen hohen und zugleich langfristigen Transferbedarf aufweist. Dies ist einerseits darauf zurückzuführen, dass die Infrastruktur in der DDR, obwohl deren Bedeutung für eine moderne und am technischen Fortschritt ausgerichtete Produktion durchaus erkannt worden war[121], nur ungenügend entwickelt worden ist und sich Ende der 80er Jahre in einem maroden Zustand befand. Andererseits aber auch wegen der außerordentlichen Relevanz der Infrastruktur für die Attraktivität Ostdeutschlands als Wirtschaftsstandort. In diesem Zusammenhang ist es vor allem die wirtschaftsnahe bzw. unternehmensorientierte Infrastruktur, die als Grundvoraussetzung wirtschaftlicher Aktivität und als Faktor der wirtschaftlichen Entwicklung anzusehen ist.[122]

1990 war die Infrastrukturausstattung der neuen Bundesländer in allen Bereichen geringer als im Altbundesgebiet. Besonders hoch war der Nachholbedarf bei der Telekommunikation und der Abwasserbeseitigung. Die Infrastrukturintensität[123] Ostdeutschlands wurde 1990 insgesamt auf 38,8% des westdeutschen Niveaus veranschlagt[124], im Bereich Nachrichtenübermittlung auf 10,1%, im Bereich Verkehr auf 43,3%. Hieraus wurde ein Konvergenzbedarf von mehr als 600 Milliarden DM, verteilt auf zwei bis drei Jahrzehnte, abgeleitet.[125] Ein schneller Ausgleich des Rückstandes bei der Ausstattung mit Infrastrukturgütern, insbesondere Kommunikations- und Verkehrsnetzen sowie Ver- und Entsorgungseinrichtungen, ist eine wichtige Voraussetzung für eine Annäherung der Wirtschaftskraft Ostdeutschlands an westdeutsches Niveau. Denn *erstens* fungiert die öffentliche Infrastruktur anerkanntermaßen als „Schmiermittel" und wichtiger, produktivitätssteigernder Inputfaktor für den privaten Unternehmenssektor. *Zweitens* schafft der Ausbau der Infrastruktur in der Region, insoweit als dort ansässige Unternehmen Aufträge erhalten, Arbeitsplätze und

---

121 So betonten beispielsweise Helmut Koziolek u.a. Autoren, dass „eine leistungsfähige Infrastruktur unerlässliche Bedingung für die Durchsetzung der umfassenden Intensivierung" sei und wesentliche Grundlage für die Durchführung der „Hauptaufgabe in ihrer Einheit von Wirtschafts- und Sozialpolitik" (H. Koziolek/W. Ostwald/H. Stürz, *Reproduktion und Infrastruktur*, Berlin 1986, S. 29 und 35).
122 Die wirtschaftsnahe Infrastruktur umfasst die sachkapital- und die humankapitalorientierte Infrastruktur. Daneben gibt es die nicht wirtschaftsnahe oder haushaltsorientierte Infrastruktur, wozu Gesundheitseinrichtungen und soziale Einrichtungen i.w.S. gehören.
123 Hierunter wird das Bruttoanlagevermögen im Infrastrukturbereich im Verhältnis zum Erwerbspersonenpotenzial verstanden.
124 S. Bach/M. Gornig/F. Stille/U. Voigt, *Wechselwirkungen zwischen Infrastrukturausstattung, strukturellem Wandel und Wirtschaftswachstum*, Berlin 1994, S. 39.
125 Vgl. dazu DIW/ifo/IWH/RWI/IfLS, *Solidarpakt II – Infrastrukturelle Nachholbedarfe ...*, a.a.O.

Einkommen. *Drittens* ist die Erweiterung der Verkehrs- und Kommunikationswege eine notwendige Voraussetzung, damit Ostdeutschland seine Brückenfunktion nach Mittel- und Osteuropa wahrnehmen und die sich mit der Osterweiterung der *Europäischen Union* bietenden Chancen für sich auch nutzen kann. Darüber hinaus sind viele Maßnahmen, wie die Restaurierung historischer Stadtkerne, die Instandsetzung und der Neubau von Verkehrswegen, der Ausbau von Kultur-, Bildungs- und Freizeiteinrichtungen u.a.m., öffentlichkeitswirksam und unterstützen insofern die Akzeptanz der deutschen Einheit bei der Bevölkerung.

Grundsätzlich stehen für die Erneuerung und Erweiterung der Infrastruktur verschiedene Finanzierungsquellen zur Verfügung: Steuern, Gebühren, Mittel aus dem Verwaltungshaushalt, also öffentlicher Konsumverzicht, ferner Kredite sowie Transferzahlungen. Aufgrund der, gleichzeitig zum hohen Bedarf, außerordentlich schwachen Finanzkraft der ostdeutschen Gebietskörperschaften[126] kam den öffentlichen Finanztransfers, neben der Kreditaufnahme, die größte Bedeutung bei der Finanzierung des Ausbaus der Infrastruktur zu.[127]

Die Erneuerung der Infrastruktur Ostdeutschlands hat 1990 mit viel Schwung begonnen. Bereits in den ersten Jahren wurden erhebliche Mittel in den Ausbau infrastruktureller Einrichtungen investiert, bis 1995 ca. 175 Mrd. DM. Finanziert wurden diese Investitionen zu 83,7% aus öffentlichen Mitteln.[128] Geht man von einer positiven Korrelation zwischen Infrastrukturinvestitionsausgaben und Wirtschaftwachstum aus, so dokumentiert sich hierin die hohe Verantwortung des Staates bei der Überwindung der Benachteiligung Ostdeutschlands als Wirtschaftsstandort. In der zweiten Hälfte der 90er Jahre wurde diese Entwicklung fortgesetzt, aber auf einem deutlich niedrigeren Niveau. Bis 1998 beliefen sich die Infrastrukturinvestitionen des Staates[129] auf schätzungsweise 227 Mrd. DM[130] (in laufenden Preisen). Träger der Finanzierung waren vor allem der Bund und die Kommunen: Die Bruttotransferleistungen des Bundes für den Infrastrukturausbau betrugen im Zeitraum 1991 bis 1998 184,4 Mrd. DM. Die eigenfinanzierten Nettoausgaben der ostdeutschen Kommunen, d.h. die investive Ausgaben abzüglich Investitionszuweisungen und -zuschüsse, aber inklusive Kreditfinanzierung, die von 1991 bis 1997 durchschnitt-

---

126 Die originäre Finanzkraft der neuen Bundesländer lag 1998 bei 34% des westdeutschen Niveaus (vgl. DIW/IfW/IWH, *Gesamtwirtschaftliche... Kurzexpertise*, a.a.O., in: IWH-SH 2/2000, S. 24f.).
127 Vgl. F. Stille, „Transfers und Infrastruktur. Entwicklung und Perspektiven in den neuen Bundesländern", in: IWH, *Transferleistungen, Wirtschaftsstruktur...*, IWH-SH 1/1997, S. 15ff.
128 V. Dietrich et al., *Wechselbeziehungen zwischen Transfers ...*, a.a.O., S. 207.
129 Einschließlich privater Organisationen ohne Erwerbszweck.
130 Vgl. A. Müller, „Aufbauprozess der ostdeutschen Wirtschaft stagniert", a.a.O., S. 11f.

lich 62% der Investitionsausgaben ausmachte, betrugen mehr als 40 Mrd. DM.[131] Damit waren mehr als vier Fünftel der Infrastrukturinvestitionen direkt transferabhängig, während rund 11% auf kommunaler Ebene kreditfinanziert wurden. Darüber hinaus entstand bei den neuen Ländern (und Berlin) zusätzlicher finanzieller Spielraum durch die seit 1995 zum Abbau teilungsbedingter Sonderbelastungen sowie zum Ausgleich unterproportionaler kommunaler Finanzkraft gewährten Ergänzungszuweisungen des Bundes in Höhe von 14 Mrd. DM jährlich. Indem diese zur Deckung laufender Kosten dienen, also auch für die personelle Infrastruktur, aber keiner Verwendung direkt zugeordnet sind, bieten sie bestimmte Möglichkeiten, auch infrastrukturelle Defizite abzubauen. Hinzu kommen Steuersubventionen, die vom Bund bzw. von den ostdeutschen Ländern getragen wurden. Ihre Bedeutung dürfte wegen des öffentlichen Charakters der Infrastrukturgüter jedoch gering gewesen sein, im Gegensatz zu den privaten Investitionen, wo dieser Faktor von erheblich größerer Bedeutung war.

Die staatlichen Investitionen pro Kopf überstiegen in Ostdeutschland von 1992 bis 1994 das westdeutsche Niveau um ca. 80%.[132] In den folgenden Jahren gingen sie aufgrund des wachsenden Konsolidierungsdrucks etwas zurück, das Niveau der Infrastrukturausstattung konnte bis 1999 aber auf durchschnittlich 70% des westdeutschen Vergleichswertes angehoben werden. Bis zum Jahre 2005 werden 83% erwartet.[133] Es bestehen aber weiterhin erhebliche bereichsabhängige Diskrepanzen, die teilweise historisch begründet sind, teils aber auch aus länderspezifischen Unterschieden in der Organisationsform der Aufgabenbereiche (privat bzw. staatlich) resultieren.[134] Dabei fällt auf, was bereits früher schon auf kommunaler Ebene festgestellt worden ist, nämlich, dass der größte Nachholbedarf in den wirtschaftsnahen Bereichen Verkehrs- und Nachrichtenwesen sowie Hochschulen/Forschung, wo immer noch eine Lücke von 46,8% bzw. 43,9% klafft, verbleibt, während in einigen haushaltsnahen Infrastrukturbereichen, auf dem Gebiet der Kultur und der sozialen Sicherung, bereits eine überdurchschnittliche Versorgung anzutreffen ist.[135]

---

131 Vgl. M. Snelting et al, *Stand und Entwicklung der kommunalen Investitionshaushalte in den neuen Bundesländern unter besonderer Berücksichtigung der wirtschaftsnahen Infrastruktur, IWH-SH* 3/1998, S. 10, 19ff. und S. 23, Tabelle 2 und 13).
132 B. Seidel/D. Vesper, „Anlagevermögen der ostdeutschen Länder – noch erheblicher Nachholbedarf", in: DIW, *Wochenbericht* 24/2000, S. 368.
133 Ebenda.
134 Ebenda, S. 366f.
135 Die Berücksichtigung oder Nichtberücksichtigung dieses Ausstattungsvorsprungs Ostdeutschlands war einer der Differenzpunkte zwischen den Wirtschaftsforschungsinstituten bei der Bestimmung des infrastrukturellen Nachholbedarfs Ostdeutschlands in der Diskussion um den Solidaritätspakt II (vgl. H.-U. Brautzsch/B. Loose/U. Ludwig, „Trotz weltweiter Konjunkturschwäche ....", a.a.O., S. 174; DIW, „Zum infrastrukturellen Nachholbedarf in Ostdeutschland, in: *Wochenbericht* 20/2001, S. 293–298).

Ausgehend von den infrastrukturellen Defiziten Ostdeutschlands zu Beginn des Einigungsprozesses stellte die beschleunigte Akkumulation von Infrastrukturkapital eine wesentliche Voraussetzung für die staatliche und private Investitionstätigkeit dar. Die ostdeutschen Gebietskörperschaften, die gemäß der föderalen Aufgabenverteilung für das Infrastrukturangebot die Hauptverantwortung tragen, waren hiermit jedoch finanziell hoffnungslos überfordert. Da auch private Investoren wegen des besonderen Charakters der Infrastrukturinvestitionen hierfür kaum in Betracht kamen, blieben als geeignete Finanzierungsquelle nur Transferleistungen des Bundes sowie der alten Länder. Diese trugen in erheblichem Maße zur Induzierung des Wirtschaftswachstums zwischen 1992 und 1996 bei und bewirkten so einen Entwicklungsverlauf des Aufbauprozesses, der ansonsten vermutlich weniger dynamisch und strukturverändernd vonstatten gegangen wäre. Da die Infrastrukturinvestitionen in Ostdeutschland, zumindest in den ersten Jahren, mit hohen marginalen Effekten verbunden waren, war von einem gesamtdeutschen Standpunkt aus die Umlenkung der Investitionsmittel von West nach Ost unter Effizienzgesichtspunkten durchaus vorteilhaft und daher auch gerechtfertigt.[136]

Die Wirkung der transferfinanzierten Infrastrukturmaßnahmen auf private Unternehmensentscheidungen lässt sich auch bei Beschränkung auf die wirtschaftsnahe Infrastruktur nur schwer abschätzen. Insgesamt gesehen dürften jedoch die großzügigen Investitionsanreize, welche die Kapitalkosten häufig ins Negative gedrückt haben[137], die privaten Investitionsentscheidungen wesentlich stärker beeinflusst haben als dies die infrastrukturelle Verbesserung je vermocht hätte. Der aber trotz aller Investitionen weiterhin zu verzeichnende Rückstand des Ostens in infrastruktureller Hinsicht wird als ein Grund für das Ausbleiben des Erfolges der Förderung der Kapitalstockbildung bzw. sogar des *Aufbaus Ost* angesehen.[138] Insofern ist der weitere Ausbau der Infrastruktur für die Entwicklung Ostdeutschlands als Produktionsstandort von größter Bedeutung.

Bis zu einer vollständigen Angleichung der Infrastruktur an westdeutsches Niveau in allen Bereichen werden noch Jahrzehnte vergehen.[139] Selbst eine nur annähernde Niveaugleichheit ist frühestens zwischen 2011 und 2017 zu erwarten[140], und

---

136 Vgl. V. Dietrich et al., *Wechselbeziehungen ...*, a.a.O., S. 168.
137 Vgl. dazu Abschnitt 3.2.4.
138 Vgl. „Zehn Jahre Marktwirtschaft in den neuen Bundesländern – Konsequenzen für den Arbeitsmarkt", in: *IZA COMPACT*, 9/2000, S. 3; S. Bach/D. Vesper, „Finanzpolitik ...", a.a.O., S. 203.
139 Vgl. z.B. K.F. Zimmermann, „Arbeitsmarkt und zehn Jahre deutsche Einheit", in: *IZA COMPACT*, 9/2000, S. 12.
140 Vgl. H. Seitz, „Wachstum, Konjunktur und Beschäftigung in den neuen Bundesländern", in: M. Benkenstein et al., *Politische und wirtschaftliche Transformation Osteuropas*, Wiesbaden 2001, S. 136.

auch das nur bei Fortführung der öffentlicher Förderung. Deshalb werden bei der Finanzierung des weiteren Infrastrukturausbaus auch in Zukunft Transferzahlungen notwendigerweise einen zentralen Platz einnehmen.

4.5. Beschäftigung und Arbeitsmarkt

Das Beschäftigungsproblem gehört zu den kompliziertesten und bisher am wenigsten, ja, im Grunde genommen, überhaupt nicht gelösten Problemen der deutschen Vereinigung. Insbesondere ist es nicht gelungen, den im Zuge des Produktionsrückgangs und des strukturellen Umbaus der Wirtschaft zu Beginn der 90er Jahre zu verzeichnenden dramatische Beschäftigungseinbruch durch einen wachstumsinduzierten Beschäftigungsaufbau wieder auszugleichen. Ganz im Gegenteil: Das Beschäftigungsniveau Ostdeutschlands ist heute, im zwölften Jahr der Einheit, niedriger denn je. Gleichzeitig ist die Arbeitslosigkeit relativ hoch und liegt deutlich über dem gesamtdeutschen und europäischen Durchschnitt.[141] Die hierin evident werdende Unterauslastung des Faktors Arbeit ist sowohl Ergebnis des drastischen Rückgangs der Arbeitsnachfrage als auch Ausdruck eines vergleichsweise hohen Arbeitsangebotes in den neuen Ländern, wie aus den, zumindest bis 1997, unterschiedlich hohen Partizipationsraten[142] für Ost- und Westdeutschland hervorgeht.[143]

Infolge des abrupten und massiven Rückgangs der Produktion, aber auch im Ergebnis der Verteuerung des Faktors Arbeit durch Lohnsteigerungen seit 1991, ging die Nachfrage nach Arbeitskräften rapide zurück. Dadurch wurden kurzfristig mehr als 3,6 Millionen der 1989 noch 9,8 Millionen Erwerbstätigen freigesetzt.[144] Trotz der seither stattgefundenen wirtschaftlichen Belebung verharrt die reguläre Beschäf-

---

141 Dass die Bevölkerung der neuen Länder „viel stärker unter der Arbeitslosigkeit zu leiden habe als die Bevölkerung der alten Bundesländer", war für das *UN-Komitee für ökonomische, soziale und kulturelle Rechte* Anlass, die Bundesregierung im Jahr 2001 heftig zu kritisieren (vgl. SZ, 3.9.2001).
142 Die Partizipationsrate ist die Zahl der Erwerbstätigen zuzüglich der Zahl der Arbeitssuchenden, Vorruheständler, Umschüler etc. in Relation zur Wohnbevölkerung im Alter zwischen 15 und 65 Jahren.
143 1990 betrug die Partizipationsrate in Ostdeutschland ca. 90%, in Westdeutschland jedoch nur 70%. 1999 dagegen lagen die Werte bereits sehr dicht beieinander, bei 75,9 bzw. 73,1%, so dass die Differenz im Erwerbsverhalten erheblich an Erklärungswert verloren hat. Nicht berücksichtigt sind hier allerdings die nach wie vor erheblichen Unterschiede in der Arbeitszeitstruktur (vgl. H. Schneider et al., *Die Effizienz der Arbeitsmarktpolitik in den neuen Bundesländern*, a.a.O., S. 20ff.).
144 Europäische Kommission (Hg.), *Beschäftigungsobservatorium Ostdeutschland*, Nr. 16/ 17–1995, S. 2.

Tabelle 4.5.-1
Beschäftigung und Arbeitslosigkeit in Ostdeutschland 1990–2000[1]

	1990[8]	1991	1992	1993	1994	1995	1996	1997	1998	1999	2000
Bevölkerung[2]	16.110	15.910	15.730	15.645	15.564	15.505	15.451	15.405	15.335	15.267	15.120
Erwerbspersonen[3]	8.908	8.234	7.557	7.368	7.472	7.443	7.848	7.825	7.792	7.801	7.712
Erwerbstätige[3]	8.060	7.321	6.387	6.219	6.330	6.396	6.008	5.926	5.940	5.965	5.874
ET-quote[4]	74,9	69,5	60,6	60,3	61,4	61,8	61,5	61,0	60,4	60,7	60,9
Arbeitslose	642	913	1.170	1.149	1.142	1.047	1.169	1.364	1.375	1.344	1.359
AL-quote[5]	7,3	11,1	14,4	15,1	15,2	14,0	15,7	18,1	18,2	17,6	17,4
Unterbesch.[6]	2.033	2.777	3.103	2.757	2.426	2.085	1.986	1.974	1.888	1.866	1.846
Unterbesch.-Quote[7]	21,6	30,7	35,2	32,3	28,7	25,5	23,7	24,3	23,6	23,4	22,5

[1] Tausend Personen bzw. %, [2] neue Bundesländer und Berlin/Ost; [3] Inland, ab 1996 nach ESVG 1995, ohne Berlin/Ost, ohne stille Reserve; [4] Erwerbstätigenquote: Anteil der Erwerbstätigen am 1. Arbeitsmarkt an Erwerbsfähigen in % (Inlandskonzept); [5] bezogen auf alle zivilen Erwerbspersonen; [6] offene und verdeckte Arbeitslosigkeit ohne stille Reserve; [7] Anteil der Unterbeschäftigung am Erwerbspersonenpotenzial ohne stille Reserve; [8] 2. Halbjahr.
Quellen: BMWi, *Wirtschaftsdaten Neue Länder*, April 1999; Sept. 2001, S. 16f.; Europäische Kommission, *Beschäftigungsobservatorium Ostdeutschland*, Nr. 16/17/1995, S. 2; IWH, *Wirtschaft im Wandel*, 7–8/2001, S. 173

tigung auf einem relativ niedrigen, eine beträchtliche Unterauslastung des Arbeitskräftepotenzials darstellenden Niveau von ca. 60%.[145] Dies spiegelt sich in einer Stagnation der Erwerbstätigenquote, bezogen auf den ersten Arbeitsmarkt, wider (vgl. Tabelle 4.5.-1). Im Jahr 2000 lag die Zahl der Erwerbstätigen in Ostdeutschland bei 6,4 Millionen. Zieht man davon die Zahl der Ost-West-Pendler (415 000 Personen) ab, so reduziert sich die Zahl der in Ostdeutschland Erwerbstätigen auf knapp 6 Millionen. Davon waren 5,3 Millionen Arbeitnehmer und ca. 0,6 Millionen Selbständige. Die Zahl der sozialversicherungspflichtigen Arbeitnehmer sank im Jahr 2000 erstmalig unter 5 Millionen.[146] Da auch in nächster Zeit kaum mit einem Anziehen der Arbeitsnachfrage zu rechnen ist, tritt eine Entlastung der Situation auf dem Arbeitsmarkt lediglich infolge eines Rückgangs des Arbeitsangebotes, bedingt durch die demographische Entwicklung[147], die Abwanderung von Arbeitskräften[148]

---

145 1999 betrug der Anteil der regulär Erwerbstätigen an den Erwerbsfähigen 59,3%, im Jahr 2000 60,9% (BMWi, *Wirtschaftsdaten Neue Länder*, September 2000; Juli 2001, S. 17).
146 Vgl. G. Winkler (Hrsg.), *Sozialreport 2001*, a.a.O., S. 161.
147 1990 führte der ökonomische Schock in Verbindung mit der generellen Umstellung der Lebensweise in Ostdeutschland zu einem historisch und im internationalen Vergleich einzigartigen demographischen Bruch, was sich 1991 in einem Geburtenrückgang gegenüber dem Vorjahr um 40% und 1992 um weitere 19% manifestierte (W. Weidenfeld/K.-R. Korte (Hrsg.), *Handbuch zur deutschen ...*, a.a.O., S 525f.).
148 Zwischen 1989 und 1999 wanderten 2,448 Mio. Personen von Ost- nach Westdeutschland. Dem stand eine West-Ost-Wanderung von 1,244 Personen gegenüber, so dass ein

und den sozialisationsbedingten Rückgang der Erwerbsneigung bzw. -beteiligung[149], oder aber durch arbeitsmarktpolitische Maßnahmen, ein. Letzteres tangiert wiederum die Transferproblematik.

Um die Massenarbeitslosigkeit als soziales „Problem Nummer 1" zu entschärfen, sozial verträglich zu gestalten und, soweit dies die allgemeine Wirtschaftsentwicklung erlaubt, durch eine qualitative Verbesserung des Arbeitsangebotes schrittweise zu reduzieren, gelangte in der Vergangenheit in den neuen Bundesländern ein breites Spektrum arbeitsmarktpolitischer Maßnahmen zur Anwendung. Zur Finanzierung dieser Maßnahmen flossen seit Anfang der 90er Jahre enorme Mittel des Bundes und der *Bundesanstalt für Arbeit* in diesen Bereich, insbesondere in die aktive Arbeitsmarktpolitik zur Unterstützung besonderer Qualifizierungs-, Beschäftigungs- und Existenzgründerprogramme, welche vollständig transferfinanziert wurden.

Die seit 1990 zu verzeichnende Entwicklung lässt sich grob in drei Phasen einteilen:

Während der *ersten* Phase, von Mitte 1990 bis Ende 1991, stieg die Arbeitslosigkeit, trotz Abwanderung zahlreicher Arbeitskräfte, rapide an. Die offene Arbeitslosigkeit betrug 1991 11,1%, die Unterbeschäftigung 30,7%. Dabei wurde der erste Arbeitsmarkt zunächst vor allem durch Kurzarbeit und Vorruhestand[150] bzw. sog. Altersübergangsregelungen entlastet. Diese im Wesentlichen *passiven* Maßnahmen dienten als Notlösung, um das Arbeitsangebot quantitativ spürbar zu verringern und die psychischen und sozialen Folgen der Arbeitslosigkeit etwas zu mildern. Betroffen waren davon 1991 2,2 Millionen Menschen, was einer verdeckten Arbeitslosigkeit von 1,5 Millionen Vollzeitäquivalenten entsprach.[151] Als verdeckt arbeitslos werden

---

negativer Saldo in Höhe von 1,2 Millionen verbleibt. Auf Grund der unterschiedlichen Altersstruktur der Migranten ist die Abwanderung von Arbeitskräften jedoch höher zu veranschlagen als der Ost-West-Saldo, eine Tendenz, die seit 1997 in Abhängigkeit von der Qualifikationsstruktur der Migranten noch um den Verlust an Humankapital verstärkt wird (Vgl. M. Burda/J. Hunt, *From Reunification to Regional Integration: Produktivity and the Labor Market in East Germany*, Brookings Papers, Berlin 2001, S. 33f.; W. Kempe, „Neuer Trend in der Bildungsstruktur der Ost-West-Wanderung?", in: IWH, *Wirtschaft im Wandel*, 9/2001, S. 205–210; N. Werz, „Abwanderung aus den neuen Bundesländern von 1989 bis 2000, in: *Aus Politik und Zeitgeschichte* B 39–40/2001, S. 23–31).

149 Untersuchungen zufolge sind die alters- und geschlechtsspezifischen Unterschiede in den Partizipationsraten in Ost- und Westdeutschland bei der jüngeren Generation weit weniger ausgeprägt als bei der älteren, noch in der DDR sozialisierten Generation (H. Schneider, *Die Effizienz ...*, a.a.O., S. 23ff.).

150 Die Möglichkeit, vor Erreichung des regulären Rentenalters in den Vorruhestand zu treten, gab es gemäß einer VO der DDR-Regierung bis zum 2.10.1990 für Frauen ab 55 und für Männer ab 60 Jahren. Demzufolge sank die Zahl der Bezieher durch den Übergang in die reguläre Rente bis 1996 auf Null.

151 BMWi, *Wirtschaftsdaten Neue Länder*, Juli 2001, S. 16.

hier auch all diejenigen Personen erfasst, die auf dem sogenannten *zweiten* Arbeitsmarkt, welcher einen erheblichen Teil der Transferzahlungen absorbiert, vorübergehend eine staatlich geförderte Beschäftigung gefunden haben.[152] Die Bezeichnung Arbeits*markt* ist hier jedoch irreführend, da die Bedingungen eines Marktes dadurch aufgehoben sind, dass eine zusätzliche Arbeitsnachfrage durch Subventionierung des Faktors Arbeit und durch die Schaffung von Arbeitsplätzen im nichtkommerziellen Bereich[153] erzeugt wird.

Während Kurzarbeit und Frühverrentung vor allem auf eine Stabilisierung der Beschäftigung und auf die Entlastung des Arbeitsmarktes gerichtet waren[154], wurden in der *zweiten* Phase, ab 1992, verstärkt Instrumente zur qualitativen Verbesserung des Arbeitsangebotes wie Weiterbildung und Lohnkostenzuschüsse eingesetzt. Die Kurzarbeit verlor demgegenüber stark an Bedeutung, wobei es bei den verschiedene Maßnahmen in Anspruch nehmenden Personengruppen nicht selten zu Überlappungen gekommen ist. Der Umfang der Entlastung des (ersten) Arbeitsmarktes bzw. der verdeckten Arbeitslosigkeit verringerte sich durch das Auslaufen der Maßnahmen zur Frühverrentung[155] und durch nachgeholte Entlassungen von zunächst verkürzt Arbeitenden kontinuierlich. Die offene Arbeitslosigkeit stieg dementsprechend rasch an, bis auf einen Wert um 16%. Seitdem ist eine deutliche Tendenz zur Verfestigung der Arbeitslosigkeit zu beobachten. Als Ausdruck dessen belief sich der Anteil der Langzeitarbeitslosen 1994 bereits auf rund 35%.[156] Seit 1995 übersteigt die offene die verdeckte Arbeitslosigkeit und bildet mithin den Hauptteil der Unterbeschäftigung. Im Jahr 2000 lag der Anteil der offiziell Arbeitslosen an der Unterbeschäftigung bei 73,5%.[157] Durch die Altersstruktur der Ost-West-Migranten, die vorzeitige Verrentung und andere Faktoren ging die Erwerbstätigenquote in Ostdeutschland nachhaltig zurück, von 91,7% (1989) auf 59,9% (1992) und 59,1%

---

152 Als verdeckt arbeitslos zählen die Teilnehmer an Arbeitsbeschaffungs- und Strukturanpassungsmaßnahmen (ABM und SAM), die Vollzeitteilnehmer beruflicher Weiterbildung und anderer Bildungsmaßnahmen, die Bezieher von Vorruhestandsgeld und Altersübergangsgeld sowie die Empfänger von Altersrente wegen Arbeitslosigkeit. Außerdem gehört das Vollzeitäquivalent von Kurzarbeit dazu. Nicht mitgezählt wird die stille Reserve.
153 § 415 SGB III sieht für Ostdeutschland zusätzlich die Förderung von Projekten in den Bereichen Umwelt, soziale Dienste, Breitensport, Kultur und Denkmalpflege vor.
154 Dabei ist davon auszugehen, dass ab 1992 ein großer Teil der Kurzarbeiter zu Beziehern von Altersübergangsgeld wurde.
155 Bis 2.10.1990 sind 460.000 Personen in den Vorruhestand eingetreten, die Altersübergangsregelung wurde von ca. 240.000 Personen in Anspruch genommen (Europäische Kommission, a.a.O., S. 2ff.)
156 W. Franz, *Arbeitsmarktökonomik*, Berlin/Heidelberg3 1996, S. 391.
157 H.-U. Brautzsch/B. Loose/U. Ludwig, „Trotz weltweiter ...", a.a.O., S. 173.

(1996).[158] Das besondere Profil des ostdeutschen Arbeitsmarktes und die sich im Laufe der Zeit veränderte Akzentsetzung der Arbeitsmarktpolitik spiegeln sich in der entsprechenden Ausgabenstruktur der *Bundesanstalt für Arbeit* und des Bundes anschaulich wider (vgl. Tabelle 4.5.-2).

Die in diesen Zahlen zum Ausdruck kommende Tendenz wird in einer Aufstellung des *Instituts für Arbeitsmarkt- und Berufsforschung* (IAB), worin zwischen zukunftsorientierten, beschäftigungsstabilisierenden und auf den Arbeitsmarkt vorbereitenden Maßnahmen sowie zwischen Lohnersatzleistungen und sonstigen Ausgaben der *Bundesanstalt für Arbeit* differenziert wird, noch unterstrichen. Danach ging der Anteil der beschäftigungsstabilisierenden Maßnahmen an den Gesamtausgaben zwischen 1991 und 1995 von 33,5% auf 1,2% zurück Dagegen erhöhte sich der Anteil der Lohnersatzleistungen (einschließlich Arbeitslosenhilfe) im gleichen Zeitraum von 35,9% auf 50,0%.[159] Insgesamt verringerte sich im Verlaufe der ersten Hälfte der 90er Jahre der Anteil der aktiven Arbeitsmarktpolitik an den Ausgaben von mehr als 60% auf etwa 50%, während der Anteil der passiven Maßnahmen entsprechend zunahm.

Seit 1997 zeichnet sich in Ostdeutschland eine *dritte* Phase der Beschäftigungsentwicklung ab. Diese ist im Wesentlichen durch eine weitere Verfestigung der Arbeitslosigkeit charakterisiert. Bezeichnend dafür ist, dass sich ein stabiler Sockel von 1,3 Millionen offiziell registrierten Arbeitslosen herausgebildet hat, was einer, gegenüber der Vorperiode, höheren Quote von etwa 18% entspricht. Demgegenüber pendelt die Erwerbstätigenquote um einen Wert von 60%, bei Einschluss des zweiten Arbeitsmarktes um 63%, wobei die Ein- und Auspendler in dieser Rechnung keine Berücksichtigung finden. Im Jahr 2000 lauteten die Quoten 60,9 bzw. 63,3% bei sinkender Tendenz.[160] Die Vorruhestands- und Altersübergangsregelungen sind 1996 bzw. 1999 ausgelaufen. Als einzige Regelung mit ausschließlich sozialer Zielsetzung blieb der § 428 SGB III, der 58jährigen auch dann Arbeitslosengeld bzw. -hilfe ermöglicht, wenn sie der Arbeitsvermittlung nicht mehr zur Verfügung stehen. 1999 traf dies auf ca. 89.000 Personen zu.

Der Arbeitsmarkt wird nun hauptsächlich durch aktive Maßnahmen wie ABM und SAM entlastet, deren Umfang seit 1997 aber sukzessive zurückgeführt wurde. Da die Inanspruchnahme von Unterstützungszahlungen im Rahmen von ABM zeit-

---

158 Europäische Kommission, *Beschäftigungsobservatorium...*, a.a.O., S. 2; BMWi, *Wirtschaftsdaten Neue Länder*, April 1999, S. 17 (berechnet nach dem Inländerkonzept).
159 Europäische Kommission (Hg.), *Beschäftigungsobservatorium Ostdeutschland,* Nr. 16/17/1995, S. 7.
160 BMWi, *Wirtschaftsdaten Neue Länder*, Juli 2001, S. 17 (nach dem Inlandskonzept).

Tabelle 4.5.-2
Ausgaben der BA und des Bundes für Arbeitsmarktpolitik in Ostdeutschland 1992 bis 1998 in Mrd. DM bzw. %

	1992	1993	1994	1995	1996	1997	1998
Ausgaben insgesamt	55,9	60,9	54,6	50,9	52,0	50,1	51,0
(in %)	(100,0)	(100,0)	(100,0)	(100,0)	(100,0)	(100,0)	(100,0)
• Lohnersatzleistungen	28,2	35,4	34,2	29,3	30,0	31,4	29,1
(in %)	(50,4)	(58,1)	(62,6)	(57,6)	(58,3)	(62,7)	(57,1)
Darunter:							
– Arbeitslosengeld	11,8	12,9	12,7	12,7	16,5	19,9	18,2
(in %)	(21,1)	(21,2)	(23,3)	(25,0)	(31,7)	(39,7)	(35,7)
– Arbeitslosenhilfe	1,5	3,7	5,1	5,7	6,8	8,4	10,0
(in %)	(2,7)	(6,0)	(9,3)	(11,2)	(13,1)	(16,8)	(19,6)
• Aktive Arbeitsmarktpolitik	26,1	23,5	18,7	19,9	20,1	18,9	20,1
(in %)	(46,7)	(38,6)	(34,2)	(39,1)	(38,7)	(37,7)	(41,2)
Darunter:							
– ABM u.a.	10,8	10,2	8,7	9,3	9,0	7,4	-
(in %)	(19,3)	(16,7)	(15,9)	(18,3)	(17,3)	(14,8)	
– berufliche Bildung	12,0	11,3	8,0	8,0	8,0	6,6	-
(in %)	(21,5)	(18,6)	(14,7)	(15,8)	(15,4)	(12,9)	

Quelle: DIW/IfW/IWH, *Gesamtwirtschaftliche ...*, 19. Bericht, a.a.O., S. VI; eigene Berechnungen

lich befristet ist[161], steht zu vermuten, dass verstärkt eine Fluktuation zwischen den verschiedenen Zuständen verdeckter und offener Arbeitslosigkeit stattfindet.[162] Insgesamt wurden für Maßnahmen der beruflichen Förderung im Jahr 2000 in Ostdeutschland 19,1 Mrd. DM (9,79 Mrd. €) aufgewandt. Da die *Bundesanstalt für Arbeit* in Ostdeutschland ein Einnahmedefizit aufweist, wird der größte Teil dieser Leistungen über Transferzahlungen des Bundes bzw. regionale Ausgleichszahlungen der BA finanziert.[163] Der Zweck dieser Transferzahlungen ordnet sich in die allgemeine doppelte Zielsetzung der Arbeitsmarktpolitik ein, zum einen den Umbau von Wirtschaft und Gesellschaft sozial abzusichern und zum anderen das Wirtschaftswachstum und den Strukturwandel zu fördern. Für Maßnahmen zur vorzeitigen Pensionierung kommt letzteres nur indirekt und insofern in Betracht, als durch das Aus-

---

161 I.d.R. auf 12 Monate, Einzelheiten s. §267 SGB III.
162 §267 SGB III sieht ausdrücklich die Förderung von Arbeitsplätzen vor, die abwechselnd mit besonders förderungswürdigen Arbeitnehmern, sprich: Dauerarbeitslosen, besetzt werden.
163 Vgl. K. Mackscheidt, „Die Transferaktivität der Bundesanstalt für Arbeit nach der deutschen Einigung – Dynamik und Effizienz", in: H. Hansmeyer, *Finanzierungsprobleme ...*, a.a.O., S. 113ff.; DIW, „Weiterhin hohe Transfers an die ostdeutschen Sozialversicherungsträger", in: *Wochenbericht* 45/1999, S. 813–817; U. Busch „Sozialtransfers für Ostdeutschland", in: *Utopie* kreativ 105/1999, S. 12–26.

scheiden älterer Arbeitnehmer Beschäftigungsmöglichkeiten für jüngere entstehen. Da dieses Argument für Ostdeutschland irrelevant ist, trifft das zweite Ziel nur auf jene Maßnahmen zu, die direkt auf den Erhalt und die Verbesserung der Qualifikation der Arbeitnehmer gerichtet sind. Dies betrifft ABM/SAM, Lohnkostenzuschüsse und Maßnahmen der beruflichen Weiterbildung. Auch das Konzept der Kurzarbeit enthielt ursprünglich den Gedanken des Erhalts von Humankapital und der Pufferfunktion zur Überbrückung *vorübergehender* Unterbeschäftigung in Unternehmen. Da letztere Bedingung in Ostdeutschland aber immer weniger gegeben war, kam schließlich auch der Kurzarbeit eine reine Entlastungsfunktion zu.

Ein großer Teil der Tatbestände des Arbeitsförderungsgesetzes (AFG) bzw. später SGB III war schon vor 1990 Bestandteil der westdeutschen Sozialgesetzgebung. Nach der deutschen Vereinigung wurden die bereits im AFG von 1969 vorgesehenen Leistungen aber um spezielle Sonderregelungen für Ostdeutschland erweitert. Zum Beispiel wurde jetzt Kurzarbeitergeld ausdrücklich auch zur Verhinderung von Massenentlassungen eingesetzt und damit zur zeitlichen Streckung unabwendbarer Entlassungen.[164] In den Jahren 1990 und 1991 wurde der Arbeitsmarkt stärker als durch jede andere Maßnahme durch Kurzarbeit entlastet, die aber nur für 7% der Betroffenen mit einer Qualifizierung verbunden war.[165]

Ähnliches gilt auch für die Strukturanpassungsmaßnahmen (SAM), deren Anwendungsbereich auf Tätigkeiten ausgedehnt wurde, die hier vorher nicht einbezogen waren.[166] So wurde durch die Übertragung der westdeutschen Sozialgesetzgebung auf Ostdeutschland, durch die Zahlung von Arbeitslosen-, und Kurzarbeitergeld und durch die vorzeitige Verrentung in der ersten Zeit des Vereinigungsprozesses verhindert, dass der Massenentlassung eine Massenverarmung folgte.[167] Längerfristig aber sind in diesem Zusammenhang vor allem die Instrumente der aktiven Arbeitsmarktpolitik von Interesse, insbesondere da, wo sie über den nach bundeseinheitlichen Regelungen gewährten Umfang hinausgehen. Mit Hilfe der aktiven Arbeitsmarktpolitik kann die Beschäftigung quantitativ, qualitativ und strukturell beeinflusst werden. Die Instrumente dafür sind Lohnkostenzuschüsse, Beschäftigungsprogramme, Maßnahmen zur Humankapitalbildung sowie branchenbezogene Lohnsubventionen. Auch wenn ihr beschäftigungsschaffender bzw. -fördernder Beitrag eher gering war, so haben diese Maßnahmen doch wesentlich dazu beigetragen,

---

164 § 63 Abs. 5 des AFG-DDR, abgelöst durch 175 SGB III.
165 S. K. Saeed, *Erfolgsbedingungen regionaler Arbeitsmarktpolitik in Ostdeutschland*, Hamburg 1999, S. 59.
166 Vgl. §415 SGB III.
167 Vgl. dazu W. Hanesch et al., *Armut in Deutschland*, Reinbek 1994, S. 48ff., 274ff.; *Lebenslagen in Deutschland,* a.a.O., S. 136ff.

Tabelle 4.5.-3
Arbeitsmarktpolitische Maßnahmen in Ostdeutschland (1990–2000) (Personen in 1000)

	1990	1991	1992	1993	1994	1995	1996	1997	1998	1999	2000
Kurzarbeiter	758	1.616	370	181	97	71	71	50	34	27	25
ABM/SAM	3	183	388	260	281	312	278	235	317	348	247
Weiterbildung	11	152	383	311	217	219	207	160	147	141	138
AÜG		189	516	639	524	341	186	58	1	1	0
Vorruhestand	239	365	295	214	126	33	0	0	0	0	0
Altersteilzeit	0	0	0	0	0	0	0	1	2	5	7
§ 428 SGB III[1]	0	0	1	1	2	7	30	79	92	89	82
Entlastung insgesamt[2]	599	1.864	1.933	1.608	1.284	1.038	817	610	513	522	487

[1] 58jährige und ältere Empfänger von Arbeitslosengeld u.a. Leistungen, die der Arbeitsvermittlung nicht zur Verfügung stehen.
[2] Entlastung des Arbeitsmarktes insgesamt, einschließlich hier nicht aufgeführter Maßnahmen.
Quelle: BA; IAB; BMWi, *Wirtschaftsdaten Neue Länder*, September 2001, S. 16

den transformations- und einigungsbedingten Umbruchprozess in Ostdeutschland nicht zu einer sozialen Katastrophe werden zu lassen.

Die Maßnahmen der aktiven Arbeitsmarktpolitik sind hinsichtlich ihrer Wirkungen mehrfach und mit unterschiedlichen Methoden empirisch untersucht worden.[168] Dabei ergab sich in Bezug auf ihre Beurteilung kein eindeutiges Bild.[169] Als kleinster gemeinsamer Nenner lässt sich der positive Einfluss von innerbetrieblichen Qualifizierungsmaßnahmen auf Beschäftigungschancen und Einkommen der Teilnehmer festhalten. Für ABM sowie Fortbildungs- und Umschulungsmaßnahmen dagegen sind die Resultate uneinheitlich. Neuere Studien unterstreichen jedoch die positiven Wirkungen der aktiven Arbeitsmarktpolitik für die Regionalentwicklung.[170] Was über die Jahre hinweg generell zu beobachten ist, ist eine Verfestigung der Langzeitarbeitslosigkeit in Ostdeutschland.[171] Hohe Übergangshäufigkeiten von Umschulungsmaßnahmen

---

168 Vgl. z.B. H. Prey/B. Pfitzenberger/W. Franz, *Wirkungen von Maßnahmen staatlicher Arbeitsmarkt und Beschäftigungspolitik*, Center for International Labor Economics, Konstanz 1997; O. Hübler, „Evaluation beschäftigungspolitischer Maßnahmen in Ostdeutschland", *Jb. für Nationalökonomie und Statistik*, Stuttgart 1997, Bd.216/1, S. 21ff.; M. Lechner, *An Evaluation of Public Sponsored Continuous Vocational Training Programs in East Germany*, Univ. Mannheim 1996, S. 21ff.
169 „Soweit empirische Untersuchungen vorliegen, kommen diese zu sehr unterschiedlichen Ergebnissen, obwohl häufig die gleichen Datenquellen verwendet werden. Das Spektrum in der Bewertung der Maßnahmen reicht von erfolgreich über unwirksam bis hin zu Verschwendung von Mitteln....Die Resultate reagieren sehr sensitiv auf leichte methodische Veränderungen" (O. Hübler, a.a.O., S. 22).
170 Vgl. KfW (Hg.), *Neue Bundesländer*...., a.a.O., S. 33f.
171 Vgl. B. Schultz, „Hohe Verfestigung der Arbeitslosigkeit in Ostdeutschland", in: *Wirtschaft im Wandel*, 16/1998, S. 3–8.

und ABM in die Arbeitslosigkeit und auch, obwohl weniger stark ausgeprägt, in umgekehrter Richtung, deuten darauf hin, dass durch diese Maßnahmen die Entlastungsfunktion erfüllt wurde, lassen aber gleichzeitig eine „Zirkularität der Arbeitslosigkeit" erkennen und zeigen das Ausmaß sogenannter „Maßnahmekarrieren".[172]

Die meisten Autoren empirischer Untersuchungen sind in ihren Schlussfolgerungen eher vorsichtig. Bei der Lektüre kritischer Stimmen gegenüber arbeitsmarktpolitischen Maßnahmen[173] wird der grundsätzliche Widerspruch zwischen Effizienzzielen und sozialer Gerechtigkeit bzw. Verträglichkeit, in dem sich die Wirtschaftspolitik häufig bewegt, besonders deutlich. Der Versuch, „zwei Fliegen mit einer Klappe zu schlagen", schlug wegen falscher Anreize häufig fehl, führte zu einem ineffizienten Faktoreinsatz und zur Verdrängung nicht geförderter Unternehmen am Markt. Als Reaktion darauf erfolgte 1997 eine Kürzung der Ausgaben für die aktive Arbeitsmarktpolitik gegenüber dem Vorjahr um 16% auf 15,3 Mrd. DM.[174] 1999 sah sich die Bundesregierung angesichts der desolaten Gesamtlage am ostdeutschen Arbeitsmarkt jedoch veranlasst, den Maßnahmen der aktiven Arbeitsmarktpolitik wieder einen größeren Stellenwert beizumessen. Sie stockte die Ausgaben dafür auf 21,9 Mrd. DM auf, was einem Anteil der neuen Länder an den Gesamtausgaben für aktive Arbeitsmarktpolitik in Deutschland von 49,2% entsprach.[175] Gleichzeitig wurde die Arbeitsförderung zielgruppengenauer und flexibler ausgestaltet.[176]

Auch wenn es erklärtes Ziel der aktiven Arbeitsmarktpolitik war und ist, das Niveau der Beschäftigung zu erhöhen und die Arbeitslosigkeit abzubauen, so scheint es doch „nicht angemessen", die Wirksamkeit der bisherigen Maßnahmen ausschließlich am Grad der Erreichung dieses Zieles zu messen.[177] Der Haupteffekt der Beschäftigungs- und Arbeitsmarktpolitik in Ostdeutschland ist vielmehr *sozialer* Natur – und hier wurde viel erreicht, während die ökonomischen Wirkungen eher strittig sind. So ist es gelungen, die offene Arbeitslosigkeit trotz fehlender Beschäftigungsmöglichkeiten über die gesamte Periode hinweg unter 20% zu halten. Das wahre Ausmaß der Arbeitslosigkeit war jedoch signifikant höher. Dies zeigt sich in der, die Arbeitslosenquote zeitweilig erheblich übersteigenden *Unterbeschäftigungsquote*, welche neben der offenen auch die verdeckte Arbeitslosigkeit erfasst. Die für die

---

172 Ebenda, S. 6.
173 S. z.B. A. Bergemann/B. Schultz, „Effizienz von Qualifizierungs- und Arbeitsbeschaffungsmaßnahmen in Ostdeutschland", in: IWH, *Wirtschaft im Wandel*, 9/2000, S. 243ff.; H. Schneider, *Die Effizienz der Arbeitsmarktpolitik ....*, IWH-SH 3/2000, S. 36ff.
174 BBk, Monatsberichte, 53. Jg. (2001) 9, S. 59*.
175 Vgl. *Jahresbericht der Bundesregierung ... 2000*, a.a.O., S. 63.
176 Vgl. Zweites Änderungsgesetz zum SGB III, gültig ab 1.8.1999.
177 *Reformkurs fortsetzen – Wachstumsdynamik stärken*. Jahresbericht der Bundesregierung zur Wirtschafts- und Finanzpolitik – Jahreswirtschaftsbericht 2001 –, Berlin 2001, S. 45.

ostdeutsche Transfergesellschaft charakteristische Diskrepanz beider Quoten bringt das Ausmaß der Entlastung des Arbeitsmarktes durch arbeitsmarktpolitische Maßnahmen und damit die über das „normale" Maß hinausgehende Transferfinanzierung in diesem Bereich zum Ausdruck. Zeitweilig waren hiervon über zwei Millionen Menschen erfasst; das sind weit mehr als jemals offiziell arbeitslos waren.

Die Ursachen für das verhältnismäßig hohe Ausmaß der Unterbeschäftigung in Ostdeutschland sind vielfältig. Sie reichen von institutionellen Aspekten bis hin zur Höhe der Löhne. Von entscheidender Bedeutung ist jedoch das Fehlen ausreichender Beschäftigungsmöglichkeiten, das heißt entsprechender Arbeitsplätze, infolge eines zu geringen wirtschaftlichen Entwicklungsniveaus und unzureichenden Wachstums. Die im Osten, gegenüber Westdeutschland, geringfügig höhere Erwerbsbeteiligung (der Frauen) hingegen ist kein Grund mehr, der hier von Bedeutung wäre. Denn selbst bei einer gleich hohen Erwerbsbeteiligungsquote in Ost und West würden im Osten immer noch mehr als zwei Millionen Arbeitsplätze fehlen.[178]

Die Isolierung und Quantifizierung der indirekten Wirkungen von Transfers im Rahmen der Arbeitsmarktpolitik ist wegen der Vielfalt der Einflussfaktoren noch schwieriger als die der direkten Wirkungen.

Die Entwicklung der Beschäftigtenstruktur ist ein Spiegelbild des Strukturwandels der Wertschöpfung. Tabelle 4.5.-4 zeigt die Veränderung der ostdeutschen Beschäftigungsstruktur im Vergleich zur westdeutschen. Dabei wird deutlich, dass von einer Angleichung der Struktur noch keine Rede sein kann. In Ostdeutschland findet derzeit ein Beschäftigungsrückgang beim Bau statt, jedoch kaum ein diesen kompensierender Stellenzuwachs im Verarbeitenden Gewerbe. 83% aller Beschäftigten sind in Branchen beschäftigt, die von der transfergestützten Binnennachfrage abhängig sind. Auch der Staat und der Bereich der sonstigen Dienstleistungen sind noch beschäftigungsintensiver als in Westdeutschland. Dies ist zum Teil auch Ergebnis der Beschäftigungsförderung in Form von ABM und Lohnkostenzuschüssen im Rahmen von Strukturanpassungsmaßnahmen gemäß §415 SGB III.

Ein transferunabhängiges Wachstum von Beschäftigung und Einkommen ist nur auf der Grundlage von Produktivitätssteigerungen und Wirtschaftswachstum möglich. In diesem Sinne scheinen Wirtschafts- und Innovationsförderung, insbesondere in Zweigen mit überregionalem Absatz, die beste Beschäftigungspolitik zu sein.

---

178 Die Erwerbsbeteiligungsquote drückt das Erwerbspersonenpotenzial ohne Stille Reserve in Relation zu den Erwerbsfähigen aus. Sie betrug in Ostdeutschland im Jahr 2000 79,1% und in Westdeutschland 77,5% (IWH, *Wirtschaft im Wandel* 7–8/2001, S. 173). Vgl. auch R. Hickel, „Widersprüchlicher Prozess der ostdeutschen Transformation", in: AG Perspektiven für Ostdeutschland (Hrsg.), *Ostdeutschland – eine abgehängte Region ...*, a.a.O., S. 54f.

Tabelle 4.5.-4
Erwerbstätigenstruktur in der ostdeutschen Wirtschaft in %

	1989	1991	1992	1993	1994	1995	1996	1997	1997 West-D
Land- u. Forstwirt.	10,0	6,2	4,4	3,7	3,6	3,5	3,4	3,5	2,6
Bergbau/Energie	3,6	3,2	2,8	2,3	1,9	1,7	1,5	1,4	1,4
Verarb. Gewerbe	35,0	28,0	20,4	17,8	16,6	16,2	16,0	16,3	26,4
Baugewerbe	6,4	9,6	12,5	14,8	16,4	17,1	16,8	16,2	6,3
Handel	8,7	9,6	10,4	10,9	11,2	11,2	11,4	11,6	13,8
Verkehr	6,8	7,4	7,5	7,3	6,8	6,3	6,1	6,1	5,2
Kreditinstitute/Versicherungen	0,6	1,1	1,4	1,5	1,5	1,5	1,5	1,5	3,3
Sonstige Dienste	5,7	11,6	14,4	16,3	17,8	18,9	19,9	20,5	20,6
Staat[1]	23,1	23,3	26,1	25,3	24,3	23,6	23,4	22,9	20,4

[1] einschließlich private Haushalte und Organisationen ohne Erwerbszweck
Quelle: DIW/IfW/IWH, *Gesamtwirtschaftliche ...*, Neunzehnter Bericht, a.a.O., S. 103

Pure Beschäftigungsförderung dagegen senkt den Anreiz zu Rationalisierung und Implementierung von technischem Fortschritt und hemmt den Produktivitätsfortschritt. Solange die Arbeitslosigkeit aber hoch bleibt, wird die soziale Zielsetzung der Arbeitsmarktpolitik ihre Bedeutung behalten und entsprechende Transferzahlungen erfordern. Da der Großteil dieser Zahlungen auf bundeseinheitlich geltendem Sozialrecht beruht, wäre eine wünschenswerte Verschiebung in der Verwendungsstruktur der Transfers nur bei Ausweitung ihres Gesamtvolumens möglich. Lässt sich diese nicht durchsetzen, so wird der Anteil der sozialpolitischen Transfers weiter ansteigen, und die Transferabhängigkeit Ostdeutschlands wird zum Dauerzustand.

4.6. Rückwirkungen auf Westdeutschland

Es gehört zu den Paradoxien des Vereinigungsprozesses, dass Kosten und Nutzen der Einheit in den meisten Darstellungen polarisiert behandelt werden, so als würde bei diesem Projekt allein der Westen alle Kosten tragen, während die Erträge resp. Nutzen ausschließlich dem Osten zugute kämen. Diese einseitige und daher gänzlich unbefriedigende Sicht wird dadurch noch unterstrichen, dass der *Nutzen* vor allem in einem Mehr an Freiheit, Demokratie und Wohlfahrt gesehen wird, das heißt, in einer Weise hypertrophiert und sakriiert, die ihn jeder vernünftigen Quantifizierung entzieht, während die *Kosten* auf die Finanzierungskosten des Einigungsprozesses reduziert werden und als solche exakt bezifferbar sind.

Bei einem solchen Vorgehen erscheinen die „Erträge", welche den Ostdeutschen zufallen, als „so evident, dass sie keiner Bezifferung bedürfen"[179]. Sie werden daher einfach als „zwangsläufig" unterstellt und nicht näher untersucht. Dies lässt breiten Raum für ihre Definition, zumal wenn diese, wie in der Regel der Fall, von westdeutscher Seite und vom westdeutschen Standpunkt aus vorgenommen wird. Umfragen unter der ostdeutschen Bevölkerung dagegen präsentieren immer wieder Ergebnisse, wonach die Ostdeutschen sich mehrheitlich *nicht* als Gewinner der Einheit sehen. So meinten im Sommer 2000 nur 39 Prozent der Ostdeutschen, inzwischen wirtschaftlich besser dazustehen als 1990.[180] Dies bestätigten auch die Ergebnisse einer *Emnid*-Umfrage von 1999[181] sowie die Analysen im *Sozialreport 2001*.[182] Bemerkenswert ist, dass dies nicht nur aktuell so gesehen wird, sondern auch schon für die Zeit kurz nach der Vereinigung zutraf. So lag der *Misery-Index*[183], als Indikator für eine schlechte Stimmungslage, 1991 in Ostdeutschland mit 80,9 Punkten signifikant über dem Wert für Westdeutschland, welcher damals 30,6 Punkte betrug, was im europäischen Vergleich Spitze war.[184]

Auf der anderen Seite aber werden die Transferleistungen in ihrer Gesamtheit minutiös als „Kosten" der Einheit aufgerechnet. Dabei geraten nicht nur die Vereinigungsgewinne des Westens aus dem Blick, sondern gleichermaßen auch die hohen Anpassungs- und Umstrukturierungskosten des Ostens, so dass in Hinblick auf die Bilanz der Vereinigung ein ziemliches Zerrbild entsteht. Insbesondere drängt sich der Eindruck auf, dass den Westen außer „einer kurzen Konjunkturanregung nur dauerhafte Finanzierungslasten und ein ungeliebter Regierungsumzug nach Berlin getroffen haben"[185], der Osten hingegen uneingeschränkter Gewinner der Wiedervereinigung sei.[186] Dieser Eindruck aber ist falsch, wie die Fakten belegen, und die

---

179 U. Heilemann/H. Rappen, „Was kostet uns die Einheit?", a.a.O., S. 85.
180 Burda-Advertisung-Center, in: *Die Welt*, 7.9.2000.
181 Vgl. *Der Spiegel* 45/1999.
182 Der Anteil derer, die meinen, aus der Deutschen Einheit mehr Gewinn als Verlust zu ziehen, verringerte sich von 44% 1994 auf 34% 1998 und 38% 2001 (Vgl. *Sozialreport 2001*, a.a.O., S. 18).
183 Der Misery-Index erfasst summarisch auf einem Stimmungsbarometer, wie hoch der Anteil der Bevölkerung ist, der gegenüber dem Vorjahr eine Verschlechterung der wirtschaftlichen und finanziellen Situation empfindet.
184 Vgl. B. Hayo, „How Do People In Eastern Europe Perceive Their Economic Situation", in: J. G. Backhaus/G. Krause (Ed.), *Issues in Transformation Theory*, Marburg 1997, S. 71.
185 D. Brümmerhoff (Hrsg.), „Gibt es keinen Nutzen der Widervereinigung?", in. Ders., *Nutzen und Kosten der Wiedervereinigung*, a.a.O., S. 10.
186 Diese Einteilung in ostdeutsche „Gewinner" und westdeutsche „Verlierer" findet sich häufig auch als Raster bei Befragungen zur subjektive Befindlichkeit der Bevölkerung. Die Ergebnisse derartiger Untersuchungen ergeben jedoch regelmäßig ein weit differenzierteres Bild: vgl. H.-H. Noll, „Steigende Zufriedenheit in Ostdeutschland, sinkende Zufrie-

darauf aufbauende Argumentation war von Anfang an, wie die gesamte Debatte über die Transferleistungen, „von einem erheblichem Maß an Heuchelei gekennzeichnet".[187] Analysen, die dies aufzeigen, das heißt, die neben den Kosten auch den Nutzen Westdeutschlands aus der Vereinigung quantifizieren und dadurch die Belastung durch die Transferleistungen relativieren, sind jedoch rar und spielen in der öffentlichen Wahrnehmung kaum eine Rolle. Allerdings gibt es auch wenig Datenmaterial, auf das sich derartige Analysen stützen könnten, während die Kosten des Vereinigungsprozesses über die Jahre hinweg umfassend dokumentiert sind.

Trotz der misslichen Datenlage und des sich darin augenscheinlich offenbarenden prekären Verhältnisses von Erkenntnis und Interesse, ist diese Frage für das Verständnis der Gesamtproblematik von eminenter Bedeutung, so dass sie hier unmöglich ausgeklammert werden kann. Eine umfassende Wirkungsanalyse der Transferleistungen muss die vereinigungsbedingte Entwicklung in Westdeutschland unbedingt einschließen, insbesondere die Rückwirkungen der Transferzahlungen auf die westdeutsche Wirtschaft. Da die von den Transferleistungen ausgehenden Effekte keine einseitige Wirkungskette von West nach Ost darstellen, sondern komplexer Natur sind, was Rückwirkungen und Interdependenzen impliziert, führt erst eine Analyse im Rahmen eines Kreislaufmodells zu validen und realitätsnahen Ergebnissen, woraus sich dann Schlussfolgerungen über den wirklichen Umfang der jeweiligen Erträge bzw. Belastungen ableiten lassen. In bestimmtem Maße können zu diesem Zweck auch Untersuchungen herangezogen werden, die sich auf die gesamtdeutsche Wirtschaft beziehen.[188]

Grenzt man die Fragestellung auf die hier untersuchte Thematik ein, das heißt, auf die Wirkungen der Transferzahlungen in Bezug auf die westdeutsche Wirtschaft, so rücken vor allem zwei Aspekte in den Mittelpunkt: *Erstens* die unmittelbare Wirkung der Aufbringung der Mittel für die Transferzahlungen auf die westdeutschen Gebietskörperschaften und Sozialversicherungskassen, letztlich auf die privaten Haushalte. *Zweitens* die mittelbaren Wirkungen des Transfergeschehens für die westdeutsche Wirtschaft, die sich insbesondere aus dem mit den Finanztransfers verbundenen Realtransfer ergeben. Letzterer Aspekt ist der eigentlich interessante, da sich hieraus positive Rückwirkungen auf die Unternehmen, die öffentlichen Kassen und

---

denheit in Westdeutschland", in: *ISI*, Nr. 11/1994, S. 1–7; A. Hessel/M. Geyer/E. Brähler (Hrsg.), *Gewinne und Verluste sozialen Wandels*, Opladen 1999.
187 H. Flassbeck, „Die deutsche Vereinigung – ein Transferproblem", a.a.O., S. 411.
188 Vgl. P. J. J. Welfens, *Economic Aspects of German Unification. Espectations, Transition Dynamics and International Perspective*, Berlin u.a. 19962; S. Paraskewopoulos, „Mögliche ökonomische Folgen des deutschen Wiedervereinigungsprozesses", in: K. Eckart/J. Hacker/S. Mampel (Hrsg.), *Wiedervereinigung Deutschlands*, Berlin 1998, S. 561–577.

letztlich auch für die privaten Haushalte ableiten, die, will man zu einer Nettogröße gelangen, den oben genannten Belastungen gegen zu rechnen sind. Beide Aspekte sind in kurz- und in langfristiger Hinsicht zu betrachten, wobei den langfristigen Wirkungen selbstverständlich die größere Bedeutung zuzumessen ist.

Den Ausgangspunkt für unsere Überlegungen bildet auch hier wieder die *Währungs-, Wirtschafts- und Sozialunion*, wodurch Ost- und Westdeutschland zu einem einheitlichen Währungsgebiet und einheitlichen Markt zusammengeschlossen wurden. Gleichzeitig bewirkte die Umstellung der Löhne, Gehälter, Stipendien, Renten und anderen laufenden Zahlungen im Verhältnis von 1 zu 1 sowie der auf Mark der DDR lautenden Geldbestände und Kredite im Verhältnis von 2 zu 1 auf D-Mark[189] in Verbindung mit entsprechenden institutionellen Arrangements der Banken[190] und des Handels[191], dass die vorzugsweise westdeutsche Produkte präferierende ostdeutsche Nachfrage auch hinreichend mit Geld fundiert war und auf den Märkten ein entsprechendes Angebot vorfand. Die Folge war eine Substitution ostdeutscher Anbieter durch westdeutsche, erst auf den Märkten, dann in der Produktion. Vor dem Hintergrund wegbrechender Märkte im Inland wie im Ausland, dramatisch zurückgehender Produktions- und Beschäftigtenzahlen sowie ausbleibender Lohnzahlungen und Gewinne, war die Aufrechterhaltung und Steigerung des ostdeutschen Verbrauchs schon bald vor allem eine Frage von Transferzahlungen.

Unter den mit der *Währungs- Wirtschafts- und Sozialunion* geschaffenen Bedingungen dienten die Transferzahlungen jedoch nicht nur dem Konsum und wirtschaftlichen Umbau Ostdeutschlands; sie finanzierten zugleich auch den wirtschaftlichen Aufschwung in Westdeutschland. Sie erwiesen sich damit als ein sehr wirksames konjunkturelles Stimulierungsprogramm, das der westdeutschen Wirtschaft in einer Phase deutlicher konjunktureller Abkühlung auf den Weltmärkten eine *Sonderkonjunktur* bescherte, derweil in Ostdeutschland die Wirtschaft kollabierte. „Wäre nicht erkennbar, dass die einen Wahlen gewinnen wollten und die anderen nicht recht wussten, worum es im ökonomischen Kern ging", so *Claus Noé* im Rückblick, so „könnte man vermuten, die damalige Bundesregierung hätte einen in Zuckerwatte verpackten Morgenthau-Plan zur Deindustrialisierung des Ostens ins Werk gesetzt."[192]

---

189 Abweichend von der generellen Regel wurden Guthaben der Bevölkerung gestaffelt nach Altersgruppen bis zu einem Betrag von 2000, 4000 bzw. 6000 Mark im Verhältnis von 1 zu 1 umgetauscht (Vgl. StVertr., Art. 10).
190 Z. B. die Einräumung von Teilzahlungs- und Konsumentenkrediten in D-Mark für DDR-Bürger schon vor der Währungsunion am 1.7.1990.
191 So die sofortige Übernahme des Groß- und Einzelhandels der DDR durch westdeutsche Handelskonzerne, was eine De-Listung ostdeutscher Produkte und ihre Verdrängung durch westdeutsche Erzeugnisse zur Folge hatte.
192 C. Noé, in: *Lettre*, 50/2000, S. 5.

Den Nutzen davon hatte die westdeutsche Wirtschaft. Das heißt: „... was die ostdeutsche Wirtschaft verlor, gewann die westdeutsche"[193] – ein Satz, der sich in kausaler Auslegung auch umdrehen lässt, denn, was sich hier vollzog, trug durchaus die Züge eines ungleichen (Verdrängungs-)Wettbewerbs ostdeutscher Anbieter durch westdeutsche, in welchen zudem der Staat massiv zugunsten der westdeutschen Seite eingriff.

Auf Grund der Verknüpfung von Finanz- und Realtransfer war die Wirkung der Transferzahlungen von vornherein eine doppelte, janusköpfige, sowohl für West- als auch für Ostdeutschland, aber jeweils mit umgekehrtem Vorzeichen. Für Ostdeutschland zeigte sich dies darin, dass mit dem Geld- und Güterstrom aus dem Westen ein Verlust der Absatzmärkte für die eigenen Produkte einherging, worauf zwangsläufig der Verlust der Arbeitsplätze und der Produktionsstätten folgte. Für Westdeutschland bedeuteten die Transferzahlungen dagegen einerseits eine finanzielle Belastung, andererseits aber auch eine zusätzliche Güternachfrage und mithin ein Mehr an Beschäftigung, Produktion, Einkommen etc., wobei alle konzeptionellen Vorstellungen selbstredend davon ausgingen, dass letzterer Effekt höher sei als die damit verbundenen Kosten.

Um dies ausreichend würdigen zu können, ist in Erinnerung zu rufen, dass sich 1990 für Westdeutschland, vor dem Hintergrund einer weltweiten Rezession, nach einer acht Jahre währenden Wachstumsphase eine deutliche Konjunkturschwäche, verbunden mit einem beträchtlichen Nachfrageausfall im Exportgeschäft, abzeichnete. Während andere Länder 1990/91 einen herben konjunkturellen Rückschlag hinnehmen mussten, konnte sich Westdeutschland „dank der stimulierenden Effekte aus der wirtschaftlichen Vereinigung mit der früheren DDR" dieser Entwicklung weitgehend entziehen.[194] Insbesondere der Einzelhandel und die Konsumgüterhersteller profitierten hiervon bereits in den ersten Monaten sehr stark.[195] In den ersten drei Jahren nach der Vereinigung lag die Bruttowertschöpfung in den Bereichen Handel, Verkehr, Dienstleistungen, Landwirtschaft, Energie und Bergbau sowie im gesamten Verarbeitenden Gewerbe und beim Staat deutlich über den zuvor prognostizierten Werten. Aber damit nicht genug: Die Zusatznachfrage aus Ostdeutschland vermochte nicht nur den Auftragsrückgang aus dem Ausland aufzufangen. Sie überkompensierte ihn sogar, so dass die westdeutsche Wirtschaft

---

193 H. Flassbeck, „Die deutsche Vereinigung....", a.a.O., S. 409.
194 BBk, „Die Entwicklung der Einkommen und ihre Verteilung in Westdeutschland seit 1982", in: *Monatsberichte*, 43. Jg. (1991) 8, S. 43.
195 Im 2. Halbjahr 1990 stieg in Berlin/West der Einzelhandelsumsatz um mehr als 20%. Ähnlich hohe Umsatz- und Produktionszuwächse wurden entlang der ehemaligen Staatsgrenze, im Zonenrandgebiet Bayerns, Hessens, Niedersachsens und Schleswig-Hosteins, verbucht (vgl. C. Schröder, „Die längerfristige Wirtschaftsentwicklung in den westdeutschen Bundesländern in: *iw-trends* 2/1991, D 39f.).

1990 und 1991 ein nicht unbeträchtliches *zusätzliches* Wachstum verzeichnete. Für das zweite Halbjahr 1990 wurde der „auf dem Einigungsprozess beruhende Wachstumsbeitrag" real mit etwa 2% beziffert, für das erste Halbjahr 1991 mit ca. 2,5%, was jeweils einem Anteil am gesamtwirtschaftlichen Wachstum von 40 bzw. 55% entsprach.[196] Für das erste Jahr nach der Währungsunion (vom Juli 1990 bis Juni 1991) entsprach dies schätzungsweise einem Wert von 2,3%, also fast 60% des Gesamtwachstums.[197] Für 1992 schätzte der *Sachverständigenrat* das durch die Wiedervereinigung induzierte Wachstum auf 0,5% bei einem Gesamtwachstum des Bruttoinlandsprodukts von 1,6%.[198] Andere Berechnungen veranschlagten den durch die ostdeutsche Nachfrage induzierten und mithin zum größten Teil transferfinanzierten Anteil am westdeutschen Wirtschaftswachstum Anfang der 90er Jahre noch weit höher, auf ca. zwei Drittel für 1990 und nahezu 100% für 1991.[199] Egal, welcher Rechnung man folgt, in jedem Fall war die letztlich über staatliche Transfers finanzierte Nachfrage aus den neuen Bundesländern für die „Sonderkonjunktur" der westdeutschen Wirtschaft „ausschlaggebend".[200] Das heißt, ohne die „expansiven Effekte" der deutschen Vereinigung wäre Westdeutschland, ähnlich wie andere Länder, bereits 1990/91 in eine tiefe Rezession gerutscht.

Das zusätzliche Wirtschaftswachstum schlug natürlich auf die Beschäftigung durch, so dass es 1990 in Westdeutschland zu einem sprunghaften Beschäftigungsanstieg und einem entsprechenden Rückgang der Arbeitslosigkeit kam.[201] Infolgedessen verbesserte sich die Einnahmesituation der öffentlichen Haushalte beträchtlich, insbesondere stiegen die direkten Steuereinnahmen und die Beitragseinnahmen der Sozialversicherung. Und zwar so stark, dass Überlegungen darüber angestellt wurden, aus den Zusatzeinnahmen den größten Teil der Einigungskosten zu decken.[202] Auch wenn diese

---

196 BBk, „Die westdeutsche Wirtschaft unter dem Einfluss ...", a.a.O., S. 18f.
197 J. Priewe/R. Hickel, *Der Preis der Einheit*, Frankfurt/M 1991, S. 234f.
198 SVR, *Für Wachstumsorientierung ... Jahresgutachten 1992/93*, a.a.O., S. 146.
199 G. Horn/R. Zwiener, „Die deutsche Vereinigung – Stimulus für die Weltwirtschaft? – Ein Rückblick mittels ökonometrischer Simulation", in: DIW, *Vierteljahreshefte zur Wirtschaftsforschung*, 64. Jg. (1995) 3, S. 415–432.
200 BBk, „Zinsentwicklung und Zinsstruktur seit Anfang der achtziger Jahre", in: *Monatsberichte*, 43. Jg. (1991) 7, S. 34.
201 Die Zahl der Erwerbstätigen erhöhte sich 1991 gegenüber 1989 um 1,9 Millionen, von 27,3 auf 29,2 Millionen.
202 So veranschlagte das IW Köln den Umfang des zusätzlichen Bruttosozialprodukts Westdeutschlands bis zum Jahr 2000 kumulativ auf real 284 Mrd. DM und die dadurch anfallenden Steuermehreinnahmen auf 76,5 Mrd. DM. Aus der Gegenüberstellung dieser Größen mit den erwarteten zusätzlichen Haushaltsbelastungen errechnet sich eine Selbstfinanzierungsquote von 71,8%. Berücksichtigt man darüber hinaus mögliche Ausgabeneinsparungen der öffentlichen Gebietskörperschaften in Höhe von 105,5 Mrd. DM, so würde sich per Saldo keine Belastung, sondern ein positiver Nettoeffekt in Höhe von

Rechnung letztlich nicht aufging[203], so waren die Multiplikatoreffekte des als „Transfer" für Ostdeutschland etikettierten, tatsächlich aber der westdeutschen Wirtschaft zu gute kommenden staatlichen Konjunkturprogramms doch beachtlich. Sie beschränkten sich jedoch auf Westdeutschland. Für Ostdeutschland dagegen stellten sich die Wachstums-, Beschäftigungs- und Einkommenszuwächse im Westen „als Misserfolg" dar, schwächten sie doch nachhaltig den Produktionsstandort Ost.[204]

Mit dem Vereinigungsboom und seinen positiven Effekten wandelte sich die allgemeine Stimmung in Westdeutschland spürbar. So schwand die anfangs noch vorherrschende Sorge, die Transformationskrise im Osten könnte auf den Westen übergreifen und die Kosten der Einheit würden die Bürger im Altbundesgebiet über Gebühr belasten, zusehends. Damit verflüchtigte sich aber auch der letzte Rest von Solidaritätsbereitschaft. Statt dessen setzte eine Profitgier und Bereicherungssucht ein, wie sie 1989 noch kaum für möglich gehalten worden wäre. Doch eigentlich war dies keine Überraschung, sondern entsprach mehr oder weniger den Erwartungen der Politik, wie der Verlauf des Einigungsprozesses im Großen und Ganzen durchaus dem seit Jahrzehnten für diesen Fall bereitgehaltenen „Drehbuch" entsprach. Bezeichnend dafür ist die 1953 von *Ludwig Erhard* unter der Überschrift „Keine Angst vor dem Tag X" getroffene Vorhersage, wonach die wirtschaftliche Situation, namentlich „die Arbeitsmarktlage", im bisherigen Bundesgebiet durch die „Wiedereingliederung des deutschen Ostens ... nicht oder wenn überhaupt, dann nur nach der positiven Seite hin, berührt" werden würde. „Weder wird für die heutige Bevölkerung des Bundesgebietes durch den Zusammenschluss eine steuerliche Belastung eintreten, noch etwa dadurch die Existenz von Betrieben gefährdet werden". Was aber durch die „gesamtwirtschaftliche Einbeziehung der Sowjetzone" entstehen dürfte, so *Erhard*, ist „Raum ... für weitere wirtschaftliche Expansion".[205] – „Raum für wirtschaftliche Expansion", damit war der „Wert" Ostdeutschlands für Westdeutschland umrissen, eine Aussage die bis heute nichts von ihrer Prägnanz verloren hat. So kam

---

75,5 Mrd. DM als fiskalischer Vereinigungsgewinn ergeben (IW, *Wirtschaftliche und soziale Perspektiven* ..., a.a.O., S. 224f., 230).

203 Über die tatsächliche Höhe dieser Mehreinnahmen herrscht Unklarheit. Konnte noch 1990 gut die Hälfte der in den drei Nachtragshaushalten vereinbarten Mehrausgaben des Bundes von 84,3 Mrd. DM durch konjunkturell bedingte Mehreinnahmen finanziert werden, so veranschlagte das DIW die zwischen 1990 und 1993 kumulierten Mehreinnahmen in Westdeutschland aus Steuern und Sozialbeiträgen auf Grund der zusätzlichen Nachfrage aus Ostdeutschland nur noch auf 28,4 Mrd. DM (V. Meinhardt et al., „Transferleistungen ...", a.a.O., S. 83).

204 AG Alternative Wirtschaftspolitik, *Memorandum ‚91. Gegen Massenarbeitslosigkeit und Chaos – Aufbaupolitik in Ostdeutschland*, Köln 1991, S. 235.

205 L. Erhard, „Wirtschaftliche Probleme der Wiedervereinigung", in: ders., *Deutsche Wirtschaftspolitik*, Düsseldorf u.a. 1992 (1962), S. 229f. S. auch: *Die Zeit* v. 10.9.1953.

es dann auch, zumindest in den ersten Jahren, bevor die Wirtschaftskrise die Lage für die westdeutschen Unternehmen vorübergehend etwas eintrübte und dem Vereinigungsboom ein jähes Ende bereitete. Aber auch das westeuropäische Ausland zog aus dieser Entwicklung einigen Nutzen, da der Nachfrageimpuls aus Ostdeutschland zeitweilig die Produktionskapazitäten Westdeutschlands überstieg, was Drittländern zusätzliche Exporte nach Deutschland ermöglichte und den Handels- und Leistungsbilanzüberschuss der Bundesrepublik zum Schmelzen brachte.

Mehr aber noch, als der außenwirtschaftliche Aspekt, berührten die Finanzierungsmodalitäten der Transferzahlungen im Innern die wirtschaftliche Perspektive der Bundesrepublik Deutschland: Dies zum einen, weil die undurchsichtige, über zehn Nebenhaushalte abgewickelte Finanzpolitik zu einem sprunghaften Anstieg der Staatsverschuldung geführt hatte. Zum anderen aber auch, weil ein mittelfristiges Konzept für die wirtschaftliche Entwicklung in den neuen Bundesländern fehlte, woraus sich unabwägbare finanzielle Risiken für die Zukunft ergaben. Hinzu kamen ein hohes, weit über dem durchschnittlichen Auslastungsgrad der Kapazitäten[206] in der Vergangenheit liegendes, Produktionsniveau in Westdeutschland sowie die davon ausgehende Gefahr außer Kontrolle geratender Preis- und Lohnsteigerungen. Als Reaktion darauf, und auf die im Ergebnis der Währungsunion ohnehin überproportional gestiegene Geldmenge[207], ging die *Bundesbank* 1991 zu einer restriktiven Geldpolitik über. Ziel dieser wenig populären und heftig kritisierten, vor allem in einer Anhebung der Leitzinsen bestehenden Politik war es, den von der defizitfinanzierten erhöhten Nachfrage und von der steigenden Staatsverschuldung ausgehenden Inflationsgefahren rechtzeitig zu begegnen und so eine konjunkturelle Überhitzung mit nachfolgender Inflation zu verhindern. Diese Maßnahmen verfehlten bekanntlich nicht ihre Wirkung. Auch waren die von den ostdeutschen Märkten ausgehenden konjunkturellen Impulse 1992 so weit ausgeschöpft, dass hiervon keine zusätzlichen Effekte mehr zu erwarten waren. Ganz im Gegenteil: Statt die wirtschaftliche Dynamik zu befördern, zeitigte der Ressourcentransfer aus Westdeutschland in die neuen Bundesländer inzwischen zunehmend auch *negative* Wirkungen auf den

---

206 Während die Kapazitätsauslastung zwischen 1979 und 1991 durchschnittlich bei 84% lag, betrug sie im 2. Halbjahr 1990 knapp 90% und im 1. Halbjahr 1991 88%. Danach ging sie allmählich zurück, lag aber bis Ende 1992 immer noch über dem langjährigen Durchschnitt (BBk, *Monatsberichte*, 44. Jg. (1992) 12, S. 32).

207 Auf Grund der Zurechung ostdeutscher Geldvermögen zur Geldmenge M_3 lag diese 1990 mit knapp 15% der westdeutschen Geldmenge über dem stabilitätspolitisch vertretbaren Wert von etwa 10%. In den Folgemonaten kam es hier jedoch „durch Umschichtungen in langfristige Geldanlagen gleichsam automatisch" zu einer Reduktion. Im April 1991 betrug die Relation zwischen ost- und westdeutscher Geldmenge bereits nur noch 11,5% (BBk, „Überprüfung des Geldmengenziels 1991", a.a.O., S. 16).

Konjunkturverlauf, insbesondere durch die Art seiner Finanzierung und die damit verbundenen Verteilungswirkungen.[208]

So folgte auf den durch die ostdeutsche Nachfrage induzierten und über die staatliche Kreditaufnahme finanzierten Vereinigungsboom im zweiten Halbjahr 1992, als die Lieferungen nach Ostdeutschland stagnierten, erst die Ernüchterung und dann, 1993, die Rezession. Die Ausrüstungsinvestitionen, die 1990 noch um 13,2% und 1991 um 9,1% gestiegen waren, gingen 1992 um 3,9% und 1993 um mehr als 15% zurück. Infolgedessen war 1993 auch das Bruttoinlandsprodukt rückläufig.[209] Damit in Übereinstimmung erwiesen sich auch die Beschäftigungsimpulse aus der deutschen Vereinigung als wenig stabil, mit den entsprechenden Einkommenseffekten und Mindereinnahmen an Steuern und Beiträgen. – Die Krise 1992/94 war die schwerste Wirtschaftskrise Westdeutschlands seit 1945.

Obwohl durch mehrere Faktoren hervorgerufen und eine verzögerte Folge der seit 1989 zu beobachtenden globalen Abkühlung des Konjunkturklimas, war diese Krise doch nicht zuletzt auch eine „Einigungskrise"[210], das heißt, eine direkte und indirekte Folge der Transformationskrise in Ostdeutschland und der Vereinigungspolitik der Bundesregierung. Die durch den Vereinigungsboom verdeckten Strukturprobleme der westdeutschen Wirtschaft traten, nachdem die Wirkungen des kreditfinanzierten „keynesianischen Konjunkturprogramms" verpufft waren, die Finanzierungskosten desselben aber als Lasten spürbar wurden, offen zutage. Die makroökonomischen Indikatoren für die westdeutsche Wirtschaft ließen für 1993 eine drastische Verschlechterung der Lage erkennen: das Bruttoinlandsprodukt sank um 1,7%, die Industrieproduktion sogar um 8%. Der Export ging gegenüber dem Vorjahr um 8,5% zurück. Der Auslastungsgrad des Produktionspotenzials im Verarbeitenden Gewerbe näherte sich mit 78,5% dem historischen Tiefstand von 1982 von 76,8%.[211] Dieser konjunkturelle Einbruch erfolgte, obwohl die transferfinanzierte Nachfrage aus Ostdeutschland weiterhin bestand, was einerseits die Bedeutung dieses Faktors, der 1991 immerhin 29% des westdeutschen Exports ausgemacht hatte[212], etwas relativiert, andererseits aber auch erkennen lässt, dass nur eine weitere Steigerung der Überschüsse im innerdeutschen Handel der westdeutschen Wirtschaft neue Expansionschancen eröffnen würde.[213] Dies

---

208 Vgl. AG Alternative Wirtschaftspolitik, *Memorandum '92. Gegen den ökonomischen Niedergang – Industriepolitik in Ostdeutschland*, Köln 1992, S. 111f. Zu den verteilungspolitischen Maßnahmen: S. 167ff.
209 DIW, *Wochenbericht*, 1–2/1994; BBk, *Monatsbericht*, 47. Jg. (1995) 7, S. 61*.
210 R. Hickel/J. Priewe, *Nach dem Fehlstart...*, a.a.O., S. 83.
211 Ebenda, S. 84ff.; SVR, *Jahresgutachten 1993/94*, Stuttgart 1993.
212 R. Hickel/J. Priewe, a.a.O., S. 86.
213 Der Überschuss Westdeutschlands im innerdeutschen Handel entsprach 1992 bereits einem Anteil am ostdeutschen Verbrauch von mehr als zwei Fünfteln, woraus ersichtlich

hätte jedoch eine Zunahme der Transferzahlungen und eine weitere Ausdehnung der Staatsverschuldung bedeutet und stieß von daher auf bestimmte, wenn auch, wie die weitere Entwicklung zeigt, durchaus elastische Grenzen. Da das westdeutsche Produktions- und Einkommensniveau, und mithin auch das Steuer- und Beitragsaufkommen der öffentlichen Haushalte, ohne die mittels der Transfers finanzierte Nachfrage ostdeutscher Haushalte und Unternehmen „wesentlich niedriger gewesen wäre, Berechnungen des DIW zufolge etwa um 6 bis 7% pro Jahr"[214], hätte eine Zurückführung der Transferzahlungen auf jeden Fall krisenverschärfend gewirkt. Sie kam daher schon im Interesse der westdeutschen Wirtschaft nicht in Betracht. Ebenso wenig aber der Aufbau von Produktionskapazitäten in Ostdeutschland, wodurch die seit 1992 nicht mehr ausgelasteten Betriebe im Westen, nicht zuletzt wegen der im Vereinigungsboom neu geschaffenen Kapazitäten, noch größere Absatzprobleme bekommen hätten als sie ohnehin schon hatten. Vor diesem Hintergrund und der damit gegebenen Interessenlage muss die Tätigkeit der *Treuhandanstalt* als einer bundesunmittelbaren Behörde, welche gesamtdeutsche, also vor allem *west*deutsche Interessen wahrzunehmen hatte, gesehen werden.[215] Insbesondere erklärt sich hieraus die seit 1992 spürbar zurückgegangene Bereitschaft der *Treuhandanstalt*, Produktionsbetriebe mit einer überregionalen Absatzorientierung zu sanieren und traditionelle Produktionsstandorte und -zentren Ostdeutschlands als sog. „industrielle Kerne" aufrecht zu erhalten und auszubauen. Indem die *Treuhandanstalt*, der Maxime „Privatisierung ist die beste Sanierung" folgend, die „strategische Ausrichtung und konsequente Sanierung" der unter ihrem Dach vereinten Betriebe bewusst unterließ bzw. nur halbherzig betrieb, hat sie die Modernisierung der ostdeutschen Industrie „eher behindert als befördert".[216] Nutznießer dieser Politik aber war, kurz- wie langfristig, die westdeutsche Wirtschaft.

Während es sich bei dem Vereinigungsboom i.e.S. nur um einen kurzfristigen postunitären Effekt gehandelt hat, bewirkten die dadurch ausgelösten Investitionen

---

ist, dass eine weitere Steigerung desselben im Interesse der westdeutschen Wirtschaft den weiteren Ruin der ostdeutschen Wirtschaft zur unbedingten Voraussetzung hatte.
214 Diese Schätzung geht von einem deutsch-deutschen Leistungsbilanzsaldo in Höhe von ca. 200 Mrd. DM p.a. aus. Gegenüber 1991 erhöhte sich der Lieferüberschuss Westdeutschlands 1992 um 20% auf 179,9 Mrd. DM und 1993 auf 189,9 Mrd. DM. Für die nachfolgenden Jahre gibt es nur Schätzwerte, die aber einen weiteren Anstieg unterstellen (S. Bach/ D. Vesper, „Finanzpolitik und Wiedervereinigung ...", a.a.O., S. 202; vgl. auch G. Leis, a.a.O., S. 118).
215 Vgl. dazu u.a. C. Luft, *Treuhandreport*, Berlin 1992; J. Priewe, „Die Folgen der schnellen Privatisierung der Treuhandanstalt. Eine vorläufige Schlussbilanz", in: *Aus Politik und Zeitgeschichte*, B 43–44/1994, S. 21–30.
216 M. Geppert/P. Kachel, „Die Treuhand am Ende", in: R. Schmidt/B. Lutz, *Chancen und Risiken der industriellen Restrukturierung in Ostdeutschland*, Berlin 1995, S. 69.

in Verbindung mit den einigungsbedingten Ressourcenverschiebungen und dem Zustrom von Arbeitskräften aus Ostdeutschland in den Folgejahren für die westdeutsche Wirtschaft einen erheblichen gesamtwirtschaftlichen *Niveauschub*. Das heißt, die Tatsache der zeitlichen Begrenztheit des Vereinigungsbooms darf nicht darüber hinwegtäuschen, dass hiervon für Westdeutschland ein Potenzialwachstum ausging, das zu einem Niveaueffekt geführt hat, der bis heute andauert. Wie in einer Untersuchung des IWH gezeigt werden konnte, führte der durch die *Währungs-, Wirtschafts- und Sozialunion* ausgelöste Aufschwung in Westdeutschland in allen Wirtschaftsbereichen, außer der Bauwirtschaft, zu einer nachhaltigen Ausdehnung der Produktion, so dass der langjährige Entwicklungspfad verlassen wurde und ein im Niveau signifikant höher liegender Pfad eingeschlagen werden konnte.[217] Diese Aussage wurde im Rahmen eines makroökonomischen Modells, das 56 Verhaltensgleichungen und 103 Definitionsgleichungen enthält und das es erlaubt, 159 volkswirtschaftliche Größen simultan zu schätzen, gewonnen. Als Resümee der Untersuchung wurde festgestellt, dass der durch die Widervereinigung generierte Nachfrageimpuls in Westdeutschland zu einer „Ausdehnung der Produktion sowie der Beschäftigung" geführt hat. Seither liegt die Bruttowertschöpfung in Westdeutschland deutlich über dem im Modell ohne Wiedervereinigung für Westdeutschland simulierten Niveau.

Bei der Modellanalyse wurde davon ausgegangen, dass die westdeutsche Wirtschaft bis 1989 einem Wachstumstrend folgte, welcher das Bruttoinlandsprodukt (in Preisen von 1991) von 1.543 Mrd. DM im Jahre 1970 auf 2.384 Mrd. DM im Jahre 1989 ansteigen ließ. Für 1998 hätte der simulierte Wert bei 2.752 Mrd. DM gelegen. Tatsächlich aber betrug er 2.889 Mrd. DM, lag also trotz des zwischenzeitlichen Rückgangs infolge der Rezession (1993) immer noch beträchtlich über dem Wert, der sich bei Fortschreibung des Trends ergeben hätte (vgl. Abbildung 4.6.-1). Kumulativ betrug die so errechnete Differenz zwischen der simulierten Bruttowertschöpfung und der tatsächlichen Entwicklung rund 1.100 Mrd. DM.[218] In makroökonomischer Betrachtung verkörpert diese Größe den „Vereinigungsgewinn" Westdeutschlands. Ihr Umfang entspricht in etwa der Summe der im gleichen Zeitraum von West- an Ostdeutschland geleisteten Nettotransferzahlungen, womit sich gewissermaßen der Kreis der innerdeutschen Wirtschaftsbeziehungen seit 1990 schließt.[219]

---

217 Vgl. IWH, *Wirtschaft im Wandel*, 13/1996, S. 2; G. Müller, „Impulse der Wiedervereinigung auf die westdeutsche Wirtschaft", in: *Wirtschaftsdienst*, 78. Jg. (1998), S. 357–363.
218 G. Müller, „Nutzen und Kosten für die westdeutsche Wirtschaft infolge der Wiedervereinigung", in: D. Brümmerhoff (Hrsg.), *Nutzen und Kosten ...*, a.a.O., S. 51.
219 Anfangs überstieg der derart ermittelte „Vereinigungsgewinn" Westdeutschlands sogar die „Kosten" der Transferzahlungen, wodurch Westdeutschland eindeutig als der ökonomische Nettogewinner des Einigungsprozesses erschien (vgl. U. Busch, „Sieben fette Jahre?", in: *Berliner Debatte INITIAL* 9. Jg. (1998) 2–3, S. 95ff.).

Abbildung 4.6.-1
Reales Bruttoinlandsprodukt Westdeutschlands und Trend 1980–2000

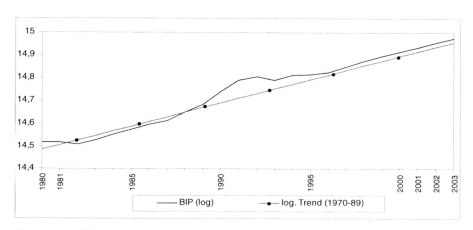

Quelle: StBA; IWH; eigene Berechnungen

Dem in der vorstehenden Abbildung erkennbaren „Produktionsüberhang" Westdeutschlands entspricht spiegelbildlich ein transferfinanzierter „Verbrauchsüberhang" in Ostdeutschland, dem eine adäquate Produktionslücke zugrunde liegt. Bis heute ist es nicht gelungen, diese Differenz merklich zu verringern. Das heißt, trotz des Umfangs der geleisteten Transfers erfolgte der Ausbau von Produktionskapazitäten im Osten nur ungenügend, so dass die Dominanz westdeutscher Güter auf den ostdeutschen Märkten erhalten blieb. Der Schlüssel für die Erklärung dieser Tatsache findet sich zum einen in der Struktur der Transferleistungen, zum anderen aber auch in der Struktur der Investitionen, die in Ostdeutschland getätigt wurden und wovon nur der geringere Teil auf neue Ausrüstungen entfallen ist.[220] Für die westdeutschen Unternehmen erwies es sich, von Ausnahmen abgesehen, insgesamt als kostengünstiger, ihre Kapazitäten im Westen aufzustocken, anstatt Teile ihrer Produktion in den Osten zu verlagern bzw. hier neue Kapazitäten zu schaffen. Dies ist auch weiterhin möglich, da durch das Zusammenspiel von Finanztransfers und Realtransfer die Realisierung der westdeutschen Zusatzproduktion auf den ostdeutschen Märkten finanziell sicher gestellt wird und sich auf diese Weise das Ungleichgewicht zwischen Produktion und Verbrauch, im Westen wie im Osten, stabilisiert.

220 Nach alter Rechnung entfielen von den Anlageinvestitionen vom 2. Halbjahr 1990 bis 1998 31,9% auf Ausrüstungen. Nach der ESVG waren es zwischen 1991 und 1999 ca. 33,0% (BMWi, *Wirtschaftsdaten Neue Länder*, April 1999 und Juli 2001, S. 20).

Als dauerhaften Effekt der Vereinigung verzeichnete Westdeutschland eine Zunahme seines Produktionspotenzials. Grundlage dafür war einerseits eine überproportionale Erhöhung des Kapitalstocks, welche zum Teil aus Vereinigungsgewinnen finanziert wurde, andererseits aber der Zustrom von Arbeitskräften aus Ostdeutschland, wie er insbesondere zwischen 1989 und 1992 und dann wieder seit 1998 verstärkt erfolgte. Da es sich bei den Migranten ganz überwiegend um junge, gut ausgebildete Menschen handelte, war die Folge eine Verschlechterung des durchschnittlichen Ausbildungsniveaus der Erwerbsbevölkerung und der Altersstruktur der Wohnbevölkerung in Ostdeutschland, respektive eine Verbesserung auf westdeutscher Seite.[221] Die darin zum Ausdruck kommende quantitative *und* qualitative Verbesserung des Arbeitsangebotes in Westdeutschland erhöhte die Produktivität des vorhandenen Kapitalstocks und bildete das Komplement zu den vorgenommenen Investitionen.

So ermöglichte der zeitliche Zusammenfall zweier, in ursächlichem Zusammenhang mit der deutschen Vereinigung stehender Prozesse, der außerordentlichen Umsatz- und Gewinnsteigerung infolge der Zusatznachfrage aus dem Osten und der Zuwanderung einer großen Zahl leistungsfähiger Arbeitskräfte, in Westdeutschland eine vom Trend abweichende Entwicklung des Produktionspotenzials. Der Vereinigungsboom zeichnete sich dabei durch die Gleichzeitigkeit von hohen Potenzialwachstumsraten *und* hoher Kapazitätsauslastung aus.

Die wechselseitige Bedingtheit von Produktionslücke und Produktionsüberschuss, von ostdeutschem Defizit und westdeutschem Plus im innerdeutschen Güteraustausch, macht die Transferproblematik zu einem *gesamtdeutschen* Problem. Es lässt sich hier keine Veränderung herbeiführen, ohne dass jeweils die andere Seite nachhaltig davon tangiert werden würde. Da in der gegenwärtigen Konstellation die Vorteile für die westdeutsche Wirtschaft die mit den Transferzahlungen verbundenen Lasten übersteigen, gibt es von daher keinen Druck in Richtung auf eine Veränderung. Eher ist das Gegenteil der Fall: die westdeutsche Wirtschaft tut alles, um ihre Marktpräsenz im Osten zu behaupten; umgekehrt aber wird ostdeutschen Unternehmen der Marktzutritt im Westen erschwert. Um ihre Produktionsbasis erweitern zu können, müssten die ostdeutschen Unternehmen ihre Marktanteile im Osten wie im Westen vergrößern. Dies erscheint aber nur in außerordentlichen Prosperitätsperioden als eine realistische Option. In der augenblicklichen Konjunkturlage dagegen würde es auf eine Rückgewinnung von Märkten und auf die Umverteilung von Produktionskapazitäten von West nach Ost hinauslaufen, was illusorisch ist, denn „das hieße in der Tat Bürgerkrieg!"[222]

---

221 Vgl. V. Dietrich et al. *Wechselbeziehungen zwischen Transfers ...*, in: IWH-SH 4/1997, S. 78ff.

222 C. Noé, Beitrag auf einer Veranstaltung der Friedrich-Ebert-Stiftung, in: FES, *Bilanz: 10 Jahre deutsche Einheit*, Berlin 2000, S. 39.

Abbildung 4.6.-2
Produktionspotenzialwachstum in Westdeutschland 1975-1998

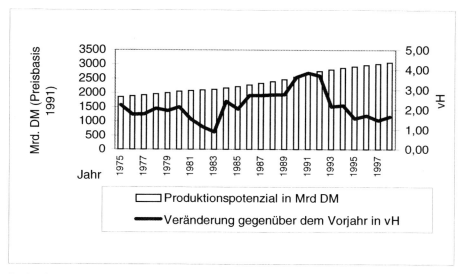

Quelle: SVR; Jahresgutachten 1998/99, a.a.O., S. 285; eigene Berechnungen

In der längerfristigen Analyse rücken jedoch noch andere Aspekte in den Blick. So zum Beispiel die Tatsache, dass der Vereinigungsboom „nach dem Strickmuster des Keynesiansimus" erfolgt war, das heißt wesentlich nachfrageinduziert und über Budgetdefizite finanziert. Die Finanztransfers wirkten in diesem Konzept „über den Umweg Ostdeutschlands wie ein Konjunkturprogramm für Westdeutschland"[223] – jedoch auch mit den für derartige Programme charakteristischen Nebenwirkungen. Diese sind inzwischen in mehrfacher Hinsicht deutlich geworden:

Erstens in der Kurzfristigkeit der konjunkturbelebenden Wirksamkeit dieser Politik, die 1992/93 in eine Wirtschaftskrise mündete.

Zweitens in der exorbitanten Zunahme der Staatsverschuldung, wovon langfristig eine latente Gefahr für die gesamtwirtschaftliche Stabilität ausgeht.

Drittens in der ausbleibenden Entwicklung der Transferempfängerregion als Produktionsstandort.

Während Westdeutschland sich über die Finanztransfers clever ein eigenes Konjunkturprogramm finanziert hat, lief der *Aufschwung Ost* eher gebremst, so dass der

[223] J. Priewe/R. Hickel, *Der Preis* ..., a.a.O., S. 235.

Osten als Produktionsstandort mehr und mehr verödet. Einzelne positive Beispiele für Unternehmensansiedelungen und „blühende Landschaften" ändern dabei wenig an dem tristen Gesamtbild. Die seit 1990 in Ostdeutschland getätigten Investitionen westdeutscher Unternehmen erfolgten nicht in der Absicht, hier flächendeckend als Produzenten tätig zu werden. Vielmehr dienten sie der Erschließung der Märkte sowie der Komplementierung der eigenen Produktion. Dies wird auch künftig so sein, was bedeutet, dass die Revitalisierung der neuen Bundesländer als Produktionsstandort wesentlich „aus deren eigener Kraft" entwickelt werden muss. Damit sich die neuen Länder als Produktionsstandort im Wettbewerb am Binnenmarkt durchzusetzen vermögen, bedarf es vor allem bodenständiger Großunternehmen. Nur so lassen sich die angebotsseitigen Defizite der ostdeutschen Wirtschaft langfristig beheben. Dieses Ziel aber ist „mit dem Kapitalimportmodell alleine nicht zu erreichen, es steht diesem Ziel zum Teil sogar im Wege."[224]

Viertens ist die Entwicklung seit 1990 durch eine Einkommensumverteilung und gigantische Vermögensumschichtung charakterisiert.

Die seit der konservativen Wende im Jahre 1982 ohnehin zu konstatierende Umverteilung zugunsten der Unternehmensgewinne und Vermögenseinkommen erhielt durch die Gewinne aus dem Vereinigungsboom und die Eigentumstransformation durch die *Treuhandanstalt* einen zusätzlichen Schub. Gewinner dabei waren vor allem westdeutsche Unternehmen (Handelskonzerne, Banken, Versicherungen, Autohersteller, Konsumgüterproduzenten, Dienstleister usw.), Selbständige und Vermögensbesitzer, während die Lohnabhängigen, abgesehen von kurzzeitigen Einkommensverbesserungen zu Beginn des Einigungsprozesses[225], letztlich in diesem Prozess mehrheitlich die Verlierer sind. Wenn sich auch die Auswirkungen des Einigungsprozesses und seiner Finanzierung auf einzelne soziale Gruppen nicht zuverlässig quantifizieren lassen, so steht doch außer Zweifel, dass es hier zu einer extrem asymmetrischen Verteilung von Gewinnen und Lasten gekommen ist. Der in diesem Zusammenhang geprägte Begriff der „Gerechtigkeitslücke" bestätigt dies allenthalben.[226] Untersuchungen legen die Vermutung nahe, dass diejenigen Gruppen und

---

224 E. Helmstädter, *Perspektiven der Sozialen Marktwirtschaft*, a.a.O., S. 198f.
225 Die 1990 und 1991 erzielten kräftigen Reallohngewinne wurden 1992/93 durch Reallohnverluste bereits wieder kompensiert. Seitdem herrscht hier im Wesentlichen Stagnation. Berechnungen der Deutschen Bundesbank zufolge belief sich der Reallohnzuwachs von 1991 bis 1999 auf -0,1% an jahresdurchschnittlicher Veränderung, kumuliert also insgesamt auf rund -1,0% (BBk, „Bestimmungsgründe und gesamtwirtschaftliche Bedeutung von Produzenten- und Konsumentenlohn", in: *Monatsberichte*, 52. Jg. (2000) 7, S. 22).
226 Vgl. RWI, „Wer finanziert die deutsche Einheit? Zur Diskussion um die ‚Gerechtigkeitslücke'", in: *RWI-Konjunkturbrief Nr. 3*, 10/1992; J. Schwarze, „Einkommensungleichheit im vereinten Deutschland", in: DIW, *Wochenbericht*, 49/1993; U. Heilemann/H. Rappen, „Was kostet uns die Einheit?", a.a.O., S. 98.

Personen, die am meisten von der Wiedervereinigung profitiert haben, gleichzeitig auch diejenigen waren, die die geringsten Lasten zu tragen hatten. Die Steuerpolitik der Bundesregierung und die über Steuersubventionen geförderte Investitionspolitik in den neuen Ländern hat bis 1998 erheblich dazu beigetragen, diese „unsolidarische" Art und Weise der Finanzierung der deutschen Einheit zu verstärken, während der *Sachverständigenrat*[227], die Gewerkschaften und andere Gremien hier seit Jahren eine sozial ausgewogenere Lösung angemahnt haben. Im Ergebnis der stattgefundenen Entwicklung ist ein tendenzieller Anstieg der Ungleichheit der Einkommen festzustellen sowie eine weiterhin erhebliche Ungleichverteilung der Vermögen.[228]

Die in den ersten Jahren vergleichsweise günstigen, für die westdeutsche Wirtschaft *in toto* sehr vorteilhaften Wirkungen der Vereinigung hatten, da sie auf einer Ausweitung der Staatsverschuldung beruhten, langfristig ihren Preis. Die Rechnung dafür folgte inzwischen in Form höheren Zinsausgaben des Staates[229], höheren Steuer- und Abgabenlasten[230], stagnierender Staatsausgaben und einer Zurückstellung öffentlicher Investitionen. Die Folge ist ein Nachlassen der Dynamik des Wirtschaftswachstums, ein Rückgang der Beschäftigung und fehlende Spielräume in den öffentlichen Haushalten, um Defizite und konjunkturell bedingte Einnahmeverluste problemlos ausgleichen zu können.[231] Infolge der wirtschaftlichen Förderung Ostdeutschlands und der Überwindung noch bestehender Standortnachteile kommt es in bestimmtem Umfange auch zu Standortverlagerungen und strukturellen Anpassungsprozessen in Westdeutschland mit entsprechenden negativen Konsequenzen für die davon betroffenen Branchen und Territorien. Dies gilt für die Landwirtschaft und für bestimmte Bereiche der extraktiven Industrie (Kohleförderung, Kaliabbau usw.), aber auch für das Verarbeitende Gewerbe, sofern traditionelle Standorte der ostdeutschen Industrie, zum Beispiel im Raum Halle-Merseburg oder Leipzig, sich wieder zu Zentren industrieller Tätigkeit entwickeln würden, in deren Nähe sich Zuliefer- und Dienstleistungsfirmen zu Lasten westdeutscher Standorte ansiedelten. In Bezug auf eine Reihe von Dienstleistungsbereichen, staatlichen Institutionen,

---

227 Vgl. SVR, *Jahresgutachten 1992/93*, Stuttgart 1992, Z 208ff. und 358.
228 Vgl. *Lebenslagen in Deutschland*, a.a.O., S. 43 und 68; C. Schäfer, „Ungleichheiten politisch folgenlos...", a.a.O., S. 659–73.
229 Die Zins-Ausgaben-Quote des Bundes erhöhte sich von 9,0% 1990 auf 16,0% im Jahr 2000, die des öffentlichen Gesamthaushalts stieg von 7,9 % auf 11,3% (BMF, *Bundeshaushalt 2002. Tabellen und Übersichten,* Berlin 2001, S. 36).
230 Die Abgabenquote, welche den Anteil der Steuern und Sozialversicherungsbeiträge am Bruttoinlandsprodukt beinhaltet, erhöhte sich von 40,5% im Jahre 1990 (alte Bundesländer) auf 43,2% im Jahr 2000 (BMF, *Bundeshaushalt 2002...* , a.a.O., 28).
231 So fiel beispielsweise die Schwankungsreserve der Rentenversicherung im 3. Vierteljahr 1996 bei einem Ausgabevolumen von 72,6 Mrd. DM bis auf 11,1 Mrd. DM (BBk, *Monatsberichte* 49. Jg. (1997) 3, S. 60*).

Bildungs- und Kultureinrichtungen sowie Headquarters großer Unternehmen ist dieser Prozess in Berlin und im Berliner Umland seit dem Regierungsumzug in die deutsche Hauptstadt schon voll im Gange.

Ein spezifischer, in der Debatte um die Folgen der deutschen Einheit immer wieder kritisch berührter Punkt betrifft die monetären Wirkungen der Vereinigungspolitik. Entgegen dem anfangs gehegten Verdacht, dass der, gemessen am Produktionspotenzial der neuen Länder, 1990 zu hoch veranschlagte Zuwachs der Geldmenge M_3 eine ernsthafte Gefährdung für die Stabilität der Währung bedeuten könnte, folgte hieraus jedoch keine derartige Konsequenz. Durch die Umwandlung von Liquidität in Geldkapital konnte die Geldmenge erwartungsgemäß sehr schnell, quasi automatisch auf ein stabilitätspolitisch vertretbares Maß zurückgeführt werden, so dass sich von daher keine erkennbaren negativen Folgen für die westdeutsche Wirtschaft ableiten lassen.

Anders verhält sich dies jedoch mit der Finanzpolitik, welche durch die exzessive öffentliche Kreditaufnahme durchaus Stabilitätsrisiken in sich barg. Da auch das Ausland 1991 Vertrauensverluste gegenüber der deutschen Währung signalisierte, sah sich die *Deutsche Bundesbank* schließlich zum Handeln gezwungen. Die Zinsen am Geldmarkt wurden entsprechend hochgeschraubt, mit dramatischen Folgen für die Konjunktur und für das Europäische Währungssystem.[232] Aber damit war das Problem noch lange nicht ausgestanden. Mitte der 90er Jahre machten sich die Auswirkungen der Finanzpolitik dahingehend geltend, dass Deutschland Gefahr lief, die Stabilitätskriterien des Maastrichter Vertrages zu verfehlen. Es bedurfte einiger Anstrengung, um die selbst mitformulierten und -bestimmten Maßstäbe einzuhalten. Nach dem Regierungswechsel im Herbst 1998 und der Offenlegung der tatsächlichen Finanzlage zeigte sich das ganze Ausmaß der seit Jahren aufgelaufenen Staatsverschuldung. Seither versucht die Regierung durch einen rigiden Spar- und Stabilisierungskurs hier eine Trendwende herbeizuführen.[233] Erste positive Ergebnisse konnten diesbezüglich im Jahre 2001 präsentiert werden, allerdings mit dem Beiklang, den Abwärtstrend in der Wirtschaft prozyklisch zu verstärken. Inzwischen steht außer Frage, dass von dem Sparkurs der Bundesregierung, zumindest kurzfristig, eine für Ost- wie für Westdeutschland wachstumsbremsende und damit rezessionsverstärkende Wirkung ausgeht. Da in den neuen Ländern bereits im 1. Halbjahr 2001 das Wachstum negativ war, sind die Auswirkungen der Sparpolitik hier besonders zu spüren.[234] Unter

---

232 Vgl. E. Baltensperger, „Geldpolitik bei wachsender Integration (1979–1996)", in: BBk (Hrsg.), *Fünfzig Jahre Deutsche Mark*, a.a.O., S. 513ff.
233 Vgl. BMF, *Deutsches Stabilisierungsprogramm*, Berlin 1999.
234 Im 1. Halbjahr 2001 verzeichnete des BIP Ost (in Preisen von 1995) ein Wachstum von – 0,6%, während die alten Länder noch ein Plus von 1,2% aufwiesen (BMWi, *Wirtschaftsdaten Neue Länder*, September 2001, S. 1, 4).

dem Eindruck der Abkühlung des Konjunkturklimas ließ die Regierung inzwischen erkennen, dass sie ihren Kurs vorerst in Form einer moderateren Konsolidierungspolitik, was u.U. vorübergehend auch einen Anstieg der Neuverschuldung einschließt, fortsetzen wird.

Langfristig stellen die Finanzierungslasten der Einheit, insbesondere wegen der Staatsverschuldung, für die westdeutsche Wirtschaft durchaus ein Problem dar. Auch wenn die positiven Effekte aus der Niveauverschiebung der gesamtwirtschaftlichen Produktion und die Rückflüsse der Transferzahlungen gegen gerechnet werden, bleiben bestimmte Lasten, die aus dem Nationaleinkommen der nächsten Jahrzehnte zu bestreiten sind. Diese sind jedoch sehr ungleichmäßig auf die einzelnen Sektoren und Wirtschaftssubjekte verteilt, so dass die Finanzierung der Einheit mit erheblichen Redistributionseffekten verbunden ist. Um die verteilungspolitischen Konsequenzen der Transferzahlungen und der Finanzierungskosten der Einheit richtig bewerten zu können, ist ihre Einordnung in gesamtgesellschaftliche Umverteilungsvorgänge erforderlich. Dabei zeigt sich, dass der Transferkreislauf während der 90er Jahre in bestimmtem Maße als Vehikel gedient hat, um die Umverteilung von „unten" nach „oben" durch eine Umverteilung öffentlicher Mittel zugunsten private Vermögen zu ergänzen und zu verstärken.[235]

Als Ergebnis der Transferpolitik ist mithin nicht nur eine Einkommensverteilung von West nach Ost und eine Ressourcenverschiebung von Ost nach West festzustellen, sondern auch eine Zunahme der ökonomischen und sozialen Polarisierung in Ost und West sowie der privaten Reichtumskonzentration im Westen und der öffentlichen Verschuldung in Deutschland.

---

235 Vgl. dazu U. Busch, „Sieben fette Jahre?", a.a.O., S. 95ff.

5. Kapitel

Ausblick: Stand der Konvergenz und Perspektiven

Mit dem Beitritt der neuen Länder zur Bundesrepublik Deutschland am 3. Oktober 1990 war die Vorstellung eines beschleunigten wirtschaftlichen Aufbauprozesses und einer raschen Angleichung der Lebensverhältnisse an das Niveau der alten Bundesländer verbunden. Für das wirtschaftliche Wachstum wurden Zuwachsraten von bis zu 20 Prozent jährlich prognostiziert[1], und das für einen größeren Zeitraum, so dass der Abstand Ostdeutschlands gegenüber Westdeutschland bald ausgeglichen sein würde. Durch die Unterstützung des wirtschaftlichen Aufbaus in Ostdeutschland mit westdeutschem Kapital und Know-how sowie durch wirtschaftspolitische Maßnahmen sollten die Grundlagen für einen selbsttragenden Aufschwung geschaffen werden, welcher dann in einen dynamischen Wachstums- und Aufholprozess münden würde. Nur auf der Basis einer annähernd gleich weit entwickelten und leistungsfähigen Wirtschaft lässt sich – nach übereinstimmender Auffassung in Ost und West – die Einheitlichkeit der Lebensverhältnisse im gesamten Bundesgebiet, wie das *Grundgesetz* sie postuliert[2], verwirklichen. Dies würde dann zugleich die *Vollendung* der deutschen Einheit bedeuten, quasi ihr ökonomischer und sozialer Part, nachdem der politische und der institutionelle Part bereits 1990 erfolgreich absolviert worden sind.

Retrospektiv betrachtet, erscheint das Erreichte jedoch als unbefriedigend: Nicht, dass in den zwölf Jahren seit 1990 *nichts* erreicht worden wäre, ist dabei das Problem, denn zweifelsohne wurde einiges erreicht und hat sich vieles verändert. Insgesamt aber viel zu wenig, um bereits von einer Angleichung der Lebensverhältnisse sprechen zu können. Selbst eine Annäherung ist gegenwärtig kaum mehr festzustellen. Eher eine Verfestigung der bestehenden Unterschiede, mit der Tendenz, dass diese sich weiter vertiefen, statt abzunehmen.

Die Unterschiede zwischen Ost- und Westdeutschland sind gegenwärtig immer noch so markant, dass von „einer ökonomischen und sozialen Einheit Deutschlands

---

1 H. Siebert, *Das Wagnis der Einheit. Eine wirtschaftspolitische Therapie*, Stuttgart 1992, S. 73.
2 Vgl. *Grundgesetz für die Bundesrepublik Deutschland*, Art. 72 und 106.

... keine Rede sein (kann)".[3] Dabei geht es um Unterschiede, die weit über das übliche Maß regionaler Disparitäten hinausreichen und die nicht nur einzelne ökonomische oder soziale Parameter betreffen, sondern faktisch die Gesamtheit der Lebensverhältnisse. Für die Bürger der neuen Bundesländer erweist sich dabei ihre „mehrheitlich nicht erfolgte Integration in die soziale Marktwirtschaft und die damit verbundene fehlende Identifikation" als „das Hauptproblem".[4] Dadurch, dass die Ostdeutschen von wesentlichen Integrationsbedingungen, insbesondere Arbeit und Eigentum, weitgehend ausgeschlossen sind, führt die Gleichbehandlung in anderer Hinsicht, zum Beispiel bei der Gewährung staatlicher Transfers, auch nicht zu der erforderlichen Angleichung. Da hiervon die Lebensqualität großer Teile der Bevölkerung nachhaltig *negativ* tangiert wird, ist die Überwindung der ökonomisch begründeten Diskrepanz *wesentlicher* Inhalt des Einigungsprozesses und die Konvergenz beider Landesteile übergreifendes Ziel. Soll „die Angleichung der Lebensverhältnisse in ganz Deutschland" unter den komplizierter werdenden Bedingungen einer globalisierten Ökonomie und angesichts der Herausforderungen, die von der bevorstehenden Osterweiterung der *Europäischen Union* zusätzlich ausgehen, künftig nicht vollends aus den Augen verloren werden, so darf sie nicht *irgendein* Ziel sein, sondern neben der Schaffung von ausreichend Arbeitsplätzen „wichtigstes Ziel" der Politik, so wie es die Bundesregierung im *Jahresbericht zum Stand der Deutschen Einheit 2000* wiederholt formuliert hat[5], letztlich aber mit wenig Engagement und ohne Emphase praktiziert. Solange nicht in allen Regionen Deutschlands „gleichwertige" Lebensverhältnisse hergestellt sind, ist die deutsche Einheit nicht vollendet, hat sie ihr Ziel nicht erreicht. Dieses Ziel lässt sich jedoch nur über eine Angleichung der *materiellen Lebensbedingungen* in Ost und West verwirklichen. Folglich ist die *wirtschaftliche und soziale Konvergenz* beider Landesteile, ungeachtet sich häufender Versuche, diese als Ziel und Inhalt der Einheit zunehmend in Frage zu stellen oder zu relativieren[6], der entscheidende Punkt, um den sich die Analyse des Standes des Einigungsprozesses letztlich dreht.

Ohne Erfolge im *wirtschaftlichen* Aufholprozess kann es aber keine wirkliche Angleichung in den Lebensbedingungen geben. Dies zeigt sich nirgends klarer als in der Transferabhängigkeit und Alimentierung des ostdeutschen Konsums und Lebensstandards, die auf Dauer ein Unding ist, ökonomisch wie psychologisch, aber nur durch eine Schließung der Produktionslücke auf der Grundlage einer Zunahme der Wirtschaftskraft Ostdeutschlands zurückgeführt werden kann. Jeder Versuch dage-

---

3   W. Thierse, *Zukunft Ost...*, a.a.O., S. 89.
4   G. Winkler (Hg.), *Sozialreport 2001*, a.a.O., S. 126.
5   Bundesregierung, *Jahresbericht... zum Stand der Deutschen Einheit 2000*, a.a.O., S. 7.
6   Vgl. SVR, *Chancen auf einen höheren Wachstumspfad...*, a.a.O., Z. 178ff.

gen, das Problem durch einen Abbau des „Verbrauchsüberhangs" lösen zu wollen, würde die Diskrepanz in den Lebensverhältnissen nur noch vergrößern und mithin die Einheit Deutschlands gänzlich vereiteln. In der unabweisbaren Abhängigkeit der Konvergenz der Lebensverhältnisse vom ökonomischen Erfolg offenbart sich die Dialektik der gesellschaftlichen Entwicklung. Das heißt, letztlich hängt es vom wirtschaftlichen Vorankommen Ostdeutschlands ab, vom Erfolg des *Aufbaus Ost*, ob Deutschland zusammenwächst oder nicht, ob die deutsche Einheit vollendet wird oder aber ein unvollendetes Projekt bleibt, ob der Osten eine Zukunft hat oder aber, ob er verödet und zum deutschen *Mezzogiorno* verkommt.

Vom volkswirtschaftlichen Standpunkt aus ist die Konvergenz von Regionen nicht in erster Linie eine Frage gleicher Konsumstandards oder gleich hoher Einkommen. Ausschlaggebend hierfür sind vielmehr das Produktions- und Leistungsniveau, die wirtschaftliche Dynamik, das Produktivitätsniveau, die Chancengleichheit von Unternehmen und Arbeitskräften auf den Märkten u.a.m. Das heißt, unter dem Konvergenzaspekt geht es vor allem darum, dass Ostdeutschland sich *im Ganzen* gesehen und *im Durchschnitt* hinsichtlich seiner wirtschaftlichen Leistungskraft dem Westen annähert. Wäre dieses Ziel erreicht, so würden sich die Einkommen, der Konsum und schließlich auch die Vermögen daraufhin von selbst westdeutschem Niveau annähern. Ebenso würde sich der Transferbedarf *eo ipso* verringern, so dass die Transferzahlungen problemlos und ganz ohne Einschnitte im Lebens- und Versorgungsniveau zurückgeführt werden könnten. Kurzfristig, etwa durch ein zweites „Wirtschaftswunder", ist dies aber nicht zu erreichen. Die darauf gerichteten Erwartungen waren deshalb von Anfang an illusionär. Nicht nur, dass die Voraussetzungen für ein zweites deutsches Wirtschaftswunder zu keinem Zeitpunkt wirklich gegeben waren. Selbst wenn: ein Wirtschaftswachstum von zehn Prozent pro Jahr über eine ganze Dekade hinweg, wie es für einen raschen Aufholprozess erforderlich gewesen wäre, konnte „noch niemals in der Wirtschaftsgeschichte beobachtet werden".[7] Es handelt sich hierbei vielmehr um eine Generationenaufgabe. Empirischen Untersuchungen zufolge dauert es in der Regel 35 Jahre, bevor sich ein anfänglicher Produktivitäts- und Einkommensunterschied um die Hälfte verringert; die Rate der Konvergenzgeschwindigkeit liegt also ungefähr bei 2 Prozent.[8] Davon ausgehend dürfen die Erwartungen im deutsch-deutschen Konvergenzprozess, auch wenn hier die Konstellationen um einiges günstiger sind als normalerweise, nicht zu hoch ange-

---

7   W. Engels, „Mezzogiorno-Politik", in: *Wirtschaftswoche*, Nr. 45/1991, S. 106.
8   Vgl. R. J. Barro/X. Sala-I-Martin, „Convergence across States and Regions", in: *Brooking Papers on Economic Activity*, 1991/2 und dies., *Wirtschaftswachstum*, München 1998.

setzt werden.⁹ Zumal sich durch den „Fehlstart" 1990/91 die Bedingungen für einen Aufholprozess zusätzlich verschlechtert haben. Ein Großteil der Aufbauerfolge diente daher zunächst der Rekonstruktion der wirtschaftlichen Basis, bevor überhaupt mit dem eigentlichen Aufholprozess begonnen werden konnte.

Nach zwölf Jahren deutscher Einheit sollte nunmehr aber ein Urteil darüber möglich sein, wie der Stand der Konvergenz derzeit einzuschätzen ist und ob die Weichen für weitere Fortschritte im Aufholprozess durch die Wirtschaftspolitik richtig gestellt sind. Von regierungsamtlicher Seite wird in diesem Zusammenhang vor allem auf den „umfassenden Strukturwandel", der sich seit 1990 in Ostdeutschland vollzieht, sowie auf die, nach dem Einbruch zu Beginn der 90er Jahre, inzwischen zu verzeichnende Dynamik und die regionale Differenziertheit der Entwicklung verwiesen.[10] In der Diskussion darüber mehren sich jedoch unterdessen die Zweifel, ob der 1990 eingeschlagene Kurs überhaupt zum Ziel führt, oder nicht vielleicht ins Abseits, und ob die Weichen zu Beginn des Einigungsprozesses auch richtig gestellt worden sind, in Richtung Konvergenz, oder, ob Ostdeutschland auf Dauer abgekoppelt worden ist. Ferner stellt sich die Frage, ob das Tempo des *Aufbaus Ost* hinreicht, um den Abstand gegenüber Westdeutschland tatsächlich schrumpfen zu lassen, um so allmählich aufzuschließen, oder aber, ob der Aufbauprozess lediglich dazu führt, den Abstand zu halten und nicht noch größer werden zu lassen.

Wie die ökonomischen Daten belegen[11], sind diese Zweifel vollauf berechtigt: Der Aufbauprozess hat, nach einer Phase kräftigen Wachstums, inzwischen erheblich an Schwung verloren, so dass auch der Aufholprozess stockt. Insbesondere da, worauf es ankommt, beim Wirtschaftswachstum und bei der Arbeitsproduktivität, findet keine Angleichung mehr statt, sondern herrscht Stagnation bzw. sogar Regression. Der Trend hat sich folglich wieder umgekehrt: Ostdeutschland holt seit einigen Jahren nicht mehr auf, sondern fällt gegenüber Westdeutschland wieder zurück. Von einer Angleichung kann unter diesen Bedingungen keine Rede mehr sein. Vielmehr stellt sich aktuell die Frage, ob es für Ostdeutschland überhaupt noch „eine Angleichungsperspektive" gibt[12] oder, ob die Weichen bereits unwiderruflich in Richtung einer auf Dauer rückständigen und transferabhängigen Region gestellt sind? Auf jeden Fall verschiebt sich die Erreichung des Konvergenzziels und damit die Vollendung der Einheit bis weit ins 21. Jahrhundert hinein. Und auch das nur, wenn

---

9   Vgl. M. B. E. Ackermann, *Die optimale Angleichung der neuen Bundesländer an die Lebensverhältnisse in Westdeutschland*, Frankfurt a. M. 1998.
10 Vgl. BMF (Hg.), *Jahresbericht der Bundesregierung... – Jahreswirtschaftsbericht 2001*, a.a.O., S. 20.
11 Vgl. dazu Kapitel 4.1.
12 W. Thierse, *Zukunft Ost* ..., a.a.O., S. 16.

die Wirtschaftspolitik entsprechende Rahmenbedingungen dafür setzt. Ansonsten „kippt" der Osten und wird zum deutschen *Mezzogiorno*.

Bei der ökonomischen Analyse des Angleichungsprozesses zwischen Ost- und Westdeutschland ist strikt von dafür geeigneten Konvergenzkriterien auszugehen. Ein Rekurs auf Indikatoren des wirtschaftlichen und sozialen Wandels hingegen, würde der Spezifik der Fragestellung nicht gerecht werden. Insbesondere wäre bei einem solchen Herangehen keine hinreichende Abgrenzung zwischen Erfolgen beim Aufbau und Fortschritten im Aufholprozess gegeben. Hierbei handelt es sich aber durchaus um verschiedene Aspekte der wirtschaftlichen Entwicklung, auch wenn der Aufholprozess auf den Ergebnissen des Aufbaus basiert. Es ist durchaus möglich, dass die Analyse des Konvergenzprozesses zu anderen Resultaten führt als eine Evaluation des wirtschaftlichen Aufbaus oder, was eine dritte Methode wäre, die Konfrontation des gegenwärtigen Entwicklungsstandes Ostdeutschlands mit dem Zustand der ostdeutschen Wirtschaft unter den Bedingungen der DDR.

Ein differenziertes Vorgehen scheint hier auch deshalb angebracht, weil die Ergebnisse beider Prozesse, des Aufbaus und der Konvergenz, gegenwärtig nicht unerheblich differieren: Während der *Aufbauprozess*, wenn auch in der zweiten Hälfte der 90er Jahre mit weit weniger Schwung als unmittelbar nach dem Schock infolge der *Währungs-, Wirtschafts- und Sozialunion*, bis zum Ende der Dekade noch vorangekommen ist und erst anno 2001 ein negatives Vorzeichen aufweist, kam der *Aufholprozess* bereits Mitte der 90er Jahre ins Stocken. Dies lässt sich anhand der beiden, für die Bestimmung realwirtschaftlicher Konvergenz im Allgemeinen verwendeten Konzepte, der β-Konvergenz und der σ-Konvergenz[13], statistisch nachweisen. Danach befinden sich zwei Regionen in einem Konvergenzprozess, wenn die Werte des realen Bruttoinlandsprodukts pro Kopf langfristig konvergieren. Dazu muss die im Ausgangszustand weniger entwickelte Region im untersuchten Zeitraum tendenziell ein stärkeres Wachstum aufweisen als die anfänglich entwickeltere Region.

Empirisch nachweisen lässt sich dies mit Hilfe des β-Konzepts. Im Ergebnis entsprechender Schätzverfahren wird dabei eine Konvergenzgeschwindigkeit ermittelt, welche angibt, um wie viel Prozent die Differenz zwischen zwei Produktivitätsniveaus jährlich abnimmt. Voraussetzung dafür ist jedoch, dass überhaupt ein Konvergenzprozess stattfindet. Bezogen auf Ost- und Westdeutschland war dies, gemessen am Bruttoinlandsprodukt, zwischen 1992 und 1996 der Fall, davor (1990 und 1991) aber nicht und danach (seit 1997) auch nicht. Der *Aufbau*prozess in den neuen Ländern war also nur *zeitweise*, nicht aber über die gesamte Periode hinweg,

---

13 Vgl. SVR, *Vor weitreichenden Entscheidungen. Jahresgutachten 1998/99*, a.a.O., Z. 273.

zugleich auch ein *Aufhol*prozess. In dieser Phase verlief er aber „wesentlich steiler als vielfach erwartet", das heißt, die Rate der Konvergenz war höher als allgemein angenommen.[14] Mit der Ausdehnung des Betrachtungszeitraumes wird sie jedoch wieder geringer. Berücksichtigt man zudem, dass die hohen Zuwachsraten des Bruttoinlandsprodukts seit 1992 auf der Grundlage von durch den Crash 1990/91 erheblich nach unten korrigierten Basiswerten zustande gekommen sind, so erweist sich das Ergebnis zusätzlich als interpretationswürdig. Ohne diesen Basiseffekt nämlich, dem ein Rückgang der gesamtwirtschaftlichen Produktion um mehr als ein Drittel[15] zugrunde liegt, wäre das Wachstum in Ostdeutschland zwischen 1992 und 1996 weitaus niedriger ausgefallen. Da, rein quantitativ betrachtet und die veränderte Struktur außer Acht lassend, das Ausgangsniveau von 1989/90 erst Ende der 90er Jahre wieder erreicht wurde und bisher nicht nachhaltig überboten worden ist, muss die o.g. Konvergenzaussage unbedingt relativiert werden: Bei dem Wachstum in der ersten Hälfte der 90er Jahre handelte es sich nur in *qualitativer* und *struktureller* Hinsicht um einen wirklichen Aufholprozess, *quantitativ* dagegen bedeutete diese Entwicklung lediglich einen *Ausgleich* für die Wachstumseinbußen in den beiden Vorjahren. Dies stellt sich selbstverständlich etwas anders dar, wenn man von einem generellen Vergleich zwischen Ost- und Westdeutschland absieht und statt dessen *einzelne* Regionen und Wachstumszonen bzw. ausgewählte Branchen untersucht.[16]

Galt es Mitte der 90er Jahre noch als ausgemacht, dass Ostdeutschland bei Fortsetzung des Wachstumstempos der ersten Hälfte der 90er Jahre das Konvergenzziel noch „innerhalb der kommenden Dekade", zwischen 2001 und 2006, erreichen würde[17] und bis zum Jahr 2000 mindestens 70 Prozent der westdeutschen Pro-Kopf-Produktion verzeichnet[18], so stellte sich dies einige Monate später schon nicht mehr so optimistisch dar. Spätestens 1997 war die Konvergenzdynamik dann vollends verflogen. Seitdem haben wir es im deutsch-deutschen Verhältnis statt mit Konvergenz mit Divergenz zu tun, gibt es „Auseinanderlaufen statt Annäherung, Desinte-

---

14 Dies belegen die Ergebnisse einer Studie der KfW, wonach die Konvergenzrate Ostdeutschlands zwischen 1992 und 1999 ca. 5% betrug, also mehr als doppelt so viel wie in anderen Fällen. Begründet wird dies vor allem mit wirtschafts- und arbeitsmarktpolitischen Eingriffen (vgl. KfW (Hrsg.), *Neue Bundesländer*...,a.a.O., S. V, 35 und 63).
15 Hierzu gibt es unterschiedliche, in Tendenz aber übereinstimmende Angaben: vgl. StBA, *WiSoLa. Tabellensammlung*, 2/1999, S. 203; StBA, *WiSta* 7/1993, S. 481; HBS, Wirtschaftsbulletin Ostdeutschland, 6. Jg. (1996) 4, S. 43; R. Hickel/J. Priewe, *Fehlstart*, a.a.O., S. 22.
16 Vgl. dazu J. Ragnitz et al., *Produktivitätsunterschiede und Konvergenz von Wirtschaftsräumen*, IWH-SH 3/2001, Halle.
17 Vgl. K. Lichtblau, *Von der Transfer- in die Marktwirtschaft*, a.a.O., S. 44.
18 Vgl. H.-U. Brautzsch et al., „Ziele und Möglichkeiten der wirtschaftlichen Entwicklung: Szenarien für die ostdeutsche Wirtschaft bis 2005", in: R. Pohl (Hrsg.), *Herausforderung* ..., a.a.O., S. 369.

Abbildung 5.-1
Reale Wachstumsraten des Bruttoinlandsprodukts[1] gegenüber Vorjahr in %

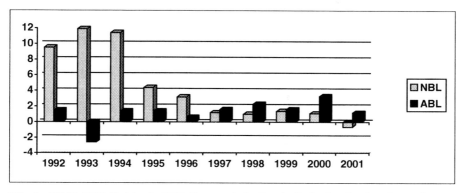

[1]) Basis: ESVG 1995, Preisbasis 1995. Neue und alte Bundesländer jeweils ohne Berlin; [2]) 2001: 1. Halbjahr
Quelle: BMWi, *Wirtschaftsdaten Neue Länder*, September 2001, S. 4

gration statt Integration, Zurückbleiben statt Aufholen"[19]. Zunächst schien es sich hierbei nur um eine kurze „Wachstumspause" zu handeln, hervorgerufen durch den Rückgang der Bautätigkeit, während die Industrieproduktion weiterhin hohe Zuwächse verzeichnete.[20] Schon bald aber ließ es sich nicht mehr leugnen, dass der Aufholprozess *im Ganzen* ins Stocken geraten ist. Trotz Fortschritten in einzelnen Teilbereichen, insbesondere im Verarbeitenden Gewerbe, wo es nach wie vor Erfolge zu vermelden gibt, findet auf volkswirtschaftlicher Ebene seit Jahren *kein* nennenswerter Aufschwung mehr statt (vgl. Abbildung 5.-1).

Damit aber droht zugleich auch der seit 1997 suspendierte wirtschaftliche Aufholprozess nicht nur temporär, sondern *gänzlich* zum Erliegen zu kommen. Dieses vorläufige Ende der Konvergenz bedeutet, dass Ostdeutschland relativ zu Westdeutschland auf einer durch Zwei Drittel des Westniveaus charakterisierten Position verharrt, wobei die Gefahr, in der Zukunft wieder weiter zurückzufallen, keineswegs ausgeschlossen ist.

Im Unterschied zu dem absoluten Konvergenzkonzept, der β-Konvergenz, lässt sich mit Hilfe des zweiten Konzepts, der σ-Konvergenz, überprüfen, ob es zu einer *relativen* Angleichung der gesamtwirtschaftlichen Produktivität im Zeitablauf kommt, das heißt, ob sich die Streuung der Einkommen resp. der Wirtschaftsleistung pro

---

19 H. Flassbeck, „Unfähig zur Solidarität", in: *Wirtschaft und Markt*, 10/2000, S. 46.
20 Vgl. IWH, „Ostdeutschland 1997/98: Fortsetzung der gespaltenen Konjunktur", in: *Wirtschaft im Wandel*, 10–11/1997, S. 19ff.

Kopf zwischen unterschiedlichen Wirtschaftsräumen und Regionen im Laufe der Zeit verringert. Der Prozess der Angleichung wird dabei statistisch als „Abnahme der Standardabweichung der logarithmierten Werte des Bruttoinlandsprodukts pro Kopf"[21] ermittelt. Die Sigma-Konvergenz ist also als Rückgang oder Verringerung der Variabilität der Pro-Kopf-Einkommen in einer Zeitperiode definiert. Im positiven Fall setzt die σ-Konvergenz den Tatbestand der β-Konvergenz voraus. Letztere fungiert als notwendiges Kriterium, während die σ-Konvergenz das hinreichende Kriterium für einen Konvergenzprozess darstellt.

Tabelle 5.-1
Indikatoren wirtschaftlicher Konvergenz für Ostdeutschland 1991–2000, Westdeutschland = 100

	1991	1992	1993	1994	1995	1996	1997	1998	1999	2000
BIP (nom.) je Einwohner[1]	33,1	41,2	50,9	57,3	59,7	61,7	61,8	61,2	61,4	60,4
BIP (nom.) je Einwohner[7]	42,4	50,8	59,3	64,3	66,7	67,5	66,8	65,9	66,0	65,0
Ausrüstungsinvestitionen (nominal) je Einwohner[2]	61,8	74,5	95,6	108,9	109,6	110,0	103,6	101,8	98,2	94,4
Bauinvestitionen (nominal) je Einwohner[2]	70,3	103,1	131,0	164,1	175,7	180,7	172,8	153,2	136,8	121,7
Kapitalstock je Einw.[2,3]	44,3	47,6	51,2	54,8	58,4	62,0	65,5	68,4	70,7	72,5
Kapitalstock je Einw[2,4]	41,0	43,1	45,7	49,3	53,8	58,4	62,4	65,8	69,0	71,8
Arbeitsproduktivität[1,5]	41,9	52,0	60,4	64,5	65,1	67,2	68,0	67,8	68,2	69,3
Arbeitsproduktivität[1,6]	34,6	48,3	59,5	64,3	65,1	67,1	67,7	67,3	67,5	68,5
Arbeitsproduktivität[5,7]	49,4	60,1	66,8	69,6	70,1	70,9	70,8	70,5	71,1	k.A.

[1]) Ostdeutschland ohne Berlin, Westdeutschland mit Berlin; [2]) Ostdeutschland einschließlich Berlin/Ost; [3]) Unternehmen ohne Wohnungsvermietung, Preise 1991 (VGR); [4]) Alle Wirtschaftsbereiche ohne Wohnungsbau, Preise 1995, ESVG; [5]) BIP je Erwerbstätigen, Preise 1995; [6]) BIP je Erwerbstätigen, jeweilige Preise; [7]) Ostdeutschland mit Berlin, ESVG 1995.
Quelle: IWH, Wirtschaft im Wandel, 11/2000, S. 311; 14/2001, S. 366; Arbeitskreis „VGR der Länder"; eigene Berechnungen

Wendet man dieses Konzept auf den Konvergenzprozess zwischen Ost- und Westdeutschland an, so gelangt man zu einem ähnlichen Ergebnis wie beim ersten Test. Das heißt, auch hinsichtlich der relativen Angleichung der ostdeutschen Wirtschaft an das westdeutsche Niveau treffen wir in der ersten Hälfte der 90er Jahre auf sehr hohe Veränderungsraten, die jedoch, angesichts des Rückgangs der gesamtwirtschaftlichen Leistung zu Beginn der 90er Jahre, ebenfalls relativiert werden müssen. Seit 1996 ist dann auch hier keine Zunahme der Konvergenz mehr zu erkennen; dafür aber seit 1998 eine umgekehrte Entwicklung. Insgesamt verringerte sich der Abstand Ostdeutschlands gegenüber Westdeutschland beim realen Bruttoinlandsprodukt

---

21 SVR, *Vor weitreichenden Entscheidungen*, a.a.O., Z 273.

pro Kopf zwischen 1991 und 2000 um etwa ein Drittel. Der ostdeutsche Wert erhöhte sich in diesem Zeitraum von 39,8% des westdeutschen Niveaus auf 61,2% in 1999 und 60,6% im Jahre 2000.[22]

Da der Rückgang der Arbeitsproduktivität 1991 gegenüber 1989 weniger stark ausgefallen war als der des Bruttoinlandsprodukts und sich der Beschäftigungsabbau zudem produktivitätssteigernd ausgewirkt hat, verlief die Entwicklung der Produktivität insgesamt erfolgreicher als der ökonomischen Wachstumsprozess. Genau besehen war das Verlaufsmuster aber durchaus ähnlich, wie den Daten der Tabelle 5.-1. zu entnehmen ist. Auch hier kam es Mitte der 90er Jahre zu einer deutlichen Abflachung der Konvergenzdynamik, so dass sich der in einschlägigen Darstellungen des Aufbauprozesses häufig als Erfolg präsentierte enorme Anstieg der Arbeitsproduktivität letztlich auf die Jahre 1992 bis 1994 beschränkt, wo in der Tat eine außerordentlich dynamische Entwicklung zu verzeichnen war. Zuvor jedoch war hier ein nicht weniger dramatischer Rückgang erfolgt, während danach mehr oder weniger Stagnation zu verzeichnen ist.

Gemäß einer Feststellung des *Sachverständigenrates* hat sich „die Produktivitätslücke zwischen beiden Gebietsständen ... im Zeitraum der Jahre 1991 bis 1999 halbiert."[23] Dem liegt die Feststellung zugrunde, dass das *nominale Bruttoinlandsprodukt je Erwerbstätigen* gemäß ESVG von 34,6% (1991) auf 67,5% (1999) bzw. 68,5% (2000) des Westniveaus angestiegen ist.[24] Laut VGR war der Anstieg geringer und erreichte 1999 nur knapp 60% des westdeutschen Niveaus. Das *reale* Bruttoinlandsprodukt je Erwerbstätigen, als die aussagefähigere Kennziffer, entwickelte sich demgegenüber deutlich „schwächer", gemäß ESVG von 41,5% (1991) auf 66,6% (1999) bzw. 69,0% (2000).[25] Deutlich langsamer noch, als die Angleichung der Wirtschaftsleistung je Erwerbstätigen vollzog sich diese *je Einwohner*: Sie erhöhte sich nominal von 32,8% des Westniveaus im Jahre 1991 auf 60,8% 1999 bzw. 59,9% im Jahr 2000.[26] In realer Betrachtung war die Ost-West-Relation, wie oben bereits vermerkt, wiederum um einige Prozentpunkte niedriger (2000: 60,6%), so dass statt einer Verdopplung nur ein Zunahme um etwa die Hälfte herauskommt.

Eliminiert man nun noch den Basiseffekt, indem man bei der Berechnung der Veränderungsraten nicht von der extrem niedrigen Wirtschaftleistung des Krisenjahres 1991 ausgeht, sondern vom Niveau des Jahres 1989, so würde sich o.g. Aus-

---

22 BMWi, *Wirtschaftsdaten neue Länder*, div. Ausgaben (Basis: ESVG 1995, ohne Berlin).
23 SVR, *Chancen auf einen höheren Wachstumspfad. Jahresgutachten 2000/2001*, a.a.O., Z. 178.
24 J. Ragnitz, „Produktivitätsrückstand der ostdeutschen Wirtschaft", in: *Wirtschaft im Wandel*, 7–8/2001, S. 182.
25 BMWi, *Wirtschaftsdaten neue Länder*, div. Ausgaben (Basis: ESVG 1995, ohne Berlin).
26 Ebenda, jeweils S. 3.

sage gleich doppelt relativieren: *Zum einen*, weil jetzt, auf Grund des gegenüber 1991 um mehr als ein Drittel höheren Bruttoinlandsprodukts, anstatt einer Verdopplung der Arbeitsproduktivität nur noch eine Zunahme um ca. 30% feststellbar ist. *Zum anderen* aber auch unter dem Konvergenzaspekt, weil sich dadurch das Ausmaß der Angleichung auf die kurze Zeitspanne von 1993 bis 1995 beschränkt und auf ca. 17 Prozentpunkte reduziert.[27] In der Zeit davor erfolgte lediglich, gestützt auf einen tiefgreifenden Strukturwandel, die Wiederherstellung des Ausgangsniveaus. Seit 1996 aber herrscht Stagnation, zuletzt sogar Regression. Das heißt, der Angleichungsprozess stagniert seither, je nach Berechnungsmethode bei 60% bzw. 68% des westdeutschen Niveaus. Auch wenn als Erklärung hierfür ganz verschiedene Gründe angeführt werden, die Kapitalausstattung, die Betriebsgrößenstruktur, Preisunterschiede u.a.m.[28], so bleibt dieser Tatbestand doch unbefriedigend und wirft ein entschieden ungünstigeres Licht auf den Stand der Konvergenz, als dies die These des *Sachverständigenrates*, welche von einer „Verdopplung der Arbeitsproduktivität" ausgeht, zunächst erwarten lässt.

Branchenbezogen stellt sich dies jedoch sehr differenziert dar. So ist der Angleichungsgrad in der Landwirtschaft (88%) und im Baugewerbe (78%) relativ hoch, beim Verarbeitenden Gewerbe hingegen und im Bereich Handel/Gastgewerbe/Verkehr mit 62% bzw. 65% verhältnismäßig gering.[29] Demgegenüber ist die regionale Differenzierung weniger ausgeprägt: Brandenburg und Sachsen-Anhalt weisen mit 67,8% bzw. 67,2% die höchsten Angleichungsgrade auf, Mecklenburg-Vorpommern und Thüringen mit 65,9% bzw. 65,1% die geringsten. Sachsen, als industriell entwickeltstes neues Bundesland, verzeichnet einen Konvergenzgrad von 65,3%. Diese Analyse ließe sich in Bezug auf die Kreise fortführen. Dabei zeigt sich im Ost-West-Vergleich, dass die Arbeitsproduktivität in den alten Bundesländern eine weit größere Streuung aufweist als in den neuen Ländern. Im Osten liegen nur 7% der Kreise über dem Durchschnitt, wofür in der Regel Sonderfaktoren die Grundlage bilden.[30]

Aber auch in absoluten Zahlen weist die Statistik für die letzten Jahre im Vergleich zu Westdeutschland kein höheres Produktivitätsniveau aus, als bereits fünf Jahre zuvor festgestellt wurde. In der entsprechenden Zeitreihe wird der Übergang

---

27 Vgl. K. Steinitz/W. Kühn/K. Mai, *Ostdeutschland Zehn Jahre nach der Vereinigung*, a.a.O., S. 9.
28 Vgl. J. Ragnitz, „Warum ist die Produktivität ostdeutscher Unternehmen so gering?", a.a.O., S. 165ff.; ders. et al., *Produktivitätsunterschiede und Konvergenz von Wirtschaftsräumen*, a.a.O., insbes. S. 58ff.
29 J. Ragnitz et a., *Produktivitätsunterschiede....*, a.a.O., S. 30.
30 Vgl. ebenda, S. 32.

von einer aufholenden zu einer stagnierenden bzw. ausbleibenden Konvergenz deutlich. So verringerte sich beim Bruttoinlandsprodukt je Einwohner der Abstand zwischen den neuen und den alten Ländern von 1991 bis 1996 um ca. 28%, von 28.170 auf 20.369 DM, um danach wieder anzusteigen, bis auf 23.366 DM im Jahre 2000, was ziemlich exakt dem Rückstand des Jahres 1993 entspricht (vgl. Tabelle 5.-2).[31] Da 1991 aber ein deutlich niedrigeres Produktionsniveau zu verzeichnen war als 1989, ist auch dieses Ergebnis noch um einige Prozentpunkte zu korrigieren. Übrig bleibt ein „Auf" und „Ab" im Aufholprozess, dem letztlich ein nur moderates, in großen Teilen noch dazu künstlich hervorgerufenes, das heißt, vor allem von Transfers und Subventionen getragenes Wachstum der volkswirtschaftliche Leistung zu Grunde liegt. Die Ursachen dafür sind vielfältig. Neben der nach wie vor geringeren Ausstattung mit Sachkapital und Infrastrukturdefiziten gegenüber Westdeutschland sind es vor allem strukturelle Faktoren, wodurch der Konvergenzprozess gebremst wird, so das Fehlen von Großunternehmen und technologieorientierten Betrieben. Trotzdem ist davon auszugehen, dass sich der augenblickliche Stillstand der Konvergenz bei entsprechender Unterstützung und Förderung, ausgehend vom Verarbeitenden Gewerbe, überwinden lässt und sich der Aufholprozess in den nächsten Jahren fortsetzen wird, wenn auch mit einer geringen Konvergenzgeschwindigkeit als zwischen 1992 und 1996.

Ähnlich wie beim Wirtschaftswachstum und bei der Arbeitsproduktivität verhält sich dies auch bei anderen Indikatoren, so dass eine Bestandsaufnahme der wirtschaftlichen Entwicklung Ostdeutschlands in Hinblick auf den Grad der seit 1990 erreichten Konvergenz insgesamt ziemlich ernüchternd ausfällt.

Tabelle 5.-2
Bruttoinlandsprodukt (real) je Einwohner in Ost- und Westdeutschland 1991–2000 in DM bzw. %

	1991	1992	1993	1994	1995	1996	1997	1998	1999	2000
Neue Bundesländer	18.817	21.022	23.147	25.762	27.046	27.736	28.000	28.200	28.624	29.111
Alte Bundesländer	46.986	47.640	46.595	47.225	47.852	48.105	48.834	49.975	50.702	52.476
Absolute Differenz	28.170	26.618	23.448	21.462	20.806	20.369	20.834	21.775	22.078	23.366
Relation (alte Länder = 100)	40,0	44,1	49,7	54,6	56,5	57,7	57,3	56,4	56,5	55,5

Quelle: StBA; Arbeitskreis „VGR der Länder", eigene Berechnungen

---

31 Arbeitskreis „Volkswirtschaftliche Gesamtrechnungen der Länder", Stuttgart 2000.

Trotz allem, gemessen an der Ausgangslage Ostdeutschlands, dem DDR-Niveau von 1989/90, scheint der Anpassungsfortschritt beträchtlich zu sein. Noch gewaltiger freilich nimmt er sich aus, wenn der Betrachtungszeitraum um ein bis zwei Jahre verkürzt und die wirtschaftliche Entwicklung auf der Basis des Niveaus von 1991 dargestellt wird. Der dabei unvermeidlich auftretende Basiseffekt verfälscht jedoch die Aussage dahingehend, dass der ökonomische Fortschritt jetzt weitaus größer erscheint, als er tatsächlich ist. Nichtsdestotrotz ist es gängige Praxis, in komparativen Darstellungen derart zu verfahren. Auf diese Weise lassen sich nicht nur enorme „Erfolge" beim *Aufbau Ost* präsentieren, sondern diese werden zugleich auch als Beleg für Fortschritte im Konvergenzprozess herangezogen.[32] Ganz abgesehen davon, dass die tatsächliche Entwicklung hier verzerrt wiedergegeben wird, sind die so ermittelten Zuwachsraten auch unter methodischem Aspekt *nicht* der Maßstab für den Angleichungsprozess, sondern lediglich für den in einer bestimmten Periode erreichten Fortschritt beim wirtschaftlichen Aufbau. Der Grad der Konvergenz zweier Wirtschaftsregionen lässt sich nur *relativ* ausdrücken, wobei die entwickeltere Region jeweils die Referenz abgibt. Im Unterschied dazu lässt sich der Aufbauprozess absolut und relativ in entsprechenden Zuwächsen, bezogen auf eine Basisgröße, abbilden. Es handelt sich hierbei also um unterschiedliche Fragestellungen, auch wenn zwischen beiden Betrachtungsweisen selbstredend ein enger Zusammenhang existiert.

Wesentlich günstiger als die produktionsbezogenen Daten schneiden unter dem Konvergenzaspekt die Einkommens- und Verbrauchskennziffern ab. Vor allem betrifft dies die transferfinanzierten Sozialindikatoren, welche in d.R. bereits einen höheren Konvergenzgrad aufweisen als 70%. So erreichten die Sozialleistungsausgaben pro Kopf bereits 1996 Westniveau. Seit 1998 übersteigen sie auf Grund der in Ostdeutschland höheren Quote der Leistungsempfänger, insbesondere bei den Lohnersatzleistungen, den westdeutschen Referenzwert sogar um 2%.[33]

Aber selbst hier verleiten die durchaus beachtlichen Zuwächse mitunter, was die Ost-West-Angleichung anbetrifft, zu nicht nachvollziehbaren Schlüssen. Das bezeichnendste Beispiel dafür ist die Kommentierung der Entwicklung der Alters-

---

32 Autoren, welche die „schlechte Stimmungslage in den neuen Ländern" gegenwärtig damit zu erklären versuchen, „dass die Menschen nicht das bisher Erreichte mit den objektiven Gegebenheiten des Jahres 1989 vergleichen", sondern mit zu hoch angesetzten „subjektiven Erwartungen", folgen dieser Logik. Denn, dem Unmut darüber, dass die Angleichung der Lebensverhältnisse zwischen Ost und West seit Jahren stockt, kann nicht überzeugend mit einem Verweis auf die „ökonomische Lage der DDR 1989" begegnet werden (s. H. Seitz, „Wachstum, Konjunktur und Beschäftigung in den neuen Bundesländern", a.a.O., S. 121).

33 BMA, *Sozialbudget 1999. Tabellenauszug*, Berlin 2000, S. 4.

Tabelle 5.-3
Indikatoren der Konvergenz des Lebensniveaus 1991–1999 in %[1]

	1991	1992	1993	1994	1995	1996	1997	1998	1999
Bruttodurchschnittslöhne	48,3	62,7	70,0	73,3	75,8	76,6	75,3	75,9	76,2
Nettodurchschnittslöhne	54,7	67,2	75,6	78,3	82,4	84,3	85,4	86,1	k.A.
Durchschnittliche Versichertenrente	68,7	80,6	89,3	96,6	101,1	107,0	108,1	109,8	k.A.
Eckrente	48,6	59,5	69,4	75,2	78,0	82,2	83,7	85,4	86,1
Sozialleistungen pro Kopf	66,0	89,2	95,6	96,5	98,8	100,3	100,3	102,3	102,5
Konsumtion pro Kopf	43,0	54,0	65,0	70,0	73,0	72,0	73,0	73,0	73,0

[1] Neue Bundesländer ohne Berlin; Westdeutschland = 100

rente: Im Zeitraum von 1990 bis 1998 verzeichnete die durchschnittliche Versichertenrente in den neuen Bundesländern einen Zuwachs von nominal 142,6% und real von 46,1%.[34] Die Durchschnittsrente *Ost* erreichte dadurch zum 1. Juli 1998 einen Wert von 1.432 DM, gegenüber einem Wert von 1.298 DM in Westdeutschland. Dies entsprach einer Ost-West-Relation von 110,3%. Eine Angleichung zwischen Ost und West weisen diese Daten indes *nicht* aus, denn hierfür wäre allein die *Eckrente*, also die Rente eines Durchschnittsverdieners mit 45 Versicherungsjahren, der Maßstab. Diese aber lag 1998 im Osten bei 85,6% des Westniveaus und erreichte im Jahr 2000 geradeeinmal 86,8%.[35] Die Differenz kommt durch die unterschiedlichen Rentenwerte in Ost und West zustande[36], die der Berechnung jeweils zugrunde gelegt werden. Solange diese differieren, kann von einer Angleichung des Rentenniveaus keine Rede sein, auch wenn die durchschnittlichen Zahlbeträge etwas anderes nahe zu legen scheinen.[37]

Weit geringer als bei den Sozialleistungen und Renten ist der Konvergenzprozess bei den *Arbeitseinkommen* vorangeschritten. Dies betrifft insbesondere die individuellen Arbeitseinkommen[38], wo der Anpassungsprozess seit Jahren stagniert und in

34 BMA, *Sozialbericht 1997*, Fortschreibung für 1998, Tabelle IV/17.
35 StBA, *Statistisches Jahrbuch 2001*, Wiesbaden 2001, S. 454
36 Im Jahr 2000 betrug der Rentenwert Ost 42,26, der Rentenwert West aber 48,58 (Ebenda, S. 454).
37 Der von H.-W. Sinn kürzlich unterbreitete Vorschlag, die ostdeutschen Renten „auf das westdeutsche Niveau" abzusenken, kann daher nur auf einem Missverständnis beruhen, denn die ostdeutschen Renten liegen, bei Heranziehung der allein hierfür maßgebenden Eckrente, nicht *über* sondern 13 % *unter* dem westdeutschen Niveau (H.-W. Sinn, „Zehn Jahre ....", a.a.O., S. 21).
38 Demgegenüber ist die Statistik der gesamtwirtschaftlichen Arbeitseinkommen wegen der nicht mehr getrennt nach Ost und West erfassten Steuern und Sozialversicherungsabgaben und unterschiedlich verteilten Beschäftigungsverhältnisse über den Angleichungsprozess nur bedingt aussagefähig.

jüngster Zeit wieder eine Vergrößerung der Lücke gegenüber Westdeutschland auszumachen ist. Zuletzt lag das ostdeutsche Lohnniveau in der Industrie bzw. im produzierenden Gewerbe bei 70,8% des westdeutschen Niveaus. 1999 waren es noch 71,3%, 1998 noch 73,2% gewesen[39]. Nimmt man den Handel sowie das Kredit- und Versicherungsgewerbe hinzu, verringert sich das ostdeutsche Niveau auf aktuell 72,0%, gegenüber 72,3% noch 1999 und 72,4% 1998.[40] Bei Einschluss der Jahressonderzahlungen vermindert sich das ostdeutsche Anpassungsniveau weiter. Berücksichtigt man darüber hinaus die im Osten längeren Arbeitszeiten, so ergibt sich auf Stundenlohnbasis ein Anpassungsniveau von nur noch 62%. Aber auch das ist, Ergebnissen einer IAB-Beschäftigtenstichprobe zufolge, noch zu hoch gegriffen. Alles in allem lagen die effektiven Arbeitseinkommen im industriellen Bereich Ostdeutschlands im Jahr 2000 „noch unter 60%" des westdeutschen Niveaus, das heißt nicht höher als Mitte der 90er Jahre.[41] Für die anderen Bereiche der Wirtschaft gilt dies analog. Etwas günstiger nimmt sich hier allein der öffentliche Dienst aus. Anhand dieser Daten lässt sich überzeugend exemplifizieren, wie problematisch es ist, den Aufholprozess gegenüber dem Westen mit nominalen Zuwächsen begründen zu wollen. Selbst reale Zuwächse sagen bei unterschiedlichen Steigerungsraten der Lebenshaltungskosten und im Westen ebenfalls steigenden Einkommen letztendlich wenig über die vollzogene Lohnanpassung aus. O.g. Angaben dokumentieren dagegen, dass die Lohnanpassung, in Übereinstimmung mit der Entwicklung des Wachstums und der Produktivität, in der zweiten Hälfte der 90er Jahre zum Stillstand gekommen ist, und zwar bei einem Konvergenzniveau von unter 60%. Dies unterstreicht zugleich die große Bedeutung der Transferzahlungen, denn nur diesen und den bei ihrer Gewährung geltenden Gleichheitsgrundsätzen ist es zu verdanken, dass die Haushaltnettoeinkommen mit einer Ost-West-Relation von 75,9% (1998)[42] einen deutlich höheren Konvergenzgrad aufweisen als die Arbeitseinkommen.

Aber nicht nur die Niveauangleichung zählt. Für den Konvergenzprozess ist gleichermaßen die Dynamik des Aufholprozesses von Bedeutung. Entscheidend für die Zukunft ist vor allem der in den Wachstumsrelationen zum Ausdruck kommende längerfristige Trend. Wachstum allein ist nicht hinreichend, um gegenüber einem höheren Wirtschafts- und Wohlstandsniveau aufschließen zu können. Dazu bedarf es in der aufholenden Region über eine größere Zeitspanne hinweg signifikant höherer Zuwachsraten, als die entwickeltere Region sie aufweist. Überprüft man daraufhin den deutsch-deutschen Konvergenzprozess, so zeigt sich auch hier wieder, dass

---

39 C. Schäfer, „Ungleichheiten politisch folgenlos?...", a.a.O., S. 665.
40 StBA, *Statistisches Jahrbuch 2001*, Wiesbaden 2001, S. 583.
41 C. Schäfer, a.a.O., S. 666.
42 StBA, *Statistisches Jahrbuch 2001*, a.a.O., S. 567ff.

dies nur während einer kurzen Periode von vier bis fünf Jahren zutraf, aber diesbezüglich kein längerfristiger Trend auszumachen ist (vgl. Tabelle 5.-4).

Tabelle 5.-4
Indikatoren des wirtschaftlichen Aufholprozesses, Veränderung gegenüber dem Vorjahr in %

	1991	1992	1993	1994	1995	1996	1997	1998	1999	2000
Bevölkerung[1]										
Ostdeutschland	-1,8	-1,3	-0,7	-0,6	-0,4	-0,4	-0,3	-0,4	-0,6	-0,4
Westdeutschland	1,2	1,2	1,0	0,5	0,4	0,4	0,3	0,1	0,2	0,2
Erwerbstätige (Inland)[1]										
Ostdeutschland	-	-12,4	-2,5	2,4	1,9	-0,7	-1,3	0,4	0,6	-1,4
Westdeutschland	-	0,8	-1,1	-0,6	-0,1	-0,2	0,1	1,2	1,4	2,2
Wachstum BIP										
Neue Bundesländer[1]	-19,2	9,5	11,9	11,4	4,4	3,2	1,2	1,0	1,4	1,1
Alte Bundesländer[1]	5,0	1,6	-2,3	1,3	1,4	0,5	1,4	2,2	1,6	3,2
Kapitalstock[2,3]										
Ostdeutschland	-	8,7	8,6	8,0	7,5	6,8	6,6	5,6	4,8	4,6
Ausrüstungen	-	17,5	15,8	14,5	12,6	11,4	10,7	8,2	6,9	6,5
Bauten	-	5,1	5,4	4,9	4,7	4,1	4,1	3,9	3,3	3,2
Westdeutschland	-	3,5	2,6	1,9	1,7	1,5	1,4	1,7	2,1	2,5
Ausrüstungen	-	4,4	2,8	1,5	1,1	0,9	1,0	1,6	2,3	2,5
Bauten	-	2,8	2,5	2,3	2,2	2,0	1,8	1,8	1,9	2,4

[1] Ostdeutschland: neue Bundesländer ohne Berlin, Westdeutschland: alte Bundesländer und Berlin; [2] Ostdeutschland: neue Bundesländer einschließlich Berlin/Ost, Westdeutschland: früheres Bundesgebiet; [3] Unternehmen ohne Wohnungsvermietung, Preise 1991 (VGR).
Quelle: IWH, *Wirtschaft im Wandel*, 14/2001, S. 366; R. Hickel, „Widersprüchlicher Prozess ...", a.a.O., S. 76; eigene Berechnungen

Dies legt den Schluss nahe, dass Ostdeutschland seit 1990 zwar einen bemerkenswerten Strukturanpassungsprozess gegenüber Westdeutschland vollzogen hat, einen Adaptionsprozess hinsichtlich des Wirtschafts-, Rechts-, Finanz- und Sozialsystems, nicht aber einen damit vergleichbaren Konvergenzprozess in Hinblick auf das wirtschaftliche und soziale Niveau. Gleichwohl gab es Ansätze für einen solchen, insbesondere zwischen 1992 und 1995. Diese reichten aber nicht hin, um langfristig einen dynamischen Konvergenzprozess zu begründen, der zudem zu einer nachhaltigen und stabilen wirtschaftlichen Entwicklung führen würde. Mit dem vorläufigen Ende der Konvergenz tauchte ein Szenario wieder auf, das zwischenzeitlich schon als erledigt angesehen worden war, die Vorstellung, der Osten Deutschlands könnte zu einer Art deutschem *Mezzogiorno* werden.

In der Anfangsphase des Einigungsprozesses wurde darüber diskutiert, dass es keineswegs sicher sei, dass die neuen Bundesländer sich zu einer prosperierenden Region entwickeln würden. Ebenso schien auch das Gegenteil möglich zu sein, ein

Abdriften Ostdeutschlands zu einer, im Vergleich zu Westdeutschland, unterentwikkelten und auf Dauer von Transferzahlungen abhängigen Region. Insbesondere aus ökonomischer Sicht schien anfangs sogar mehr für das zweite als für das erste Szenario zu sprechen, was die Politik im Vereinigungsprozess vor besondere Herausforderungen stellte. So schrieb *Hansjörg Herr:* „Das Gebiet der ehemaligen DDR wird noch auf längere Zeit eine ökonomisch stark benachteiligte Region bleiben. Es zeichnet sich ab, dass die alten Länder der Bundesrepublik von der deutschen Vereinigung durch erhöhte Nachfrage, erhöhte Produktion etc. profitieren, während die neuen Bundesländer in eine mittelfristig anhaltende Rezession rutschen."[43] Aber nicht nur das: „Ohne den Schutz des Wechselkurses und temporärem selektiven Protektionismus", war bereits im Frühjahr 1990 zu lesen, unterliege Ostdeutschland darüber hinaus der Gefahr, „mit großer Wahrscheinlichkeit" eine auch „*langfristig* benachteiligte Region zu werden."[44] Ähnlich sah dies auch *Wolfram Engels,* als er die Politik der Bundesregierung in Bezug auf Ostdeutschland 1991 als „Mezzogiorno-Politik" geißelte.[45]

Die Vision „blühender Landschaften" und die Beschwörung des Marktes als Allheilmittel für alle wirtschaftlichen Probleme drängte dann für eine Weile die Zweifel an einem baldigen Aufschwung Ost in den Hintergrund. Das *Mezzogiorno-*Szenario erschien nun eher als etwas, das durch den marktradikalen Transformationskurs verhindert worden sei, denn als eine Gefahr für Ostdeutschlands Zukunft.[46] Sehr bald aber wurde offenkundig, dass die Politik das Abrutschen Ostdeutschlands in eine beispiellose Depression, ja in eine Katastrophe, nicht verhindern würde.[47] Vielmehr waren „die Fehler und Versäumnisse der Wirtschaftspolitik ... so gravierend, dass nachhaltige Folgen für den sozialen Frieden in Deutschland erwartet werden"[48] mussten und das rasche Zusammenwachsen der beiden Volkswirtschaften vorerst zur Fiktion wurde. Angesichts der tiefen Transformationskrise, in welche die ostdeutsche Wirtschaft infolge der *Währungs-, Wirtschafts- und Sozialunion* gestürzt war, der Deindustrialisierungspolitik der *Treuhandanstalt* und der immer prekärer wer-

---

43 H. Herr, „Makroökonomische Chancen und Risiken der deutschen Einheit", in: *Wirtschaftsdienst,* 70. Jg. (1990) S. 569.
44 H. Herr/A. Westphal, „ Konsequenzen ökonomischer Integration", in: M. Heine et al. (Hrsg.), *Die Zukunft der DDR-Wirtschaft,* Reinbek 1990, S. 163 (Hervorhebung – U.B.).
45 W. Engels, „Mezzogiorno-Politik", a.a.O., S. 106.
46 Vgl. W. Hankel, „Eine Mark und ein Markt für Deutschland", in: A. Westphal/H. Herr/M. Heine/U. Busch (Hrsg.), *Wirtschaftspolitische Konsequenzen der deutschen Vereinigung,* Frankfurt/New York 1991, S. 32.
47 Dabei soll dahingestellt bleiben, inwieweit dies bis zu einem gewissen Grade durchaus Kalkül war, um den „Tiger im eigenen Lande" zu verhindern und die aus der Vereinigung erwachsenden positiven Effekte auf die westdeutsche Wirtschaft zu konzentrieren.
48 G. Sinn/H.-W. Sinn, *Kaltstart,* Tübingen 19922, S. VII.

Abbildung 5.-2.
Bruttoinlandsprodukt je Einwohner NBL/ABL in % 1990–2000

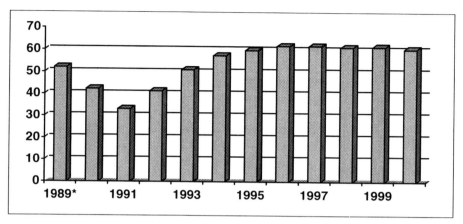

* 1989 und 1990= reales BIP p.c. (Preise 1991); 1991–2000: nominales BIP je Einw., NBL ohne Berlin, ABL und Berlin. Angaben mit vorherigen nicht vergleichbar.
Quelle: StBA; IWH, *Wirtschaft im Wandel* 14/2001, S. 366

denden finanziellen Abhängigkeit Ostdeutschlands von den Geldgebern im Westen verschärfte sich die Diskussion um die „richtige" Wirtschaftsstrategie für den Osten. In diesem Kontext wurde auch das Negativszenario eines deutschen *Mezzogiorno* wieder bemüht, teils, um vor den vermeintlichen Folgen einer sektoralen Strukturpolitik zu warnen[49], andererseits aber auch, um auf die möglichen Folgen einer wirtschaftspolitischen Unterschätzung der Vereinigungskrise[50] und des wirtschaftlichen Niedergangs Ostdeutschlands aufmerksam zu machen.[51] Dabei wurde die Krise zunehmend weniger als eine Nachwirkung der sozialistischen Planwirtschaft begriffen, was sie zweifellos *auch* war, denn als eine Konsequenz der neoliberalen Wirtschaftspolitik der Bundesregierung. Sie war mithin zugleich ein Schritt auf dem Wege zu einer entindustrialisierten, sozial problematischen und transferabhängigen Region mit unterentwickelter Leistungskraft, aber hohen Sozialkosten , die dauerhaft über Transfers zu decken sind.[52]

49 Vgl. H. Siebert, *Das Wagnis der Einheit*, a.a.O., S. 119.
50 Vgl. J. Hall/U. Ludwig, „Creating Germany's Mezzogiorno?", in: *Challenge*, July-August 1993, S. 38–44.
51 Vgl. K. Schiller, *Der schwierige Weg in die offene Gesellschaft. Kritische Anmerkungen zur deutschen Vereinigung*, München 1994.
52 Vgl. AG Alternative Wirtschaftspolitik, *Wirtschaftsreformen ....Memorandum '94*, a.a.O., 133ff.

In den Folgejahren, als das Wachstum vorübergehend anzog, stieß diese Position jedoch zunehmend auf Ablehnung. Getragen von der Erwartung einer Verstetigung oder gar Dynamisierung des Aufschwungs der Jahre 1992 bis 1995 und der Illusion einer sich darauf gründenden raschen Angleichung der Lebensverhältnisse in Ost- und Westdeutschland, setzte sich Mitte der 90er Jahre eine optimistischere Sichtweise durch. Die Metapher vom Glas, das halb voll sei, und nicht halb leer[53], brachte diesen Perspektivenwechsel auf den Punkt. Das *Mezzogiorno*-Szenario wurde unter diesen Bedingungen so etwas wie eine inzwischen durch die Praxis widerlegte „Schwarzmalerei", eine überwundene, weil falsche Vorhersage.

Mittlerweile hat sich das Blatt aber wieder gewendet: Der *Aufschwung Ost* fand 1995 ein jähes Ende und mit ihm kurz darauf der Konvergenzprozess. Dabei vollzog sich der Trendwechsel derart abrupt, dass statt von einem „Aufschwung Ost" nunmehr von einem „Absturz Ost" gesprochen wurde.[54] Seitdem verringert sich der Abstand Ostdeutschlands gegenüber Westdeutschland nicht mehr, sondern wird wieder größer, anfangs nur tendenziell, seit 1997 aber ist dies auch anhand ökonomischer Daten eindeutig ablesbar. Seit 1998 betrifft dies auch das Lohn- und Einkommensniveau.

Was zu Beginn des Vereinigungsprozesses noch als abwegig schien, droht jetzt zur Realität zu werden: Das *Mezzogiorno*-Syndrom. In der Literatur spiegelt sich dies entsprechend wider, indem dieser Begriff nicht mehr nur als Menetekel, sondern immer öfter auch zur Beschreibung der Wirklichkeit herangezogen wird.[55]

Das eigentlich Problematische dabei ist nicht, dass der Aufholprozess in seiner Dynamik nachgelassen hat, sondern dass damit zugleich eine *Verfestigung* der Diskrepanz Ostdeutschlands gegenüber Westdeutschland verbunden ist. So ist auch weiterhin ein selbsttragender Aufschwung nicht in Sicht und die Abhängigkeit von Transferzahlungen wird nicht nur erhalten, sondern immer wieder aufs Neue und in tendenziell steigendem Umfang reproduziert.

Ostdeutschland stabilisiert sich auf diese Weise als *unterentwickelte Region* im Zentrum Europas; eine Einschätzung, die unter den Bedingungen der EU-Osterweiterung keineswegs entschärft werden wird, sondern, ganz im Gegenteil, in den nächsten Jahren noch an Brisanz gewinnt.

Herbert Hax spricht in diesem Zusammenhang von einem „Gleichgewicht in dauerhafter Schieflage" mit einem „nur zum Teil durch Transfers ausgleichbaren

---

53 Vgl. M. Burda, „Ist das Maß halb leer, halb voll oder einfach voll?", Humboldt-Universität zu Berlin, 1994 (Öffentliche Vorlesungen, Heft 51).
54 Vgl. „Das Ende der Blütenträume. Absturz Ost", in. *Der Spiegel*, Nr. 25 v. 17.6.1996, S. 96–116.
55 Vgl. H.-W. Sinn/F. Westermann, *Two Mezzogiornos*, CESifo working Paper No. 378, München 2001; W. Thierse, *Zukunft Ost* ...., a.a.O., S. 56f; J. Priewe, „Ostdeutschland ...", a.a.O., S. 27ff.

Wohlstandsgefälle"[56], welches sich in Ostdeutschland gegenwärtig etabliert. Ausdruck dessen ist ein *auf Dauer* geringeres Beschäftigungsniveau und damit eine deutlich höhere Arbeitslosigkeit als in Westdeutschland, ein spürbar niedrigeres Einkommens- und Verbrauchsniveau, eine sehr hohe und weiter anwachsende Transferquote u.a.m.

Die Grundlage dafür bilden ein seit Jahren unter der Zwei-Drittel-Schwelle des westdeutschen Vergleichswertes verharrendes Niveau der Arbeitsproduktivität, eine wenig leistungsfähige Wirtschaft, eine durch das Vorherrschen von Klein- und Mittelbetrieben deformierte Wirtschaftsstruktur, eine geringe Industriedichte, eine niedrige Exportquote u.a.m. Von besonderer Bedeutung in diesem Zusammenhang ist die gegenüber der westdeutschen Wirtschaft geringere Investitionstätigkeit bei neuen Ausrüstungen, wodurch die Divergenz auch für die Zukunft festgeschrieben wird (vgl. Tabelle 4.3.-4 und Abbildung 4.3.-2). Auch weisen alle Indikatoren, welche die Innovationsfähigkeit einer Region kennzeichnen (Ausgaben für Forschung und Entwicklung, Zahl entsprechender Fachkräfte, Patente, Forschungszentren etc.), auf einen krassen Rückstand Ostdeutschlands gegenüber Westdeutschland hin.

Per Saldo zeigt sich die ökonomische Lage darin, dass in Ostdeutschland nur zwei Drittel der gesamtwirtschaftlichen Absorption durch die eigene Produktion gedeckt werden, der Rest aber durch Transferzahlungen und Kapitalimporte – eine typische Konstellation für eine unterentwickelte Region im Sinne eines *Mezzogiorno*. Dabei tröstet es wenig, dass sich die Relation zwischen Gesamtverbrauch und Produktion im Laufe der 90er Jahre etwas verbessert hat: 1991, am Tiefpunkt der Krise, entsprach die Produktionslücke einem Anteil am Bruttoinlandsprodukt von ca. 80%. Im Jahr 2000 waren es nur noch rund 40%.[57] In jedem Fall aber ist das Ausmaß der Alimentierung zu hoch. Es wurde in erheblichem Umfang in das Lebensniveau investiert, aber zu wenig in die Produktion, mehr in den Absatzmarkt als in den Produktionsstandort *Ost*.

Nun ist die Realität immer vielschichtiger und komplexer als der theoretische Reflex und lässt sich daher niemals vollständig mit einem Begriff erfassen. So ist es auch hier. Das heißt, hinter der in den makroökonomischen Daten evident werdenden Stagnation verbirgt sich zugleich ein tiefgreifender Strukturwandel, vor allem im Verarbeitenden Gewerbe[58], der, wenn er sich fortsetzt und auf die gesamte Wirtschaft übergreift, dem Aufbauprozess wieder Dynamik verleihen könnte. Auf diese

---

56 H. Hax, „Gleichgewicht in der Schieflage: Das Mezzogiorno-Syndrom", in: *Zehn Jahre Deutsche Einheit – Bilanz und Perspektiven*, IWH-SH 2/2001, S. 43.
57 IWH, *Wirtschaft im Wandel*, 16/2001, S. 414.
58 Vgl. R. Pohl, „Die unvollendete Transformation ...", a.a.O., H.-U. Brautzsch et al., „Trotz weltweiter Konjunkturschwäche ...", a.a.O., S. 164ff.

Weise würde dann auch der im Augenblick stagnierende Konvergenzprozess wieder vorankommen. Dies setzt jedoch voraus, dass politisch umgesteuert wird und die Wirtschaftspolitik diesen Prozess wirksam unterstützt, wozu eine Reihe von Initiativen erforderlich wären[59], so zum Beispiel:
- Eine staatlich unterstützte Investitionsoffensive, deren Schwerpunkt in der Produktion für überregionale Märkte liegt.
- Der Aufbau von leistungsfähigen Großbetrieben, vor allem in der Industrie, die durch ein vielfältiges Netz von Produktions- und Lieferbeziehungen mit den lokalen klein- und mittelständischen Betrieben verbunden sind.
- Ein Programm zur Absatzförderung und -verbesserung der ostdeutschen Unternehmen, vor allem auf westdeutschen und ausländischen Märkten.
- Ein Programm zur Angleichung der Lebensbedingungen, um Ostdeutschland wieder eine Perspektive zu geben und als Arbeits- und Wohnort attraktiver zu machen.

Nur wenn die Politik Ostdeutschland auch weiterhin angemessen unterstützt, wird es gelingen, die Chancen für eine erfolgreiche Entwicklung auch zu nutzen.

---

59 Vgl. E. Richter, „Wie kann die ostdeutsche Produktionslücke geschlossen werden?, a.a.O., S. 230ff.

Literatur[1]

Ackermann, M.B.E., *Die optimale Angleichung der neuen Bundesländer an die Lebensverhältnisse in Westdeutschland*, Frankfurt a.M. 1998

AG Perspektiven für Ostdeutschland (Hrsg.), *Ostdeutschland – eine abgehängte Region? Perspektiven und Alternativen*, Dresden 2001

Akerlof, G.A. et al., „East Germany In From the Cold: The Economic Aftermath of Currency Union", *Brooking Papers on Economic Activity*, Washington D.C., 1/1991, S. 1–87

Albach, H., „Die ‚Kavaliersanleihe'. Ein Instrument zur Beschleunigung des Aufbaus in den neuen Bundesländern", *WZB DP*, FS IV 1992–18

-, „Blühende Landschaften? Ein Beitrag zur Transformationsforschung", in: *WZB DP*, FS IV 1998–4

Altenhof, R./Jesse, E. (Hg.), *Das wiedervereinigte Deutschland. Zwischenbilanz und Perspektiven*, Düsseldorf 1995

Altmann, F.-L., „Privatisierungsstrategien und ihre Ergebnisse", in: *Aus Politik und Zeitgeschichte* B 44/45/1997, S. 37–46

Andel, N., *Finanzwissenschaft*, Tübingen 1998[4]

-, „Finanzpolitische Aspekte der deutschen Wiedervereinigung", in: *Frankfurter volkswirtschaftliche Diskussionsbeiträge*, 32/1992.

-, „Die Rentenversicherung im Prozeß der Wiedervereinigung Deutschlands", in: Hansmeyer, K.-H. (Hg.), S. 63–112

Andreß, H.-J. (Hrsg.), *Fünf Jahre danach*, Berlin/New York 1996

Arbeitsgemeinschaft deutscher wirtschaftswissenschaftlicher Forschungsinstitute, *Die Lage der Weltwirtschaft und der deutschen Wirtschaft im Frühjahr*, Essen u.a. 1990ff.

-, *Die Lage der Weltwirtschaft und der deutschen Wirtschaft im Herbst*, Berlin u.a. 1992ff.

Arbeitsgruppe Alternative Wirtschaftspolitik, *Memorandum '91ff.*, Köln 1991ff. – „Gegen Massenarbeitslosigkeit und Chaos – Aufbaupolitik in Ostdeutschland", 1991

-, „Gegen den ökonomischen Niedergang – Industriepolitik in Ostdeutschland", 1992

-, „Beschäftigungspolitik statt Sozialabbau – industrielle Kerne sichern", 1993

-, „Wirtschaftsreformen gegen Standortparolen: Politik gegen Massenarbeitslosigkeit und Umweltzerstörung", 1994

-, „Stärkung des Sozialstaats – Wirtschaftspolitik für Arbeit und ökologischen Umbau", 1995

-, „Beschäftigungspolitik und gerechte Einkommensverteilung gegen soziale Zerstörung", 1997

-, „Bewegung in Europa, Blockade in Deutschland – Kurswechsel für Beschäftigung", 1998

-, „Mehr Konsequenz beim Kurswechsel – Vorrang für Beschäftigung, Umwelt und Gerechtigkeit", 1999

---

1   Das Literaturverzeichnis stellt eine Auswahl dar; insbesondere wurde auf den vollständigen Ausweis von Presseartikeln, Gesetzes- und VO-Blättern, wissenschaftlicher Basisliteratur und Beiträgen, die für das Thema nur von peripherer Bedeutung sind, verzichtet.

-, „Den Aufschwung nutzen – Politik für Arbeitsplätze, soziale Gerechtigkeit und ökologischen Umbau", 2000

-, „Modernisierung durch Investitions- und Beschäftigungsoffensive", 2001

-, „Zehn Jahre 'Aufbau Ost' – widersprüchliche Ergebnisse, Probleme und Alternativen", *Memo-Forum* Nr. 27, Bremen 2000

Arndt, H.-W., *Finanzausgleich und Verfassungsrecht*, Mannheim 1997

Baar, L./Karlsch, R./Matschke, W., *Kriegsfolgen und Kriegslasten Deutschlands. Zerstörungen, Demontagen und Reparationen*, Berlin 1993

Baar, I./Petzina, D. (Hg.), *Deutsch-deutsche Wirtschaft 1945 bis 1990*, St. Katharinen 1999

Bach, S./Gornig, M./Stille, F./Voigt, U., *Wechselwirkungen zwischen Infrastrukturausstattung, strukturellem Wandel und Wirtschaftswachstum*, Berlin 1994

Bach, S./Vesper, D., „Finanzpolitik und Wiedervereinigung – Bilanz nach 10 Jahren", in: DIW *Vierteljahreshefte zur Wirtschaftsforschung* 69 (2000) 2, S. 194–223

Backhaus, J. /Krause, G. (Hg.), *Zur politischen Ökonomie der Transformation*, Marburg 1997

Baretti, C./Huber, B./Lichtblau, K., „Weniger Wachstum und Steueraufkommen durch den Finanzausgleich", in: *Wirtschaftsdienst* 81 (2001) S. 38–44

Barjak, F., „Förderung durch die Gemeinschaftsaufgabe im ostdeutschen ländlichen Raum", in: IWH, *Wirtschaft im Wandel* 13/1996, S. 16–21

Baring, A., *Deutschland, was nun?*, Berlin 1991

Barro, R. J./Sala-i-Martin, X., „Convergence across States and Regions", in: *Brooking Papers on Economic Activity* 2/1991, Washington D.C. 1991

-, *Wirtschaftswachstum*, München 1998

Bauer, A., „Im Osten nur Kosten?", in: HBS, *Wirtschaftsbulletin Ostdeutschland* 5 (1995) 5

Baumann, S./Gröner, H., „Die Kontroverse um die Erhaltung industrieller Kerne in den neuen Bundesländern", in: Gutmann, G./Wagner, U. (Hrsg.), S. 315–340

Bedau, K.-D. „Auswertung von Statistiken über die Vermögensverteilung in Deutschland", in: DIW, *Beiträge zur Strukturforschung* 173/1998, Berlin

-, „Völlige Angleichung der Ost-West-Arbeitseinkommen nicht in Sicht", in: DIW, *Wochenbericht* 15–16/1999

Begg, D./Portes, R., „Eastern Germany Since Unification: Wage Subsidies Remain a Better Way", in: *Economics of Transition*, vol. 1(4) 1993, S. 383–400

Behrend, H. (Hrsg.), *Die Abwicklung der DDR – Wende und deutsche Vereinigung von innen gesehen*, Köln 1996

Benkenstein, M. et al. (Hrsg.), *Politische und wirtschaftliche Transformation Osteuropas*, Wiesbaden 2001

Bergemann, A./B. Schultz, „Effizienz von Qualifizierungs- und Arbeitsbeschaffungsmaßnahmen in Ostdeutschland", in: IWH, *Wirtschaft im Wandel*, 9/2000, S. 243ff.

Berger, H. et al., *Privathaushalte im Vereinigungsprozess. Ihre soziale Lage in Ost- und Westdeutschland*, Frankfurt/New York 1999

Bertram, H./Kollmorgen, R. (Hg.), *Die Transformation Ostdeutschlands*, Opladen 2001

Betz, K./Roy, T. (Hg.), *Privateigentum und Geld*, Marburg 1999

Betz, T., „10 Jahre keine Einheit", in: *Zs. f. Sozialökonomie*, 127. Folge, 37 (2000) S. 2–19

Betz, T., „10 Jahre keine Einheit", in: H.-J. Stadermann/O. Steiger (Hg.), S. 255–291

Beyme, K. v., „Der kurze Sonderweg Ostdeutschlands im Vergleich postkommunistischer Systeme", in: *Berliner Journal für Soziologie*, 3/1996, S. 305–316

-, „Die Transformation Ostdeutschlands im Vergleich postkommunistischer Systeme", in: M. Benkenstein et al. (Hrsg.), S. 5–29

Biehl, D., „Die Rolle des EG-Regionalfonds bei der Regionalpolitik und ihre Finanzierung in den neuen Bundesländern", in: Hansmeyer, K.-H. (Hg.) 1993/I, S. 11–38

Bieszcz-Kaiser, A. et al. (Hg.), *Transformation – Privatisierung – Akteure*, München und Mehring 1994

Bischoff, J./Steinitz, K. (Hg.), *Bevor alles zusammenbricht ...*, Hamburg 1993

Blankart, C.B., *Öffentliche Finanzen in der Demokratie*, München 1991

Blum, U./Scharfe, S., „Quo Vadis Ostdeutschland? Der Aufholprozeß aus Sicht der Entwicklungsökonomik", in: *IWH-SH* 2/2001, S. 116–147

BMA, *Sozialbericht*, Bonn 1994 und 1998

-, *Sozialbudget 1999*, Bonn 2000

BMB (Hg.), *Materialien zum Bericht zur Lage der Nation*, Bonn 1974

-, *Texte zur Deutschlandpolitik*, Reihe III, Bd. 8a und 8b – 1990, Bonn 1991

BMF (Hg.), *Bericht der Bundesregierung über die Entwicklung der Finanzhilfen des Bundes und der Steuervergünstigungen (Subventionsbericht)*, Bonn/Berlin, lfd. Jgg.

-, *Finanzbericht*, Bonn/Berlin, lfd. Jgg.

-, *Volks- und Finanzwirtschaftliche Berichte*, Bonn, lfd. Jgg.

-, *Monatsbericht des BMF*, Berlin, lfd.

-, *Bundeshaushalt. Tabellen und Übersichten*, Bonn/Berlin, lfd. Jgg.

-, „Neue Wege zu mehr Beschäftigung". *Jahreswirtschaftsbericht der Bundesregierung 1999*, Bonn 1999

-, *Deutsches Stabilisierungsprogramm*, Berlin 1999

-, „Arbeitsplätze schaffen – Zukunftsfähigkeit gewinnen". *Jahreswirtschaftsbericht 2000 der Bundesregierung*, Berlin 2000

-, „Reformkurs fortsetzen – Wachstumsdynamik stärken" *Jahreswirtschaftsbericht der Bundesregierung 2001*, Berlin 2001

BMWi, „Regionale Wirtschaftsförderung in der BRD", *Dokumentation* Nr. 345, Bonn 1994

-, „Aufbau Ost. Die zweite Hälfte des Wegs – Stand und Perspektiven", *Dokumentation* Nr. 382, Bonn 1995

-, *Wirtschaftliche Förderung in den neuen Bundesländern*, Bonn 1996

-, „Aufbau Ost. Chancen und Risiken für Deutschland und Europa", *Dokumentation* Nr. 407, Bonn 1996

-, „Bilanz der Wirtschaftsförderung in Ostdeutschland bis Ende 1996", *Dokumentation* 419, Bonn 1997

-, „Bilanz der Wirtschaftsförderung des Bundes in Ostdeutschland bis Ende 1997", *Dokumentation* 437, Bonn 1998

-, „Jahresbericht der Bundesregierung zum Stand der Deutschen Einheit 1998", *Dokumentation* 441, Bonn 1998

-, "Den Aufschwung voranbringen – Arbeitsplätze schaffen", *Jahreswirtschaftsbericht der Bundesregierung '98*, Bonn 1998

-, "Bilanz der Wirtschaftsförderung des Bundes in Ostdeutschland bis Ende 1998", *Dokumentation* 458, Berlin 1999

-, *Mittelfristiges Förderkonzept der Bundesregierung*, Berlin 1999

-, *Wirtschaftsdaten Neue Länder* (mtl.), lfd. Jgg.

Bohle, D., "Der Pfad in die Abhängigkeit? Eine kritische Bewertung institutionalistischer Beiträge in der Transformationsdebatte", *WZB Paper* FS I 99–103, Berlin 1999

P. Bohley, "Der kommunale Finanzausgleich in den neuen Bundesländern nach der Wiedervereinigung Deutschlands", in: A. Oberhauser (Hrsg.), S. 189–245

Boll, S., "Intergenerative Verteilungseffekte öffentlicher Haushalte", BBk, *DP* 6/96, Frankfurt a.M. 1996

Böhnke, P./Delhey, J., "Lebensstandard und Armut im vereinten Deutschland", *WZB Paper* FS III 99–408, Berlin 1999

Bönker, K./Offe, C., "Die moralische Rechtfertigung der Restitution des Eigentums", in: *Leviathan* 3, 1994, S. 318–352

Bös, D., *Eine ökonomische Theorie des Finanzausgleichs*, Wien/New York 1971

Bombach, G., "Kreislauftheorie und volkswirtschaftliche Gesamtrechnung", in: *Jb. für Sozialwissenschaft* 11, Göttingen 1960

Bombach, G./Frey, B.S./Gahlen, B. (Hg.), *Neue Aspekte der Verteilungstheorie*, Tübingen 1974

Bonin, H./Zimmermann, K. F., "The Post-Unification German Labor Market", *IZA DP* No. 185, Bonn 2000

Borchert, M., *Außenwirtschaftslehre. Theorie und Politik*, Wiesbaden 1987[3]

Boss, A., "Die Finanzbeziehungen zwischen Bund, Ländern, Sondervermögen des Bundes, Treuhandanstalt und Unternehmen – Vereinbarungen im Staatsvertrag und im Einigungsvertrag und ihre finanziellen Konsequenzen", in: *Kieler Arbeitspapier* 467, 1991

-, "Prinzipien einer Reform des Finanzausgleichs in der Bundesrepublik Deutschland", in: *Beihefte der Konjunkturpolitik* 41, 1993, S. 79–98

-, "How Germany Shouldered the Fiscal Burden of the Unification", *Kiel Working Paper* No. 851, 1998

Boss, A./Rosenschon, A., "Öffentliche Finanzen im Dienste der deutschen Einheit – Bestandsaufnahme, Bewertung und wirtschaftspolitische Überlegungen", *Kieler Arbeitspapier* 717, 1995

-, "Öffentliche Transferleistungen zur Finanzierung der deutschen Einheit: Eine Bestandsaufnahme", in: *Kieler Diskussionsbeiträge* 269, 1996

-, "Subventionen in Deutschland", in: *Kieler Diskussionsbeiträge* 320, 1998

Brakman, S./Garretsen, H., "The Relevance of Initial Conditions for the German Unification", in: *Kyklos*, Vol. 46 (1993) 2, S. 163–182

Brandt, M./Herrmann, B./Sabathil, M., *Förderhilfen für die neuen Bundesländer*, Bonn 1991

Brautzsch, H.-U./Loose, B./Ludwig, U., "Trotz weltweiter Konjunkturschwäche verstärkt sich das Wachstum der gesamtwirtschaftlichen Produktion in Ostdeutschland etwas", in: *Wirtschaft im Wandel*, 7–8/2001, S. 164–175

Breuel, B. (Hg.), *Treuhand intern*, Frankfurt a. M./Berlin 1993

Breuel, B., „Treuhandanstalt: Bilanz und Perspektiven", in: *Aus Politik und Zeitgeschichte* B 43–44, S. 14–20

Brie, M., *Wer ist Eigentümer im Sozialismus?*, Berlin 1990

-, „Die Ostdeutschen auf dem Wege vom 'armen Bruder' zur organisierten Minderheit?", *Arbeitspapiere AG TRAP* 94/4, Berlin 1994

-, „Die ostdeutsche Teilgesellschaft", in: Kaase, M./Schmid, G. (Hrsg.), S. 201–236

Brücker, H., *Privatisierung in Ostdeutschland*, Frankfurt/New York 1995

Brümmerhoff, D., *Finanzwissenschaft*, München/Wien 2001[8]

Brümmerhoff, D. (Hg.), *Nutzen und Kosten der Wiedervereinigung*, Baden-Baden 2000

Buchholz, E., „Enteignung der Ostdeutschen – eine juristische Betrachtung", in: W. Richter (Hg.), S. 87–122

Budde, R. et al., „Die Regionen der fünf neuen Bundesländer im Vergleich zu den anderen Regionen der Bundesrepublik", in: *Untersuchungen des RWI*, Heft 3, Essen 1991

Bulmahn, T., „Vereinigungsbilanzen", in: *Aus Politik und Zeitgeschichte* B 40–41/1997, S. 29–37

-, „Die Entwicklung der Lebensqualität im vereinten Deutschland", in: *Aus Politik und Zeitgeschichte* B 40/2000, S. 30–38

Bundesanstalt für Arbeit (BA), *Amtliche Nachrichten der Bundesanstalt für Arbeit, Arbeitsmarktanalyse für die alten und die neuen Länder*, Nürnberg 1998

BvS, *Jahresabschluß der Treuhandanstalt zum 31. Dezember 1994*, Berlin 1995

Bundesregierung (Hrsg.), „Gemeinschaftswerk Aufschwung Ost", Bonn 1991

-, „Mittelfristiges Förderkonzept der Bundesregierung für die wirtschaftliche Entwicklung der neuen Länder nach 1998", in: *Aktuelle Beiträge zur Wirtschafts- und Finanzpolitik*, 11/1997

-, *Auf den Weg gebracht*, Bonn 1999

-, *Jahresbericht der Bundesregierung zum Stand der Deutschen Einheit 1999*, Berlin 1999

-, *Jahresbericht der Bundesregierung zum Stand der Deutschen Einheit 2000*, Berlin 2000

-, *Lebenslagen in Deutschland. Der erste Armuts- und Reichtumsbericht der Bundesregierung*, Berlin 2001

Burda, M. „Ist das Maß halb leer, halb voll oder einfach voll?", Humboldt-Universität zu Berlin, 1994 (Öffentliche Vorlesungen, Heft 51)

Burda, M./Funke, M., „German trade unions after unification: third degree wage discriminating monopolists?" in: *Weltwirtsch. Archiv*, Bd. 129 (1993), H. 3, S. 537–560

-, „Eastern Germany: Can't we be more optimistic?", in: *ifo Studien* 41 (3/1995), S. 327–354

-, „Wages and Structural Adjustment in the new German States", *HU DP* Nr. 99, Berlin 1996

Burda, M./Müller, M./Härdle, W./Werwatz, A., „Semiparametric Analysis of German East-West Migration Intentions: Facts and Theory", in: *Journal of Applied Econometrics* 13, 1998, S. 525–541

Burda, M./Mertens, A., „Wages and Worker Displacement in Germany", in: *Labour Economics*, 8/2000, S. 15–41

Burda, M./Hunt, J., „From Reunification to Regional Integration: Productivity and the Labor Market in East Germany", *Brookings Papers*, 2001

Burda, M./Busch, U., „West-Ost-Transfers im Gefolge der deutschen Vereinigung", in: *Konjunkturpolitik*, 47 (2001) 1, S. 1–38

Busch, U. „Zur Entwicklung des Lebensstandards in den neuen Bundesländern", in: Westphal, A./Herr, H./Heine, M./Busch, U. (Hrsg.), S. 215–235

-, „Argumente für einen fast vergessenen Passus des Einigungsvertrages", in: *Utopie kreativ* 43–44 (1994), S. 122–138

-, „Die schwierige Wiedergeburt des Privateigentums", in: *Berliner Debatte INITIAL* 5 (1994) 6, S. 95–106

-, „Conflicts and Constraints in Development Strategies", in: Köhler, G./Gore, C./Reich, U.-P./ Ziesemer, T. (Eds.), *Questioning Development*, Marburg 1996, S. 353–274

-, „Vermögensdifferenzierung und Disparität der Lebensverhältnisse im vereinigten Deutschland", in: *Berliner Debatte INITIAL* 7 (1996) 5, S. 103–119

-, „Der reiche Westen und der arme Osten. Vermögensdifferenzierung in Deutschland seit 1990", in: Backhaus, J./Krause, G. (Hg.), S. 9–50

-, „Sieben fette Jahre? Kritische Bemerkungen zu Charakter und Umfang der Transfers", in: *Berliner Debatte INITIAL* 9 (1998) 2–3, S. 89–103

-, „Solidarischer Finanzausgleich. Wie hoch ist der Solidaritätsbeitrag der alten für die neuen Länder?", in: *Utopie kreativ* 100 (1999), S. 15–28

-, „Sozialtransfers für Ostdeutschland – eine kritische Bilanz", in: *Utopie kreativ* 105 (1999), S. 12–26

-, „Rentendebatte und Generationenkonflikt", in: *Berliner Debatte INITIAL* 10 (1999) 4–5, S. 35–49

-, „Vermögensdiskrepanz und ‚innere Einheit'", in: *Das Argument 232*, 41(1999) 5, S. 667–572

-, „Transfer West-Ost und Ost-West. Wer machte das große Geschäft?", in: Vilmar, F. (Hg.), S. 161–192

-, „Der offenen Vermögensfrage erster Teil: Die Illusion gleicher Lebensverhältnisse", in: H. Misselwitz/K. Werlich (Hg.), S. 196–212

-, „Eigentumstransformation via Vermögenstransfer", in: H.-J. Stadermann/O. Steiger (Hg.), S. 221–254

-, „Die neuen Bundesländer im Finanzausgleich", in: AG Perspektiven für Ostdeutschland (Hg.), S. 100–138

Busch, U. (Hg.), *Monetäre Probleme*. Probleme der Einheit, Bd. 3, Marburg 1991

Busch, U./Hahn, W. (Red.), *Theorie und Praxis von Transformation in der Gegenwart*, Wiss. Zs. d. Humboldt-Univ. zu Berlin, R. Geistes- u. Sozialwiss., 41 (1992) 10

Busch, U./Schneider, A., „Zehn Jahre am Tropf", in: *Berliner Debatte INITIAL* 11 (2000) 4, S. 101–116

-, „Viel Konsum, aber wenig Wachstum. Zu den Wirkungen der Transferzahlungen", in: *Utopie kreativ* 127 (2001), S. 416–426

Carlberg, M., *Makroökonomische Szenarien für das vereinigte Deutschland*, Heidelberg 1994

Carlin, W./Richthofen, P., „Finance, economic development and the transition: the East German case", in: *The Economics of Transition*, vol. 3, 1995, No. 2, S. 149–168

Cassel, D./Müller, H., *Kreislaufanalyse und volkswirtschaftliche Gesamtrechnung*, Stuttgart 1975

Cattero, B. (Hg.), *Modell Deutschland – Modell Europa. Probleme und Perspektiven*, Opladen 1998

Cezanne, W., „Gesamtwirtschaftliche Finanzierungsprobleme der deutschen Einheit – Zur Makroökonomik defizitfinanzierter Staatsausgaben", in: Köhler, C./Pohl, R.(Hg.), S. 95–148

Christ, P./Neubauer, R., *Kolonie im eigenen Land*, Berlin 1991

Christ, G., „Treuhandanstalt: Privatisierung vor Sanierung?" In: Dümcke, W./Vilmar, F. (Hg.), S. 154–169

Christoph, K.-H., *Das Rentenüberleitungsgesetz und die Herstellung der Einheit Deutschlands*, Berlin 1999

Cohen, R. (Hg.), *Konstanzer Universitätsreden*, Konstanz 1997

Collier, I.L., „Reparationen und Professor Peters' Schuld", in: *Deutschland-Archiv*, 6/1990, S. 873–882

Czada, R., „Der Kampf um die Finanzierung der deutschen Einheit", in: G. Lehmbruch (Hg.), 1995, S. 73–102 (auch: *MPIFG DP* 95/1, Köln)

Czada, R./Lehmbruch, G. (Hg.), *Transformationspfade in Ostdeutschland. Beiträge zur sektoralen Vereinigungspolitik*, Frankfurt/New York 1998

Czada, P./Wollmann, H. (Hg.), „Von der Bonner zur Berliner Republik", *Leviathan. SH*, 2000

Dahn, D., *Westwärts und nicht vergessen. Vom Unbehagen in der Einheit*, Berlin 1996

Decker, P./Held, K., *Der Anschluß*, München 1990

Delhey, J./Böhnke, P., Über die materielle zur inneren Einheit?, *WZB Paper* FS III 99–412, Berlin 1999

Derix, H.-H., „Auf dem Wege zur Wettbewerbsfähigkeit – Zu Stand und Defiziten des Aufbaus einer wettbewerbsfähigen Wirtschaft in den neuen Bundesländern", in: Eckart, K./Hacker, J./Mampel, S. (Hg.), S. 579–612

Derlien, H.-U. (Hg.), *Programm „Gemeinschaftswerk Aufschwung Ost" – Planung, Vollzug, Evaluation – Werkstattbericht*, München 1993

Deutsche Bundesbank (BBk), *Monatsberichte*, lfd, 1989ff.

-, *Geschäftsbericht der Deutschen Bundesbank für das Jahr...(1990–2000)*, lfd. Jgg.

-, „Die Bilanz des Zahlungsverkehrs der Bundesrepublik Deutschland mit der Deutschen Demokratischen Republik", in: *Monatsberichte* 42 (1990) 1, S. 13–21

-, „Modalitäten der Währungsumstellung in der Deutschen Demokratischen Republik zum 1. Juli 1990", in: *Monatsberichte* 42 (1990) 6, S. 42–47

-, „Die Währungsunion mit der Deutschen Demokratischen Republik", in: *Monatsberichte*, 42 (1990) 7, S. 14–29

-, „Wirtschaftsförderung in den neuen Bundesländern", in: *Monatsberichte* 43 (1991) 3, S. 15–26

-, „Ein Jahr deutsche Währungs-, Wirtschafts- und Sozialunion", in: *Monatsberichte* 43 (1991) 7, S. 18–30

-, „Zinsentwicklung und Zinsstruktur seit Anfang der achtziger Jahre", in: *Monatsberichte* 43 (1991) 7, S. 31–42

-, „Die Entwicklung der Staatsverschuldung seit Mitte der achtziger Jahre", in: *Monatsberichte* 43 (1991) 8, S. 32–42

-, „Die Entwicklung der Einkommen und ihre Verteilung in Westdeutschland seit 1982", in: *Monatsberichte* 43 (1991) 8, S. 43–48

-, „Die westdeutsche Wirtschaft unter dem Einfluss der ökonomischen Vereinigung Deutschlands", in: *Monatsberichte* 43 (1991) 10, S. 15–21

-, „Öffentliche Finanztransfers für Ostdeutschland in den Jahren 1991 und 1992", in: *Monatsberichte* 44 (1992) 3, 15–22

-, „Die Entwicklung des Steueraufkommens seit dem Jahre 1990", in: *Monatsberichte* 44 (1993) 3, S. 19–34

-, „Die Bedeutung von Nebenhaushalten im Zuge der deutschen Vereinigung", in: *Monatsberichte* 45 (1993) 5, S. 43–57

-, „Die Finanzen der Treuhandanstalt", in: *Monatsberichte* 46 (1994) 4, S. 17–31

-, *Jahresabschlüsse westdeutscher Unternehmen 1971 bis 1991*, Frankfurt a.M. 1994

-, „Zur Finanzentwicklung der gesetzlichen Rentenversicherung seit Beginn der neunziger Jahre", in: *Monatsberichte* 47 (1995) 3, S. 17–32

-, „Die Finanzentwicklung der Länder seit der Vereinigung", in: *Monatsberichte* 47 (1995) 4, S. 35–50

-, „Fortschritte im Anpassungsproze in Ostdeutschland und der Beitrag der Wirtschaftsförderung", in: *Monatsberichte* 47 (1995) 7, S. 39–56

-, „Funktion und Bedeutung der Ausgleichsforderungen für die ostdeutschen Banken und Unternehmen", in: *Monatsberichte* 48 (1996) 3, S. 35–53

-, „Zur Diskussion über die öffentlichen Transfers im Gefolge der Wiedervereinigung", in: *Monatsberichte* 48 (1996) 10, S. 17–32

-, „Die Entwicklung der Staatsverschuldung seit der deutschen Vereinigung", in: *Monatsberichte* 49 (1997) 3, S. 17–32

-, „Ertragslage und Finanzierungsverhältnisse ostdeutscher Unternehmen im Jahr 1996", in: *Monatsberichte* 50 (1998) 7, S. 35–50

-, (Hrsg.), *Fünfzig Jahre Deutsche Mark*, München 1998

-, *Ergebnisse der gesamtwirtschaftlichen Finanzierungsrechnung für Deutschland 1990 bis 1997(1991 bis 1999), Statistische Sonderveröffentlichungen 4*, Frankfurt/M. 1998 (2000)

-, „Zur Entwicklung der privaten Vermögenssituation seit Beginn der neunziger Jahre", in: *Monatsberichte* 51 (1999) 1, S. 33–50

-, *Die Zahlungsbilanz der ehemaligen DDR 1975 bis 1989*, Frankfurt/M. 1999

-, Bestimmungsgründe und gesamtwirtschaftliche Bedeutung von Produzenten- und Konsumentenlohn", in: *Monatsberichte* 52 (2000) 7, S. 15–28

-, „Die Entwicklung der Subventionen in Deutschland seit Beginn der neunziger Jahre", in: *Monatsberichte* 52 (2000) 12, S. 15–29

-, „Die Entwicklung der Länderfinanzen seit Mitte der neunziger Jahre", in: *Monatsberichte* 53 (2001) 6, S. 5976

Deutsches Institut für Wirtschaftsforschung (DIW), *Wochenberichte*, 1990ff., Berlin

-, *Methodische Aspekte und empirische Ergebnisse einer makroökonomisch orientierten Verteilungsrechnung. Schriften zum Bericht der Transfer-Enquête-Kommission*, Bd. 1, Stuttgart 1982

-, „Entwicklung der Haushaltseinkommen in Ostdeutschland 1989/90", *Wochenbericht* 17/1991

-, „Stabile Exportentwicklung", *Wochenbericht* 20–21/1992

-, „Verflechtungsanalysen für die Volkswirtschaft der DDR am Vorabend der deutschen Vereinigung", *Beiträge zur Strukturforschung*, Heft 163, Berlin 1996
-, „Wirtschaftsschwache Bundesländer trotz Finanzausgleich in der Klemme", *Wochenbericht* 34/1997
-, „Vereinigungsfolgen belasten Sozialversicherung", *Wochenbericht* 40/1997
-, „Länderfinanzausgleich: Neuer Verteilungsstreit zwischen West und Ost", *Wochenbericht* 7/1998
-, „Immobilienvermögen privater Haushalte in Deutschland 1995", *Wochenbericht*, 35/1998
-, „Einkommensanpassung in den neuen Ländern verliert an Tempo", *Wochenbericht* 39/1998
-, „Geldvermögen und Vermögenseinkommen der privaten Haushalte", *Wochenbericht* 30/1999
-, „Weiterhin hohe Transfers an die ostdeutschen Sozialversicherungsträger", *Wochenbericht* 45/1999
-, „Währungsunion war ökonomisch unvernünftig", in: *Handelsblatt* v. 28.6.2000
-, „Quo vadis, Länderfinanzausgleich?", *Wochenbericht* 26/2000
-, „Angleichung der Markteinkommen privater Haushalte zwischen Ost- und Westdeutschland nicht in Sicht", *Wochenbericht* 4/2001
-, „Zum infrastrukturellen Nachholbedarf in Ostdeutschland, *Wochenbericht* 20/2001
-, „Zur Wohnungssituation in West- und Ostdeutschland – Anstieg der Mieten zum Stillstand gekommen", *Wochenbericht* 41/2001
-, „Vermögenswert der Unternehmen – Besitz und Beteiligung privater Haushalte", *Wochenbericht* 48/2001

Dickertmann, D. et al. (Hg.), *Finanzierungsprobleme der deutschen Einheit*, Berlin 1996

Dickertmann, D./Diller, K. D., „Finanzhilfen und Steuervergünstigungen – Ein subventionspolitischer Instrumentenvergleich", in: *Zs. f. Wirtschaftspolitik. Wirtschaftspolitische Chronik* 35 (1986) 3, S. 273–300

Dickertmann, D./Gelbharr, S., „Finanzverfassung und Finanzausgleich – Darstellung und Kritik des Finanzausgleichs in Deutschland", in: *WiWiSt* 25 (1996) 5, S. 486–497

Dietrich, H./Funk, W., *Private Haushalte in den Neuen Bundesländern*, Düsseldorf 1991

Dietrich, V. et al., *Wechselbeziehungen zwischen Transfers, Wirtschaftsstruktur und Wachstum in den neuen Bundesländern*, IWH-SH 4/1997, Halle

-, *Wechselbeziehungen zwischen Transfers, Wirtschaftsstruktur und Wachstum in den neuen Bundesländern. Abschlußbericht*, IWH SH 1/1998, Halle

Die deutsch-deutsche Integration. Ergebnisse, Aussichten und wirtschaftspolitische Herausforderungen, *Beihefte zur Konjunkturpolitik*, Heft 39/1992

Die Verträge zur Einheit Deutschlands, München 1990

Diewald, M./Mayer, K. U. (Hg.), *Zwischenbilanz der Wiedervereinigung. Strukturwandel und Mobilität im Transformationsprozeß*, Opladen 1996

DIW/IfW/IWH, „Gesamtwirtschaftliche und unternehmerische Anpassungsfortschritte in Ostdeutschland", Erster bis Neunzehnter Bericht, in: *Kieler Diskussionsbeiträge* Nr. 168, 169, 176, 178, 183, 190/191, 198/199, 205/206, 218/219, 231, 236/237, 245, 256/257, 277/278, 286/287, 302/303, 310/311, 322/323, 346/347; *IWH-FR* 6/93; 1/94; 6/94; 1/95; 2/95; 7/96; 2/97; 6/97; 2/98; 6/98; 5/99.

-, „Gesamtwirtschaftliche und unternehmerische Anpassungsfortschritte in Ostdeutschland: Kurzexpertise", in: *IWH-SH* 2/2001, S. 7–34

DIW/ifo/IWH/RWI/IfLS, *Solidarpakt II – Infrastrukturelle Nachholbedarfe Ostdeutschlands, gemeinsame Zusammenfassung*, Essen 2000

Döring, T., „Probleme des Länderfinanzausgleichs aus institutionenökonomischer Sicht", in: *Zs. f. Wirtschaftspolitik* 48 (1999) 3, S. 231–264

Dohnanyi, K. v., *Das deutsche Wagnis. Über die wirtschaftlichen und sozialen Folgen der Einheit*, München 1991

Domdey, K. H., „Privatisation in the New Bundesländer. A Critical Assessment of the Treuhand", in: Lange, T./Shackleton, J. R. (Hg.) 1998, S. 44–55

Donges, J. et al. (Kronberger Kreis), *Soziale Marktwirtschaft in der DDR*, Bad Homburg 1990

Dümcke, W./Vilmar, F. (Hg.), *Kolonialisierung der DDR.. Kritische Analysen und Alternativen des Einigungsprozesses*, Münster 1995

Duwendag, D. (Hrsg.), *Schriften zur monetären Ökonomie*, Bd. 37, Baden-Baden 1994

Ebert, E., *Einkommen und Konsum im Transformationsprozess*, Opladen 1997

Eckart, K./Hacker, J./Mampel, S. (Hg.), *Wiedervereinigung Deutschlands*, Berlin 1998

Eckart, K./Roesler, J. (Hg.), *Die Wirtschaft im geteilten und vereinten Deutschland*, Berlin 1999

Eisen, A./Kaase, M., „Transformation und Transition: Zur politikwissenschaftlichen Analyse des Prozesses der deutschen Vereinigung", in: M. Kaase et al. (Hg.), *Politisches System*, Opladen 1996, S. 5–46

Eisen, A./Wollmann, H. (Hg.), *Institutionenbildung in Ostdeutschland. Zwischen externer Steuerung und Eigendynamik*, Opladen 1996

Elm, L. et al. (Hg.), *ANsichten zur Geschichte der DDR*, Bd. 1–11, Bonn/Berlin 1993–1998

Engel, H., „Finanzverfassung im vereinten Deutschland und Einigungsvertrag, Leistungen für die neuen Länder", in: Stern, K. (Hg.), S. 169–177

Engler, W., *Die Ostdeutschen. Kunde von einem verlorenen Land*, Berlin 1999

Erhard, L., „Wirtschaftliche Probleme der Wiedervereinigung", in: ders., *Deutsche Wirtschaftspolitik*, Düsseldorf u.a. 1992 (1962), S. 225–230

Esser, C., „Der neue Länderfinanzausgleich: Undurchschaubarkeit als Prinzip", in: *Wirtschaftsdienst* 74 (1994), S. 358–364

Eucken, W., *Die Grundlagen der Nationalökonomie* (1939), Berlin u.a. 1989

-, *Grundsätze der Wirtschaftspolitik* (1952), Tübingen 1990^6

Europäische Kommission (Hg.), *Deutschland – Neue Länder. Gemeinschaftliches Förderkonzept 1994 – 1999. Dokument*, 1995

-, *Beschäftigungsobservatorium Ostdeutschland*, lfd.

Ewaldt, B. u.a., „Zwischenbilanz der Wirtschaftsentwicklung in Ostdeutschland", in: *Deutschland Archiv* 3/1998, S. 371–383

Färber, G., „Reform des Länderfinanzausgleichs", in: *Wirtschaftsdienst* 73 (1993), S. 305–313

Faik, J., „Die Verteilung und Bildung der Geldvermögen in Ostdeutschland seit 1990", in: W. Glatzer/G. Kleinhenz (Hrsg.), S. 179–240

Faude, E./Luft, C., „Fakten widersprechen Armutstheorie", in: *Berliner Zeitung*, 23.5.1991

Filc, W., *Den innerdeutschen Realtransfer gestalten*, Institut für Empirische Wirtschaftsforschung, Berlin 1990

Filip-Köhn, R./Stäglin, R., *Quantitative Analyse der wirtschaftlichen Verflechtung von alten und neuen Bundesländern und ihrer Arbeitsmarktwirkungen: im Rahmen der Weiterentwicklung der Input-Output-Rechnung als Instrument der Arbeitsmarktanalyse*, DIW, Berlin 1993

Fischer-Menshausen, H., „Finanzausgleich II: Grundzüge des Finanzausgleichrechts", in: *HdWW*, Bd. 2, Stuttgart-New York 1980, S. 636–662

Fischer, W./Hax, H./Schneider, H. K. (Hg.), „Die Treuhandanstalt. Das Unmögliche wagen", *Forschungsberichte*, Berlin 1993

Flassbeck, H., „Die deutsche Vereinigung – ein Transferproblem", in: DIW, *Vierteljahreshefte zur Wirtschaftsforschung* 64 (1995) 3, S. 404–413

-, „Moderne Finanzpolitik für Deutschland", in: *WSI Mitt.* 8/1999, S. 498–504

-, „Die verpaßte Chance", in: *Wirtschaft und Markt*, 5–10/2000

Flassbeck, H./Scheremet, W., „Wirtschaftliche Aspekte der deutschen Vereinigung", in: Jesse, E./Mitter, A. (Hg.), S. 279–311

Flug, M., *Treuhand-Poker. Die Mechanismen des Ausverkaufs*, Berlin 1992

Fox, K.-P., „Schieflagen in der Diskussion des grundgesetzlichen Finanzausgleichs", in: *Wirtschaftsdienst* 81 (2001) S. 340–342

Francke, H.-H./Nitsch, H., „Der Beitrag der Währungsumstellung zur Finanzierung der deutschen Einheit", in: Oberhauser, A. (Hg.), S. 37–68

Franz, W., *Arbeitsmarktökonomik*, Berlin/Heidelberg³ 1996

Frey, R.L., „Theorie und Messung der finanzwirtschaftlichen Umverteilung", in: Bombach, G./ Frey, B.S./Gahlen, B. (Hg.), S. 401–434

Friedemann, E., „Von einem katastrophalen Geldüberhang kann keine Rede sein", in: *Die Wirtschaft* 12/1990

Friedrich, P., „Zum Vereinigungsnutzen der Treuhandpolitik", in: D. Brümmerhoff (Hg.), S. 149–165

Fritsch, M./Wein, T./Ewers, H.-J., *Marktversagen und Wirtschaftspolitik*, München 1993

Fritze, L., „Irritationen im deutschen-deutschen Vereinigungsprozeß", in: *Aus Politik und Zeitgeschichte* B 27/1995, S. 3–9

Fuest, W., *Finanzierung der deutschen Einheit*, Thema Wirtschaft 8, Köln 1991

Fuest, C./Huber, B., „Die Effizienz von Kapitalsubventionen bei Unterbeschäftigung – eine theoretische und finanzpolitische Analyse zur Förderpolitik in den neuen Bundesländern", in: *Finanzarchiv*, N.F. 54 (1997) S. 355–373

Fuest, W./Kroker, R., „Finanzierungsalternativen für die Modernisierung der DDR-Infrastruktur", in: *iw-trends* (17) 2, 1990, VII/1–8

-, „Finanzierungspotentiale für die geplante Währungs-, Wirtschafts- und Sozialunion", in: *iw-trends* (17) 3, 1990, A 20–29

-, „Transferzahlungen an die neuen Bundesländer", in: *iw-trends* (18) 3, 1991, D 1–13

-, „Transferzahlungen an die neuen Bundesländer; eine Schätzung für 1992", in: *iw-trends* (18) 4, 1991, D 35–45

-, *Die Finanzpolitik nach der Wiedervereinigung*, Köln 1993

Fuest, W./Lichtblau, K., „Finanzausgleich im vereinten Deutschland", Köln 1991

-, „Transferzahlungen an die neuen Bundesländer und die Reform des Finanzausgleichs", in: *iw-trends* (21) 2, 1994, S. 61–73

Funke, M./Strulik, H., *Transfer Payments to Eastern Germany at the Crossroads: How to Proceed in the Future?*, Hamburg University, July 1997

Gablers Wirtschaftslexikon, Wiesbaden 1997[14] (S. 3808)

Gandenberger, O., „Theorie der öffentlichen Verschuldung", in: *HbFW*, Bd. III, hrsg. v. F. Neumark (bearb. von N. Andel u. H. Haller), Tübingen 1981[3]

Gehrig, G., *The Economy of East and West Germany, Macroeconomic Simulations until 2005*, Frankfurt a. M. 1995

Geißler, R. (Hg.), *Sozialer Umbruch in Ostdeutschland*, Opladen 1993

Geißler, R., *Die Sozialstruktur Deutschlands. Zur gesellschaftlichen Entwicklung mit einer Zwischenbilanz zur Vereinigung*, Opladen 1996

-, „Von der realsozialistischen zur sozialstaatlichen Struktur der sozialen Ungleichheit. Umbrüche im ostdeutschen Ungleichheitsgefüge", in: Diewald, M./Mayer K.U. (Hg.), S. 289–302

-, „Nachholende Modernisierung mit Widersprüchen – Eine Vereinigungsbilanz aus modernisierungstheoretischer Perspektive", in: Noll, H.-H. /Habich, R. (Hg.), S. 37–60

Geppert, M./Kachel, P., „Die Treuhandanstalt am Ende. Historischer Abriß und kritische Beurteilung aus volkswirtschaftlicher und organisationstheoretischer Perspektive", in: Schmidt, R. /Lutz, B. (Hg.), S. 69–106

Gerling, K., „Transfers and Transition: The Impact of Government Support on Factor Demand and Production in Eastern Germany", *Kiel Working Paper* Nr. 878, 1998

Gesetz über den Finanzausgleich zwischen Bund und Ländern (Finanzausgleichsgesetz – FAG), BGBl. 1988 I, S. 95–99 und BGBl. 1993 I, S. 977–982

Gesetz über die Maßnahmen zur Bewältigung der finanziellen Erblasten im Zusammenhang mit der Herstellung der Einheit Deutschlands, zur langfristigen Sicherung des Aufbaus in den Neuen Ländern, zur Neuordnung des bundesstaatlichen Finanzausgleichs und zur Entlastung der öffentlichen Haushalte (FKPG), BGBl. 1993 I, S. 944–991

Geske, O.-E., „Der Länderfinanzausgleich wird ein Dauerthema", in: *Wirtschaftsdienst* 72 (1992) S. 250–259

-, „Unterschiedliche Anforderungen an den neuen Länderfinanzausgleich", in: *Wirtschaftsdienst* 73 (1993) S. 71–78

Gladisch, D./Grunert R./Kolb, J., „Die wirtschaftliche Lage der privaten Haushalte", in: R. Pohl (Hg.), a.a.O., S. 139–156

Glatzer, W./Noll, H.-H. (Hg.), „Getrennt vereint. Lebensverhältnisse in Deutschland seit der Wiedervereinigung", *Soziale Indikatoren* Nr. 18, Frankfurt a.M./New York 1995

Glatzer, W./Kleinhenz, G. (Hg.), *Wohlstand für alle?*, Opladen 1997

Glaeßner, G.-J., *Der lange Weg zur Einheit. Studien zum Transformationsprozeß in Ostdeutschland*, Berlin 1993

Görzig, B./Gornig, G., „Produktivität und Wettbewerbsfähigkeit der Wirtschaft der DDR", in: DIW, *Beiträge zur Strukturforschung*, 121/1991

Görzig, B./Gornig, M./Schulz, E., *Quantitative Szenarien zur Bevölkerungs- und Wirtschaftsentwicklung in Deutschland bis zum Jahr 2000*, in: DIW, *Beiträge zur Strukturforschung*, 150/1994

Görzig, B./Schmidt-Faber, C., „Wie entwickeln sich die Gewinne in Deutschland?", *DIW-SH* 171/2001, Berlin

Goldschmidt, W./Klein, D./Steinitz, K. (Hg.), *Neoliberalismus – Hegemonie ohne Perspektive*, Heilbronn 2000

Gornig, M., „Perspektive Ostdeutschland: Zweites Wirtschaftswunder oder industrieller Niedergangsprozeß?", in: *Konjunkturpolitik* 38 (1992) 1, S. 1–14

Gottfried, P./Wiegard W., „Der Länderfinanzausgleich nach der Vereinigung", in: *Wirtschaftsdienst* 71 (1991) S. 453–461

Gramsow, V./Jarausch, H., *Die deutsche Vereinigung .Dokumente zu Bürgerbewegung,. Annäherung und Beitritt*, Köln 1991

Graskamp, R./Heilemann, U./Löbbe, K., „Die strukturelle Erneuerung Ostdeutschlands – Versuch einer Zwischenbilanz", in: *RWI-Mitteilungen* 47 (1996) H. 1–2, S. 53–80

Grözinger, G., *Teures Deutschland. Was kostet uns die DDR?*, Berlin 1990

Gros, J., *Entscheidung ohne Alternativen?*, Mainz 1994

Grossekettler, H., „Chronik. Die ersten fünf Jahre. Ein Rückblick auf die gesamtdeutsche Finanzpolitik der Jahre 1990 bis 1995", in: *Finanzarchiv*, N. F. 53 (1996), S. 194–303

Grosser, D., *Das Wagnis der Währungs-, Wirtschafts- und Sozialunion. Geschichte der deutschen Einheit in vier Bänden*, Bd. 2, Stuttgart 1998

Grundgesetz für die Bundesrepublik Deutschland Bonn 1990; 1998

Grunert, R., „Bei Annäherung weiterhin Besonderheiten der Konsumstruktur in Ostdeutschland", in: *Wirtschaft im Wandel*, 7/2000, S. 204–209

Gutmann, G., „Erhaltung industrieller Kerne in Ostdeutschland und das Problem der Ordnungskonformität von Wirtschaftspolitik", in: Hasse, R.H. et al. (Hg.)

Gutmann, G. u.a. (Hg.), *Transformation der Eigentumsordnung im östlichen Mitteleuropa*, Marburg/Lahn 1991

Gutmann, G. (Hg.), „Die Wettbewerbsfähigkeit der ostdeutschen Wirtschaft", *Schriften des Vereins für Socialpolitik*, N.F. 239, Berlin 1995

Gutmann, G./Wagner, U. (Hg.), *Ökonomische Erfolge und Mißerfolge der deutschen Vereinigung – Eine Zwischenbilanz*, Stuttgart/Jena/New York 1994

Guttmann, E., „Geldvermögen und Schulden privater Haushalte Ende 1993", in: *WiST* 5/1995, S. 391–399

Häde, U., *Finanzausgleich*, Tübingen 1996

Härtel, H.-H./Krüger, P. u.a., *Die Entwicklung des Wettbewerbs in den neuen Bundesländern*, Baden-Baden 1995

Hagemann, H., „Makroökonomische Konsequenzen der deutschen Einigung", in: ders. (Hg.), *Produktivitätswachstum, Verteilungskonflikte und Beschäftigungsniveau. Probleme der Einheit 11*, Marburg 193, S. 11–34

Hahne, U./Stackelberg, K.v., „Regionale Entwicklungstheorien", in: *EURES disc. Paper* No. 39, Freiburg 1994

Hall, J./Ludwig, U., „Creating Germany's Mezzogiorno?", in: *Challenge*, 7–8/1993, S. 38–44

Hanesch, W., *Armut in Deutschland*, Reinbek 1994

Hankel, W., „Eine Mark und ein Markt für Deutschland", in: A. Westphal/H. Herr/M. Heine/U. Busch (Hg.), S. 28–45

-, „Ausgleich für Förderer und Geförderte", in: *Handelsblatt,* 10.6.1992, S. 2

-, *Die sieben Todsünden der Vereinigung. Wege aus dem Wirtschaftsdesaster*, Berlin 1993

Hans Böckler Stiftung (HBS) (Hg.), *Wirtschaftsbulletin Ostdeutschland*, Düsseldorf 1991ff.

Hansmeyer, K.-H. (Hg.), „Finanzierungsprobleme der deutschen Einheit I und II", *Schriften des Vereins für Socialpolitik*, N.F. Bd. 229/I–II, Berlin 1993

Hanusch, H./Henke, K.-D./Mackscheidt, K./Pfaff, M. und Mitarbeiter, *Verteilung öffentlicher Realtransfers auf Empfängergruppen in der Bundesrepublik Deutschland". Schriften zum Bericht der Transfer-Enquête-Kommission*, Bd. 3, Stuttgart 1982

Hartung, K., „Der Neid und das Soziale", in: *Kursbuch,* 143, März 2001, S. 65–94

Hartwich, H.-H., *Die Europäisierung des deutschen Wirtschaftssystems*, Opladen 1998

-, „Die Entwicklung der deutschen Staatsverschuldung seit der Wiedervereinigung", in: *Gegenwartskunde*, Heft 2/1997

Hartwich, H.-H./Wewer, G., (Hrsg.), *Regieren in der Bundesrepublik IV. Finanz- und wirtschaftspolitische Bestimmungsfaktoren des Regierens im Bundesstaat – unter besonderer Berücksichtigung des deutschen Vereinigungsprozesses*, Opladen 1992

Hartwig, K.-H./Pries, I., „Das Finanzmanagement der deutschen Einheit: eine politökonomische Betrachtung", in: Gutmann, G./Wagner, U. (Hg.), S. 159–184

Hartwig, K.-H./Thieme, H.-J. (Hg.), *Transformationsprozesse in sozialistischen Wirtschaftssystemen. Ursachen, Konzepte, Instrumente*, Berlin u.a. 1991

Haschke, I./Ludwig, U., „Produktion und Nachfrage", in: Pohl, R. (Hg.), S. 93–106

Hasse, R.H./Molsberger, J./Watrin, Ch. (Hg.), *Ordnung in Freiheit. Festgabe für Hans Willgerodt zum 70. Geburtstag*, Stuttgart u.a. 1994

Hauser, R., „Das empirische Bild der Armut in der Bundesrepublik Deutschland – ein Überblick", in: *Aus Politik und Zeitgeschichte* B 31–32/1995, S. 3–13

-, „Die Entwicklung der Einkommensverteilung in den neuen Bundesländern seit der Wende", in: Diewald, M./Mayer K. U. (Hg.), S. 165–188

-, *Entwicklung und Verteilung von Einkommen und Vermögen der privaten Haushalte in Deutschland, Gutachten im Auftrag der Kommission für Zukunftsfragen der Freistaaten Bayern und Sachsen*, Frankfurt a.M. 1997

-, „Die Entwicklung der Einkommensverteilung und der Einkommensarmut in den alten und neuen Bundesländern", in: *Aus Politik und Zeitgeschichte* B 18/1999, S. 3–9

Hauser, R./Neumann, U., „Armut in der Bundesrepublik Deutschland", in: *Armut im modernen Wohlfahrtsstaat, SH der Kölner Zeitschrift für Soziologie und Sozialpsychologie*, 32/1992, S. 237–271

Hauser, R./Olk, T. (Hg.), *Soziale Sicherheit für alle?*, Opladen 1997

Hauser, R./Wagner, G., „Einkommensverteilung in Ostdeutschland: Darstellung und Determinanten im Vergleich zu Westdeutschland für die Jahre 1990 bis 1994", in: Glatzer, W./Kleinhenz G. (Hg.), S. 11–62

Hax, H., „Erhaltung industrieller Kerne in den neuen Bundesländern?", in: *Wirtschaftsdienst* 73 (1993) 8, S. 409–413

-, „Gleichgewicht in der Schieflage: Das Mezzogiorno-Syndrom", in: *IWH-SH* 2/2001, S. 43–59

Hayo, B., „How Do People In Eastern Europe Perceive Their Economic Situation", in: J. G. Backhaus/G. Krause (Ed.), *Issues in Transformation Theory*, Marburg 1997

Heering, W., „Acht Jahre deutsche Währungsunion", in: *Aus Politik und Zeitgeschichte* B 24/1998, S. 20–34

Heilemann, U./Barabas, G., „Zur Finanzierung der deutschen Einigung – Eine optimal control-Analyse mit dem RWI-Konjunkturmodell", in: *RWI-Papiere*, Nr. 41/1996

Heilemann, U./Jochimsen, R., „Christmas in July. The Political Economy of German Unification Reconsidered", *Brookings Occasional Papers*, Washington, D.C. 1993

Heilemann, U. u.a., „Konsolidierungs- und Wachstumserfordernisse – Fiskalperspektiven der Bundesrepublik in den neunziger Jahren", *Untersuchungen des RWI*, Heft 14, Essen 1994

Heilemann, U./Rappen, H., „Was kostet uns die Einheit?", in: *Hamburger Jb. für Wirtschafts- und Gesellschaftspolitik* 41 (1996), S. 85–110

-, „Sieben Jahre deutsche Einheit: Rückblick und Perspektiven in fiskalischer Sicht", in: *Aus Politik und Zeitgeschichte* B 40–41/1997, S. 38–46

-, „The Seven Year Itch? German Unity from a Fiscal Viewpoint", in: *AICGS Research Report* No. 6, Economic Studies Program, Washington

-, „'Aufbau Ost' – Zwischenbilanz und Perspektiven", in: *Hamburger Jb. für Wirtschafts- und Gesellschaftspolitik* 45 (2000), S. 9–40

Heilmann, M., „Vorschläge zur Neuordnung des Bund-Länder-Finanzausgleichs im vereinten Deutschland – eine kritische Bestandsaufnahme", in: Wegner, E. (Hg.), S. 45–106

-, „Krise des Finanzföderalismus in der Bundesrepublik Deutschland? Zum Verfassungsstreit der Länder über das Einnahmenverteilungssystem", *Diskussionsbeiträge aus dem Institut für Finanzwissenschaft der Universität Kiel*, Kiel 1987

Heinemann, F., *Staatsverschuldung. Ursachen und Begrenzung*, Köln 1994

Heinsohn, G./Steiger, O., *Eigentum, Zins und Geld. Ungelöste Rätsel der Wirtschaftswissenschaft*, Reinbek 1996

Heimpold, G./Ragnitz, J., „Zur effizienten Ausgestaltung der Förderpolitik in den neuen Bundesländern", in: *Wirtschaft im Wandel*, 8/1996, S. 16–19

Heine, M./Herr, H./Westphal, A./Busch, U./Mondelaers, R. (Hg.), *Die Zukunft der DDR-Wirtschaft*, Reinbek 1990

Heine, M./Herr, H., „Binnen- und außenwirtschaftliche Koordinationsprobleme nach der deutschen Vereinigung", in: *WSI-Mitt.* 47 (1994) 1, S. 30–36

Helmstädter, E., „Gesamtdeutsche Wirtschaft – Wie kann das funktionieren?" in: *List Forum für Wirtschafts- und Finanzpolitik*, Bd. 16 (1990), S. 199–208

-, „Industrien in Ostdeutschland als wirtschaftspolitische Aufgabe", in: Gutmann, G. (Hg.), S. 185–206

-, *Perspektiven der Sozialen Marktwirtschaft*, Münster 1996

Henke, K.-D., „Finanzbeziehungen zwischen Bund und Ländern", in: *WiwiSt*, 22/1993, S. 67–74

Henrich, R., *Gewalt und Form in einer vulkanischen Welt. Aufsätze 1991–1996*, Berlin 1996

Hernold, P., „Bereitstellung öffentlicher Leistungen und sektorale Anpassungsprozesse im Zuge der deutschen Einigung", in: *RWI-Mitteilungen* 47 (1996) 3/4, S. 171–189

Herr, H., „Makroökonomische Chancen und Risiken der deutschen Einheit", in: *Wirtschaftsdienst* 70 (1990) S. 569–575

Hervé, Y./Holzmann, R., *Fiscal Transfers and Economic Convergence in the EU: An Analysis of Absorption Problems and an Evaluation of the Literature*, Baden-Baden 1998

Hessel, A./Geyer, M./Brähler, E. (Hg.), *Gewinne und Verluste sozialen Wandels*, Opladen/Wiesbaden 1999

Hickel, R., „Programm zur Finanzierung der deutschen Einheit", in: *Wirtschaftsdienst* 72 (1992) 3, S. 339–342

Hickel, R., „Sozialökonomische Strategien zur Transformation Ostdeutschlands. Anforderungen an die Wirtschafts-, Finanz- und Umverteilungspolitik", in: Hickel, R./Huster, E.-U./Kohl, H. (Hg.), S. 71–117

-, „Wuchs zusammen, was zusammen gehört?", in: *Gewerkschaftliche Monatshefte* 9/1995, S. 521–534

-, „Widersprüchlicher Prozess der ostdeutschen Transformation", in: AG Perspektiven für Ostdeutschland (Hrsg.), S. 48–80

Hickel, R./Huster, E.-U./Kohl, H. (Hg.), *Umverteilen. Schritte zur sozialen und wirtschaftlichen Einheit Deutschlands*, Köln 1993

Hickel, R. /Priewe, J., *Nach dem Fehlstart. Ökonomische Perspektiven der deutschen Einigung*, Frankfurt a. M. 1994

Höhnen, W., „Vermögensverteilung – die verpaßten Chancen, Lehren aus einem sozialen Skandal", in: Hickel, R./Huster, E.-U./Kohl, H. (Hg.), S. 174–186

Hölscher, J., „Privatisierung und Privateigentum", in: Ders. et al. (Hg.), *Bedingungen ökonomischer Entwicklung in Zentralosteuropa*, Bd. 4: *Elemente einer Entwicklungsstrategie*, Marburg 1996, S. 97–128

Hölscher, J./Hochberg, A. (ed.), *East Germanys Economic Development since Unification. Domestic and Global Aspects*, London 1998

Hölscher, J./Stephan, J., „The 'German Model' in Decline", in: Hölscher, J./Hochberg, A. (ed.), S. 20–36

Hoffmann, L., *Warten auf den Aufschwung*, Regensburg 1993

Homburg, S., „Eine Theorie des Länderfinanzausgleichs: Finanzausgleich und Produktionseffizienz", in: *Finanzarchiv*, N.F. 50 (1993) 4, S. 458–486

-, „Anreizwirkungen des deutschen Finanzausgleichs", in: *Finanzarchiv*, N.F. 51 (1994) 3, S. 312–330

-, „Ursachen und Wirkungen eines zwischenstaatlichen Finanzausgleichs", in: Homburg, S./Sinn, H.-W./Nowotny, E., S. 61–95

Homburg, S./Sinn, H.-W./Nowotny, E., *Fiskalföderalismus in Europa*, hrsg. von A. Oberhauser, *Schriften des Vereins für Socialpolitik, Gesellschaft für Wirtschafts- und Sozialwissenschaften*, N.F., Bd. 253, Berlin 1997

Hopfmann, A./Wolf, M. (Hg.), *Transformationstheorie – Stand, Defizite, Perspektiven*, Münster 2001

Horn, G.-A./Zwiener, R.), „Die deutsche Vereinigung – Stimulus für die Weltwirtschaft?", in: DIW, *Vierteljahreshefte zur Wirtschaftsforschung* 64 (1995) 3, S. 415–432

Houpt, A. E., „The Transformation of the Eastern German Economy", in: *Intereconomics* 9–10/1995, S. 53–64

Howard, M. A. „Die Ostdeutschen als ethnische Gruppe?", in: *Berliner Debatte INITIAL*, 6 (1995) 4/5, S. 119–131

Hradil, S., „Die Modernisierung des Denkens. Zukunftspotentiale und 'Altlasten' in Ostdeutschland", in: *Aus Politik und Zeitgeschichte* B 20/1995, S. 3–15

-, „Überholen ohne Einzuholen? Chancen subjektiver Modernisierung in Ostdeutschland", in: Kollmorgen, R./Reißig, R./Weiß, J. (Hg.), S. 55–79

Hübler, O., „Regionale Unterschiede in der Arbeitslosigkeit: Gibt es finanzpolitische Einflüsse?", in: *Konjunkturpolitik* 38 (1992), S. 218–246

-, „Evaluation beschäftigungspolitischer Maßnahmen in Ostdeutschland", in: *Jahrbücher für Nationalökonomie und Statistik*, Bd. 216/1, Stuttgart 1997

Huber, B., „Der Finanzausgleich im deutschen Föderalismus", in: *Aus Politik und Zeitgeschichte* B 24/1997, S. 22 – 29

Huber, K./Lichtblau, K., „Systemschwächen des Finanzausgleichs – eine Reformskizze", in: *iw-trends* 4/1997, S. 24–45

-, „Konfiskatorischer Finanzausgleich verlangt eine Reform", in: *Wirtschaftsdienst* 78 (1998), S. 142–147

-, *Ein neuer Finanzausgleich. Reformoptionen nach dem Verfassungsgerichtsurteil*, Köln 2000

Hüther, M., „Ist die Finanzpolitik noch zu retten?", in: *Wirtschaftsdienst* 72 (1992), S. 215–224

-, „Reform des Finanzausgleichs: Handlungsbedarf und Lösungsvorschläge", in: *Wirtschaftsdienst* 73 (1993), S. 43–52

Huster, E.-U., „Schroffe Segmentierung in Ost und West. Die doppelt gespaltene Entwicklung in Deutschland", in: Hickel, R./Huster, E.-U./Kohl, H. (Hg.), S. 15–38

-, *Reichtum in Deutschland*, Frankfurt/New York 1993

-, *Neuer Reichtum und alte Armut*, Düsseldorf 1993

-, „Armut im geeinten Deutschland", in: *Berliner Debatte INITIAL* 6 (1995) 1, S. 13–17

Icks, A., *Der Transformationsprozeß in der ehemaligen DDR 1989–1991*, Berlin 1995

Ifo Institut für Wirtschaftsforschung, „Fünf Jahre Reformprozeß in Ostdeutschland – Eine Zwischenbilanz", in: *ifo Schnelldienst* Nr. 17–18/1995, München

Ifo/IWH (Hg.), *Die Effizienz der finanzpolitischen Fördermaßnahmen in den neuen Bundesländern*, München 1994

Institut für Angewandte Wirtschaftsforschung (IAW), *Die ostdeutsche Wirtschaft 1990/91*, Berlin 1990

-, „Strategie und Verlauf der Privatisierung in den neuen Bundesländern", *FR*, Heft 8/91

-, „Privatisierung in den neuen Bundesländern – Bestandsaufnahme und Perspektiven", *FR* 14/91

Institut für Weltwirtschaft Kiel (IfW), *Kieler Diskussionsbeiträge*, Kiel, div. Jgg.

Ipsen, D./Nickel, E. (Hg.), *Ökonomische und rechtliche Konsequenzen der deutschen Vereinigung. Probleme der Einheit Bd. 8*, Marburg 1992

Issing, O., „Staatsverschuldung als Generationsproblem", in: BBk, *Auszüge aus Presseartikeln* Nr. 43/1992, S. 7–9

-, „Gesamtwirtschaftliche Folgen des deutschen Vereinigungsprozesses", in: BBk, *Auszüge aus Presseartikeln* Nr. 55/1993, S. 1–6

Institut der deutschen Wirtschaft Köln (IW), *Wirtschaftliche und soziale Perspektiven der deutschen Einheit (Gutachten)*, Köln 1990

-, *iwd* (Informationsdienst des Instituts der deutschen Wirtschaft), lfd.

Institut für Wirtschaftsforschung Halle (IWH), *Wirtschaft im Wandel*, lfd.

-, **IWH (Hg.)**, *Wirtschaft im Systemschock. Die schwierige Realität der ostdeutschen Transformation*, Berlin 1994

-, *Wirtschaftliche und soziale Lebensverhältnisse in Ostdeutschland*, in: *SH* 2/1995, Halle

-, *Transferleistungen, Wirtschaftsstruktur und Wachstum in den neuen Bundesländern*, Tagungsband, *SH* 1/1997, Halle

-, *Wechselbeziehungen zwischen Transfers, Wirtschaftsstruktur und Wachstum in den neuen Bundesländern. Endbericht*, Halle 1997

-, „Ostdeutschland 1997/98: Fortsetzung der gespaltenen Konjunktur", in: *Wirtschaft im Wandel*, 10–11/1997, S. 19–25

-, „Eigentums- und Vermögensstrukturen in Ostdeutschland", in: *Wirtschaft im Wandel* 1/1998, S. 11–20

-, „Wirtschaftsförderung durch den Staat: die Grenzen sind erreicht", in: *Wirtschaft im Wandel* 7/1998, S. 11–14

-, *Regionale Wirtschaftsstrukturen in der zweiten Phase der ostdeutschen Transformation: Sachsen-Anhalt 1995–1999*, IWH-SH 1/2001, Halle

-, „Zehn Jahre Deutsche Einheit – Bilanz und Perspektiven" – Tagungsband, *SH* 2/2001, Halle

Jäger, W., *Die Überwindung der Teilung. Geschichte der deutschen Einheit in vier Bänden*, Bd. 3, Stuttgart 1998

Jäckel, P. et al., „Ostdeutsche Industrie: Erneuter Investitionsrückgang nach Abschluss von Großprojekten", in: *ifo Schnelldienst* 53 (2000) 8, S. 3–8

Jens, U. (Hg.), *Der Umbau: Von der Kommandowirtschaft zur ökosozialen Marktwirtschaft*, Baden-Baden 1991

Jesse, E. /Mitter, A. (Hg.), *Die Gestaltung der deutschen Einheit. Geschichte, Politik, Gesellschaft*, Bonn 1992

Johnson, H.G., „The Transfer Problem and Exchange Stability", in: *Journal of Political Economy*, Vol. 64 (1956) 3, S. 212–225

Jürgs, M., *Die Treuhändler. Wie Helden und Halunken die DDR verkauften*, München 1998

Kaase, M./ Schmid, G. (Hg.), *Eine lernende Demokratie. 50 Jahre Bundesrepublik Deutschland. WZB Jahrbuch* 1999, Berlin 1999

Kampe, D., *Wer uns kennenlernt, gewinnt uns lieb*, Berlin 1993

Karlsch, R., *Allein bezahlt? Die Reparationsleistungen der SBZ/DDR 1945–1953*, Berlin 1993

Kellermann, K., „Finanzpolitik und regionale Konvergenz der Arbeitsproduktivitäten in der Bundesrepublik Deutschland", in: *Finanzarchiv*, N.F. 54 (1994), S. 233–260

Kemmler, M., *Die Entstehung der Treuhandanstalt. Von der Wahrung zur Privatisierung des DDR-Volkseigentums*, Frankfurt a.M./New York 1994

Kempe, W., „Neuer Trend in der Bildungsstruktur der Ost-West-Wanderung?", in: *Wirtschaft im Wandel*, 9/2001, S. 205–210

Keynes, J. M., „The German Transfer Problem", in: *Economic Journal, Vol. 39* (1929) S. 1–17

Kitterer, W., „Rechtfertigung und Risiken einer Finanzierung der deutschen Einheit durch Staatsverschuldung", in: Hansmeyer, K.-H. (Hg.), S. 39–76

-, „Staatsverschuldung und Haushaltskonsolidierung – Folgen für den Standort Deutschland", in: *Wirtschaftsdienst* 73 (1993), S. 633–638

Klein, W., „Wandel der Eigentumsordnung in den fünf neuen Ländern der Bundesrepublik (vormals DDR)", in: Gutmann, G. u.a. (Hg.), S. 71–86

Kleinhenz, G., „Sozialpolitischer Systemwechsel: Von der sozialistischen zur marktwirtschaftlichen Sozialpolitik", in: Hauser, R./Olk, T. (Hg.), S. 41–73

Klodt, H.-,„Wirtschaftshilfen für die neuen Bundesländer", in: *Wirtschaftsdienst* 70 (1990), S. 617–622

-, „Wieviel Industrie braucht Ostdeutschland?", in: *Die Weltwirtschaft* 3/1994, S. 320–333

-, „West-Ost-Transfers und Strukturprobleme in den neuen Ländern", in: *Die Weltwirtschaft* 2/1996, S. 158–170

Kloten, N., *Die Transformation von Wirtschaftsordnungen*, Tübingen 1991

-, „Deutsche Einheit: Die wirtschaftliche Last der Folgen für Ost und West", in: BBk, *Auszüge aus Presseartikeln* Nr. 8/1996, S. 11–17

Koch, M., „,'dass man noch da ist!'", in: *Aus Politik und Zeitgeschichte* B 15/96, S. 21–31

-, „Der neue Mittelstand Ost: Von Natur aus flugunfähig oder Vogel mit gestutzten Schwingen?", in: H. Misselwitz/K. Werlich (Hg.), S. 225–237

Kocka, J., *Vereinigungskrise. Zur Geschichte der Gegenwart*, Göttingen 1995

Köddermann, R., „Investitionen in Ostdeutschland: Struktur und steuerliche Förderung", in: *ifo Studien zur Strukturforschung* 22/1996, München

Köhler, C./Pohl, R. (Hg.), *Aspekte der Transformation in Ostdeutschland*, Berlin 1996

Kohl, H., *Reden und Erklärungen zur Deutschlandpolitik*, Bonn 1990

-, *Die deutsche Einheit. Reden und Gespräche*, Bergisch-Gladbach 1992

Kohte, W., *Der Einfluß der Treuhandanstalt auf die Gestaltung der arbeits- und sozialrechtlichen Verhältnisse*, Opladen 1997

Kollmorgen, R./Reißig, R./Weiß, J. (Hg.), *Sozialer Wandel und Akteure in Ostdeutschland*, Opladen 1996

Korioth, S., *Der Finanzausgleich zwischen Bund und Ländern*, Tübingen 1997

Kowalski, R. (Hg.), *Die marktwirtschaftliche Integration der DDR. Startbedingungen und Konsequenzen*, Berlin 1990

-, „Industrie in Ostdeutschland: dynamisch, aber schwach", in: *Blätter für deutsche und internationale Politik*, Heft 2/2000, S. 243–245

Koziolek, H./Ostwald, W./Stürz, H., *Reproduktion und Infrastruktur*, Berlin 1986

Krause, P./Habich, R., „Einkommen und Lebensqualität im vereinigten Deutschland", in: DIW, *Vierteljahreshefte zur Wirtschaftsforschung* 69 (2000) 2, S. 317–340

Kreckel, R., „Geteilte Ungleichheit im vereinten Deutschland", in: Geißler, R. (Hg.), S. 41–62

Kreditanstalt für Wiederaufbau (KfW), *Neue Bundesländer. Einflussfaktoren der Regionalentwicklung*, Berlin 2001

Kroker, R. /Fuest, W., „Investitionsförderung in den neuen Bundesländern – Eine betriebswirtschaftliche Effizienzanalyse", in: *iw-trends* (18) 1, 1991, S. A 1–17

Krupp, H.-J., *Möglichkeiten der Verbesserung der Einkommens- und Vermögensstatistik*, Göttingen 1975

Kusch, G./Montag, R./Specht, G./Wetzker, K., *Schlußbilanz – DDR. Fazit einer verfehlten Wirtschafts- und Sozialpolitik*, Berlin 1991

Lampert, H., „Das Transfersystem in der Bundesrepublik Deutschland – Bericht über das Gutachten der Transfer-Enquete-Kommission", in: *Finanzarchiv*, N.F. 40 (1982) S. 475–504

-, *Die Wirtschafts- und Sozialordnung der Bundesrepublik Deutschland*, München 1990

Land, R., „Reformpolitik in Zeiten der Depression", in: *Berliner Debatte INITIAL* 10 (1999) 4/5, S. 5–19

Landeszentralbank in Berlin und Brandenburg (Hg.), *Jahresbericht 2000*, Berlin 2001

Lang, C./Pohl, R., „Erfolg gegen Misserfolg", in: *Deutschland Archiv*, 1/2000, S. 3–18

Lang, F.-P./Ohr, R., „Realwirtschaftliche Anpassungszwänge der monetären Integration", in: *Kredit und Kapital* 24 (1991), S. 36–49

Lange, T./Shackleton, J. R. (Hg.), *The Political Economy of the German Unification*, Oxford 1998

Lange, T. /Pugh, G., „The Treuhand: A Positive Account", in: Lange, T./Shackleton, J. R. (Hg.), S. 56–71

Lehmann-Waffenschmidt, M., „Zehn Jahre deutsche Wiedervereinigung – nur ein makroökonomisches Problem? Zehn Thesen zum deutsch-deutschen Wiedervereinigungsprozeß aus mikroökonomischer Perspektive", in: *Hamburger Jb. für Wirtschafts- und Gesellschaftspolitik* 45 (2000), S. 41–60

Lehmbruch, G. (Hg.), *Einigung und Zerfall: Deutschland und Europa nach dem Ende des Ost-West-Konflikts*, Opladen 1995

-, Sektorale Varianten in der Transformationsdynamik der politischen Ökonomie Ostdeutschlands, in: Seibel, W./Benz, A. (Hg.) , S. 180–215

-, „Die deutsche Vereinigung, Strukturen und Strategien", in: *Politische Vierteljahresschrift*, 4/1991, S. 585–604

-, „Die ostdeutsche Transformation als Strategie des Institutionentransfers: Überprüfung und Antikritik", in: Eisen, A./Wollmann, H. (Hrsg.), S. 63–78

Leis, G., *Das deutsche Transferproblem der neunziger Jahre*, Frankfurt a.M. 1994

Lenk, T., „Vergleich alternativer Ausgleichsmechanismen für den Länderfinanzausgleich", in: *Zs. f. Wirtschafts- und Sozialwissenschaften* 25 (1995) 2, S. 231–273

-, „The Role of West German Financial Transfers in the East German Transformation Process", in: *Transformation. Leipziger Beiträge zu Wirtschaft und Gesellschaft*, 3/1996, S. 122–145

-, „Länderfinanzausgleich: Reform des Ausgleichsmechanismus", in: *RWI-Mitteilungen* 49 (1998) 1/2, S. 39–73

-, „Bei der Reform der Finanzverfassung die neuen Bundesländer nicht vergessen!", in: *Wirtschaftsdienst* 79 (1999), S. 164–173

Lenk, T./Schneider, F., „Zurück zum Trennsystem als Königsweg zu mehr Föderalismus in Zeiten des 'Aufbaus Ost'?", in: *Jahrbücher f. Nationalökonomie u. Statistik*, Vol. 249/3+4, 1999, S. 409–437

Lenk, T./Teichmann, V., „Die fiskalischen Wirkungen verschiedener Forderungen zur Neugestaltung des Länderfinanzausgleichs in der Bundesrepublik Deutschland: Eine empirische Analyse der Normenkontrollanträge der Länder Baden-Württemberg, Bayern und Hessen sowie der Stellungnahmen verschiedener Bundesländer", in: *Diskussionsbeiträge*, Universität Leipzig, Wirtschaftswissenschaftliche Fakultät, Nr. 9/1999

Lichtblau, K., *Privatisierungs- und Sanierungsarbeit der Treuhandanstalt*, Köln 1993

-, „Investitionsförderung in den neuen Bundesländern", in: *iw-trends* (20) 3, 1993, S. 17–38

-, „Strukturwandel und Strukturdefizite der ostdeutschen Industrie", in: *iw-trends* (21) 2, 1994, S. 15–35

-, *Von der Transfer- in die Marktwirtschaft*, Köln 1995

-, „Abbau von Transfers nach Ostdeutschland – eine realistische Politikoption?", in: *Wirtschaftsdienst* 75 (1995), S. 602–610

-, „Industrielle Kerne und neue Wachstumstheorie", in: Oppenländer, K. H. (Hg.), S. 357–380

Liebert, U./Merkel, W. (Hg.), *Die Politik zur deutschen Einheit, Probleme, Strategien, Kontroversen*, Opladen 1991

Liedtke, R. (Hg.), *Die Treuhand und die zweite Enteignung der Ostdeutschen*, München 1993

Link, F. J., *Lohnpolitik in Ostdeutschland aus ökonomischer und sozialer Perspektive*, Köln 1993

Lösch, D., „Der Weg zur Marktwirtschaft", in: *Wirtschaftsdienst* 72 (1992), S. 656–664

Ludwig, U., „Die gesamtwirtschaftliche Entwicklung Ostdeutschlands im Lichte des neuen Rechnungssystems der amtlichen Statistik", in: *Wirtschaft im Wandel*, 11/2000, S. 307–312

Ludwig, U./Stäglin, R., „Die gesamtwirtschaftliche Leistung der DDR in den letzten Jahren ihrer Existenz – Zur Neuberechnung von Sozialproduktsdaten für die ehemalige DDR, in: *Jb. für Wirtschaftsgeschichte* 1997/2, S. 55–81

Ludwig, U./Stäglin, R./Stahmer, C. (u. K.-H. Siehndel), „Verflechtungsanalysen für die Volkswirtschaft der DDR am Vorabend der deutschen Vereinigung", in: DIW, *Beiträge zur Strukturforschung*, Nr. 163/1996

Luft, C., *Treuhandreport*, Berlin/Weimar 1992

-, *Die Lust am Eigentum. Auf den Spuren der Treuhand*, Zürich 1996

-, *Abbruch oder Aufbruch*, Berlin 1998

Maciey, U./ Waltermann, B., *Staatsverschuldung – Preis der Einheit?*, Köln 1996

Mackscheidt, K., „Die Transferaktivität der Bundesanstalt für Arbeit nach der Deutschen Einigung – Dynamik und Effizienz", in: Hansmeyer, K.-H. (1993/II.), S. 113–153

-, „Die parlamentarische Kotrolle muß gewährleistet werden", in: *Wirtschaftsdienst* 70 (1990) S. 391–394

Mäding, H., „Reform oder Rekonstruktion: föderative Finanzkonflikte im Einigungsprozeß und ihre Beurteilung", in: Lehmbruch, G. (Hg.), S. 107ff.

-, „'Geld regiert die Welt' – Beobachtungen zur Finanzpolitik im vereinigten Deutschland", in: Seibel, W./Benz, A. (Hg.), S. 142–153

Maennig, W., *Zahlungsbilanzwirkungen der westdeutschen Transfers an Ostdeutschland im Lichte außenwirtschaftlicher Transfertheorien*, in: Brümmerhoff, D. (Hg.) 2000, S. 28–47

Maennig, W./Stamer, M./Gauler, A., „Der Erhalt industrieller Kerne in Ostdeutschland – Konzepte und Kritik", in: *List Forum für Wirtschafts- und Finanzpolitik* 22 (1996) 4, S. 406–425

Mager, R./Voigt, M., *Transferleistungen im geeinten Deutschland. Nur eine Einbahnstraße von West nach Ost? Zum Verbleib des DDR-Vermögens*, hrsg. v. d. PDS, Berlin 1999

Maier, Ch. S., *Das Verschwinden der DDR und der Untergang des Kommunismus*, Frankfurt a.M. 1999

Maier, H./Maier, S., *Vom innerdeutschen Handel zur deutsch-deutschen Wirtschafts- und Währungsgemeinschaft*, Köln 1990

Manz, G./Sachse, E./Winkler, G. (Hg.), *Sozialpolitik in der DDR. Ziele und Wirklichkeit*, Berlin 2001

Matzner, E./Kregel, J./Grabher, G. (Hg.), *The Market Shock*, Berlin 1992

McDonald, D./Thumann, G., „Investment Needs in East Germany", in: Lipschitz, L./McDonald, D. (Hg.), *German Unification – Economic Issues*, IMF Occasional Papers 75, 1990, S. 71–77, Washington

Meinhardt, V., „Sozialversicherungshaushalt weiterhin mit Überschüssen", in: DIW *Wochenbericht*, 46/2000

Meinhardt, V. et al., *Transferleistungen in die neuen Bundesländer und deren wirtschaftliche Konsequenzen*, in: DIW, *SH* 154/1995

Meulemann, H. (Hrsg.), *Werte und nationale Identität im vereinten Deutschland: Erklärungsansätze der Umfrageforschung*, Opladen 1998

Michel, H./Schulz, V./Finke, R., „Lebensstandard in Ostdeutschland, Aspekte einer Bilanz", *IFAD Edition* Nr. 26/1996, Berlin

Milbradt, G., „Finanzierung der ostdeutschen Länder", in: *Wirtschaftsdienst* 71 (1991) S. 59–63

–, „Finanzausgleich nach der Vereinigung", in: *Beihefte zur Konjunkturpolitik*, Heft 39/1991, S. 25–46

–, „Aktuelle finanzpolitische Probleme der neuen Bundesländer – insbesondere beim Aufbau Sachsens", in: Oberhauser, A. (Hg.) (1996), S. 11–35

–, „Eine kritische Würdigung des ostdeutschen Aufholprozesses – Ausblick auf die Zukunft", in: *List Forum für Wirtschafts- und Finanzpolitik* 25 (1999) 2, S. 183–198

Miller, G./Bogui, F., „Tax Expenditures", in: *Public Administration and Public Policy*, Vol. 72 (1999) S. 801–810

Misselwitz, H.-J., *Nicht länger mit dem Gesicht nach Westen*, Berlin 1996

Misselwitz, H.-J./Werlich, K. (Hg.), *1989: Später Aufbruch – frühes Ende?* Potsdam 2000

Mühlberg, D., „Nachrichten über die kulturelle Verfassung der Ostdeutschen", in: *Berliner Debatte INITIAL* 10 (1999) 2, S. 4–17

–, „Kulturelle Differenz als Voraussetzung innerer Stabilität der deutschen Gesellschaft", in: *Berliner Debatte INITIAL* 11 (2000) 2, S. 47–58

Müller, A., „Aufholprozess der ostdeutschen Wirtschaft stagniert", in: *ifo Schnelldienst 3/2000* S. 11ff.

–, „Verbesserte Produktionsmöglichkeiten bei unveränderten Absatzproblemen – Die Zeit in Ostdeutschland drängt", in: *ifo-Schnelldienst* 3/2001, S. 30–40

Müller, E., *Der Nationalreichtum*, Berlin 1987

–, „Das Nettoprodukt, die Wertschöpfung und das Volkseinkommen", in: *Jb. für Nationalökonomie und Statistik*, Bd. 216/2, 1996, S. 226–240

Müller, G., „Impulse der Wiedervereinigung auf die westdeutsche Wirtschaft", in: *Wirtschaftsdienst* 78 (1998), S. 357–363

–, „Die Erneuerung des Dienstleistungssektors in den neuen Bundesländern", in: *IWH-FR* 7/1999, Halle, S. 3–80

–, „Wirkung der Investitionsförderung", in: *Wirtschaft im Wandel*, 7/2000, S. 200–204

-, „Nutzen und Kosten für die westdeutsche Wirtschaft infolge der Wiedervereinigung", in: D. Brümmerhoff (Hrsg.), S. 48–59

Müller, K./Frick, J., „Die regionale Verteilung von Wohlstand in den neuen Bundesländern", in: Glatzer, W./Kleinhenz, G. (Hg.), S. 87–121

Müller, L., „Probleme der Staatsverschuldung vor dem Hintergrund der deutschen Vereinigung", in: *Wirtschaftsdienst* 73 (1993), S. 121–130

Müller-Meerkatz, P., *Wirtschaftskreislauf und Gesamtrechnung*, Neuwied 1974

Münnich, M./Illgen, M., „Zur Höhe und Struktur der Ausgaben privater Haushalte in Deutschland", in: *WiSt*, 4/2000, S. 281–293

Musgrave, R., *Finanztheorie*, Tübingen 1966

Muszynski, B. (Hg.), *Deutsche Vereinigung. Probleme der Integration und der Identifikation*, Opladen 1991

Myrdal, G., *Economic Theory and Underdeveloped Regions*, London 1957

Nägele, F., „Strukturpolitik wider Willen?", in: *Aus Politik und Zeitgeschichte* B 43–44/1994, S. 43–52

-, *Regionale Wirtschaftspolitik im kooperativen Bundesstaat. Ein Politikfeld im Prozess der deutschen Vereinigung*, Opladen 1996

Neubäumer, R., „Die Entwicklung des ostdeutschen Kapitalstocks vor dem Hintergrund des Transaktionskostenansatzes" , in: *Konjunkturpolitik* 44 (1998) 1, S. 52–81

Neumann, F., „Investitionen in den neuen Bundesländern: Bremsspuren in der Industrie, expansive Dienstleistungsbereiche", in: *ifo-Schnelldienst* 6/1994

Nick, H., *War der Absturz der ostdeutschen Wirtschaft unvermeidlich?*, Berlin 1993

-, „Warum die DDR wirtschaftlich gescheitert ist", *hefte zur ddr-geschichte* 21, Berlin 1994

-, „Schlussrechnung in Sachen Erblast DDR", in: *Blätter für deutsche und internationale Politik*, 9/1994, S. 1101–1113

-, „Die Schulden der Ostdeutschen", in: Richter, W. (Hrsg.), S. 123–137

Nick, H./Steinitz, K., „Bilanz der Übernahme der DDR-Wirtschaft durch die Bundesrepublik Deutschland und Ausblick", in: Behrend, H. (Hg.), S. 119–158

Niedermayer, O./Stöss, R. (Hg.), *Parteien und Wähler im Umbruch. Parteiensystem und Wählerverhalten in der ehemaligen DDR und in den neuen Bundesländern*, Opladen 1994

Noelling, W., *Geld und die deutsche Vereinigung*, Hamburg 1991

Nötzold, G. (Hg.), *Die Stunde der Ökonomen – Prioritäten nach der Wahl in der DDR und die Zukunft der europäischen Wirtschaftsbeziehungen*, Essen 1990

Noll, H.-H./Habich, R. (Hg.), *Vom Zusammenwachsen einer Gesellschaft. Analysen zur Angleichung der Lebensverhältnisse in Deutschland*, Frankfurt /New York 2000

Nolte,D./Sitte, R./Wagner, A. (Hg.), *Wirtschaftliche und soziale Einheit Deutschlands*, Köln 1995

Nowotny, E., *Der öffentliche Sektor. Einführung in die Finanzwissenschaft*, Berlin u.a. 1999[4]

Oberhauser, A., „Die Last der Staatsverschuldung", in: *Kredit und Kapital* 28 (1995) 3, S. 346–367

Oberhauser, A. (Hg.), „Finanzierungsprobleme der deutschen Einheit III", *Schriften des Vereins für Socialpolitik*, NF, Bd. 229/III und IV, 1995/96, Berlin 1995/96

Ochel, W., „Die Förderung der neuen Bundesländer und Ost-Berlins durch die Regionalpolitik der EU", in: Oppenländer, K.-H. (Hg.), S. 185–200

Offermann, V., „Die Entwicklung der Einkommen und Vermögen in den neuen Bundesländern seit 1990", in: Zerche, J. (Hg.), S. 96–119

Oppenländer, K.-H. (Hrsg.), *Wiedervereinigung nach sechs Jahren: Erfolge, Defizite, Zukunftsperspektiven im Transformationsprozeß*, Berlin/München 1997

Ottnad, A., *Wohlstand auf Pump. Ursachen und Folgen wachsender Staatsverschuldung in Deutschland*, Frankfurt/New York 1996

-, „Spitzenausgleich oder Spitze des Eisbergs staatlicher Umverteilung?", in: *Wirtschaftsdienst* 78 (1998) S. 393–400

Ottnad, A./Linnartz, E., *Föderaler Wettbewerb statt Verteilungsstreit. Vorschläge zur Neugliederung der Bundesländer und zur Reform des Finanzausgleichs*, Frankfurt/New York 1997

Otremba, W., „Finanzpolitik 1989 bis 1998 – Die Dämme haben gehalten", in: *Wirtschaftsdienst* 79 (1999) S. 18–26

Paqué, K.-H., „Produktivität in Ostdeutschland", in: *Magdeburger Wissenschaftsjournal* 2/1998, S. 27–37

-, *Structural unemployment and real wage rigidity in Germany*, Kieler Studien 301, Tübingen 1999

Paraskewopoulos, S., „Mögliche ökonomische Folgen des deutschen Wiedervereinigungsprozesses", in: Eckart, K./Hacker, J./Mampel, S. (Hg.), S. 561–577

Peffekoven, R., „Finanzausgleich I: Wirtschaftstheoretische Grundlagen", in: *HdWW*, Bd. 2, Stuttgart 1980, S. 608–636

-, „Zur Neuordnung des Länderfinanzausgleichs", in: *Finanzarchiv*, N.F. 45 (1987) 2, S. 181–228

-, „Finanzausgleich im vereinten Deutschland", in: *Wirtschaftsdienst* 70 (1990) S. 346–352

-, „Finanzausgleich im Spannungsfeld zwischen allokativen und distributiven Zielsetzungen", in: *Probleme des Finanzausgleichs in nationaler und internationaler Sicht, Beihefte zur Konjunkturpolitik*, 41/1993, Berlin, S. 11–27

-, „Reform des Finanzausgleichs – eine vertane Chance", in: *Finanzarchiv*, N.F. 51 (1994) S. 281–311

-, „Reform des Finanzausgleichs tut not", in: *Wirtschaftsdienst* 78 (1998) S. 71ff.

-, „Das Urteil des Bundesverfassungsgerichts zum Länderfinanzausgleich", in: *Wirtschaftsdienst* 79 (1999) S. 709–715

Pfeiffer, W. (Hg.), *Regionen unter Anpassungsdruck.Probleme der Einheit* Bd. 13, Marburg 1993

Pickel, A., „Das ostdeutsche Transformationsmuster als Paradebeispiel holistischer Reformstrategie", in: Wielgohs, J./Wiesenthal, H. (Hg.), S. 33–43

Pilz, F./Ortwein, H., *Das vereinte Deutschland*, Stuttgart/Jena 1992

Pitlik, H./Schmid, G. (2000), „Zur politischen Ökonomie der föderalen Finanzbeziehungen in Deutschland", in: *Zs .f. Wirtschaftspolitik* 1/2000, S. 100–124

Pintarits, S., *Macht, Demokratie und Regionen in Europa*, Marburg 1996

Pohl, R., „Geld und Währung in Deutschland seit der Währungsumstellung", in: DIW, *Vierteljahreshefte zur Wirtschaftsforschung* 64 (1995) 3, S. 386–402

-, „Alt-Schulden der DDR-Betriebe: Streichung unumgänglich", in: DIW *Wochenbericht*, 36/1990

Pohl, R., „Die unvollendete Transformation – Ostdeutschlands Wirtschaft zehn Jahre nach Einführung der D-Mark", in: *Wirtschaft im Wandel*, 8/2000, S. 223–238

Pohl, R. (Hg.), *Herausforderung Ostdeutschland. Fünf Jahre Währungs-, Wirtschafts- und Sozialunion*, Berlin 1995

Pohl, R./Ragnitz, J., „Ostdeutsche Wirtschaft: Kein Grund zur Resignation", in: *Wirtschaft im Wandel*, 7/1998, S. 3–18

Pohl, R./ Schneider, H. (Hg.), *Wandeln oder weichen. Herausforderungen der wirtschaftlichen Integration für Deutschland*, IWH-SH 3/1997, Halle

Pollack, D., „Wirtschaftlicher, sozialer und mentaler Wandel in Ostdeutschland", in: *Aus Politik und Zeitgeschichte* B 40/2000, S. 13–21

Pollack, D./Pickel, G., „Die ostdeutsche Identität – Erbe des Sozialismus oder Produkt der Wiedervereinigung", in: *Aus Politik und Zeitgeschichte* B 41–42/1998, S. 9–23

Postlep, R.-D.,„Förderung der neuen Bundesländer zwischen Wachstums- und Verteilungsziel", in: *Wirtschaftsdienst* 71 (1991) S. 305ff.

-, „Einigungsbedingte Belastungen des Bundes, der alten Bundesländer und ihrer Gemeinden", in: *Wirtschaftsdienst* 72 (1992) S. 37–42

-, „Bedingungen und Möglichkeiten eines selbsttragenden Wachstums in den neuen Bundesländern", in: *Berliner Debatte INITIAL* 10 (1999) 4–5, S. 111–117

Prey, H./Pfitzenberger, B./Franz, W., *Wirkungen von Maßnahmen staatlicher Arbeitsmarkt- und Beschäftigungspolitik*, Center for International Labor Economics, Kostanz 1997

Priewe, J./Hickel, R., *Der Preis der Einheit*, Frankfurt a.M. 1991

Priewe, J., „Ist die Deindustrialisierung vermeidbar? Kritik der Treuhandanstalt und mögliche Alternativen", in: Hickel, R./Huster, E.-U./Kohl, H. (Hg.), S. 118–136

-, „Die Folgen der schnellen Privatisierung der Treuhandanstalt. Eine vorläufige Schlußbilanz", in: *Aus Politik und Zeitgeschichte* B 43–44, S. 21–30

-, „Ostdeutschland 1990–2010 – Bilanz und Perspektive", in: Arbeitsgruppe Perspektiven für Ostdeutschland (Hg.), S. 16–47

Ragnitz, J., „Zur Kontroverse um die Transferleistungen für die neuen Bundesländer", in: *Wirtschaft im Wandel*, 5/1996, S. 3–7

-, „Sonderförderung-Ost: Ein Auslaufmodell", in: *Wirtschaft im Wandel*, 7/1999, S. 2

-, „Warum ist die Produktivität ostdeutscher Unternehmen so gering?", in: *Konjunkturpolitik* 45 (1999) 3, S. 165–187

-, „Die Zukunft der Ost-Förderung", in: *Wirtschaftsdienst* 80 (2000) S. 225–229

-, „Produktivitätsrückstand der ostdeutschen Wirtschaft", in: *Wirtschaft im Wandel*, 7–8/2001, S. 181–189

-, „'Solidarpakt II': Die ostdeutschen Länder in der Verantwortung", in: *Wirtschaft im Wandel*, 10/2001, S. 248–249

Ragnitz, J. et al., *Transfers, Exportleistungen und Produktivität – Wirtschaftliche Strukturdaten für die neuen Länder*, IWH-SH 2/1998, Halle

-, *Simulationsrechnungen zu den Auswirkungen einer Kürzung von Transferleistungen für die neuen Bundesländer*, IWH-SH 2/2000, Halle

-, *Produktivitätsunterschiede und Konvergenz von Wirtschaftsräumen – Das Beispiel der neuen Länder*, IWH-SH 3/2001, Halle

Reißig, R., „Transformationsforschung: Gewinne, Desiderate und Perspektiven", in: *WZB DP* P 97–001, Berlin

-, „Transformation – Theoretisch-konzeptionelle Ansätze und Erklärungsversuche", in: *Berliner Journal für Soziologie* 3/1994, S. 323–343

-, „Ostdeutschland – Der ‚deutsche Sonderweg' der Transformation", in: GSFP (Hg.), *Die realexistierende postsozialistische Gesellschaft*, Berlin 1994, S. 8–18

-, „Spezifika und Eigenheiten des (ost)deutschen Transformationsfalles", in: *Biss public* 9 (1999), 27, S. 133–146

-, *Die gespaltene Vereinigungsgesellschaft*, Berlin 2000

Reißig, R. (Hg.), *Rückweg in die Zukunft. Über den schwierigen Transformationsprozeß in Ostdeutschland*, Frankfurt/New York 1993

Renzsch, W., *Finanzverfassung und Finanzausgleich*, Bonn 1991

-, „Budgetäre Anpassung statt institutionellen Wandels. Zur finanziellen Bewältigung der Lasten des Beitritts der DDR zur Bundesrepublik Deutschland 1989 bis 1995", in: Wollmann, H. et al. (Hg.) 1997, S. 49–118

-, „Die Finanzierung der deutschen Einheit und der finanzpolitische Reformstau", in: *Wirtschaftsdienst* 78 (1998) S. 348–356

-, „'Finanzreform 2005' – Möglichkeiten und Grenzen", in: *Wirtschaftsdienst* 79 (1999) S. 156–163

-, „Das Urteil zum Finanzausgleich: Enge Fristensetzung", in: *Wirtschaftsdienst* 79 (1999), S. 716–719

Rheinisch-Westfälisches Institut für Wirtschaftsforschung (RWI), „Wer finanziert die deutsche Einheit? Zur Diskussion um die ‚Gerechtigkeitslücke'", in: *RWI-Konjunkturbrief Nr. 3*, 10/1992

Richter, E., *Aus ostdeutscher Sicht. Wider den neoliberalen Zeitgeist*, Köln/Weimar/Wien 1998

-, „Der offenen Vermögensfrage zweiter Teil: Die Produktivvermögenslücke", in: H. Misselwitz/K. Werlich (Hg.), S. 213–224

-, „Aufschwung Ost?", in: *spw* 5/2000, S. 6–8

-, „Wie kann die ostdeutsche Produktionslücke geschlossen werden?", in: AG Perspektiven für Ostdeutschland (Hg.), S. 230–259

Richter, M. et al., *Die Effizienz der finanzpolitischen Fördermaßnahmen in den neuen Bundesländern*, München und Halle 1994

Richter, M., „Der Aufbau wirtschaftsnaher kommunaler Infrastruktur im Transformationsprozeß vom System zentraler Planwirtschaft zum dezentralen und marktwirtschaftlichen System: Eine Analyse der Rahmenbedingungen und Probleme am Beispiel der DDR", *ifo Studien zur Finanzpolitik* 60, München 1996

Richter, W., „Kolonialisierung der DDR", in: Scherer, K.-J./Wasmuth, U.C. (Hg.), *Mut zur Utopie*, Münster 1994, S. 90–103

Richter, W. (Hg.), *Unfrieden in Deutschland 6. Weißbuch: Enteignung der Ostdeutschen*, Berlin 1999

Riedel, J./Scharr, F., „Die Europäischen Strukturfonds in den neuen Bundesländern: I. Zur Standortbestimmung der ostdeutschen Wirtschaft im europäischen Kontext", in: *ifo Schnelldienst* 1–2/98, S 7–17

Riese, H., „Entwicklungsstrategie und ökonomische Theorie – Anmerkungen zu einem vernachlässigten Thema", in: *Ökonomie und Gesellschaft, Jb. 4*, Frankfurt/New York 1986

Roesler, J., „Chancen und Probleme von Industriebetrieben in der ostdeutschen branch plant economy", in: *Berliner Debatte INITIAL* 10 (1999) 4–5, S. 85–97

-, „Der Einfluß unterschiedlicher Privatisierungsziele auf Stabilität und Entwicklungsperspektive ostdeutscher Industrieunternehmen. Versuch einer Typisierung für den Zeitraum 1990 – 1997", in: Eckart, K./Roesler, J. (Hg.), S. 229–263

-, „Die Entwicklung der ostdeutschen Industrie in den 90er Jahren", in: Richter, W. (Hg.), S. 145–156

-, *Der Anschluss von Staaten in der modernen Geschichte*, Frankfurt a.M. 1999

-, „Die Wirtschaftsentwicklung in Ostdeutschland", in: W. Thierse/I. Spittmann-Rühle/J. L. Kuppe (Hg.) 2000, S. 49–58

Rose, M., *Finanzwissenschaftliche Verteilungslehre. Zur Verteilungswirkung finanzwirtschaftlicher Staatsaktivitäten*, München 1977

Rosen, H.S., *Finance*, Boston 1992[3]

Rosenschon, A. „Subventionen in der Bundesrepublik Deutschland", in: *Kieler Arbeitspapiere* 617, Kiel 1994

-, „Finanzhilfen der Bundesländer", in: *Kieler Diskussionsbeiträge* 293, Kiel 1997

Roth, K.-H., *Anschließen, angleichen, abwickeln*, Hamburg 2000

Rüden, B. v., *Die Rolle der D-Mark in der DDR*, Baden-Baden 1992

Rühl, C. (Hg.), *Konsolidierung des Binnenmarktes in den neuen Ländern – Strukturpolitik und westeuropäische Integration. Die ökonomische und institutionelle Integration der neuen Länder – 2.*, Probleme der Einheit, Bd. 6, Marburg 1992

Sachverständigenrat zur Begutachtung der gesamtwirtschaftlichen Entwicklung (SVR), *Zur Unterstützung der Wirtschaftsreformen in der DDR: Voraussetzungen und Möglichkeiten* (Sondergutachten v. 20.1.1990), Bonn

-, *Auf dem Wege zur wirtschaftlichen Einheit Deutschlands. Jahresgutachten 1990/91*, Stuttgart 1990

-, „Brief des Sachverständigenrates an den Bundeskanzler v. 9.2.1990", in: *BT-Drs.11/8472*, S. 306–308

-, *Marktwirtschaftlichen Kurs halten. Sondergutachten v. 13.4.1991*, Stuttgart 1991

-, *Die wirtschaftliche Integration in Deutschland, Perspektiven – Wege – Risiken Jahresgutachten 1991/92*, Stuttgart 1991

-, *Für Wachstumsorientierung – gegen lähmenden Verteilungsstreit. Jahresgutachten 1992/93*, Stuttgart 1992

-, *Den Aufschwung sichern – Arbeitsplätze schaffen. Jahresgutachten 1994/95*, Stuttgart 1994

-, *Im Standortwettbewerb. Jahresgutachten 1995/96*, Stuttgart 1995

-, *Reformen voranbringen. Jahresgutachten 1996/97*, Stuttgart 1996

-, *Wachstum, Beschäftigung, Währungsunion – Orientierung für die Zukunft, Jahresgutachten 1997/98*, Stuttgart 1997

-, *Vor weitreichenden Entscheidungen. Jahresgutachten 1998/99*, Stuttgart 1998

-, *Wirtschaftspolitik unter Reformdruck. Jahresgutachten 1999/2000*, Stuttgart 1999

-, *Chancen auf einen höheren Wachstumspfad. Jahresgutachten 2000/2001*, Stuttgart 2000

Saeed, S. K., *Erfolgsbedingungen regionaler Arbeitsmarktpolitik in Ostdeutschland*, Hamburg 1999

Schachtschneider, K.-A., „Sozialistische Schulden nach der Revolution", in: *Schriften zum Öffentlichen Recht*, Bd. 692, Berlin 1996

Schaden, B./Schreiber, C., „Öffentliche Finanztransfers: Spirale ohne Ende?", in: Oppenländer, K.-H. (Hg.), S. 145–162

Schäfer, C., „Soziale Polarisierung bei Einkommen und Vermögen", in: *WSIMitt.*10/1995, S. 605–633

-, „Verteilungspolitik: Chronik eines angekündigten politischen Selbstmords", in: *WSIMitt.* 10/1997, S. 669–689

-, „Das Ende der Bescheidenheit wäre der Anfang der Vernunft", in: *WSIMitt.* 10/1998, 675–690

-, „Umverteilung ist die Zukunftsaufgabe – Zur Verteilungsentwicklung 1998 und den Vorjahren", in: *WSIMitt* 11/1999, S. 733–751

-, „Privater Reichtum um den Preis öffentlicher Armut", in: *WSIMitt.* 11/2000, S. 744–764

-, „Ungleichheiten politisch folgenlos? Zur aktuellen Einkommensverteilung, in: *WSIMitt.* 11/2001, S. 659–673

Schäuble, W., *Der Vertrag. Wie ich über die deutsche Einheit verhandelte*, Stuttgart 1991

-, „Der Einigungsvertrag in seiner praktischen Bewährung", in: *Deutschland-Archiv* 3/1992

Scheid, R., *Kosten und Finanzierung der deutschen Einheit*, Frankfurt a.M. 1990

Schiller, K., „Die Kosten der Einheit", in: *Die Zeit* Nr. 44, 26.10.1990, S. 28

-, *Der schwierige Weg in die offene Gesellschaft. Kritische Anmerkungen zur deutschen Vereinigung*, München 1994

Schimmelpfennig, A., „Die deutsche Vereinigung und das Leistungsbilanzdefizit", in: *Kredit und Kapital* 31 (1998) 2, S. 190–216

Schlesinger, H./Weber, M./Ziebarth, G., *Staatsverschuldung – ohne Ende?*, Darmstadt 1993

Schlie, M., „Finanzausgleich in Deutschland: Struktur, finanzielle Auswirkungen und Reformvorschläge", in: *Die Weltwirtschaft* 2/1999, S. 188–206

-, „Der Boom, der aus dem Osten kam", in: *Die Zeit* Nr. 2 v. 4.1.1991, S 15

Schmidt, H., *Handeln für Deutschland*, Berlin 1993

Schmidt, K., „Die Finanzierung des Einigungsprozesses in Deutschland", in: *Wirtschaftsdienst*, 71 (1991) S. 343–349

Schmidt, R./Lutz, B. (Hg.), *Chancen und Risiken der industriellen Restrukturierung in Ostdeutschland*, Berlin 1995

Schneider, H. et al., *Die Effizienz der Arbeitsmarktpolitik in den neuen Bundesländern*, IWH-SH 3/2000, Halle

Schneider, L., *Wirtschaftspolitik zwischen ökonomischer und politischer Rationalität*, Wiesbaden 1997

Schöberle, H., „Finanzierung des Staatshaushaltes: Zielkonflikt zwischen Geld und Finanzpolitik?", in: *Beihefte der Konjunkturpolitik*, 39/1992, S. 9–18

Schöning, W., *Ersparnisbildung und Vermögensanlage privater Haushalte*, Frankfurt a.M. u.a., 1996

Schremmer, E., *Zwischen Integration und Desintegration: Die Vereinigung der beiden Teile Deutschlands. Die schwierigen Jahre 1989 bis 1995. Ein Bericht*, St. Katharinen 1995

Schrettl, W., „Transition with Insurance: German Unification Reconsidered", in: *Oxford Review of Economic Policy*, Vol. 8 (1992) 1, S. 144–155

Schroeder, K., *Der Preis der Einheit. Eine Bilanz*, München/Wien 2000

Schürer, G., „Das Ende der DDR-Wirtschaft", in: L. Elm et al. (Hg.) Bd. 6, S. 375–407

Schui, H., *Die ökonomische Vereinigung Deutschlands. Bilanz und Perspektiven*, Heilbronn 1991

Schultz, B., „Hohe Verfestigung der Arbeitslosigkeit in Ostdeutschland", in: *Wirtschaft im Wandel*, 16/1998, S. 3–8

Schulz, W., „Monetäre und nichtmonetäre Kosten und Nutzen der deutschen Wiedervereinigung – Rückblick und Ausblick nach neun Jahren", *Universität der Bundeswehr München*, 6/1999

Schwarz, R., *Chaos oder Ordnung? Einsichten in die ökonomische Literatur zur Transformationsforschung*, Marburg 1995

Schwarze, J., „Einkommensungleichheit in vereinten Deutschland", in: DIW *Wochenbericht* 49/1993, S. 720–724

Schwarzer, O., „Der Lebensstandard in der SBZ/DDR 1945–1989", in: *Jahrbuch für Wirtschaftsgeschichte,* 2/1995, S. 119–146

Schwanitz, R., *Erfolgreicher Strategiewechsel für die Zukunft des Ostens*, unveröff. Manuskript v. 3.4.2001

Schwenn, K., „Die Privatisierung der volkseigenen Betriebe durch die Treuhandanstalt und ihre Nachfolgeorganisation BvS", in: Oppenländer, K. H. (Hg.), S. 347–356

Schwinn, O., *Finanzierung der deutschen Einheit*, Opladen 1997

Sechs-Thesen-Papier der ostdeutschen Finanzminister zur wirtschaftlichen und finanzpolitischen Situation der neuen Bundesländer, o.O., 1996

Seibel, W., „Das zentralistische Erbe", in: *Aus Politik und Zeitgeschichte* B 43–44, S. 3–13

-, „Die Treuhandanstalt – eine Studie über Hyperstabilität", in: Wollmann, H. et al.(Hg.), S. 169–222

Seibel, W. /Benz, A. (Hg.), *Regierungssystem und Verwaltungspolitik. Beiträge zu Ehren von Thomas Ellwein*, Opladen 1995

Seidel, B./Vesper, D., „Anlagevermögen der ostdeutschen Länder – noch erheblicher Nachholbedarf", in: DIW, *Wochenbericht* 24/2000

Seidel, B. /Vesper, D., „Einige Ergänzungen zur Berechnung des staatlichen Anlagevermögens in Ost- und Westdeutschland" (Expertise im Auftrage des BMF), DIW, März 2001

Seitz, H., „Quo Vadis Berlin? Eine ökonomische Analyse", in: Pohl, R./ Schneider, H. (Hg.), S. 205–238

-, „Fiscal Policy, Deficits, and Politics of Subnational Governments: The Case of the German Laender", *DP*, Europa-Universität Viadrina Frankfurt/O.,1998

-, „Migration, Arbeitsmarkt, Wirtschaft und öffentliche Finanzen in Brandenburg und in den anderen ostdeutschen Ländern", *DP*, Europa-Universität Viadrina Frankfurt/O.,1998

-, „Der finanzpolitische Anpassungsbedarf im Land Brandenburg und in anderen neuen Ländern", *DP*, Frankfurt/O. 1999

-, „Die öffentlichen Finanzen in den neuen Ländern", in: ifo *Schnelldienst* 32–33/99, S. 26–34

-, „Subnational Government Bailouts in Germany", *ZEI-DP*, B 20, Bonn 1999
-, „Infrastructure Investment and Economic Activity: Theoretical Issues and International Evidence", in: BBk (ed.), *Investing today for the world of tomorrow: Studies on the investment process in Europe*, Berlin u.a. 2001, S. 85–124
-, „Wachstum, Konjunktur und Beschäftigung in den neuen Bundesländern", in: M. Benkenstein et al. (Hrsg.), S. 119–151
-, „Finanzierung und Finanzprobleme der neuen Länder", in: *Informationen zur Raumentwicklung, Sonderausgabe „Zehn Jahre deutsche Einheit"*, Bonn 2001
-, „Haushaltsnotlage in Berlin?", *DP*, Frankfurt/O. 2001

Selmer, P., „Die gesetzliche Neuordnung der bundesstaatlichen Finanzbeziehungen", in: *Finanzarchiv*, N.F. 51 (1994) 3, S. 331–357

Siebert, H., „The Economic Integration of Germany", in: *Kieler Diskussionsbeiträge* 160, 1990
-, *Das Wagnis der Einheit. Eine wirtschaftspolitische Therapie*, Stuttgart 1992
-, „Junge Bundesländer: Gibt es wirtschaftspolitische Alternativen?", in: *Kieler Diskussionsbeiträge* 200, 1993
-, „The Big Bang with the Big Brother", in: *Kieler Diskussionsbeiträge* 211, 1993

Sinn, G./Sinn, H.-W., *Kaltstart*, Tübingen 1991;1992[2]

Sinn, H.-W., „Verteilen statt verkaufen", in: *Wirtschaftswoche* 7/1991, S 43–46
-, „Magere Erlöse", in: *Wirtschaftswoche* 1–2/1994
-, „Staggering along: wages policy and investment support in Eastern Germany", in: *Economics of Transition*, vol. 3 (4) 1995, S. 403–426
-, „EU Enlargement, Migration and Lessons from German Unification", *CEPR DP* No. 2174, London 1999
-, „The Crisis in Germany's Pension Insurance System and how it can be resolved", *NBER Working Paper* 7304, Cambridge 1999
-, „Germany's Economic Unification: An Assessment After Ten Years", *CESifo Working Paper* No. 247, München 2000
-, „Zehn Jahre deutsche Wiedervereinigung – Ein Kommentar zur Lage der neuen Länder", in: *ifo Schnelldienst* 26/27/2000, S. 10–22

Sinn, H.-W./Westermann, F., „Two Mezzogiornos", in: *CESifo Working Paper* No. 378, München 2001

Snelting, M. et al., *Stand und Entwicklung der kommunalen Investitionshaushalte in den neuen Bundesländern unter besonderer Berücksichtigung der wirtschaftsnahen Infrastruktur*, *IWH-SH* 3/1998, Halle

Stadermann, H.-J., *Die Ungeduld beim „Aufschwung Ost"*, Frankfurt/New York 1993
-, „Das Eigentum", in: H.-J. Stadermann/O. Steiger (Hg.), S. 105–129

Stadermann, H.-J./Steiger, O. (Hg.), *Verpflichtungsökonomik*, Marburg 2001

Staender, K., *Lexikon der öffentlichen Finanzwissenschaft*, Heidelberg 1997[4]

Stahlmann, W., *Ursachen von Wohlstand und Armut*, München 1992

Stapelfeldt, G., *Die Europäische Union – Integration und Desintegration*, Hamburg 1998.

Statistisches Amt der DDR (Hg.), *Statistisches Jahrbuch der DDR*, Berlin 1990

StatBA, *Fachserie 18: Volkswirtschaftliche Gesamtrechnungen*, Stuttgart 1990ff.

-, *Statistisches Jahrbuch für die Bundesrepublik Deutschland*, div. Jgg, Wiesbaden 1991ff.

-, *Datenreport 1999*, Bonn 2000

Steinitz, K., *Vereinigungsbilanz. 5 Jahre deutsche Einheit*, Hamburg 1995

-, „Einheits-Bilanzen", in: *Sozialismus*, 1/1997, S. 18–25

-, „Die Wirtschaft in den neuen Bundesländern nach der Wende (1989/90–1998)", in: Elm, L. et al. (Hg.), Bd. 11, S. 201–250

-, „Finanztransfers West-Ost", in: Goldschmidt, W./Klein, D./Steinitz, K. (Hg.), S. 72–88

Steinitz, K./Kühn, W./Mai, K., „Ostdeutschland 10 Jahre nach der Vereinigung", in: *Beiträge zur Wirtschaftspolitik*, hg. v. AG Wirtschaftspolitik (PDS), 1–2/2001, Berlin

Stern, K. (Hg.), *Deutsche Wiedervereinigung. Die Rechtseinheit, Bd. 1. Eigentum – Neue Verfassung – Finanzverfassung*, Köln 1991

Stiglitz, J. E./Schönfelder, B., *Finanzwissenschaft*, München/Wien 1989^2

Stille, F., „Transfers und Infrastruktur. Entwicklung und Perspektiven in den neuen Bundesländern", in: *IWH-SH* 1/1997, S. 15ff.

Streit, M.E., „Die deutsche Währungsunion", in: BBk (Hg.), *Fünfzig Jahre...*, S. 675–719

Stützel, W., *Volkswirtschaftliche Saldenmechanik*, Tübingen 1978

Sturm, R., *Staatsverschuldung. Ursachen, Wirkungen und Grenzen staatlicher Verschuldungspolitik*, Opladen 1993

Suhr, H., *Was kostet uns die ehemalige DDR?*, Frankfurt a.M. 1990

Taube, R. „Ein Vorschlag zur Reform des Länderfinanzausgleichs", in: *Wirtschaftsdienst* 70 (1990) S. 372–380

Tech, J., „Zur Vermögensverteilung in Deutschland und ihren Konsequenzen für die Politik", in: *Utopie kreativ* 94, 1998, S. 11–21

Thieme, H. J. (Hg.), „Privatisierungsstrategien im Systemvergleich", *Schriften des Vereins für Socialpolitik*, Bd. 223, Berlin 1993

Thierse, W., „Zehn Jahre danach I: Perspektivenwechsel, in: *Die neue Gesellschaft – Frankfurter Hefte*, 9/2000, S. 536–542

-, „Rede vor der Industrie- und Handelskammer Stuttgart", *Pressemitteilung* v. 23.11.2000

-, „Fünf Thesen zur Vorbereitung eines Aktionsprogramms für Ostdeutschland", in: *Die Zeit*, Nr. 2 v. 3.1.2001

-, *Zukunft Ost. Perspektiven für Ostdeutschland in der Mitte Europas*, Berlin 2001

Thierse, W./Spittmann-Rühle, I./Kuppe, J. L. (Hg.), *Zehn Jahre Deutsche Einheit*, Bonn 2000

Thimann, C., „Die 'Angleichung der Lebensverhältnisse' in den neuen Bundesländern und die Bedeutung von Vermögen", in: *Münchener Wirtschaftswissenschaftliche Beiträge*, 26/1994, hg. v. d. Wirtschaftswiss. Fakultät der Ludwig-Maximilians-Universität München

-, *Aufbau von Kapitalstock und Vermögen in Ostdeutschland: der lange Weg zur Einheitlichkeit der Lebensverhältnisse*, Tübingen 1996

Thomas, M., „Paradoxien in der deutschen Transferdebatte", in: *Berliner Debatte INITIAL* 9 (1998) 2/3, S. 104–116

Thuy, P., „Sektorale Strukturpolitik als Beschäftigungspolitik", in: *Zs.f.Wirtschaftspolitik* 2/1996, S. 199–215

Tietmeyer, H., "Deutsche Einheit: Aus Fehlern lernen", in: *Rheinischer Merkur* v. 30.6.2000

-, "Das Angebot der D-Mark", in: *Ifo Schnelldienst* 26/27/2000, S. 4–7

Toepel, K., "Zwischenbilanz der Strukturfondsinterventionen und anderer EU-Programme in den neuen Bundesländern", in: DIW *SH* 159/1996

Toepel, K./Weise, C., "Die Integration Ostdeutschlands in die EU: Eine Erfolgsgeschichte?", in: DIW, *Vierteljahreshefte zur Wirtschaftsforschung* 69 (2000) 2, S. 178–193

Transfer-Enquête-Kommission, *Das Transfersystem in der Bundesrepublik Deutschland*, Bonn 1981

Treuhandanstalt, *Treuhandanstalt. Dokumentation 1990 – 1994, Bd. 1–15*, Berlin 1994

Trojanus, K., *Konzeption, Formen und Wirkungen der Subventionen zur Förderung der Transformation in Ostdeutschland*, München 1995

Veen, H.-J., "Innere Einheit – aber wo liegt sie?", in: *Aus Politik und Zeitgeschichte* B 40–41/1997, S. 19–28

***Verfassung** der Deutschen Demokratischen Republik v. 6.April 1968 in der Fassung v. 7.10.1974*, Berlin 1984

Vesper, D., "Probleme der Finanzierung öffentlicher Aufgaben in den neuen Ländern", in: Rühl, C., S. 15–33

-, "Finanzpolitisches Handeln und Vereinigungsprozeß – ein Rückblick auf fünf Jahre Deutsche Einheit", in: *Vierteljahreshefte zur Wirtschaftsforschung* 64 (1995) 3, S. 367–384

-, "Maastricht und die Konsequenzen für den Finanzausgleich in Deutschland", in: *WSI-Mitt.* Nr. 6/1997, S. 374–384

-, "Länderfinanzausgleich – Besteht Reformbedarf?", in: *WSI Mitt.* 11/1998

-, "Kann sich Berlin aus seinem Finanzdilemma befreien? Zur Entwicklung des Landeshaushalts von Berlin", in: DIW *Wochenbericht* 22/99, S. 389–397

-, "Die Region Berlin-Brandenburg im Länderfinanzausgleich – Welche Auswirkungen hätte eine Reform?", in: *Beihefte der Konjunkturpolitik*, 50/2000, S. 9–20

Vester, M., "Deutschlands feine Unterschiede", in: *Aus Politik und Zeitgeschichte* B 20/1995, S. 17–30

Vester, M./Hofmann, M./Zierke, I. (Hg.), *Soziale Milieus in Ostdeutschland*, Köln 1995

Vilmar, F./Dümcke, W., "Kritische Zwischenbilanz der Vereinigungspolitik", in: *Aus Politik und Zeitgeschichte* B 40/1996, S. 35–45

Vilmar, F.(Hg.), *Zehn Jahre Vereinigungspolitik. Kritische Bilanz und humane Alternativen*, Berlin 2000[2]

Voigt, M., *Blickpunkt Treuhand. Dokumentation. Wer bereichert sich am ehemaligen Volksvermögen der DDR?*, Berlin 1993

Volkert, J. et al., *Fehlsteuerungen der Umverteilungspolitik*, Studie des IAW, Tübingen 1998

Volze, A., "Ein großer Bluff? Die Westverschuldung der DDR", in: *Deutschland Archiv*, 5/1996, S. 701–713

Wagner, A., "Zur Transformation von Wirtschaftssystemen", in: *RWI-Mitteilungen* 48 (1997) 1–2, S. 47–60

Wagner, D. (Hg.), *Bewältigung des ökonomischen Wandels*, München und Mering 1997

Wagner, H., „Transformation und historischer Suchprozess", in: *Theorie und Praxis von Transformation in der Gegenwart*, Wiss. Zschr. d. Humboldt-Univ. zu Berlin, R. Geistes- und Sozialwiss., 41 (1992) 10, S. 8–21

Wagner, H., „Reconstruction of the financial system in East Germany: Description and comparison with Eastern Europe", in: *Journal of Banking and Finance* 17 (1993) p. 1001–1019

Wagschal, U., *Staatsverschuldung*, Opladen 1996

Warlitzer, H., *Staatsausgaben und Wirtschaftswachstum*, Köln 1999

Wartenberg, U., *Verteilungswirkungen staatlicher Aktivitäten*, Berlin 1979

Wegner, E. (Hg.), *Finanzausgleich im vereinten Deutschland*. Probleme der Einheit Bd. 9, Marburg 1992

Wegner, M., *Bankrott und Aufbau: Ostdeutsche Erfahrungen*, Baden Baden 1995

-, „Die deutsche Einigung oder das Ausbleiben des Wunders", in: *Aus Politik und Zeitgeschichte* B 40/1996, S. 13–24

Wehner, B., *Das Fiasko im Osten*, Marburg 1991

Weidenfeld, W./Korte, K.-R. (Hg.), *Handwörterbuch zur deutschen Einheit*, Bonn 1992ff.

-, *Handbuch zur deutschen Einheit 1949 – 1989 – 1999*, Bonn 1999

Weinlein, A., „Glückliche Jahre in Frieden und Freiheit", in: *Das Parlament* 16/1999, S. 1

Welfens, P. J. J. (Ed.), *Economic Aspects of German Unification. National and International Perspectives*, Berlin/Heidelberg 1992

-, *Economic Aspects of German Unification. Expectations, Transition Dynamics and International Perspective*. 2nd, revised and enlarged edition, Berlin u.a. 1996

Weltring, S., *Staatsverschuldung als Finanzierungsinstrument des deutschen Vereinigungsprozesses*, Frankfurt a. M. 1997

Wentzel, D., *Geldordnung und Systemtransformation. Ein Beitrag zur ökonomischen Theorie der Geldverfassung*, Schriften zum Vergleich von Wirtschaftsordnungen, Bd. 50, Stuttgart/Jena/New York 1995

-, „Die Transformation der Währungsordnung in der DDR", in: Eckart, K./Hacker, J./Mampel, S. (Hg.), S. 521–536

Wenzel, S., „War die DDR 1989 wirtschaftlich am Ende?", *hefte zur ddr-geschichte* 52, Berlin 1998

-, *Was war die DDR wert?*, Berlin 2000

Werz, N., „Abwanderung aus den neuen Bundesländern von 1989 bis 2000", in: *Aus Politik und Zeitgeschichte* B 39–40/2001, S. 23–31

Westermann, T., „Das Produktionspotential in Ostdeutschland", BBk, *Diskussionspapier* 4/95

Westphal, A./Herr, H./Heine, M./Busch, U. (Hg.), *Wirtschaftspolitische Konsequenzen der deutschen Vereinigung*, Frankfurt a. M./New York 1991

Wielgohs, J./Wiesenthal, H. (Hg.), *Einheit und Differenz*, Berlin 1997

Wiesejahn, I., *Der doppelte Skandal: Das Milliardengeschäft mit erfundenen DDR-Schulden und einkassierten Banken*, Berlin 2001 (im Ersch.)

Wiesenthal, H., „Die Transformation Ostdeutschlands: Ein (nicht ausschließlich) privilegierter Sonderfall der Bewältigung von Transformationsproblemen", in: *Leviathan, SH* 15, S. 134–159

-, „Die neuen Bundesländer als Sonderfall der Transformation in den Ländern Ostmitteleuropas", in: *Aus Politik und Zeitgeschichte* B 40/1996, S. 46–54

-, „Abrupter Niedergang, langsame Erholung – Ostdeutschland ist (k)ein Sonderfall der Wirtschaftstransformation", in: J. Wielgohs/H. Wiesenthal (Hg.), S. 114–122

-, „Sozio-ökonomische Transformation und Interessenvertretung", in: Diewald, M./Mayer K. U. (Hg.), S. 279–288

-, *Die Transformation der DDR. Verfahren und Resultate*, Gütersloh 1999

Wiesenthal, H. (Hg.), *Einheit als Privileg. Vergleichende Perspektiven auf die Transformation Ostdeutschlands*, Frankfurt 1996

Will, R., „Eigentumstransformation unter dem Grundgesetz", in: *Berliner Debatte INITIAL* 7 (1996) 4, S. 29–42

Willgerodt, H., „Eigentumsordnung", in: *HdWW*, Bd. 2, Stuttgart 1980

-, „Staatliche Hilfen in einer Marktwirtschaft", in: *Zs. f. Wirtschaftspolitik. Wirtschaftspolitische Chronik*, 33 (1984) 1, S. 59–76

-, „Wirtschaftsordnung für ein anderes Deutschland – Wege aus der Krise der DDR", in: *Zs. F. Wirtschaftspolitik. Wirtschaftspolitische Chronik*, 39 (1990) 1

-, *Vorteile der wirtschaftlichen Einheit Deutschlands. Gutachten erstellt im Auftrage des Bundeskanzleramtes*, Untersuchungen zur Wirtschaftspolitik 84, Köln 1990

Winkler, G. (Hg.), *Sozialreport 1990 (1992;1994;1995;1997;1999; 2001) – Daten und Fakten zur sozialen Lage in den neuen Bundesländern*, Berlin 1990ff.

Winkler, G., „Zur sozialen Lage in den neuen Bundesländern", in: *WSI-Mitt.* 10/1999, S. 661–672

Wissenschaftlicher Beirat beim BMWi, *Schaffung eines gemeinsamen Wirtschafts- und Währungsgebietes in Deutschland*, Bonn 1990

Wissenschaftlicher Beirat beim Bundesministerium der Finanzen (Hg.), *Einnahmeverteilung zwischen Bund und Ländern*, Bonn 1995

Witte, U., *Aktuelle Förderprogramme: Neue Bundesländer*, Stuttgart 1999[6]

Wittmann, W., *Einführung in die Finanzwissenschaft, III. Teil*, Stuttgart 1975

Wohlers, E., „Germany: Gradual Revival in Domestic Demand", in: *Intereconomics* 7–8/1997, S. 203–208

Wollmann, H./Derlien/ H.-U. et al., „Die institutionelle Transformation Ostdeutschlands zwischen Systemtransfer und Eigendynamik", in: Wollmann et al. (Hg.), S. 9–24

Wollmann, H./Derlien/ H.-U., König, K./Renzsch, W./Seibel, W. (Hg.), *Transformation der politisch-administrativen Strukturen in Ostdeutschland*, Opladen 1997

Zapf, W., „Wie kann man die deutsche Vereinigung bilanzieren?", in: Noll, H.-H. /Habich, R. (Hg.), S. 17–36

Zapf, W. /Habich, R. (Hg.), *Die Wohlfahrtsentwicklung im vereinten Deutschland. Sozialstruktur, sozialer Wandel und Lebensqualität*, Berlin 1996

Zerche, J., *Einkommen und Vermögen in der Bundesrepublik Deutschland*, Köln 1988

-, *Vom sozialistischen Versorgungsstaat zum Sozialstaat Bundesrepublik*, Regensburg 1994

Zimmermann, H., „Allgemeine Probleme und Methoden des Finanzausgleichs", in: *HbFW*, Bd. IV, Tübingen 1983

Zimmermann, K.F., „Arbeitsmarkt und zehn Jahre deutsche Einheit", in: *IZA Compact*, September/2000, S. 12

Über den Autor

Ulrich Busch, Jg. 1951, Dr. sc. oec., Finanzwissenschaftler; Berufsausbildung als Bankkaufmann in Magdeburg; 1969-1973 Studium an der Wirtschaftswissenschaftlichen Fakultät der Humboldt-Universität zu Berlin; Karl-Marx-Stipendium, 1973 Diplom; 1976 Promotion; 1977-1981 Sektorenleiter der Staatsbank d. DDR (Zentrale); 1984 Habilitation; 1987 Berufung zum o. Univ.-Doz.; 1988 stv. Bereichsleiter, 1992 amt. Direktor des Instituts für Volkswirtschaftslehre; bis 1997 Anstellung an der Humboldt-Universität und Gastprofessor an der Wirtschaftsuniversität in Budapest u.a. Hochschulen; 1998-2001: DFG-Projekt „Transfers" und Dozent an der Bankakademie Frankfurt/M.

Wissenschaftliche Arbeitsschwerpunkte: Geldtheorie und -politik; Transformation; wirtschaftspolitische Aspekte der deutschen Einheit. Mitwirkung an verschiedenen wirtschaftswissenschaftlichen Forschungsprojekten, zahlreiche Veröffentlichungen.
Wichtige Publikationen: Als *Hrsg. und Autor*: Geldakkumulation und Proportionalität (1984); Lehrbriefe zur politischen Ökonomie und zur Finanzwirtschaft (1985ff.); Die Zukunft der DDR-Wirtschaft (1990); Monetäre Probleme. Probleme der Einheit. Bd. 3 (1991); Wirtschaftspolitische Konsequenzen der deutschen Vereinigung (1991); Theorie und Praxis von Transformation in der Gegenwart (1992).

Als *Autor* von Beiträgen in Sammelbänden, u.a. in: Ehlert et al.: Wörterbuch der Ökonomie. Sozialismus (1989); Tannert: Geld, Kredit und Finanzen aus neuer Sicht (1990); Müller: Geld- und Währungsprobleme (1990); Backhaus: Systemwandel und Reform in östlichen Wirtschaften (1991); Herr/Westphal: Makroökonomische Probleme der Transformation (1993); Wahl: Sozialpolitik in der ökonomischen Diskussion (1994); Miegel: Transformation 2 (1995); Köhler et al., Questioning Development? (1996); Backhaus/Krause: Zur politischen Ökonomie der Transformation (1997); Krause: Wirtschaftstheorie in der DDR (1998); Stadermann/Steiger: Herausforderung der Geldwirtschaft (1999); Backhaus/Stadermann: Georg Simmels Philosophie des Geldes (2000); Vilmar: Zehn Jahre Vereinigungspolitik (2000); Misselwitz/Werlich, 1989: Später Aufbruch-frühes Ende? (2000); Stadermann/Steiger: Verpflichtungsökonomik (2001); AG Perspektiven für Ostdeutschland: Ostdeutschland – eine abgehängte Region? (2001); Krause: Rechtliche Wirtschaftskontrolle in der Planökonomie. Das Beispiel der DDR (2002).

Aufsätze in wissenschaftlichen Zeitschriften: Deutsche Zeitschrift für Philosophie, Wirtschaftswissenschaft, Wiss. Zschr. der Humboldt-Universität, Berichte der HU; Numismatische Beiträge, Berliner Debatte INITIAL, Utopie kreativ, BankArchiv, Bank-Szemle, IWVWW-Berichte, Politische Vierteljahresschrift; Südosteuropa, Konjunkturpolitik u.a.

Weitere Titel aus dem trafo verlag

Bollinger, Stefan: "1989 – eine abgebrochene Revolution. Verbaute Wege nicht nur zu einer besseren DDR?", trafo verlag, Berlin 1999, [= Gesellschaft – Geschichte – Gegenwart, Bd. 17], 360 S., ISBN 3-89626-195-9

Rückl, Steffen (Hg.): "Medienverhalten und Bibliotheksnutzung vor und nach der Wende. Untersuchungen 1988/1993 im Regierungsbezirk Magdeburg", [= Gesellschaft – Geschichte – Gegenwart, Bd. 28], trafo verlag 2000, 235 S., zahlr. Abb. und Tab., 235 S., geb., ISBN 3-89626-258-0

Loesdau, Alfred / Meier, Helmut (Hrsg.): "Zur Geschichte der Historiographie nach 1945. Beiträge eines Kolloquiums zum 75. Geburtstag von Gerhard Lozek", [= Gesellschaft – Geschichte – Gegenwart; Bd. 26], trafo verlag 2001, 250 S., geb., ISBN 3-89626-256-4, DM 49,80

Genow, Nikolai (Ed.): "Continuing Transformation in Eastern Europe", (engl.) [Reihe: Social studies on Eastern Europe, vol. 2], trafo verlag 2000, 230 S., zahlr. Tab. und Abb., geb., ISBN 3-89626-216-5

Jähnert / Nickel / Gohrisch u.a. (Hrsg.): "Gender in Transition in Eastern an Central Europe", (engl.), Konferenzband der gleichnamigen internationalen Tagung v. 9.–11. Dezember 1999 in Berlin, trafo verlag 2000, 380 S., zahlr. Tab. und Abb., geb., ISBN 3-89626-326-9

Vilmar, Fritz (Hg.): "Zehn Jahre Vereinigungspolitik. Kritische Bilanz und humane Alternativen", [Reihe kritische analysen zur vereinigungspolitik, Bd. 1], trafo verlag 2002, 2. Aufl., 290 S., zahlr. Abb. und Grafiken, geb. ISBN 3-89626-221-1

Hennig, Anita/Kaluza, Jens: "Krankenschwester Ost. Die Arbeitswelt des Pflegepersonals im Krankenhaus nach der Einheit. Eine empirische Untersuchung", Abschlußbericht, trafo verlag 1995, 256 S., 50 Abb, 9 Tab., geb., ISBN 3-930412-81-0

Schubert-Lehnhardt, Viola (Hg.): "Ausgewählte Aspekte des Transformationsprozesses im Gesundheitswesen der neuen Bundesländer – Wertgewinn und Wertverlust für die Betroffenen", hrsg. von Viola Schubert-Lehnhardt im Auftrag von

ELSA e.V. Leipzig, unter Mitarbeit von Christel Gibas und Birgit Möbes, trafo verlag 1998, 160 S., zahlr. Tab. u. Abb., geb., ISBN 3-89626-108-8

Schubert-Lehnhardt, Viola (Hg.): "Die Gesundheit – ein Produkt? Der Patient – ein Kunde? Zu Meinungsbild, Verhaltensmustern und Erwartungen der Bevölkerung an die weitere gesundheitspolitische Entwicklung. Ergebnisse einer Bürgerbefragung in Sachsen-Anhalt", hrsg. von Viola Schubert-Lehnhardt im Auftrag des Kultur- und Bildungsvereins Elbe/Saale e.V. in Sachsen-Anhalt, unter Mitarbeit von Christel Gibas und Birgit Möbest, trafo verlag 2000, 145 S., zahlr. Tab. u. Grafiken, ISBN 3-89626-249-1

Behrend, Hanna / Döge, Peter: "Nachhaltigkeit als Politische Ökologie. – Eine Kontroverse über Natur, Technik und Umweltpolitik", [= Auf der Suche nach der verlorenen Zukunft, Bd. 14], trafo verlag 2001, 167 S., ISBN 3-89626-171-1

"Der Schatten der Mauer – die zementierte Spaltung. Dokumentation eines Zeitzeugenforums zum 13. August 1961", hrsg. v. Hans Ehlert und Hans-Hermann Hertle, trafo verlag, Berlin 2001, 80 S., Abb., Dokumente, ISBN 3-89626-341-2

In Vorbereitung

Bollinger, Stefan / van der Heyden, Ulrich (Hrsg.): "Deutsche Einheit und Elitenwechsel", trafo verlag 2002, ca. 250 S., ISBN 3-89626-369-2

Engel, Gisela / Krohmer, Tobias (Hrsg.): "WarenWelten. Überlegungen zum Fetischcharakter der Ware im 21. Jahrhundert" (Arbeitstitel), trafo verlag 2002, ca. 150 S., ISBN 3-89626-346-3

Bezug über jede Buchhandlung oder direkt beim Verlag:
trafo verlag, Abt. Versandbuchhandlung, Finkenstraße 8, D-12621 Berlin
Fax: 030/5670 1949   e-Mail: trafoberlin@t-onlinde.de
Internet: http://www.trafoberlin.de